Erfolgsfaktor Gewissenhaftigkeit von Mitarbeitern

Klaus Watzka

Erfolgsfaktor Gewissen-haftigkeit von Mitarbeitern

Theoretische Grundlagen und praktische Managementempfehlungen

 Springer Gabler

Klaus Watzka
Fachbereich Betriebswirtschaft
Ernst-Abbe-Hochschule
Jena, Deutschland

ISBN 978-3-658-35033-8   ISBN 978-3-658-35034-5   (eBook)
https://doi.org/10.1007/978-3-658-35034-5

Die Deutsche Nationalbibliothek verzeichnet diese Publikation in der Deutschen Nationalbibliografie; detaillierte bibliografische Daten sind im Internet über http://dnb.d-nb.de abrufbar.

Planung/Lektorat: Ulrike Lörcher
Springer Gabler ist ein Imprint der eingetragenen Gesellschaft Springer Fachmedien Wiesbaden GmbH und ist ein Teil von Springer Nature.
Die Anschrift der Gesellschaft ist: Abraham-Lincoln-Str. 46, 65189 Wiesbaden, Germany

Dieses Buch ist in den verflixten Corona-Jahren 2020 und 2021 entstanden. Ich bin mir des Privilegs sehr bewusst, dass ich in dieser Zeit risikofrei am heimischen Rechner arbeiten konnte, während sich andere Menschen mit viel Engagement um zentrale Aufgaben gekümmert haben.

Ich widme dieses Buch daher allen Pflegern, Ärzten, Beschäftigten in Supermärkten, Nahverkehrsbetrieben und den vielen anderen Berufsgruppen, die unter großen persönlichen Risiken und Belastungen gewissenhaft dafür gesorgt haben, dass unsere Gesellschaft trotz Pandemie weiter funktioniert hat. DANKE!

Vorwort

Der Himmel weiß, woher Ideen für Bücher manchmal kommen ...

Irgendwann war sie einfach da, die Frage, ob wir uns im betrieblichen Personalmanagement hinreichend um die große Gruppe von Mitarbeitern kümmern, die eher unprätentiös, dafür aber zuverlässig und gewissenhaft Tag für Tag „den Laden am Laufen hält", ohne „großes Gewese" darum zu machen. Was zeichnet sie eigentlich aus? Wie ticken sie? Wie sollte man mit ihnen im Unternehmen umgehen? Eigentlich wissen wir über diese wertvolle Mitarbeitergruppe viel zu wenig.

Schnell ist klargeworden, dass die Antworten auf diese Fragen nur über die Psychologie – genauer: über die Modelle und empirischen Forschungen der Persönlichkeitspsychologie – führen konnten. Interdisziplinäre Arbeit war also gefragt. Aber die Kirschen in Nachbars Garten sind ja bekanntlich besonders süß. Daher war die mentale Hürde nicht groß, über den Zaun der eigenen Fachdisziplin zu steigen, um ein wenig im Garten der Psychologie zu wildern. Das Kirschenpflücken in Nachbars Garten war dann doch mitunter recht mühsam und die ein oder andere Kirsche war nicht so ganz leicht verdaulich. Die Psychologie als Wissenschaft „tickt" doch stellenweise ein wenig anders und der Zugang zum „Baum der Erkenntnis" musste manchmal erst mit einigem Zeiteinsatz freigeschnitten werden. Aber unter dem Strich hat die interdisziplinäre Arbeit Spaß gemacht und am Ende ist das vorliegende Buch auch zum Abschluss gekommen.

Deutlich geworden ist dabei auf alle Fälle: *Personality matters!* Persönlichkeit zählt. Die Berücksichtigung von Persönlichkeitsmerkmalen fristet in der Betriebs- und Personalwirtschaftslehre ein gewisses Schattendasein. Nach meiner Einschätzung zu Unrecht, denn einzelne Merkmale liefern durchaus einen substanziellen Erklärungsbeitrag zu Erfolgsgrößen, die ökonomisch höchst relevant sind (z. B. Leistung, Arbeitszufriedenheit, Qualität der Zusammenarbeit, Führungseffizienz, Vermeidung krimineller oder destruktiver Aktivitäten).

Ob das entstandene Werk im Hinblick auf Inhalt, Nützlichkeit und Lesbarkeit der Mühe wert war, darüber muss nun „König Leser" befinden. Er hat das Wort!

Keinesfalls versäumen möchte ich aber, all den Menschen meinen aufrichtigen Dank auszusprechen, die ihr wichtiges Scherflein zum fertigen Werk beigetragen haben.

Meine studentische Hilfskraft, Peter Huschenbett, hat mit großer Ausdauer und viel Engagement Fehler aller Art im Manuskript aufgespürt. Zudem hat er mich bei der Anfertigung der Abbildungen unterstützt und im heißen Sommer 2020 unermüdliche Kopier- und Strukturierungsarbeit im Hinblick auf die auszuwertenden Quellen geleistet, so dass mir deren inhaltliche Aufarbeitung deutlich erleichtert wurde. Meine Frau Claudia und mein Sohn Sebastian haben ebenfalls mit viel Akribie und großem Zeitaufwand das Manuskript gegengelesen und mich auf vielerlei Unzulänglichkeiten aufmerksam gemacht. Sebastian verdanke ich auch viele kritische Anmerkungen auf inhaltlicher Ebene. Alle drei Personen waren überaus wichtige Helfer und haben das Buch vor vielen Flüchtigkeitsfehlern, „verschwurbelten" Formulierungen und formalen Inkonsistenzen bewahrt. Danke! Alle verbleibenden Fehler gehen selbstverständlich zu Lasten des Autors.

Ich wünsche allen Lesern viele interessante Erkenntnisgewinne und auch ein wenig Spaß bei der Lektüre. Das ist ja nicht verboten.

Jena   Klaus Watzka
im November 2021

Inhaltsverzeichnis

Über der Autor

Prof. Dr. rer. pol. Klaus Watzka, Jahrgang 1959, studierte Betriebswirtschaftslehre an den Universitäten Bayreuth und Siegen. Nach dem Examen zum Diplomkaufmann im Jahr 1984 folgte eine fünfjährige Tätigkeit als Wissenschaftlicher Mitarbeiter am Lehrstuhl für Personal-Management der Universität Siegen. In diese Zeit fällt auch die Anfertigung der Dissertation zur interdisziplinären Thematik „Betriebliche Reintegration von Arbeitslosen". Die Arbeit wurde 1990 mit dem Forschungspreis der Bundesanstalt für Arbeit ausgezeichnet.

Es folgte eine dreijährige Tätigkeit im Personalbereich der Mercedes-Benz AG. Im Werk Gaggenau war er zusammen mit seinem Team verantwortlicher Personalbetreuer für etwa 500 Angestellte, insbesondere aus den logistischen Bereichen. Zusätzlich nahm er für alle 2000 Angestellten des Gesamtwerkes die Querschnittsfunktion „Gehaltsplanung" wahr.

Im Jahr 1993 erfolgte der Ruf auf die Professur „Allgemeine Betriebswirtschaft, insbesondere Personalwirtschaft" an die Fachhochschule Jena (heute: Ernst-Abbe-Hochschule). Neben dem Aufbau des eigenen Schwerpunktgebiets übernahm er in etlichen Ämtern der akademischen Selbstverwaltung Aufbauaufgaben für die gesamte Hochschule. Ein zentrales Element der Lehre im Fach „Personalwirtschaft" sind seit über 20 Jahren Projektarbeiten in der regionalen Wirtschaftspraxis. Im Jahr 2010 wurde ein studentisches Projekt für die Bosch Solar Energy AG/Erfurt mit dem TheoPrax-Preis ausgezeichnet.

Klaus Watzka ist Autor von über 100 Fachaufsätzen, insbesondere aus den Bereichen Personalmanagement und Mitarbeiter-/Unternehmensführung. Sein besonderes Interesse gilt interdisziplinären Themen an der Schnittstelle zwischen Betriebswirtschaft und Psychologie. Über sieben Jahre war er zudem als Aufsichtsrat beim größten Thüringer Zeitarbeitsunternehmen, GeAT AG/Erfurt, tätig. Im Jahr 2011 veröffentlichte er bei Springer Gabler ein Werk zu „Zielvereinbarungen im Unternehmen" (2. Aufl. 2017), im Jahr 2014 das Buch „Personalmanagement für Führungskräfte" und im Jahr 2016 erschienen die beiden Bände „Ziele formulieren" und „Zielbasiert vergüten" in der Essentials-Reihe. Ebenfalls 2016 publizierte er zusammen mit Steffi Grau eine kritische, empirische Analyse „Arbeitszeugnisse in Deutschland".
Kommentare, Kritik und Verbesserungsvorschläge zum vorliegenden Buch sind jederzeit herzlich willkommen unter der Email-Adresse: klaus.watzka@t-online.de

Grundlagen

1

Disziplin bedeutet: Dinge, die man hasst, so zu tun, als würde man sie lieben!- Mike Tyson, Boxer -

1.1 Einführung

Wer bei den „Big Five" an Elefanten, Nashörner, Büffel, Leoparden und Löwen denkt, der liegt zwar nicht falsch, aber auch nicht richtig – zumindest was dieses Buch anbelangt. Wer an Wasser denkt, hat dagegen die richtige Spur zu den Akronymen OCEAN und CANOE. Die fünf Buchstaben stehen für fünf überaus zentrale Persönlichkeitsmerkmale, die man in der Psychologie auch gern als die „Big Five" bezeichnet.

Dabei handelt es sich um *die* Taxonomie von Persönlichkeitseigenschaften, die in der aktuellen Persönlichkeitspsychologie mit Abstand die größte Bedeutung hat und als konzeptioneller Rahmen die Grundlage für eine überaus große Zahl empirischer Studien bildet. Mit anderen Worten: Die Big Five sind aus der modernen Persönlichkeitspsychologie nicht mehr wegzudenken. Mit ihrer Hilfe ist es möglich, Persönlichkeitsunterschiede zwischen Menschen mit hinreichender Präzision zu charakterisieren. Das Big Five-Modell bildet quasi den Rahmen, in den die Eigenschaft „Gewissenhaftigkeit" eingebettet ist.

Auf dieses eine Persönlichkeitsmerkmal richtet das vorliegende Buch ganz speziell den Scheinwerfer. Auch ohne psychologisches Hintergrundwissen würde wohl jeder intuitiv der Aussage zustimmen, dass Gewissenhaftigkeit auch im betriebswirtschaftlichen Kontext von hoher Relevanz ist. Jede Unternehmensleitung wäre vermutlich sehr zufrieden, wenn sie behaupten könnte, über eine sehr gewissenhafte Belegschaft zu verfügen. Damit wäre schon einmal eine gute Basis für die Erreichung von Organisationszielen und Erfolge am Markt gelegt. Ohne Zweifel ist dieses Persönlichkeitsmerkmal

K. Watzka, *Erfolgsfaktor Gewissenhaftigkeit von Mitarbeitern*,
https://doi.org/10.1007/978-3-658-35034-5_1

positiv besetzt. Was aber genau wissen wir über gewissenhafte Mitarbeiter? Grundsätzlich eine ganze Menge! Aber leider ist dieses Wissen vornehmlich in der Psychologie angesiedelt und hat bislang so gut wie keinen Eingang in die Betriebswirtschaftslehre und speziell das Personalmanagement gefunden. Und so bleiben Fragen zu einer wichtigen Mitarbeitergruppe im betriebswirtschaftlichen Kontext bislang weitgehend unbeantwortet: Wodurch zeichnen sich gewissenhafte Menschen aus? Wie „ticken" sie? Vor allem, wie arbeiten sie? Welchen ökonomischen Nutzen können sie einer Organisation stiften? Gibt es vielleicht auch Nachteile und Probleme, wenn sich eine Belegschaft durch hohe Gewissenhaftigkeit auszeichnet? Worauf muss man im Personalmanagement beim Umgang mit dieser Mitarbeitergruppe speziell achten? All diese Fragen drängen sich nach kurzem Nachdenken sehr schnell auf. Das vorliegende Buch möchte sie beantworten, indem es psychologische Theorie und Empirie nutzt und praxisorientiert in die Betriebswirtschaft transferiert.

Die Aufbaustruktur des Buches sieht folgende Vorgehensweise vor:

- Kap. 1 Hier werden allgemeine theoretische Grundlagen zur Persönlichkeitspsychologie gelegt. Es ist der äußere Rahmen für eine spezifische Betrachtung des Persönlichkeitsmerkmals „Gewissenhaftigkeit". Warum sind Persönlichkeitsmerkmale für menschliches Handeln – auch in Unternehmen – überhaupt relevant? (Abschn. 1.2) Wie entstehen Persönlichkeitsstrukturen? Welche Rolle spielen Vererbung und Prägung durch die Umwelt? (Abschn. 1.3) Wie kam es dazu, dass die Big Five heute die prägende Klassifikation in der Persönlichkeitspsychologie sind? (Abschn. 1.4) Aus welchen weiteren Persönlichkeitsmerkmalen bestehen die Big Five noch? Das ist wichtig zu wissen, denn man kann sich nicht mit Gewissenhaftigkeit beschäftigen, ohne zumindest punktuell auch Querbeziehungen und Interaktionen mit anderen Persönlichkeitsmerkmalen zu beleuchten. (Abschn. 1.5) Gibt es in der Wissenschaft Alternativen zur Big Five-Taxonomie? Zumindest die Weiterentwicklung in Form des HEXACO-Modells sollte man kennen, da es in der empirischen Forschung ebenfalls häufiger genutzt wird. (Abschn. 1.6) Welche Messinstrumente – es sind durchweg Fragebögen – werden üblicherweise eingesetzt, um die Ausprägung der Big Five zu bestimmen? (Abschn. 1.7) Und schlussendlich gehört in ein Grundlagenkapitel auch ein Überblick zur Kritik, die gegen die Taxonomie der Big Five vorgebracht wird. Wie bei allen Modellen gibt es Aussagengrenzen und Aspekte, die man ambivalent sehen kann. Man sollte sie für eine eigene, fundierte Meinungsbildung kennen. (Abschn. 1.8)
- Kap. 2 Jetzt erfolgt eine enge Fokussierung auf das Persönlichkeitsmerkmal „Gewissenhaftigkeit". Es wird zunächst verdeutlicht, welch hohe Bedeutung und tiefe Verankerung es in der Alltagspsychologie und im allgemeinen Sprachgebrauch hat. (Abschn. 2.1) Da es sich um ein sehr breites und komplexes Merkmal handelt – man spricht auch von einer „Domäne" – wird oftmals eine Unterteilung in „Facetten" vorgenommen. Welche sind das und was genau verbirgt sich hinter ihnen? (Abschn. 2.2) Dann wenden wir uns der Frage nach der Messung speziell von Gewissenhaftigkeit zu. Es werden dazu viele typische Items aus gängigen Fragebögen vorgestellt.

(Abschn. 2.3) Da es manchmal auch „des Guten zu viel" sein kann, gilt ein kritischer Blick allgemeinen Übersteigerungsgefahren bei diesem Persönlichkeitsmerkmal. (Abschn. 2.4) Was wissen wir zur Frage, ob und zu welchem Anteil Gewissenhaftigkeit vererblich ist? (Abschn. 2.5) Sind Frauen oder Männer gewissenhafter? Ältere oder Jüngere? Wir beleuchten also wichtige demografische Einflussfaktoren. (Abschn. 2.6) Warum lohnt überhaupt eine intensive Beschäftigung mit Gewissenhaftigkeit? Die Antwort lautet: Weil für dieses Merkmal über Jahrzehnte hinweg in einer schier unglaublichen Fülle an empirischen Studien nachgewiesen wurde, dass es einen wichtigen Erklärungsbeitrag für eine Vielzahl von Phänomenen im Alltag und im Unternehmen leisten kann (z. B. Lebenserwartung, Leistung in Schule und Studium, Karriereerfolg u. v. m.). Es wird ein kompakter Überblick zu Korrelationen zwischen Gewissenhaftigkeit und einer großen Zahl an unterschiedlichen Zielgrößen gegeben. (Abschn. 2.7) Und schließlich werfen wir abschließend zu diesem Hauptkapitel einen kritischen Blick auf die Fragen, wie gesichert die Erkenntnisse zum Merkmal Gewissenhaftigkeit sind, wo Limitationen lauern und wo speziell die Aussagengrenzen liegen, wenn ein einzelnes Merkmal aus der gesamten Persönlichkeitsstruktur eines Menschen analytisch isoliert betrachtet wird. (Abschn. 2.8) Praktiker können und sollen Erkenntnisse der Wissenschaft nutzen. Das ist allemal besser, als völlig theorielos und ohne empirische Erfahrungen zu handeln. Sie sollten sich aber auch jederzeit über deren Aussagengrenzen bewusst sein.

- Kap. 3 Nun kommt der Schritt in den betriebswirtschaftlichen Kontext. Es wird ausführlich aufgezeigt, warum eine gewissenhafte Belegschaft eine überaus wertvolle Ressource für eine Organisation sein kann und zu welchen Handlungsfeldern und wichtigen unternehmerischen Zielgrößen dieses Persönlichkeitsmerkmal essenzielle Beiträge leisten kann. Es sind viele! In den Abschn. 3.1 bis 3.14 werden sie jeweils einzeln beleuchtet. Die Spanne reicht u. a. von Leistungs-, Motivations- und Zufriedenheitssteigerung, über Senkung von Fehlzeiten und Fluktuation bis hin zu positiven Effekten auf die Mitarbeiterführung und Zusammenarbeit. So weit wie möglich werden für die Argumentation empirische Studien genutzt, die mit ihren Ergebnissen, theoretischen Hintergründen und Praxisimplikationen vorgestellt werden. Dabei werden dann auch schon punktuell praxisorientierte Handlungsempfehlungen gegeben. Dies ist zugegebenermaßen strukturell nicht „ganz sauber", denn eigentlich sind diese dem Hauptkapitel 5 vorbehalten. Bei einzelnen komplexeren Studien und Zusammenhängen dient die hier gewählte Vorgehensweise aber der leichteren Nachvollziehbarkeit für den Leser. Das war das „höhere Gut" gegenüber der „klinischen Vorgehensreinheit". Der Kern der einzelnen Handlungsempfehlungen wird dann später in Hauptkapitel 5 nochmals kurz wiederholend aufgegriffen und dem Leser so in Erinnerung gerufen.
- Kap. 4 Wo Licht ist, da kann auch Schatten sein. Mögliche Risiken und Probleme einer hohen Gewissenhaftigkeit von Mitarbeitern werden in diesem Hauptkapitel ausführlich beleuchtet. Auch dies geschieht vielfach auf der Basis von konkreten empirischen Studien. So ist vorstellbar, dass eine starke Ausprägung dieses

Persönlichkeitsmerkmals unter gewissen Voraussetzungen zu einem Leistungshemm-
nis wird (Abschn. 4.1), dass sie die Agilität und Flexibilität einer Organisation negativ
beeinträchtigt (Abschn. 4.2), sich ungünstig auf das Innovationsgeschehen auswirkt
(Abschn. 4.3) oder ein Treiber für Stress, Burnout oder eine suboptimale Work-Life-
Balance sein kann. Ebenfalls nicht auszuschließen ist, dass sich hohe Gewissenhaftigkeit – bei den Geführten und/oder der Führungskraft – als problematisch im
Führungsprozess erweist (Abschn. 4.5) oder die Zusammenarbeit unter Kollegen
erschwert (Abschn. 4.6). Trotz vieler positiver Effekte, kann sie punktuell auch zum
retardierenden Element beim Lernen und der Entwicklung werden (Abschn. 4.7). So
viel kann hier schon vorweggenommen werden: Die möglichen Vorteile überwiegen
die Risiken bei Weitem. Aber sensibel sollte der Praktiker für die „dunkle Seite" der
Gewissenhaftigkeit trotzdem sein.

- Kap. 5 Im letzten Hauptkapitel erfolgt der Schritt auf die konkrete Handlungsebene.
Was sollte innerhalb des betrieblichen Personalmanagements getan werden, um
die positiven Potenziale von gewissenhaften Mitarbeitern zu nutzen und was, um
die möglichen Risiken dieses Persönlichkeitsmerkmals einzudämmen, bestenfalls
ganz zu vermeiden? Die Ausführungen orientieren sich dabei an wichtigen Arbeitsfeldern der betrieblichen Personalarbeit und gehen auf folgende Fragen ein: Wie
kann Gewissenhaftigkeit im Rahmen der qualitativen Personalbedarfsplanung in den
Stellenanforderungen berücksichtigt werden? (Abschn. 5.1) Auf welchen Wegen
kann es gelingen, besonders gewissenhafte Mitarbeiter zu rekrutieren? (Abschn.
5.2) Welche Testverfahren können zur Selektion von gewissenhaften Mitarbeitern
eingesetzt werden? Und wie müssen andere Personalauswahlverfahren für dieses
Selektionsziel modifiziert werden? (Abschn. 5.3) Welche Typen von Stellen sind für
diesen Mitarbeiterkreis besonders geeignet, welche eher nicht? (Abschn. 5.4) Wie
sollten Arbeitsaufgaben strukturiert sein, um gewissenhafte Mitarbeiter besonders
zu motivieren? (Abschn. 5.5) Welche Führungsstile und Führungsinstrumente sind
für die Zielgruppe besonders geeignet? Auf welche Aspekte ist im Rahmen der Mitarbeiterführung besonders zu achten? (Abschn. 5.6) Wie kann Qualifikationserwerb
und Weiterentwicklung bei gewissenhaften Mitarbeitern durch Personalentwicklungs-
aktivitäten gezielt unterstützt werden? (Abschn. 5.7) Welche Prinzipien sind zu
beachten, damit die kollegiale Zusammenarbeit, speziell auch in Teamstrukturen,
möglichst effizient funktioniert? (Abschn. 5.8) Welche Komponenten sollten
Anreizsysteme aufweisen, damit gewissenhafte Mitarbeiter durch sie besonders
angesprochen werden? (Abschn. 5.9) Welche Bedeutung haben ein Betriebliches
Gesundheitsmanagement und Arbeitszeitsysteme für diese Mitarbeitergruppe und wie
sollten sie ausgestaltet werden? (Abschn. 5.10, Abschn. 5.11)

Insgesamt ist es der Anspruch dieses Buches, nicht nur „frei von der Leber weg" über
Verhaltenstendenzen von gewissenhaften Mitarbeitern zu spekulieren und Handlungsempfehlungen auszusprechen, die zwar auf den ersten Blick plausibel erscheinen,

auf den zweiten aber beim Leser die Frage nach dem *„Warum eigentlich?"* entstehen lassen. Vielmehr sollen – wo immer möglich – begründende theoretische Hintergründe, vor allem aber auch empirische Evidenzen für die Vermutungen und Praxisempfehlungen geliefert werden. Nicht immer kann auf reine Plausibilitätsüberlegungen verzichtet werden. Entweder gibt es zu einem Aspekt keine einschlägigen empirischen Studien oder sie wurden vom Autor „als Nadel im großen Heuhaufen" schlicht nicht gefunden.

In diesem Zusammenhang gleich zu Beginn ein offenes Wort: Es handelt sich hier nicht um ein Lehrbuch, bei dem gut gesichertes und dokumentiertes Wissen zusammengestellt werden konnte. Vielmehr mussten in den (gefühlt) unendlichen Weiten der internationalen, speziell US-amerikanischen, Psychologie relevante Studien recherchiert, aufbereitet und in einen betriebswirtschaftlichen Kontext – für den sie oftmals nicht konzipiert wurden – transferiert werden. Im Ergebnis kann kein absolut rundes Bild entstehen, das keinerlei Fragen offenlässt. Der Arbeitsprozess ähnelte eher dem Versuch, ein 1000-Teile-Puzzle, bei dem zudem noch viele Teile fehlten, innerhalb einer limitierten Zeit zusammenzusetzen. Es besteht aber die Hoffnung, dass es gelungen ist, zumindest den Rahmen für das Bild zu legen und etliche hundert zusammenhängende Puzzleteile einzufügen. Verbleibende Leerstellen bleiben eine Aufforderung an weitere Forschungsbemühungen.

Abschließend noch ein Hinweis zum Sprachgebrauch in diesem Buch: Rein aus Gründen der Formulierungskompaktheit und flüssigeren Lesbarkeit wird durchgehend die männliche Form verwendet. Frauen und Diverse sind stets mit gemeint. Hinweisen möchte ich weiterhin darauf, dass ich zur Vermeidung zu vieler sprachlicher Wiederholungen – betriebswirtschaftlich eigentlich nicht ganz korrekt – zwischen den Termini „Unternehmen", „Betriebe" und „Organisation" wechsle. Die Ausführungen des Buches beziehen sich aber im Grundsatz stets auf alle Formen von Organisationen, in denen Mitarbeiter tätig sind.

Lassen Sie uns nun in die konkreten Inhalte einsteigen. Auf geht's!

1.2 Begriff und Bedeutung von Persönlichkeitsmerkmalen

Es entspricht allgemeinen Alltagsbeobachtungen, dass sich unterschiedliche Menschen in gleichen Situationen unterschiedlich verhalten. Wo der eine Mitarbeiter sich beim Auftauchen eines Problems in seinem Arbeitsbereich zunächst zum stillen Nachdenken zurückzieht, sucht der andere sofort den Austausch mit seinen Kollegen. Wovon aber hängt das Verhalten von Menschen ab? Diese Frage ist auch für Unternehmen sehr bedeutsam. Ihre Beantwortung liefert Erklärungsbeiträge zu Fragen, die ökonomisch oder auch für die Zusammenarbeit innerhalb der Organisation höchst relevant sind. Beispiele wären:

- *Fehlzeiten:* Melden sich Mitarbeiter krank, wenn sie Kopfschmerzen haben oder ein Unwohlsein verspüren oder kommen sie trotzdem zur Arbeit?
- *Fluktuation/Bindung:* Kündigen Mitarbeiter relativ schnell, wenn sie ein finanziell besseres Angebot von einem anderen Unternehmen bekommen oder bleiben sie ihrem alten Arbeitgeber treu?
- *Arbeitsunfälle:* Halten sich Mitarbeiter an die Sicherheitsrichtlinien am Arbeitsplatz oder handhaben sie diese eher locker?
- *Konflikte:* Reagieren Mitarbeiter bei Meinungsverschiedenheiten mit ihren Kollegen impulsiv und hoch emotional, „fahren also schnell aus der Haut" oder reagieren sie eher gelassen und deeskalierend?
- *Umsätze:* Versucht ein Verkäufer einen abwanderungswilligen Kunden beharrlich zum Verbleib zu bewegen oder lässt er ihn weitgehend „kampflos" ziehen?
- *Führungsverhalten:* Reagiert eine Führungskraft bei einem Fehler eines Beschäftigten schnell cholerisch und anklagend und belastet damit Arbeitsklima und Zufriedenheit des Mitarbeiters oder reagiert sie relativ sachlich und ruhig?
- *Arbeitspräzision:* Justiert ein Monteur zwei nicht ganz passende Teile geduldig nach oder hilft er relativ grobschlächtig mit ein paar Hammerschlägen nach?
- *Arbeitsspitzen:* Bleibt ein Mitarbeiter auch in Zeiten sehr hoher Arbeitsbelastung bei einem planvollen, strukturierten Vorgehen oder verfällt er schnell in hektisches, sprunghaftes Verhalten?

Selbstverständlich hängen die konkreten Verhaltensmuster der Akteure in diesen Beispielen von vielen Einflussfaktoren ab. Jeder wird aber wohl aus seinen Alltagserfahrungen zustimmen, dass die jeweiligen Reaktionen auch mit der Persönlichkeitsstruktur der handelnden Menschen zu tun haben – in welchem Umfang auch immer. Damit können wir als erstes Zwischenfazit festhalten, dass relevantes Verhalten in Organisationen auch von den Persönlichkeitsmerkmalen der Mitarbeiter abhängt.

Bei erstmaligen Begegnungen machen sich Menschen sehr schnell ein erstes Bild von ihrem Gegenüber. Körperliche Merkmale (groß/klein, schön/hässlich) werden genauso taxiert wie Regelmäßigkeiten im Verhalten (freundlich/unfreundlich, gesellig/ungesellig, forsch/zaghaft). Aus beobachtbarem Verhalten wird auf ihre Persönlichkeitsstruktur zurückgeschlossen. Im weiteren Verlauf der Interaktion und des näheren Kennenlernens verfeinert sich dieser erste Eindruck immer mehr, indem er über weitere Beobachtungen und Rückschlüsse ergänzt und korrigiert wird. Mit der Zeit entsteht dann auch ein Bild von weniger offensichtlichen Merkmalen des Gegenübers (z. B. seine Überzeugungen, Vorurteile, geheimen Wünsche, „wunden Punkte"). Diese Einschätzungen sind nicht nur im Alltag wichtig, sondern auch für den Umgang mit Interaktionspartnern im beruflichen Kontext. *„Kann ich ihm vertrauen?", „Wird sie das verstehen oder muss ich das ausführlicher erklären?", „Ich weiß, dass er da empfindlich reagiert, daher werde ich ihm die Entscheidung schonend beibringen.", „Allein der Preis als Argument zieht bei ihm nicht, ich werde ihm unser Öko-Modell anbieten müssen"* – all das wären Beispiele für

Überlegungen, die auf der Einschätzung der Persönlichkeitsstruktur von Mitarbeitern, Kollegen oder Kunden basieren (vgl. Neyer & Asendorpf, 2018, S. 2).

Generell versuchen also Menschen andere Personen aufgrund ihrer Verhaltensregelmäßigkeiten (z. B.: *„Bernd spricht oft neu eingestellte Kollegen aktiv an."*) zu verstehen, diese Verhaltensregelmäßigkeiten sprachlich möglichst „sparsam" – am besten in einem Adjektiv – als Persönlichkeitsmerkmal auf den Punkt zu bringen (z. B.: *„Bernd ist extravertiert und fürsorglich."*) und daraus Verhaltensprognosen für die Zukunft abzuleiten (z. B.: *„Wenn Bernd extravertiert und fürsorglich ist, dann wird er sich auch engagiert um unsere Praktikanten kümmern".*) (in Anlehnung an Rauthmann, 2017, S. 219).

Was genau sind nun Persönlichkeitsmerkmale? *Etymologisch* geht der Begriff der „Persönlichkeit" auf das lateinische „Persona" zurück. Mit ihm wurde im römischen Theater eine Maske bezeichnet, die die Schauspieler oft trugen. „Per" (= durch) und „sonare" (= ertönen) bedeutet demnach so viel wie *„durch die Maske sprechen".* Je nach Rolle war die Maske mit einem Lächeln, einem Grinsen oder einer Grimasse versehen und gab den Zuschauern einen Hinweis auf die Rolle, die der Schauspieler auf der Bühne einnahm. Sie sollte den Akteur identifizierbar machen und eine leichtere Einordnung seines Verhaltens ermöglichen. Die Maske signalisierte eine gewisse Beständigkeit und Durchgängigkeit der Verhaltensmuster des Schauspielers (vgl. Howard & Howard, 2008, S. 187 f.; Konradin Medien GmbH (Hrsg.), 2020).

Zurückgehend auf diesen Wortursprung versteht man in der Psychologie unter *Persönlichkeitsmerkmalen* (synonym: Eigenschaften, Dispositionen, Charaktermerkmale, Traits) allgemein Folgendes:

▶ **Definition** Persönlichkeitsmerkmale sind Eigenschaften von Menschen, die über einen langen Zeitraum und auch über verschiedene Handlungssituationen hinweg tendenziell stabil, also eher situationsunabhängig, sind (vgl. Fetchenhauer, 2011, S. 164; Neyer & Asendorpf, 2018, S. 3).

Sie zeigen sich als relativ durchgängiges Muster in beruflichen und privaten Kontexten. Allerdings hat diese *transsituative Konsistenz* von Persönlichkeitsmerkmalen mitunter auch stärkere Grenzen als alltagspsychologisch zu erwarten wäre. So ist durchaus vorstellbar, dass eine Person mit einer ausgeprägten Ängstlichkeitsdisposition in verschiedenen Situationen (z. B. Blutabnahme, mündliche Prüfung, unsicherer Arbeitsplatz bei Wirtschaftskrisen) deutlich unterschiedliche Ängstlichkeitsniveaus zeigt. Und ein Mitarbeiter, der bei der Arbeit eine extrem große Gewissenhaftigkeit an den Tag legt, muss das im Privatleben im Umgang mit seinem Partner, seinen Kindern und privaten Finanzen nicht notwendigerweise auch tun.

Andererseits darf man nun nicht leichtfertig schlussfolgern, dass die Handlungssituation wichtiger wäre als die Persönlichkeitsmerkmale. Denn relevant wäre in einem größeren Sample von Untersuchungspersonen weniger die Frage nach unterschiedlichen *absoluten Niveaus* von beispielsweise Ängstlichkeit oder Gewissenhaftigkeit in unterschiedlichen Handlungssituationen, sondern vielmehr die Frage, ob die *Rangordnung* zwischen den untersuchten Personen in den unterschiedlichen Situationen tendenziell gleichgeblieben ist. Das würde dann die Bedeutung von Persönlichkeitsunterschieden untermauern (vgl. Asendorpf, 2019, S. 20 f.; Rauthmann, 2017, S. 224).

Aber natürlich sind auch Situationen denkbar, die so zwingend sind, dass sie den Einfluss von Persönlichkeitsmerkmalen auf das Verhalten weit zurückdrängen, vielleicht sogar punktuell ganz ausschalten. Man spricht dann von *starken* Situationen (in Abgrenzung zu *schwachen* Situationen). Starke Situationen strukturieren das Verhalten der handelnden Personen in extremem Umfang vor, wohingegen schwache Situationen das Handeln der Akteure wesentlich weniger festlegen und damit mehr Raum für die Wirkung von Persönlichkeitsmerkmalen lassen. Ein Beispiel: Während der Gedenkminute für die im letzten Jahr verstorbenen Belegschaftsmitglieder schweigt (hoffentlich) auch der extravertierteste Mitarbeiter (= *starke Situation).* Dagegen wird man in den Minuten vor Beginn des Meetings beobachten können, dass Extravertierte mit höherer Wahrscheinlichkeit Plauderkontakte mit den anderen Anwesenden aufnehmen, wohingegen Introvertierte sich eher mit ihren Unterlagen beschäftigen (= *schwache Situation)* (vgl. Fetchenhauer, 2011, S. 182 unter Bezug auf Mischel, 1968).

Generell kann man für Persönlichkeitsmerkmale auch noch folgenden zentralen Zusammenhang festhalten:

▶ **Wichtig**
Persönlichkeitsmerkmale prägen die Wahrnehmung von Ereignissen, die Art der emotionalen Reaktionen darauf und das resultierende konkrete Verhalten einer Person (vgl. Fetchenhauer, 2011, S. 164).

Umgesetzt auf ein konkretes *Beispiel:* Nimmt eine Führungskraft überhaupt wahr, dass ein Mitarbeiter aufgrund von heftiger Kritik am Arbeitsergebnis verärgert ist? Reagiert der Vorgesetzte auf der emotionalen Ebene mit Schuldgefühlen und entschuldigt sich beim Mitarbeiter für seine überzogene Kritik?

Damit wird auch klar, dass Persönlichkeitsmerkmale nicht *direkt* beobachtbar sind. Man kann lediglich *indirekt* aus den beobachtbaren Verhaltensregelmäßigkeiten von Menschen auf sie zurückschließen (vgl. Asendorpf, 2019, S. 3).

Persönlichkeitsmerkmale bringen also die *individuelle Besonderheit* von Menschen zum Ausdruck. Verglichen werden sollten dabei immer Menschen *gleicher Altersklassen* und *vergleichbarer kultureller Backgrounds,* um nicht den Einfluss von Persönlichkeitsunterschieden mit Alters- und Kultureffekten zu vermischen. Die individuelle Persönlichkeit eines Menschen ist nach Guilford (1959, S. 4, 6) damit nichts anderes als sein einzigartiges Muster von Persönlichkeitsmerkmalen. Man könnte daher auch von einem „psychologischen Fingerabdruck" sprechen.

Welche Anforderungen sind an „sinnvolle" Persönlichkeitsmerkmale zu stellen? Zunächst einmal sollten sie im Grundsatz bei jedem Menschen *vorkommen,* damit also auch *bei jedem Menschen messbar* sein. Weiterhin sollten Traits skalierbar sein, d. h.

unterschiedliche Ausprägungsgrade müssen messbar sein (z. B. von „schwach ausgeprägt" bis „stark ausgeprägt"). Pathologische Persönlichkeitsveränderungen werden üblicherweise aufgrund ihrer speziellen Entstehungsbedingungen ausgeschlossen. Des Weiteren wäre aus wissenschaftlicher Sicht eine möglichst *exakte empirische Überprüfbarkeit* der individuellen Besonderheiten zu fordern (vgl. Rauthmann, 2017, S. 231; Neyer & Asendorpf, 2018, S. 20 f.). Diese ist zwingende Voraussetzung dafür, dass Persönlichkeitsmerkmale einen Erklärungs*beitrag* für unterschiedliches Verhalten leisten können. Dieser kann keine *absolut gesicherten Aussagen* liefern, sondern wird lediglich den Charakter von *Wahrscheinlichkeitsaussagen* haben. Auch der gewissenhafteste Mitarbeiter wird nicht immer vor jedem Meeting alle Tagungsunterlagen lesen, aber über viele Meetings hinweg wird er es regelmäßiger tun als ein nur wenig gewissenhafter Mitarbeiter (vgl. Fetchenhauer, 2011, S. 181).

1.3   Entstehung von Persönlichkeitsmerkmalen

Ein zentraler Aspekt in der Persönlichkeitspsychologie ist die Frage nach der Entstehung von Persönlichkeitsmerkmalen. Sind sie Veranlagung, also genetisch bedingt, oder entstehen sie durch Umweltprägung? Während *Neo-Darwinisten* Anfang des 20. Jahrhunderts eindeutig die genetische Festlegung der Persönlichkeit propagierten, redeten die *Behavioristen* ebenso eindeutig dem ausschließlichen Einfluss der Erziehung das Wort. Dies gipfelte in der Aussage:

„Gebt mir ein Dutzend gesunder Kleinkinder und meine eigene, besonders eingerichtete Welt, um sie darin aufzuziehen, und ich garantiere, dass ich jedes beliebige von ihnen zu jeder von mir bestimmten Art von Spezialisten machen kann: Arzt, Rechtsanwalt, Künstler, Chef eines Handelshauses, ja sogar Bettler oder Dieb, ganz unabhängig von seinen Begabungen, Neigungen, Anlagen, Talenten und der Herkunft seiner Vorfahren." (Watson, 1925, S. 82, zit. nach Howard & Howard, 2008, S. 189).

Die Frage *Umwelt vs. Anlage (= „Nurture vs. Nature")* wird in der Psychologie auch heute noch kontrovers diskutiert. Dabei vertritt man nicht mehr Extrempositionen, in denen entweder einerseits dafür plädiert wird, dass die Persönlichkeitsstruktur von Menschen komplett genetisch angelegt ist oder andererseits, dass sie sich vollständig durch Lernerfahrungen, durch Sozialisationsprozesse in der Erziehung, der Schule, im Beruf und durch Interaktionen mit der Umwelt formt. Vielmehr geht man heute davon aus, dass Persönlichkeitsmerkmale auf eine Mischung aus beiden Einflussfaktoren zurückgehen. Über das Mischungsverhältnis wird aber nach wie vor intensiv debattiert (vgl. Brandstätter, 2007, S. 258 ff.; Fetchenhauer, 2011, S. 175; Howard & Howard, 2008, S. 189 f.), wobei man nach Asendorpf (2019, S. 31) zumindest für westliche Kulturen tendenziell von einem etwa gleichgewichtigen Einfluss von Genom und Umwelt ausgehen kann. Howard und Howard (2008, S. 189) beschreiben in einem plastischen Bild unsere genetischen Anlagen mit einem starren menschlichen Skelett und die nähere Ausformung durch die Umwelt als Muskel- und Fettmasse. Damit ist auch klar, dass im weit überwiegenden Regelfall durch Umwelteinflüsse nur Persönlichkeitsmerkmale entwickelt oder graduell verändert werden können, die grundsätzlich schon genetisch veranlagt sind. Aus einem Dackel wird nie ein ernsthafter Konkurrent im Windhundrennen werden, aus einem sehr introvertierten Menschen nie „die Rampensau, die bei jeder Party die Bude rockt" und aus einem sehr gewissenhaften, detailorientierten Mitarbeiter nie der Typus, der sich durchgehend und über lange Zeit mit oberflächlichen Lösungen zufriedengibt.

Schauen wir nun noch etwas näher auf den erblichen Anteil von Persönlichkeitsmerkmalen (= Heritabilität; Heritabilitätsforschung). Um die *genetische Beeinflussung* von Persönlichkeitsmerkmalen – besonders intensiv erforscht wird dabei die Intelligenz als intellektuelle Leistungsfähigkeit – kümmert sich die Verhaltensgenetik. Sie arbeitet bei Menschen sehr stark mit dem Ansatz der *Zwillingsforschung* und geht dabei von folgender Logik aus: Wenn Persönlichkeitsmerkmale primär genetisch bedingt sind, dann sollte bei eineiigen Zwillingen eine höhere Ähnlichkeit gefunden werden als bei zweieiigen Zwillingen oder leiblichen Geschwistern. Letztere sollten aber deutlich ähnlichere Persönlichkeitsmerkmale aufweisen als Stiefgeschwister, die nicht leiblich verwandt sind. Diese sollten untereinander keinerlei Ähnlichkeit aufweisen, sofern Persönlichkeitsmerkmale auf genetische Ursachen zurückgehen, da es bei Stiefgeschwistern ja komplett an genetischer Verwandtschaft fehlt. Tatsächlich zeigen sehr viele verhaltensgenetische Studien zu ganz unterschiedlichen Persönlichkeitsmerkmalen, dass die Ähnlichkeit mit zunehmendem Verwandtschaftsgrad steigt (vgl. Fetchenhauer, 2011, S. 175 f.; Rauthmann, 2017, S. 377 f.; vertiefend zur Heritabilitätsforschung Neyer & Asendorpf, 2018, S. 302 ff.).

Diese Aussage klingt nun erkenntnisschärfer als sie wirklich ist. Denn auch wenn das menschliche Genom seit 2003 als weitgehend kartiert gilt, so ist man noch sehr weit von einer eindeutigen Aufklärung der Frage entfernt, wie die unterschiedlichen Genvariationen (= Allele) auf die Persönlichkeit wirken. Vermutlich gehen Unterschiede in den Persönlichkeitsmerkmalen auf hunderte oder gar tausende solcher Allele zurück. Damit lässt sich der Einfluss des menschlichen Genoms auf die Persönlichkeit nur äußerst bruchstückhaft *direkt* messen. Also muss man *indirekte* Wege gehen, indem man über methodisch sehr komplexe Verfahren – Verhaltensgenetik gilt als die Teildisziplin der Psychologie mit den anspruchsvollsten statistischen Verfahren – den relativen Einfluss der Gene auf die Persönlichkeitsstruktur misst. Damit zeigen die Ergebnisse dieser Studien lediglich, welcher Teil der *Schwankungen bei einem Persönlichkeitsmerkmal* innerhalb einer Personengruppe durch genetische Anlagen *erklärbar* ist, aber nicht, welcher Anteil durch die Gene *verursacht* wurde. Ein Erblichkeitskoeffizient (= Heritabilitätskoeffizient) von 0.5 bei einem Persönlichkeitsmerkmal würde also nicht heißen, dass 50 % dieses Merkmals erblich verursacht sind, sondern nur, dass 50 % der beobachteten Schwankungen dieses Merkmals in einer bestimmten Population auf genetische Unterschiede in dieser Population zurückgehen.

Diese Aussagenunschärfe liegt daran, dass man die Umweltbedingungen nicht kontrollieren kann. Nur wenn man zu 100 % sicherstellen könnte, dass alle untersuchten Individuen unter den exakt gleichen Umweltbedingungen leben – die Umwelt damit also keinen Einfluss auf die Messergebnisse hat –, dann könnte man tatsächlich ableiten, dass beispielsweise 50 % des Merkmals „Gewissenhaftigkeit" durch die Gene verursacht wären. Da diese Kontrolle der Umwelt messmethodisch nicht mit voller Sicherheit zu leisten ist, haftet den Ergebnissen eine deutliche Restunschärfe an. Hinzu kommt, dass in der Realität genetische Anteile und Umwelteinflusse nicht unabhängig voneinander auf die Ausbildung von Persönlichkeitsmerkmalen wirken, sondern diese Einflussfaktoren vielmehr miteinander interagieren (vgl. näher Asendorpf, 2019, S. 185 ff.; Fetchenhauer, 2011, S. 176 f.).

Generell erfreuen sich *interaktionistische Ansätze*, die die Wechselwirkungen zwischen Person und Situation beleuchten, als neueres Paradigma in der Persönlichkeitspsychologie steigender Beliebtheit. Wie kann man sich solche Interaktionen zwischen Genen und Umwelt in einem Unternehmen konkret vorstellen? Drei Mechanismen sind denkbar, die auch parallel wirken können (in Anlehnung an Asendorpf, 2019, S. 32; Rauthmann, 2017, S. 381 ff., 422 ff.):

- *Wahrnehmungslenkung:* Die Persönlichkeit bestimmt mit, wie Menschen bestimmte Handlungssituationen wahrnehmen. Einzelne Aspekte werden vielleicht gar nicht wahrgenommen (= selektive Wahrnehmung), andere überstark und wieder andere verzerrt. So könnte z. B. ein sehr gewissenhafter Mitarbeiter bei der Konfrontation mit einer komplexen Arbeitsaufgabe unbewusst (!) die eher kreativen Anteile ausblenden oder umdefinieren und unbewusst (!) bevorzugt die Anteile der Aufgabe fokussieren, die ein diszipliniertes Abarbeiten mit großer Präzision und Ausdauer erfordern.
- *Aktive Genom-Umwelt-Interaktion:* Menschen mit hoher Ausprägung eines bestimmten Persönlichkeitsmerkmals suchen bevorzugt solche Umwelten auf, die ihren Eigenschaften entsprechen oder versuchen, vorgefundene Umwelten im Sinne ihrer Persönlichkeitsstruktur zu verändern. Zum Beispiel werden besonders gewissenhafte Mitarbeiter also insbesondere von solchen Organisationen oder Aufgaben angezogen, die einen wahrgenommenen Fit (= Passung) mit ihren Persönlichkeitscharakteristika aufweisen oder sie versuchen, Aufgaben oder Prozessabläufe so zu beeinflussen, dass sie ihre Persönlichkeitsmerkmale eher ausleben können.
- *Reaktive Genom-Umwelt-Interaktion:* Interaktionspartner reagieren auf die genetisch beeinflussten Persönlichkeitsmerkmale einer Person und schaffen so erst bestimmte Umwelten dieser Person. So könnte z. B. einem Vorgesetzten die besondere Gewissenhaftigkeit eines Mitarbeiters auffallen und er definiert einen Aufgabenzuschnitt für ihn, bei dem dessen Persönlichkeitsstruktur besonders zum Tragen kommt.

Durch all diese Mechanismen schaffen sich Menschen einen Lebensraum, der ihrer Persönlichkeit angepasst ist. Die Persönlichkeit wirkt also auf die (wahrgenommene) Handlungssituation ein, die dann in einem Zirkelprozess wieder auf die Persönlichkeit zurückwirkt. Dies trägt einerseits zu einer Stabilisierung der Persönlichkeitsstruktur bei, wirkt aber andererseits auch als Hemmfaktor für Persönlichkeitsveränderungen/-entwicklungen.

Als Unterströmung der interaktionistischen Ansätze kann man die *kulturelle Persönlichkeitsforschung* auffassen, die u. a. danach fragt,

- welche Persönlichkeitsmerkmale über welche Mechanismen durch existierende Landeskulturen geprägt werden,
- wie möglicherweise umgekehrt Persönlichkeitsmerkmale von Individuen die Landeskulturen prägen,
- welche Persönlichkeitsmerkmale für einzelne Kulturräume typisch sind,
- inwieweit kulturelle Stereotype (z. B. der „gewissenhafte, fleißige Deutsche") tatsächlich zutreffen.

Da auch Unternehmen soziale Systeme sind, die durch eine längere Interaktion von Menschen geprägt sind, wäre die Übertragung all dieser Fragen auf das Konstrukt der Unternehmenskultur durchaus interessant. Allgemein ist bei den interaktionistischen Ansätzen aber noch nicht hinreichend geklärt, worin im Einzelnen die Wechselwirkungen zwischen Persönlichkeit und Situation genau bestehen, wie sie ablaufen und über welche psychologischen Mechanismen sie erklärbar sind (vgl. vertiefend Rauthmann, 2017, S. 418 ff., speziell S. 427).

Halten wir als *Fazit zu den Kap. 1.2 und 1.3* nun im Kern fest: Verhalten hat – vermittelt über Persönlichkeitsmerkmale – genetische und situative Anteile. Eine Angabe von konkreten Prozentanteilen ist beim derzeitigen Forschungsstand für die einzelnen Persönlichkeitsmerkmale mit größeren Unsicherheiten behaftet. Im Einzelfall kann Verhalten auch dominant situativ geprägt sein (Stichwort: starke vs. schwache Situationen). Für den überwiegenden Regelfall ist aber klar: Persönlichkeitsmerkmale spielen eine wichtige Rolle dabei, wie Menschen bestimmte Situationen wahrnehmen, bewerten und vor allem durch Handlungen auf sie reagieren. Diese Mechanismen haben nicht den Charakter von (Verhaltens)*Gesetzmäßigkeiten*, sondern von (Verhaltens)*Wahrscheinlichkeiten*.

Für nähere Aussagen zum erblichen Anteil konkret beim Persönlichkeitsmerkmal „Gewissenhaftigkeit" wird der Leser auf Abschn. 2.5 verwiesen. Dort werden auch drei weitere Erklärungsansätze zur Entstehung von Persönlichkeitsmerkmalen aufgegriffen und spezieller auf den Trait „Gewissenhaftigkeit" bezogen: *Evolutionspsychologie, Epigenetik, neurowissenschaftliche Ansätze.*

Wenden wir uns nach diesen allgemeineren Betrachtungen zu Persönlichkeitsmerkmalen nun der zentralen Taxonomie der Persönlichkeitspsychologie näher zu, den Big Five.

1.4   Historische Wurzeln der Big Five

In einem kompakten historischen Überblick lässt sich der Weg zum heutigen Big Five-Modell wie folgt skizzieren (vgl. Howard & Howard, 2008, S. 23, 239 f. und die zit. Lit.; Muck, 2006, S. 529; Asendorpf, 2019, S. 67 ff.; Rauthmann 2017, S. 237, 250 ff.; Neyer & Asendorpf, 2018, S. 108 f.): Wissenschaftlicher Ausgangspunkt war der *Psycholexikalische Ansatz*. Er basiert auf der Überlegung, dass sich alle Begriffe,

- mit denen Menschen beschrieben werden,
- die Menschen voneinander unterscheiden und
- die das menschliche Zusammenleben regeln

auch im Wortschatz einer Sprache niederschlagen. Dieser wiederum ist über die Lexika eines Sprachraums zugänglich (daher „Psycholexikalischer Ansatz"). Die zwei amerikanischen Psychologen Allport und Odbert fanden bereits 1936 bei einer systematischen Analyse von Wörterbüchern der englischen Sprache fast 18.000 Begriffe, mit denen sich die menschliche Persönlichkeit charakterisieren lässt. Nach Aussonderung von veralteten, sehr seltenen, unscharfen und synonymen Begriffen, aber auch solchen, die eher kurzfristige Stimmungen und weniger konstante, zeitlich stabile Eigenschaften von Menschen kennzeichneten, blieben immer noch ca. 4500 Beschreibungsmerkmale übrig. Diese Vielfalt nahmen die beiden Wissenschaftler zum Anlass, um der psychologischen Fachwelt die Aufgabe zu stellen, ein möglichst übersichtliches Set an Merkmalen zu finden, mit denen sich die Persönlichkeit jedes Menschen möglichst exakt und trennscharf beschreiben lässt. Einen ersten prägnanten Meilenstein lieferte Cattell (1946) mit 16 dichotom aufgebauten Begriffspaaren (z. B. Kontaktorientierung vs. Sachorientierung; Robustheit vs. Sensibilität). Seine Forschungen mündeten in dem auch heute noch – in weiterentwickelter Form – verbreiteten 16-Persönlichkeitsfaktoren-Test (16-PF).

Die „händische" Analyse und inhaltlich begründete deutliche Reduzierung von 4500 Ausgangsbegriffen ist natürlich eine langwierige und mühevolle Arbeit. Insofern erfuhr der Forschungsprozess einen überaus deutlichen Effizienzschub durch den Einsatz von Computern. So konnten zwei Personalforscher der U.S. Air Force aufgrund ihres Zugangs zu Großrechnern und unter Einsatz der Faktorenanalyse dann schon 1961 ein Persönlichkeitsmodell mit fünf Merkmalen vorlegen, das im Grundsatz bereits den heutigen Big Five-Faktoren (siehe Abschn. 1.5) entsprach.

Bei der Faktorenanalyse handelt es sich um ein Verfahren der multivariaten Statistik. Mit ihm kann geprüft werden, ob man Beschreibungsmerkmale für ein Objekt oder einen Sachverhalt (hier: Persönlichkeit von Menschen) ohne großen Informationsverlust auch auf eine geringere Anzahl an Merkmalen reduzieren kann. Das ist dann möglich, wenn die Merkmale sich deutlich überschneiden. In der Fachsprache der Faktorenanalyse spricht man auch von *Interkorrelation* oder davon, dass die Merkmale *hoch aufeinander laden*. Ein einfaches Beispiel kann das Grundprinzip gut verdeutlichen: Alle Mitarbeiter sagen über ihre Chefin: *„Sie achtet streng auf Termineinhaltung"* (Aussage A). Die gleichen Mitarbeiter sagen nahezu alle auch über sie: *„Sie drängt auf sofortige Aufgaben-erledigung"* (Aussage B). Will man nun das typische Führungsverhalten dieser Führungs-kraft ökonomisch (= sparsam) beschreiben, dann kann man auf eine der beiden Aussagen verzichten. Denn bei Vorliegen von A liegt mit sehr hoher Wahrscheinlichkeit auch B vor (vgl. Neuberger, 1990, S. 117 f.).

In den Jahren von 1960–1980 befand sich dann die Persönlichkeitspsychologie mit ihrem Erklärungsansatz stark im Abseits. Es dominierten die Behavioristen, die den Persönlichkeitsmerkmalen für menschliches Verhalten keine Bedeutung beimaßen. Viel-mehr seien menschliche Verhaltensweisen vor allem erlernt und situationsgebunden. Nachdem die Persönlichkeitspsychologie wieder mehr Beachtung fand, erklärte dann im Jahr 1980 ein Gremium von Persönlichkeitsforschern auf einer psychologischen Konferenz in Honolulu die von *Allport* und *Odbert* 1936 gestellte Aufgabe als gelöst. Diese Lösung bestand in der heute breit akzeptierten Big Five-Persönlichkeits-Taxonomie. Der Begriff der „Big Five" wurde im englischen Sprachraum erstmals von Goldberg (1981) verwendet und fand dann insbesondere auch durch die Arbeiten von Costa und McCrae (1985, 1992), die u. a. Messverfahren zur Erfassung dieser Traits entwickelten, schnell weitere Verbreitung. Mit dem Transfer in den deutschen Sprach-raum sind vor allem die Namen *Angleitner, Borkenau und Ostendorf* verbunden, die u. a. eine Adaption des Messverfahrens an die deutsche Sprache entwickelten und auch für Deutschland die Big Five des amerikanischen Sprachraums weitestgehend bestätigen konnten (vgl. Borkenau & Ostendorf, 2008; Ostendorf & Angleitner, 2004). Die Mess-verfahren werden später noch detaillierter aufgegriffen.

Durch das Vordringen des PC in den 80er und 90er Jahren und der Verfügbarkeit von komplexen statistischen Programmen wie SPSS konnten Forscher Faktorenanalysen nun auch unkompliziert dezentral vornehmen. Das verlieh den Forschungen rund um die Big Five viel Auftrieb und führte zu einer Bestätigung der hohen Validität des Big Five-Ansatzes zur Beschreibung menschlicher Persönlichkeitsstrukturen. Im Ergebnis können die Big Five-Faktoren abstrakt wie folgt begrifflich gefasst werden (in Anlehnung an Rauthmann, 2017, S. 258):

▶ **Definition** Die Big Five sind deskriptive – durch Faktorenanalysen aus lexikalischen Studien gewonnene – Persönlichkeitsmerkmale, die die Gesamtpersönlichkeit von Menschen in sparsamer und alltagssprachlicher Form hinreichend genau beschreiben.

Im nächsten Kapitel soll die Big Five-Taxonomie nun näher vorgestellt werden.

1.5   Big Five im Überblick

Vermutlich lehnt man sich nicht allzu weit aus dem Fenster, wenn man die Big Five als „Goldstandard der Taxonomien" in der Persönlichkeitspsychologie bezeichnet. Immer wenn in empirischen oder experimentellen Studien Persönlichkeitsvariablen eine Rolle spielen, dann ist die Wahrscheinlichkeit sehr groß, dass die Wissenschaftler auf dieses Standardmodell der Persönlichkeitspsychologie als Ordnungsrahmen zurückgreifen. So stieg nach einer Analyse von John und Naumann (2010, S. 45) die Zahl der Publikationen mit Bezug zu den Big Five vom *Fünfjahresintervall 1980–1984* bis zum *Intervall 2005–2009* von ca. 20 auf über 1500. Die große Bedeutung und hohe Wertschätzung der Big Five kommen in einigen Zitaten sehr gut zum Ausdruck.

> *„Zweifelsohne zählt die Big Five Taxonomie zu einer der bekanntesten, nachhaltigsten und wichtigsten Errungenschaften der Persönlichkeitspsychologie. (…) Die Big Five erwiesen der Persönlichkeitspsychologie einen großen Dienst, da sie es erstmals ermöglichten, so etwas wie eine „gemeinsame Sprache" zu sprechen. Vorher hatte fast jeder Forscher eine eigene (Lieblings-)Taxonomie und Faktorennamen (…). (Daher) erlangten die Big Five auch eine große Popularität (…) auch jenseits der Persönlichkeitspsychologie."* (Rauthmann, 2017, S. 254, 257).
>
> *„Unter Persönlichkeitspsychologen gibt es seit ca. 25 Jahren einen zunehmenden Konsens, dass sich der Charakter eines Menschen mit fünf basalen Persönlichkeitsdimensionen beschreiben lässt (…)."* (Fetchenhauer, 2011, S. 165).
>
> *„(…) stellen die Big Five so etwas wie ein Koordinatensystem für alltagspsychologische Persönlichkeitsbeschreibungen dar. (…) Jede Person lässt sich durch 5 Koordinaten auf diesen Achsen beschreiben (…). Gleichzeitig lassen sich viele andere Persönlichkeitsdimensionen als Kombinationen der Big Five (…) darstellen."* (Neyer & Asendorpf, 2018, S. 110 f.)
>
> *„In der psychologischen Fachwelt ist man annähernd zu einem Konsens darüber gelangt, was die Zuverlässigkeit des Fünf-Faktoren-Modells angeht. Digman und Inouye (…) bezeichnen die Ergebnisse als „übereinstimmend genug, um sich dem Charakter einer Gesetzmäßigkeit anzunähern"."* (Howard & Howard, 2008, S. 26).
>
> *„Bemerkenswert ist die Konvergenz ganz unterschiedlicher Forschungsansätze: So fanden sich ähnliche Befunde in lexikalischen Ansätzen, in faktorenanalytischen Reanalysen und in interkulturellen Vergleichsstudien (…)."* (Schuler & Höft, 2006, S. 117).
>
> *„Bereits seit den 1990er Jahren gelten daher die sogenannten Big Five (1992) als das etablierteste und am weitgehendsten akzeptierte Modell der Persönlichkeit. Heutzutage ist es das Referenzmodell für Persönlichkeitsforschung schlechthin."* (Rammstedt et al., 2012, S. 7).
>
> *„Für die psychologische Wissenschaft sind die Big Five in ungefähr so wichtig wie Google für das Internet: ohne sie wäre es kaum vorstellbar."* (Lorber, 2012).

Eine kleine, aber interessante Episode am Rande: Die potenziell hohe politische, gesellschaftliche und unternehmerische Bedeutung der Big Five wird durch einen

Baustein aus dem US-amerikanischen Präsidentschaftswahlkampf im Jahr 2016 unterlegt, aus dem dann Donald Trump knapp als Sieger hervorgegangen ist. Das britische
Beratungsunternehmen Cambridge Analytica ließ verlauten, dass es zum Sieg von Trump
einen wichtigen Beitrag geleistet hätte, indem über frei verfügbare Konsumentendaten
Kleinstzielgruppen in der Wählerschaft identifiziert wurden (sog. „Microtargeting").
Diese bekamen dann auf Basis ihres Persönlichkeitsprofils und ihrer derzeitigen
emotionalen Verfassung gezielt individuelle Botschaften, die sie dann ins Trump-Lager
gezogen hätten. Cambridge Analytica vertritt – wohl zutreffend – den Ansatz, dass
Botschaften, die konkret auf die Person abgestimmt sind, eine höhere Wahrscheinlichkeit haben, wahrgenommen zu werden und das konkrete Verhalten zu beeinflussen. Als
theoretische Basis für die Erstellung von Persönlichkeitsprofilen nutzte das Beratungsunternehmen die Big Five (vgl. Campillo-Lundbeck, 2017, S. 14).

Jetzt war der Leser lange genug auf die Folter gespannt. Welche Persönlichkeitsmerkmale bilden nun die Big Five? Nach ihren englischen Bezeichnungen ordnet man sie gerne
mit dem Akronym OCEAN und spricht daher auch vom OCEAN-Modell. Passionierten
Wassersportlern wird vielleicht auch eine – seltenere – andere Ordnung nach den Anfangs-
buchstaben gefallen, die dann zum Akronym CANOE führt. In Tab. 1.1 sind die englischen
Originalbezeichnungen und die üblichen deutschen Übersetzungen dargestellt.

Die nähere Beschreibung dieser Merkmale differiert in der Literatur ein wenig.
Zusammenfassend kann man die einzelnen Traits wie folgt umreißen (vgl. Muck, 2006,
S. 530 f.; Fetchenhauer, 2011, S. 166 ff.; Weibler, 2016, S. 101 f.; Neyer & Asendorpf,
2018 S. 108 f.; www.wikipedia.org (Hrsg.)), wobei hohe oder niedrige Ausprägungen
nicht in einem wertenden Sinne *gut* oder *schlecht* sind. Charakterisiert wird eher wert-
neutral die Unterschiedlichkeit von Menschen.

Offenheit Gemeint ist die Offenheit für neue Erfahrungen. Menschen mit hoher Ausprägung zeichnen sich durch intellektuelle Neugier, Wissbegierigkeit und Experi-
mentierfreude aus, haben breite Interessen und stehen allem Neuen grundsätzlich positiv
gegenüber. Sie sind interessiert an neuen Erfahrungen, Erlebnissen und Eindrücken.
Dies gilt auch für Kunst und ästhetische Genüsse. Das Interesse bezieht sich sowohl
auf die Außenwelt, als auch auf ihre eigene Innenwelt. Sie haben eine reiche Fantasie,
sind kreativ, emotional überschwänglich und eher unkonventionell in ihren Wertorien-
tierungen. Dies führt zu einer hohen Bereitschaft, bestehende Normen kritisch zu

Tab 1.1 Big Five-Persönlichkeitstaxonomie als OCEAN-Modell. (Quelle: Asendorpf, 2019, S. 70)

Kürzel	Englisch	Deutsch
O	Openness	Offenheit
C	Conscientiousness	Gewissenhaftigkeit
E	Extraversion	Extraversion
A	Agreeableness	Verträglichkeit
N	Neuroticism	Neurotizismus

hinterfragen und sich auf neuartige soziale, ethische, politische Wertvorstellungen einzulassen. An neue Umgebungen und andere Kulturen können sie sich recht schnell
anpassen. Eigene und fremde (positive und negative) Gefühlswelten nehmen sie eher
sensibel wahr. Die hohe Flexibilität kann mitunter zu einer gewissen Sprunghaftigkeit
und geringeren Beständigkeit im Leben führen. Menschen mit einer niedrigen Ausprägung in der Dimension „Offenheit" sind eher konservativ und vorsichtig. Sie ziehen
das Bekannte und Bewährte tendenziell dem Neuen vor.

Gewissenhaftigkeit   Bei hoher Ausprägung zeichnen sich Menschen durch hohe Zielstrebigkeit, Beharrlichkeit, Willensstärke, Selbstdisziplin und Pflichtbewusstsein aus.
Ihnen sind eine starke Leistungsorientierung und Zuverlässigkeit eigen. Dabei zeigen
sie eine gewisse Vorliebe für Ordnung, Struktur, Effizienz und Prinzipientreue. Ihre Vorgehensweisen sind planvoll, organisiert und überlegt – bis hin zum Perfektionismus. An
soziale Normen, gesellschaftliche Spielregeln und an Gesetze halten sich hoch gewissenhafte Menschen recht eng – nicht immer aus absoluter innerer Überzeugung, sondern
vielmehr aus dem Motiv der Regeltreue. Der alten Dame hilft man dann nicht primär aus
tief empfundener Mitmenschlichkeit über die Straße, sondern „weil es sich so gehört".
Geringere Gewissenhaftigkeit bei anderen können sie nur schwer akzeptieren. Niedrigere
Ausprägungen dieses Persönlichkeitsmerkmals gehen einher mit höherer Spontaneität
und weniger Planung im eigenen Handeln, mit geringerer Sorgfalt und Zuverlässigkeit.
Dies kann sich im positiven Sinn in einer gewissen Unbekümmertheit äußern.

Extraversion   Hoch extravertierte Personen sind – wie schon der Begriff verdeutlicht –
stark nach außen gewandt. Sie sind sehr gern in der Gesellschaft anderer Menschen
und fühlen sich in Gruppen wohl. Ihre sozialen Netzwerke sind groß („kennt Gott
und die Welt") und werden strategisch gepflegt. Sie schätzen aufregende Situationen,
zeigen Unternehmungslust und viel Aktivität. Dabei agieren sie gesprächig und freundlich, zeigen aber auch hohes Selbstbewusstsein, Dominanz und Durchsetzungsstärke.
Gehemmtheit ist ihnen eher fremd. Ihre grundsätzliche Stimmungslage ist von Optimismus und Heiterkeit geprägt. Das hohe soziale Aktivitätsniveau verhindert mitunter eine
tiefere inhaltliche Auseinandersetzung mit einzelnen Themenfeldern. Stattdessen nutzen
hoch Extravertierte dann ihr soziales Kontaktfeld zur Auskunftserteilung. Bei niedrig
ausgeprägter Extraversion verhalten sich Personen bei sozialen Interaktionen eher
zurückhaltend. Sie sind gerne allein und unabhängig, dabei nicht unbedingt weniger
aktiv, aber eben nicht in Gesellschaft.

Verträglichkeit   Es geht bei diesem Trait um den sozialen Umgang mit anderen. Hoch
verträgliche Menschen begegnen anderen Personen mit Wohlwollen, Freundlichkeit
und hoher Vertrauensbereitschaft. Ihr Menschenbild ist positiv. Sie gehen davon aus,
dass sich das Gegenüber tendenziell genauso verhält. Altruismus, Hilfsbereitschaft
und Mitgefühl für andere sind wesentliche Persönlichkeitszüge. Sie sind geprägt von
einer gewissen Gutmütigkeit, Kooperationsbereitschaft und der Tendenz, in Konflikten

zurückzustecken. Daher sind sie auch wenig rachsüchtig und nachtragend und schnell bereit, anderen zu verzeihen. Hohe Verträglichkeit kann mitunter mit zu großer Vertrauensseligkeit, Gutgläubigkeit und Nachgiebigkeit einhergehen, was zu einer gewissen Gefahr führt, durch andere Menschen ausgenutzt zu werden oder zumindest von ihnen abhängig zu sein. Gering verträgliche Personen zeigen eher misstrauisches Verhalten, tendieren zu Egoismus statt Altruismus und sind wenig bereit, Kompromisse einzugehen. Statt Kooperation zeigen sie in sozialen Beziehungen eher wettbewerbsorientiertes Verhalten.

Neurotizismus Dieser Begriff ist etwas psychopathologisch konnotiert. Daher wird auch mitunter eher von „Emotionaler Stabilität" gesprochen. Das bringt m. E. im Deutschen auch klarer zum Ausdruck, worum es geht. Personen mit hohem Neurotizismus weisen – insbesondere unter Druck und Stress – eine eher geringe emotionale Stabilität auf. Sie kommen generell leichter aus dem Gleichgewicht und unterliegen starker Stimmungsschwankungen. Dies äußert sich darin, dass sie häufiger, intensiver und länger Ängste, Unsicherheit, Angespanntheit und soziale Befangenheit empfinden. Sie sind leichter verletzbar und fühlen sich eher angegriffen. Die Folge sind häufiger negative Stimmungslagen wie Traurigkeit, Ärger, Scham, Verlegenheit und Besorgtheit, aber auch Reizbarkeit und Aggressivität. Es fällt ihnen eher schwer, auf herausfordernde Situationen angemessen – speziell mit Kontrolle ihrer Gefühlswelt – zu reagieren. Mitunter existiert ein Hang zu unrealistischen Ideen. Emotionen liegen generell stärker an der Oberfläche, was dann aber auch mit größerer Tiefgründigkeit und Reflektiertheit verbunden sein kann. Viele große Werke der Weltliteratur wären wohl ohne emotionalen Leidensdruck der Autoren nie entstanden. Menschen mit geringerem Neurotizismus zeigen eine stärkere Ausgeglichenheit, Entspanntheit, Optimismus und Fröhlichkeit. Sie erleben generell seltener negative Gefühle.

Für die Herausarbeitung feinerer Persönlichkeitsunterschiede im Rahmen von wissenschaftlichen Studien reicht die sprachlich sparsame Benennung der Big Five-Faktoren mitunter nicht aus, da sie nur sogenannte „Domänen" abbilden. Was verbirgt sich hinter diesem Begriff? Die Persönlichkeitspsychologie strebt allgemein eine Systematik an, bei der die inhaltlichen Zusammenhänge zwischen den persönlichkeitsbeschreibenden Merkmalen mit absteigendem Abstraktionsgrad bzw. zunehmendem Konkretisierungsgrad in eine hierarchische Ordnung gebracht werden. Tab. 1.2 macht das Prinzip deutlich und unterlegt es mit einem Beispiel (in Anlehnung an Rauthmann, 2017, S. 229 f.). Der Bereich zwischen den beiden fettgedruckten Balken zeigt, welche Hierarchieebenen durch das Big Five-Konzept abgedeckt werden. Demnach stellen die Big Five *Domänen* (= Dimensionen) dar, also Oberfaktoren, die konkretisierend in zwei weiteren Stufen in *Aspekte* und *Facetten* als Unterfaktoren zerlegt werden.

In der wissenschaftlichen Forschung spielen die *Aspekte* nur eine untergeordnete Rolle. Von deutlicher größerer Bedeutung ist die Zerlegung jedes Big Five-Merkmals in jeweils sechs *Facetten*. Einzelne *Facetten* sagen in empirischen Studien bestimmtes Erleben und Verhalten oft genauer vorher als die abstrakter gefassten *Domänen*. Diese wiederum weisen

Tab. 1.2 Big Five innerhalb hierarchischer Trait-Modelle

Abstrakti-onsgrad	Hierarchische Ebene + Beispiel
	Super-Faktor, Meta-Faktor
hoch	Frau Bauer weist eine <u>hohe Stabilität</u> als Kombination aus hoher Gewissenhaftigkeit, hoher Verträglichkeit und geringem Neurotizismus auf.
•	(nähere Erläuterungen dazu weiter unten im Text)
•	
•	**Domäne**
•	Frau Bauer weist eine <u>hohe Gewissenhaftigkeit</u> auf.
•	**Aspekt**
•	Frau Bauer weist <u>hohen Fleiß</u> auf.
•	**Facette**
•	Frau Bauer weist <u>hohe Selbstdisziplin</u> auf.
•	**Gewohnheit**
•	Frau Bauer <u>vermeidet Verschwendung</u> von Ressourcen, wo immer es möglich ist.
•	**Spezifisches Verhalten in spezifischer Situation**
•	Da Frau Bauer weiß, dass die Kollegen in der Nachbarabteilung heute in feuchtfröhlicher und ausgelassener Stimmung den Abschluss eines großen Projektes gefeiert haben, geht sie vor Feierabend noch einmal schnell durch deren Büros, um sicherzustellen, dass überall die Lichter aus und die Fenster geschlossen sind.
niedrig	

aber – weil allgemeiner gehalten – eine größere Stabilität in der Zeit und über Situationen hinweg auf. Das verwundert nicht wirklich, denn je allgemeiner eine Aussage, desto geringer ist das Irrtumsrisiko. Auf die Spitze getrieben wird dieser Zusammenhang gern mit dem Bonmot *„Kräht der Hahn auf dem Mist, dann ändert sich das Wetter, oder es bleibt wie es ist".* In der Persönlichkeitspsychologie und in vielen empirischen Studien wird die Entscheidung zwischen einem breit gefassten Merkmal mit hohem Abstraktionsgrad und einem eng gefassten mit hohem Konkretisierungsgrad unter dem Stichwort „Bandwidth-Fidelity-Dilemma" (= Bandbreiten-Genauigkeits-Dilemma) intensiv diskutiert.

Die Logik der Unterteilung der Big Five in jeweils sechs *Facetten* liegt vielfach auch den etablierten Verfahren zur Messung der Big Five über Fragebögen zugrunde (siehe näher Abschn. 1.7). Dort wird jede der 6 Facetten mit jeweils 8 Items abgedeckt, so dass sich insgesamt 240 Items ergeben (5 Domänen × 6 Facetten × 8 Items) (vgl. Neyer & Asendorpf, 2018, S. 109). In Tab. 1.3 ist die hierarchische Struktur der Big Five in deutscher Übersetzung abgebildet (in Anlehnung an Rauthmann, 2017, S. 259 f. und die zit. Lit.).

Tab. 1.3 Domänen, Aspekte und Facetten der Big Five

Domäne	Aspekt	Facette
Offenheit	**Intellekt** *(Intellect)*	Offenheit für Ideen
	Offenheit *(Openness)*	Offenheit für Fantasie Offenheit für Ästhetik Offenheit für Gefühle Offenheit für Handlungen Offenheit des Werte- und Normensystems
Gewissenhaftigkeit	**Fleiß** *(Industriousness)*	Kompetenz Pflichtbewusstsein Leistungsstreben Selbstdisziplin Besonnenheit
	Ordentlichkeit *(Orderliness)*	Ordnungsliebe
Extraversion	**Begeisterung** *(Enthusiasm)*	Herzlichkeit Geselligkeit Frohsinn
	Selbstbewusstsein *(Assertiveness)*	Durchsetzungsfähigkeit Aktivität Erlebnishunger
Verträglichkeit	**Mitgefühl** (Compassion)	Vertrauen Altruismus Gutherzigkeit
	Höflichkeit *(Politeness)*	Freimütigkeit Entgegenkommen Bescheidenheit
Neurotizismus	**Unbeständigkeit** *(Volatility)*	Reizbarkeit Impulsivität
	Rückzug *(Withdrawal)*	Ängstlichkeit Depression Soziale Befangenheit Verletzlichkeit

Vertiefender Exkurs

Für den Leser ist mit Bezug zu Tab. 1.2 noch die Frage offen, welche *Meta-Faktoren* und *Super-Faktoren* in der Trait-Hierarchie *oberhalb* der Big Five-Domänen angesiedelt sind (vgl. Rauthmann, 2017, S. 274, 276 und die zit. Lit.). Hier die Aufklärung: Da in etlichen empirischen Studien nachgewiesen werden konnte, dass die Big Five nicht gänzlich voneinander unabhängig sind, sondern zum Teil systematisch miteinander korrelieren, konnten über diese Interkorrelationen zwei Faktoren (= Big Two) gebildet werden. Der eine wurde „Alpha" und später „Stability" (= Stabilität) genannt und besteht aus den Überschneidungsbereichen von:

Stability (Alpha) = *hohe Verträglichkeit + hohe Gewissenhaftigkeit + geringer Neurotizismus*

Der zweite Faktor wurde „Beta" und später „Plasticity" genannt, was im Deutschen wohl am treffendsten mit „(Um)formbarkeit" im Sinne von Veränderungsfähigkeit zu beschreiben wäre. Dieser zweite Faktor besteht aus den Überschneidungsbereichen von:

Plasticity (Beta) = *hohe Extraversion + hohe Offenheit*

Im weiteren Sinne als Metafaktoren könnte man auch „Persönlichkeitstypen" interpretieren. Bezieht man die Analyse nämlich nicht primär auf die *Merkmale,* die Personen unterscheiden, sondern auf die *Personen,* dann lassen sich mit den Big Five drei *Persönlichkeitstypen* definieren, die per Clusteranalyse häufiger bestätigt werden konnten. Sie zeichnen sich jeweils durch eine bestimmte Kombination von Big Five-Merkmalen aus (vgl. näher Asendorpf et al., 2001, S. 169 ff.). Die drei Persönlichkeitstypen mit ihren besonders hervorstechenden Big Five-Merkmalen zeigt Tab. 1.4.

Wo es die Big Two gibt (Stability und Plasticity), kann natürlich auch der „Big One"-Faktor nicht weit sein, also das eine Persönlichkeitsmerkmal, mit dessen Hilfe das Verhalten aller Menschen hinreichend differenziert beschrieben werden kann. Ausgehend von der These, dass alle Menschen die grundlegenden Probleme der Fortpflanzung und des Überlebens zu lösen hätten, werden auf einem eindimensionalen Kontinuum die beiden Gegentypen unterschieden:

Tab. 1.4 Persönlichkeitstypen auf Basis der Big Five-Taxonomie

Persönlickeitstyp	Big Five-Kombination
Resilient	• sehr geringer Neurotizismus • mittlere Extraversion • sehr hohe Gewissenhaftigkeit
Überkontrolliert	• sehr hoher Neurotizismus • sehr geringe Extraversion
Unterkontrolliert	• leichte bis mittlere Extraversion • leichte bis mittlere Offenheit • sehr geringe Gewissenhaftigkeit

> *Generierung vieler Nachkommen bei geringem elterlichem Investment.*
> vs.
> *Generierung <u>weniger</u> Nachkommen bei <u>hohem</u> elterlichem Investment.*

Im Gegensatz zu den eher akzeptierten Big Two wird der Big One-Ansatz in der Wissenschaft eher skeptisch gesehen.

Nach diesem vertiefenden, eher „neugierdegetriebenen" Exkurs, nun zu einer Weiterentwicklung bzw. einer Alternative zur Big Five-Taxonomie.

1.6   HEXACO-Modell als Alternative zu den Big Five

In den letzten Jahren fand in wissenschaftlichen Studien auch vermehrt die HEXACO-Taxonomie Verwendung. Man könnte sie auch als „Big Six-Modell" bezeichnen. Denn die (etwas veränderten) fünf Merkmale der Big Five werden hier um die Dimension „Honesty/Humility" (= Ehrlichkeit-Bescheidenheit) ergänzt. Die sechs Dimensionen konnten in lexikalischen Studien per Faktorenanalyse in insgesamt sieben Ländern bestätigt werden (Deutschland, Frankreich, Niederlande, Italien, Ungarn, Polen, Südkorea) (vgl. Ashton et al., 2004, S. 356 ff.). Die Messung der Persönlichkeitsfaktoren erfolgt entweder über einen kostenlos nutzbaren Fragebogen zur *Selbstbeurteilung* namens „HEXACO Personality Inventory-Revised" (HEXACO-PI-R) mit 100 Items oder/und einer kürzeren Version mit 60 Items. Beide liegen in 32 verschiedenen Sprachen vor (Stand: Februar 2021). Weitere sind in Vorbereitung. In 13 Sprachen werden zudem Versionen zur *Fremdbeurteilung* angeboten. Auf konkrete Anfrage ist auch eine besonders differenzierte Version zur Selbstbeurteilung mit 200 Items erhältlich (vgl. www.hexaco. org, 2009). Die Homepage enthält auch eine stets aktualisierte Liste mit wissenschaftlichen Studien, die auf Basis des HEXACO-Modells durchgeführt wurden.

Zur Frage, ob das HEXACO-Modell die Big Five verdrängen wird, kann man sich nach Sichtung der aktuelleren Literatur folgendem Fazit anschließen, das Lorber schon 2012 gezogen hat:

> *„dass ihr Modell einige wichtige Verbesserungen im Vergleich zu den Big Five bietet. In der Wissenschaft ist man sich jedoch uneinig, ob dies wirklich ausreicht, um die Big Five zu ersetzen. Denn die Big Five sind bereits seit Jahrzehnten weltweit akzeptiert. Sie sind in der Wissenschaft sehr etabliert und nur schwer vom Thron der Persönlichkeitseigenschaften zu verdrängen. Zwar sind die Hexaco-Faktoren wissenschaftlich wasserdicht (…), aber das sind die Big Five auch.*
>
> *Der sechste Faktor Ehrlichkeit-Bescheidenheit wird bei den Hexaco zwar getrennt präsentiert, ist bei den Big Five aber auch bereits als Teil des Faktors Verträglichkeit vorhanden und somit nichts Neues.*
>
> *Daher ist es unwahrscheinlich, dass das Hexaco die Big Five verdrängen wird. Ein Punkt, der allerdings klar für Hexaco spricht, ist der, dass es vollkommen frei verfügbar ist und keine Lizenzgebühren anfallen."*

Für die Zwecke dieses Buches ist der Autor in der komfortablen Lage, dass sich das Merkmal „Gewissenhaftigkeit" innerhalb von Big Five und HEXACO nur unwesentlich unterscheidet. Bei HEXACO beinhaltet Gewissenhaftigkeit lediglich etwas mehr „Perfektionismus" und „Aufmerksamkeit für Details" (vgl. Lorber, 2012). Das bedeutet, dass empirische Ergebnisse, die auf Basis des HEXACO-Modells erhoben wurden, auch in die weiteren Analysen einbezogen werden können.

Kommen wir nun zur Frage, wie die Traits der Big Five gemessen werden können.

1.7   Messung der Big Five

Es ist – wie häufig in der Psychologie – kompliziert, zumindest komplex. Die oft sehr kryptischen Abkürzungen für die Erhebungsinstrumente schrecken zusätzlich ein wenig ab. Versuchen wir also, ein wenig Licht ins Dunkel und Ordnung ins System zu bekommen. Doch zuvor noch der „Beipackzettel mit den Risiken und Nebenwirkungen": Die Messung von psychologischen Konstrukten ist eine Spezialistenmaterie. Der leichtfertige Einsatz von „irgendwo gefundenen" Fragebögen durch Laien samt sorgloser Verwendung der Ergebnisse bei der *Einschätzung von* oder gar *Entscheidung über* Menschen verbietet sich damit. Ein hinreichendes Verständnis für das gemessene psychologische Konstrukt und die testtheoretischen Gütekriterien (wurden sie überhaupt erhoben?) sollte vorhanden sein.

Die international am häufigsten in Wissenschaft, allgemeiner Diagnostik und im klinischen Bereich eingesetzten Messinstrumente für die Big Five sind der NEO-PI-R und der NEO-FFI als seine kürzere Version. Sie wurden von den beiden Amerikanern Costa und McCrae (1992) entwickelt. Die ersten drei Buchstaben *NEO* sind das Kürzel für die drei Big Five-Merkmale „Neuroticism, Extraversion, Openness". *PI* steht für „Personality Inventory" (= Persönlichkeitsinventar) und das *R* für „Revised", also für die überarbeitete Fassung. Das Kürzel *FFI* bedeutet „Five-Factor-Inventory" (= Fünf-Faktoren-Inventar). Warum in der Benennung des Fragebogens die beiden Faktoren „Agreeableness und Conscientiousness" unterschlagen wurden, das entzieht sich ein wenig dem Verständnis des pragmatisch denkenden Betriebswirts. *OCEAN long* und *OCEAN short* wären doch auch nette Bezeichnungen gewesen…

Die Langfassung NEO-PI-R misst jede Big Five-*Domäne* mit ihren jeweils sechs *Facetten* mit jeweils acht *Items,* so dass der gesamte Fragebogen aus $5 \times 6 \times 8 = 240$ Items besteht. Auf einer fünfstufigen Skala mit den Polen „*starke Zustimmung*" vs. „*starke Ablehnung*" nehmen die Probanden eine Selbsteinschätzung zu vorgegebenen Aussagen vor. Die Kurzfassung NEO-FFI mit insgesamt 60 Items verzichtet auf die Messung der *Facetten* und beschränkt sich auf die Erfassung der fünf *Domänen* der Big Five, die jeweils über 12 *Items* abgedeckt werden. (vgl. Sarges & Wottawa, 2001, S. 412). Der NEO-FFI enthält dabei nur Items, die auch im längeren NEO-PI-R Verwendung finden.

Beide Tests liegen auch in deutschen Adaptionen vor (vgl. Borkenau & Ostendorf, 2008 für den NEO-FFI; Ostendorf & Angleitner, 2004 für den NEO-PI-R). Der kürzere NEO-FFI wird zur Selbstbeurteilung eingesetzt, der längere NEO-PI-R sowohl zur Selbst-, als auch Fremdbeurteilung. Der Einsatz der Bögen wird für Jugendliche ab 16 Jahren empfohlen. Die *durchschnittlichen* Bearbeitungszeiten betragen ca. 10 min für den NEO-FFI und ca. 35 min für den NEO-PI-R, wobei *kumuliert* 90 % der Probanden maximal 45 min benötigen. Die testtheoretischen Gütekriterien Objektivität, Reliabilität und Validität fallen überzeugend aus. Normierungsdaten liegen für die deutschen Fassungen des NEO-PI-R und NEO-FFI über eine sehr große Gesamtstichprobe von fast 12.000 Personen vor (vgl. zu den exakten Daten die Rezension von Berth & Goldschmidt, 2006, S. 95 ff.; www.testzentrale.de 2004, 2008). Speziell den kürzeren NEO-FFI unterzieht Kanning (2009, S. 196 f.) einer näheren Prüfung und stellt als Fazit fest (S. 197):

> „Das Verfahren erfüllt alle diagnostischen Ansprüche, welche die Forschung heute an ein modernes diagnostisches Verfahren stellt. Positiv hervorzuheben ist insbesondere die nunmehr vorliegende Normierung, die noch dazu den Anspruch der Repräsentativität (…) erfüllen kann. (…) Ebenfalls positiv anzumerken ist der sehr lange Zeitraum, über den hinweg die Retest-Reliabilität berechnet wurde (2 Jahre). Die Ergebnisse unterstreichen überzeugend, dass mit dem NEO-FFI stabile Persönlichkeitsmerkmale gemessen werden.“

Die Äquivalenz zwischen den amerikanischen Originalformen und der deutschen Adaption ist sehr hoch, sodass auch ein Großteil der internationalen Forschungsergebnisse auf die deutsche Form übertragen werden kann (vgl. Sarges & Wottawa, 2011, S. 413). Speziell dem NEO-PI-R wird attestiert, dass er in seiner deutschen Fassung die Originalstruktur „in hervorragender Weise“ (Muck, 2004, S. 203) nachbildet.

Der Vollständigkeit halber sei erwähnt, dass vom amerikanischen Original des NEO-PI-R mittlerweile eine nochmals überarbeitete Fassung, der NEO-PI-3, vorliegt. Es wurden dabei 37 Items sprachlich so angepasst, dass sich insbesondere eine leichtere Lesbarkeit und damit auch eine bessere Einsetzbarkeit für Jugendliche und junge Erwachsene mit geringerem Bildungsgrad ergibt. Gleichzeitig konnten mit den Überarbeitungen die testtheoretischen Gütekriterien noch leicht verbessert werden. Die Veränderungen fanden analog auch Eingang in einen überarbeiteten NEO-FFI-3 (vgl. McCrae et al., 2005).

Problematisch an NEO-PI-R und NEO-FFI und seinen deutschen Adaptionen sind zum einen die *Kosten*. Für Testmanual, Auswertungsutensilien und einige wenige Testexemplare fallen brutto ca. 350 € (NEO-PI-R) bzw. ca. 230 € (NEO-FFI) an (vgl. www. testzentrale.de 2004, 2008, Stand: 9/2021). Zum anderen kann die Zahl der Items und damit die *Länge* und notwendige Bearbeitungsdauer bei manchen Anwendungen (z. B. Marktforschung, Personalvorauswahl, aber auch wissenschaftliche Studien, bei denen Persönlichkeitsmerkmale nur begleitend einfließen sollen) zum Problem werden.

Es haben sich daher kostenfrei im Internet erhältliche und auch deutlich kürzere Erfassungsinstrumente sowohl in Wissenschaft, als auch in der Praxis etabliert. Klar ist, dass kürzere Varianten zwar ökonomischer sind, aber keine so detaillierten und verlässlichen Ergebnisse liefern. Insofern steht der Anwender hier immer vor einem Abwägungsproblem nach dem Muster *„so kurz wie möglich, so lang wie nötig"* (vgl. Asendorpf, 2019, S. 70 f.). Noch schwerwiegender ist die inhaltliche Frage, in welchem Umfang die unterschiedlichen Fragebogenversionen tatsächlich die gleichen Persönlichkeitsmerkmale innerhalb der Big Five messen. Sie tun es – zumindest graduell – nicht, wenn Items in größerer Zahl weggelassen oder verändert werden. So verwundert es auch nicht, dass Metaanalysen zur Konvergenz von verschiedenen Erfassungsinstrumenten für die Big Five Korrelationen im Bereich von r = 0,5–0,6 ausweisen (vgl. Pace & Brannick, 2010, zit. nach Rauthmann, 2017, S. 261). Aber dieses Problem ist in der Forschung ja beileibe nicht neu. Wenn in Führungsstudien einzelne Wissenschaftler die Variablen „Führungsverhalten" und „Führungserfolg" unterschiedlich definieren, dann wird es eben „dünn" mit der Ergebnisvergleichbarkeit.

Unter dem Aspekt der *Kostenfreiheit* ist interessant, dass in Deutschland das „GESIS – Leibniz-Institut für Sozialwissenschaften" im Internet validierte Items zu vielen psychologischen Konstrukten, somit also auch zu den Big Five, kostenfrei zur Verfügung stellt (vgl. GESIS (Hrsg.), 2020 – https://zis.gesis.org/). Ein ähnliches, noch deutlich vielfältigeres Angebot für den englischen Sprachraum bietet speziell für die Persönlichkeitsmessung die Website „International Personality Item Pool (IPIP)" mit 3320 Items (Stand: August 2020) (siehe https://ipip.ori.org/). Dort finden sich auch drei Erhebungsinstrumente für die Big Five als „IPIP-Scales". Eine lange Variante hat auf der *Facetten-Ebene* 300 Items, die zwei kurzen Varianten auf der *Domänen-Ebene* 50 oder 100 Items. Alle drei Varianten sind sehr nahe am NEO-PI-R und NEO-FFI konstruiert, sodass sich sehr hohe Korrelationen von r = 0,90–0,94 zwischen den NEOs und den IPIPs ergeben (vgl. https://ipip.ori.org/newNEO_DomainsTable.htm und https://ipip.ori.org/newNEO_FacetsTable.htm; Wilt & Revelle, 2015, S. 6 f.). Für den deutschen Sprachraum wurde die lange Variante der IPIP-Scales zunächst in die deutsche Sprache übersetzt und dann ins Englische rückübersetzt, um die maximale Deckungsgleichheit mit den Originalitems überprüfen zu können. Es wurde dabei Übereinstimmung festgestellt. Danach erfolgte eine Kürzung auf 240 Items, um eine längenmäßige Äquivalenz zum deutschen NEO-PI-R herzustellen. Auf diesem Wege entstand der Fragebogen „IPIP-240". Er kann für Zielgruppen ab 14 Jahren eingesetzt werden. Statistische Analysen ergaben Korrelationen zwischen r = 0,91 und r = 0,96 auf *Domänenebene* und zwischen r = 0,57 und r = 0,91 auf Ebene der *Facetten* mit dem deutschen NEO-PI-R (z. B. Gewissenhaftigkeit: r = 0,67–0,91). Es bestätigt sich also, dass es sich bei IPIP-240 und NEO-PI-R um sehr ähnliche Messinstrumente handelt (vgl. Schreiber & Iller, 2016, S. 6 ff. und die zit. Lit.). Damit stehen akzeptable, kostenfreie Alternativen zum NEO-PI-R, auch in deutscher Sprache, zur Verfügung. Es ist aber zu berücksichtigen, dass für den IPIP-240 bei weitem nicht so umfängliche Normdaten vorliegen wie für den NEO-PI-R (ca. 900 vs. knapp 12.000).

Unter dem Aspekt *Länge des Messinstruments* geht es im Extremfall beim „Five-Item Personality Inventory (FIPI)" hinunter bis zu lediglich fünf Items, die zudem jeweils nur aus zwei Adjektiven bestehen, zu denen sich die Probanden auf einer 7er-Skala von *„starker Ablehnung"* bis *„starker Zustimmung"* positionieren sollen. Allerdings sind die Adjektive beim FIPI durch erklärende informatorische Zusätze angereichert. Beispielsweise hat dann das einzige Item zur Messung von Gewissenhaftigkeit (übersetzt) folgende Gestalt (vgl. Gosling et al., 2003, S. 508):

Zuverlässig, organisiert (das meint: hart arbeitend, verantwortungsbewusst, selbstdiszipliniert, gründlich NICHT nachlässig, spontan).

Kritisch ist anzumerken, dass ein derart konstruiertes Item überkomplex ist und in sich widersprüchlich sein kann. Wie soll z. B. ein Proband antworten, der sich zwar für „verantwortungsbewusst" hält, aber eher nicht für einen „hart arbeitenden" Menschen? Die Konstrukteure des Tests würden vermutlich antworten, dass er dies ja in einem Verrechnungsprozess auf der 7er-Skala zum Ausdruck bringen kann. Fraglich wäre aber dann, ob die Probanden zu solch komplexen Verrechnungsprozessen kognitiv überhaupt in der Lage und motivational dafür bereit sind.

Mit zehn Items gibt es von den gleichen Autoren das „Ten-Item Personality Inventory (TIPI)". Hier wird jedes Big Five-Merkmal durch zwei Items gemessen, die allerdings jeweils nur aus zwei unkommentierten Adjektiven bestehen, zu denen wieder auf einer 7er-Skala die Zustimmung abgefragt wird. Beispielsweise sehen die beiden Items zu Gewissenhaftigkeit (übersetzt) wie folgt aus (vgl. Gosling et al., 2003, S. 525):

zuverlässig, selbstdiszipliniert
desorganisiert, nachlässig

In deutscher Sprache gibt es ebenfalls ein Erfassungsinstrument mit 10 Items, das „Big Five Inventory 10 (BFI-10)". Hier müssen sich die Teilnehmer in einer Selbstbewertung zu kurzen beschreibenden Ich-Statements auf einer 5er Skala von *„trifft überhaupt nicht zu"* bis *„trifft voll und ganz zu"* positionieren. Die Bearbeitungszeit beträgt 1–2 Minuten (vgl. Rammstedt et al., 2012, S. 8 ff.). In Tab. 1.5 sind alle Items des BFI-10 mit den Zuordnungen zu den Big Five-Domänen abgebildet.

Der BFI-10 mit seinen zehn Items ist als Kurzform abgeleitet aus komplexeren Varianten. Sie bieten sich als Mittelweg zwischen den langen und kurzen Erfassungsinstrumenten an. Ausgangspunkt war das (kostenlos nutzbare) „Big Five Inventory (BFI)" mit 45 Items (vgl. John et al., 1991 und die deutsche Adaption von Lang et al., 2001), das

Tab. 1.5 Items des Big Five Inventory 10 (BFI-10). (Quelle: Rammstedt et al., 2012, S. 9)

Item	Big Five-Domäne
1. Ich bin eher zurückhaltend, reserviert.	Extraversion
2. Ich schenke anderen leicht Vertrauen, glaube an das Gute im Menschen.	Verträglichkeit
3. Ich bin bequem, neige zur Faulheit	Gewissenhaftigkeit
4. Ich bin entspannt, lasse mich durch Stress nicht aus der Ruhe bringen.	Neurotizismus
5. Ich habe nur wenig künstlerisches Interesse.	Offenheit
6. Ich gehe aus mir heraus, bin gesellig.	Extraversion
7. Ich neige dazu, andere zu kritisieren.	Verträglichkeit
8. Ich erledige Aufgaben gründlich.	Gewissenhaftigkeit
9. Ich werde leicht nervös und unsicher.	Neurotizismus
10. Ich habe eine aktive Vorstellungskraft, bin fantasievoll.	Offenheit

die Big Five nur auf der *Domänen*ebene misst. Die Itemzahl je Domäne ist dabei unterschiedlich. Sie schwankt zwischen zehn für Offenheit und Verträglichkeit und acht für Extraversion und Neurotizismus. Der Bedarf nach zeitökonomischeren Messverfahren führte dann zur Entwicklung einer Kurzform des BFI mit 21 Items auf Domänenebene, dem „BFI-K", das eine Bearbeitungszeit unter 2 Minuten ermöglicht (vgl. Rammstedt & John, 2005). Der Weg zum BFI-10 führte also über BFI und BFI-K.

Mit dem Ziel einer sparsamen Messung der Big Five auch auf *Facetten*ebene wurde für den ursprünglichen BFI mit seinen 45 Items zunächst eine Facettenstruktur mit zwei Facetten je Domäne entwickelt (vgl. Soto & John, 2009). Eine Weiterentwicklung – das „Big Five Inventory 2 (BFI-2)" – bildete später mit insgesamt 60 Items jeweils drei *Facetten* in jeder *Domäne* ab (vgl. Soto & John, 2017, S. 117 ff.). Für den BFI-2 existiert eine deutsche Version, die in einem sehr komplexen, mehrstufigen Übersetzungsprozess erstellt wurde (u. a. zwei unabhängige Übersetzer, moderierte Diskussion der Abweichungen unter Einbezug von psychologischen Experten, empirische Erprobung der Ergebnisse), um eine maximale Vergleichbarkeit zur englischen Originalversion sicherzustellen. Der Begriff „Neurotizismus" wurde wegen seiner Konnotation mit psychischen Störungen in „Negative Emotionalität" umbenannt. Im BFI-2 wurde großer Wert auf Eindeutigkeit und leichte Verständlichkeit der Items gelegt. Zu diesem Zweck wurden Synonyme gekoppelt, z. B.:

Ich bin einfühlsam, warmherzig.

Oder es wurden Begriffserklärungen beigefügt, z. B.:

> *Ich bin systematisch, halte meine Sachen in Ordnung.*

Wichtig ist zudem, dass im BFI-2 – im Unterschied zu den meisten anderen Erfassungs-instrumenten – je zur Hälfte positiv und negativ gepolte Skalen Verwendung finden. Bei lediglich positiv gepolten Skalen besteht immer die Gefahr, dass der Bearbeiter des Fragebogens eine überstarke Tendenz zu verfälschender Antwortstarrheit entwickelt, indem er tendenziell immer nur zustimmende Skalenwerte ankreuzt. Man spricht hier auch von „Akquieszenz". Die gesamte durchschnittliche Bearbeitungszeit für den BFI-2 wird mit 8 Minuten angegeben (vgl. Danner et al., 2019, S. 1 f.). Ein Beispiel für die Messung von Gewissenhaftigkeit im BFI-2 wird in Abschn. 2.3 präsentiert.

Einen sprachlich extrem reduzierten Weg geht die deutsche Version der „Big Five Mini Markers (BFMM-D)". Hier werden den Probanden lediglich insgesamt 40 Adjektive (= Mini Markers) vorgegeben, zu denen sie auf 7- oder 9-stufigen Rating-skalen im Hinblick auf die eigene Person Zustimmung oder Ablehnung signalisieren sollen. Beispielsweise wird das Persönlichkeitsmerkmal Gewissenhaftigkeit durch folgende acht Adjektive abgebildet (vgl. Weller & Matiaske, 2009, S. 258 ff.):

> chaotisch ◆ gewissenhaft ◆ nachlässig ◆ ordentlich ◆ schlampig ◆ sorgfältig ◆ systematisch ◆ zuverlässig

Für alle diese vorgestellten – gegenüber NEO-PI-R und NEO-FFI – kompakteren Mess-instrumente kann nach Analysen der jeweiligen Autoren festgestellt werden, dass sie eine ausreichende psychometrische Güte haben, also die testtheoretischen Gütekriterien auf einem akzeptablen Niveau erfüllen. Aufgrund des klaren Durchführungsprozederes

- sind sie *auswertungsobjektiv,* also unabhängig von der auswertenden Person,
- ist die *Test–Retest-Stabilität* bei Testwiederholungen – mit kleineren Einschränkungen beim BFI-10 – hinreichend gegeben,
- zeigten sich die fünf gemessenen Persönlichkeitsfaktoren weitgehend unabhängig voneinander (= *faktorielle Validität*),
- wurden hinreichend ähnliche Persönlichkeitsprofile zum deutlich längeren NEO-PI-R ermittelt (= *Paralleltest-Reliabilität*),
- konnten die Tests auch hinreichend deckungsgleich mit dem komplexeren NEO-PI-R andere Variablen vorhersagen (= *Konstruktvalidität, prädiktive Validität*).

Falls – wie bei bei FIPI und TIPI – auch *Fremd*beurteilungen der Persönlichkeit vorgenommen wurden, dann waren diese hinreichend deckungsgleich mit den *Selbst*beurteilungen und zwischen unterschiedlichen Beurteilern.

Die kürzeren Messinstrumente sind zwar kein gleichwertiger Ersatz für etablierte Verfahren mit deutlich mehr Items, aber eine vernünftige Alternative, wenn Zeit- und Kostendruck eine wichtige Rolle spielen oder die Persönlichkeit eines Menschen nur eine Facette des Aufklärungsinteresses ist (vgl. Rammstedt et al., 2012, S. 13 ff.; Gosling et al., 2003, S. 504, 523 ff.). Damit können sich diese Kurzformen als begleitendes oder absicherndes Beurteilungsinstrument (keinesfalls alleiniges!) auch in Organisationen anbieten, etwa bei der Personalauswahl, bei der Analyse des Personalentwicklungsbedarfs (PE), bei der Auswahl der passenden PE-Instrumente oder bei der Zuweisung passender Stellen im Rahmen des Personaleinsatzes.

Als Reaktion auf die Kritik, dass die Big Five-Messungen zu wenig Bezug zur Arbeitswelt und zu Unternehmen haben, entstand im Jahr 2000 der Fragebogen „WorkPlace Big Five ProFile (WB5P)". Die Big Five-Domänen blieben inhaltlich als Basis erhalten, jedoch wurden die Bezeichnungen der Domänen und Facetten terminologisch an die Messbedürfnisse in der Arbeitswelt angepasst. Zudem wurden einige Facetten für Arbeitsorganisationen als eher überflüssig angesehen und daher eliminiert, einige andere wurden dafür ergänzt. Im Ergebnis besteht der WB5P aus 24 Facetten, die im Gegensatz zum NEO-PI-R mit seinen 30 Facetten auch nicht mehr gleichgewichtig auf die Domänen verteilt sind (vgl. Howard & Howard, 2008, S. 28 ff.).

In einer Weiterentwicklung entstand aus dem WB5P der „Reflector Big Five Personality (RBFP)", der mittlerweile in 19 Sprachen angeboten wird, so auch in Deutsch. Gegenüber dem NEO-PI-R wurden Items, die zu klinisch orientiert oder zu vage formuliert waren, weggelassen. Im Ergebnis haben die verbliebenen 144 Items einen reinen Arbeitskontext. Sie sind positiv und negativ gepolt und in der dritten Person formuliert (z. B. „*Unterstützt andere nur, wenn er auch etwas davon hat.*"). Die Probanden antworten auf einer Fünfer-Skala von „*+2; trifft vollkommen zu*" bis „*−2; trifft gar nicht zu*". Weiterhin wurde die Benennung und Zuordnung der Facetten zu den Big Five-Domänen auf faktorenanalytischer Basis etwas verändert. Die Domäne Gewissenhaftigkeit z. B. besteht aus den Facetten

- Perfektionismus
- Organisation
- Innerer Antrieb
- Konzentration
- Methodisches Arbeiten

Die Bearbeitungszeit wird mit 20 Minuten angegeben. Der RBFP ist mit einem Kompetenzmodell vernetzt, das 43 organisationsrelevante Kompetenzen enthält. Nach der Online-Bearbeitung wird – zusätzlich zu einem zehnseitigen *Big Five-Bericht* – ein ausführlicher, grafisch unterstützter, 20-seitiger *Kompetenzbericht* erstellt. Dieser soll Aufschluss darüber geben, wie leicht oder schwer es einer Person aufgrund ihres

Persönlichkeitsprofils fällt, bestimmte Kompetenzen überhaupt zu entwickeln. Im Gegensatz zum Vorläufer-Fragebogen WB5P (s. o.) konnte laut Anbieter eine größere Nähe zum NEO-PI-R hergestellt werden. Angeboten wird der RBFP von der holländischen PI Company, die auch in Deutschland vertreten ist und mit dem Beratungshaus Wildenmann Tools & Services GmbH & Co KG kooperiert (vgl. pi-company (Hrsg.), o. J.; Eisele, 2010, S. 37 f.). Kritisch ist anzumerken, dass zwar die Auswertungen zum Big Five-Persönlichkeitsprofil gut nachvollziehbar sind, aber die Übertragungen auf das Kompetenzmodell recht intransparent sind (vgl. Eisele, 2010, S. 38).

Kommen wir abschließend in diesem messtheoretischen Kapitel noch zu einem grundsätzlichen Problem. Die Messung der Big Five findet überwiegend über *Selbst*beurteilungen statt. Das könnte zu dem Einwand führen, dass die Probanden in einer sozial erwünschten Weise antworten, also ein zu positives Bild von ihrer eigenen Persönlichkeit zeichnen. Diesbezüglich kann zumindest teilweise Entwarnung gegeben werden. In einer großen Metaanalyse, hinter der – im Durchschnitt je Big Five-Faktor – eine Grundgesamtheit von ca. 24.500 Probanden aus ca. 150 Studien standen, zeigte sich, dass *Selbst*einschätzungen und *Fremd*einschätzungen zwar nicht komplett, aber doch sehr stark überlappen. Die Korrelationskoeffizienten sind in Tab. 1.6 wiedergegeben.

Die für dieses Buch positive Botschaft ist, dass die Übereinstimmung beim Merkmal Gewissenhaftigkeit am höchsten war. Generell wurden die höchsten Korrelationen zwischen Selbst- und Fremdbeurteilung einerseits, aber auch zwischen unterschiedlichen Fremdbeurteilern andererseits (durch Familie, Freunde, Lebenspartner, Arbeitskollegen, Zufallsbekanntschaften, Fremde) bei den Persönlichkeitsmerkmalen mit der „besten Sichtbarkeit" erzielt. Das sind Gewissenhaftigkeit und Extraversion. Im Gegensatz zu Emotionaler Stabilität (= Neurotizismus) und Verträglichkeit sind sie gut an beobachtbarem Verhalten festzumachen. Die für dieses Buch eher negative Botschaft ist, dass gerade Arbeitskollegen als Fremdbeurteiler beim Merkmal Gewissenhaftigkeit die zweitschwächste Überdeckung (nach völlig fremden Personen) mit der Selbsteinschätzung hatten (vgl. Connelly & Ones, 2010, S. 1105 f., 1116 ff.). Dies unterstreicht noch einmal die oben bereits angesprochene beschränkte transsituative Konstanz von Persönlichkeitsmerkmalen. Eine Person kann im Privatbereich eine völlig andere Gewissenhaftigkeit an den Tag legen, als auf der Arbeitsstelle.

In einer anderen Untersuchung – bestehend aus vier Primärstudien in Belgien, Deutschland, Estland und Tschechien (N = 1,679) und 29 Sekundärstudien aus allen Kontinenten – konnte gezeigt werden, dass sich, über alle Kulturen hinweg, die Probanden bei folgenden Persönlichkeitsmerkmalen *selbst schwächer* eingeschätzt hatten, als sie in der *Fremdbeurteilung von außen* gesehen wurden: Gewissenhaftigkeit,

Tab. 1.6 Korrelationen zwischen Selbst- und Fremdbeurteilungen bei den Big Five. (Quelle: Connelly & Ones, 2010, S. 1106)

Offenheit	Gewissenhaftigkeit	Extravertiertheit	Verträglichkeit	Neurotizismus
0,79	0,82	0,77	0,71	0,72

Extravertiertheit, Verträglichkeit. Kulturübergreifend sehr einheitlich waren also bei der Selbstbeurteilung keine Antworten im Sinne der sozialen Erwünschtheit festzustellen. Im Gegenteil! Die Probanden waren mit sich selbst kritischer als ihre Umwelt mit ihnen. Nur bei den Persönlichkeitsmerkmalen „Offenheit" und „Neurotizismus" attestierten sich die Teilnehmer selbst bessere Werte, als die Beurteiler von außen (vgl. Allik et al., 2010, S. 870 ff.).

1.8   Kritische Bewertung der Big Five

Abschließend sollen die Vorteile und die Kritikpunkte an der Big Five-Taxonomie kompakt beschrieben werden. Zunächst zu den *Vorteilen* (vgl. Fetchenhauer, 2011, S. 165 f.; Howard & Howard, 2008, S. 26 f.; Neyer & Asendorpf, 2018, S. 109 ff.; Rauthmann, 2017, S. 257 ff. passim; Scheffer & Heckhausen, 2006, S. 47 ff.; s. a. die jeweils zit. Lit.):

1. Die Big Five-Taxonomie stellt in einer sparsamen, gemeinsamen Sprache ein – über Fachgrenzen hinaus – weitestgehend geteiltes Fundament der Persönlichkeitspsychologie bereit, das viele Forschungsfragestellungen integrieren kann und vergleichbar macht.
2. Die Big Five haben eine internationale Geltung. Sie lassen sich mit nur relativ geringen Besonderheiten in sehr unterschiedlichen nationalen, religiösen und ökonomischen Kulturen und unterschiedlichen Sprachräumen nachweisen. Fragebögen zur Erfassung existieren daher auch in vielen unterschiedlichen Sprachen (z. B. Englisch, Deutsch, Französisch, Portugiesisch, Spanisch, Italienisch, Holländisch, Chinesisch, Russisch, Japanisch, Koreanisch, Schwedisch, Hebräisch). Die fünf Merkmale zeigen sich besonders klar im Englischen, Deutschen, Niederländischen, Tschechischen und Polnischen. Allerdings existieren auch lexikalische Analysen, bei denen nicht alle Einzelfaktoren klar bestätigt werden konnten. Kulturübergreifend findet sich die stabilste Bestätigung für folgende drei Faktoren: Extraversion, Verträglichkeit und – die gute Nachricht für dieses Buch – Gewissenhaftigkeit. Daher werden diese drei Traits im internationalen Kontext mitunter auch als „Big Three" bezeichnet.
3. Grundsätzlich eignen sich die Big Five bei der Selbstbeurteilung sowohl für Erwachsene als auch für Jugendliche. Im unternehmerischen Kontext ist die Taxonomie daher auch für die Gruppe der Auszubildenden einsetzbar. Bei Kindern ist das eigene Persönlichkeitsbild noch nicht stabil genug ausdifferenziert. Diese Einschränkung in der Einsetzbarkeit dürfte aber für alle Persönlichkeitstests gelten.
4. Die Ausprägung der Big Five bleibt über die Zeit in der Relation zu anderen Personen weitgehend stabil, d. h. wer als Zwanzigjähriger beispielsweise deutlich verträglicher oder gewissenhafter als seine Altersgenossen war, wird es mit hoher Wahrscheinlichkeit auch als Siebzigjähriger sein.

5. Die testtheoretischen Gütekriterien der Objektivität, Reliabilität und Validität fallen, insbesondere für die längeren Versionen der Fragebögen zur Erfassung der Big Five, sehr überzeugend aus – und dies sowohl für die Selbstbeurteilungs- als auch für die Fremdbeurteilungsvarianten.

6. Die Big Five weisen eine sehr gute Vorhersagevalidität (= prädiktive Validität) für eine Vielzahl von Variablen auf, die auch für Organisationen von Interesse sind (z. B. Ausbildungs- und Berufserfolg, Qualität sozialer Beziehungen, Gesundheit, allgemeine Lebenszufriedenheit). Auch wenn im Einzelfall die Validitätskoeffizienten nicht sonderlich hoch erscheinen, so spricht doch die in vielen Studien signifikante Replizierbarkeit der Ergebnisse dafür, dass mit den Big Five wesentliche Einflussgrößen für menschliches Verhalten gefunden wurden.

7. Die fünf Persönlichkeitsmerkmale sind weitgehend voneinander unabhängig. Es ist also kaum möglich, valide z. B. von der Offenheit einer Person auf ihre Verträglichkeit zu schließen. Wissenschaftlich hat das den Vorteil, dass damit auch die Auswirkungen von *einzelnen* Persönlichkeitsmerkmalen – wie es hier ja für Gewissenhaftigkeit geschieht – sinnhaft analysiert werden können. Die weitgehende Unabhängigkeit schließt aber nicht vollständig aus, dass in einzelnen Studien mitunter Interkorrelationen zwischen den Big Five gefunden wurden. Dies war ja auch die Basis für die Propagierung einer Big-Two-Taxonomie (s. o.).

8. Die Big Five haben eine sehr hohe alltagspsychologische Bedeutung, denn Menschen wenden diese Merkmale auf der *Domänen*ebene intuitiv an, wenn sie sich selbst oder andere Personen einschätzen sollen. Man fragt sich z. B. bei Begegnungen, ob eine Person wohl freundlich ist und sich an soziale Normen hält (= Verträglichkeit) und auch, ob sie verlässlich, ordentlich und fleißig ist (= Gewissenhaftigkeit). Dies gibt der Taxonomie einen hohen praktischen Erklärungswert für das Verhalten auch innerhalb von Organisationen. Damit ist aber nicht ausgeschlossen, dass für vertiefende wissenschaftliche Analysen einzelner Persönlichkeitsbereiche Kombinationen von Unterfaktoren – also auf der *Facetten*ebene – erklärungsmächtiger sein können.

9. Alle Persönlichkeitsmerkmale der Big Five sind *normalverteilt*. Dies bedeutet, dass viele Menschen tendenziell mittlere Ausprägungen aufweisen und nur wenige extrem hohe oder niedrige Werte. Das hat statistisch den Vorteil, dass in Studien errechnete Mittelwerte hohe Aussagekraft besitzen, da damit viele Individuen abgebildet werden. Um diesen Aspekt weiter zu verdeutlichen: Im Fall einer *U-förmigen Verteilung* wären die Extremwerte stark besetzt. Rein rechnerisch wird ein ähnlicher Mittelwert ausgewiesen, hinter dem sich dann aber kaum Individuen verbergen.

10. Bei der Messung der Big Five kann man sowohl über den Ansatz der Selbstbeurteilung als auch über Fremdbeurteilungen von verwertbaren Ergebnissen ausgehen (siehe Abschn. 1.7).

11. Die Erfassungs- und Analysegenauigkeit ist nach Bedarf justierbar. Für gröbere Einschätzungen der Persönlichkeit genügen die fünf Domänen, für „feinkörnigere" Analysen stehen zusätzlich die jeweils sechs Facetten zur Verfügung.

Wo viel Licht ist, ist meist auch Schatten. So gibt es natürlich auch etliche Einwände und *Kritikpunkte* gegen die Big Five (vgl. Rauthmann, 2017, S. 254, 261 ff.; Scheffer & Heckhausen, 2006, S. 46 ff.; Zimbardo, 1995, S. 480 ff.; Fetchenhauer, 2011, S. 170; s. a. die jeweils zit. Lit.):

1. Den Persönlichkeitsmerkmalen der Big Five liegt keine explizite Entstehungs- theorie zugrunde. Sie wurden rein sprachanalytisch auf einem datengeleiteten Weg unter Zuhilfenahme der Faktorenanalyse gewonnen. Es gab keine Theorie darüber, *welche* Traits man *warum* und *wie* finden würde. Damit bleibt weitgehend ungeklärt, über welchen Prozess und unter dem Einfluss welcher Determinanten die einzelnen Merkmale der Big Five entstehen. Weitgehend offen ist auch die psychologische Bedeutung der Merkmale, also die Frage, welche Wirkung über welche Mechanismen ein Faktor auf das Verhalten einer Person hat. Dominant werden „nur" Korrelationen zwischen den Traits und bestimmtem Verhalten aufgezeigt.
2. Die gleichmäßige Unterteilung jeder Domäne in 6 Facetten wirkt sehr künstlich. Dominanter Wunsch der Autoren war wohl eher die Eleganz der Darstellung und weniger die inhaltliche Angemessenheit. Rauthmann (2017, S. 261) merkt dazu zuspitzend an:

„Es ist jedoch unwahrscheinlich, dass jeder der Big Five genau 6 Facetten hat. Warum sollte dies auch der Fall sein? Warum genau 6 Facetten?"

3. Menschen neigen nach den Prinzipien der Gestalttheorie bei der Wahrnehmung dazu, nicht oder nur schwach vorhandene Elemente zu ergänzen, zu konsistenten Mustern zusammenzufügen oder auch mit dem Mechanismus der selektiven Wahrnehmung zu unterdrücken. Angestrebt wird eine „in sich stimmige Gestalt", die auch mit den eigenen impliziten Persönlichkeitstheorien (= Vorstellungen, „wie Menschen sind") und Vorurteilen harmoniert. Damit ist es möglich, dass alltagspsychologisch sowohl die eigene Persönlichkeit, als auch die von anderen Menschen als konsistenter wahr- genommen werden, als sie in Wirklichkeit sind. Messungen zu den Big Five könnten damit zu höherer Stimmigkeit hin verzerrt sein.
4. Neben den Standardmessverfahren NEO-PI-R und NEO-FFI sind auch andere – zum Teil kostenfreie – Fragebögen im Umlauf, die die Big Five messen wollen. Das wirft die Fragen auf, ob tatsächlich immer mit hinreichender Deckungsgleich- heit die gleichen Persönlichkeitsmerkmale gemessen werden und inwieweit die mit unterschiedlichen Messinstrumenten generierten empirischen Ergebnisse zu den Wirkungen der Big Five vergleichbar sind.

5. Kritisch kommentiert wird auch der lexikalische Ansatz, auf den die Big Five zurückgehen. So ist ungeklärt, über welche Prozesse bestimmte personenbeschreibende
   Wörter in eine Sprache „einsickern". Bezweifelt wird auch, ob einzelne *Adjektive*
   ausreichen, um die Komplexität von Personen zu charakterisieren. Können nicht auch
   Verben (z. B. „lügen") persönlichkeitsbeschreibend sein? Findet Kommunikation
   über Personenmerkmale in einer Gesellschaft nur auf *verbalem* Wege statt oder sind
   nicht auch *nonverbale* Kanäle relevant (z. B. missbilligendes Hochziehen der Augen-
   brauen, genervtes Augenrollen)? Zudem stellt sich die Frage, inwieweit einzelne
   Wörter in einem Land über Epochen hinweg eine stabile Bedeutung haben oder einer
   Bedeutungsveränderung unterliegen (z. B. „geil").

6. Auch die hohe Internationalität wird kritisch hinterfragt. Wegen der starken Verankerung der lexikalischen Analysen in den indogermanischen Sprachen werden
   immer wieder Zweifel an der oftmals behaupteten weitgehend uneingeschränkten
   Übertragbarkeit und Übersetzbarkeit der Erfassungsinstrumente in andere Sprach-
   familien geäußert.

7. Die Messung der Traits findet in einer künstlichen Situation statt, die situative
   Umwelteinflüsse ignoriert. Den Big Five wird damit eine gewisse „Kontextblind-
   heit" attestiert, die zu einer undifferenzierten Persönlichkeitsbeurteilung nach dem
   generalisierenden Muster *„ist verträglich"* statt der differenzierteren Aussage *„ist verträglich, wenn ..."* führt. Ob ein Kollege im Unternehmen nur in normalen Arbeitsphasen verträglich ist oder auch unter starkem Arbeitsdruck und Stress dieses
   Merkmal in hohem Umfang aufweist, macht für das Alltagsverhalten schon einen
   großen Unterschied. Allerdings trägt die empirische Forschung diesem Kritikpunkt in
   den letzten Jahren Rechnung, indem oftmals moderierende Variablen in die Analysen
   einbezogen werden.

Zusammenfassung
Zentrale Erkenntnisse aus diesem Hauptkapitel sind:

- Persönlichkeitsmerkmale (= Traits, Dispositionen, Eigenschaften, Charakter)
  bilden individuelle Unterschiede von Personen ab.
- Traits zeichnen sich durch eine grundsätzliche Stabilität über die Zeit und über
  Situationen hinweg aus.
- Es gibt Ausnahmen von der transsituativen Stabilität von Traits.
- Menschen schließen von beobachtbaren Verhaltensregelmäßigkeiten auf
  Persönlichkeitseigenschaften des Gegenübers zurück.
- Persönlichkeitsmerkmale prägen die Wahrnehmung, die emotionalen
  Reaktionen und das konkrete Verhalten von Personen.
- Nach den Freiräumen für die Verhaltenssteuerung durch Traits ist in schwache
  und starke Situationen zu unterscheiden.

- Persönlichkeitsmerkmale haben genetische Anteile und Umweltanteile, wobei von komplexen Interaktionen zwischen beiden Bereichen ausgegangen werden muss (= interaktionistische Ansätze).
- Die Big Five-Merkmale stellen die wichtigste Taxonomie in der Persönlichkeitspsychologie dar. Sie sind auf Basis eines lexikalischen Ansatzes per Faktorenanalyse entstanden.
- Die Big Five-Merkmale bestehen aus den *Domänen* „Offenheit", „Gewissenhaftigkeit", „Extraversion", „Verträglichkeit", „Neurotizismus" und werden nach den englischen Bezeichnungen mitunter mit dem Akronym OCEAN abgekürzt. Oftmals werden die Domänen noch jeweils in *Facetten* unterteilt.
- Beim HEXACO-Modell werden die (graduell etwas anders definierten) Big Five-Domänen um die Domäne „Ehrlichkeit-Bescheidenheit" ergänzt.
- Die Big Five-Merkmale werden über unterschiedlich lange Fragebögen gemessen. Etablierte Instrumente in Deutschland sind z. B. NEO-PI-R, NEO-FFI, IPIP-240, BFI und speziell für die Arbeitswelt der RBFP.
- Selbstbeurteilungen und Fremdbeurteilungen der Big Five sind sehr hoch korreliert.
- Die Vorteile der Big Five-Taxonomie und ihrer Messung liegen u. a. in ihrer guten empirischen Bestätigung, ihrer Kompaktheit, der interdisziplinären und internationalen Relevanz und Vergleichbarkeit, der weitgehenden Unabhängigkeit der Einzelmerkmale, der breiten Anwendbarkeit und der testtheoretischen Bewährung.
- Kritik bezieht sich u. a. auf die unzureichende theoretische Basis zu den Wirkmechanismen, die Unterschiedlichkeit im Messvorgehen, den beschränkten situativen Bezug und die „künstlich anmutende" Gleichverteilung der Facetten auf die Domänen.

Literatur

Allik, J., et al. (2010). How people see others is different from how people see themselves: A replicable pattern across cultures. *Journal of Personality and Social Psychology, 90*(5), 870–882.

Asendorpf, J. B., et al. (2001). Carving personality description at its joints: Confirmation of three replicable personality prototypes for both children and adults. *Personality, 15*(3), 169–198.

Asendorpf, J. B. (2019). *Persönlichkeitspsychologie für Bachelor* (4. Aufl.). Springer.

Ashton, M. C., et al. (2004). A six-factor structure of personality-descriptive adjectives: Solutions from psycholexical studies in seven languages. *Journal of Personality and Social Psychology, 86*(2), 356–366.

Berth, H., & Goldschmidt, S. (2006). Testinformation NEO-PI-R. *Diagnostica, 52*(2), 95–103.

Borkenau, P., & Ostendorf, F. (2008). *NEO-Fünf-Faktoren-Inventar (NEO-FFI)* (2. Aufl.). Hogrefe.

Brandstätter, H. (2007). Persönliche Verhaltens- und Leistungsbedingungen. In H. Schuler (Hrsg.), *Lehrbuch Organisationspsychologie* (4. Aufl., S. 257–288). Verlag Hans Huber.

Campillo-Lundbeck, S. (2017). Ein Gefühl für Zielgruppen. *Horizont*, Nr. 11 vom 16.03.2017, 14.

Cattell, R. B. (1946). *The description and measurement of personality*. World Book.

Conelly, B. S., & Ones, D. S. (2010). An other perspective on personality: Meta-Analytic integration of observers' accuracy and predictive validity. *Psychological Bulletin, 136*(6), 1092–1122.

Costa, P. T., & McCrae, R. R. (1985). *The NEO personality inventory manual*. Psychological Assessment Resources.

Costa, P. T., & McCrae, R. R. (1992). *Revised NEO personality inventory and NEO five factor professional manual*. Psychological Assessment Resources.

Danner, D., et al. (2019). Das Big Five Inventar 2 – Validierung eines Persönlichkeitsinventars zur Erfassung von 5 Persönlichkeitsdomänen und 15 Facetten. *Diagnostica, 65*(3), 1–12.

Eisele, D. (2010). *Persönlichkeitstests unter der Lupe. Personalführung, 43*(10), 32–41.

Fetchenhauer, D. (2011). *Psychologie*. Vahlen.

GESIS – Leibniz-Institut für Sozialforschung (Hrsg.), (2020) Open Access Repositorium für Messinstrumente. https://zis.gesis.org/. Zugegriffen: 08. März 2021.

Goldberg, L. R. (1981). Language and individual differences: The search of universals in personality lexicons. In L. Wheeler (Hrsg.), *Review of personality and social psychology* (S. 141–165). Sage Publications.

Gosling, S. D., et al. (2003). A very brief measure of the Big-Five personality domains. *Journal of Research in Personality, 37*(6), 504–528.

Guilford, J. P. (1959). *Personality*. McGraw-Hill.

HEXACO.org. (2009). The HEXACO Personality Inventory – Revised. In K. Lee und M. C. Ashton (Hrsg.). St. Catherines und Calgary. https://hexaco.org/. Zugegriffen: 03. Aug. 2020.

Howard, P. J., & Howard, J. M. (2008). *Führen mit dem Big-Five-Persönlichkeitsmodell*. Campus.

IPIP – International Personality Item Pool. (2020). A scientific collaboratory for the development of advanced measures of personality and other individual differences. o. O. https://ipip.ori.org/. Zugegriffen: 07. Aug. 2020.

John, O. P., & Naumann, L. P. (2010). Surviving two critiques by block? The resilient big five have emerged as the paradigm for personality trait psychology. *Psychological Inquiry, 21*(1), 44–49.

John, O. P. et al. (1991). The Big Five Inventory – Versions 4a and 5. Berkeley: University of California – Institute of Personality and Social Research.

Kanning, U. P. (2009). NEO-Fünf-Faktoren-Inventar nach Costa und McCrae (NEO-FFI). *Zeitschrift für Arbeits- und Organisationspsychologie, 53*(4), 194–198.

Konradin Medien GmbH (Hrsg.). (2020). Wahrig Herkunftswörterbuch – „Person". Leinfelden-Echterdingen. https://www.wissen.de/search?keyword=wortherkunft%20person. Zugegriffen: 08. März 2021.

Lang, F. R., et al. (2001). Testgüte und psychometrische Äquivalenz der deutschen Version des Big Five Inventory (BFI) bei jungen, mittelalten und alten Erwachsenen. *Diagnostica, 47*(2), 111–121.

Lorber, L. (2012). BIG SIX statt BIG FIVE? Das Hexaco-Modell der Persönlichkeit (25.03.2012). o. O. http://www.typentest.de/blog/2012/03/big-six-statt-big-five-das-hexaco-modell/. Zugegriffen: 08. März 2021.

McCrae, R. R., et al. (2005). Age trends and age norms for the neo personality inventory-3 in adolescents and adults. *Assessment, 12*(4), 363–373.

Mischel, W. (1968). *Personality and Assessment*. Wiley.

Muck, P. M. (2004). Rezension des „NEO-Persönlichkeitsinventar nach Costa und McCrae (NEO-PI-R)" von F. Ostendorf und A. Angleitner. *Zeitschrift für Arbeits- und Organisationspsychologie*, 48 (4), 203–210.

Muck, P. M. (2006). Persönlichkeit und berufsbezogenes Sozialverhalten. In H. Schuler (Hrsg.), *Lehrbuch der Personalpsychologie* (2. Aufl., S. 527–577). Hogrefe.

Neuberger, O. (1990). *Führen und geführt werden* (3. Aufl.). Enke.

Neyer, F. J., & Asendorpf, J. B. (2018). *Psychologie der Persönlichkeit* (6. Aufl.). Springer.

Ostendorf, F., & Angleitner, A. (2004). *NEO-Persönlichkeitsinventar (revidierte Form, NEO-PI-R) nach Costa und McCrae.* Hogrefe.

Pace, V. L., & Brannick, M. T. (2010). How similiar are personality scales of the „same" construct? A meta-analytic investigation. *Personality and Individual Differences, 49*(7), 669–676.

pi-Company (Hrsg.) (o. J.). Hintergrund und Geschichte des RBFP. Düsseldorf. https://www.pi-company.de/hintergrundinfo-zum-rbfp/.Zugegriffen: 10. Sept. 2020.

Rammstedt, B., & John, O. P. (2005). Kurzversion des Big Five Inventory (BFI-K): Entwicklung und Validierung eines ökonomischen Inventars zur Erfassung der fünf Faktoren der Persönlichkeit. *Diagnostica, 51*(4), 195–206.

Rammstedt, B. et al., (2012). Eine kurze Skala zur Messung der fünf Dimensionen der Persönlichkeit: Big-Five-Inventory-10 (BFI-10). Working Paper Nr. 23 von GESIS (Leibniz-Institut für Sozialwissenschaften). GESIS.

Rauthmann, J. F. (2017). *Persönlichkeitspsychologie.* Springer.

Sarges, W., & Wottawa, H. (Hrsg.). (2001). *Handbuch wirtschaftspsychologischer Testverfahren.* Pabst Science Publishers.

Scheffer, D., & Heckhausen, H. (2006). Eigenschaftstheorien der Motivation. In J. Heckhausen & H. Heckhausen (Hrsg.), *Motivation und Handeln* (3. Aufl., S. 45–72). Springer Medizin.

Schreiber, M. und Iller, M.-L. (2016). Handbuch Fragebogen zur Erfassung der Persönlichkeit (IPIP-240). Zürich: IAP Institut für Angewandte Psychologie. https://www.laufbahndiagnostik.ch/assets/de/Handbuch_Fragebogen_240-IPIP-3cec3eadd5247e9aa5c8fd14ab1f733c6625a56de32e452dee33c0b5c8cee2d4.pdf. Zugegriffen: 08.März 2021.

Schuler, H., & Höft, S. (2006). Konstruktorientierte Verfahren der Personalauswahl. In H. Schuler (Hrsg.), *Lehrbuch der Personalpsychologie* (2. Aufl., S. 101–144). Hogrefe.

Soto, C. J., & John, O. P. (2009). Ten facet scales for the big five inventory: Convergence with NEO-PI-R facets, self-peer agreement, and discriminant validity. *Journal of Research in Personality, 43*(1), 84–90.

Soto, C. J., & John, O. P. (2017). The next Big Five Inventory (BFI-2): Developing and assessing a hierarchical model with 15 facets to enhance bandwith, fidelity, and predictive power. *Journal of Personality and Social Psychology, 113*(1), 117–143.

Testzentrale (Hrsg.). (2004). NEO-Persönlichkeitsinventar nach Costa und McCrae – Revidierte Fassung. Hogrefe. https://www.testzentrale.de/shop/neo-persoenlichkeitsinventar-nach-costa-und-mccrae.html. Zugegriffen: 08. März 2021.

Testzentrale (Hrsg.). (2008). NEO-Fünf-Faktoren-Inventar nach Costa und McCrae (2. Aufl.,). Hogrefe. https://www.testzentrale.de/shop/neo-fuenf-faktoren-inventar-nach-costa-und-mccrae.html. Zugegriffen: 08. März 2021.

Watson, J. B. (1925). *Behaviorism.* Norton.

Weller, I. und Matiaske, W. (2009). Persönlichkeit und Personalforschung. Vorstellung einer Kurzskala zur Messung der „Big Five". *Zeitschrift für Personalforschung, 23*(3), 258–266.

Wilt, J., & Revelle, W. (2015). Affect, behavior, cognition, and desire in the big five: An analysis of item content and structure. *European Journal of Personality, 29*(4), 478–497.

Wikipedia.org (Hrsg.). Big Five (Psychologie). San Francisco. https://de.wikipedia.org/wiki/Big Five (Psychologie). Zugegriffen: 29. Juli 2020.

Zimbardo, P. G. (1995). *Psychologie* (6. Aufl.). Springer.

Gewissenhaftigkeit

2

2.1 Begriff in der Alltagspsychologie

Es wird nun Zeit für eine intensivere Annäherung an das Kernthema dieses Buches: Gewissenhaftigkeit von Mitarbeitern. *Umgangssprachlich* ist uns allen der Begriff „Gewissenhaftigkeit" gut vertraut. Der Duden erläutert den Begriff (ein wenig tautologisch) mit *„das Gewissenhaftsein; gewissenhaftes Wesen"* und führt als Verwendungsbeispiel auf: *„eine Aufgabe mit größter Gewissenhaftigkeit erledigen"*. Als sprachliche Synonyme werden angeboten: *„Akribie, Genauigkeit, Gründlichkeit, Pflichtbewusstsein, Sicherheit, Sorgfalt, Verantwortungsgefühl"*. Nichts von alledem dürfte sonderlich überraschend sein (vgl. www.duden.de).

Etymologisch knüpft Gewissenhaftigkeit an den Begriff des „Gewissens" an. Man versteht darunter die Befähigung des Menschen, sein eigenes Verhalten sittlich einzuschätzen (= Erkenntnis dessen, was sich schickt). Die ideengeschichtliche Wurzel dieses Konzepts geht auf die Vorstellung im antiken Griechenland zurück, dass es für jegliches Verhalten und jede Handlung gegenüber den Göttern und anderen Menschen einen *inneren Mitwisser* gibt. In der christlichen Ethik ist diese menschliche Befähigung ebenfalls ein zentraler Begriff. „Gewissen" knüpft also stark am Begriff „Wissen" an (hier: um die Sittlichkeit eigenen Handelns). In der deutschen Sprache ist „Ge – Wissen" der Versuch der Nachbildung des lateinischen Worts „conscientia" (con = mit) + (scientia = Wissen, Kenntnis), mit dem der innere Mitwisser treffend charakterisiert ist. Und der kann nach Martin Luther auch einmal „kräftig beißen", sprich „Gewissensbisse" machen (lat. conscientiae morsus; morsus = das Beißen) (vgl. www.dwds.de). Insofern ist vor diesem Hintergrund der englische Begriff „Conscientiousness" (= Gewissenhaftigkeit) sehr nah an der lateinischen Ursprungsbedeutung.

Alltagspsychologisch wird gern ein besonders vorbildliches Verhalten von Menschen oder auch Erwartungen an ihr Verhalten mit dem Adjektiv „gewissenhaft" oder dem

K. Watzka, *Erfolgsfaktor Gewissenhaftigkeit von Mitarbeitern,*
https://doi.org/10.1007/978-3-658-35034-5_2

Tab. 2.1 Persönlichkeitsmerkmal „Gewissenhaftigkeit" in Zeitungsveröffentlichungen. (Quelle: Eigene Recherche in der Datenbank © GBI-GENIOS Deutsche Wirtschaftsdatenbank, www.genios.de)

Schlagzeilen und Aussagen in Presseveröffentlichungen
Hallertauer Zeitung vom 20.11.2014, Seite 18: • *„Muster an Gewissenhaftigkeit und Judo-Multifunktionstalent"* • *„Durch seine Gewissenhaftigkeit empfahl er sich sehr schnell für weitere Aufgaben, so für die Übernahme der Mitgliederbetreuung. "* **Hinweis:** Ehrung eines Funktionärs in einem Amateursportverein
Lampertheimer Zeitung vom 29.01.2016, Seite 9: • *„Gewissenhaftigkeit gefragt"* • *„Als Ehrenbeamter am Gericht tätig zu sein, das erfordert Gewissenhaftigkeit, Parteilosigkeit und Verantwortungsbewusstsein. "* **Hinweis:** Rekrutierung und Verabschiedung von Schöffen
Neue Vorarlberger Tageszeitung vom 07.02.2016, o. S.: • *„Nicht nur bei den Lehrlingen schätzt er Teamfähigkeit, Ehrlichkeit und Gewissenhaftigkeit. "* **Hinweis:** Interview mit einem Personalleiter
AUTOHAUS, Heft 3/2018, S. 22–24: • *„Mehr Gewissenhaftigkeit"* **Hinweis:** Bedeutung der EU-Datenschutzgrundverordnung für die Mitarbeiter in Autohäusern beim Umgang mit Kundendaten
Schwäbische Zeitung Bad Saulgau vom 11.08.2018, Seite 24: • *„Mit Gewissenhaftigkeit und Herzlichkeit"* • *„Was Ute Lohner in den Augen des Apothekenteams auszeichnet, sind ihre Liebe zum Beruf, ihre Kompetenz, ihre Herzlichkeit und ihre Gewissenhaftigkeit"* **Hinweis:** 40-jähriges Dienstjubiläum einer Apothekenhelferin
Rheinische Post Nr. 209 – Mönchengladbach, 09.09.2019, Seite 17: • *„Sternekoch rät zu mehr Gewissenhaftigkeit beim Essen. "* **Hinweis:** Vortrag eines Kochs anlässlich eines Pfarrjubiläums
Wiener Zeitung vom 26.01.2018, o. S.: • *„Die Basler und Luzerner Fasnachtscliquen bereiten sich mit größter Gewissenhaftigkeit auf ihre närrischen Tage vor. "* **Hinweis:** selbsterklärend
Märkische Allgemeine – Brandenburger Kurier vom 02.06.2018, Seite 20: • *„Mehr Gewissenhaftigkeit und Transparenz"* • *„Es muss nach meinem Verständnis mehr Gewissenhaftigkeit und Transparenz bei der Untersuchung eines der wichtigsten Lebensmittel der Menschheit gezeigt werden. "* **Hinweis:** Kommentierung der von den Wasserwerken gelieferten Wasserqualität

Substantiv „Gewissenhaftigkeit" gekennzeichnet. So findet man zum Beispiel folgende Schlagzeilen und Formulierungen in Zeitungsveröffentlichungen (Tab. 2.1):

Diese bunte und relativ willkürliche Auswahl könnte man noch weiter fortsetzen. Die wenigen Beispiele aus den unterschiedlichsten Lebensbereichen zeigen aber deutlich, wie intensiv verankert das Persönlichkeitsmerkmal „Gewissenhaftigkeit" in unserer Alltagspsychologie ist.

Eine Stufe verbindlicher und formaler wird es bei einem Blick in das Steuerberatungsgesetz (StBerG) vom 21. Dezember 2020 und die Berufsordnung der Steuerberater und

Steuerbevollmächtigten (BOStB) in der Fassung von 1. Januar 2011. § 57 Abs. 1 StBerG schreibt vor:

*„Steuerberater und Steuerbevollmächtigte haben ihren Beruf unabhängig, eigenverantwortlich, **gewissenhaft**, verschwiegen und unter Verzicht auf berufswidrige Werbung auszuüben."*

§ 4 der BOStB konkretisiert dann, was unter Gewissenhaftigkeit zu verstehen ist (www. bstbk.de):

§ 4 Gewissenhaftigkeit
1. Steuerberater sind verpflichtet, die für eine **gewissenhafte** Berufsausübung erforderlichen fachlichen, personellen und sonstigen organisatorischen Voraussetzungen zu gewährleisten.
2. Steuerberater dürfen einen Auftrag nur annehmen und ausführen, wenn sie über die dafür erforderliche Sachkunde und die zur Bearbeitung erforderliche Zeit verfügen.
3. Steuerberater sind verpflichtet, sich in dem Umfange fortzubilden, wie dies zur Sicherung und Weiterentwicklung der für ihre berufliche Tätigkeit erforderlichen Sachkunde notwendig ist.

In ganz ähnlicher Form sind auch Wirtschaftsprüfer und vereidigte Buchprüfer über § 4 der Satzung der Wirtschaftsprüferkammer zu „Gewissenhaftigkeit" verpflichtet. Am Rande: Geschädigte Aktionäre bei der Insolvenz der Wirecard AG im Jahr 2020 werden sich die sarkastische Frage nicht ganz verkneifen können, ob denn alle Prüfer diesen Paragrafen ihrer Berufsordnung auch gelesen und verinnerlicht haben – Papier ist ja mitunter geduldig. Auch alle Wertpapierdienstleister waren nach § 31 Abs. 1 Wertpapierhandelsgesetz (WpHG a. F. bis 2016) verpflichtet, alle Dienstleistungen *„(…) mit der erforderlichen Sachkenntnis, Sorgfalt und Gewissenhaftigkeit im Interesse seiner Kunden zu erbringen".* In der aktuellen Fassung wird in § 63 Abs. 1 die Formulierung gebraucht: *„(…) ehrlich, redlich und professionell im bestmöglichen Interesse seiner Kunden zu erbringen."*

Es ist also zu konstatieren, dass das Persönlichkeitsmerkmal „Gewissenhaftigkeit" auch Eingang in Gesetze und Ordnungen gefunden hat, was seine alltagspsychologische Bedeutung auch für Unternehmen weiter unterstreicht.

Wissenschaftspsychologisch müsste man in diesem Buch eigentlich durchgängig den sperrigen Begriff „Conscientiousness" verwenden. Das wäre ein hartes Los, ist doch schon die Schreibweise nicht ganz trivial und die Aussprache für deutsche Zungen ein echter Zungenbrecher. Zum Üben für die Ambitionierten hier die Aussprache im International Phonetic Alphabet (IPA): kɒnʃɪˈenʃəsnəs (vgl. www.howtopronounce. com). Gottlob hat sich aber in der deutschen, wissenschaftsorientierten Psychologie die eineindeutige Übersetzung dieses Persönlichkeitsmerkmals stabil mit „Gewissenhaftigkeit" eingebürgert. Linguistische Diskussionen über eine möglicherweise bessere Übersetzung verbieten sich damit. Es ist der etablierte Fachbegriff in der Persönlichkeitspsychologie. Von zentraler Wichtigkeit ist aber vor allem, dass es sich bei dem

Persönlichkeitsmerkmal „Gewissenhaftigkeit" um eine der fünf Domänen der Big Five-Taxonomie handelt (siehe Abschn. 1.5). In diesem Kontext soll das Persönlichkeits-merkmal nun im folgenden Kapitel weiter vertieft werden.

2.2   Begriff und Einzelfacetten im Rahmen der Big Five

Bereits in der Überblicksdarstellung der Big Five in Abschn. 1.5 wurde versucht, ein zusammenfassendes Verständnis des Konstrukts „Gewissenhaftigkeit" herzustellen. Dies soll weiter vertieft werden, indem in Tab. 2.2 einige weitere Beschreibungen von Gewissenhaftigkeit als Big Five-Domäne und als HEXACO-*Domäne* aus der Literatur zusammengestellt werden.

Tab. 2.2 Beschreibungen von Gewissenhaftigkeit als Big Five-Domäne

Zitate
Personen mit hoher Merkmalsausprägung in Gewissenhaftigkeit (C) beschreiben sich als eher zielstrebig, willensstark und entschlossen. Nur wenige Leute werden große Musiker oder Sportler ohne eine einigermaßen hohe Merkmalsausprägung in C. (…) Personen mit niedriger Merkmals-ausprägung in C mangelt es nicht an moralischen Grundsätzen, sie wenden diese nur weniger streng an und verfolgen auch ihre Zielsetzungen mit geringerem Engagement im Vergleich zu Personen mit hoher Merkmalsausprägung. (Ostendorf & Angleitner, 2004, S. 45 f.)
Gewissenhaftigkeit (C) bedeutet, dass jemand zielstrebig, willensstark und entschlossen ist. Gewissenhafte Personen sind leistungsorientiert, pflichtbewusst, prinzipientreu und ordentlich. (Muck, 2004, S. 204)
Personen mit niedrigen Ausprägungen (von Gewissenhaftigkeit) sind tendenziell unvorsichtig, unordentlich und unzuverlässig. Gewissenhafte Menschen, also Personen mit hohen Ausprägungen in dieser Skala, gelten als vorsichtig, zuverlässig, gut organisiert und verantwortungsvoll. (Schreiber & Iller, 2016, S. 31)
Gewissenhafte Menschen richten ihr Verhalten an eigenen Regeln und an den geschriebenen sowie ungeschriebenen Regeln der Gruppen und Organisationen aus, in denen sie sich bewegen und die sie als für sich bedeutsam ansehen. (Westhoff et al., 2013, S. 202)
Gewissenhaftigkeit beschreibt die persönliche Tendenz, bedacht, verlässlich, ausdauernd, ordent-lich und leistungsorientiert zu sein. Gewissenhafte Manager (und Mitarbeiter; der Verf.) werden häufig als gründlich, effizient und leistungsorientiert beschrieben. Weitere Neigungen, die sie oft auszeichnen, sind genaues Planen und vorsichtiges Abwägen von wichtigen Entscheidungen. (Dilchert & Ones, 2013, S. 323)
Personen mit sehr hohen Werten auf der Gewissenhaftigkeits-Skala organisieren ihre Zeit, ihre physische Umgebung, arbeiten in disziplinierter Weise an ihren Zielen, streben nach Genauig-keit und Perfektion bei ihren Aufgaben und wägen sorgfältig ab, wenn sie Entscheidungen zu treffen haben. Umgekehrt tendieren Personen mit sehr niedrigen Werten auf dieser Skala dazu, gleichgültig gegenüber einem geordneten Umfeld oder (Zeit)Planungen zu sein. Sie vermeiden schwierige Aufgaben oder herausfordernde Ziele, sind auch mit Arbeitsergebnissen zufrieden, die einige Fehler/Ungenauigkeiten/Irrtümer (errors) enthalten und treffen Entscheidungen impulsiv oder mit wenig Reflektion. (https://hexaco.org/scaledescriptions; Beschreibung im HEXACO-Modell; Übersetzung durch den Verf.)

Tab. 2.3 Adjektivsammlung zu Extremausprägungen der Big Five

Persönlichkeits-merkmal	Hohe Ausprägung	Niedrige Ausprägung
Offenheit	breit interessiert, einfallsreich, phantasievoll, intelligent, originell, wissbegierig, intellektuell, künstlerisch, gescheit, erfinderisch, geistreich, weise	gewöhnlich, einseitig interessiert, einfach, ohne Tiefgang, unintelligent
Gewissenhaftigkeit	organisiert, sorgfältig, planend, effektiv, verantwortlich, zuverlässig, genau, praktisch, vorsichtig, überlegt, gewissenhaft	sorglos, unordentlich, leichtsinnig, unverantwortlich, unzuverlässig, vergesslich
Extraversion	gesprächig, bestimmt, aktiv, energisch, offen, dominant, enthusiastisch, sozial, abenteuerlustig	still, reserviert, scheu, zurückgezogen
Verträglichkeit	mitfühlend, nett, bewundernd, herzlich, weichherzig, warm, großzügig, vertrauensvoll, hilfsbereit, nachsichtig, freundlich, kooperativ, feinfühlig	kalt, unfreundlich, streitsüchtig, hartherzig, grausam, undankbar, knickrig
Neurotizismus	gespannt, ängstlich, nervös, launisch, besorgt, empfindlich, reizbar, furchtsam, selbstbemitleidend, instabil, mutlos, verzagt, emotional	stabil, ruhig, zufrieden

Ergänzend enthält Tab. 2.3 noch eine ausgewählte Adjektivsammlung zu hohen und niedrigen Ausprägungen von Gewissenhaftigkeit und – für Interessierte – auch der anderen Big Five-Merkmale (vgl. Schuler & Höft, 2006, S. 304 und die zit. Lit.).

Bei der Lektüre dieser Globalbeschreibungen bleibt das Gefühl, dass dies einerseits alles verständlich und plausibel ist, andererseits stellt sich aber auch das Gefühl ein, dass die Beschreibungen etwas überladen und nicht sonderlich scharf konturiert sind. Mehr Struktur und Präzision erhält man, wenn man sich von der *Domänen*ebene auf die Ebene der einzelnen *Facetten* begibt. In Tab. 2.4 wird eine Beschreibung vorgestellt, die auf die sechs Facetten zurückgreift, in die der NEO-PI-R und sein kostenfreies Substitutionsprodukt IPIP-240 das Persönlichkeitsmerkmal „Gewissenhaftigkeit" unterteilen. Zur Herstellung größerer sprachlicher Nähe zur Arbeitswelt sind Beschreibungen aus dem WB5P aufgenommen (vgl. Howard & Howard, 2008, S. 88 f.; Schreiber & Iller, 2016, S. 31; Ostendorf & Angleitner, 2004, S. 46 f.; zu den Fragebögen s. a. Abschn. 1.7).

Tab. 2.4 Gewissenhaftigkeit auf Facettenebene

Facette	Beschreibung
Kompetenz	Das Ausmaß, in dem eine Person von den eigenen Fähigkeiten überzeugt ist (= Kompetenzvertrauen). Wie gut fühlt sie sich für anstehende Aufgaben qualifiziert und vorbereitet? **Personen mit hoher Ausprägung** fühlen sich fähig und effektiv. Sie sind überzeugt, angemessen, geschickt und erfolgreich agieren zu können. Sie fühlen sich für das Leben gerüstet. **Personen mit niedriger Ausprägung** haben den Eindruck, Dinge oft nicht richtig zu verstehen oder nicht die richtige Lösung zu finden Kompetenz ist die Facette, die am engsten mit Selbstwert und internaler Kontrollüberzeugung verbunden ist.
Ordnungsliebe	Das Ausmaß, in dem eine Person Ordnung und Struktur anstrebt. Wie organisiert, methodisch und systematisch geht sie vor? Welche Bedeutung hat ein ordentliches Arbeitsumfeld für sie? **Personen mit hoher Ausprägung** sind durchorganisiert, strukturiert, systematisch und ordentlich und fühlen sich in unordentlicher Umgebung unwohl. **Personen mit niedriger Ausprägung** arbeiten eher unorganisiert und unmethodisch und sind eher nicht in der Lage, sich die Arbeit einzuteilen. Unordnung stört sie tendenziell nicht. Sie fühlen sich auch mit weniger formaler Organisation wohl.
Pflichtbewusstsein	Das Ausmaß, in dem eine Person zuverlässig und regeltreu ist. In welchem Umfang lässt sie sich von ihrem Gewissen (ethischen Prinzipien, moralischen Verpflichtungen) leiten und hält Verpflichtungen und Vereinbarungen ein? **Personen mit hoher Ausprägung** hören auf ihr Gewissen und halten sich genau an Regeln, Vereinbarungen und ethische Prinzipien. **Personen mit niedriger Ausprägung** gehen eher lässig mit Regeln, Versprechungen und Verpflichtungen um.
Leistungsstreben	Das Ausmaß, in dem eine Person sich hohe Ziele setzt und fokussiert an deren Realisierung arbeitet. Ist sie bereit, viel für ihre Ziele zu investieren, hart und mit hoher Motivation an ihnen zu arbeiten? **Personen mit hoher Ausprägung** werden innerlich stark zum Erfolg getrieben, streben nach immer höherer Leistung und arbeiten hart und motiviert an ihren Zielen, selbst wenn weniger verlangt ist. **Personen mit niedriger Ausprägung** haben ein geringes Bedürfnis nach Erfolg. Sie sind zufrieden mit ihrem derzeitigen Leistungsniveau, strengen sich weniger an und machen nur gerade so viel, dass es ausreicht. Sie haben nicht den Antrieb, erfolgreich zu sein und sind weniger ehrgeizig.
Selbst disziplin	Das Ausmaß, in dem eine Person sich motivieren kann, eine Aufgabe abzuschließen. Beginnt sie zeitnah eine Aufgabe, arbeitet fokussiert und konzentriert an ihr und lässt sich – trotz Langeweile – nicht leicht ablenken? **Personen mit hoher Ausprägung** machen sich umgehend an die Arbeit und sind stark darauf konzentriert, eine Aufgabe abzuschließen, ehe sie sich einer anderen zuwenden. **Personen mit geringer Ausprägung** schieben Aufgaben vor sich her, sind zögerlich und wechseln häufig zwischen verschiedenen Aufgaben.
Besonnenheit	Das Ausmaß, in dem eine Person vor der Handlung die Dinge durchdenkt. Überlegt sie sorgfältig und umsichtig, ehe sie Aktivitäten ergreift? **Personen mit hoher Ausprägung** denken vor der Handlung gründlich nach und entwickeln zunächst Pläne. **Personen mit geringer Ausprägung** pflegen eine spontane Arbeitsweise und treffen (mitunter) übereilt und vorschnell Entscheidungen.

Ein grundsätzliches Problem bleibt für jeden Praktiker, der sich ein vertieftes Verständnis des Persönlichkeitsmerkmals „Gewissenhaftigkeit" erarbeiten möchte: Unterschiedliche Wissenschaftler operationalisieren in ihren Fragebögen das Merkmal
„Gewissenhaftigkeit" samt seiner Facetten durch unterschiedlich viele und unterschiedlich formulierte Items. Zur Auflösung dieser unbefriedigenden Situation schlagen
Westhoff et al. (2013, S. 202 ff.) der Wissenschaft ein strukturiertes Vorgehen vor, das sie
einen *„regelbasierten Ansatz zur Operationalisierung von Eigenschaften"* nennen. Sie
wollen mit ihrem Vorgehen einen neuen Weg aufzeigen, um verteilt vorliegendes Wissen
zu gut untersuchten Konstrukten für praktische Zwecke (z. B. Diagnostik, Beratung,
Intervention, Gutachtenerstellung) gut nachvollziehbar zusammenzufassen. Angestrebt
wird zu einem Persönlichkeitsmerkmal die Formulierung eines Kategoriensystems auf
verhaltensorientierter Ebene. Die Verhaltensbasierung macht ein Persönlichkeitsmerkmal für die Beobachtung gut zugänglich, was gerade in der personalwirtschaftlichen
Praxis von hoher Relevanz ist. Erfreulicherweise erläutern die Autoren ihre Vorgehensweise und das Ergebnis an dem Big Five-Merkmal „Gewissenhaftigkeit".

Die Methodik dieses qualitativen Ansatzes in aller Kürze: Der *erste Schritt* besteht
in einer Literaturanalyse, in der alle Fragebögen zur Erfassung von Gewissenhaftigkeit
samt den erläuternden Ausführungen zu diesem Merkmal zusammengetragen werden.
Im *zweiten Schritt* werden aus dieser unstrukturierten Informationssammlung mittels
der „Methode des Vergleichens" Gemeinsamkeiten und Unterschiede bei der Facetten-
bildung durch die unterschiedlichen Autoren herausgearbeitet. Nutzen viele Wissenschaftler die gleichen Facetten, dann herrscht diesbezüglich offensichtlich Konsens und
diese Facetten werden als „vorläufiger Kern" des Persönlichkeitsmerkmals betrachtet. In
einem *dritten Schritt* werden die Facetten auf Überlappungen hin überprüft und ob eine
Facette eine andere enthält. Wenn ja, dann werden sie – mit dem Ziel einer leichteren
praktischen Handhabbarkeit – unter einer gemeinsamen Bezeichnung zusammengefasst.
Der *vierte Schritt* sieht dann die Eliminierung aller Facetten vor, die sich nicht auf der
Verhaltensebene bewegen. Konkret fiel beim Merkmal „Gewissenhaftigkeit" dieser Vorgehensweise die Facette „Kompetenz" (s. Tab. 2.4) zum Opfer. Zwar wird diese Facette
unter Forschern breit geteilt, ist aber als kognitive Variable einer direkten Beobachtung
nicht zugänglich, sondern nur indirekt verhaltensbeeinflussend. Diese Eliminierung
muss kein Schaden sein, denn schon rein alltagspsychologisch tut sich jeder Praktiker
schwer, Kompetenzvertrauen als Facette von Gewissenhaftigkeit zu empfinden. Es bleibt
schon beim ersten Lesen – trotz aller statistischer Belege im lexikalischen Ansatz – ein
gewisses „Fremdkörpergefühl".

Im Ergebnis haben die Autoren über diese Vorgehensweise das in Tab. 2.5 dargestellte
verhaltensbasierte Kategoriensystem für Gewissenhaftigkeit erarbeitet, welches das
Konstrukt für pragmatische Zwecke des Personalmanagements gut zugänglich und nachvollziehbar macht (vgl. Westhoff et al., 2013, S. 206).

Tab. 2.5 Verhaltensbasiertes Kategoriensystem der Gewissenhaftigkeit nach dem „Regelbasierten Ansatz"

Facette	Beschreibung
Beharrlichkeit	Hält konsequent und über eine lange Zeit an der korrekten Erfüllung einer Aufgabe fest. Investiert so viel Zeit in die Arbeitsaufgabe, wie nötig ist, um das gewünschte Ergebnis zu erzielen. Neigt auch bei auftauchenden Schwierigkeiten nicht zum Aufgeben, sondern ist in der Regel motiviert, Lösungen zu finden. Verfolgt diese Lösungen geduldig und unermüdlich, auch wenn sie eine Verlängerung der Arbeitszeit an der Aufgabe und eine Aufwandserhöhung mit sich bringen. Interessiert sich für Aufgaben, die viel Ausdauer erfordern.
Besonnene Arbeits-weise	Überlegt vor Beginn einer Arbeit gründlich. Entwickelt einen Arbeitsplan, der alle Teilschritte in der richtigen Reihenfolge enthält. Verschafft sich Klarheit über die benötigten Mittel (zum Beispiel Informationen, Finanzmittel). Bedenkt alle Umstände, die für die Konsequenzen (Gelingen oder Misslingen) bedeutsam werden könnten. Schätzt auch den zeitlichen Aufwand für die Gesamtaufgabe sowie für die Teilaufgaben ab. Arbeitet nach dem Arbeitsplan und passt ihn an veränderte Gegebenheiten an.
Impulskontrolle	Neigt nicht dazu, Gefühlen und Wünschen spontan nachzugeben. Kann widerstehen, etwas anderes zu tun, als das eigentlich Begonnene. Hat also die Fähigkeit, Dinge auch tatsächlich zuzulassen, die nicht beabsichtigt waren.
Leistungsbereitschaft	Interessiert sich für berufliche Tätigkeiten, die hohe Leistungen erfordern. Stellt sich herausfordernden beruflichen Anforderungen und möchte diesen gerecht werden.
Ordentlichkeit	Organisiert den eigenen Arbeitsplatz nach einer nachvollziehbaren Ordnung. Alles hat seinen Platz und befindet sich in der Regel an diesem. Verwaltet Arbeitsmaterialien so, dass sie auf Anhieb zu finden sind, auch von anderen eingewiesenen Personen.
Pflichtbewusstsein	Kennt die mit Arbeitsaufgaben und dem Umgang mit anderen verbundenen Pflichten und erfüllt diese. Kommt diesen Pflichten auch in schwierigen Situationen nach. Erledigt in der Regel zuerst alle wichtigen, unbedingt zu erfüllenden Aufgaben und wendet sich erst danach Anderem zu.
Regelbewusstsein	Hält sich auch gegen innere und äußere Widerstände an geschriebene und ungeschriebene Regeln des beruflichen Alltags (zum Beispiel im Umgang mit Mitarbeitern, Kollegen, Vorgesetzten und Kunden).
Selbstdisziplin	Kann sich selbst zum Arbeiten motivieren, unabhängig von der Lust zum Arbeiten. Erledigt diejenigen Aufgaben, die auch erledigt werden sollten. Führt begonnene Aufgaben trotz störender Einflüsse (zum Beispiel: Langeweile, Ablenkungen) zu Ende.
Verantwortungs-bewusstsein	Arbeitet zuverlässig auch ohne Kontrolle von außen. Übernimmt die Verantwortung für eigene Fehler und versucht nicht, sie auf andere abzuschieben.
Zuverlässigkeit	Führt Aufgaben pünktlich und in der erforderlichen Qualität aus.

2.3   Messung

Die Messung von Gewissenhaftigkeit erfolgt über allgemeine oder arbeitsweltbezogene Persönlichkeitsfragebögen unterschiedlicher Länge, in die dann eine unterschiedliche Anzahl an Items speziell zum Merkmal „Gewissenhaftigkeit" integriert sind. In den längeren Fragebögen sind diese Items über den ganzen Bogen verteilt und es werden gleiche Sachverhalte mehrfach mit ähnlichen Formulierungen abgefragt. Dies soll es dem Testteilnehmer unmöglich machen, oder zumindest deutlich erschweren, manipulativ ein konsistentes Persönlichkeitsbild von sich zu entwerfen, das nicht seiner ehrlichen Selbsteinschätzung entspricht. Bei den Ausführungen zur Messung der Big Five (Abschn. 1.7) wurden bereits viele verbreitete Fragebögen skizziert (zur Erinnerung und zum „Googeln": NEO-PI-R, NEO-FFI, BFI, BFI-K, BFI-2, BFI-10, BFMM-D, FIPI, TIPI und RBFP). Für kürzere Fragebögen wurden dort auch schon die Items benannt, mit denen das Merkmal „Gewissenhaftigkeit" abgedeckt werden soll. Mit Bezug zur Arbeitswelt wird Gewissenhaftigkeit auch im „Bochumer Inventar zur berufsbezogenen Persönlichkeitsbeschreibung (BIP)" als eines von vier relevanten Persönlichkeitsmerkmalen im Bereich „Arbeitsverhalten" abgebildet. Im BIP-6, der auf dem BIP beruht, aber einige Kürzungen und Erweiterungen enthält, taucht Gewissenhaftigkeit als Facette nicht mehr direkt auf, sondern wird über die Facetten *Disziplin* (Leitfrage: *„Wie sorgfältig wird geplant und gearbeitet?"*) und *Engagement* (Leitfrage: *„Wie engagiert werden berufliche Ziele verfolgt?"*) abgebildet (vgl. www.testentwicklung.de).

Nachfolgend werden einige Itembatterien dargestellt, mit denen in den Fragebögen das Persönlichkeitsmerkmal „Gewissenhaftigkeit" gemessen werden soll. Das vollständige Itemset kann dabei nur für frei verfügbare Test wiedergegeben werden. Kostenpflichtige Instrumente unterliegen Schutzrechten, die nur den Abdruck einiger weniger Beispiele gestatten. Die Wiedergabe von Itembatterien mag dem ein oder anderen Leser vielleicht etwas langweilig vorkommen. Es ist aber zu bedenken, dass es sich um geprüfte Items handelt. Sie könnten als Anregung dienen, um Fragen für ein Bewerberinterview, vielleicht auch ein Assessment-Center-Modul zu entwickeln. Zudem wäre auch ein Einsatz im Rahmen von Mitarbeiterbefragungen denkbar. Daher wird dieser Fragenpool als Nachschlageoption hier etwas ausführlicher dokumentiert. Leser ohne spezifisches Interesse daran, könnten die folgenden Seiten überspringen.

NEO-PI-R und NEO-FFI

Der kostenpflichtige NEO-PI-R mit seinen 240 Items bildet Gewissenhaftigkeit mit insgesamt 48 Items auf der Ebene von sechs Facetten mit jeweils acht Items ab. Auf einer 5er-Skala verorten sich die Testpersonen im Hinblick auf typische Aussagen zwischen *„starke Ablehnung"* und *„starke Zustimmung"* (s. a. Abschn. 1.7). Tab. 2.6 gibt je *Facette* ein Beispielitem samt seiner Polung wieder (vgl. Ostendorf & Angleitner, 2004,

Tab. 2.6 Beispielitems zur Messung von Gewissenhaftigkeit im NEO-PI-R. (Quelle: Ostendorf & Angleitner, 2004, S. 127 f. und Testbogen)

Itemformulierung	Facette	Polung
1. *Ich habe das Gefühl, dass ich mit nichts richtig Erfolg habe*	Kompetenz	–
2. *Ich lasse gern alles an seinem Platz, damit ich weiß, wo es ist*	Ordnungsliebe	+
3. *Ich begleiche meine finanziellen Verpflichtungen prompt und vollständig*	Pflichtbewusstsein	+
4. *Ich fühle mich nicht dazu berufen, in meinem Leben etwas Besonderes zu erreichen*	Leistungs streben	–
5. *Ich vertrödele eine Menge Zeit, ehe ich mit einer Arbeit beginne*	Selbstdisziplin	–
6. *Ich denke gründlich darüber nach, bevor ich eine Entscheidung treffe*	Besonnenheit	+

S. 127 f. und Testbogen). Der kürzere NEO-FFI bildet Gewissenhaftigkeit nur auf *Domänen*ebene mit zwölf Items ab, die allesamt einen Ausgriff aus dem NEO-PI-R darstellen (s. a. Abschn. 1.7).

BFI und BFI-2

In der deutschen Fassung des frei verfügbaren Big Five Inventory (BFI) wird Gewissenhaftigkeit auf einer fünfstufigen Skala von *„sehr unzutreffend"* bis *„sehr zutreffend"* über neun Items gemessen. Sie sind Tab. 2.7 zu entnehmen.

Tab. 2.7 Messung von Gewissenhaftigkeit im Big Five Inventory (BFI). (Quelle: Rammstedt & Danner, 2016, S. 83 f.)

Itemformulierung
1. *Ich erledige Aufgaben gründlich*
2. *Ich bin manchmal unsorgfältig und schludrig. (R)**
3. *Ich arbeite zuverlässig und gewissenhaft*
4. *Ich bin eher unordentlich. (R)**
5. *Ich bin bequem, neige zur Faulheit. (R)**
6. *Ich harre aus (und arbeite weiter), bis die Aufgabe fertig ist*
7. *Ich bin tüchtig und arbeite flott*
8. *Ich mache Pläne und führe sie auch durch*
9. *Ich bin leicht ablenkbar, bleibe nicht bei der Sache. (R)**
(R)*: umgepolte Skala

Tab. 2.8 Messung von Gewissenhaftigkeit im Big Five Inventory 2 (BFI-2). (Quelle: Danner et al., 2016, o. S.)

Itemformulierung	Facette	Polung
1. *Ich bin eher unordentlich*	Ordnungsliebe	−
2. *Ich bin systematisch, halte meine Sachen in Ordnung*	Ordnungsliebe	+
3. *Ich mag es sauber und aufgeräumt*	Ordnungsliebe	+
4. *Ich bin eher der chaotische Typ, mache selten sauber*	Ordnungsliebe	−
5. *Ich bin bequem, neige zur Faulheit*	Fleiß	−
6. *Ich neige dazu, Aufgaben vor mir herzuschieben*	Fleiß	−
7. *Ich bin effizient, erledige Dinge schnell*	Fleiß	+
8. *Ich bleibe an einer Aufgabe dran, bis sie erledigt ist*	Fleiß	+
9. *Ich bin stetig, beständig*	Verlässlichkeit	+
10. *Ich bin manchmal ziemlich nachlässig*	Verlässlichkeit	−
11. *Ich bin verlässlich, auf mich kann man zählen*	Verlässlichkeit	+
12. *Manchmal verhalte ich mich verantwortungslos, leichtsinnig*	Verlässlichkeit	−

Die weiterentwickelte Version BFI-2 misst Gewissenhaftigkeit zusätzlich auch auf der Ebene der drei Facetten „Ordnungsliebe, Fleiß, Verlässlichkeit". Die 12 Items sind je zur Hälfte positiv und negativ gepolt (s. a. Abschn. 1.7). Sie sind samt Facettenzuordnung in Tab. 2.8 dargestellt.

IPIP-240

Im deutschen IPIP-240 wird Gewissenhaftigkeit in sechs Facetten über insgesamt 48 Items abgebildet. Sie sind komplett in Tab. 2.9 abgedruckt.

Tab. 2.9 Messung von Gewissenhaftigkeit im IPIP-240. (Quelle: Schreiber & Iller, 2016, S. 41 ff.)

Itemformulierung	Facette	Polung
Ich bin hervorragend in dem, was ich tue	Kompetenz	+
Situationen schätze ich falsch ein	Kompetenz	−
Ich erledige Aufgaben reibungslos	Kompetenz	+
Ich verstehe Dinge oft nicht	Kompetenz	−
Ich bin mir meiner Fähigkeiten bewusst	Kompetenz	+
Ich bin geschickt darin, gute Lösungen zu finden	Kompetenz	+
Ich verstehe es, Dinge zu bewältigen	Kompetenz	+
Ich schließe Aufgaben stets erfolgreich ab	Kompetenz	+
Ich vergesse es oft, Dinge an ihren Platz zurückzustellen	Ordnungsliebe	−
Ich mag es aufzuräumen	Ordnungsliebe	+
Ich hinterlasse eine Unordnung in meinem Zimmer	Ordnungsliebe	−

(Fortsetzung)

Tab. 2.9 (Fortsetzung)

Itemformulierung	Facette	Polung
Am liebsten habe ich es, wenn alles perfekt ist	Ordnungsliebe	+
Um mein Hab und Gut kümmere ich mich nicht	Ordnungsliebe	−
Ich mag Ordnung	Ordnungsliebe	+
Ich störe mich nicht an unordentlichen Leuten	Ordnungsliebe	−
Ich störe mich nicht an Unordnung	Ordnungsliebe	−
Regeln versuche ich zu befolgen	Pflichtbewusstsein	+
Ich halte meine Versprechen nicht ein	Pflichtbewusstsein	−
Ich sage die Wahrheit	Pflichtbewusstsein	+
Regeln halte ich nicht ein	Pflichtbewusstsein	−
Ich halte meine Versprechen	Pflichtbewusstseln	+
Ich mache oft das Gegenteil von dem, was gefragt ist	Pflichtbewusstsein	−
Ich höre auf mein Gewissen	Pflichtbewusstsein	+
Ich verdrehe Tatsachen	Pflichtbewusstsein	−
Ich bin nicht wirklich motiviert dazu, erfolgreich zu sein	Leistungsstreben	−
Ich arbeite stets darauf hin, meine Ziele zu erreichen	Leistungsstreben	+
Ich tue gerade so viel, dass es ausreicht	Leistungsstreben	−
Ich arbeite hart	Leistungsstreben	+
In meine Arbeit stecke ich nur wenig Zeit und Anstrengung	Leistungsstreben	−
Ich setze Worte in Taten um	Leistungsstreben	+
Ich stürze mich voller Elan in meine Aufgaben	Leistungsstreben	+
Ich mache mehr, als von mir verlangt wird	Leistungsstreben	+
Ich mache mich umgehend an die Arbeit	Selbstdisziplin	+
Mir fällt es schwer, an die Arbeit zu gehen	Selbstdisziplin	−
Ich bin stets vorbereitet	Selbstdisziplin	+
Ich vertrödele meine Zeit	Selbstdisziplin	−
Aufgaben beginne ich stets rechtzeitig	Selbstdisziplin	+
Ich benötige einen Impuls, um etwas anzufangen	Selbstdisziplin	−
Ich habe Schwierigkeiten, Aufgaben zu beginnen	Selbstdisziplin	−
Entscheidungen schiebe ich auf	Selbstdisziplin	−
Ich beginne Dinge ohne darüber nachzudenken	Besonnenheit	−
Fehler vermeide ich	Besonnenheit	+
Ich handele ohne nachzudenken	Besonnenheit	−
Ich wähle meine Worte sorgfältig aus	Besonnenheit	+
Ich handele gern nach Lust und Laune	Besonnenheit	−
Ich überstürze Dinge	Besonnenheit	−
Ich mache verrückte Sachen	Besonnenheit	−
Des Öfteren mache ich Pläne auf den letzten Drücker	Besonnenheit	−

Tab. 2.10 Messung von Gewissenhaftigkeit im Reflector Big Five Personality. (Quelle: pi Company, 2019, o. S.)

Itemformulierung	Facette	Polung
Braucht keine 100 %-igen Ergebnisse um zufrieden zu sein	C1	–
Hört nicht auf, bevor er/sie ein perfektes Ergebnis erzielt hat	C1	+
Informiert andere nachlässig und unvollständig	C2	–
Strukturiert eine Aufgabe bevor sie angegangen wird	C2	+
Unternimmt größte Anstrengungen, um seine/ihre Ziele zu erreichen	C3	+
Tut nur das, was von ihm/ihr verlangt wird	C3	–
Hört auf an einer Aufgabe zu arbeiten, wenn sich ihr/ihm eine andere Aufgabe stellt	C4	–
Konzentriert sich sofort, wenn er/sie eine neue Aufgabe beginnt	C4	+
Denkt bei Entscheidungen nicht an die Konsequenzen	C5	–
Zieht auch Unvorhersehbares in Betracht	C5	+

Legende:
- C1: Perfektionismus
- C2: Organisation
- C3: Innerer Antrieb
- C4: Konzentration
- C5: Methodisches Arbeiten

RBFP

Im berufsbezogenen, kostenpflichtigen Reflector Big Five Personality (RBFP) wird Gewissenhaftigkeit über fünf *Facetten* zu je sechs Items operationalisiert. Jeweils zwei sind mit freundlicher Freigabe durch die pi Company in Tab. 2.10 als Beispiele abgedruckt.

AGS und ABGS

Dreier und Moldzio bemängeln, dass Verfahren wie NEO-PI-R und NEO-FFI zu unspezifisch für die Arbeitswelt sind, zu viele irrelevante Eigenschaften erfassen und unter ökonomischen Aspekten auch zu lang sind. Sie haben daher den Test „Arbeitsbezogene Gewissenhaftigkeits-Skalen (AGS)" entwickelt, der über 30 kurze, tätigkeits- und hierarchieübergreifende Items konkret die Gewissenhaftigkeit messen will. Ein Beispielitem wäre: *„Ich stecke viel Energie in meine Arbeit".* Die Autoren sehen aufgrund von wissenschaftlichen Studien für die Arbeitswelt vor allem zwei besonders wichtige Facetten (vgl. Dreier & Moldzio, 2010, S. 15):

- *Ordnung* (= eher *passives Verhalten* wie das Einhalten von Regeln, eine Präferenz für Routinen und einen Hang zum Perfektionismus)
- *Fleiß* (= eher *proaktives Verhalten,* wie zielgerichtetes, effektives Handeln, konzentriertes Arbeiten und Setzen von Prioritäten).

Der AGS ist in den ABGS (= Arbeitsbezogene Belastungs- und Gewissenhaftigkeits-skalen) integriert und deckt dort die beiden Skalen Ordnung und Fleiß ab (neben „soziale Belastbarkeit" und „Dauerbelastbarkeit"). Testmanual und ein Set an Fragebögen kosten netto 126 € (Stand: 2020/2021; vgl. www.testzentrale.de).

BIP

Das ebenfalls kostenpflichtige „Bochumer Inventar zur berufsbezogenen Persönlichkeits-beschreibung (BIP)" legt Gewissenhaftigkeit enger aus als der NEO-PI-R. Es fokussiert stärker auf Aspekte der Sorgfalt und Präzision bei der Arbeit und weniger auf Leistungs-streben. Die Korrelation zur *Domäne* „Gewissenhaftigkeit" im NEO-PI-R beträgt aber immerhin noch $r = 0{,}54$ auf einem Signifikanzniveau von 1 %. Ein typisches Item im BIP lautet z. B.: *„Mit Personen, die alles hundertprozentig erledigen wollen, arbeite ich nicht gern zusammen."* (vgl. Hossiep & Paschen 2003, S. 28, 109, 198). Die Autoren beschreiben für ihren Messansatz Personen mit hoher/niedriger Ausprägung wie folgt (S. 59):

Hohe Skalenwerte:
Bei der Planung und Ausführung von Tätigkeiten erweisen sich ausgeprägt gewissenhafte Personen als höchst verlässlich. Sie versuchen, jede begonnene Aufgabe so gründlich und präzise wie möglich zu bearbeiten. Dabei ist ihnen das korrekte Einhalten von Verein-barungen und Fristen sehr wichtig. Sorgfalt ist für sie von großer Bedeutung, auch wenn sie häufig viel Zeit und Energie investieren müssen, damit die Arbeitsergebnisse ihren persönlichen Standards genügen. Sie bleiben auch dann noch ausdauernd bei der Sache, wenn es auf Einzelheiten und Details ankommt. Bei der Zusammenarbeit mit anderen achten Sie ebenfalls auf deren Genauigkeit und Zuverlässigkeit. Da sie selbst einen hohen Einsatz für die optimale Aufgabenbearbeitung erbringen, erwarten sie auch von anderen eine ent-sprechende Sorgfalt. Sie vertiefen sich gern in Einzelheiten sowie die fundierte Lösung von Problemen

Niedrige Skalenwerte:
Personen mit niedrigen Skalenwerten investieren nur ungern viel Aufwand in die hundert-prozentige und sehr präzise Ausführung von Aufgaben. Wenn es auf Einzelheiten und Geduld ankommt, verlieren die Tätigkeiten relativ schnell an Attraktivität. Sie schätzen statt-dessen eher pragmatische Lösungen und sind der Ansicht, dass nicht jedes Arbeitsergeb-nis vollkommen sein muss – was einem „Mut zur Lücke" entspricht. Spontaneität ist ihnen wichtiger als das exakte Einhalten von Vereinbarungen und Fristen. Aufgaben, die über lange Zeiträume hinweg mit hohen Anforderungen an Ausdauer und Sorgfalt verbunden sind, werden weniger gern bearbeitet. Wenig gewissenhafte Personen engagieren sich bevorzugt für Tätigkeiten, bei denen ohne langwierige Vorbereitungen und Durchführungs-regularien gehandelt werden kann

IPIP (englisch)

Ein interessantes und umfängliches Itemangebot hält der kostenlose „International Personality Item Pool (IPIP)" auf Englisch bereit, der hier aus Platzgründen nicht wiedergegeben werden kann. Es lohnt aber ein Blick auf die Website https://ipip.ori.org/newIndexofScaleLabels.htm. In alphabetischer Reihenfolge findet sich eine extrem hohe

Anzahl an psychologischen Konstrukten samt diverser Itembatterien zu ihrer Messung, so auch „Conscientiousness". Besonders interessant ist der Messansatz AB5C, bei dem *Gewissenhaftigkeit als Domäne* in positiver oder negativer Ausprägung jeweils mit einem anderen Persönlichkeitsmerkmal oder einer *Facette der Gewissenhaftigkeit* in positiver oder negativer Ausprägung kombiniert wird. Die anderen Persönlichkeitsmerkmale/Einzelfacetten sind:

- Efficieny (Effizienz)
- Dutifulness (Pflicht-/Regeltreue)
- Purposefulness (Zielstrebigkeit)
- Organization (Organisation)
- Cautiousness (Vorsicht/Umsicht)
- Rationality (Vernunft)
- Perfectionism (Perfektionismus)
- Orderliness (Ordentlichkeit)

Die Kombination aus „geringer Gewissenhaftigkeit" und „geringer Zielstrebigkeit" wird dann z. B. durch Items wie *„Ich bin leicht abgelenkt"* abgebildet, die Kombination „hohe Gewissenhaftigkeit" und „hohe Zielstrebigkeit" z. B. durch *„Ich entwickle Pläne"*.

Aus übergreifender Perspektive analysierte eine interessante Studie, zu welchem Anteil die Items zur Messung der Big Five unterschiedlichen psychologischen Ebenen zugeordnet werden können (vgl. Wilt & Revelle, 2016, S. 1 ff.). Als theoretischer Ordnungsrahmen wurde das ABCD-Modell eingesetzt. In Tab. 2.11 wird das Konzept am Beispiel von einzelnen Items zur Gewissenhaftigkeit verdeutlicht. Mit dem ABCD-Modell können Fragebögen daraufhin analysiert werden, ob alle psychologisch relevanten Ebenen – das sind: Emotionen, Verhalten, Kognitionen, Motive – in ausgewogenem Verhältnis abgedeckt sind.

Tab. 2.11 ABCD-Modell am Beispiel Gewissenhaftigkeit. (Quelle: Wilt & Revelle, 2016, S. 34)

	Faktor	Beispiel zu Gewissenhaftigkeit
A	Affect (= Emotionen)	*„Ich mag keine Routine."*
B	Behavior (= Verhalten)	*„Ich gebe ausgeliehene Gegenstände zurück."*
C	Cognition (= Kognitionen)[a]	*„Ich nehme selten Details wahr."*
D	Desire (= Motive)	*„Ich möchte alle Dinge in Ordnung haben."*

[a]Kognitionen sind alle mentalen Prozesse, wie z. B.: Aufmerksamkeit, Gedächtnis, Wissen, Problemlösen, Überzeugungen, Bewertungen, Interpretationen, Erwartungen (vgl. Wilt & Revelle, 2016, S. 3)

Tab. 2.12 ABCD-Anteile in % an den Items der Big Five-Erfassung. (Quelle: Wilt & Revelle, 2016, S. 31)

Ebene Merkmal	Emotion	Verhalten	Kognition	Motiv
Verträglichkeit	27	27	30	16
Gewissenhaftigkeit	12	41	24	23
Neurotizismus	46	23	21	9
Extraversion	30	40	14	17
Offenheit	26	18	45	12
Ø Big Five	28	30	27	15

In Tab. 2.12 sind die Anteile von ABCD-Items an den Big Five als gerundeter Mittelwert aus zwei Erfassungs-Fragebögen (IPIP NEO-PI-R und IPIP AB5C) angegeben.

Man sieht, dass das Merkmal „Gewissenhaftigkeit" sehr dominant durch Items auf der *Verhaltensebene* erfasst wird. Zusammen mit Extraversion bewegt es sich diesbezüglich sehr weit über dem Durchschnitt aller Big Five-Faktoren. Zwar wird kritisch angemerkt, dass bislang noch offen ist, ob die unterschiedlichen Ebenen (ABCD) ein bestimmtes Big Five-Merkmal besonders gut erfassen und diese Itemanalyse damit konzeptionell Sinn macht (vgl. Rauthmann, 2017, S. 262), aber intuitiv ist aus Unternehmenssicht die starke Verhaltenslastigkeit bei der Erfassung von „Gewissenhaftigkeit" sehr zu begrüßen. Denn in Unternehmen geht es final immer darum, was jemand – nachvollziehbar und beobachtbar – tut oder nicht tut. Oder wie es schon der Alt-Fußballbundestrainer Sepp Herberger auf den Punkt gebracht hat: *„Die Wahrheit liegt auf dem Platz!"*.

2.4   Übersteigerungsgefahren

Generell könnte man im Hinblick auf die Facetten der Gewissenhaftigkeit im Arbeitsleben die Position vertreten *„Viel hilft viel"* und Maximalausprägungen favorisieren. Das jedoch wäre verfehlt. Bei Extremausprägungen der Big Five gerät man möglicherweise in den Grauzonenbereich von Persönlichkeitsstörungen, wie sie in den Klassifikationsschemata zu psychischen Erkrankungen *ICD-10* (= International Classification of Diseases and Related Health Problems) und *DSM-5* (= Diagnostic and Statistical Manual of Mental Disorders) niedergelegt sind. Extrem hohe Werte bei den Persönlichkeitsmerkmalen sind dabei genauso problematisch, wie extrem niedrige. Man spricht dann von „maladaptiven Varianten". Maladaption bedeutet so viel wie „Fehlanpassung", die zu dysfunktionalen Auswirkungen führen kann. Speziell für das Merkmal Gewissenhaftigkeit zeigt Tab. 2.13 diese maladaptiven Bereiche in Abgrenzung zu den Normalbereichen für jede Facette auf.

Tab. 2.13 Normalbereich und maladaptive Bereiche der Gewissenhaftigkeit. (Quelle: In Anlehnung an Rauthmann, 2017, S. 307 und die zit. Lit.)

maladaptiv niedrig	normal niedrig	normal hoch	maladaptiv hoch
Kompetenz(Vertrauen)			
extrem nachlässig	lässig/leger	effizient/findig	extrem perfektionistisch
Ordnungsliebe			
planlos/unbedacht	unorganisiert	organisiert/methodisch	überstark vertieft in Organisation und Ordnung
Pflichtbewusstsein			
verantwortungslos/unmoralisch	leichtlebig/wechselhaft	verlässlich/verantwortungsvoll	rigide prinzipientreu
Leistungsstreben			
träge/halbherzig	unbekümmert	fleißig/ehrgeizig	arbeitssüchtig/arbeitsbesessen
Selbstdisziplin			
nachlässig	gemächlich	selbstdiszipliniert/willensstark	rigide Verbissenheit in eine Sache
Besonnenheit			
vorschnell/leichtsinnig	schnelle Entscheidungen	sorgfältig/besonnen	unentschlossen/zu nachdenklich

Konkret bergen Extremausprägungen einzelner Facetten von Gewissenhaftigkeit das Risiko für die in Tab. 2.14 aufgeführten, medizinisch klassifizierten Persönlichkeitsstörungen. Dabei wird klar, dass die Hauptrisiken für eine Persönlichkeitsstörung primär in *maladaptiv niedrig* ausgeprägten Facetten der Gewissenhaftigkeit liegen. Das stärkste Risiko bei *maladaptiv hohen* Ausprägungen liegt vor allem darin, dass sie in zwanghaftes Verhalten und Zwangsstörungen umschlagen können. Daneben sind speziell Personen mit extrem hohem Leistungsstreben in der Gefahr, eine narzisstische Persönlichkeit auszubilden.

Diese pathologischen Extremausprägungen sind weder innerhalb noch außerhalb von Organisationen erwünscht. Der Fokus der weiteren Betrachtung mit Bezug zum Arbeitsleben liegt daher primär im Normalbereich – in Tab. 2.13 von *normal niedrig* bis *normal hoch*. Auch in diesem Bereich ist es sinnvoll, einen differenzierten Blick zu bewahren und *hohe Ausprägungen (G+), niedrige Ausprägungen (G-)* und *ausbalancierte Ausprägungen (G=)* zu unterscheiden. Je nach Arbeitsbereich, konkreter Aufgabenstellung oder aktueller Handlungssituation können auch schwächere Ausprägungen durchaus funktional sein. Dies könnte z. B. dann der Fall sein, wenn eine Aufgabe oftmals spontane Entscheidungen fordert und keinen Raum für lange Abwägungsprozesse bietet oder wenn ein Mitarbeiter seine eigenen Leistungsziele, an denen er gerade sehr fokussiert arbeitet, temporär hintanstellt, weil ein Kollege um Unterstützung bittet.

Tab. 2.14 Risiko von Persönlichkeitsstörungen bei Extremausprägungen einzelner Facetten von Gewissenhaftigkeit. (Quelle: In Anlehnung an Rauthmann, 2017, S. 310 ff. und die zit. Lit.)

Störungstyp	Beschreibung	Facette der Gewissenhaftigkeit
Antisozialität	Missachtung und Verletzung der Rechte anderer	• Pflichtbewusstsein ↓ • Selbstdisziplin ↓ • Besonnenheit ↓
Borderline	Impulsivität und Instabilität in sozialen Beziehungen, Selbstbild und Affekten	• Besonnenheit ↓
Histrionie	Übermäßige Emotionalität und übermäßiges Streben nach Aufmerksamkeit	• Ordnungsliebe ↑ • Besonnenheit ↓
Narzissmus	Großartigkeitsgefühle, überstarkes Bedürfnis nach Bewunderung, mangelnde Empathie	• Leistungsstreben ↑
Abhängigkeit	Übermäßiges Bedürfnis nach Umsorgtwerden, unterwürfiges/anklammerndes Verhalten	• Kompetenz ↓ • Selbstdisziplin ↓
Zwanghaftigkeit	Ständige Beschäftigung mit Ordnung, Perfektion und Kontrolle	• Kompetenz ↑ • Ordnungsliebe ↑ • Pflichtbewusstsein ↑ • Leistungsstreben ↑ • Selbstdisziplin ↑ • Besonnenheit ↑

Generell kann eine sehr stark ausgeprägte Gewissenhaftigkeit von Mitarbeitern auch innerhalb des Normalbereichs mit kontraproduktiven Übersteigerungsgefahren einhergehen. Die Übergänge zwischen *normal hoch* und *maladaptiv hoch* sind fließend und von breiten Grauzonenbereichen geprägt. Um dies hier nur kurz anzudeuten: Sehr starke Ordnungsliebe kann in Pedanterie umschlagen, starke Besonnenheit in Inflexibilität und sehr ausgeprägtes Leistungsstreben in krankhaften Ehrgeiz, Workaholismus, Verlust der Work-Life-Balance und schlimmstenfalls Burnout. Dann wären wir im pathologischen Bereich. Dazu passt recht gut ein Zitat einer berühmten amerikanischen Tennisspielerin:

> *„Das Problem, bei irgendetwas die Nummer eins auf dieser Welt zu sein, liegt darin, dass man eine ganz bestimmte Mentalität braucht, um dieses Ziel zu erreichen, nämlich eine antreibende perfektionistische Einstellung, die dazu führt, dass – wenn man es endlich geschafft hat, die Nummer eins zu sein – es einem nicht möglich ist, sich zu entspannen und es zu genießen."* (Billie Jean King, zit. nach Howard & Howard, 2008, S. 85)

Es ist daher wichtig, die „dunkle Seite" der Gewissenhaftigkeit im Auge zu behalten. In Kap. 4 werden solche kontraproduktiven Effekte im Unternehmen ausführlich analysiert.

2.5   Erblichkeit

Wie sieht konkret der genetische Anteil beim Persönlichkeitsmerkmal „Gewissenhaftigkeit" aus? Es wurde schon in Abschn. 1.3 verdeutlicht, dass die Aussagen wegen einer
gewissen Unkontrollierbarkeit der Interaktionen zwischen Person und Umwelt einer
größeren Unschärfe unterliegen. Trotzdem finden sich in der Literatur natürlich Aussagen zu Prozentanteilen, die auf vertieften wissenschaftlichen Analysen beruhen.
Tab. 2.15 zeigt auf Basis von Untersuchungen von mehreren zehntausend Personen mit
unterschiedlichen Verwandtschaftsgraden die Erblichkeitsanteile für die Big Five und
vergleichend für die Intelligenz (gemessen mit 17 Jahren). Es zeigt sich zum einen, dass
der genetische Anteil bei Intelligenz deutlich höher ist als bei den Big Five und zum
anderen, dass das Merkmal „Gewissenhaftigkeit" innerhalb der Big Five das Persönlichkeitsmerkmal mit der geringsten Vorfestlegung über die Erblichkeit ist. Aufgezeigt
wird in der Tabelle auch das Vertrauensintervall (= Konfidenzintervall) der Studien.
Für Gewissenhaftigkeit bedeuten die Zahlen, dass die tatsächlichen Werte mit einer
Wahrscheinlichkeit von 95 % im Bereich zwischen 22 % und 40 % liegen. Oder andersherum: Mit einer Irrtumswahrscheinlichkeit von 5 % liegen die tatsächlichen Werte
außerhalb dieses Intervalls.

Rauthmann (2017, S. 380) veranschlagt nach Durchsicht mehrerer Studien den
genetischen Anteil von Gewissenhaftigkeit etwas höher, nämlich im Intervall zwischen
38 % bis 53 %.

Greifen wir nun nochmals die bereits in Abschn. 1.3 angesprochene Frage auf,
wie die Entstehung von Persönlichkeitseigenschaften und -unterschieden erklärt
werden kann. Mit Bezug zum Merkmal „Gewissenhaftigkeit" sollen drei Gruppen von
Erklärungsansätzen näher vorgestellt werden, eine klassische und zwei sehr innovative.
Dies soll verdeutlichen, wie vielschichtig und komplex die Forschungsbemühungen sind.
Keine Strömung wird allein die Entstehung von Traits erklären können, aber jede dürfte
einen Erklärungsbeitrag liefern. Die drei Gruppen von Erklärungsansätzen sind:

Tab. 2.15 Erblichkeitsanteile für Big Five und IQ. (Quelle: Asendorpf, 2019, S. 194 und die zit. Lit.)

Merkmal	Erblichkeit	Vertrauensintervall (95 %)
Big Five-Persönlichkeitsmerkmale		
Extraversion	0.42	0.37 − 0.48
Neurotizismus	0.39	0.34 − 0.43
Gewissenhaftigkeit	*0.31*	*0.22 − 0.40*
Verträglichkeit	0.35	0.28 − 0.42
Offenheit	0.41	0.31 − 0.51
Intelligenzquotient (IQ)		
IQ im Alter von 17 Jahren	0.65	0.58 − 0.73

- Evolutionspsychologische Ansätze
- Epigenetische Ansätze
- Neurowissenschaftliche Ansätze

1. *Evolutionspsychologie:* Dieser Forschungszweig beschäftigt sich innerhalb der Persönlichkeitspsychologie im Grundsatz mit der genetischen Anpassung von Persönlichkeitsmerkmalen an die jeweiligen Umweltbedingungen. Zurückgehend auf die Ideen von Charles Darwin, kommt es über Selektionsmechanismen längerfristig zu einem Aussterben von Organismen, die eine Fehlanpassung an ihre Umwelt aufweisen. Nur die über ihren Genpool am besten an die Umwelt angepassten Spezies überleben am längsten und – noch wichtiger – haben den höchsten Reproduktionserfolg, erzeugen also innerhalb ihrer Art die größte Anzahl an wiederum fortpflanzungsfähigen Nachkommen. Man spricht plakativ von „Survival of the Fittest", dem Überleben der Bestangepassten. Relevant dafür ist zum einen die Bewältigung der *intrasexuellen Selektion* (= Durchsetzung gegen Rivalen des gleichen Geschlechts beim Zugang zum anderen Geschlecht) und zum anderen die Bewältigung der *intersexuellen Selektion* (= Durchsetzung gegen Rivalen des gleichen Geschlechts, wenn Mitglieder des anderen Geschlechts ihre Partner nach bestimmten Kriterien auswählen). Die Bewältigung dieser Selektionsprozesse gelingt dann besonders gut, wenn ein Individuum über Merkmale verfügt – und Persönlichkeitsmerkmale gehören dazu –, die sich in der evolutionären Vergangenheit als geeignet erwiesen haben, Probleme zu lösen. Innerhalb der Big Five hilft z. B. das Merkmal „Verträglichkeit" dabei, Verbündete zu finden und in schutzgewährenden Gruppen harmonisch zu leben. Extraversion ist hilfreich beim Umwerben von Partnern und Neurotizismus ist ein guter Alarmmechanismus, um mögliche Bedrohungen frühzeitig zu erkennen. Das Merkmal „Gewissenhaftigkeit" ist evolutionspsychologisch sehr wichtig, indem es z. B.

– Verlässlichkeit in sozialen Beziehungen herstellt und diese damit stabilisiert,
– über Beharrlichkeit und Ausdauer Zielerreichung trotz Hindernissen ermöglicht,
– Erhalt der Gesundheit über Sauberkeit, Schutz vor Parasiten, Giften sichert (vgl. Rauthmann, 2017, S. 393 ff. und die zit. Lit.).

Übertragen auf moderne (Industrie)Gesellschaften stellt sich evolutionspsychologisch damit die Frage, in welchem Umfang das Merkmal „Gewissenhaftigkeit" relevant ist, um das Überleben abzusichern und attraktiv für Partner zu sein. Ganz unerheblich dürfte es in *materieller* Hinsicht beim Finden und Erhalten einer Arbeitsstelle, beim Generieren von beruflichem Erfolg und dem damit verbundenen höheren Einkommen nicht sein. Und in *immaterieller* Hinsicht leistet es einen wichtigen Beitrag, Kinder verlässlich zu betreuen. Eine wissenschaftlich spannende Frage ist, ob die Wandlung der Industriegesellschaft bei den Beschäftigten über längere Sicht zu einer Veränderung bei den durchschnittlichen Persönlichkeitsstrukturen führen wird. Löst z. B. eine starke Digitalisierung niedrigere Niveaus an Extraversion und Verträglichkeit

aus, weil direkte soziale Begegnungen seltener werden? Wird die Gewissenhaftigkeit geringer, weil immer stärker Maschinen im Verbund mit Künstlicher Intelligenz
monotone Verrichtungen, Planungs- und Kontrollprozesse übernehmen?

2. *Epigenetik:* Die Vorsilbe „epi" kommt aus dem Altgriechischen und bedeutet „um,
herum". Hier interessiert man sich nicht direkt für die Gene, sondern für die Prozesse,
die bestimmte Gene aktivieren oder deaktivieren. Umwelteinwirkungen oder Erlebnisse einer Person können über die Aktivierung biochemischer Prozesse als Ein- oder
Ausschalter von Genen fungieren. Es gibt Vermutungen, dass solche epigenetischen
Veränderungen an Nachkommen weitergegeben werden können. Umwelteinflüsse
oder Erlebnisse, denen Eltern oder Großeltern ausgesetzt waren (z. B. Flucht/Ver-
treibung, Notlagen, Traumata) könnten dann über Generationen hinweg auf die
Persönlichkeit von Kindern und Enkeln einwirken (vgl. Rauthmann, 2017, S. 390 f.).
So wäre nach der Epigenetik vorstellbar, dass Existenzkrisen während Kriegszeiten
dann bei den Nachkommen als Persönlichkeitsmerkmal eine besondere Sorgfalt und
Genauigkeit bei der Planung aller Ressourcen im Privat- und Berufsleben auslösen.
Das Niveau der Ordnungsliebe, Selbstdisziplin und des Pflichtbewusstseins heutiger
Mitarbeiter würde dann zu einem guten Teil auf den einschneidenden Erfahrungen
der Vorgenerationen beruhen. Konsequenterweise müsste man sich im Rahmen der
Personalauswahl dann eigentlich auch für die Eltern und Großeltern von Bewerbern
interessieren.

3. *Neurowissenschaftliche Ansätze:* Sie sind ebenfalls biologisch orientiert und
beschäftigen sich mit Hirnstrukturen und Informationsübertragungen im Nerven-
system. Je nach Umweltbedingungen (z. B. Lernerfahrungen, Ernährung, Erziehung)
können sich unterschiedliche Vernetzungen von Synapsen ausbilden, die dann jeweils
zu typischen, unterschiedlichen Erlebens- und Verhaltensmustern bei Menschen
führen. Damit ließen sich Persönlichkeitsunterschiede teilweise über neurologische
Prozesse erklären, die auf Anregungsbedingungen aus der Umwelt zurückgehen.
In einer neurologischen Untersuchung ($N = 116$) konnte gezeigt werden, dass die
Ausprägung der Big Five-Merkmale mit der Größe bestimmter Hirnregionen
korreliert. Konkret korrespondiert das Niveau der Gewissenhaftigkeit mit der Größe
der Gehirnareale, die Planung und zielgerichtetes Handeln anstoßen. Visionär
gedacht, könnte damit persönlichkeitsdiagnostisch orientierte Personalauswahl mittels
MRT-Untersuchung sinnhaft werden. Ob man sich das wirklich wünschen sollte, steht
auf einem anderen Blatt. Allerdings stehen die Ergebnisse solcher neurowissenschaft-
lichen Untersuchungen noch „auf tönernen Füßen", nicht zuletzt wegen der geringen
Probandenzahlen, die sich aus dem extrem hohen Ressourcenaufwand bei neurologischen Untersuchungen (z. B. Einsatz von MRT) ergeben. Zudem ist kausal noch
offen, ob ein vergrößertes Hirnareal (z. B. erblich bedingt) bestimmte Persönlichkeitseigenschaften hervorbringt oder nicht doch eher eine Vergrößerung bestimmter Hirnregionen durch Umweltreize (z. B. Art der Arbeitsaufgabe, Training) ausgelöst wird
(vgl. Rauthmann, 2017, S. 353, 373).

Nun kann und will sich dieses Buch nicht an die wissenschaftliche Spitze bei der Frage nach den Entstehungsbedingungen von Persönlichkeitsmerkmalen setzen und kann die Frage auch nicht abschließend klären. Daher nun wieder zurück zu den Basics und damit zum Erblichkeitsanteil von Gewissenhaftigkeit aus Tab. 2.15. Grundsätzlich ist der eher geringere erbliche Anteil für Organisationen eine gute Nachricht. Denn alle Bemühungen im Rahmen der Personalentwicklung (PE) auf verhaltensorientierter Ebene (z. B. Führungs-, Kommunikations-, Konflikthandhabungstrainings, entwicklungsfördernde Aufgabengestaltung), wären im Kern nutzlos, wenn Verhalten über genetisch bedingte Persönlichkeitsmerkmale nahezu vollständig festgelegt wäre. Als wirksames Eingriffsinstrument bliebe nur noch die Personalauswahl. Wenn z. B. Führungserfolg – wie in frühen Phasen der „Eigenschaftstheorien der Führung" propagiert – ganz dominant nur von den Persönlichkeitsmerkmalen der Führungskraft (z. B. Charisma, Extravertiertheit, Durchsetzungsstärke) abhängig wäre und diese gänzlich durch Veranlagung vordisponiert wären, dann wäre der Status einer erfolgreichen Führungskraft quasi „gottgegeben" und nicht trainierbar. Man könnte nur noch versuchen, durch eine angemessene Messmethodik in der Personalauswahl das Niveau der Mitarbeiterführung in der Organisation zu verbessern. So aber sind Persönlichkeitsmerkmale von Führungskräften zwar *ein* wichtiger Einflussfaktor auf den Führungserfolg, aber eben nicht der einzige. Führungstrainings machen daher weiter Sinn. Und analog sind auch substanzielle Anteile des Persönlichkeitsmerkmals „Gewissenhaftigkeit" Prägungsprozessen über PE zugänglich.

Sicherlich sind PE-Aktivitäten bei unterschiedlichen Mitarbeitern unterschiedlich wirksam. Im Extremfall ist es auch denkbar, dass ein sehr introvertierter Mitarbeiter auf einem Präsentationsseminar zwar alle wichtigen Prinzipien einer interaktiven, teilnehmeraktivierenden Präsentation kennengelernt und auch verstanden hat, sie aber später bei seinen Präsentationen nicht einsetzt, sondern eher in das Muster eines monologisierenden Frontalvortrags verfällt. Seine introvertierte Persönlichkeitsstruktur hätte sich dann durchgesetzt und einen Lerntransfer interaktiver Vortragsprinzipien in die Praxis verhindert. Solche Extrembeispiele sprechen aber mitnichten gegen eine verhaltensorientierte PE. Selbst wenn man wohl akzeptieren muss, dass Persönlichkeitsmerkmale für die Personalentwicklung gewisse Grenzen vorgeben, so wird sich in aller Regel doch das Verhalten beeinflussen lassen. Nur eben bei manchen Mitarbeitern nicht so schnell und so intensiv wie bei anderen. Manche Böden sind eben fruchtbarer als andere, in dem Sinne, dass bestimmte Persönlichkeitsmerkmale und genetische Vordispositionen mitunter als Wirksamkeitsbegrenzer für PE fungieren können.

Die grundsätzlich starke Beeinflussbarkeit von Gewissenhaftigkeit durch das Entwicklungsumfeld einer Person wurde durch eine interessante Längsschnittstudie mit N = 2,760 Schulkindern in Sachsen und Baden-Württemberg bestätigt. Jeweils zu den Messzeitpunkten 5., 6., 7. und 8. Klasse wurden die Anstrengungen bei den Hausaufgaben in den Fächern Mathematik und Deutsch und das Ausmaß der Gewissenhaftigkeit gemessen. In vielen internationalen Studien wurde sehr stabil und überzeugend nachgewiesen, dass höhere Gewissenhaftigkeit zu einer höheren Anstrengung bei den Hausaufgaben führt, wobei vor allem die Intensität der Beschäftigung und weniger die mit

Hausaufgaben verbrachte Zeit relevant ist (vgl. Göllner et al., 2017, S. 1 f. und die zit. Lit.). Aber gibt es auch empirische Evidenz für die umgekehrte Kausalität? Beeinflusst die intensive Beschäftigung mit Hausaufgaben auch die Veränderung der Gewissenhaftigkeit? Genau dies konnte obige deutsche Studie nachweisen! Ansteigendes oder fallendes Engagement bei den Hausaufgaben bildete sich auch in der Veränderung der Selbsteinschätzung in Gewissenhaftigkeit ab. Über einen längeren Zeitraum ist daher davon auszugehen, dass Verhaltensveränderungen (hier: Beschäftigung mit Hausaufgaben) zu einer Veränderung von Persönlichkeitsmerkmalen führen (vgl. Göllner et al., 2017, S. 9 f.). Analoge Mechanismen zu „Hausaufgaben" wären auch als „intensive Anreize zum selbstgesteuerten Lernen" in der betrieblichen PE (on the job und off the job) abbildbar. Damit könnten Unternehmen die Ausbildung von Gewissenhaftigkeit bei ihren Mitarbeitern zumindest unterstützen.

Offen muss allerdings bleiben, inwieweit solche Ergebnisse mit noch „prägungsoffenen" Kindern auf „ausgereifte" Erwachsene übertragbar sind. Aus ethischen Gründen wäre zudem eine PE mit dem klaren Letztziel einer Veränderung von Persönlichkeitsmerkmalen abzulehnen. Ein solcher Eingriff steht Unternehmen nicht zu. Daher werden solche Ansätze in diesem Buch auch nicht weiterverfolgt. Die Persönlichkeitsstrukturen von Mitarbeitern werden primär als Konstante gesehen, auf die sich Organisationen einstellen müssen.

2.6 Demografische Faktoren

Weisen Frauen oder Männer eine höhere Gewissenhaftigkeit auf? Gibt es Unterschiede in unterschiedlichen Altersgruppen?

Im Hinblick auf das *Geschlecht* liegen die Dinge nicht so kompliziert, wie es der Buchtitel von John Gray (1993) verheißt: *„Männer sind anders. Frauen auch"* (Original: *„Men are from Mars, Women are from Venus"*). Zwar bestätigt sich mal wieder, dass Autoren aus vorgenommenen Literaturanalysen im Detail nicht unbedingt immer das gleiche Fazit ziehen, aber im Grundsatz ist man sich einig, dass es auf *Domänenebene* in westlichen Kulturen kaum gravierende Unterschiede in der Gewissenhaftigkeit zwischen Frauen und Männer gibt (vgl. Vianello et al., 2013, S. 994; Weisberg et al., 2011, S. 2; Neyer & Asendorpf, 2018, S. 369). Allerdings zeigte sich in einer sehr groß angelegten Primärstudie (N = 14,348), dass sich Frauen in der Selbsteinschätzung eine deutlich höhere Gewissenhaftigkeit attestierten. Dieser Unterschied verkleinerte sich aber überaus deutlich bei einem Wechsel der Messmethode (vgl. Vianello et al., 2013, S. 994 ff.).

Will man deutlichere Geschlechterunterschiede feststellen, dann muss man sich auf die differenziertere *Facettenebene* begeben. Hier beurteilen sich Männer beim Merkmal „Kompetenz" höher als Frauen (vgl. Neyer & Asendorpf, 2018, S. 369). Frauen schätzen sich bei den Facetten „Ordentlichkeit, Pflichtbewusstsein, Selbstdisziplin" etwas höher ein. In einer Primärstudie mit N = 2,643 Teilnehmern in Nordamerika konnten dagegen auf Facettenebene kleinere signifikante Unterschiede nur für Ordentlichkeit festgestellt werden. Die Skalenmittelwerte lagen für Frauen bei 3,49, für Männer bei 3,38. Bei Berücksichtigung des Alters als Moderatorvariable zeigte sich, dass Frauen bis 60 geringfügig ordentlicher sind als Männer; danach kehrt sich das Bild um (vgl. Weisberg et al., 2011, S. 4 ff.). Charles Aznavour hätte mit seinem Chanson *„Du lässt Dich geh'n"* damit doch ein wenig recht gehabt …

Generell sind geschlechtsspezifische Studien allerdings immer kritisch danach zu hinterfragen, welche Rolle Geschlechterstereotypen spielen. Beurteilen sich z. B. Frauen (Männer) als verträglicher (leistungsorientierter), weil sie es wirklich sind oder weil es dem Geschlechtsstereotyp entspricht?

Möglicherweise resultieren gemessene Geschlechterunterschiede aus sozialen Rollenvorbildern (z. B. Mütter, Väter) und differenziertem sozialem Feedback darüber, wie man bei bestimmter Geschlechtszugehörigkeit denken, fühlen und sich verhalten sollte. Studienteilnehmer könnten dann im Sinne sozialer Erwünschtheit in Deckungsgleichheit mit diesen Geschlechterstereotypen und Rollenklischees antworten. Im Umkehrschluss kann das dann aber auch für den Fall, dass keine Geschlechterunterschiede gemessen werden können, heißen, dass vielleicht doch solche existieren, aber eben durch die verzerrenden Antwortmechanismen eingeebnet wurden.

In Summe legen die dargestellten Befunde aber nahe, dass Organisationen im Personalmanagement keine geschlechtsspezifischen Unterschiede beim Merkmal „Gewissenhaftigkeit" zu beachten haben.

Im Hinblick auf das *Lebensalter* ist zunächst eine methodische Vorbemerkung wichtig. Es macht nur begrenzt Sinn, zum heutigen Zeitpunkt zu untersuchen, wie sich z. B. 20-Jährige und 50-Jährige in ihrer Gewissenhaftigkeit unterscheiden. Man hätte damit nur einen einzigen Messpunkt (= *Querschnittstudie*). Gefundene Unterschiede könnten auf das unterschiedliche Lebensalter zurückgehen, aber auch auf historische Veränderungen. Der heute 50-Jährige hat nämlich sein Alter von 20 Jahren in einer ganz anderen Zeit verbracht als der 20-Jährige von heute. Unter Umständen ist ein gefundener Unterschied in der Gewissenhaftigkeit gar nicht durch das unterschiedliche Lebensalter zu erklären, sondern geht primär auf unterschiedliche Prägungen durch gänzlich andere historische Bedingungen zurück. Wenn man also wissen möchte, ob und wie sich Gewissenhaftigkeit zwischen 20- und 50-Jährigen unterscheidet, dann ist es sinnvoll, die gleichen Personengruppen über einen längeren Zeitraum immer wieder zu untersuchen. Man hat dann mehrere Messzeitpunkte (= *Längsschnittstudie*), die die Veränderung von Persönlichkeitsmerkmalen im Altersverlauf viel exakter aufklären können (vgl. Asendorpf, 2019, S. 176 f.).

Diesen Ansatz der Längsschnittuntersuchung verwenden typischerweise Bevölkerungspanels, bei denen sehr große Gruppen von Menschen immer wieder zu den gleichen Sachverhalten untersucht werden. Aber auch sie unterliegen natürlich den methodischen Restunsicherheiten, die mit Mittelwertbetrachtungen immer verbunden sind. Zum Beispiel könnte eine Veränderung beim Merkmal „Gewissenhaftigkeit" darauf zurückgehen, dass es bei der Mehrheit der untersuchten Personen keinerlei Veränderungen gab, sondern die durchschnittliche Veränderung auf eine sehr starke Verschiebung bei einer kleinen Minderheit zurückzuführen ist. Oder der Mittelwert setzt sich zusammen aus einem starken Anstieg bei einer Hälfte der untersuchten Personen und einem starken Rückgang bei der anderen. Das arithmetische Mittel würde dann eine Stabilität des Persönlichkeitsmerkmals anzeigen, die de facto individuell bei keiner einzigen Person vorliegt (vgl. Neyer & Asendorpf, 2018, S. 278). Nach diesen methodischen Vorbemerkungen nun zu den gemessenen Veränderungen der Gewissenhaftigkeit im Altersverlauf.

In einer sehr groß angelegten Längsschnittstudie, die Daten aus dem Haushaltspanel in Großbritannien (N = 14,039) und dem Sozioökonomischen Panel (SOEP) in Deutschland (N = 20,852) nutzte, wurde die Veränderung der Gewissenhaftigkeit für acht Altersgruppen zwischen 16–19 Jahren und 80–84 Jahren untersucht. Die Ergebnisse für Deutschland zeigen, dass die Gewissenhaftigkeit in der *jüngsten Altersgruppe* am geringsten ist (Wert: 42,76), dann bis zur *Altersgruppe 40–49* deutlich ansteigt (Wert: 51,22), auf diesem hohen Niveau auch in der *Altersgruppe 50–59* verharrt (Wert: 51,16) und dann im *höheren Alter* wieder leicht abnimmt (Wert *80–84 Jahre:* 49,84), aber trotzdem weit oberhalb der jüngsten Altersgruppe liegt. Wichtig ist auch der Befund, dass der Anstieg der Gewissenhaftigkeit bis ca. 30 Jahre sehr steil verläuft (Wert: 47,15) und sich danach deutlich abflacht. Abb. 2.1 stellt die Zusammenhänge grafisch dar. Die Ergebnisse für Großbritannien waren ganz ähnlich (vgl. Donnellan & Lucas, 2008, 558 ff.). Diese Befunde bestätigen die Ergebnisse anderer Studien (vgl. die Metaanalyse von Roberts et al., 2006).

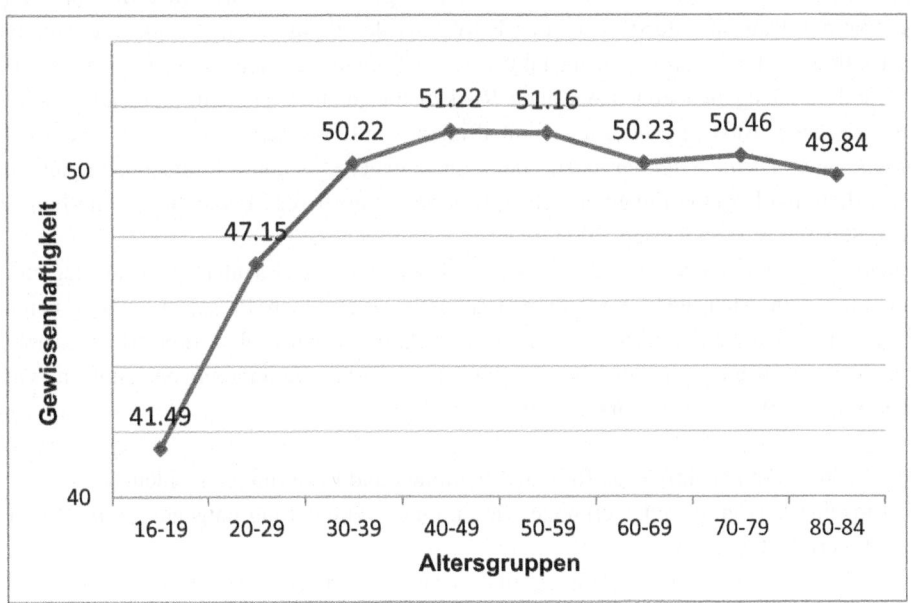

Abb. 2.1   Entwicklung von Gewissenhaftigkeit in Abhängigkeit vom Lebensalter

Man kann also im Fazit davon ausgehen, dass Gewissenhaftigkeit in sehr jungen Jahren am geringsten ausgeprägt ist, dann zunächst schnell (bis etwa 30 Jahre), danach flacher ansteigt, um im Altersbereich um 50 Jahre den Spitzenwert zu erreichen und danach wieder ganz leicht nachzulassen. Dies deutet darauf hin, dass Persönlichkeit eben nicht von Kindesbeinen an stabil festgelegt ist, sondern vielmehr auch noch im Erwachsenenalter deutliche Reifungs- und Veränderungsprozesse stattfinden. Für das betriebliche Personalmanagement sind diese Befunde für den Personaleinsatz relevant. Aufgaben, bei denen es stark auf Gewissenhaftigkeit ankommt, sind demnach (im Durchschnitt) bei Mitarbeitern der Altersklasse „um die 50" am allerbesten, bei Mitarbeitern ab 30 aber auch schon sehr gut aufgehoben.

Erklärt wird der Anstieg der Gewissenhaftigkeit mit höherem Alter durch die Übernahme neuer sozialer Rollen. Man übernimmt Verantwortung in einer Partnerschaft, für Kinder und für Arbeitsbereiche im Unternehmen (= „soziales Investitionsprinzip"). Dies alles fördert Reifungsprozesse beim Persönlichkeitsmerkmal „Gewissenhaftigkeit". Zudem formt sich in jungen Erwachsenenjahren das eigene Selbstkonzept weiter aus und man hat nach dem Verlassen des Elternhauses stärker die Möglichkeit, die eigene Umwelt persönlichkeitskompatibel auszuwählen oder zu verändern. Dies stabilisiert Persönlichkeitsmerkmale weiter. Eine Erklärung über allgemeine „biologische Reifeprozesse" kann dagegen nicht überzeugen. Dies ist eine weitgehend inhaltsleere Vermutung, die keine konkreten Prozesse benennt (vgl. Neyer & Asendorpf, 2018, S. 288; Asendorpf, 2019, S. 176 f., 182). Dagegen ist ein evolutionspsychologischer Erklärungsansatz, der auch die Entwicklung der anderen Big Five-Merkmale im Altersverlauf mit einbindet, plausibel und auch mit dem oben dargestellten sozialen Investitionsprinzip kompatibel. Danach unterstützt es den Erfolg bei der *Partnersuche,* wenn Extraversion und Offenheit für Erfahrungen im jungen Erwachsenalter ansteigen. Man ist motiviert, auf andere zuzugehen und dabei auch Risiken einzugehen. Der mit steigendem Alter zu messende Anstieg von Gewissenhaftigkeit und Verträglichkeit dient innerhalb *bestehender Partnerschaften* dazu, dem „Nachwuchs" stabile Rahmenbedingungen, Sicherheit und Regelhaftigkeit zu geben, was dessen positiver Entwicklung förderlich ist (vgl. Scheffer & Heckhausen, 2006, S. 49).

Durchaus interessant ist die Frage, warum der Gewissenhaftigkeitsanstieg mit zunehmendem Alter nicht noch stärker ausfällt, wenn doch Personen ständig neuen Rollen und Umwelten ausgesetzt sind. Die Antwort wird über drei Mechanismen gegeben, mit denen sich Menschen gegenüber zu starken Veränderungen schützen (vgl. Rauthmann, 2017, S. 451 f. und die zit. Lit.):

- Personen können aktiv neue Rollen, Situationen und Erfahrungen meiden,
- Einzelne Persönlichkeitsmerkmale wirken einer Veränderung entgegen (z. B. Rigidität, geringe Offenheit),
- Personen könnten auf der Wahrnehmungsebene Informationen, die eine Veränderung nahelegen, (bewusst oder unbewusst) selektieren oder verzerren. Die subjektive Wichtigkeit neuer Erfahrungen und notwendiger Veränderungen wird dadurch heruntergespielt.

Tab. 2.16 Unterschiede bei Gewissenhaftigkeit in später Jugend und frühem Erwachsenenalter (Mittelwerte). (Quelle: Vecchione et al., 2012, S. 742)

16 Jahre		18 Jahre		20 Jahre	
weiblich	**männlich**	**weiblich**	**männlich**	**weiblich**	**männlich**
3,46	3,32	3,53	3,42	3,62	3,53

Einen spezifischen Blick auf die *jüngste Altersklasse* in Verbindung mit dem *Geschlecht* wirft eine Studie aus Italien. In einer Längsschnittstudie mit N = 403 Teilnehmern wurden die Big Five-Merkmale und deren Veränderungen in der kritischen Übergangsphase von später Jugend (16 Jahre) zu beginnender Erwachsenenphase (20 Jahre) per Selbsteinschätzung untersucht. Junge Frauen wiesen zu allen drei Messzeitpunkten (16, 18, 20 Jahre) im Mittelwert eine statistisch signifikante etwas höhere Gewissenhaftigkeit als die gleichaltrigen jungen Männer auf. Auf einer fünfstufigen Skala ergaben sich folgende Mittelwerte (Tab. 2.16):

Es zeigt sich, dass in beiden Geschlechtern die Gewissenhaftigkeit mit steigendem Alter in etwa gleichem Ausmaß linear zunahm. Dies reflektiert eine Entwicklung in Richtung auf vermehrte Selbstkontrolle und Disziplin, die sich aus der mit steigendem Alter immer stärkeren Involvierung in altersspezifische Erwachsenenaufgaben ergibt. (vgl. Vecchione et al., 2012, S. 740 ff.). Die Unterschiede zwischen den Geschlechtern könnten auch den Reifevorsprung abbilden, den junge Frauen in dieser Entwicklungsphase oftmals gegenüber jungen Männern haben. Für Unternehmen sind die Ergebnisse vor dem Hintergrund relevant, als es sich um die Altersspanne handelt, in der oftmals die berufliche Erstausbildung stattfindet. Ausbilder sollten also ein etwas genaueres Auge auf ihre männlichen Schützlinge haben.

2.7   Vorhersagekraft

Eine große Anzahl an wissenschaftlichen Studien interessiert sich für die Auswirkungen des Persönlichkeitsmerkmals „Gewissenhaftigkeit" auf andere Variablen. In der Fachsprache der Psychologie ist Gewissenhaftigkeit dann der *Prädiktor,* die andere Variable nennt sich *Kriterium.* Die Studien analysieren in der Regel die Höhe der Korrelation zwischen Prädiktor und Kriterium (z. B. Höhe der Vergütung) und leiten daraus Aussagen ab, in welchem Umfang das Merkmal „Gewissenhaftigkeit" eine andere Größe (z. B. die spätere Höhe der Vergütung) vorhersagen kann. Es geht also um die Prognosekraft des Persönlichkeitsmerkmals. Man spricht auch von „prognostischer Validität".

Unter methodischem Blickwinkel darf man einen Korrelationskoeffizienten allerdings nicht leichtfertig kausal interpretieren, also z. B. folgende Feststellung treffen: *„Hohe Gewissenhaftigkeit ist die Ursache für eine höhere Vergütung".* Grundsätzlich könnte die Kausalität auch genau umgekehrt sein: *„Höhere Vergütung führt zu höherer Gewissenhaftigkeit"* (etwa, weil sich ein Mitarbeiter nach einer deutlichen Vergütungssteigerung viel stärker in die Pflicht nehmen lässt). Denkbar wäre auch, dass sich Gewissenhaftigkeit und Vergütungshöhe wechselseitig beeinflussen, also sich in Ursache-Wirkungs-Kreisläufen gegenseitig „hochschaukeln". Und denkbar wäre auch, dass zwischen Gewissenhaftigkeit und Vergütungshöhe gar keine oder nur eine eingeschränkte Ursache-Wirkungs-Beziehung herrscht, weil beide Variablen von einer Drittvariablen als Ursache abhängen – etwa der Art der Führung des Vorgesetzten (z. B. wie stark motiviert er zu sorgfältiger Arbeitsweise, wie bereitwillig belohnt er sorgfältige Arbeit materiell?). Der Korrelationskoeffizient trifft also zunächst nur eine Aussage darüber, wie stark sich zwei Variablen parallel bewegen. Findet die Bewegung in die gleiche Richtung statt (z. B. höhere Gewissenhaftigkeit geht mit höherer Vergütung einher), dann existiert eine *positive Korrelation*. Bewegen sich die Variablen in unterschiedliche Richtungen (z. B. höhere Gewissenhaftigkeit geht mit niedrigerer Vergütung einher), dann existiert eine *negative Korrelation*. Um eine kausale Interpretation vornehmen zu können, braucht man plausible Annahmen   noch besser eine abgesicherte Theorie – zu den Wirkmechanismen zwischen den beiden Variablen (z. B. gewissenhafte Mitarbeiter erbringen eine höhere Leistung, erhalten dafür eine höhere Bewertung in der jährlichen Leistungsbeurteilung, was sich dann in einer Vergütungserhöhung niederschlägt).

Generell werden die gemessenen Korrelationskoeffizienten zwischen Gewissenhaftigkeit und einer Kriteriumsvariablen nicht allzu hoch sein. Auf den ersten Blick mag das etwas enttäuschend sein, aber es ist zu sehen, dass man im Arbeitsleben oftmals extrem komplexe Kriterien vorhersagen möchte (z. B. Arbeitsleistung, Arbeitszufriedenheit, Höhe der Vergütung). Diese gehen natürlich auf eine sehr breite Palette an Ursachenfaktoren zurück. Wenn man z. B. zwischen Gewissenhaftigkeit und Vergütungshöhe eine Korrelation von $r = 0{,}30$ finden würde, dann bedeutet das, dass dieses Persönlichkeitsmerkmal 9 % $(0{,}3 \times 0{,}3)$ der Vergütungshöhe erklären könnte. Zu 91 % hinge sie also von anderen Faktoren ab. Ein solcher Erklärungsbeitrag darf – falls statistisch signifikant – nicht geringgeschätzt werden (in Anlehnung an Neyer & Asendorpf, 2018, S. 297 ff.; siehe dort auch zu weiteren methodischen Vertiefungen). In der Psychologie muss man sich in gewisser Bescheidenheit üben, was die Effektstärken anbelangt. Sie liegen ganz mehrheitlich im Bereich zwischen $r = 0{,}10$ bis $r = 0{,}40$. Nur in weniger als 3 % aller Studien ließen sich Korrelationen $\geq 0{,}50$ finden. Gemäß einer groß angelegten Metaanalyse (über 25,000 Studien mit mehr als 8 Mio. Teilnehmern aus über 100 Jahren sozialpsychologischer Forschung) lag die mittlere Effektstärke bei $r = 0{,}21$. Korrelationen von $r = 0{,}30$ wären damit weder klein noch unwichtig, sondern liegen im Bereich dessen, was man in der Psychologie realistischerweise erwarten kann (vgl. Rauthmann, 2017, S. 225 und die zit. Lit.).

Bevor nun spezifisch auf die Vorhersagekraft von Gewissenhaftigkeit auf wichtige Kriterien für *Organisationen* eingegangen wird, sollen zunächst einige Phänomene aus der *allgemeinen Lebenswirklichkeit* präsentiert werden, für die Gewissenhaftigkeit einen substanziellen Erklärungsbeitrag liefert. Dieser liegt bemerkenswerterweise oftmals über der prognostischen Kraft der oftmals verwendeten Prädiktoren „Intelligenzquotient (IQ)" und „Sozialer Status" (Einkommen, Bildung, Prestige des Berufs).

So ist z. B. die *Lebenserwartung* zu r = 0,09 mit Gewissenhaftigkeit korreliert. Das ist der höchste Wert von allen Big Five-Merkmalen und er liegt auch höher als der des IQ (r = 0,06) (vgl. Asendorpf, 2019, S. 185). Ein eher diszipliniertes, gesundheitsbewusstes Verhalten ist zweifelsohne eine wichtige Stellschraube für eine höhere Lebenserwartung. Little (2015, S. 44) bemerkt dazu sehr treffend: *„Wer sehr gewissenhaft ist, kennt sich wahrscheinlich auch mit Zahnseide und Zumba aus"*.

Die negative Korrelation mit *Scheidungen* beträgt r = −0,13); hier liefern – wenig überraschend – Verträglichkeit mit r = −0,18 und Neurotizismus mit r = 0,17 einen etwas höheren Erklärungsbeitrag (vgl. Asendorpf, 2019, S. 185).

Für die *Noten an Hochschulen* ist Gewissenhaftigkeit ein besserer Prädiktor als die Noten, die in der Schule erzielt wurden. Und auch was einen *erfolgreichen Hochschulabschluss* anbelangt, ist das Merkmal ein guter Prädiktor. Die Gründe liegen auf der Hand: Während eines Studiums werden diejenigen belohnt, die Fristen einhalten, den diversen ablenkende Verlockungen des Studentenlebens hinreichend widerstehen und sich zu den erforderlichen Prüfungsvorbereitungen aufraffen können (vgl. Little, 2015, S. 43).

Im Hinblick auf die Wahrscheinlichkeit von *Arbeitslosigkeit* während der Erwerbsbiografie konnte in Großbritannien (N = 4,206) nachgewiesen werden, dass die Gewissenhaftigkeit im Alter von 16 bis 17 Jahren ein leistungsfähiger Prädiktor für die Vorhersage von Arbeitslosigkeit in der gesamten Lebensspanne zwischen 16 und 42 Jahren ist. Die Wahrscheinlichkeit für Menschen mit niedriger Gewissenhaftigkeit, arbeitslos zu werden, lag mit 3,4 % doppelt so hoch wie bei Menschen mit hoher Gewissenhaftigkeit (1,7 %). Alle anderen Big Five-Merkmale hatten keinen signifikanten Einfluss über einen so langen Prognosezeitraum. Die Autoren empfehlen daher zur Vorbeugung gegen Arbeitslosigkeit und ihrer belastenden Auswirkungen auf das Individuum die gezielte Förderung von Verhaltensmustern bei Jugendlichen, die wichtige Facetten der Gewissenhaftigkeit stärken (z. B. planendes Denken, Geduld/Ausdauer) (vgl. Egan et al., 2017, S. 700 ff.).

Umgekehrt zeigte sich in einer Studie mit N = 6,769 erwachsenen Deutschen, dass Arbeitslosigkeit ihrerseits die Persönlichkeitsmerkmale verändert. Speziell bei Männern, die über vier Jahre hinweg arbeitslos waren, ergaben sich gegenüber denen, die durchgängig beschäftigt blieben, überaus deutliche, permanente Rückgänge der Gewissenhaftigkeit – speziell nach dem ersten Jahr der Arbeitslosigkeit. Verträglichkeit und Offenheit entwickelten sich auch zurück, aber bei weitem nicht so stark. Der Rückgang der Gewissenhaftigkeit könnte auch ein psychologischer Schutzmechanismus sein, um die negative Wirkung von Arbeitslosigkeit auf die Lebenszufriedenheit abzupuffern – burschikos ausgedrückt die Entwicklung einer „Wurstigkeitseinstellung". Interessanterweise stieg dagegen bei Frauen die Gewissenhaftigkeit im ersten Jahr der Arbeitslosigkeit sogar an, fiel im Jahr 2 und 3 deutlich ab, um dann im Jahr 4 wieder fast auf das Niveau von durchgängig Beschäftigten anzusteigen. Gut erklärbar dürfte dies dadurch sein, dass sich arbeitslose Frauen – v. a. kurz- und langfristig – vermehrt gesellschaftlich akzeptierten Alternativrollen (Kinder, Haushalt, Altenbetreuung) zuwenden und dies einen stabilisierenden Einfluss hat. Die gute Nachricht für Männer: Gelingt eine Wiederbeschäftigung, dann steigen die Werte wieder auf das alte Niveau. Das zeigt: Gewissenhaftigkeit ist wichtig für die Arbeit, aber

Arbeit ist auch wichtig für die Gewissenhaftigkeit (vgl. Boyce et al., 2015, S. 1000 ff.).
Unschön ist das starke Absinken der Gewissenhaftigkeit während andauernder Arbeitslosigkeit von Männern vor dem Hintergrund, dass gerade Gewissenhaftigkeit ein guter Prädiktor
für die Intensität von sozialem Networking und die Nutzung von alternativen Wegen der
Jobsuche darstellt (vgl. Wanberg et al., 2000, S. 491 ff.). Insofern gibt es also mit dem Rückgang von Gewissenhaftigkeit während der Arbeitslosigkeit einen Zielkonflikt zwischen
Schutz der eigenen Psyche und schneller Wiederbeschäftigung.

Kommen wir nun spezifischer zu Kriterien, die für die Arbeit in *Organisationen*
relevant sind und steigen sehr allgemein ein: Die ob der limitierten Korrelationskoeffizienten vielleicht immer noch etwas enttäuschten Leser lassen sich vielleicht von
zwei Zitaten beeindrucken (Übersetzung durch den Verf.):

> *„Nachweise aus mehr als 100 Jahren Forschung zeigen, dass Gewissenhaftigkeit das*
> *wirkmächtigste nicht-kognitive Konstrukt für berufliche Leistung ist."* (Wilmot & Ones,
> 2019, S. 23004)
>   *„Nur wenige Merkmale zu individuellen Unterschieden haben so starke und durch-*
> *dringende berufliche Auswirkungen wie Gewissenhaftigkeit. (…) die gewaltige Fundgrube*
> *an Ergebnissen, die hier präsentiert wurden, sollten jedes Individuum, jede Organisation*
> *und jeden gesellschaftlichen Entscheidungsträger dazu motivieren, die wertvolle Human-*
> *kapital-Ressource „Gewissenhaftigkeit" zu verstehen, zu entwickeln und einzusetzen."*
> (Wilmot & Ones, 2019, S. 23009)

Es handelt sich um den Eingangssatz und das Fazit einer Studie mit dem Titel *„A
Century of Research on Conscientiousness at Work"*. Es wurden hier 92 Metaanalysen
ausgewertet, hinter denen insgesamt mehr als 2.500 Einzelstudien mit zusammen mehr
als 1,1 Mio. Teilnehmern standen. Es ist die umfangreichste quantitative, zusammen-
fassende Überprüfung der Effekte von Gewissenhaftigkeit in der Arbeitswelt, die in der
Literatur existiert. Insgesamt 175 berufsbezogene Kriteriumsvariablen wurden analysiert,
die den Kategorien *Leistung* (46), *Motivation, Werte, Interessen* (44), *Einstellungen
und Wohlbefinden* (40), *Sozialbeziehungen* (27) und *kontraproduktives Verhalten* (18)
zugeordnet wurden. Auf 98 % von ihnen hat Gewissenhaftigkeit eine positive Aus-
wirkung mit einer durchschnittlichen Korrelation von $r = 0{,}20$. Im Einzelfall ergeben
sich aber sehr starke Korrelationen, die in der Spitze bis $r = -0{,}77$ (für „akademische
Prokrastination") reichen (vgl. Wilmot & Ones, 2019, S. 23004). In Tab. 2.17 sind einige
ausgewählte Kriteriumsvariablen samt ihrer Korrelationskoeffizienten mit Gewissenhaftigkeit zusammengestellt – unterteilt nach den Komplexen „Bildung (Education)",
„Bewerbung (Job Application)", „Erwerbstätigkeit (On the Job)" und „gesamtes Leben
(Career/Lifespan)" (vgl. Wilmot & Ones, 2019, Anhang S. 4 bis S. 8). Mit einem (*)
gekennzeichnete Kriterien wurden in Abweichung vom Original einem anderen Komplex
zugeordnet, da dies systematischer erschien. Wenn Kriterien und Korrelationen ähnlich
waren, dann wurden sie aus Platzgründen zusammengefasst und es wurde die Spanne
für die Korrelationen angegeben. Besonders zentrale Kriteriumsvariablen werden dann
später in den Kap. 3 und 4 als Erfolgs- und Risikofaktoren von Gewissenhaftigkeit vertieft aufgegriffen. Wer sich für die Korrelationen aller 175 Variablen interessiert, sei auf
den im Internet verfügbaren Anhang zu dem Aufsatz verwiesen.

Tab. 2.17 Metaanalyse der Korrelationen (r) zwischen Gewissenhaftigkeit und arbeitswelt-bezogenen Kriteriumsvariablen. (Quelle: In Anlehnung an Wilmot & Ones, 2019)

Kriterium	r
1. Leistung	
Bildung	
• Anwesenheit im Studium	0,28
• Akademische Leistungen	0,24
• Akademischer Erfolg	0,30
• Trainingserfolg	0,25
Bewerbung	
• Abschneiden bei Wissenstests	0,24
• Abschneiden bei Postkorbübungen im Assessment Center	0,16
• Abschneiden bei Fallstudien im Assessment Center	0,05
• Erfolg bei der Job-Suche (Zusammenfassung)	0,00–0,06
Erwerbstätigkeit	
• Gesamtleistung *(Beurteilung durch Vorgesetzte)*	0,27
• Gesamtleistung *(Beurteilung durch Kollegen)*	0,26
• Gesamtleistung *(Beurteilung durch Untergebene)*	0,02
• Gesamtleistung *(Selbstbeurteilung)*	0,31
• Maximalleistung	0,12
• Typische Leistung	0,22
• Freiwilliges Zusatzengagement (= *Organizational Citizenship Behavior*) (Zusammenfassung)	0,18–0,21
• Veränderungsfähigkeit/-bereitschaft (Zusammenfassung)	0,08–0,15
Gesamtes Leben	
• Vorbildhaftes Verhalten	0,47
• Dauer Betriebszugehörigkeit	0,09
• Beförderungen	0,07
• Vergütung	0,10
2. Motivation, Werte, Interessen	
Bildung	
• Zielorientiertes Lernen	0,33
• Akademische Selbstwirksamkeitserwartung	0,32
• Leistungsvermeidung	−0,18
• Prokrastination im akademischen Bereich	−0,77
Bewerbung	
• Selbstregulation bei der Jobsuche	0,27

(Fortsetzung)

Tab. 2.17 (Fortsetzung)

Kriterium	r
Erwerbstätigkeit	
• Fokus der Handlungsregulation: *Vorsorge, Absicherung*	0,25
• Fokus der Handlungsregulation: *Aufstieg*	0,39
• Psychologisches Bedürfnis: *Autonomie*	0,33
• Psychologisches Bedürfnis: *Kompetenz*	0,47
• Psychologisches Bedürfnis: *Kontakte*	0,37
• Leistungsmotivation (Erfolgserwartung, Zielsetzung, Selbstwirksamkeits-erwartung) (Zusammenfassung)	0,22–0,27
• Demonstration von Anstrengung	0,22
• Engagement (Vertiefung in Aufgabe, Hingabe, Elan) (Zusammenfassung)	0,30–0,36
Gesamtes Leben	
• Gründungsabsichten	0,19
• Prokrastination	−0,74
• Workaholismus	0,16
• Persönliche Werte: *Leistung*	0,15
• Persönliche Werte: *Hedonismus*	−0,20
• Persönliche Werte: *Macht*	0,05
• Persönliche Werte: *Wohlwollen*	0,07
• Persönliche Werte: *Offenheit für Veränderung*	−0,08
• Persönliche Werte: *Angepasstheit*	0,27
• Persönliche Werte: *Sicherheit*	0,38
• Berufliche Interessen: *Konventionelle Berufe*	0,20
• Berufliche Interessen: *Künstlerische Berufe*	−0,06
3. Einstellungen und Wohlbefinden	
Bildung	
• Anpassung an die Bildungseinrichtung (Bildungsinhalte, sozial, persön-lich-emotional, Institution) (Zusammenfassung)	0,28–0,55
• Schwierigkeiten bei Karriereentscheidungen	−0,26
Erwerbstätigkeit	
• Arbeitszufriedenheit	0,23
• Globales Commitment zum Unternehmen	0,29
• Fluktuationsabsichten	−0,13
• Work-Life-Balance: Familie und Arbeit (Zusammenfassung)	−0,25−−0,20
• Globale Anpassung bei Auslandsentsendungen	0,20

(Fortsetzung)

Problematisch an dieser hochkomprimierten Übersicht bleibt natürlich die Tatsache, dass man nicht genau nachvollziehen kann, wie Gewissenhaftigkeit als Prädiktor und die jeweiligen Kriteriumsvariablen im Einzelnen operationalisiert und gemessen wurden – sicherlich in den Studien nicht einheitlich. Man muss sich darauf verlassen, dass die analysierenden Wissenschaftler methodisch hinreichend „sauber" gearbeitet haben und nicht Äpfel mit Birnen verglichen wurden. Wilmot und Ones selbst bezeichnen ihre Untersuchung als *„Kompendium, das nirgendwo anders verfügbar ist"*. Im Fazit verdichten sie die enorme Fülle an verarbeiteten Daten auf *zehn zentrale, arbeitsweltbezogene Erkenntnisse über gewissenhafte Menschen*, indem sie die 33 % Kriteriumsvariablen mit den größten Effektstärken argumentativ herausgreifen und verbinden, wobei die Einzelvariablen jeweils eine Korrelation von $r \geq 0{,}24$ mit Gewissenhaftigkeit aufweisen. Die zehn Erkenntnisse sind (vgl. Wilmot & Ones, 2019, S. 23008):

▶ **Wichtig**
Gewissenhafte Mitarbeiter

- haben Motivation für eine zielorientierte Leistungserbringung,
- haben Präferenzen für gut vorhersagbare Arbeitsumwelten,
- empfinden zwischenmenschliche Verantwortung für geteilte Ziele,
- empfinden Commitment (Bindung) zur Organisation,
- verfügen über Ausdauer und Beharrlichkeit,
- verfügen über Selbstregulationsmechanismen, die kontraproduktives Arbeitsverhalten hemmen,
- streben kompetente (proficient) Leistung an,
- streben diese Leistung speziell bei konventionellen Zielen an,
- benötigen Beständigkeit und
- weisen hohe Arbeitsleistung besonders bei Aufgaben mit geringerer und mittlerer Komplexität auf.

Damit haben wir eine Art *Psychogramm des Merkmals Gewissenhaftigkeit von Mitarbeitern in Organisationen*!

Allerdings hätte man mit alltagspsychologischen Überlegungen einige Zusammenhänge auch anders erwartet. So überrascht zum Beispiel, dass gewissenhafte Mitarbeiter nach dieser Metaanalyse 2. Ordnung offensichtlich nicht durch Burnout und mangelnde Work-Life-Balance belastet sind, eher im Gegenteil. Das heißt nun nicht, dass nicht trotzdem diesbezügliche Risiken existieren. Solche Aspekte werden – unter Heranziehung von Einzelstudien und Rückgriff auf die hier vorgestellten metaanalytischen Ergebnisse – in den folgenden Hauptkapiteln vertiefter diskutiert werden.

Tab. 2.17   (Fortsetzung)

Kriterium	r
• Burnout: *Emotionale Erschöpfung*	−0,17
• Burnout: *Entfremdung von sich selbst*	−0,26
• Burnout: *Persönliche Bewältigungsstrategien*	0,35
• Austausch mit Vorgesetzten	0,20
• Wahrnehmung: *Beleidigendes, abfälliges Verhalten von Führungskräften (abusive)*	−0,15
• Wahrnehmung: *Schikanöses, belästigendes Verhalten von Führungskräften (Harassment)*	0,13
• Gerechtigkeitsempfinden (Zusammenfassung)	0,16–0,20
Gesamtes Leben	
• Steuerbarkeit/Anpassbarkeit des Karriereverlaufs	0,48
• Zufriedenheit mit Karriereverlauf	0,16
• Lebenszufriedenheit	0,24
• Glücksniveau	0,29
• Lebensqualität	0,52
4. Sozialbeziehungen	
Erwerbstätigkeit	
• Gutes Auskommen mit Anderen	0,21
• Freiwilliges Zusatzengagement in Sozialbeziehungen	0,22
• Erlangung einer Führungsposition[a]	0,32
• Effektivität als Führungskraft[a]	0,15
• Leistung der unterstellten Arbeitsgruppe[a]	0,30
• Transformationale Führung: *Charisma*[a]	0,10
• Transformationale Führung: *Intellektuelle Stimulation von Geführten*[a]	0,02
• Transformationale Führung: *Individuelle Hinwendung zu Mitarbeitern*[a]	0,16
• Transaktionale Führung: *Passives Führungsverhalten*[a]	−0,13
Gesamtes Leben	
• Interpersonelle Sensibilität	0,08
Kontraproduktives Verhalten	
Bildung	
• Akademische Unredlichkeit	−0,22
Erwerbstätigkeit	
• Sicherheitsbewusstes Verhalten	0,26
• Verantwortungsloses Verhalten	−0,37
• Inkorrektes Verhalten gegenüber der Organisation	−0,42
• Inkorrektes interpersonelles Verhalten	−0,23

(Fortsetzung)

Tab. 2.17 (Fortsetzung)

Kriterium	r
• Zeitverschwendung im Internet (Cyberloafing)	−0,11
• Rückzugsverhalten (Withdrawal Behavior)	−0,27
• Absentismus	−0,16
Gesamtes Leben	
• Stellenwechsel (Zusammenfassung)	(−0,22)–(−0,13)
• Antisoziales Verhalten	−0,29
• Aggression	−0,22
• Berufsunfälle	−0,18
• Verkehrsunfälle	−0,11

Legende:
[a] = in Abweichung zur Originalquelle einem anderen Komplex zugeordnet

2.8 Relativierungen und Limitationen

In den nächsten beiden Hauptkapiteln werden die positiven Wirkungen und die möglichen Risiken von gewissenhaften Mitarbeitern für Organisationen diskutiert. Dazu werden auch die Ergebnisse vieler Einzelstudien dargestellt, kommentiert und Schlüsse für die Unternehmenspraxis aus ihnen gezogen. Die wissenschaftliche Redlichkeit gebietet es aber, vorab auf einige wichtige Limitationen der Aussagen hinzuweisen. Nachfolgend also der „betriebswirtschaftliche Beipackzettel", der kompakt über „Risiken und Nebenwirkungen" aufklärt. Dabei werden aus Geschlossenheitsgründen auch noch einmal Aspekte kurz aufgegriffen, die bereits an verschiedenen Stellen ausführlicher thematisiert wurden.

1. Analysiert wird hier – quasi mit einem fokussierten Blick durch ein Schlüsselloch – speziell das Merkmal „Gewissenhaftigkeit". Oder anders: Aus dem Gesamtgebäude der Persönlichkeit eines Menschen wird ein Baustein herausgebrochen. Das birgt mitunter das Risiko einer verkürzenden, unterkomplexen Betrachtungsweise. Denn natürlich ergibt sich die Gesamtpersönlichkeit eines Mitarbeiters durch alle Big Five-Merkmale und ihre Wechselwirkungen. Auch wenn die Big Five relativ unabhängig voneinander sind, komplett sind sie es doch nicht. Und für die konkrete Verhaltensebene haben unterschiedliche Kombinationen von Einzelmerkmalen unterschiedliche Auswirkungen. Eine Verbindung aus hoher Gewissenhaftigkeit + *hoher* Extraversion führt eventuell zu einem anderen Verhalten als hohe Gewissenhaftigkeit + *niedrige* Extraversion. Im ersten Fall haben wir vielleicht einen informellen Führer, der das ganze Team mit seinem Engagement und seinem planvollen Vorgehen mitzieht, im anderen Fall eher den Typus des verlässlichen, aber in sich gekehrten Eigenbrötlers.

Und neben den Big Five gibt es ja auch noch weitere non-kognitive Persönlichkeitsmerkmale und zudem noch kognitive Merkmale (z. B. Intelligenz, Konzentrations-
fähigkeit, Merkfähigkeit), die in der Wechselwirkung mit Gewissenhaftigkeit ihre
Wirkung auf das Verhalten entfalten. In der Wechselwirkung könnten sich Persönlichkeitsmerkmale theoretisch gegenseitig abschwächen, verstärken oder neutralisieren.
Wenn solche Wechselwirkungen besonders relevant sind, dann werden sie im Einzelfall auch thematisiert.

Für die Charakterisierung z. B. einer idealen Führungskraft oder eines idealen
Kassierers müsste man die Ausprägung mehrerer Persönlichkeitsmerkmale mit ihren
Wechselwirkungen diskutieren. Aber darum geht es in diesem Buch nicht primär,
sondern es soll – wie unter einer Lupe – der Erklärungsbeitrag von Gewissenhaftigkeit beleuchtet werden.

2. Wechselwirkungen treten nicht nur zwischen den *Domänen* der Big Five auf. Man
sollte nicht vergessen, dass im NEO-PI-R jede Domäne aus sechs *Facetten* besteht.
Und innerhalb der Gewissenhaftigkeit wäre eine Kombination aus hohem Leistungsstreben + *hoher* Selbstdisziplin auch graduell anders zu würdigen als die Verbindung
von hohem Leistungsstreben + *niedriger* Selbstdisziplin. Im Zusammenspiel von
Leistungsstreben und dem Intelligenzniveau entstehen dann vielleicht nochmals neue
Verhaltensnuancen. Schon allein die Kombination aller sechs Facetten von Gewissenhaftigkeit – jede gemessen auf einer fünfstufigen Skala – führt zu 30 Ausprägungen,
bei der man theoretisch jede mit jeder anderen kombinieren kann. Das ergibt dann 5^6
unterschiedliche Gewissenhaftigkeitsprofile. Ein stolzes Sümmchen …

3. Um die Komplexität auf die Spitze zu treiben: Es kommt hinzu, dass Persönlichkeitsmerkmale mit den Kontextfaktoren und dem sozialen Umfeld interagieren. Gewissenhaftigkeit entfaltet in einer hierarchischen, bürokratischen Umgebung eine andere
Wirkung als in einer eher lockeren Organisationskultur mit kollegialen Strukturen.
Landeskulturell wird sie in der vietnamesischen Zweigniederlassung anders wirken
als in der isländischen. Und je nach sozialer Rolle, die gerade eingenommen wird
(Berufstätiger im Unternehmen, Familienvater, Freizeitpartner im Tennisclub), wird
sie von den jeweiligen Bezugspartnern (Kollegen, Vorgesetzte, Ehepartner, Freunde)
unterschiedlich wahrgenommen und unterschiedlich auf sie reagiert (Howard &
Howard, 2008, S. 173). Und selbst wenn Studien einzelne Situationsvariablen
als Moderatorvariablen in die Analyse einbeziehen, so sind sie doch weit von der
Erfassung der Komplettsituation entfernt.

Als Fazit zu den ersten drei Punkten können wir festhalten, dass im Ergebnis alle
Studien zu Gewissenhaftigkeit auf einem sehr hohen Aggregationsniveau stattfinden.
Das ist nicht annähernd so dramatisch, wie es sich anhört. Denn im Umgang mit
anderen Menschen könnten wir sowieso nicht Billionen von Persönlichkeitsnuancen
wahrnehmen und auf sie reagieren.

4. In den unterschiedlichen Studien wird Gewissenhaftigkeit graduell unterschiedlich
definiert und mit unterschiedlichen Instrumenten gemessen. Mal belässt man es bei
der Messung auf *Domänenebene,* mal steigt man auf die *Facettenebene* hinab. Mal ist

es der sehr ausführliche NEO-PI-R, mal sind es ganz kurze Fragebögen, bei denen die Messung nur mit ein bis zwei Items erfolgt (s. a. Abschn. 2.3). Mal beurteilen sich die Probanden selbst (häufiger), mal greift man aber auch auf Fremdurteile zur Gewissenhaftigkeit zurück. Alle Studienergebnisse werden hier gleichbehandelt als „Erkenntnisse zum Persönlichkeitsmerkmal Gewissenhaftigkeit". Im Hintergrund bleibt immer die Frage, in welchem Umfang tatsächlich das gleiche Konstrukt „Gewissenhaftigkeit" gemessen wurde. In Teilen hat man sicherlich Unterschiedliches gemessen. Insofern werden hier Studienunterschiede ein wenig eingeebnet. Es geht aber auch nicht anders, denn bei einer detailgetreuen Darstellung und kritischen Diskussion der eingesetzten Messinstrumente und -methoden hätte das Buch 2000 Seiten und keiner würde es lesen wollen. Zur Beruhigung: Auch psychologische Experten müssen in ihren Fachaufsätzen vorliegende Erkenntnisse holzschnittartig zusammenfassen.

5. Wenn Gewissenhaftigkeit von Probanden mithilfe von Fremdbeurteilungen gemessen wurde, bleibt immer die Frage, in welchem Umfang die Beurteiler in die Konsistenzfalle getappt sind. Es gibt eine Tendenz bei der Wahrnehmung anderer Menschen, diese als konsistenter (stimmiger) wahrzunehmen, als sie tatsächlich sind. Dies entspringt dem psychologischen Bedürfnis, die Welt insgesamt als zusammenhängend, geordnet und vorhersehbar zu erleben. Es werden dann einer Person Gewissenhaftigkeitsniveaus attestiert, die auf Fehlwahrnehmungen und -einschätzungen beruhen. So ergänzen Menschen z. B. aufgrund ihrer impliziten Persönlichkeitstheorien Beobachtungen, die sie gar nicht gemacht haben oder eliminieren solche, die nicht mit ihrer Persönlichkeitstheorie kompatibel sind. Sie unterschätzen systematisch den Einfluss von situationsbedingten Zwängen auf das Verhalten einer Person und attribuieren damit Verhalten überstark auf Persönlichkeitsmerkmale. Dabei konnte sich die Person situativ gar nicht anders verhalten. Systematisch unterschätzt wird bei der Zuschreibung von Persönlichkeitsmerkmalen auch, dass andere Menschen sich mitunter so verhalten, wie sie denken, dass wir es möchten oder dass sie Wahlmöglichkeiten haben, in welche Situationen sie sich begeben und in welche nicht. Und schlussendlich wirkt der berühmte „erste Eindruck", also die ersten Beobachtungen, eventuell überstark auf die Einschätzung von Persönlichkeitsmerkmalen ein (vgl. vertiefend Zimbardo, 1995, S. 480 ff.). Man muss also bei der Fremdeinschätzung von Gewissenhaftigkeit mit einer ganzen Reihe an potenziellen Verzerrungsfaktoren leben.

6. Wenn ein Gewissenhaftigkeitsniveau berichtet wird, dann bleibt häufig unreflektiert, wie es zu diesem Wert gekommen ist. Ein Mitarbeiter könnte z. B. bei der Facette „Ordnungsliebe" auf einer 7er-Skala einen mittleren Wert von „4" haben. Dieser könnte zustande gekommen sein, indem er entweder bei den acht relevanten Fragen durchgehend immer mittlere Werte angekreuzt hat oder bei vier Fragen den Extremwert 1 und bei vier Fragen den anderen Extremwert 7. Im ersten Fall würde er sich „in allen Lebenslagen" eine akzeptable Ordnungsliebe attestieren. Im zweiten Fall teilt er seine Ordnungsenergien eher *zeitlich* auf („mal so, mal so" oder bekommt in regelmäßigen Abständen einen „Aufräumfimmel" nachdem der Arbeitsplatz über längere Zeit etwas „verlottert" war) oder er verteilt seine Ordnungsenergien sehr

unterschiedlich auf unterschiedliche Themenfelder (z. B. penibel aufgeräumter Schreibtisch, aber chaotische Ablagestruktur). Der Skalenwert „4" signalisiert (im Mittel) gleiche Gewissenhaftigkeit, für alle Verhaltensmuster, aber sind sie das wirklich in der Praxis? (in Anlehnung an Howard & Howard, 2008, 99 f.).

7. Gewissenhaftigkeit kann immer nur einen Erklärungs*beitrag* für komplexe Phänomene (z. B. Entstehung von Leistung, Korruption, Burnout) liefern. Je nach Höhe der Korrelationen ist er größer oder kleiner. Es bleibt aber immer die Frage im Raum, was die anderen Bestimmungsfaktoren eines im Unternehmen relevanten Verhaltensmusters sind (z. B. Rolle der Kollegen, des Vorgesetzten, herrschende Organisationskultur). Zudem reden wir hier nur über Verhaltens*wahrscheinlichkeiten*, keinesfalls über Verhaltens*gesetzmäßigkeiten*. Keine der Aussagen zu den Auswirkungen von Gewissenhaftigkeit ist also monokausal zu verstehen, keine als absolut sicher. Erschwerend kommt hinzu, dass sich gewissenhafte Mitarbeiter *in der Regel* gewissenhaft verhalten, aber eben *nicht immer*. Menschen haben bevorzugte Verhaltenstendenzen, besitzen aber in aller Regel die Fähigkeit, situativ ein extrem gegenteiliges Verhalten zu zeigen. So kann die eigentlich extrem selbstdisziplinierte Kollegin als Ausgleichsmechanismus auch einmal „alle Fünfe gerade sein lassen". Oder wie es Howard und Howard (2008, S. 123) ausdrücken:

> *„Der Verlust der Fähigkeit, sich auf beide Extreme zu stützen, signalisiert den Beginn einer psychischen Störung. (…) Nur Arbeit und niemals Spiel – das macht uns obsessiv und zwanghaft. Viel Arbeit und etwas Spiel – das ist gesund."*

8. Viele Studien wurden außerhalb der betrieblichen Arbeitswelt durchgeführt, oftmals mit Studierenden an Hochschulen. Damit stellt sich immer die Frage, inwieweit die Ergebnisse in einer eher „künstlichen Situation" ermittelt wurden, sie gleichwertig zu Feldstudien sind und in welchem Umfang man sie in den betrieblichen Kontext übertragen kann. Ein wenig kritische Distanz schadet hier sicher nicht.

9. Viele Studien wurden in anderen Ländern durchgeführt. Damit stellt sich analog die Frage, inwieweit kulturelle Unterschiede gegen eine direkte Übertragung der Ergebnisse nach Deutschland sprechen. Ein wenig kritische Distanz… – na, Sie wissen schon.

10. Generell sollte man bei Korrelationsstudien immer die Frage im Hinterkopf haben, ob die kausale Beziehung zwischen Gewissenhaftigkeit und einer Kriteriumsvariablen nicht auch (zumindest partiell) andersherum sein könnte. Führt z. B. die Facette „hohe Leistungsorientierung" zu einer höheren Vergütung oder kann nicht umgekehrt auch eine Vergütungserhöhung perspektivisch zu einem Anstieg des Merkmals „Leistungsorientierung" führen? Ein Korrelationskoeffizient gibt zunächst einmal beide Interpretationen her.

Wenn Sie als Leser all diese Relativierungen, Unsicherheiten und Limitierungen im Hinterkopf behalten, dann sind Sie jetzt bestens dagegen gefeit, allzu simplen Managementempfehlungen leichtfertig auf den Leim zu gehen. Eine weniger komplexe Welt wäre für Manager leichter, ist aber reines Wunschdenken.

Zusammenfassung

Zentrale Erkenntnisse aus diesem Hauptkapitel sind:

- Das Persönlichkeitsmerkmal „Gewissenhaftigkeit" ist in Deutschland alltagspsychologisch tief und breit in Sprache und Gesellschaft verankert.
- In der Psychologie wird die *Domäne* „Gewissenhaftigkeit" oftmals in folgende sechs *Facetten* unterteilt: Kompetenz, Ordnungsliebe, Pflichtbewusstsein, Leistungsstreben, Selbstdisziplin, Besonnenheit.
- Die Messung von Gewissenhaftigkeit erfolgt überwiegend innerhalb von Persönlichkeitsfragebögen zu den Big Five auf *Domänen*ebene (z. B. NEO-FFI, BFI) oder auf *Facetten*ebene (z. B. NEO-PI-R, BFI-2, IPIP-240 deutsch). Die Spannbreite der Itemzahl liegt zwischen 1 und 48.
- Fragebögen mit konkretem Bezug zur Arbeitswelt sind z. B. RBFP, AGS, BIP.
- Von allen Big Five-Merkmalen haben die Items zu Gewissenhaftigkeit in den Fragebögen die stärkste Ausrichtung auf beobachtbares Verhalten.
- Extrem niedrige und extrem hohe Ausprägungen von Gewissenhaftigkeit können psychopathologisch sein (= Maladaption). Für Unternehmen liegt der relevante Bereich zwischen „normal niedrig" und „normal hoch".
- Der erbliche Anteil von Gewissenhaftigkeit ist innerhalb der Big Five am geringsten. Er liegt zwischen 22 % und 40 %. Das lässt Raum für Prägungserfahrungen über betriebliche PE.
- Zwischen den Geschlechtern gibt es keine gravierenden Unterschiede auf *Domänenebene*. Auf *Facettenebene* weisen Frauen eine geringfügig höhere Ordnungsliebe, Sorgfalt und Selbstdisziplin auf.
- Hinsichtlich des Alters weisen junge Menschen das geringste Niveau an Gewissenhaftigkeit auf. Es steigt dann bis zum 30. Lebensjahr steil an, um dann zunächst lange auf hohem Niveau zu verharren und später im Alter leicht zurückzugehen.
- Gewissenhaftigkeit ist – bestätigt über eine Metaanalyse 2. Ordnung – ein sehr guter Prädiktor für eine große Anzahl an relevanten Zielkriterien aus der allgemeinen Lebenswirklichkeit und dem unternehmerischen Kontext (s. Tab. 2.17).
- Limitationen für die Aussagen zur Gewissenhaftigkeit ergeben sich u. a. durch folgende Aspekte: Teilweise Ausblendung von Wechselwirkungen mit anderen Persönlichkeitsmerkmalen, kognitiven Merkmalen und Situationsfaktoren, unterschiedliche Messung des Merkmals (Definition, Selbst- vs. Fremdbeurteilung), Studiendurchführung in arbeitsfernen oder kulturell anderen Kontexten.

Literatur

Asendorpf, J. B. (2019). *Persönlichkeitspsychologie für Bachelor* (4. Aufl.). Springer.

Boyce, C. J., et al. (2015). Personality change following unemployment. *Journal of Applied Psychology, 100*(4), 991–1011.

BStbK – Bundessteuerberaterkammer. (Hrsg.). (2018). *Berufsordnung der Bundessteuerberaterkammer.* Berlin. https://www.bstbk.de/downloads/bstbk/recht-und-berufsrecht/gesetze-und-verordnungen/BStBK_Berufsordnung.pdf. Zugegriffen: 20. Juli 2020.

Danner, D et al. (2016). *Die deutsche Version des Big Five Inventory 2 (BFI-2).* GESIS – Leibniz-Institut für Sozialwissenschaften.

Dilchert, S., & Ones, D. S. (2013). Gewissenhaftigkeit. In W. Sarges (Hrsg.), *Managementdiagnostik* (4. Aufl., S. 323–332). Hogrefe.

Donnellan, B. M., & Lucas, R. E. (2008). Age differences in the big five across the life span: Evidence from two national samples. *Psychology and Aging, 23*(3), 558–566.

Dreier, K., & Moldzio, T. (2010). Karriere dank Ordnung und Fleiß: Ein neuer Test misst die Gewissenhaftigkeit. *Wirtschaftspsychologie aktuell, 1*(2010), 14–16.

Duden.de. (2020). Stichwort: Gewissenhaftigkeit. In Bibliographisches Institut GmbH (Hrsg.), *Online-Wörterbuch.* Duden. https://www.duden.de/suchen/dudenonline/gewissenhaftigkeit. Zugegriffen: 20. Juli 2020.

DWDS.de. (2020). Stichwort: Gewissenhaftigkeit. In Berlin-Brandenburgische Akademie der Wissenschaften (Hrsg.), *Digitales Wörterbuch der deutschen Sprache.* Berlin https://www.dwds.de/wb/Gewissenhaftigkeit. Zugegriffen: 20. Juli 2020.

Egan, M., et al. (2017). Adolescent conscientiousness predicts lower lifetime unemployment. *Journal of Applied Psychology, 102*(4), 700–709.

GENIOS. (Hrsg.). (2020). *Wirtschaftsdatenbank von FAZ und Handelsblatt – Suchstichwort „Gewissenhaftigkeit".* München. https://www.genios.de. Zugegriffen: 22. Juli 2020.

Göllner, R., et al. (2017). Is doing your homework associated with becoming more conscientious? *Journal of Research in Personality, 71*(12), 1–12.

Hossiep, R., & Paschen, M. (unter Mitarbeit von Mühlhaus, O.). (2003). *BIP – Das Bochumer Inventar zur berufsbezogenen Persönlichkeitsbeschreibung – Manual* (2. Aufl.). Hogrefe.

Howard, P. J., & Howard, J. M. (2008). *Führen mit dem Big-Five-Persönlichkeitsmodell.* Campus.

Howtopronounce.com. (2020). Stichwort: Conscientiousness. In Crowdsourced Pronunciation Dictionary (Hrsg.). o. O. https://www.howtopronounce.com/conscientiousness-1. Zugegriffen: 31. Juli 2020.

IPIP – International Personality Item Pool. (2020). A scientific collaboratory for the development of advanced measures of personality and other individual differences. o. O. https://ipip.ori.org/newIndexofScaleLabels.htm. Zugegriffen: 11. Febr. 2021.

Little, B. (2015). *Mein Ich, die anderen und wir.* Springer.

Neyer, F. J., & Asendorpf, J. B. (2018). *Psychologie der Persönlichkeit* (6. Aufl.). Springer.

Ostendorf, F., & Angleitner, A. (2004). *NEO-Persönlichkeitsinventar (revidierte Form, NEO-PI-R) nach Costa und McCrae.* Hogrefe.

pi Company (Hrsg.). (2019). *Reflector Big Five Personality – Ergebnisbericht für Frau Miriam Musterfrau (Beispiel).* Internes Dokument.

Rammstedt, B., & Danner, D. (2016). Die Facettenstruktur des Big Five Inventory (BFI). Validierung für die deutsche Adaption des BFI. *Diagnostica, 63*(1), 70–84.

Rauthmann, J. F. (2017). *Persönlichkeitspsychologie.* Springer.

Roberts, B. W., et al. (2006). Patterns of mean-level change in personality traits across the life course: A meta-analysis of longitudinal studies. *Psychological Bulletin, 132*(1), 1–25.

Scheffer, D., & Heckhausen, H. (2006). Eigenschaftstheorien der Motivation. In J. Heckhausen & H. Heckhausen (Hrsg.), *Motivation und Handeln* (3. Aufl., S. 46–72). Springer Medizin.

Schreiber, M., & Iller, M.-L. (2016). *Handbuch Fragebogen zur Erfassung der Persönlichkeit (IPIP-240)*. IAP Institut für Angewandte Psychologie. https://www.laufbahndiagnostik.ch/assets/de/Handbuch_Fragebogen_240-IPIP-3cec3eadd5247e9aa5c8fd14ab1f733c6625a56de32e452dee33c0b5c8cee2d4.pdf. Zugegriffen: 15. März 2021.

Schuler, H., & Höft, S. (2006). Konstruktorientierte Verfahren der Personalauswahl. In H. Schuler (Hrsg.), *Lehrbuch der Personalpsychologie* (2. Aufl., S. 101–144). Hogrefe.

Testentwicklung.de. (2020). (Hrsg.). *Projektteam Testentwicklung der Ruhr-Universität Bochum.* Bochum. http://www.testentwicklung.de/testverfahren/BIP-6F/BIP-6F-SI/Aufbau/index.html.de. Zugegriffen: 18. Sept. 2020.

Testzentrale. (Hrsg.). (2004). *Arbeitsbezogene Belastungs- und Gewissenhaftigkeitsskalen (ABGS).* Hogrefe. https://www.testzentrale.de/shop/arbeitsbezogene-belastbarkeits-und-gewissenhaftigkeitsskalen.html. Zugegriffen: 15. März 2021.

Vecchione, M., et al. (2012). Gender differences in the big five personality development: A longitudinal investigation from late adolescence to emerging adulthood. *Personality and Individual Differences, 53*(6), 740–746.

Vianello, M., et al. (2013). Gender differences in implicit and explicit personality traits. *Personality and Individual Differences, 55*(8), 994–999.

Wanberg, C. R., et al. (2000). Predictors and outcomes of networking intensity among unemployed job seekers. *Journal of Applied Psychology, 85*(4), 491–503.

Weisberg, Y. J. et al. (2011). Gender differences in personality across the ten aspects of the big five. *Frontiers in Psychology, 2,* 178.

Westhoff, K., Steinborn, M. B., & Schurz, A. (2013). Was versteht man unter dem Konstrukt „Gewissenhaftigkeit"? *Reportpsychologie, 38*(5), 200–208.

Wilmot, M. P., & Ones, D. S. (2019). A century of research on conscientiousness at work. *Proceedings of the National Academy of Sciences of the United States of America (PNAS), 116*(46), 23004–23010. https://doi.org/10.1073/pnas.1908430116.

Wilt, J., & Revelle, W. (2015, 2016). Affect, behavior, cognition, and desire in the big five: An analysis of item content and structure. *European Journal of Personality, 29*(4), 478–497. https://www.ncbi.nlm.nih.gov/pmc/articles/PMC4532350/. Zugegriffen: 6. Aug. 2020.

Zimbardo, Ph. G. (1995). *Psychologie* (6. Aufl.). Springer.

Gewissenhaftigkeit als Erfolgsfaktor

3.1 Qualifikationsmerkmal

Schon rein intuitiv stimmt man wohl der Aussage zu, dass Gewissenhaftigkeit mit ihren Facetten als Qualifikationsmerkmal in vielen Berufen und Branchen eine wichtige Bedeutung hat. Es ist sicherlich nicht immer die zentrale Kompetenz für die gute Bewältigung einer Arbeitsaufgabe. Bei einem Kreativen in der Werbebranche, einem Mitarbeiter im Verkauf, einem Lehrer oder auch einem Manager sind etliche andere Qualifikationen möglicherweise erfolgsrelevanter. Aber auch diese Berufe kann man sich ohne ein Mindestmaß an Leistungsorientierung, planvollem/systematischen Vorgehen und Selbstdisziplin im zügigen Beginnen wichtiger und im ausdauernden Durchhalten repetitiver, langweiliger Aufgaben kaum vorstellen.

Es gibt andere Berufe und Aufgabenfelder, bei denen man der Gewissenhaftigkeit mit ihren Einzelfacetten eine überragende Bedeutung attestieren wird. Jeder Vorgesetzte wünscht sich von seinen Buchhaltern und Steuersachbearbeitern im Finanzamt, dass sie ihre Arbeit mit hoher Präzision und Sorgfalt im Detail (= Ordnungsliebe) und unter konsequenter Berücksichtigung der gesetzlichen Vorschriften (= Pflichtbewusstsein) erledigen. Von dem Arzt, der uns operiert, erhoffen wir uns, dass er an seine eigene Befähigung glaubt, weiß, was er tut (= Kompetenz), mit Augenmaß über die tatsächliche Notwendigkeit von Eingriffen nachdenkt (= Besonnenheit), nicht vermeidbare Operationen dann auch präzise plant und durchführt (= Ordnungsliebe) und dabei konsequent den „State of the Art" der ärztlichen Kunst beherzigt (= Pflichtbewusstsein). Den Pflegefachkräften, den Mitarbeitern der Müllabfuhr und den Reinigungsdiensten dürfen wir durchaus ein wenig für ihr Durchhaltevermögen beim Wechseln von Windeln und Waschen alter Menschen, Leeren von Mülltonnen und Reinigen von Toilettenhäuschen applaudieren (= Selbstdisziplin). Schüler und Studenten dürfen zu

K. Watzka, *Erfolgsfaktor Gewissenhaftigkeit von Mitarbeitern*, https://doi.org/10.1007/978-3-658-35034-5_3

Recht erwarten, dass ihre Lehrer und Professoren auch die zweihundertelfte Klausur noch aufmerksam und unter konsequenter Beachtung der vorbereiteten Musterlösung korrigieren und so das Primat der Bewertungsgerechtigkeit einhalten (= Selbstdisziplin, Ordnungsliebe, Pflichtbewusstsein). Ähnlich erhoffen sich die Autohersteller und letztlich wir als Kunden, dass die Montagearbeiter am Fließband bei ihrer, sich stets wiederholenden Arbeit durchgehend genau arbeiten, sich strikt an die Montagevorschriften halten und uns „Montagsautos" und Rückrufaktionen erspart bleiben. Das Management eines Unternehmens setzt genauso wie der Trainer einer Fußballmannschaft darauf, dass sich die Mitarbeiter der Entwicklungsabteilung bzw. die Profikicker hohe Ziele setzen und fokussiert im Labor bzw. auf dem Trainingsplatz an ihrer Umsetzung arbeiten (= Leistungsstreben). Und was wäre es schön für die Bürger, wenn wirklich alle Berufspolitiker ihre Wahlversprechen einhalten würden, den Verlockungen der bezahlten Lobbyarbeit widerstehen könnten (= Pflichtbewusstsein) und fundamentale Entscheidungen im Parlament gründlich und sorgfältig abgewogen vorbereiten würden (= Ordnungsliebe, Besonnenheit).

Wie viele Bilanzskandale, Ärger wegen fehlerhafter Produkte, Gesundheitsschäden wegen Fehlmedikamentierungen oder nicht eingehaltener Hygienevorschriften in Krankenhäusern und Pflegeheimen, wie viele Kursverluste als Privatanleger wegen unzureichend vorbereiteter und abgewogener Entscheidungen in Unternehmen oder von Fondsmanagern und wie viel Missmut wegen falsch gelieferter Waren wäre uns als Kunde wohl erspart geblieben, wenn alle Mitarbeiter ihre Jobs mit maximaler Gewissenhaftigkeit verrichtet hätten? Nun wollen wir nicht von einer idealen Welt träumen, die es nur im Märchen gibt, aber die angeführten Beispiele zeigen doch sehr deutlich die hohe Bedeutung von Gewissenhaftigkeit als Qualifikationsmerkmal in der Arbeitswelt.

Howard und Howard (2008, S. 194 ff.) haben sich einer ausgesprochen fleißigen Sisyphosarbeit unterzogen und ausführlich herausgefiltert, in welchem Verhältnis insgesamt 54, im Wirtschaftsleben hoch relevante, Kompetenzen (= Qualifikationen) zu den Big Five-Merkmalen und ihren Facetten stehen. Sie geben in ihrer Analyse jeweils Indikatoren für das Vorliegen der Kompetenz an und nennen zudem die grundlegenden Forschungsarbeiten dazu (a. a. O.). Grundsätzlich können Kompetenzen und Persönlichkeitsmerkmale auf drei Arten in Zusammenhang stehen:

- *Kompetenz und Merkmal entsprechen sich (Typ 1):* z. B. Pflichtbewusstsein.
- *Eine Kompetenz wird aus mehreren Merkmalen gebildet (Typ 2):* z. B. setzt sich die für Führungskräfte wichtige Kompetenz zur „Selbstbeherrschung" zusammen aus niedrigem Neurotizismus (→ Belastbarkeit), niedriger Extravertiertheit (→ Zurückhaltung in sozialen Situationen), hoher Verträglichkeit (→ soziale Anpassungsbereitschaft) und hoher Gewissenhaftigkeit (→ Fokussierung auf die Sachebene).
- *Persönlichkeitsmerkmale sind nötig, aber nicht ausreichend für eine Kompetenz (Typ 3):* Merkmale sind nur die Basis für die Entwicklung einer Kompetenz, z. B. ist eine hohe Selbstdisziplin eine exzellente Grundlage für die Kompetenz „schriftstellerische Befähigung", deckt sie aber inhaltlich nicht ab.

Tab. 3.1 Unternehmensrelevante Kompetenzen und Einfluss von Gewissenhaftigkeit. (Quelle: In Anlehnung an Howard und Howard 2008, S. 196 ff.)

Kompetenz	Indikator	G (Facette)	Typ
Organisation	*Hält seinen persönlichen Arbeitsbereich ganz selbstverständlich in Ordnung; räumt Unterlagen nach Beendigung der Arbeit weg; sucht vor Beginn einer Aufgabe alle notwendigen Materialien und Informationen zusammen*	**G: ++**	1
Handlungsorientierung	*Vermittelt den Eindruck von Dringlichkeit; fällt Entscheidungen zügig und zeitnah; ist ehrgeizig und motiviert*	**G: -** Leistungsstreben: ++ Besonnenheit: – –	2
IT-Kompetenz	*Kann sich auf das Hier und Jetzt konzentrieren; widmet Details geduldig seine Aufmerksamkeit; ist darauf bedacht, Fehler zu vermeiden*	**G: +** Selbstdisziplin: +	3

Legende:
++: sehr hohe Ausprägung; +: hohe Ausprägung
– –: sehr niedrige Ausprägung; –: niedrige Ausprägung

In Tab. 3.1 ist für jeden Typ ein Beispiel samt Bedeutung der Domäne „Gewissenhaftigkeit" (in Fettdruck) bzw. einzelner Facetten (in Magerdruck) aufgeführt. Grundlage ist die berufsorientierte Konzeptualisierung von Gewissenhaftigkeit, wie sie vom Center for Applied Cognitive Studies (CentACS) vorgenommen wurde.

Diese Beispiele sollten die Denkstruktur der Autoren hinreichend verdeutlicht haben. Wie überzeugend die Zuordnung von Persönlichkeitsmerkmalen zu den Kompetenzen gelingt, kann man sicherlich für alle 54 Kompetenzen kritisch diskutieren. Der Kerngedanke, dass Persönlichkeitsmerkmale wichtige Bestandteile oder Treiber für Kompetenzen sind, ist aber absolut zutreffend.

Konsequenterweise findet man dann auch in *Stellenanzeigen* sehr häufig Anforderungsmerkmale, die einzelne Aspekte von Gewissenhaftigkeit thematisieren. So förderte eine punktuelle Analyse des Verfassers nach einschlägigen Substantiven auf dem Stellenportal www.stepstone.de im Oktober 2020 folgende Häufigkeiten der einzelnen Anforderungen zu Tage (Tab. 3.2):

Durchaus eindrucksvoll, oder? Einigermaßen überraschend ist für eine Leistungsgesellschaft, als die Deutschland ja gemeinhin gilt, dass die drei Stichworte „Leistungsmotivation", „Leistungsorientierung", „Leistungsbereitschaft" in Summe auf gerade einmal 2203 Nennungen in Stellenausschreibungen kommen, die beiden sehr traditionellen Tugenden „Zuverlässigkeit" und „Verlässlichkeit" zusammen aber 11.772 mal genannt werden – 5,3 mal so häufig!

Auch in *Bewerbungsinterviews* spielt Gewissenhaftigkeit eine zentrale Rolle. In einer Auswertung wissenschaftlicher Literatur zu Interviews wurde untersucht, für welche

Tab. 3.2 Aspekte von Gewissenhaftigkeit als substantivierte Anforderungsmerkmale auf einem Stellenportal (n = Häufigkeit der Nennung). (Quelle: www.stepstone.de, Abruf am 01.10.2020)

Anforderungsmerkmal	n	Anforderungsmerkmal	n
• Zuverlässigkeit	6.232	• Leistungsorientierung	109
• Verlässlichkeit	5.540	• Selbstmotivation	91
• Leistungsbereitschaft	1.836	• Selbstdisziplin	70
• Sorgfalt	977	• Ordnungssinn	61
• Ausdauer	310	• Pflichtbewusstsein	47
• Gewissenhaftigkeit	305	• Umsicht	35
• Leistungsmotivation	258	• Besonnenheit	8
• Ehrlichkeit	249	• Regeltreue	2
• Planungsfähigkeit/ Planungskompetenz	148	• Gesetzestreue	1

Attribute von Bewerbern sich Interviewer besonders interessieren. Es zeigte sich, dass 35 % der Interviewzeit auf Fragen zu Persönlichkeitsmerkmalen verwendet wird (zum Vergleich: Sozialqualifikationen 28 %, mentale Leistungsfähigkeit 16 %). Innerhalb der Persönlichkeitsmerkmale zielten die Fragen mit einem Anteil von 47 % auf Gewissenhaftigkeit (Emotionale Stabilität und Extraversion jeweils 18 %). Innerhalb der Sozialqualifikationen fahndeten Interviewer mit ihren Fragen bevorzugt nach der Befähigung, mit anderen Mitarbeitern zusammenzuarbeiten und zu kooperieren (46 %). Dafür wird das Persönlichkeitsmerkmal „Verträglichkeit" höchst relevant. Im Ergebnis spielen bei Fragen im Einstellungsinterview also Gewissenhaftigkeit und Verträglichkeit eine überaus zentrale Rolle (vgl. Sackett & Walmsley, 2014, S. 543).

Anforderungsprofile sind ein zentrales Instrument des Personalmanagements. Aus dem Vergleich mit dem Qualifikationsprofil von Bewerbern oder Mitarbeitern werden Einstellungs-, Versetzungs-, Beförderungs- und Personalentwicklungsentscheidungen abgeleitet. Aussagekräftige Anforderungsprofile basieren auf ausführlichen Arbeitsplatzanalysen, in denen die konkreten Aufgaben, das Arbeitsumfeld und die Interaktionspartner analysiert werden (vgl. vertiefend Abschn. 5.1; Watzka, 2014, S. 27 ff.).

Welche Bedeutung hat Gewissenhaftigkeit in Anforderungsprofilen für Stellen? In den USA gibt es das Portal https://www.onetcenter.org/, in dem aktuelle Stelleninhaber, professionelle Arbeitsplatzanalysten und Experten für einzelne Berufe regelmäßig Anforderungen für ein sehr breites Berufsspektrum einstellen. Die Bedeutung einzelner Anforderungen wird dabei auf einer fünfstufigen Skala – von *„1 = unwichtig"* bis *„5 = extrem wichtig"* – eingestuft. Aktuell umfasst das Portal im Release 25.1 insgesamt die Daten zu 1016 Berufen (Stand: Februar 2021; vgl. Onetcenter.org, 2021). Im Hinblick auf das erforderliche Ausbildungsniveau beim Einstieg sind die Berufe in fünf Kategorien (= *Job-Zones)* eingeteilt – *von „keine"* oder *„geringe Qualifizierung"* nötig (unterhalb High School; z. B. Kassierer, Reinigungskräfte) bis *„extensive Qualifizierung"* nötig (Bachelor's Degree Plus; z. B. Anwälte, Apotheker, Geschäftsführer). Auf diese sehr umfängliche Datenbasis zu Anforderungen wurde in einer Studie zurückgegriffen, in der die Bedeutung der Big Five in Anforderungsprofilen untersucht werden sollte. Nach komplexeren Analysen, in denen die Jobs auch nach ihrer Häufigkeit in der Arbeitswelt gewichtet wurden, stellt sich als wichtigste Anforderung (!) über alle Berufe (!) mit einem Wert von 4,37 (!) auf der fünfstufigen Wichtigkeitsskala heraus: *Dependability* (= Zuverlässigkeit, Verlässlichkeit) als Facette von Gewissenhaftigkeit. Dies war zugleich auch in den untersten vier Job-Zones durchgehend die wichtigste Anforderung. Lediglich in der höchsten Job-Zone 5 war „Integrität" geringfügig wichtiger. Aber auch dieses Merkmal speist sich konzeptionell aus dem Zusammenwirken der Big Five-Merkmale Gewissenhaftigkeit, Emotionale Stabilität und Verträglichkeit. Für die Neugierigen: Nummer zwei der wichtigsten Anforderungen nach *Dependability* war *Cooperation* mit einem Skalenwert von 4,15 als Facette von Verträglichkeit (vgl. Sackett & Walmsley, 2014, S. 543 ff.).

Ohne eine konkrete Studie anführen zu können, steht weiterhin zu vermuten, dass Gewissenhaftigkeitsaspekte auch sehr häufig als Kriterien in den personalwirtschaftlichen Instrumenten „Arbeitsvertrag", „Stellenbeschreibung" und „Leistungsbeurteilung" Eingang finden. Gerade in Leistungsbeurteilungen tauchen immer wieder Beurteilungsmerkmale wie „Zuverlässigkeit", „Sorgfalt", „Arbeitsgenauigkeit", „Termineinhaltung", „Planungsfähigkeit", „Arbeitssystematik" und „Arbeitseinsatz/-engagement" auf.

Bei einer Analyse von N = 172 *Arbeitszeugnissen* von Bankangestellten in Deutschland zeigte sich, dass innerhalb des Passus über die Leistungsbewertung der Arbeitsstil häufig u. a. mit den Stichworten „Zuverlässigkeit", „Gewissenhaftigkeit", „Sorgfalt", „Zielstrebigkeit" charakterisiert wird (vgl. Weuster & Kaufmann, 2005, S. 58 ff.).

Wie tief und intuitiv Persönlichkeitsmerkmale bei der Beurteilung von Mitarbeitern verankert sind, zeigt eine interessante Studie über die Beurteiler in *Assessment Centern (AC).* Eigentlich gilt in ACs die Grundregel, dass *verhaltens*orientiert beobachtet und bewertet werden soll. Bei der Auswertung der schriftlichen Beurteilungen von 403 AC-Kandidaten, die von sechs erfahrenen Beobachtern stammten, zeigte sich aber, dass die Beobachter bei der Charakterisierung von AC-Kandidaten – eigentlich regelwidrig – oft auf *Persönlichkeitsmerkmale* abhoben. Über die verwendeten Adjektive wurden alle Domänen der Big Five abgedeckt: Neurotizismus 31 %, Gewissenhaftigkeit 21 %, Offenheit 18 %, Verträglichkeit 15 % und Extraversion 15 %. Die Persönlichkeitsmerkmale haben – eigentlich regelwidrig – die Einstellungsentscheidung immerhin zu 11 % beeinflusst (vgl. Lievens et al., 2001, S. 631 ff.).

In Summe zeigen all diese Beobachtungen und Befunde, dass die zentrale Bedeutung des Merkmals „Gewissenhaftigkeit" schon intuitiv und fest bei personalwirtschaftlichen Entscheidungsträgern verankert ist. Zweifelhaft ist allerdings, ob personalwirtschaftliche Instrumente und personalwirtschaftliches Handeln hinreichend systematisch dieser Bedeutung gerecht werden. Die Zweifel werden durch eine Befragung von 109

Personalleitern der umsatzstärksten deutschen Unternehmen genährt. Zwar schätzten 89 % Gewissenhaftigkeit tätigkeits- und hierarchieübergreifend als ein wichtiges Kriterium ein, aber lediglich 25 % der Befragten gaben an, mit dem Konstrukt näher vertraut zu sein und nur 16 % berücksichtigten es regelmäßig im Rahmen von Personalauswahl- und Potenzialanalyseentscheidungen (vgl. Dreier & Moldzio, 2010, S. 14). Anspruch und Wirklichkeit!

Zusammenfassung

Als Fazit zu diesem Kapitel kann man also festhalten, dass Gewissenhaftigkeit

- schon rein intuitiv im Wirtschaftsleben ein Qualifikationsmerkmal von hoher Bedeutung ist,
- Bestandteil und/oder Treiber übergreifender Kompetenzbereiche ist,
- samt assoziierter Begriffe in Stellenanzeigen eine größere Bedeutung hat als Leistung samt assoziierter Begriffe,
- in der Personalauswahl über Einstellungsinterviews und ACs explizit starke Berücksichtigung findet,
- in personalwirtschaftlichen Instrumenten oftmals explizit berücksichtigt wird (z. B. Anforderungsprofile, Stellenbeschreibungen, Leistungsbeurteilungen, Arbeitszeugnisse).

3.2   Gesamtleistung

Letztlich ist eine hohe Leistung das, was sich jeder Arbeitgeber von jedem eingestellten Mitarbeiter erhofft. Die Einflussfaktoren auf die Mitarbeiterleistung sind zahlreich. Neben der Motivation haben die Qualifikationen des Mitarbeiters und die Arbeitsbedingungen (z. B. Material, Werkzeuge, Software, technische Unterstützung, Arbeitsraumgestaltung) eine wichtige Bedeutung (vgl. vertiefend Watzka, 2014, S. 93 ff.). Welche Rolle spielt nun konkret Gewissenhaftigkeit bei der Entstehung von Leistung? Die zahlreich vorliegenden empirischen Ergebnisse sind absolut eindeutig: Gewissenhaftigkeit ist (neben Neurotizismus) gemäß mehreren Metaanalysen – über verschiedene Berufsgruppen und Leistungsparameter hinweg – von allen Big Five-Merkmalen der beste und stabilste Prädiktor für berufliche Leistung (s. a. Tab. 2.18). Eine Beachtung dieses Persönlichkeitsmerkmals im Rahmen von Personalauswahlentscheidungen ist damit absolut sinnhaft (vgl. Muck, 2004, S. 205 f.). Es sei in diesem Zusammenhang auf die Übersicht zu Leistung als Kriteriumsvariable in Abb. 2.18 verwiesen. Nachfolgend sollen einige zentrale Studien ausführlicher vorgestellt werden.

Schon 1991 führten Barrick und Mount (1991, S. 7 ff.) eine groß angelegte Metaanalyse zu Studien durch, die sich in den Jahren 1952 bis 1988 mit dem Zusammenhang zwischen Persönlichkeitsmerkmalen und Leistung befasst hatten. Es wurden dabei 117 Einzelstudien analysiert, die 162 Samples mit insgesamt $N = 23{,}994$ Teilnehmern repräsentierten. Für *fünf Berufsgruppen,* die die Arbeitswelt sehr breit abdeckten, konnten damit Aussagen getroffen werden:

- Verkäufer (17 %),
- Akademische Experten wie Ingenieure, Anwälte, Lehrer (5 %),
- Führungskräfte vom Vorarbeiter bis zum Spitzenmanager (41 %),
- Polizisten (13 %),
- Ausgebildete/angelernte Kräfte in kaufmännischen Berufen, Hilfspfleger, Produktionsarbeiter, Farmer, LKW-Fahrer etc. (24 %).

Analysiert wurden *drei Leistungskriterien,* von denen einige Studien mehrere abdeckten:

- Leistung auf der Arbeit (gemessen überwiegend anhand von Leistungsbeurteilungsdaten) (68 %),
- Leistung bei Trainings anhand von Trainingsbeurteilungen (12 %)
- persönliche Erfolgsdaten wie Vergütungshöhe, Beförderung, Länge der Betriebszugehörigkeit (deren Relevanz ist vor dem Hintergrund der amerikanischen „Hire and Fire"-Mentalität zu sehen) (33 %).

Die Autoren bringen ihr Ergebnis wie folgt auf den Punkt:

> *„Das signifikanteste Ergebnis der Studie betrifft die Gewissenhaftigkeit. Sie stellt sich konsistent als valider Prädiktor für alle analysierten Berufsgruppen und für alle untersuchten Leistungskriterien heraus. Daher scheint dieser Aspekt der Persönlichkeit eine Eigenschaft zu erschließen, die für die Ausführung aller Aufgaben in allen Jobs wichtig ist. Individuen, die Eigenschaften aufweisen, die mit Zielstrebigkeit, Pflichtgefühl und Ausdauer verbunden sind, bringen generell eine bessere Leistung als solche, die diese Eigenschaften nicht haben. (…) Es sollte untersucht werden, ob nicht die Messung von Gewissenhaftigkeit in Theorien eingebaut werden sollte, die Arbeitsleistung erklären."* (Barrick & Mount, 1991, S. 17 f.)

Im Jahr 2001 führten Barrick et al. dann eine *Metaanalyse 2. Ordnung* durch, in der sie 15 Metaanalysen aus den Jahren 1990 bis 1998 zur Verbindung von Persönlichkeit und Leistung zusammenfassten. Mit Berücksichtigung von Gewissenhaftigkeit stehen hinter allen Metaanalysen 442 unabhängige Einzelstudien mit N = 79,578 Teilnehmern und zusätzlich 239 überlappende Einzelstudien mit N = 48,100 Teilnehmern. Mehr „Meta" geht fast nicht mehr! Im Ergebnis war Gewissenhaftigkeit wieder das einzige Big Five-Merkmal, das sich über alle Berufe und unterschiedlichen Ansätze der Leistungsmessung hinweg konsistent als valider Prädiktor für Leistung erwiesen hat (vgl. Barrick et al., 2001, S. 9 ff.). In Tab. 3.3 sind die Korrelationskoeffizienten mit Leistung für alle Big Five-Merkmale, Berufsgruppen und unterschiedlichen Ansätze der Leistungsmessung komprimiert abgebildet.

Tab. 3.3 Korrelationen zwischen Leistung und Big Five-Merkmalen. (Quelle: In Anlehnung an Schuler & Höft, 2006, S. 120)

Persönlichkeitsmerkmal / Leistungskriterium/Berufsgruppe	O	G	E	V	N
Arbeitsleistung global					
Unabhängige Metaanalysen	0.07	0.27	0.15	0.13	-0.13
Teilüberlappende Metaanalysen	0.07	0.24	0.15	0.11	-0.15
Ansatz der Leistungsmessung					
Vorgesetztenbeurteilung	0.07	0.31	0.13	0.13	-0.13
Objektive Indikatoren*	0.03	0.23	0.13	0.17	-0.10
Leistung in Trainings	0.33	0.27	0.28	0.14	-0.09
Teamleistung	0.16	0.27	0.16	0.34	-0.22
Spezielle Berufsgruppen					
Verkäufer	-0.03	0.25	0.11	0.01	-0.05
Führungskräfte	0.10	0.25	0.21	0.10	-0.09
Akademische Fachkräfte	-0.11	0.24	-0.11	0.06	-0.06
Polizei	0.03	0.26	0.12	0.13	-0.12
Ausgebildete/angelernte Kräfte	0.05	0.23	0.06	0.10	k. A.

Legende:

O = Offenheit; G = Gewissenhaftigkeit; E = Extraversion; V = Verträglichkeit; N = Neurotizismus

* Objektive Indikatoren: Produktivitätsmaße, Vergütungshöhe, Beförderungen, Länge der Betriebszugehörigkeit (Fluktuation)

Mit dieser Metaanalyse 2. Ordnung wurden so mit deutlich mehr und aktuelleren Daten im Wesentlichen die Ergebnisse der Metaanalyse von 1991 bestätigt. Die Autoren selbst stellen fest, dass weitere Analysen in die gleiche Richtung keine neuen Erkenntnisse mehr bringen. Zugleich bezeichnen sie selbst die gefundenen Korrelationen als „etwas enttäuschend". Sie fordern daher eine Neuorientierung in der Forschung, die noch präzisere Messinstrumente für die Big Five einsetzt, aussagekräftigere Modelle für die Verbindung zwischen Persönlichkeit und Leistung entwickelt und diese Verbindung nicht nur auf Domänenebene untersucht, sondern stärker die Korrelationen zwischen den einzelnen Facetten der Big Five und speziellen Leistungsindikatoren in den Fokus nimmt. Weiterhin bietet sich an, nicht so stark auf die isolierte Wirkung einzelner Domänen oder Facetten zu schauen, sondern ihr Zusammenwirken – auch mit weiteren (non)kognitiven Merkmalen – stärker in den Blick zu nehmen (s. a. Abschn. 2.8). Sie geben sich überzeugt, dass das zu höheren Korrelationskoeffizienten führen wird (vgl. Barrick et al., 2001, S. 23 ff.; Barrick & Mount, 2005, S. 361 ff.).

Auf die spezifischere Facettenebene fokussiert eine Metaanalyse (N = 85 Studien mit 762 relevanten Korrelationen), die auch gleichzeitig die Leistungskriterien enger fasst und nach unterschiedlichen Berufsgruppen differenziert. Wenn Gewissenhaftigkeit und Leistung sehr global gemessen werden, dann findet man zwar Zusammenhänge, bleibt aber sehr allgemein, was die genauen Wirkmechanismen anbelangt. Die Studie untersuchte die folgenden vier Gewissenhaftigkeits-Facetten: Leistungsstreben, Pflichtbewusstsein, Ordnungsliebe und Besonnenheit. Als Leistungskriterien fanden Eingang: Gesamtleistung, Arbeitsengagement, interpersonelle Unterstützung und kontraproduktives Arbeitsverhalten (vgl. Dudley et al., 2006, S. 40 ff.). Tab. 3.4 zeigt die Korrelationen.

Man sieht sofort, dass innerhalb der Facetten von Gewissenhaftigkeit die wichtigsten Treiber für die Leistung – wenig überraschend – Leistungsstreben und Pflichtbewusstsein sind. Für die Verhinderung von kontraproduktivem Arbeitsverhalten (s. a. Abschn. 3.6) zeigt sich Pflichtbewusstsein als der mit Abstand wichtigste Einflussfaktor. Die beiden Facetten Ordnungsliebe und Besonnenheit haben hingegen nur eine

Tab. 3.4 Korrelationen zwischen Facetten der Gewissenhaftigkeit und unterschiedlichen Leistungskriterien. (Quelle: In Anlehnung an Dudley et al., 2006, S. 48)

Leistungskriterium **Facette von Gewissenhaftigkeit**	G	A	IU	K
Leistungsstreben	0,25	0,39	0,11	0,00
Pflichtbewusstsein	0,17	0,46	0,23	–0,34
Ordnungsliebe	0,16	0,10	–0,02	–0,07
Besonnenheit	0,11	0,08	0,00	–0,11

Legende:
G = Gesamtleistung; A = Arbeitsengagement; IU = Interpersonelle Unterstützung; K = Kontraproduktives Arbeitsverhalten.

untergeordnete Bedeutung. Wenn man die *Leistungskriterien* anders wählt, dann werden sicherlich auch die Ergebnisse anders sein. Bei Kriterien wie „Arbeitspräzision" oder „Fehlervermeidung" (extrem relevant z. B. bei Fluglotsen, Chirurgen, Glasschleifern, Richtern) werden die Facetten Ordnungsliebe und Besonnenheit vermutlich eine deutlich höhere Bedeutung haben. Insgesamt zeigte die Studie aber, dass es lohnenswert sein kann, auf die Facettenebene hinabzusteigen. Im Hinblick auf unterschiedliche Berufsgruppen ist noch von Interesse, dass bei ungelernten/angelernten Arbeitskräften die Facette „Ordnungsliebe" mit $r = 0{,}34$ den größten Einfluss auf Leistung hatte (noch vor Leistungsstreben mit $r = 0{,}28$). Dagegen war in der Gruppe der Manager Ordnungsliebe ($r = -0{,}13$) und Besonnenheit ($r = -0{,}10$) sogar negativ mit Leistung korreliert (vgl. Dudley et al., 2006, S. 52). Zuviel Aufräumen und Nachdenken ist hier also tendenziell hinderlich …

Speziell für die *Gruppe der Manager* gehen Robertson et al. (2000, S. 171 ff.) aufgrund ihrer Studie an $N = 437$ Managern in Großbritannien noch einen Schritt weiter und verneinen generell einen positiven Einfluss von Gewissenhaftigkeit auf die Leistung. Die Korrelation mit Beförderungen ist sogar negativ ($r = -0{,}20$). Allerdings verwenden die Autoren ein Messinstrument, das bei Gewissenhaftigkeit nur auf die Facetten der Verlässlichkeit fokussiert und von der Leistungsorientierung abstrahiert. Es spricht also einiges dafür, dass gerade im Führungskräftebereich die eher *defensiven Facetten* von Gewissenhaftigkeit (Ordnungsliebe, Pflichtbewusstsein, Selbstdisziplin, Besonnenheit) allein nicht ausreichen, sich im Extremfall sogar auf die Beförderungswahrscheinlichkeit negativ auswirken können. Es muss offensichtlich ein hohes Maß an Leistungsstreben und Kompetenzüberzeugung – als eher *offensive Facetten* – hinzukommen. Generell zeigt sich an dieser Studie aber auch die große Problematik, wenn in Studien mit unterschiedlichen Messinstrumenten operiert wird. Man kommt dann schnell in den Grauzonenbereich, wo man Äpfel mit Birnen vergleicht.

Die bisher dargestellten Metaanalysen beziehen sich auf Studien, die außerhalb von Europa durchgeführt wurden. Von besonderem Interesse ist daher eine Metaanalyse von Salgado, die ausschließlich *Daten aus der EU* verarbeitet. Datengrundlage für das Merkmal „Gewissenhaftigkeit" waren 24 Studien aus den Jahren 1973 bis 1994 mit $N = 3{,}295$ Teilnehmern. Auch hier erwies sich Gewissenhaftigkeit (vor Emotionaler Stabilität) als bester Prädiktor für Leistung – ebenfalls wieder über vier Berufsgruppen und verschiedene Leistungsindikatoren hinweg. Der Korrelationskoeffizient für die globale Arbeitsleistung wies mit $r = 0{,}25$ fast den identischen Wert auf wie in der außereuropäischen Metaanalyse. Insgesamt sind die Ergebnisse aus den nichteuropäischen Studien mit denen für die EU-Länder in sehr hohem Umfang konsistent. Gewissenhaftigkeit könnte demnach mit ähnlichen Messansätzen in die Personalauswahl bei Unternehmen mit amerikanischen und europäischen Tochtergesellschaften einbezogen werden (vgl. Salgado, 1997, S. 33 ff.). In einer späteren Metaanalyse zu amerikanischen und europäischen Studien ($N = 19{,}460$) konnte Salgado dann noch nachweisen, dass Fragebögen für Gewissenhaftigkeit, die auf dem Fünf-Faktoren-Modell beruhen, mit einer Korrelation von $r = 0{,}28$ zu Leistung anderen Fragebögen zu Gewissenhaftigkeit überlegen sind, für die lediglich eine Korrelation von $r = 0,18$ nachweisbar war. Deren Items sind offensichtlich in der Arbeitswelt weniger relevant. Daher sind in der Personalselektion Messinstrumente zu präferieren, die auf dem Fünf-Faktoren-Modell basieren (vgl. Salgado, 2003, S. 329 ff.).

Wie sieht nun *der funktionale Zusammenhang zwischen Gewissenhaftigkeit und Leistung* konkret aus? Ist ein Mehr an Gewissenhaftigkeit immer besser? Ist der Zusammenhang also linear? Sicherlich nicht. Das ist schon in Abschn. 2.4 deutlich geworden, in dem Übersteigerungsgefahren in den maladaptiven Bereich thematisiert wurden. Carter et al. konnten nachweisen, dass die Beziehung *kurvilinear* ist, d. h. die Leistung steigt mit zunehmender Gewissenhaftigkeit zunächst an, nimmt dann bei weiterem Anstieg von Gewissenhaftigkeit aber wieder ab. Damit ist klar, dass es für Gewissenhaftigkeit eine Optimalausprägung gibt, sozusagen einen „Sweet Spot". Nicht ein Maximum ist wünschenswert (= Dominanzmodell), sondern „die gerade richtige Ausprägung" (= Idealpunktmodell). Für Personaler ist diese Denkfigur nichts Neues. Beim Matching von Anforderungsprofilen von Stellen und Qualifikationsprofilen von Personen geht man traditionell davon aus, dass nicht nach Maximalausprägungen von Qualifikationen gesucht wird, sondern nach der optimalen Passung zwischen Quali-fikation und Anforderung. Überqualifizierung wird als schädlich für das Leistungsniveau angesehen. Typische Korrelationsstudien berücksichtigen dies methodisch nicht, da sie immer das Dominanzmodell zugrunde legen (je mehr Gewissenhaftigkeit, desto besser). Die Studienergebnisse zur Frage, ob der Zusammenhang zwischen Gewissenhaftigkeit und Leistung linear oder kurvilinear ist, waren bislang höchst gemischt. Bei Zugrunde-legung des Idealpunktmodells schon im Messansatz konnte hingegen bei 100 % aller Studien im Rahmen einer Replizierung ein kurvilinearer Zusammenhang nachgewiesen werden. Der falsche Messansatz des Dominanzmodells hat ihn sozusagen verschleiert. In eine umstrittene Wissenschaftsfrage konnte so mehr Klarheit gebracht werden. Im Ergebnis schlagen die Autoren für die Personalauswahl vor, von einem Idealpunktmodell auszugehen und nicht gemäß dem Dominanzmodell nach Maximalausprägungen zu suchen (vgl. Carter et al., 2014, S. 564 ff., 577 ff.).

Eine weitere interessante Frage ist, mit welchem Merkmal als „Doppelpartner" Gewissenhaftigkeit besonders erfolgreich harmoniert. Es wurde oben schon darauf hin-gewiesen, dass niedriger Neurotizismus ebenfalls ein guter unabhängiger Prädiktor für Leistung ist. In einer Studie ($N = 1,773$ in sieben unabhängigen Samples verschiedener Berufe) wurde das *interaktive Zusammenwirken von Gewissenhaftigkeit und Verträg-lichkeit* untersucht. Für Berufe, die häufig kooperative Interaktionen erfordern (z. B. Verkäufer, Produktionsmitarbeiter) konnte nachgewiesen werden, dass hoch gewissen-hafte Mitarbeiter, die gleichzeitig hoch verträglich waren, signifikant bessere Leistungs-beurteilungswerte erzielten als gewissenhafte Mitarbeiter mit niedriger Ausprägung von Verträglichkeit. Hohe Gewissenhaftigkeit kann also in sozialen Settings „verpuffen", wenn sie nicht von hoher Verträglichkeit flankiert wird. In der praktischen Konsequenz sollte daher bei der Personalauswahl für kooperativ-interaktive Berufsfelder immer auch das Merkmal „Verträglichkeit" geprüft werden (vgl. Witt et al., 2002, S. 164 ff.).

In ganz ähnliche Richtung deutet die Verbindung zwischen dem (eher stabilen) Persönlichkeitsmerkmal „Gewissenhaftigkeit" und den (eher fragilen, aber gut trainierbaren) *Sozialqualifikationen*. Diese können der Transmissionsriemen sein, der hohe Gewissenhaftigkeit erst zur Wirkung bringt – ähnlich der Auge-Hand-Koordination beim Tennis, die es erst ermöglicht, einen Tennisball präzise zu spielen. So konnte in einer Studie (N = 491, vier Samples) auch mit einer mittleren bis hohen Effektstärke gezeigt werden, dass gewissenhafte Mitarbeiter in Kombination mit hohen Sozialqualifikationen höhere Leistung erbringen als Gewissenhafte, die geringe Sozialkompetenz aufweisen. Die Praxisimplikation liegt auf der Hand: Training von Sozialkompetenzen macht gerade für sehr gewissenhafte Mitarbeiter hochgradig Sinn (vgl. Witt & Ferris, 2003, S. 814 ff.).

Die Komplexität des Zusammenhangs zwischen Gewissenhaftigkeit und Leistung hat leider noch eine Steigerungsstufe, die aber eine weitere Realitätsannäherung erbringt. In einer Studie mit N = 123 Managern aus vier großen Unternehmen konnte gezeigt werden, dass das gezeigte Niveau der Gewissenhaftigkeit nicht stabil ist, sondern in Abhängigkeit von der Arbeitsaufgabe verändert wird, also *Situationsvarianz* aufweist (= task-contingent conscientiousness). Als Aufgabenparameter wurden die Schwierigkeit und Dringlichkeit einer Aufgabe untersucht. Manager mit *hohen* Gewissenhaftigkeitswerten reagierten auf eine Steigerung von Aufgabenschwierigkeit und -dringlichkeit mit einem weiteren Anstieg der Gewissenhaftigkeit (und umgekehrt), wohingegen Manager mit *niedrigen* Gewissenhaftigkeitswerten entweder gar nicht oder sogar mit sinkender Gewissenhaftigkeit reagierten. Nähere statistische Analysen haben dann noch gezeigt, dass die *aufgabenabhängige Gewissenhaftigkeit* nur begrenzt deckungsgleich mit dem *Persönlichkeitsmerkmal Gewissenhaftigkeit* ist. Die Autoren plädieren daher dafür, „aufgabenabhängige Gewissenhaftigkeit" als eigenständige Facette von Gewissenhaftigkeit zu behandeln (vgl. Minbashian et al., 2010, S. 800 ff.). Folgende Erkenntnisse kann man für die Praxis ableiten:

- Das Niveau der gezeigten Gewissenhaftigkeit ist zum Teil situationsabhängig.
- Schwierigkeit und Dringlichkeit einer Arbeitsaufgabe sind zentrale Situationsfaktoren.
- Gewissenhafte Mitarbeiter reagieren tendenziell in einem sich selbst verstärkenden Prozess mit noch mehr Gewissenhaftigkeit auf schwierige und dringliche Aufgaben. Das Merkmal scheint bis zu einem gewissen Grad ein „Booster" für sich selbst zu sein.
- Es kann sinnvoll sein, im Rahmen der Personalauswahl zu prüfen, wie gewissenhafte Mitarbeiter auf *sich ändernde* Anforderungen aus der Arbeitsaufgabe reagieren.

Kommen wir zu einem *Fazit*. Warum erbringen gewissenhaftere Menschen offensichtlich eine höhere *individuelle* Leistung? Für den Funktionsmechanismus braucht man nicht allzu viel Fantasie. Wer seine Arbeitsschritte im Vorfeld genau plant, seine Ziele genau im Auge behält, mit viel Energie und Sorgfalt und zugleich mit beharrlicher Ausdauer zielerreichende Aktivitäten unternimmt, der wird bei vielen Aufgaben (nicht allen!) die „Dividende" in Form einer guten Leistung einfahren können. Die Frage, welche Aufgabentypen nun besonders für gewissenhafte Mitarbeiter geeignet sind, wird bei den Überlegungen zum richtigen Personaleinsatz in Abschn. 5.4 – unter Heranziehung weiterer empirischer Ergebnisse – vertieft diskutiert. Das Fazit hier soll mit einem kurzen Zitat abgeschlossen werden: Viel besser kann man die Bedeutung von Gewissenhaftigkeit für die Entstehung von individueller Leistung nicht auf den Punkt bringen, als es der Fußballnationalspieler Matthias Ginter auf die Frage getan hat, ob er denn in jungen Jahren ein überragendes Talent war:

> *„Ich war schon immer jemand, der sich alles hart erarbeiten musste. Schon zu Jugendzeiten habe ich gelernt, dass viel Fleiß und Akribie sowie ein starker Wille und ein ausgeprägter Ordnungssinn die Zutaten zu meinem Spiel waren. Ich habe früh gemerkt, dass solche Tugenden auf dem Weg zum Fußballprofi bedeutender sind als das reine Talent."*
> (Matthias Ginter, FAZ-Interview mit Roland Zorn vom 07.10.2020, S. 28)

Im Hinblick auf die *Leistung von Arbeitsgruppen* ist der positive Einfluss des Persönlichkeitsmerkmals „Gewissenhaftigkeit" nicht so eindeutig wie bei individuellen beruflichen Leistungen. Zwar existieren auch hier einige Studien, die positive Effekte auf die Gruppenleistung nachweisen. Aber die Einflüsse sind eher moderat. Das liegt unter anderem daran, dass die Entstehung von *Gruppen*leistung ein komplexerer Prozess ist als die Entstehung von *Einzel*leistung. Eine wichtige Rolle spielen zum Beispiel die Gruppenzusammensetzung (Homogenität vs. Heterogenität), das Gruppenklima, die Machtverteilung in der Gruppe, die Kommunikationsstrukturen in der Gruppe, die etablierten Mechanismen zur Konfliktlösung, Entscheidungsfindung, Problemlösung u. v. m. Da in Gruppen zur Leistungsentstehung – in Abhängigkeit von der konkreten Aufgabe – mehr oder weniger eng zusammengearbeitet werden muss, wird auch die Frage relevant, welche Ausprägung von Gewissenhaftigkeit am relevantesten ist. Ist es der *Durchschnittswert* aller Gruppenmitglieder? Ist es der *Minimalwert,* der bei einem Gruppenmitglied gemessen wird, weil dieses dann mit ihm bei einer hochgradig vernetzten Aufgabenstellung zum „Flaschenhals in Sachen Gewissenhaftigkeit" in der Gruppe wird? Oder ist es der *Maximalwert* eines Gruppenmitglieds, das dann vielleicht die anderen Mitglieder „mitziehen" kann. Angesichts dieser Vielzahl an möglichen Einflussfaktoren ist vor einer leichtfertigen Generalisierung von einzelnen Studienergebnissen zu warnen (vgl. Muck, 2006, S. 559 ff. und die zit. Lit.). Daher wird hier auch auf die Wiedergabe von Einzelstudien verzichtet. Diese Thematik wird aber in Abschn. 3.13 nochmals aufgegriffen.

Werfen wir nun noch einen kurzen Blick auf folgende spezielle Gruppen: Auszubildende, Schüler und Studierende. Welche empirischen Ergebnisse zur Bedeutung von

Gewissenhaftigkeit für die Leistung liegen zu ihnen vor? Es handelt sich durchweg um rekrutierungsrelevante Gruppen. Daher ist für Unternehmen von Interesse zu wissen, wie sich das Persönlichkeitsmerkmal „Gewissenhaftigkeit" auf deren Leistung auswirkt und ob es damit Bedeutung bei der Personalselektion haben sollte.

Für die Gruppe der *Auszubildenden* gibt es einen eklatanten Mangel an Studien. Das ist misslich, da dieser Personenkreis für die zukünftige Fachkräfteausstattung der Unternehmen von zentraler Bedeutung ist. Man sollte daher eigentlich umfängliche Einsichten in die Frage haben, welche Faktoren zum Ausbildungserfolg beitragen, um die richtigen Bewerber auswählen zu können. Es konnte lediglich eine einzige Feldstudie gefunden werden, die den Zusammenhang zwischen Persönlichkeitsfaktoren (gemessen mit der „Arbeitsbezogenen Gewissenhaftigkeitsskala AGS", die auf den beiden Facetten „Fleiß und Ordnung" basiert; s. a. Abschn. 2.3) und der Leistung der Auszubildenden (gemessen an der Beurteilung durch die Ausbildungsleiter, an den allgemeinen Berufsschulleistungen und teilweise an den IHK-Zwischenprüfungen) thematisiert. Das Sample wies mit $N = 70$ eine recht überschaubare Größe auf. Es konnten keine signifikanten Ergebnisse für den Einfluss von Persönlichkeitsfaktoren gefunden werden (vgl. Dreier, 2012, S. 184 ff.).

Im Rahmen eines Auftrags wurde von Psychologen der LMU München für $N = 700$ Auszubildene aller Ausbildungsjahre der Firma „Provadis", einem überbetrieblichen Ausbildungsanbieter, ein „etablierter Persönlichkeitstest" zu den Big Five eingesetzt. Hintergrund war, dass dem Unternehmen die Abbrecherquote bei der Ausbildung zu hoch und die Leistungen zu schwach waren. Die Testergebnisse fanden zusammen mit den Ergebnissen kognitiver Leistungstests Eingang in eine Formel, mit der die Wahrscheinlichkeit des Ausbildungsabbruchs prognostiziert werden sollte. Mithilfe der Formel konnte rund die Hälfte der Bewerber erkannt werden, die ihre Ausbildung „wahrscheinlich abbrechen" werden und 80 % derjenigen richtig klassifiziert werden, die ihre Ausbildung „tatsächlich auch beenden". Es handelt sich um ein kompensatorisches Modell, bei dem die Bewerber Schwächen im kognitiven Bereich durch Persönlichkeitsmerkmale ausgleichen konnten. Details behandelt Provadis als Betriebsgeheimnis. Das Unternehmen wird lediglich mit folgendem Satz zitiert: *„Bestimmte Eigenschaften aus dem Bereich Gewissenhaftigkeit, aber auch Offenheit sind besonders wichtig für den Ausbildungserfolg."* (vgl. Sattler, 2015, S. 26).

In einer weiteren Studie zum Ausbildungsabbruch und zur Arbeitszufriedenheit während der ersten Ausbildungsmonate wurden $N = 1.819$ technische und kaufmännische Auszubildende untersucht. Höhere Ausprägungen der Persönlichkeitsmerkmale „Extraversion", „Verträglichkeit" und „Gewissenhaftigkeit" waren positiv mit Arbeitszufriedenheit und negativ mit Abbruchplänen korreliert. Bei „Neurotizismus" wiesen dagegen höhere Ausprägungen negative Korrelationen mit Arbeitszufriedenheit und positive Korrelationen mit Abbruchplänen auf. Allerdings hatte die Variable „Berufsinteresse" generell einen weitaus größeren Einfluss (vgl. Volodina et al., 2015, S. 16 ff.). Insgesamt besteht zum *Zusammenhang zwischen Persönlichkeitsmerkmalen und Leistung* während der Ausbildung aber weiterer Forschungsbedarf.

Besser sieht die Studienlage für die Gruppe der *Schüler* aus. Hier bietet Dreier (2012, S. 82 ff. und die zit. Lit.) in ihrer Dissertation einen ausführlichen und differenzierten Überblick zu etlichen Metaanalysen und Einzelstudien. Schulleistung wird in aller Regel am Kriterium „Abschlussnote, Durchschnittsnote" festgemacht. Dies ist nicht ganz unproblematisch, denn die in den letzten Jahren zu beobachtende „Noteninflation" im Sinne einer ständigen Verbesserung der Noten ohne korrespondierende Leistungszunahme könnte zu einer verzerrten Normalverteilung und damit letztlich zu geringeren Korrelationen mit anderen relevanten Variablen führen (z. B. dem späteren Berufserfolg). Weiterhin ist die Aussage von Noten natürlich dadurch eingeschränkt, dass unterschiedliche Schulen unterschiedliche Notenmaßstäbe haben. Dabei handelt es sich aber um ein methodisches Problem, das man auch mit Hochschulabschlüssen und Leistungsbeurteilungen durch Vorgesetzte hat. Bewertungen haben oftmals einen Subjektivitätsspielraum, den jeder Bewerter anders ausfüllt. Unter dem Strich bleiben Schulnoten aber ein hinreichend sinnhafter Leistungsindikator. Lange Zeit versuchte man Schulleistung primär über die Variable „Intelligenz" zu prognostizieren. Die aber konnte kaum mehr als 50 % der Streuung bei den Schulnoten erklären. Also bezog man Persönlichkeitsmerkmale ein. Und auch hier zeigte sich, dass Gewissenhaftigkeit innerhalb der Big Five mit Abstand der valideste Prädiktor für Schulleistungen ist, und zwar mit Korrelationen von $r = 0{,}22$ auf Basis von zwei Metaanalysen. Das ist fast der Wert von Intelligenz ($r = 0{,}25$). Alle anderen Big Five-Merkmale spielen nahezu keine Rolle für die Vorhersage der Schulleistung. Auf Facettenebene sind es offensichtlich Leistungsstreben, Selbstdisziplin und Ordnungsliebe, die die größte Prognosekraft haben. Das Setzen höherer Ziele, Erledigen von Hausaufgaben, Konzentration auf die Hausaufgaben und lernbezogenes Zeitmanagement sind also wichtige Erfolgszutaten für hohe Schulleistungen. Im Fazit ist Gewissenhaftigkeit der wichtigste non-kognitive Prädiktor. Das konnte auch in einer neueren Studie in Österreich ($N = 361$ Schulkinder im Alter von ca. 14 Jahren) bestätigt werden. Intelligenz und Gewissenhaftigkeit sind die wichtigsten Prädiktoren für Schulleistung. Es spricht sogar einiges dafür, dass eine geringere Intelligenz durch eine höhere Gewissenhaftigkeit ausgeglichen werden kann (vgl. Dumfart & Neubauer, 2016, S. 12 ff.).

Welche Rolle spielt – neben der Gewissenhaftigkeit – eigentlich das „Interesse" an dem Schulfach? In vier Studien mit insgesamt $N = 5{,}528$ Schülern der 7. und 8. Klasse in Deutschland zeigte sich einerseits, dass Gewissenhaftigkeit und Interesse am Schulfach (insb. bei Mathematik, Deutsch, Englisch) *unabhängig voneinander* die gezeigte Anstrengung im Fach erklären. Andererseits konnte aber auch eine *Interaktion* zwischen Gewissenhaftigkeit und Interesse am Fach dergestalt nachgewiesen werden, dass eine Kompensationsbeziehung auftrat. Gerade wenn ein Fach als uninteressant angesehen wurde, kompensierten gewissenhafte Schüler dies durch vermehrte Anstrengung (vgl. Trautwein et al., 2015, S. 142 ff.). Gewissenhaftigkeit hat damit eine gewisse Pufferwirkung gegen zu starken Anstrengungsabfall bei „gähnender Langeweile" in der Schule. Falls sich dieser Zusammenhang bis ins Erwachsenenalter fortsetzt, dann hat er auch für Organisationen hohe Relevanz.

Was bedeuten diese Erkenntnisse für Unternehmen? Deren Eingriffsmöglichkeiten in die Prozesse an Schulen sind sehr beschränkt. Die wenigen sollten sie aber nutzen, um den *nicht* erblichen Anteil an Gewissenhaftigkeit positiv mitzuprägen, indem den Schülern z. B. bei der Vorstellung von Berufsbildern oder im Rahmen von Praktika nachdrücklich, aber nicht bevormundend und auf inspirierende, kreative Art nahegebracht wird, welche Bedeutung die einzelnen Facetten von Gewissenhaftigkeit (Leistungsstreben, Selbstdisziplin, Ordentlichkeit) im Berufsalltag haben.

Auch für *Studierende* kann die Datenlage als gut bezeichnet werden. In einer Metaanalyse über 41 internationale Studien mit insgesamt N = 10,855 Teilnehmern zum Zusammenhang von Persönlichkeitsmerkmalen und Studienerfolg (gemessen an den Noten) zeigte sich – man ahnt es schon – Gewissenhaftigkeit mit einem durchschnittlichen Korrelationskoeffizienten von r = 0,22 als wichtigster Prädiktor. 7,2 % der Varianz in den Abschlussnoten können damit erklärt werden. Die anderen Big Five (Offenheit mit r − 0,08 an Nummer zwei) spielten nahezu keine Rolle. Die Bedeutung von Gewissenhaftigkeit im Studium entspricht damit ziemlich genau ihrer Bedeutung für die Leistung im Beruf. Nennenswert differenzierende Moderatorvariablen wurden nicht gefunden, sodass davon ausgegangen werden kann, dass der Einfluss von Gewissenhaftigkeit weitestgehend unabhängig vom Studienfach, von der Landeskultur und vom Alter der Studierenden ist (vgl. Trapmann et al., 2007, S. 136, S. 145 f.). Ähnliche Daten fand auch Vedel in ihrer Metaanalyse über 20 Studien aus den Jahren 1996–2013 (überwiegend Großbritannien und USA) mit N = 17,717 Teilnehmern. Auch hier war Gewissenhaftigkeit mit r = 0,26 stärkster Prädiktor für die Noten im Studium und als einziges Big Five-Merkmal fast durchgehend signifikant auf dem 1 %-Irrtumsniveau.

In Abweichung zur Studie von Trapmann et al. wurden speziell für Psychologiestudenten (gegenüber allen anderen Studienfächern) mit r = 0,31 fühlbar höhere Korrelationen gefunden. Die Autorin stellt damit nicht ganz unberechtigt die kritische Frage, ob die Korrelationskoeffizienten zwischen Leistung und Studienerfolg nicht möglicherweise etwas überzeichnet sind. Denn Wissenschaftler in der Psychologie machen naheliegenderweise ihre Studien oftmals mit Psychologiestudenten und generalisieren die gefundenen Ergebnisse dann auf „Studierende allgemein". Es erscheint im Lichte dieser Studie daher sinnvoll, die Analysen generell noch studiengangsspezifischer auszurichten (vgl. Vedel, 2014, S. 66 ff.), denn jedes Studienfach hat ja seine speziellen Strukturen, Abläufe und Anforderungen und wird möglicherweise bevorzugt von bestimmten Persönlichkeitstypen gewählt.

Eine solche spezielle Studie liegt in bemerkenswert differenzierter Form für Medizinstudenten in Belgien vor. N = 627 Studierende aller flämischen Universitäten wurden in einer Längsschnittstudie über den gesamten Studienzeitraum von sieben Jahren (inklusive der klinischen Semester) begleitet. In jedem Studienjahr fanden dabei Analysen statt. Am Ende waren wegen Studienabbrüchen nur noch N = 307 Probanden übrig. Untersucht wurde dabei, wie gut die Big Five auf Domänen- und Facettenebene (!) in den unterschiedlichen Studienjahren den Studienerfolg (gemessen an der Durchschnittsnote im jeweiligen Studienjahr) vorhersagen konnten. Mit großem Abstand erwies sich über alle sieben Jahre hinweg Gewissenhaftigkeit innerhalb der Big Five mit einem durchschnittlichen Korrelationskoeffizienten in Höhe von $r = 0,35$ als bester Prädiktor (Offenheit $r = 0,26$; Extraversion $r = 0,12$; Verträglichkeit $r = 0,06$; Neurotizismus $r = -0,03$). Nur in den Studienjahren 4 und 5 war Offenheit ein minimal besserer Prädiktor. Auf *Facettenebene* sind es vor allem die eher *proaktiven Facetten* (Selbstdisziplin, Leistungsstreben, Kompetenz) und weniger die *hemmend-regulierenden Facetten* (Ordnungsliebe, Besonnenheit, Pflichtbewusstsein), welche die besseren Prädiktoren für Leistung sind (z. B. $r = 0,47$ vs. $r = 0,26$ im 7. Studienjahr). Aber auch die hemmend-regulierenden Faktoren wiesen mit dieser durchschnittlichen Korrelation von $r = 0,26$ noch eine Prognosekraft auf, von der viele andere Facetten der weiteren Big Five-Merkmale weit entfernt sind. Generell zeigte sich auch, dass die Maximalwerte bei den Korrelationen ganz überwiegend im letzten Studienjahr erzielt wurden (für Gewissenhaftigkeit als Domäne z. B. $r = 0,45$). Gewissenhaftigkeit und Leistung (gemessen an Noten) gingen im Laufe des Studiums – bei kleineren Schwankungen im Verlauf – tendenziell immer stärker Hand in Hand. Interessant wäre natürlich, ob das auch im weiteren Berufsleben und für andere Leistungsparameter gilt. Weiterhin wurde in der Studie untersucht, wie sich Persönlichkeitsmerkmale auf einen möglichen Studienabbruch auswirken. Das ist gerade beim Medizinstudium vor dem Hintergrund seiner hohen Kosten eine bedeutsame Frage. Gewissenhaftigkeit spielte hier zwar als erklärender Faktor – insbesondere in den ersten zwei Jahren – eine Rolle, aber keine sonderlich bedeutende (vgl. Lievens et al., 2009, S. 1524 ff.).

Wenn der Autor dieses Buches als Fürsprecher für Unternehmen einen Wunsch frei hätte, dann wären es ähnlich differenzierte Untersuchungen für BWL- oder Ingenieurstudenten in Deutschland.

Fragt man nach den *Gründen für den besseren Studienerfolg,* dann sind zwei Untersuchungen von näherem Interesse. In einer Studie mit deutschen Lehramts- und Psychologiestudenten ($N = 318$) zeigte sich, dass Gewissenhaftigkeit stark korreliert war ($r = 0,56$) mit „Lerndisziplin" (u. a. konsequentes Wiederholen, strikte zeitliche Organisation der Lernprozesse) und zudem (wenn auch mit $r = 0,12$ deutlich schwächer) mit „Vertiefung" (u. a. Vernetzung und kritische Reflektion von Lerninhalten). Darüber hinaus zeigte sich mit $r = 0,39$ eine recht hohe Korrelation zwischen Gewissenhaftigkeit und Morgentypen (vgl. Ruffing et al., 2015, S. 202). Gewissenhaftigkeit ist offensichtlich ein wichtiger Erklärungsbaustein dafür, „den Kopf früh aus den Federn zu bekommen" und konsequente Lernstrategien zu generieren – beides ist alles andere als unerheblich für den Studienerfolg. Zum Aspekt der Lerndisziplin passt recht gut eine Studie mit $N = 624$ deutschen Studenten, bei der insbesondere gewissenhafte (und verträgliche) Studierende bei den Stundenplänen eine *gleichmäßige Arbeitsbelastung* über alle Wochentage hinweg bevorzugten, wohingegen Teilnehmer mit geringeren Werten bei diesen Persönlichkeitsmerkmalen *Blockstundenpläne* bevorzugten, die die Arbeitsbelastung auf wenige Tage konzentrierten (vgl. Schatz et al., 2000, S. 179 ff.). Eine „Abhakmentalität" scheint also kontinuierlicher Arbeit im Hinblick auf Studienerfolg unterlegen zu sein.

Relevant sind die Ergebnisse für studienbegleitende Interventionen. Gerade Studierende mit schwächer ausgeprägten Werten auf der Gewissenhaftigkeitsskala könnten von engen, strukturierenden Hilfsangeboten (z. B. feste Termine, Zielvereinbarungen mit Paten) während des Studiums deutlich profitieren. Aber auch für Unternehmen sind die Erkenntnisse interessant, wenn es um die Frage geht, welcher Bewerber im Rahmen eines Berufsakademie-Studiums eingestellt werden soll oder welchem Mitarbeiter man ein berufsbegleitendes Studium ermöglichen (und eventuell finanzieren) sollte. Hohe Gewissenhaftigkeitswerte machen Studienerfolg wahrscheinlicher.

Zusammenfassung

Als Fazit zu diesem Kapitel können wir also festhalten, dass gewissenhafte Mitarbeiter mit höherer Wahrscheinlichkeit

- eine höhere Leistung zeigen – und zwar über viele Berufsgruppen, Länder und Messansätze für Leistung hinweg,
- besonders aufgrund der Facetten „Leistungsstreben" und „Pflichtbewusstsein" ein höheres Leistungsniveau haben,
- in Managementfunktionen geringere Beförderungschancen haben, wenn die Gewissenhaftigkeit primär auf den defensiven Facetten „Ordnungsliebe, Pflichtbewusstsein, Selbstdisziplin, Besonnenheit" basiert,
- eine höhere Leistung bei kooperativ ausgelegten Berufsfeldern zeigen, wenn sie zusätzlich über hohe Verträglichkeit und gute Sozialkompetenzen verfügen,
- bei schwierigen und dringlichen Aufgaben im Rahmen einer „aufgabenabhängigen Gewissenhaftigkeit" situativ ein noch höheres Gewissenhaftigkeitsniveau zeigen.

Weiterhin ist festzuhalten, dass Gewissenhaftigkeit

- innerhalb der Big Five der mit Abstand beste Prädiktor für Leistung ist,
- auch ein sehr guter Prädiktor für Leistungen in der Ausbildung, im Studium und in der Schule ist,
- mit Leistung in einem kurvilinearen Zusammenhang steht,
- in Arbeitsgruppen nicht immer stabil gezeigt wird, sondern auch aufgabenabhängig variiert wird, wobei sehr gewissenhafte Mitarbeiter tendenziell auf schwierigere und dringlichere Aufgaben mit „noch mehr Gewissenhaftigkeit" reagieren,
- innerhalb von Arbeitsgruppen, wegen vieler überlagernder gruppendynamischer Prozesse und Einflussfaktoren, im Vergleich zur Individualleistung nicht so eindeutig mit einem höheren Leistungsniveau der Gesamtgruppe verbunden ist,
- bei Schülern (und eventuell Beschäftigten) einen Anstrengungsabfall aufgrund mangelnden Interesses am Fach (an der Arbeitsaufgabe) abpuffern kann.

3.3   Motivation

Motivation ist eine Alltagsvokabel, die man zwar häufig verwendet, die begrifflich aber nur schwer präzise zu fassen ist. In einem einfachen, praxisorientierten Verständnis könnte man wie folgt definieren:

▶ **Definition** Motivation ist die Kraft, die auf einen Menschen wirkt, eine bestimmte Handlung auszuführen (oder zu unterlassen).

Sie ist ein wesentlicher Bestimmungsfaktor für die Entstehung von Leistung. Die besten Qualifikationen und die besten Arbeitsbedingungen gehen ins Leere, wenn es neben diesen Komponenten des KÖNNENS den Mitarbeitern am WOLLEN, sprich der Motivation fehlt (vgl. vertiefend Watzka, 2014, S. 93 ff.).

Eine gewisse Nähe zur Motivation weist das Konzept des *Arbeitsengagements* auf, das ebenfalls sehr stark auf einer Aktivierung beruht. Man könnte es wie folgt fassen:

▶ **Definition** Arbeitsengagement ist ein arbeitsbezogener, mental erfüllender (positiver) Zustand, der durch Energie, Hingabe und Vertiefung gekennzeichnet ist (Schaufeli et al., 2006, S. 702).

Damit beschreibt Arbeitsengagement stärker einen *mentalen Status* und weniger einen *Prozess*, so wie Motivation. Man kann Arbeitsengagement zum Teil als siamesischen Zwilling, zum Teil als Folge von Motivation auffassen. Eine gewisse Nähe zum Konzept des „Flow-Erlebens" (siehe näher Abschn. 5.5) ist auch unübersehbar. Wer „im Flow" ist, der ist sicherlich auch zufrieden. Damit gibt es auch Überlappungen mit Arbeitszufriedenheit, weniger mit einer passiven Form, als vielmehr einer aktiven Variante, die das positive Gefühl mit vermehrtem Energieeinsatz für die Arbeitsaufgabe verbindet (vgl. ähnlich Inceoglu & Warr, 2012, S. 1).

Überlappung mit Motivation zeigt auch das Konzept des „Ehrgeizes", wenngleich es auch stärker in die Richtung eines *Persönlichkeitsmerkmals*, als eines *Prozesses* wie Motivation weist. Zudem ist es etwas *situationsübergreifender (generalistischer)* als die Motivation ausgelegt, die stärker situationsbezogen ist. Man könnte wie folgt definieren (Judge & Kammeyer-Mueller, 2012, S. 759):

▶ **Definition** Ehrgeiz ist das ausdauernde und generalisierte Streben nach Erfolg, danach etwas zu erreichen und zu vollenden. (Er endet nicht), wenn ein bestimmtes Zielniveau der Vollendung erreicht ist.

Die Dauerhaftigkeit des Strebens erinnert sehr stark an das Bedürfnis der Selbstverwirklichung in der Spitze der Bedürfnispyramide von Maslow. Auch dieses Motiv ist nie abschließend zu befriedigen. Hat man ein Zielniveau erreicht, dann schraubt man seinen Anspruch auf ein höheres Niveau.

Welche Rolle spielen nun Persönlichkeitsmerkmale insbesondere für die Arbeitsmotivation, aber auch für das Arbeitsengagement und den Arbeitsehrgeiz? Die Antwort ist per se schwierig, denn schon die Frage nach der Entstehung von Motivation ist von gewisser konzeptioneller und theoretischer Unschärfe und Uneinigkeit in der Wissenschaft geprägt. Die potenziell für die Motivation relevanten Persönlichkeitsmerkmale weisen eine exorbitant hohe Anzahl auf und dürften „einmal quer durch die Psychologie" gehen. Da verwundert es nicht, dass auch die gefundenen empirischen Ergebnisse von verwirrender Vielfalt und Uneinheitlichkeit geprägt sind (vgl. Judge & Illies, 2002, S. 797 f.).

Ein neuer empirischer Anlauf wurde – unter Nutzung der Big Five – mit einer Meta-analyse über insgesamt 65 Studien aus den Jahren 1887–2000 gemacht. Leistungsmotivation als Zielkriterium wurde dabei über drei gut beforschte und theoretisch breit geteilte Stränge zur *Entstehung von Leistungsmotivation* gefasst:

- generelle Tendenz, sich *Ziele* zu setzen,
- Ausbildung hoher *Erwartungen* (u. a. zur Wirkung eigener Anstrengung und zur Wahrscheinlichkeit von Belohnungen),
- Entwicklung hoher *Selbstwirksamkeitsüberzeugungen.*

In Summe erzielten alle Big Five-Merkmale „im Paket" eine Korrelation mit Leistungsmotivation von hohen r=0,49. Den stärksten Einzelbeitrag leisteten Neurotizismus mit r=−0,31 und Gewissenhaftigkeit mit r=0,24. Alle anderen Persönlichkeitsmerkmale hatten lediglich auf einzelne Bestandteile der Motivation nennenswerte Wirkungen, nicht aber auf das Gesamtphänomen. Es spricht also viel dafür, zumindest die beiden Merkmale Neurotizismus und Gewissenhaftigkeit bei der Erklärung (= Theorie) und Beeinflussung (= Praxis) von Leistungsmotivation zu beachten. Denn sie leisten einen wichtigen Erklärungsbeitrag unabhängig davon, welche der drei theoretischen Stränge zur Entstehung von Leistungsmotivation (s. o.) primär akzentuiert wird (vgl. Judge & Illies, 2002, S. 800 ff.). Dass hoher Neurotizismus (= geringe emotionale Stabilität) – über die Effekte von höherem Stressempfinden, Ängstlichkeit und Selbstzweifel – Mitarbeiter eher in eine passivere Rolle bringt und damit negativ auf die Leistungsmotivation wirkt, überrascht auch alltagspsychologisch nicht wirklich. Genauso wenig wie der positive Effekt von hoher Kompetenzüberzeugung, Leistungsstreben und Selbstdisziplin als Facetten von Gewissenhaftigkeit. Aber schön, wenn es „amtlich festgestellt" ist.

Eine *motivationsstabilisierende Wirkung* von Gewissenhaftigkeit konnte in zwei Laborexperimenten nachgewiesen werden. Probanden mussten dabei am PC Flugzeuge sicher an den Zielflughafen steuern (N=99) und Beinahe-Zusammenstöße vermeiden (N=43). Theoretischer Hintergrund war, dass Menschen im Rahmen der Selbstregulation eine Tendenz haben, kognitive Anstrengung von einer Aufgabe abzuziehen und anderweitig einzusetzen, wenn sie bei einer Aufgabe qualifizierter und geübter werden und sie dadurch als weniger schwer empfinden. Es zeigte sich, dass bei weniger gewissenhaften Probanden dieser Prozess schneller einsetzt. Die Erkenntnisse haben hohe praktische Relevanz. Sie deuten darauf hin, dass gewissenhafte Mitarbeiter auch bei zunehmender Routinisierung von Aufgaben ihre Leistungsmotivation auf hohem Niveau halten und ihre kognitiven Anstrengungen stärker beibehalten. Im Falle einer Operationsschwester oder ähnlicher Berufe, bei denen nachlassende Aufmerksamkeit zu großen Schäden führen kann, wünschen wir uns das alle. Aber auch im Falle ganz alltäglicher Produkte und Dienstleistungen hilft es der Qualität, wenn zu viel Routine nicht zu Laxheit bei der kognitiven Anstrengungsbereitschaft führt. Gewissenhaften Mitarbeitern hilft hier offenbar ihre Selbstdisziplin und ihre starke Bindung an Ziele (vgl. Yeo & Neal, 2008, S. 622 ff.).

Für *Arbeitsengagement* zeigten sich in drei Studien (N = 393 Mitarbeiter eines Websiteanbieters) innerhalb der Big Five die „üblichen Verdächtigen" als beste Prädiktoren. Gewissenhaftigkeit mit durchschnittlich r = 0,40 in der bivariaten und r = 0,28 in der multivariaten Analyse und Emotionale Stabilität mit r = 0,38 und r = 0,17 erklärten unabhängig große Teile der Varianz beim Arbeitsengagement (vgl. Inceoglu & Warr, 2012, S. 3 ff.). Damit werden die Ergebnisse obiger Metaanalyse für ein der Motivation verwandtes Konstrukt bestätigt.

Eine neuere Metaanalyse (114 unabhängige Samples mit N = 44,224 Teilnehmern) zur Rolle von Persönlichkeitsmerkmalen für das Arbeitsengagement fokussierte nicht exklusiv auf die Big Five. Acht Persönlichkeitsfaktoren erklärten 48,1 % der Varianz. Gewissenhaftigkeit war mit r = 0,39 das drittwichtigste Merkmal (nach Positiver Affektivität (= Gefühlsleben) mit r = 0,62 und Proaktivität mit r = 0,49) (vgl. Young et al., 2018, S. 1330).

Für *Ehrgeiz* zeigte sich in einer Langzeitstudie, in der hochbegabte Kinder seit 1922 in der „Terman Life-Cycle-Study" bezüglich diverser Charakteristika ihres Lebens begleitet wurden, dass Gewissenhaftigkeit mit einer Korrelation von r = 0,31 der beste Prädiktor für dessen Ausprägung ist (vor Extraversion mit r = 0,27 und dem Sozialprestige des elterlichen Berufs mit r = 0,26) (vgl. Judge & Kammeyer-Mueller, 2012, S. 768).

Im Fazit kann man also auch mit Bezug zur Arbeitsmotivation konstatieren, dass man einen Fehler machen würde, wenn man auf eine Berücksichtigung von Gewissenhaftigkeit (z. B. bei der Personalauswahl) verzichten würde, wenn man motivierte, engagierte und ehrgeizige Mitarbeiter im Unternehmen beschäftigen möchte.

Zusammenfassung
Als Fazit zu diesem Kapitel können wir also festhalten, dass gewissenhafte Mitarbeiter mit höherer Wahrscheinlichkeit

- insbesondere im Verbund mit einer hohen emotionalen Stabilität eine höhere Arbeitsmotivation aufweisen, die auf Zielsetzungsbereitschaft, hohen Anstrengungs-, Belohnungs- und Selbstwirksamkeitserwartungen beruht,
- auch bei Routineaufgaben eine hohe kognitive Anstrengungsbereitschaft beibehalten,
- höheres Arbeitsengagement und höheren Ehrgeiz zeigen.

3.4   Zufriedenheit

Don't worry, be happy! Wenn es immer so einfach wäre, die Empfehlung des amerikanischen Jazzsängers Bobby McFerrin umzusetzen... „Glücklichsein" ist aber auch eine arg große Vokabel. Machen wir es eine Nummer kleiner: Zufriedenheit wäre ja auch schon mal etwas. Ideal wäre natürlich, wenn sie als *Lebenszufriedenheit* das gesamte Leben umfasst. Da Arbeit einen wesentlichen Teil des wachen Lebens vieler Menschen einnimmt, ist *Arbeitszufriedenheit* ein wichtiger Baustein der allgemeinen Lebenszufriedenheit. Und in der Tat konnten wiederholt deutliche, signifikante Korrelationen zwischen den beiden Bereichen festgestellt werden. Zwar mag es vereinzelt Menschen geben, die Arbeit und „restliches Leben" perfekt voneinander abgrenzen können, aber in der überwiegenden Zahl der Fälle ist auch alltagspsychologisch schwer vorstellbar, dass jemand, der auf der Arbeit „kreuzunglücklich" ist, diese negative Befindlichkeit komplett aus seinem Privatleben heraushalten kann. Auch umgekehrt werden die meisten Mitarbeiter ihre privaten Gründe für Lebensunzufriedenheit nicht jeden Morgen komplett am Garderobenständer des Unternehmens abgeben. Die Kausalität dürfte also in größeren Teilen reziprok in dem Sinne sein, dass sich Arbeits- und Lebenszufriedenheit wechselseitig beeinflussen. In einer Studie in Österreich ($N = 1{,}547$) hat man konkret den kausalen Einfluss von Arbeitszufriedenheit auf die Lebenszufriedenheit untersucht und kam zum Ergebnis, dass Arbeitszufriedenheit 22 % der Varianz bei der Lebenszufriedenheit erklärt (vgl. Hofbauer & Schwingsmehl, 2017, S. 92). Das ist ein Wert, der allemal Aufmerksamkeit verdient.

Arbeitszufriedenheit – als *relativ stabile Einstellung zur Arbeit* – gehört zu den wichtigsten Konstrukten in der Arbeits- und Organisationspsychologie. Auch für Unternehmen ist sie eine wichtige Zielgröße und wird häufig in Mitarbeiterbefragungen erfasst. Hohe Arbeitszufriedenheit wirkt bis zu einem gewissen Grad als Puffer gegen Absentismus und Fluktuation. Die Beziehung zu Leistung ist aber nicht ganz so eindeutig, wie man es nach der allgemeinen Volksweisheit *„Zufriedene Mitarbeiter leisten mehr"* eigentlich erwarten würde. Diese Kausalität gilt primär für anspruchsvollere Tätigkeiten mit hohem Autonomiegrad. Ansonsten sind auch umgekehrte Kausalitäten denkbar. Hohe Leistung – wie auch immer ausgelöst – führt zu Leistungsstolz und nachfolgender höherer Zufriedenheit. Leistung ist dann die Ursache, Arbeitszufriedenheit die Folge. Auch negative Korrelationen sind nicht ganz ausgeschlossen. Man ist gerade deshalb zufrieden, weil man wenig leisten muss (vgl. Nerdinger et al., 2019, S. 471 f.). Aber unabhängig von der ökonomischen Relevanz gebieten es die soziale Verantwortung und ethische Prinzipien, dass das Management die Arbeitszufriedenheit der Mitarbeiter als wichtige Zielgröße im Blick hat.

Trotz häufiger Berücksichtigung der Variable „Arbeitszufriedenheit" in Studien bleibt es ein schwieriges und facettenreiches Konstrukt, das vielen Einflussfaktoren unterliegt. Eigentlich ist klar, dass es „die" Zufriedenheit mit der Arbeit nicht gibt, sondern dass einzelne Facetten betrachtet werden müssen (z. B. Zufriedenheit mit der Arbeitsaufgabe, der Bezahlung, den äußeren Arbeitsbedingungen, der Arbeitszeit, dem

Führungsverhalten des Vorgesetzten, dem Verhalten der Kollegen, der Arbeitsplatz-sicherheit etc.). Aber trotzdem werden in vielen Studien lediglich eher undifferenzierte, summarische Arbeitszufriedenheitsmaße erhoben. Erschwerend kommt hinzu, dass für die Arbeitszufriedenheit nicht nur die *Merkmale der Arbeit* relevant sind, sondern auch die *Merkmale der Person*. So kommt es immer darauf an, mit welchem Anspruchs-niveau ein Mitarbeiter seine Arbeit beurteilt. Unter den gleichen Arbeitsbedingungen ist – u. a. abhängig von den Vorerfahrungen – der eine zufrieden, der andere unzufrieden. Tückischerweise kann sich das Anspruchsniveau auch mit der Zeit verändern. Wenn individuelle Erwartungen auf der Arbeit längere Zeit erfüllt wurden, wird eventuell das Anspruchsniveau nach oben gesetzt *(= progressive Arbeitszufriedenheit)*. Trotz gleich-gebliebener Arbeitsbedingungen entsteht so geringere Arbeitszufriedenheit. Umgekehrt können Mitarbeiter auch ihr Anspruchsniveau nach unten fahren, wenn sie erkennen müssen, dass sie an ihrer Situation nichts verändern können. Dies ist ein psychologischer Schutzmechanismus, um mit der Einflusslosigkeit dauerhaft leben zu können *("alles halb so schlimm", "Anderen geht es ja noch schlechter")*. Trotz gleichgebliebener Arbeitsbedingungen steigt dann die Arbeitszufriedenheit *(= resignative Arbeits-zufriedenheit)*. Dieser Mechanismus erklärt, warum mitunter bei den "erbärmlichsten" Arbeitsbedingungen überraschend hohe Werte der Arbeitszufriedenheit gemessen werden (vgl. von Rosenstiel, 2006, S. 32 ff. und die zit. Lit.).

Damit genug zur Einordnung des Konstrukts und den "Untiefen" der Arbeits-zufriedenheitsforschung. Wir können aber mitnehmen, dass für Arbeitszufriedenheit nicht nur Merkmale der Arbeit, sondern auch Merkmale der Person relevant sind. Und das führt zur Frage, welche Rolle Persönlichkeitsmerkmale bei der Entstehung von Arbeitszufriedenheit spielen. Lange Zeit wurde dieser Einflussfaktor vernachlässigt. Erst in den letzten Jahrzehnten entstand dazu eine Vielzahl von Studien, die von Judge et al. (2002a) im Rahmen einer Metaanalyse über N = 163 unabhängige Samples zusammen-gefasst wurden. Die Autoren legten dabei das Persönlichkeitsmodell der Big Five zugrunde und fanden die in Tab. 3.5 dargestellten Korrelationen mit Arbeitszufriedenheit.

Tab. 3.5 Korrelationen zwischen Big Five und Arbeitszufriedenheit. (Quelle: Judge et al. (2002a, S. 533, 536) und die zit. Lit.)

Big Five-Merkmal	Korrelation mit Arbeitszufriedenheit	Korrelation mit Lebenszufriedenheit
Offenheit	0.02	0.18
Gewissenhaftigkeit	0.26	0.28
Extraversion	0.25	0.22
Verträglichkeit	0.17	0.21
Neurotizismus	-0.29	-0.30

Gleichzeitig ist ersichtlich, dass die Korrelationen der Big Five mit Arbeitszufriedenheit – mit Ausnahme des Merkmals „Offenheit" – sehr stark den Korrelationen mit der allgemeinen Lebenszufriedenheit ähneln.

Neurotizismus (Emotionale Stabilität) ist also der beste *Prädiktor für Arbeits- und Lebenszufriedenheit,* dicht gefolgt von Gewissenhaftigkeit und Extraversion. Die hohe Bedeutung von Neurotizismus und Extraversion für Arbeits- und Lebenszufriedenheit ist wenig erstaunlich. Extraversion erleichtert die Erschließung wichtiger sozialer Ressourcen (z. B. Freundschaften, Partnerschaften, gute Kollegenbeziehungen) und ermöglicht es eher, sich länger in „angenehmen" Situationen aufzuhalten. Geringer Neurotizismus hält belastende Gefühle (z. B. Ängstlichkeit, Verletztheit, Selbstunsicherheit) im Zaum und ermöglicht so ein positiveres Erleben von Handlungssituationen (vgl. Brandstätter, 2015, S. 32 f.). Eher erstaunlich ist der Rangplatz zwei für Gewissenhaftigkeit. Erklärt wird die Bedeutung damit, dass gewissenhafte Menschen aufgrund ihres Leistungsstrebens, ihrer Zielorientierung, ihres planvollen Vorgehens und ihrer Selbstdisziplin bei der Arbeit mehr Erfolgserlebnisse generieren, damit für sich selbst eher intrinsische Belohnungen erfahren (Leistungsstolz) und auch vermehrt extrinsische Belohnungen realisieren können (z. B. Lob, Anerkennung von Vorgesetzten und Kollegen). Sie „funktionieren" sowohl im beruflichen, als auch im privaten Umfeld effizienter, erreichen generell ihre Ziele und haben beruflich und privat die „Dinge im Griff". Dies gibt ihnen ein zufriedenheitssteigerndes Kontrollgefühl über ihr Leben (vgl. Judge et al., 2002a, S. 536; Cheng et al., 2014, S. 245; Hayes & Joseph, 2003, S. 726).

Die zentrale Bedeutung von Neurotizismus (r = −0,54), Extraversion (r = 0,42) und Gewissenhaftigkeit (r = 0,38) für die *Lebenszufriedenheit* konnte auch in einer Studie in Großbritannien (N = 111) bestätigt werden (vgl. Hayes & Joseph, 2003, S. 725). Ebenfalls in Großbritannien zeigte eine repräsentative Längsschnittuntersuchung (Panelstudie) mit N = 5,108 Teilnehmern, dass für die *empfundene Lebensqualität* Persönlichkeitsfaktoren wichtiger sind als die *aktuell erreichte berufliche Position* und das *formale Bildungsniveau.* Wieder waren es – in dieser Reihenfolge – Emotionale Stabilität, Extraversion und Gewissenhaftigkeit, die unabhängig voneinander den größten Erklärungsbeitrag für „Quality of Life" lieferten (vgl. Cheng et al., 2014, S. 244). Für Deutschland konnten die Ergebnisse mit Daten aus dem Sozioökonomischen Panel (SOEP) (N = 7,252) nicht so eindeutig bestätigt werden. Es gab zwar signifikante Korrelationen zur Arbeits- und Lebenszufriedenheit, aber diese waren – mit Ausnahme von Neurotizismus (r = −0,21 und r = −0,26) – sehr klein (vgl. Fietze, 2011, S. 21).

Ein wenig weiteres Wasser muss man in den Wein gießen auf Basis einer Längsschnittstudie über vier Monate in der *Einarbeitungsphase* von neueingestellten Lehrern in Nordrhein-Westfalen (N = 121). Es sollte untersucht werden, wie sich unterschiedliche Niveaus an Gewissenhaft auf die Arbeitszufriedenheit und das Commitment zum Arbeitgeber auswirken, wenn die Lehrer Fortschritte bei ihren Einarbeitungszielen machten. Damit sollte ein alter Theoriestreit näher aufgeklärt werden. Die Anhänger der *Kongruenztheorie* vertreten die These, dass hoch gewissenhafte Mitarbeiter auf Fortschritte bei ihren persönlichen Zielen (hier: Einarbeitung) besonders stark mit Steigerungen der

Arbeitszufriedenheit reagieren. Anhänger der konkurrierenden *Kompensationstheorie* behaupten das gerade für weniger gewissenhafte Mitarbeiter. In der Studie mussten die jungen Lehrer im Messzeitpunkt 1 ihre persönlichen Ziele formulieren (z. B. *„Ich möchte mehr Sicherheit beim Umgang mit den Kindern gewinnen.")* und zum Messzeitpunkt 2 angeben, in welchem Umfang sie diese Ziele erreicht hatten. Die Ergebnisse bestätigten die Kompensationstheorie. Zielfortschritte steigerten insbesondere bei den jungen Lehrern mit *geringeren* Gewissenhaftigkeitswerten die Arbeitszufriedenheit und das Commitment. Bei sehr gewissenhaften Junglehrern trat keine Veränderung ein. Erklärt wird dieser Befund damit, dass Menschen mit geringerer Gewissenhaftigkeit weniger an Zielerreichung gewöhnt sind, es für sie eher eine neue Erfahrung darstellt und sie daher auf der affektiven Ebene stärker positiv reagieren.

Die praktische Implikation ist, dass es gerade für die Gruppe weniger gewissenhafter Berufseinsteiger lohnend ist, in strukturierte Einführungsprogramme zu investieren, die sie schrittweise ihren Zielen näherbringen (vgl. Hülsheger & Maier, 2010, S. 246 ff.). Das heißt jetzt nicht, dass diese Programme für gewissenhafte neue Mitarbeiter nicht nötig sind. Diese halten Einarbeitungsfortschritte aufgrund ihrer eigenen Kompetenzüberzeugung aber eher für eine Selbstverständlichkeit (genauso wie Einarbeitungsprogramme) und reagieren daher nicht mit gesteigerter Arbeitszufriedenheit. Weitere Studien in anderen Branchen, mit Mitarbeitern außerhalb der Einarbeitungsphase und mit größeren Teilnehmerzahlen wären zur Geltung von Kongruenz- vs. Kompensationstheorie allerdings noch wünschenswert.

Zusätzliche interessante Aspekte bringt eine Studie aus den USA (N = 89 Rechtsanwälte) in die Beziehung zwischen Persönlichkeitsmerkmalen und Arbeitszufriedenheit. Hypothese war, dass eine fehlende Passung zwischen den Arbeitsanforderungen und Persönlichkeitsmerkmalen zu einem verstärkten negativen Stressempfinden und zu einer geringeren Motivation aufgrund reduzierter Belohnungserwartungen führt, was dann eine geringere Arbeitszufriedenheit auslöst. Im Rahmen einer Arbeitsplatzanalyse identifizierten Experten diverse Einzelaufgaben von Rechtsanwälten und ordneten ihnen Persönlichkeitsmerkmale zu, die man zur erfolgreichen Bewältigung benötigt. Beispielsweise erfordert die Aufgabe „Streitschlichtung und Problemdiskussion mit unterschiedlichen Parteien zwecks Erarbeitung einer Kompromisslösung" besonders das Merkmal „Verträglichkeit". Die Aufgabe der „angemessenen schriftlichen Falldokumentation" setzt insbesondere Gewissenhaftigkeit voraus. Im Ergebnis zeigte sich, dass Rechtsanwälte mit hohen Neurotizismus-Werten durchweg alle Aufgaben als stressig empfanden und mit geringerer Arbeitszufriedenheit reagierten. Für Gewissenhaftigkeit (etwas stärker) und Verträglichkeit gab es erhöhten Stress und deutliche negative Wirkungen auf die Arbeitszufriedenheit nur dann, wenn die Aufgabe nicht der Persönlichkeit entsprach (vgl. Christiansen et al., 2014, S. 27 f.). Daraus lässt sich der Schluss ziehen, dass insbesondere wenig gewissenhafte Mitarbeiter besonders sensibel mit Stress und Arbeitsunzufriedenheit reagieren, wenn sie mit Aufgaben konfrontiert werden, die Gewissenhaftigkeit erfordern. Eine wichtige Erkenntnis für den Personaleinsatz (siehe näher Abschn. 5.4).

Tendenziell in die gleiche Richtung zielt eine recht aktuelle Studie aus Deutschland speziell für die Gruppe der *Auszubildenden*. N = 1,886 Auszubildende aus technischen Berufen mit einem Durchschnittsalter von 18 Jahren am Beginn der Studie wurden in einer Längsschnittuntersuchung mit drei Messzeitpunkten (Ausbildungsbeginn, Zwischenprüfung, Ende der Ausbildung) über den gesamten Ausbildungszeitraum begleitet. Die jungen Menschen durchlaufen in dieser Zeit eine wichtige Lebensphase. Es ist zum einen der Reifeprozess in der frühen Erwachsenenphase und zum anderen der Einstieg ins Erwerbssystem. Es zeigte sich in Übereinstimmung mit anderen Studien, dass Verträglichkeit und Gewissenhaftigkeit die besten Prädiktoren für die *allgemeine Lebenszufriedenheit* waren. Im Gegensatz zu Verträglichkeit konnte für Gewissenhaftigkeit zusätzlich nachgewiesen werden, dass dieses Persönlichkeitsmerkmal über die gesamte Ausbildungszeit die *gefühlte Belastung bei der Arbeit* sinken lässt. Gewissenhafte Auszubildende sind dadurch offensichtlich besonders gut in der Lage, Aufgaben vollständig zu beenden, Anweisungen systematisch zu verarbeiten und Hindernisse erfolgreich zu umschiffen. Dadurch erhalten sie mehr positives Feedback von Kollegen und Ausbildern, was dann wiederum die gefühlte Arbeitsbelastung reduziert. Eigentlich wären solche Entlastungseffekte – wegen einer besseren Passung in das soziale Umfeld – auch für Verträglichkeit erwartbar gewesen, waren aber aus den Daten nicht ableitbar. Insofern kam Gewissenhaftigkeit unter den Big Five die alleinige Rolle als „Glücklichmacher" und „Belastungspuffer" für Auszubildende zu (vgl. Deventer et al., 2019, S. 77 f.). Für Unternehmen sind diese Erkenntnisse von hoher Bedeutung, was die spätere Rekrutierung der Auszubildenden anbelangt. Wer sich schon während der Ausbildung nicht so recht zufrieden und stark belastet fühlt, wird eher geneigt sein, sich nach der Ausbildung nach einem anderen Arbeitgeber oder gar nach einem ganz anderen Lebensweg umzusehen. Aufwendungen des Unternehmens für die Ausbildung wären dann zumindest betriebswirtschaftlich eine „Investitionsruine".

Zusammenfassung

Als Fazit zu diesem Kapitel können wir also festhalten, dass gewissenhafte Mitarbeiter mit höherer Wahrscheinlichkeit

- ein höheres Niveau an Arbeitszufriedenheit und allgemeiner Lebenszufriedenheit realisieren, weil sie durch ihre Persönlichkeitsmerkmale Ziele besser erreichen, Aufgaben generell planvoller/systematischer angehen – kurz: „die Dinge im Griff haben" – und in der Folge mehr intrinsische und extrinsische Belohnungen realisieren können,
- von Fortschritten bei Zielerreichungen nicht so stark in Form von gesteigerter Zufriedenheit profitieren wie weniger gewissenhafte Personen, weil sie diese Fortschritte eher für selbstverständlich halten (Kompensationstheorie),

- in der Rolle als Auszubildende höhere allgemeine Lebenszufriedenheit und eine geringere gefühlte Belastung bei der Arbeit aufweisen. Die Begründung ist analog zum ersten Punkt.

Zudem ist zu konstatieren, dass

- weniger gewissenhafte Mitarbeiter besonders stark mit Arbeitsunzufriedenheit und Stress reagieren, wenn Tätigkeiten nicht ihrem Persönlichkeitsprofil entsprechen.

3.5 Extrafunktionale Leistung

Sind Sie als Mitarbeiter ein „guter Bürger" Ihres Unternehmens? Das wären Sie, wenn Sie mehr tun, als von Ihnen verlangt wird. Sie würden dann ein Verhalten zeigen, das in der (englischsprachigen) Arbeits- und Organisationspsychologie mit dem Sammelbegriff „Organizational Citizenship Behavior (OCB)" bezeichnet wird und für das auch ein Messinstrument in Form eines Fragebogens entwickelt wurde (vgl. Smith et al., 1983, S. 653 ff.; Organ, 1988). Im deutschen Sprachraum spricht man vom „Extraproduktiven Verhalten" (vgl. Nerdinger et al., 2019, S. 492). OCB lässt sich wie folgt definieren:

▶ **Definition** Organizational Citizenship Behavior ist freiwillig gezeigtes Verhalten, das sich positiv auf die Funktionsfähigkeit der Organisation auswirkt und im Rahmen des formalen Anreizsystems nicht direkt oder explizit belohnt wird.

Es wird also auf rein freiwilliger Basis eine Leistung gezeigt, die über die Anforderungen des Arbeitsvertrags, der Stellenbeschreibungen oder die Weisungen der Führungskräfte hinausgeht. Es geht dabei zwar auch, aber nicht primär um eine Arbeitsmenge und -produktivität, die über der erwartbaren Norm liegen, sondern um Verhaltensmuster, die dem Unternehmen eher unauffällig und/oder langfristig Nutzen stiften. Vielleicht ist OCB ganz treffend mit dem „Schmierstoff" charakterisiert, der die „harten Zahnräder des Unternehmens" (= zu erledigende formale Aufgaben) geschmeidig und geräuschlos am Laufen hält – gegenwärtig und zukünftig. Solche Verhaltensmuster können äußerst facettenreich sein. Nachfolgend wird auf der Basis des OCB-Fragebogens und von Literaturübersichten zu OCB (siehe Nerdinger et al., 2019, S. 492 ff.; Muck, 2006, S. 539 ff. und die jeweils zit. Lit.) eine praxisorientierte Übersicht zu den Erscheinungsformen des extrafunktionalen Arbeitsverhaltens präsentiert (siehe Abb. 3.1).

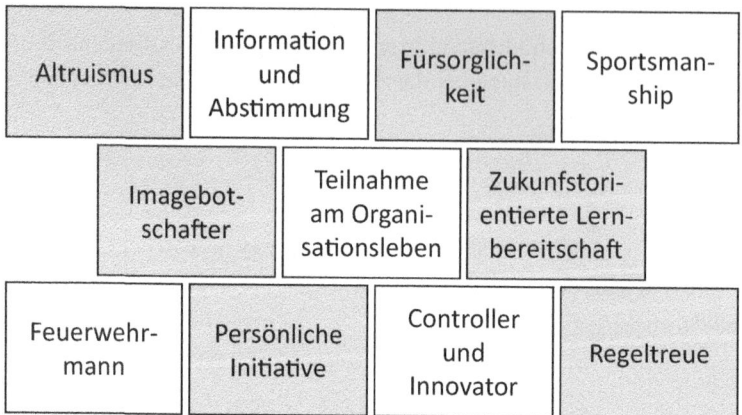

Abb. 3.1 Erscheinungsformen des extrafunktionalen Arbeitsverhaltens

Die einzelnen Erscheinungsformen können kurz wie folgt charakterisiert werden:

- *Altruismus*: Interaktionspartner innerhalb der Organisation (Kollegen, Mitarbeiter, Vorgesetzte) und außerhalb der Organisation (Kunden, Zulieferer, Angehörige von Behörden, allgemeine Öffentlichkeit) werden auf Bitten hin oder auch ungefragt bei Problemen unterstützt. Typische Beispiele wären: Einarbeitung neuer Mitarbeiter, fachliche Erläuterungen für Journalisten, Schüler oder Studierende, Hinweise auf Fehlerquellen oder effizientere Vorgehensmethoden an Kollegen.
- *Information und Abstimmung:* Interaktionspartner werden informiert oder man stimmt sich mit ihnen ab, bevor Handlungen vorgenommen oder Entscheidungen getroffen werden, die deren Arbeitsbereich tangieren könnten.
- *Fürsorglichkeit:* Menschen und materielle Güter in der Organisation werden geschützt. Beispielsweise wird das leckende Ölfass oder das offene Fenster, durch das es hineinregnen könnte, nicht negiert, sondern an den Werkschutz gemeldet. Kollegen werden an den Termin der innerbetrieblichen Grippeschutzimpfung erinnert oder auf potenzielle Sicherheitsrisiken am Arbeitsplatz aufmerksam gemacht.
- *Sportsmanship:* Gelassenes (sportliches) Ertragen der kleinen Ärgernisse und Reibereien, die typischerweise durch das Zusammenleben von Menschen in einer Organisation entstehen und unaufgeregte Hinnahme von „typischen Wechselfällen des Lebens", die zu temporären Unbequemlichkeiten führen (z. B. Ausfall der Heizung oder Klimaanlage, fehlendes Büromaterial). Die Mitarbeiter zeichnen sich durch eine gewisse Unkompliziertheit aus, statt wegen jeder Kleinigkeit „ein Fass aufzumachen".
- *Imagebotschafter:* Vermittlung eines positiven Bildes der Organisation nach außen – auch im Freizeitbereich. Mitarbeiter sehen sich in ihrem sozialen Umfeld auch als Repräsentanten des Unternehmens. Extensives Schimpfen und Verbreiten von Negativgeschichten über den eigenen Arbeitgeber werden vermieden. Stattdessen

werden eher positive Informationen transportiert. Das Unternehmen wird gegen Angriffe verteidigt.

- *Teilhabe am Organisationsleben:* Mitarbeiter beteiligen sich an gemeinsamen Events im Unternehmen und entziehen sich ihnen nicht (Betriebsausflüge, Weihnachtsfeiern, Verabschiedung von Kollegen), auch wenn es mit gewissen eigenen Opfern (z. B. Freizeit, liegengebliebene Arbeit) verbunden ist. Sie sehen sich in der Mitverantwortung für das soziale Leben und das Klima im Unternehmen.

- *Zukunftsorientierte Lernbereitschaft:* Mitarbeiter setzen sich eigeninitiativ mit zukünftigen Anforderungen auf ihrer Stelle auseinander und stoßen selbstständig Prozesse des Lernens und Kompetenzerwerbs an. Sie warten nicht passiv, bis sie auf Fortbildungen geschickt werden, sondern sehen Qualifizierungsprozesse auch als Holschuld.

- *Feuerwehrmann:* Mitarbeiter sind sich nicht zu schade, entschlossen zuzupacken, „wenn es brennt". Dies umfasst einerseits die Bereitschaft, beim Feierabend nicht so genau auf die Uhr zu schauen, wenn das Unternehmen oder die Abteilung in Arbeit ertrinken oder Kollegen ungeplant ausgefallen sind. Andererseits sind Mitarbeiter auch bereit, Tätigkeiten zu übernehmen, die nicht in ihrer Stellenbeschreibung stehen, wenn „Not am Mann" ist. Dies stabilisiert die Leistungsprozesse der Organisation.

- *Persönliche Initiative:* Mitarbeiter handeln und entscheiden aus eigenem Antrieb und proaktiv im Sinne der Organisationsziele und warten nicht immer auf konkrete Anweisungen der Führungskräfte. Sie denken aktiv mit und zeigen nicht das Verhalten des „braven Soldaten Schwejk" (*„Sei gescheit und stell Dich dumm!"*). Mitarbeiter verändern (falls zulässig) aktiv ihr Aufgabenspektrum und ihre sozialen Netzwerke, falls dies im Sinne des Unternehmens sinnvoll ist. Man spricht hier auch von „Job-Crafting" (siehe dazu näher Abschn. 4.3).

- *Controller und Innovator:* Mitarbeiter hinterfragen die Strukturen und Prozesse im eigenen Arbeitsfeld kritisch im Hinblick auf deren Effizienz und unterbreiten konstruktive Verbesserungsvorschläge. Sie informieren sich aktiv über Themen, die den eigenen Arbeitsplatz und das gesamte Unternehmen betreffen, tauschen sich mit Kollegen dazu aus und geben resultierende Erkenntnisse und Optimierungsvorschläge an die zuständigen Führungskräfte weiter.

- *Regeltreue:* Auch wenn nicht kontrolliert wird, halten sich Mitarbeiter an die in der Organisation geltenden Regeln und Normen. Sie gehen nicht den bequemsten Weg (*„merkt doch eh keiner"*), sondern halten sich konsequent an Vorschriften. So trägt z. B. ein Produktionsmitarbeiter seine Sicherheitskleidung auch dann, wenn er unbeobachtet ist. Und eine Altenpflegerin „trickst" nicht bei der Waschung der Heimbewohner um der früheren Kaffeepause Willen.

Es ist unschwer zu erkennen, dass Mitarbeiter, die extrafunktionales Leistungsverhalten zeigen, eine wertvolle Ressource für das Unternehmen darstellen. Im Zuge des globalisierten scharfen Wettbewerbs und zunehmend kürzerer Personaldecken benötigt man Mitarbeiter, die erforderlichenfalls auch einmal „die Extrameile für das

Unternehmen gehen". Zunehmend teambasierte Strukturen erfordern vermehrt gegenseitige Rücksichtnahme, Unterstützung und Toleranz. Flachere Hierarchien, sich schnell verändernde Unternehmensumwelten und größere Handlungsfreiräume erfordern Mitarbeiter, die eigeninitiativ handeln.

Welche Rolle spielt nun das Persönlichkeitsmerkmal „Gewissenhaftigkeit" für Organizational Citizenship Behavior? Eine durchaus bedeutsame! So zeigen Metaanalysen (N = 3,280, 10 Studien) eine Korrelation von r = 0,30. Und für ein wichtiges Kernmerkmal von OCB, nämlich „Kooperationsbereitschaft", wird eine Korrelation von r = 0,23 berichtet (N = 848, 15 Studien) (vgl. Nerdinger et al., 2019, S. 498, 505 und die zit. Lit.). Die Kombination von Leistungsstreben, Selbstdisziplin und Pflichtbewusstsein auf der Facettenebene von Gewissenhaftigkeit sollten wichtige Treiber für viele Verhaltensweisen im Rahmen extrafunktionaler Leistung sein. Speziell Besonnenheit kann auch bei Sozialbeziehungen in der Organisation wichtig sein. Etwas länger nachzudenken, ehe man auf unbedachte Impulse von Interaktionspartnern reagiert, kann mitunter dem Betriebsklima sehr zuträglich sein.

> **Zusammenfassung**
> Als Fazit zu diesem Kapitel können wir also festhalten, dass gewissenhafte Mitarbeiter mit höherer Wahrscheinlichkeit
>
> - Organizational Citizenship Behavior (= extrafunktionale Leistung) zeigen, indem sie Interaktionspartnern gegenüber Hilfsbereitschaft zeigen und kooperativ bei Informations- und Abstimmungsprozessen sind,
> - die Organisation positiv nach außen vertreten, sich aktiv an einer positiven Gestaltung des Betriebsklimas beteiligen und eigeninitiativ Lernbereitschaft an den Tag legen.

3.6   Kontraproduktives Verhalten

„Das Böse ist immer und überall!" „Manager sind korrupt, Mitarbeiter klauen." Ganz so schlimm, wie die Musikband „Erste Allgemeine Verunsicherung (EAV)" in ihrem Lied „Banküberfall" singt und der Wirtschaftsjournalist Georg Giersberg am 18.08.2020 in der FAZ titelte, ist es nun doch nicht. Aber Fakt ist, dass kriminelles Verhalten von Mitarbeitern die Unternehmen stark beschäftigt und zu hohen Kosten führt. Diese betreffen den kriminellen Akt selbst, aber auch die Aufwendungen für Prävention. Nach einer Studie der Wirtschaftsprüfungs- und Beratungsgesellschaft KPMG mit N = 1,000 repräsentativ ausgewählten Unternehmen war in 2018 und 2019 jedes dritte große Unternehmen (Umsatz > 3 Mrd. €) und jedes fünfte kleinere Unternehmen (Umsatz < 250 Mio. €) Opfer krimineller Handlungen. Das Unsicherheitsgefühl

für die Zukunft ist enorm. So schätzten 78 % das Risiko, zum Ziel krimineller Handlungen zu werden, als „hoch" oder „sehr hoch" ein. Die häufigsten Delikte in 2018/2019 waren Diebstahl/Unterschlagung (46 %), Betrug/Untreue (43 %) und Datendiebstahl/-missbrauch (31 %). Mehr als die Hälfte aller Unternehmen (53 %) glaubt, dass die Bedrohung von eigenen Mitarbeitern ausgeht. Am stärksten betroffen sind (mit abnehmender Tendenz) der Vertriebsbereich (34 %), dann (mit stark zunehmender Tendenz) das Finanz- und Rechnungswesen (30 %). Geschäftsführungsbereiche (17 %), Produktions- und Personalabteilung (17 % und 7 %) sind am wenigsten betroffen. Zur Schadenshöhe durch kriminelle Akte (u. a. abgeflossene Vermögenswerte, entgangener Gewinn, Ermittlungskosten, Geldstrafen) konnte fast jedes fünfte Unternehmen (18 %) keine Angaben machen, was kein gutes Licht auf das entsprechende Controlling wirft. Wenn der Gesamtschaden beziffert werden konnte, dann ergab sich nach den verschiedenen Größenklassen der Unternehmen ein Bild gemäß Tab. 3.6. Die Schadenshöhe steigt tendenziell mit der Unternehmensgröße. Besonders kostenintensiv sind Kartellrechtsverstöße (50.000 €–500.000 €) und Korruption (62.500 €–475.000 €) (vgl. KPMG (Hrsg.), 2020, S. 9 ff.)

Tab. 3.6 Gesamtschaden durch Wirtschaftskriminalität 2018/2019 nach Größenklassen von Unternehmen. (Quelle: KPMG (Hrsg.), 2020, S. 17)

	Gesamtzahl	Umsatz < 250 Mio. €	Umsatz 250 Mio. € bis 3 Mrd. €	Umsatz > 3 Mrd. €
Gesamtschaden				
< 10.000 €	4 %	9 %	0 %	0 %
10.000 € bis 99.999 €	27 %	35 %	24 %	3 %
100.000 € bis 999.999 €	42 %	38 %	46 %	48 %
> 1 Mio. €	10 %	4 %	13 %	30 %
keine Angabe	18 %	16 %	20 %	21 %
Hinweis: Rundungsdifferenzen auf 100 %				

Nach Auswertungen des Gesamtverbands der Deutschen Versicherungswirtschaft (GDV) von 2400 Schadensfällen aus der Vertrauensschadenversicherung gingen 63 % der Fälle und 75 % des Gesamtschadens aus kriminellen Handlungen auf Mitarbeiter zurück. Im Durchschnitt schädigen sie ihren Arbeitgeber um fast 115.000 €, ehe sie entdeckt werden. Typische Delikte sind systematische Diebstähle aus Kasse und Lager, Erfindung von Rechnungen und Gründungen von Scheinfirmen, auf die dann Gelder transferiert werden. (vgl. GDV (Hrsg.), 2019). Das sind kriminelle Akte, hinter denen eine gewisse Systematik und eine längere Zeitdauer stehen. Aber es gibt natürlich auch die eher spontanen Einzelakte nach dem Muster *„Gelegenheit macht Diebe"*. Deren Anteil dürfte bei Diebstählen im Handel recht erheblich sein. So wird geschätzt, dass der deutsche Einzelhandel neben fast 2,4 Mrd. € durch Kundendiebstähle noch einmal ca. 1 Mrd. € durch Mitarbeiterdiebstähle verliert (vgl. o. V., 2019).

Und dann gibt es ja auch noch „die ganz dicken Brocken" der „White Collar Kriminalität", bei denen aufgrund des Fehlverhaltens der Manager für das Unternehmen große Strafzahlungen im Milliardenbereich (insbesondere in den USA) fällig werden. Der Dieselskandal bei VW und anderen Herstellern kann da mittlerweile als Lehrbuchbeispiel gelten. Für Deutschland sieht das für 2023 geplante neue „Gesetz zur Stärkung der Integrität in der Wirtschaft" ein neues Unternehmensstrafrecht vor und verschärft die möglichen Strafzahlungen für Unternehmen aufgrund von Kriminalität einzelner Mitarbeiter ganz erheblich. Lagen die maximalen Geldbußen nach dem „Gesetz über Ordnungswidrigkeiten" für den Ahndungsanteil bislang bei 10 Mio. €, so können sie nun bei Vorsatz (Fahrlässigkeit) bis zu 10 % (5 %) des Jahresumsatzes betragen. Weist das Unternehmen wirkungsvolle Compliance-Maßnahmen nach, dann kann mit Nachlässen gerechnet werden. Das Gesetz wirkt also auch als Anreiz zu deren Etablierung, um im besten Fall schon die Kriminalitätsentstehung zu verhindern (vgl. Deutscher Bundestag (Hrsg.), 2020).

Angesichts dieser Zahlen ist nicht verwunderlich, dass deviantes (= abweichendes) Verhalten von Mitarbeitern große Aufmerksamkeit in der Praxis und in der Wissenschaft findet. Die „klassische" Kriminalität ist aber nur ein kleiner Bestandteil von Verhaltensweisen, mit denen Mitarbeiter ihren Arbeitgebern zum Teil erheblichen Schaden zufügen können. Daher wird in der Theorie mit einem Sammelbegriff auch eher vom „kontraproduktiven Verhalten" gesprochen. Und dieses ist in der betrieblichen Praxis extrem facettenreich. Es reicht von der „kleinen verbalen Schmutzelei" bis hin zum Bilanzbetrug großen Stils wie bei der Wirecard AG. Nachfolgend wird ein Überblick zum kontraproduktiven Verhalten gegeben (vgl. Nerdinger et al., 2019, S. 500 ff.; Muck, 2006, S. 548 ff.; Marcus & Schuler, 2004, S. 647 ff. und die jeweils zit. Lit.). Kommen wir zunächst zum *Begriff.*

▶ **Definition** Kontraproduktives Verhalten eines Organisationsmitglieds verletzt willentlich die legitimen Interessen einer Organisation, indem es entweder die Gesamtorganisation oder einzelne Organisationsmitglieder schädigt.

Diese breit angelegte Definition macht nochmals deutlich, wie vielfältig kontraproduktives Verhalten sein kann. Es hat in der Praxis viele Gesichter. Wichtig hierbei ist, dass es sich immer um „willentliche Akte" handeln muss. Der unabsichtliche Fehler eines Mitarbeiters, der zum großen Schaden für den Arbeitgeber führt, fällt nicht darunter. So wäre der LKW-Unfall bei völlig überraschend einsetzender Eisglätte kein kontraproduktives Verhalten, derjenige unter vorsätzlichem Verstoß gegen Vorschriften (z. B. Alkoholeinfluss, unangepasste Fahrweise) dagegen schon. Weiterhin ist es nicht notwendig, dass tatsächlich ein Schaden eintritt. So wäre ein erheblicher Alkoholgenuss eines LKW-Fahrers vor einer längeren Fahrt ein kontraproduktives Arbeitsverhalten, auch wenn es am Ende „gut gegangen" ist.

Die Erscheinungsformen kontraproduktiven Verhaltens kann man auf vier *Dimensionen* ordnen:

- *Zielobjekt:* Bezieht sich die Schädigung eher auf die Gesamtorganisation (z. B. Sabotage, Diebstahl) oder eher auf einzelne oder wenige Organisationsmitglieder (z. B. sexuelle Belästigung am Arbeitsplatz, Vetternwirtschaft)?
- *Intensität:* Wie gravierend ist der Regelverstoß? Hier reicht die Bandbreite von relativ harmlosen Regelverstößen (z. B. gelegentliches, geringfügiges Überziehen von Pausen) bis hin zu schwerster Wirtschaftskriminalität (z. B. systematische Manipulation der Buchführung zur eigenen Bereicherung).
- *Aufgabenbezug:* Steht das Verhalten in direktem Zusammenhang mit der eigenen Arbeitsaufgabe? Dies würde man z. B. bei Arbeitszeitverschwendung durch extensive private Internetnutzung bejahen. Beim gezielten Streuen von negativen Gerüchten über andere Mitarbeiter ist dies nicht der Fall.
- *Persönliche Bereicherungsabsicht:* In welchem Umfang dient das Verhalten ganz direkt dem persönlichen (materiellen) Vorteil? Bei der Ausstellung von Scheinrechnungen oder bei Diebstählen ist der Fall eindeutig. Bei der bewussten Sabotage von Unternehmenseigentum wäre persönliche Bereicherung nicht anzunehmen. Die Grauzone ist hier aber sehr breit, denn natürlich können Mitarbeiter auch Nutzen daraus ziehen und „sich persönlich bereichert fühlen", wenn sie Frustrationen auf diesem Weg abbauen können.

Bei den konkreten *Erscheinungsformen* für kontraproduktives Verhalten sind der Fantasie fast keine Grenzen gesetzt. Da gibt es in der Praxis wohl nichts, was es nicht gibt. Und wenn man denkt, man hat schon alles an kleineren und größeren Abgründen gesehen und erlebt, dann hält die Realität doch noch Überraschungen bereit. In Abb. 3.2 wird der Versuch unternommen, verbreitete Spielarten von kontraproduktivem Verhalten zu systematisieren und sie nachfolgend anhand einiger Beispiele näher zu erläutern. Vermutlich könnte jeder Praktiker die Liste noch um die ein oder andere Variante ergänzen.

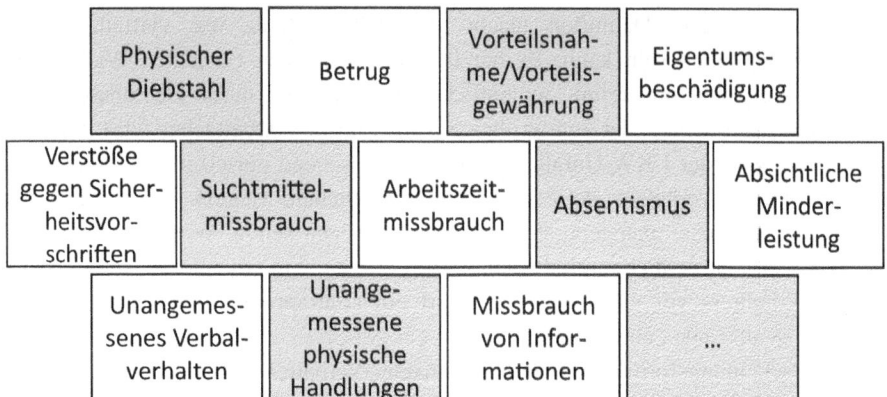

Abb. 3.2 Erscheinungsformen des kontraproduktiven Arbeitsverhaltens

- *Physischer Diebstahl*: Hierunter fallen der klassische Warendiebstahl im Handel, der Griff in die Kasse, die „Selbstbedienung" aus dem Materiallager des Unternehmens (Kleinteile, Werkzeuge, Materialien) oder aus dem Bürobereich (Stifte, Kopierpapier). Die Fantasie macht zur Schonung des eigenen Haushaltsbudgets (oder des von Verwandten und Freunden) auch vor der Rolle Toilettenpapier, den Bohnen aus der Kaffeemaschine und in Corona-Zeiten vor dem Abfüllen von Desinfektionsmitteln aus dem öffentlichen Spender nicht Halt. Auch temporärer Diebstahl, wie das unautorisierte „Entleihen" von Betriebsmitteln über das Wochenende (z. B. Werkzeuge, Maschinen), die Nutzung des Betriebs-LKW für eine private Transportfahrt „zwischendurch" oder die Reparatur des privaten Gartentors mit dem Schweißgerät des Arbeitgebers im Betrieb, fällt in diese Kategorie.
- *Betrug*: Immer dann, wenn jemand sich oder einem Dritten rechtswidrig einen Vermögensvorteil verschafft oder jemand einen Vermögensschaden zufügt, indem er falsche Tatsachen vorspiegelt oder richtige Tatsachen entstellt oder unterdrückt, dann bewegen wir uns im Bereich von § 263 des Strafgesetzbuches (Betrug). Prozesse in Organisationen, bei denen regelmäßig und intensiv über Geld- und Güterströme disponiert wird, sind ein ideales „Spielfeld" für betrügerische Handlungen. Die Manipulation von Bilanzen oder der Buchführung zum eigenen Vorteil (oder auch zur Vertuschung eigener Fehler), die Umlenkung von Zahlungsströmen in die eigene Tasche durch fingierte Rechnungen, erfundene Kunden, Zulieferer, Mitarbeiter, die Abrechnung nicht erbrachter Leistungen oder die bewusste Auslieferung minderwertiger Waren gehören genauso dazu wie die Manipulation technischer Daten und Prüfroutinen, die alle aus dem „Dieselskandal" wohl noch recht lebhaft in Erinnerung haben. Hinter betrügerischen Handlungen muss gar nicht immer der eigene Vermögensvorteil stecken. Das Streben nach Erfolg, Anerkennung und Zielerreichung im Unternehmen ist mitunter auch ein mächtiges Handlungsmotiv.

- *Vorteilsnahme-/gewährung*: Zur Korruption gehören immer mindestens zwei. Einer, der anbietet und einer, der zugreift. Auch wenn Deutschland als vergleichsweise korruptionsarmes Land gilt, so ist doch jedem klar, dass nicht jeder Auftrag streng auf der Basis von transparenten Ausschreibungsbedingungen zustande kommt. Auftraggebende Unternehmen erhalten die nachgefragte Leistung nicht immer zum Kostenminimum und Auftragnehmer wollen die „Fließrichtung der Aufträge" auch nicht immer rein den ökonomischen Fakten überlassen. Ein wenig (finanzieller) Schmierstoff hilft, das Räderwerk in die gewünschte Richtung zu bewegen. Mitunter ist er auch hilfreich, Prozesse überhaupt in Gang zu bekommen oder zumindest ein wenig zu beschleunigen. Im weiteren Sinne kann man auch Vettern- oder Günstlingswirtschaft zur Vorteilsgewährung zählen. Zum Schaden des Unternehmens erhält nicht der beste Mitarbeiter die Beförderung oder Vergütungserhöhung bzw. der beste Bewerber die Stelle, sondern derjenige, mit dem man – aus welchen Gründen auch immer – die besten Beziehungen hat.
- *Eigentumsbeschädigung:* Als härteste Form der bewussten Schädigung des Organisationseigentums kann sicherlich die Sabotage gelten. Diese kann sich gegen technische Betriebsmittel, aber auch gegen die Stabilität von Organisationsprozessen richten. Motive können Racheakte für (vermeintlich) erlittene Ungerechtigkeit, allgemeine Frustration oder schlicht die Zusatzpause sein, wenn die Maschinerie steht. Weichere Formen wären der rücksichtslose, verschleißintensive und verschwenderische Umgang mit anvertrauten Materialien und Betriebsmitteln. Die Vernachlässigung von eigentlich nötigen Regelwartungen an Aggregaten aus Bequemlichkeit gehört hier genauso hin, wie unnötig extensive Kopierorgien oder der Außendienstler, der mit seinem Dienstwagen „ohne Rücksicht auf Verluste über die Straßen prescht".
- *Verstöße gegen Sicherheitsvorschriften*: Meist ist es Bequemlichkeit oder trügerische Sicherheit, weil jahrelang nichts passiert ist. Im Einzelfall kann die Missachtung von Sicherheitsvorschriften zu massiver Schädigung an Leib und Leben bei der eigenen Person und bei anderen Mitarbeitern führen. Nachlässigkeiten beim Tragen von Schutzkleidung, Schlendrian bei vorgeschriebenen Sicherheitschecks an Maschinen vor Inbetriebnahme oder gar bewusste Demontage von Schutzeinrichtungen zwecks schnellerer Arbeit dürften zu den „Klassikern" gehören. Großer materieller Schaden kann insbesondere in der digitalen Welt durch laxe Handhabung von Vorschriften zur Datensicherung und -sicherheit entstehen.
- *Suchtmittelmissbrauch*: Die Mitarbeiter in Organisationen sind tendenziell ein repräsentativer Querschnitt der Gesamtbevölkerung. Damit stellt das allgemeine gesellschaftliche Problem des Missbrauchs von Substanzen wie Alkohol, Drogen oder Medikamenten auch im Unternehmen ein essenzielles Problem dar. Die negative Wirkung von missbräuchlicher Verwendung von potenziellen Suchtmitteln auf Arbeitseffizienz und -sicherheit muss man wohl nicht näher begründen.
- *Arbeitszeitmissbrauch*: Auch wenn Vertrauensarbeitszeiten und die mit ihr einhergehende Ideologie, dass nicht für Anwesenheit, sondern für Leistung bezahlt werden

sollte, immer mehr Bedeutung erlangt, so verbleiben doch noch immer mehrheitlich Arbeitsbereiche, bei denen der Arbeitgeber das legitime Interesse hat, dass der Mitarbeiter in der Zeit, für die er bezahlt wird, auch tatsächlich anwesend ist und seine Aufmerksamkeit möglichst uneingeschränkt der Arbeitsaufgabe widmet. Die allgemeine Lebenserfahrung lehrt, dass dies kaum zu 100 % gelingen wird. Die ein oder andere Tagträumerei oder das kleine „Schwätzchen" mit den Kollegen sind menschliche Realität und akzeptabel. Überschreiten solche Verhaltensmuster ein tolerables Niveau, dann sind sie aber kontraproduktives Verhalten. Arbeitszeitmissbrauch kommt in sehr unterschiedlichen Gewändern daher: Systematisches Zuspätkommen, Zufrühgehen, Überziehen von Pausen, Einlegen von ungeplanten Pausen, temporäres Entfernen von der Arbeit, extensive Häufigkeit von Rauchpausen und Privatgesprächen, unangemessene Trödelei bei der Aufgabenerledigung, häufige und lange Privattelefonate. In einem digitalen Umfeld sind schon seit vielen Jahren private Email-Bearbeitung, Aktivitäten in den sozialen Netzwerken und privates Internetsurfen immer mehr zum Problem geworden. Es dürfte so manche Urlaubsreise, manche private Feierlichkeit und manches Turnier im Breitensport komplett in der Arbeitszeit organisiert worden sein. Weiter unten wird dazu noch eine Einzelstudie präsentiert. Ein schwerer Regelverstoß liegt beim Gleitzeitbetrug vor: Man lässt Kollegen mit der eigenen Gleitzeitkarte ein- und ausloggen, um längere Arbeitszeiten vorzutäuschen.

- *Absentismus*: Es erfolgen Krankmeldungen, ohne wirklich arbeitsunfähig zu sein. Spielarten sind das volle Ausschöpfen von Krankschreibungen, obwohl schon wieder Arbeitsfähigkeit besteht und die unberechtigte Krankmeldung aus dem Urlaub, um zusätzliche Urlaubstage zu ergattern.
- *Absichtliche Minderleistung:* Obwohl man eigentlich zu einer besseren Arbeitsmenge oder Arbeitsqualität in der Lage wäre, wird diese willentlich nicht geliefert. Motive könnten z. B. Faulheit oder Rache für (vermeintliche) Ungerechtigkeit sein. Im weiteren Sinne kann man auch Verweigerung von zumutbaren Überstunden oder unbegründeten Widerstand gegen notwendige Veränderungen in der Organisation hier einordnen.
- *Unangemessenes Verbalverhalten*: Dazu zählen alle Arten von verbalen Aktionen, die die Grenzen von Anstand und Respekt gegenüber Interaktionspartnern überschreiten, übliche soziale Normen des Umgangs miteinander verletzen und daher geeignet sind, den Betriebsfrieden und das soziale Miteinander nachhaltig und tiefgreifend zu stören. Typische Beispiele wären überstarke Aggressivität, Beschimpfungen, Verleumdungen anderer Mitarbeiter, gezieltes Streuen von Gerüchten, sexuell anzügliche Bemerkungen, systematischer Klatsch und Tratsch über Kollegen, abwertende Kritik durch Führungskräfte, Mobbingaktivitäten gegen einzelne Mitarbeiter. Problematisch ist bei vielen Phänomenen weniger die einmalige Entgleisung – jeder fährt einmal aus der Haut oder macht eine unbedachte Bemerkung –, als vielmehr ein systematisches und immer wieder auftretendes negatives Muster.

- *Unangemessene physische Handlungen:* Hier wären als „Klassiker" zu nennen: Unerwünschte sexuelle Annäherung, körperliche Züchtigungen unter Ausnutzung eines Abhängigkeitsverhältnisses, unangemessene oder unerwünschte Initiationsrituale für neue Mitarbeiter oder „Spielchen" auf Betriebsfeiern. Alle diese Aktivitäten beschämen Andere, nehmen ihnen die Freude an der Arbeit, zersetzen ein vertrauensvolles Betriebsklima und schaden so letztlich auch dem Gesamtunternehmen.
- *Missbrauch von Informationen:* Wissen ist Macht. Informationen sind damit eine wichtige Ressource im Unternehmen, die verantwortungsvollen Umgang erfordert. Jede Weitergabe vertraulicher Informationen an unberechtigte Personen (z. B. Verrat von Geschäftsgeheimnissen), jede Nichtweitergabe von Informationen, die für den Betriebsablauf wichtig sind, und jede Verfälschung können zur Schädigung der Organisation führen.

Angesichts der vielfältigen Erscheinungsformen von kontraproduktivem Verhalten ist die Frage nach seinen *Ursachen* nur schwer zu beantworten. Allerdings schälen sich in allgemeiner Betrachtung *drei Ursachenkomplexe* heraus, die zu vielen dargestellten Formen gesicherte Korrelationen aufweisen:

1. *Empfundene Ungerechtigkeit*
Empfinden Mitarbeiter, dass sie ungerecht behandelt werden, dann führt das zu Frustrationen, weil sie das Gefühl haben, dass ihre Ziele behindert oder blockiert werden. Infolgedessen kommt es einerseits zu *Rückzugsverhalten* (z. B. Absentismus, absichtliche Minderleistung, Arbeitszeitmissbrauch), das die subjektive Gerechtigkeitsbalance wieder herstellen soll. Andererseits werden *frustrationsabbauende, z. T. rachegetriebene Akte* wahrscheinlicher (z. B. Verbalaggression, Geheimnisverrat, Sabotage). Die Wahrscheinlichkeit, sich ungerecht behandelt zu fühlen, tritt insbesondere dann auf, wenn Mitarbeiter die Ursachen für eine bestimmte Behandlung eher external attribuieren, also bevorzugt die Schuld bei anderen suchen. Aus ihrer Sicht rechtfertigt das dann Vergeltungsmaßnahmen. Für diese Zusammenhänge gibt es empirische Belege. In einem klassischen Feldexperiment konnte gezeigt werden, dass sich die Zahl der Diebstähle im Unternehmen nach einer schlecht kommunizierten Vergütungskürzung signifikant erhöhte. Nach einer anderen Studie zeigten Soldaten, die nach einem Offizierstraining dann doch nicht befördert wurden, häufiger kontraproduktives Verhalten als die Vergleichsgruppe. Im Grundsatz passen die Befunde sehr gut zu anderen Studien, nach denen negative Emotionen ein wichtiger Einflussfaktor für kontraproduktives Verhalten sind, wohingegen positive Emotionen extrafunktionales Verhalten unterstützen.

2. *Mangelnde Selbstkontrolle*
Auf Basis von ausführlichen Literaturanalysen kann dieses kognitiv ausgerichtete Merkmal als bester Prädiktor für kriminelles Verhalten und verwandte Verhaltensmuster gelten. In einer empirischen Studie in zwei deutschen Unternehmen (N = 176) wurde eine sehr beachtliche negative Korrelation zwischen Selbstkontrolle und

kontraproduktivem Verhalten (breit gemessen an 50 Items, die viele der oben geschilderten Erscheinungsformen abbildeten) in Höhe von r = –0,63 ermittelt. Innerhalb eines Sets von 25 Einflussfaktoren war Selbstkontrolle sogar der einzige (!) Faktor, der substanziell Veränderungen beim kontraproduktiven Verhalten erklären konnte (vgl. Marcus & Schuler, 2004, S. 652ff.). Im Zusammenhang mit der Erklärung von deviantem Verhalten ist unter Selbstkontrolle eine Verhaltenstendenz zu verstehen, bei der den langfristigen (größeren) negativen Folgen gegenüber (kleineren) kurzfristigen Vorteilen eine höhere Priorität eingeräumt wird. *Selbstkontrollierte Menschen* können also in einem langfristig angelegten Abwägungsprozess den „Verlockungen des Augenblicks" widerstehen. Menschen mit *geringerer Selbstkontrolle* können es eher nicht, selbst wenn die langfristigen Folgen gravierend negativ sind. Das kennen viele von uns ja auch vom Blick auf ein Tortenstück …

3. *Persönlichkeitsmerkmale*
Eine Metaanalyse über 245 unabhängige Samples (N = 43,907 Teilnehmer) konnte zeigen, dass alle drei Merkmale der sog. „Dunklen Triade" positiv mit kontraproduktivem Verhalten korreliert sind. Im Einzelnen besteht die Dunkle Triade aus den folgenden drei Einzelmerkmalen (vgl. O´Boyle et al., 2012, S. 558):

Machiavellismus: Dieses Merkmal ist charakterisiert durch

- die Überzeugung von der Effektivität manipulativer Taktiken beim Umgang mit anderen Menschen (z. B. Geheimhaltung der Gründe des eigenen Handelns),
- eine zynische Sicht auf die menschliche Natur (z. B. Glaube, dass jeder Mensch eine böse Seite hat, die zum Vorschein kommt, wenn man ihr nur eine Chance gibt),
- eine Moralvorstellung, nach der die Zweckdienlichkeit eines Handelns über den Grundprinzipien steht *(= „Der Zweck heiligt die Mittel",* z. B. Überzeugung, dass man gelegentlich „ein paar Ecken schleifen" muss, wenn man vorankommen möchte). Im Hinblick auf deviantes Verhalten sind machiavellistische Personen nicht zimperlich in der Wahl der Mittel, wenn es um die Durchsetzung ihrer Interessen und Erreichung von Zielen geht.

Narzissmus: Diese Personen zeichnen sich aus durch

- Selbstzentriertheit und Überhöhung der eigenen Person,
- Fantasien von Kontrolle und eigenen Erfolgen,
- Aufmerksamkeitssuche,
- Erwartung/Einforderung der Bewunderung durch andere Menschen.

Narzisstische Personen verspüren häufiger Ärger, weil sie leichter in Situationen kommen, in denen sie ihre positive Selbsteinschätzung bedroht sehen. Rachegesteuerte, aggressive Reaktionen werden so wahrscheinlicher.

Psychopathie: Das Merkmal ist charakterisiert durch

- Mangel an Rücksicht und Empathie für andere Personen,
- Negierung von sozialen Regeln,
- Impulsivität,
- Kaltschnäuzigkeit, Herzlosigkeit, emotionale Kälte.

Wer das Wohlergehen anderer Personen kaum im Fokus hat, hat eine geringe Schwelle für Handlungen, welche die legitimen Interessen des Interaktionspartners verletzen.

Sollte jemand bei der Lektüre an einen bestimmten amerikanischen Politiker denken, so würde mich das nicht wundern …

Welche Rolle spielt nun *Gewissenhaftigkeit* für kontraproduktives Verhalten? Drei Meta-analysen haben übereinstimmend gezeigt, dass innerhalb der Big Five Gewissenhaftigkeit eindeutig der beste Prädiktor ist, gefolgt von Verträglichkeit und Neurotizismus. Je gewissenhafter, verträglicher und emotional stabiler ein Mitarbeiter ist, desto geringer ist die Wahrscheinlichkeit für deviantes Verhalten. Diese Ergebnisse und diese Reihenfolge konnten in einer neuen Metaanalyse mit Studien aus den Jahren 1998–2016 bestätigt werden, in die neben den Big Five (55 Studien) zusätzlich die HEXACO-Taxonomie (siehe Abschn. 1.6) mit 15 Studien einbezogen wurde. Als absolut bester Prädiktor stellte sich die HEXACO-Domäne „Ehrlichkeit-Bescheidenheit" heraus. Zur Erinnerung: Das war die Zusatzdomäne im HEXACO-Modell gegenüber den Big Five. Die ermittelten Korrelationskoeffizienten zwischen den Persönlichkeitsmerkmalen und kontra-produktivem Verhalten sind aus Tab. 3.7 ersichtlich.

Im Hinblick auf die Big Five-Taxonomie ist noch relevant, dass Gewissenhaftigkeit besonders Schädigungshandlungen für die *Gesamtorganisation* gut vorhersagt ($r = -0{,}401$) und weniger gut solche, die sich auf *andere Individuen* richten ($r = -0{,}260$). Diesbezüglich ist Verträglichkeit mit $r = -0{,}363$ der bessere Prädiktor, weist aber für Schädigungen der Gesamtorganisation mit $r = -0{,}285$ die schwächeren Werte auf.

Zur *Interpretation* der Befunde: Die hohen Werte für Ehrlichkeit-Bescheidenheit können erklärt werden mit der tiefen und stabilen Überzeugung der Individuen, dass deviantes Verhalten „falsch ist", auch dann, wenn es andere praktizieren oder gar

Tab. 3.7 Korrelationen zwischen Domänen der Big Five- und HEXACO-Taxonomie und kontra-produktivem Verhalten. (Quelle: Pletzer et al., 2019, S. 374)

Taxonomie	Big Five	HEXACO
Merkmal		
• Ehrlichkeit-Bescheidenheit	–	–0,482
• Gewissenhaftigkeit	–0,372	–0,403
• Verträglichkeit	–0,362	–0,194
• Neurotizismus (Emotionalität)	0,192	0,140

sie selbst dadurch Nachteile haben könnten. Hoch gewissenhafte Mitarbeiter sind ziel-orientiert und diszipliniert und halten sich insbesondere deswegen von deviantem Ver-halten fern, weil es mit ihrem Bestreben nach Zielerreichung kollidiert und Ressourcen abzieht, die sie lieber für die Zielerreichung einsetzen. Besonders verträgliche Mit-arbeiter halten sich von deviantem Verhalten fern, weil ihnen Gruppenzugehörigkeit viel bedeutet und sie ihren Status in der Gruppe nicht gefährden wollen (vgl. Pletzer et al., 2019, S. 377 f.).

Wie Wilmot und Ones in ihrer Metaanalyse 2. Ordnung feststellen, ist die geringe Tendenz zu kontraproduktivem Arbeitsverhalten bei gewissenhaften Mitarbeitern über den ganzen Lebenslauf stabil. Sie zeigt sich auch als weitgehend unabhängig von den Berufsfeldern, die ausgeübt werden. Dies unterstreicht nochmals die in der Persön-lichkeitsstruktur angelegte allgemeine Bindung an Gesetze, Normen und Regeln (vgl. Wilmot & Ones, 2019, S. 23008).

Interessant ist am Rande noch, dass nach einer holländischen Studie (N = 455) die Persönlichkeitsmerkmale „Ehrlichkeit-Bescheidenheit" und „Gewissenhaftigkeit" deut-lich mehr an Varianz beim devianten Verhalten erklärten als die Existenz einer „ethischen Unternehmenskultur" und von „Überwachungsmaßnahmen" (vgl. de Vries & van Gelder, 2015, S. 115). Letztere Elemente gehören natürlich zu einem vollständigen Präventions-system auch dazu. Aber die selbststeuernde Wirkung der „richtigen" Persönlichkeit ist wirksamer und noch dazu kostengünstiger.

Vereinzelt gibt es aber auch abweichende, zumindest überraschende empirische Befunde. So wurde in einer deutschen Studie zur „White-Collar-Kriminalität" auf hohem Hierarchielevel (Geschäftsführer, hochrangige Technikspezialisten, Unternehmenseigen-tümer), an der N = 76 wegen Wirtschaftskriminalität Inhaftierte und als Kontrollgruppe N = 150 aktive Manager teilnahmen, herausgefunden, dass die Inhaftierten höhere Werte in Gewissenhaftigkeit aufwiesen als die aktiven Manager. Erklärbar wird dieser Befund durch drei Aspekte. Erstens ist zunächst einmal eine hohe Gewissenhaftigkeit (insb. Leistungsstreben, Selbstdisziplin) nötig, um überhaupt eine hohe Hierarchieposition zu erreichen. Zweitens entspricht hohe Gewissenhaftigkeit durchaus dem Bild eines rational planenden Managers, der es versteht, Unternehmensinteressen (z. B. hohe Profite) und private Interessen (z. B. Boni) in Einklang zu bringen. Und drittens benötigt man für wirtschaftskriminelle Akte eine hohe fachliche Professionalität, wenn das Entdeckungs-risiko nicht zu groß werden soll. Die aber erlangt man auch nur durch hohe Gewissen-haftigkeit (vgl. Blickle et al., 2006, S. 220 ff.).

Interessant ist nun noch die Frage nach dem *Verhältnis von kontraproduktivem Ver-halten und extrafunktionaler Leistung*. Sie sind keinesfalls die zwei Seiten der gleichen Medaille, in dem Sinne, dass *ein Mehr* an extrafunktionaler Leistung gleichzeitig *ein Weniger* an kontraproduktivem Verhalten bedeutet. Eine solche Betrachtung auf einem eindimensionalen Kontinuum wäre zu naiv. Zwar sind die beiden Konstrukte gemäß einer Metaanalyse (45 Samples mit N = 16,721 Teilnehmern) erwartungsgemäß durchaus signifikant negativ korreliert, aber der Korrelationskoeffizient ist mit r = –0,32 moderat. Es bleibt also noch großer Raum für eine Unabhängigkeit der beiden Dimensionen voneinander. Eine eindimensionale Betrachtungsweise würde ja auch bedeuten, dass ein Mitarbeiter nicht gleichzeitig Arbeitsengagement und deviantes Verhalten in starker Ausprägung zeigen könnte. Es ist aber in der Praxis durchaus vorstellbar, dass ein Mitarbeiter einerseits einen neuen Mitarbeiter mit extrem viel Herzblut bei der Einarbeitung unterstützt und andererseits anderen Organisationsmitgliedern gegenüber mit extremer Aggressivität und Rücksichtslosigkeit auftritt. Auch das häufige Einbringen sehr guter Verbesserungsvorschläge und das „Begrapschen" der Sekretärin gehen durchaus zusammen. Im Kern dienen sowohl extrafunktionale, als auch kontraproduktive Verhaltensmuster dem gleichen Ziel: Sie generieren positive Gefühle und dienen damit der Motivbefriedigung. Eine zusätzliche Erklärung bietet dazu die „Theorie der moralischen Bilanz". Danach neigen Menschen gerade nach besonders hervorhebenswerten Leistungen dazu, durch deviantes Verhalten „über die Stränge zu schlagen", nach dem Motto *Jetzt habe ich einen gut".* In extremer Interpretation wäre damit eine extrafunktionale Leistung bis zum gewissen Grad sogar Ursache für kontraproduktives Verhalten.

Abschließend zu diesem Kapitel sollen nun noch drei interessante Einzelstudien näher dargestellt werden.

Studie 1: Stress in Form von Rollenstress, organisationalen Zwängen und interpersonellen Konflikten führt speziell bei Mitarbeitern mit geringer Gewissenhaftigkeit zu kontraproduktivem Verhalten. Gewissenhaftigkeit ist also eine bedeutsame Moderatorvariable in der Beziehung zwischen Stress und kontraproduktivem Verhalten. Das zeigte eine Studie mit $N = 726$ Beschäftigten verschiedener Berufe in den USA. Gerade *weniger gewissenhafte Mitarbeiter* tendieren bei Stress zu ineffektiven Coping-Mechanismen (= Bewältigungs-Mechanismen), die in Richtung sozialer Rückzug (z. B. Absentismus), feindselige Reaktionen (z. B. Aggression) oder Substanzmissbrauch (z. B. Alkohol als Anti-Stressmittel) gehen. *Hohe Gewissenhaftigkeit* macht dagegen die Nutzung effektiver, sozial verträglicher Coping-Mechanismen wahrscheinlicher (vgl. Bowling & Eschleman, 2010, S. 91 ff.).

Studie 2: Versuchung Internet! Am Arbeitsplatz ist es ein Einfallstor für kontraproduktives Verhalten in Form der Verschwendung von Arbeitszeit. Während das Überziehen von Mittagspausen, der häufige Plausch mit Kollegen oder persönliche Telefonate bei der Arbeit gut sichtbar sind, kann das Bearbeiten persönlicher Emails oder das Surfen auf Webseiten, die mit der Arbeit nichts zu tun haben, sehr unauffällig geschehen. Man muss nicht einmal körperlich den Arbeitsplatz verlassen und kann sich nach außen den Anschein konzentriertester Arbeit geben. Studien haben für Großbritannien schon 2007 einen jährlichen volkswirtschaftlichen Schaden für das sogenannte „Cyberloafing" (= Internetbummelei) in Höhe von 600 Mio. $ errechnet. Und besser ist es seitdem sicherlich nicht geworden … Ob ein Mitarbeiter den Verlockungen des Cyberspace widerstehen kann, hängt sehr stark von seiner Selbstregulierungsfähigkeit ab. Diese unterliegt aber sehr starken mentalen Ermüdungserscheinungen (= Ego-Depletion). Ein typischer Arbeitstag, an dem Entscheidungen getroffen werden müssen, man mit viel Disziplin morgens pünktlich aufstehen muss, sich über viele Stunden zur

Aufgabenerledigung aufraffen und dann auch noch dem Nachtisch in der Kantine und den Gummibärchen auf dem Schreibtisch widerstehen muss, zehrt die Selbststeuerungs-ressourcen auf. Ein ermüdetes System der Selbststeuerung macht Menschen anfälliger dafür, sich Aktivitäten hinzugeben, die kurzfristige Belohnung versprechen (z. B. Inter-netsurfen, Schokoladenkonsum), aber langfristig zu ungewollten Folgen führen (z. B. unerledigte Arbeit, Hüftgold). Die gute Nachricht: Selbststeuerungsressourcen erholen sich relativ schnell, insbesondere durch ausreichend Schlaf mit guter Qualität. Eine wissenschaftliche Studie in den USA bezog alle diese Aspekte mit ein und ging dabei auch der Frage nach, welche Rolle Gewissenhaftigkeit in diesem Zusammenhang spielt. Es konnte gezeigt werden, dass hoch gewissenhafte Menschen dem Cyberloafing deut-lich besser widerstehen konnten als weniger gewissenhafte Menschen. Und dies auch nach einer Nacht mit deutlich reduzierter Schlafqualität. Über das Merkmal Gewissen-haftigkeit konnten 7 % der Unterschiede beim Cyberloafing erklärt werden (vgl. Wagner et al., 2012, S. 1068 ff.). Dies klingt zunächst nicht nach viel, aber wenn man sich ver-deutlicht, dass dies deutlich mehr genutzte Arbeitszeit bedeuten kann, dann wird die öko-nomische Bedeutung des Befunds deutlich.

Studie 3: In einem weiten Verständnis könnte man auch *Mikropolitik* in Organisationen zum kontraproduktiven Verhalten zählen. Im Kern geht es dabei um die Verfolgung eigener Interessen ohne Rücksicht auf die Unternehmensziele. Zum Beispiel würden Führungskräfte mikropolitisch handeln, wenn sie

- bevorzugt Ressourcen an Mitarbeiter vergeben, die ihre persönlichen Ziele unter-stützen,
- bevorzugt „Ja-Sager" befördern, die keine Entscheidungen kritisch hinterfragen,
- die Anstrengungen von Mitarbeitern sabotieren, die nicht ihre Positionen unterstützen.

Eine Studie in vier Unternehmen (N = 813) förderte erstaunlicherweise zu Tage, dass sich gerade gewissenhafte Mitarbeiter unter solchen mikropolitisch handelnden Führungskräften nicht frustriert zurückziehen und weniger Leistung bringen. Das Gegenteil ist der Fall! Nehmen gewissenhafte Mitarbeiter solche mikropolitischen Umtriebe wahr, dann reagieren sie mit erhöhter Leistung. Wie ist das zu erklären? Frei-räume für Mikropolitik entstehen immer nur dann, wenn keine breit akzeptierten, klaren Regeln und Normen und keine klaren Prioritäten für (personelle) Entscheidungen in der Organisation herrschen. Gewissenhafte Mitarbeiter sind dann in ihrer Wahr-nehmung auf ihr eigenes Handeln angewiesen, um Aufgaben zu erledigen und ihre Karriere zu fördern. Auf solch unsichere Rahmenbedingungen reagieren sie mit ver-mehrter Leistungsanstrengung (vgl. Hochwarter et al., 2000, S. 475 f.). Möglicherweise wirken also das Pflichtgefühl und das Leistungsstreben gewissenhafter Mitarbeiter in einer „Jetzt erst recht-Reaktion" als Gegengift zu mikropolitischen Umtrieben in der Organisation.

In eine ähnliche Richtung deutet eine Studie in zwei indischen Unternehmen (Ver-sicherungsgesellschaft, Medizintechnikhersteller; N = 766). Untersucht wurde die

Wirkung von verbalem/nonverbalem ausfälligen, beleidigenden Führungsverhalten (= „abusive Leadership") auf die Leistung der Mitarbeiter. Es stellte sich heraus, dass Mitarbeiter mit geringen Werten auf der Gewissenhaftigkeitsskala mit Leistungsabfall reagierten, hoch Gewissenhafte jedoch nicht (vgl. Nandkeolyar et al., 2014, S. 141 ff.). Ähnlich zeigte eine amerikanische Studie (N = 221), dass hoch gewissenhafte Mitarbeiter den Stressor „unangemessenes Führungsverhalten" weniger mit „feindlichen Akten" im Sinne von kontraproduktivem Arbeitsverhalten beantworteten als weniger gewissenhafte Mitarbeiter (vgl. Mawritz et al., 2014, S. 741 ff.). Das Persönlichkeitsmerkmal stellt also offensichtlich auch eine gewisse Schutzimpfung gegen Übergriffigkeit von Führungskräften dar.

Als Fazit zu diesem Kapitel kann man also festhalten, dass hohe Gewissenhaftigkeit von Mitarbeitern sowohl ein präventives „Medikament" gegen kontraproduktives Arbeitsverhalten, als auch in einer „positiven Nebenwirkung" einen „Schutzpanzer" für Mitarbeiter gegen kontraproduktive Aktivitäten anderer Unternehmensmitglieder und auch gegen Stress darstellt. In Summe profitieren alle Beteiligten, wenn weniger deviantes Verhalten auftritt. Für die *Organisation* ergeben sich Effizienzgewinne und Kostenvorteile (z. B. durch weniger Leistungszurückhaltung, Kriminalität, Absentismus). Für die *Mitarbeiter* entsteht ein angenehmeres Arbeitsklima z. B. aufgrund eines geringeren Konfliktniveaus, weniger Aggression, Mobbing, sexueller Übergriffigkeiten und generell eines höheren Vertrauensniveaus im Kollegenkreis. Größeres Vertrauen zwischen Arbeitgeber und Mitarbeiter sorgt dafür, dass weniger Veranlassung für engmaschige Überwachungsaktivitäten besteht und Mitarbeiter größere Freiräume haben. Der Vollständigkeit halber sollte auch der bessere Gesundheitsschutz erwähnt werden, wenn sich alle an die Arbeitssicherheitsvorschriften halten. Es macht also Sinn, zur Prävention gegen deviantes Verhalten im Rahmen der Personalauswahl sog. „Integritätstests" einzusetzen, die speziell das Vorhandensein von Merkmalen prüfen, die tendenziell kontraproduktives Verhalten blockieren. Dieses Instrument wird in Abschn. 5.3 noch näher aufgegriffen.

Zusammenfassung

Als Fazit zu diesem Kapitel können wir also festhalten, dass gewissenhafte Mitarbeiter mit höherer Wahrscheinlichkeit

- über ihr gesamtes Erwerbsleben und über alle Berufe hinweg in geringerem Umfang in alle Formen devianten Verhaltens in der Organisation involviert sind, speziell wenn sie zudem noch über hohe Verträglichkeit und Ehrlichkeit-Bescheidenheit (HEXACO-Dimension) verfügen,
- über eine gute Selbstkontrolle verfügen, weniger leicht Ungerechtigkeit empfinden, in geringerem Umfang machiavellistische, narzisstische, psychopathische Züge (= Dunkle Triade) aufweisen und ihre Ressourcen bevorzugt auf die Erreichung von Zielen konzentrieren, womit wichtige Treiber für deviantes Verhalten deutlich reduziert sind,

- auf viele Arten von Stress weniger mit kontraproduktivem Verhalten (Rückzug, Feindseligkeit, Substanzmissbrauch) reagieren,
- auf missbräuchliches und mikropolitisches Führungsverhalten weniger mit Leistungszurückhaltung reagieren,
- eine geringere Tendenz zum Cyberloafing haben.

Zudem ist zu konstatieren, dass

- bei der Kriminalität von ranghohen Führungskräften im Einzelfall eine hohe Gewissenhaftigkeit auch ein begünstigender Faktor sein kann, weil sie das Erreichen dieser Position und die fachliche Expertise für komplexe kriminelle Handlungen unterstützt,
- kontraproduktives Verhalten und extrafunktionale Leistung zwar moderat negativ korreliert sind, keinesfalls aber gegensätzliche Pole darstellen, sondern im Einzelfall auch zusammen auftreten können.

3.7   Prozessstabilität

Nicht für alle, aber für viele Organisationen ist es ein zentraler Erfolgsfaktor, dass die immer gleichen Prozesse effizient, mit hoher Stabilität und Verlässlichkeit und mit gleichbleibendem Qualitätsniveau abgearbeitet werden. Der (externe und interne) Kunde erwartet genau das. Nach innen sichern solche standardisierten Abläufe gute Planbarkeit und hohe Kosteneffizienz. Jede Abweichung von der Norm, jede unnötige Unterbrechung, jedes Qualitätsproblem ist kostentreibend und/oder schafft Kundenverärgerung und ist damit ein Negativpunkt in der Wettbewerbsfähigkeit. Diese betriebswirtschaftlichen Selbstverständlichkeiten gelten bei der Produktion des VW Golf genauso wie bei der Hüftoperation im Krankenhaus, der Morgentoilette im Altenheim, der Bearbeitung von Einkommensteuererklärungen im Finanzamt, der Kundenberatung im Call-Center oder der Pizza-Herstellung beim Lieblingsitaliener. Auch bei Tätigkeiten von Experten oder Führungskräften kommen diese Aufgabentypen mit hoher Wiederholfrequenz vor. Zu denken wäre etwa an die millionenschweren Materialbestellungen des Disponenten, die Personaleinsatzplanung im Logistikzentrum, die Durchführung von Einstellungsinterviews in personal- und fluktuationsintensiven Organisationen oder die Durchführung von Versuchsreihen im Forschungsbereich. Jedem Leser fallen sicherlich viele weitere Beispiele ein. Und wenn doch einmal eine Störung bei den Standardabläufen auftritt, dann ist entschlossenes Gegensteuern gefragt, um schnell wieder in den Regelbetrieb zu gelangen.

An Mitarbeiter stellen diese standardisierten Prozesse wichtige Anforderungen. Sie müssen über sehr lange Zeiträume – trotz einer gewissen Monotonie – tagaus, tagein Motivation, Konzentration und Energieeinsatz auf hohem Niveau halten und dürfen sich keinen „Schlendrian" in puncto Qualität leisten. Leider sind keine Studien bekannt, die untersuchen, wie sich verschiedene Persönlichkeitsmerkmale der Big Five bei der Bewältigung dieses extrem weit verbreiteten Aufgabentyps auswirken. Was Gewissenhaftigkeit anbelangt, so kann man aber einige gut begründete Spekulationen anstellen, wenn man die Facetten aus den Tab. 2.4 und 2.5 zugrunde legt. Generell sollten gewissenhafte Mitarbeiter für diesen Aufgabentyp besonders geeignet sein. Warum?

- Insbesondere ihr Pflichtbewusstsein, ihre Zuverlässigkeit und Beharrlichkeit verleihen ihnen die Energie, über lange Zeiträume stets gleichbleibende Leistungen ohne große Schwankungen zu erbringen.
- Hohes Pflichtbewusstsein in Verbindung mit einem starken Leistungsstreben führen zu einem hohen Anspruch an die eigene Arbeit, was tendenziell Qualitätseinbrüche verhindert.
- Die stark ausgeprägte Selbstdisziplin und Impulskontrolle ermöglicht es ihnen, den Belastungen durch Monotonie standzuhalten und weniger anfällig für Ablenkungen zu sein. Auch bei häufigen Wiederholzyklen in der Tätigkeit bleiben sie fokussiert.

Auch wenn es ein wenig mechanistisch klingt, gewissenhafte Mitarbeiter „funktionieren" verlässlich wie eine gut geölte Maschine und bilden damit in jeder Organisation die Basis für die zuverlässige Bereitstellung von Produkten und Dienstleistungen. Sie sind – um eine Analogie aus dem Eiskunstlauf zu verwenden – prädestiniert dafür, das „Pflichtprogramm" auf hohem Niveau abzusichern. Das schließt nicht aus, dass sie auch im „Kürprogramm" glänzen können, wenn die Aufgaben passend sind. Aber klar ist auch, dass die Chancen auf die Medaillenränge „perdu sind", wenn bei der Pflicht „gepatzt" wird. Da gilt für Organisationen nichts anderes als im Sport …

Zwei interessante Studien, die zumindest Einzelaspekte aus dem Komplex der „Prozessstabilität" beleuchten, sollen nun noch separat vorgestellt werden.

Studie 1: Jeder kennt das. Man nimmt sich ein Tagesprogramm vor und hat es am Tagesende doch nicht ganz geschafft. Die Gefahr ist besonders groß, wenn die Tätigkeit komplex ist. Beschäftigte müssen dann aus *übergeordneten Zielen*, die eventuell im Rahmen einer Zielvereinbarung mit dem Vorgesetzten für einen längeren Zeitraum festgelegt wurden, selbstständig ihre *Tagesziele* generieren. Wovon hängt es ab, ob diese erreicht werden? In einer niederländischen Untersuchung führten 29 Ingenieure aus dem Bereich Forschung & Entwicklung über fünf Wochen Arbeitstagebücher, in denen sie die geplanten und tatsächlich realisierten Aufgabenerledigungen aufzeichneten. Zur Studienbasis wurden auf diesem Weg $N = 878$ *geplante Aufgaben*. Zusätzlich notierten die Ingenieure $N = 252$ *ungeplante Aufgaben*. Von den geplanten Aufgaben waren im Durchschnitt am Tagesende 73 % erledigt. Diese Zahlen geben am Rande einen interessanten Hinweis darauf, wie viele Störpotenziale bei komplexeren Tätigkeiten auftreten und die

Prozessstabilität in der Organisation gefährden können, zumal – in Übereinstimmung mit anderen Studien – *ungeplanten Aufgaben* eine höhere Dringlichkeit und Wichtigkeit zugesprochen wurde und sie eine höhere Erledigungsquote aufwiesen. Ob das immer gerechtfertigt ist oder psychologische Effekte zu einer falschen Prioritätensetzung führen, sei einmal dahingestellt. Die eigentlich unwichtige und nicht dringliche Email-Anfrage, die man aber sofort beantwortet, kennt jeder …

Näher untersucht wurde nun, welchen Einfluss die drei Komplexe

- *Aufgabenmerkmale,*
- *allgemeine Charakteristika der Arbeitssituation* und
- *Persönlichkeitsmerkmale*

auf die Abarbeitung der Tagesziele haben. Ergebnis: Bei den *Aufgabenmerkmalen* sorgten eine hohe zeitliche Priorität und Dringlichkeit der Aufgabe für eine Erledigung. Die Attraktivität der Aufgabe spielte keine Rolle. Die Ingenieure ließen sich also nicht vom „Lustprinzip" leiten. Interessanterweise wies die Wichtigkeit der Aufgabe sogar eine negative Korrelation zur Erledigungshäufigkeit auf. Es wird vermutet, dass wichtige Aufgaben erst im Verbund mit hoher Dringlichkeit konsequent erledigt werden. Bei den *allgemeinen Charakteristika der Arbeitssituation* zeigte sich, dass die allgemeine Arbeitsbelastung und die Handlungsautonomie der Mitarbeiter keinerlei Einfluss auf die Erreichung der Tagesziele haben. Spannend wird es dann bei den *Persönlichkeitsmerkmalen*. Hier zeigte sich, dass Emotionale Stabilität und Gewissenhaftigkeit ungefähr die gleiche Bedeutung für die Erledigung des geplanten Tagespensums haben wie die Dringlichkeit der Aufgaben (vgl. Claessens et al., 2010, S. 281 ff.). Die Prozessstabilität in Organisationen hängt also nicht nur von den sachlichen Notwendigkeiten ab, sondern wird auch recht stark durch die Persönlichkeitsstrukturen der Mitarbeiter bestimmt. Leider war das Sample recht klein. Großzahligere Studien wären hier zur weiteren Absicherung wünschenswert.

Studie 2: Häufig kann man sich in Unternehmen nicht durchgehend und exklusiv auf eine Aufgabe konzentrieren. Abläufe sind nicht so linear und „klinisch rein", wie das aus Sicht eines Prozessspezialisten vielleicht wünschenswert wäre. Vielmehr treten – wie schon Studie 1 gezeigt hat – immer wieder Unterbrechungen und Störungen der unterschiedlichsten Art auf (z. B. Probleme mit der Maschine, Telefonanrufe, fehlendes Material, Hilfs- oder Auskunftswünsche von Kollegen oder Vorgesetzten, Eingang von Emails). Solche Stimuli zwingen Mitarbeiter zu flexiblen Unterbrechungen ihrer Tätigkeit und zum Wechsel der Aktivität. Ein gutes Alltagsbeispiel ist das Fahren eines Autos. Es muss ständig zwischen den Aktivitäten „Lenken", „Bremsen", „Schalten", „Blinken" gewechselt werden. Solche Aufgaben werden „multikomponent" genannt und zwingen eine Person zu „multikomponentem Verhalten". Dieser Aufgabentyp stellt große Ansprüche an die kognitive Steuerungsfähigkeit, da die Erreichung unterschiedlicher Ziele in eine Handlungskaskade gebracht werden muss. Grundsätzlich gibt es zwei Muster, wie Menschen auf solche Anforderungen reagieren können. Sie können entweder versuchen, Aktivitäten *parallel* auszuführen *(= Überlappungs-/Parallelstrategie)* oder die Aufgabenelemente *hintereinander,* also „step by step" abzuarbeiten *(= serielle Strategie).* Es konnte gezeigt werden, dass die Parallelstrategie ineffizienter ist und zu einer Verlängerung der Handlungsvollzüge führt. In einem Laborexperiment (N = 163) an der Universität Dresden konnte man zeigen, dass gewissenhafte Mitarbeiter deutlich stärker zur Wahl einer seriellen Strategie neigen, mithin also multikomponente Aufgaben, bei denen mehrere Stimuli gleichzeitig wirken, effizienter bearbeiten und damit letztlich für mehr Prozessstabilität sorgen. Immerhin 19 % der Varianz bei der Strategiewahl konnten über dieses eine Persönlichkeitsmerkmal erklärt werden. Gewissenhaften Mitarbeitern hilft bei der Handlungsregulation bei multikomponenten Aufgaben offensichtlich ihre Befähigung, die Fokussierung auf die übergeordneten Ziele nicht zu verlieren und sich in den unterschiedlichen Handlungsstimuli zu verzetteln. Interessant ist am Rande übrigens, dass Gewissenhaftigkeit das einzige Big Five-Merkmal ist, für das eine positive Korrelation zur Größe des dorsolateralen präfrontalen Kortex nachgewiesen wurde. Dabei handelt es sich um ein Hirnareal, das eine Schlüsselrolle bei der Handlungssteuerung spielt. Und abschließend müssen Frauen jetzt noch ganz tapfer sein: Es konnten keine Geschlechterunterschiede gefunden werden, auch wenn man Frauen ja gerne eine bessere Multitasking-Fähigkeit nachsagt (vgl. Stock & Beste, 2015, S. 1 ff.).

> **Zusammenfassung**
>
> Als Fazit zu diesem Kapitel können wir also festhalten, dass gewissenhafte Mitarbeiter mit höherer Wahrscheinlichkeit
>
> - aufgrund ihres Leistungsstrebens, Pflichtbewusstseins und ihrer Selbstdisziplin sich wiederholende (auch komplexe) Aufgaben mit höherer Effizienz und gleichbleibender Qualität abarbeiten und so für Prozessstabilität in der Organisation sorgen,
> - die geplanten Tagesaufgaben auch tatsächlich vollständig erledigen, vor allem, wenn sie zusätzlich über hohe Ausprägungen der Emotionalen Stabilität verfügen,
> - bei multikomponenten Aufgaben, bei denen mehrere Stimuli gleichzeitig wirken, bevorzugt zu einer seriellen Abarbeitungsstrategie greifen, die effizienter als eine Parallelstrategie ist.

3.8 Entscheidungsqualität

Die Qual der Wahl! In vielen Arbeitsfeldern ist sie „täglich Brot". Es müssen ständig Entscheidungen zwischen unterschiedlichen Handlungsalternativen getroffen werden. Bei welchem Zulieferer werden Verbrauchsmaterialien gekauft? In welchen

Maschinentyp wird investiert? Welcher Mitarbeiter wird eingestellt? Welches Vorgehen wird zur Lösung eines Montageproblems eingesetzt? Wird einem Antrag eines Bürgers stattgegeben oder nicht? Welche Note soll für eine Hausarbeit vergeben werden? Nicht umsonst gilt „Entscheidungsfähigkeit" als wichtiges Qualifikationsmerkmal. Es geht dabei nicht nur um die Frage, *ob Entscheidungen überhaupt und innerhalb angemessener Zeit getroffen* werden, sondern auch um ihre *Qualität*. Wann weisen nun Entscheidungen eine hohe Qualität auf? Das hängt von mehreren Faktoren ab:

- *Immunität gegen Framing:* Werden objektiv gleiche Entscheidungsprobleme durch den Entscheidungsträger gleichbehandelt, obwohl sie unterschiedlich präsentiert werden, also in einen anderen Rahmen (= Frame) eingebunden sind? Beispiel: Trifft ein Sachbearbeiter in einer Behörde bei gleicher Faktenlage die gleiche Entscheidung, egal ob eine Antragstellerin sachlich-nüchtern oder unter Tränen ihre augenblickliche Situation schildert?
- *Anwendung von Entscheidungsregeln:* Inwieweit wendet ein Entscheidungsträger konsequent ein Set von Vorgehens- und Informationsverarbeitungsregeln an, um zu einer finalen Entscheidung zu kommen? Dies kann explizit geschehen (z. B. über Punktbewertungsverfahren bei Entscheidungen zum optimalen Unternehmensstandort), aber auch eher implizit, wenn es sich um häufige Alltagsentscheidungen handelt.
- *Angemessene Risikoeinschätzung:* Ist der Entscheidungsträger zu einer angemessenen Einschätzung der Wahrscheinlichkeit in der Lage, mit der bestimmte negative Ereignisse im Zusammenhang mit seiner Entscheidung eintreten? Beispiel: Wird gesehen, dass die Wahrscheinlichkeit, einen Unfall mit einem Dienstwagen zu erleiden, bei Zugrundelegung eines Zeitraums von zwei Jahren höher ist als bei vier Wochen?
- *Berücksichtigung breit geteilter sozialer Normen:* Entscheidungen sind i. d. R. nur dann gut, wenn sie bei den Betroffenen auf hinreichende Akzeptanz stoßen. Dies ist der Fall, wenn in hinreichendem Umfang soziale Normen berücksichtigt werden (z. B. Mitsprache Betroffener, Kompatibilität mit geltendem Recht).

In einer italienischen Studie (N = 804) wurde die Entscheidungskompetenz der Teilnehmer zu den vier dargestellten Parametern der Entscheidungsqualität über Fragebögen eruiert. Zusätzlich wurde ihr Persönlichkeitsprofil mit dem HEXACO-Fragebogen analysiert. Es zeigte sich, dass Gewissenhaftigkeit das Merkmal war, das am höchsten positiv mit der Entscheidungsqualität korrelierte. Die genauen Ergebnisse sind der Tab. 3.8 zu entnehmen (beschränkt auf Korrelationen, die auf dem 1 %-Niveau signifikant sind).

Diese hohe Entscheidungskompetenz könnte auch ein wichtiger Erklärungsbeitrag dafür sein, warum gewissenhafte Personen in unterschiedlichen Lebensbereichen (Beruf, Schule, Hochschule) überdurchschnittliche Leistungen erbringen (siehe Abschn. 3.2). Denn in Entscheidungssituationen.

Tab. 3.8 Korrelation zwischen HEXACO-Dimensionen und Qualitätsparametern von Entscheidungen

Qualitätsparameter HEXACO-Dimension	Beachtung sozialer Normen	Immunität gegen Framing	Einsatz von Entscheidungsregeln	Adäquate Risikoeinschätzung
Ehrlichkeit-Bescheidenheit	0,22		0,14	0,17
Emotionalität				
Extraversion		–0,12		
Verträglichkeit			–0,10	
Gewissenhaftigkeit	0,23		0,28	0,21
Offenheit			0,16	0,12

- aktivieren sie die „richtigen" Ziele, von denen sie sich leiten lassen (z. B. strebt ein Verkäufer langfristige Kundenbindung an, statt eines einmaligen Geschäfts),
- können sie sich aufgrund ihrer planerischen Strukturiertheit via Selbstregulation besser auf die Ziele ausrichten,
- analysieren sie vorhandene Handlungsalternativen sorgfältiger,
- behalten sie durchgängig den Fokus auf das zu erreichende Ziel,
- filtern sie besser irrelevante Informationen heraus,
- integrieren sie umfänglicher Informationen aus unterschiedlichen Quellen.

In Summe führt das dazu, dass Entscheidungen mit einer höheren Rationalität getroffen werden (vgl. Weller et al., 2018, S. 1 ff. und die zit. Lit).

Zusammenfassung
Als Fazit zu diesem Kapitel können wir also festhalten, dass gewissenhafte Mitarbeiter mit höherer Wahrscheinlichkeit

- eine bessere Entscheidungskompetenz aufweisen,
- bessere Entscheidungen treffen, vor allem, weil sie konsequenter Entscheidungsregeln anwenden, über angemessene Risikoeinschätzungen verfügen und soziale Normen berücksichtigen.

3.9 Fehlzeiten

Krankheitsbedingte Fehlzeiten von Mitarbeitern sind für Unternehmen ein gravierender Kostenblock. Speziell in personalintensiven Unternehmen im Dienstleistungssektor machen die Personalkosten mitunter 90 % der anfallenden Gesamtkosten aus. Ein Anstieg der Fehlzeiten z. B. von 5 % auf 7 % ist dann nahezu gleichbedeutend mit einem Kosten-anstieg um 2 %. In einem wettbewerbsintensiven Markt ist es nicht einfach, eine solche Kostenbelastung zu kompensieren und nicht zum Wettbewerbsnachteil werden zu lassen. Und das sind nur die direkten Kosten. Daneben fallen auch indirekte Kosten durch Fehl-zeiten an. Wenn Mitarbeiter kurzfristig ausfallen, dann müssen z. B. Arbeitsabläufe umorganisiert werden, Kunden werden längere Lieferzeiten zugemutet, Aufträge können gar nicht angenommen werden, die verbleibenden Mitarbeiter müssen zuschlagspflichtige Überstunden mit den entsprechenden negativen Effekten auf die Lohnstückkosten leisten und es finden eventuell Leistungsverdichtungen statt, die für die Mitarbeiter ein akzeptables Maß überschreiten. Die Höhe der Fehlzeiten ist daher für Unternehmen eine Steuerungsgröße, die viel Aufmerksamkeit erfordert.

Krankmeldungen von Mitarbeitern mit nachfolgender bis zu sechswöchiger Entgelt-fortzahlung nach dem Entgeltfortzahlungsgesetz können grundsätzlich zurückgehen auf *objektive medizinische Erkrankungen,* auf eher *motivational bedingte Fehlzeiten* (= Absentismus) oder auf *Arbeitsunfälle.* Zweifelsohne gibt es zwischen den drei Ursachen-komplexen große Grauzonenbereiche, insbesondere auch, weil das Entgeltfortzahlungs-gesetz in § 3 Abs. 1 von „Arbeitsunfähigkeit infolge Krankheit" spricht. Man kann also *im objektiven medizinischen Sinne krank* sein, ist damit aber nicht zwangsläufig *arbeits-unfähig.* Beispielsweise könnte ein Mitarbeiter im Callcenter mit einem Gips am Fuß durchaus noch telefonieren. Auch der Krankheitsbegriff selbst ist unscharf. Wo sich der eine mit Kopfschmerzen unfähig fühlt zu arbeiten und zu Hause bleibt, beißt ein anderer die Zähne zusammen und absolviert seinen Arbeitstag. Bei der Frage des krankheits-bedingten Fernbleibens vom Arbeitsplatz gibt es für den Mitarbeiter also oftmals breitere individuelle Entscheidungsspielräume. Welche Rolle spielen nun Persönlichkeitsmerk-male beim Abwesenheitsverhalten?

Es existieren hier repräsentative empirische Daten für Deutschland (N = 4,091). Im Sozioökonomischen Panel (SOEP) der Jahre 2004–2006 wurden nicht nur die Abwesen-heitstage von der Arbeit erhoben, sondern die Teilnehmer füllten auch einen Frage-bogen mit 15 Items auf einer 7er-Zustimmungsskala zur Messung der Big Five aus. Die Dimension „Gewissenhaftigkeit" wurde konkret durch folgende drei Items erfasst:
Ich sehe mich als jemand, der

- *seinen Job sorgfältig erledigt (+)*
- *dazu tendiert, träge zu sein (–)*
- *Dinge effektiv und effizient erledigt (+)*

Persönlichkeitsfaktoren spielen beim Fehlzeitengeschehen definitiv eine Rolle. Die Wahrscheinlichkeit für mindestens einen Fehltag lag sampleübergreifend bei gewissen-haften Mitarbeitern um 5–6 % niedriger. Einen geringfügig höheren Einfluss hatte nur Verträglichkeit mit sampleübergreifenden 6–7 % geringerer Wahrscheinlichkeit. Höherer Neurotizismus steigerte die Wahrscheinlichkeit eines Fehltages um 4,4 %. Gewissenhaftigkeit übte dabei Einfluss auf die Wahrscheinlichkeit aus, *überhaupt*

Krankentage zu haben, aber nicht auf die *absolute Zahl an Krankentagen im Jahr.* Geringer Neurotizismus und hohe Verträglichkeit konnten dagegen bei Männern auch noch ca. einen halben Tag Fehlzeiten weniger signifikant erklären (vgl. Störmer & Fahr, 2010, S. 12 ff.). Das könnte dafür sprechen, dass sich gewissenhafte Mitarbeiter (Pflichtbewusstsein!) nur krankmelden, wenn sie wirklich krank sind und die Krankschreibung auch nicht unnötig ausdehnen.

Das Ergebnis im Hinblick auf Gewissenhaftigkeit ist kompatibel mit einer Untersuchung der Fehlzeiten von $N = 89$ nichtakademischen Hochschulmitarbeitern in den USA. Auf Domänenebene erklärte eine höhere Gewissenhaftigkeit 8,8 % der Varianz bei den Fehlzeiten. Im Sechs-Monats-Zeitraum der Untersuchung konnte eine Abweichung vom Mittelwert der Gewissenhaftigkeit aller Probanden in Höhe von *einer* Skaleneinheit insgesamt acht Stunden mehr oder weniger Fehlzeit erklären, also immerhin einen ganzen Arbeitstag. Auf Facettenebene waren dafür ganz überwiegend Pflichtbewusstsein und Besonnenheit mit Korrelationen von $r = -0,27$ und $r = -0,24$ verantwortlich. Ein noch etwas besserer Prädiktor war in dieser Studie Extraversion, die 10,8 % der Varianz bei den Fehlzeiten und 9,9 Stunden innerhalb von 6 Monaten erklären konnte. Verträglichkeit und Neurotizismus wiesen keine signifikante Verbindung zu Fehlzeiten auf (vgl. Judge et al., 1997, S. 749 ff.). Insofern haben wir hier deutliche Abweichungen zur deutschen Studie bei allen anderen Big Five-Merkmalen. Nur Gewissenhaftigkeit erweist sich als Konstante über beide Studien hinweg.

Wenden wir uns nun noch etwas spezifischer den *Fehlzeitengründen* zu. Mittlerweile gibt es eine Reihe von Studien, die sich mit dem Zusammenhang von Persönlichkeitsmerkmalen und *physischer und psychischer Gesundheit* beschäftigt haben. Es hat sich gezeigt, dass speziell Gewissenhaftigkeit eine wichtige Rolle bei der Vermeidung von Gesundheitsrisiken spielt. Weniger Gesundheitsrisiken bedeuten tendenziell weniger Erkrankungen und weniger Erkrankungen tendenziell weniger krankheitsbedingte Fehlzeiten. Zwar ist im Einzelfall auch nicht auszuschließen, dass gerade besonders gewissenhafte Mitarbeiter sich aus Fürsorge für die eigene Gesundheit schneller krankschreiben lassen, um nicht größere, länger andauernde Erkrankungen zu riskieren (Facette Besonnenheit!), aber empirische Ergebnisse zum Präsentismus zeigen eher das Gegenteil (siehe unten). Selbst wenn es so wäre, dann richtet sich ein solch besonnenes Gesundheitsverhalten nicht zwangsläufig gegen die langfristigen Interessen des Arbeitgebers. Ein schnelles, präventives Auskurieren kleinerer Erkrankungen wäre sinnvoller als die leichtfertige Inkaufnahme der Entstehung von lang andauernden gravierenden Krankheiten. Im Hinblick auf Gesundheitsrisiken empirisch nachgewiesen ist, dass gewissenhafte Menschen einen gesundheitsbewussteren Lebensstil pflegen und geringere Gesundheitsrisiken aufweisen. So zeigte sich z. B., dass sie (vgl. Gold et al., 2020, S. 422; Steptoe et al., 2017, S. 122 ff. und die jeweils zit. Lit.):

- ein geringeres Risiko für Adipositas haben,
- generell weniger zu Gewichtszunahme tendieren,
- bessere Abnehmerfolge erzielen,

- nach Abnehmerfolgen das reduzierte Gewicht länger halten,
- weniger stoffwechselbedingte (= metabolische) Dysfunktionen aufweisen (z. B. Bluthochdruck, erhöhter Blutzuckerspiegel, erhöhte Cholesterinwerte, bauchbetonte Fett-
  einlagerung als „tödliches Quartett"),
- eine geringere Neigung zu risikoreichem Verhalten haben (z. B. Drogen-, Alkohol-,
  Nikotin-, Medikamentenmissbrauch, gefährliche Extremsportarten),
- zu einer gesünderen, umsichtigen Ernährung (u. a. Obst und Gemüse) tendieren,
- sich strikter an ärztliche Vorgaben halten,
- sich stärker an Maßnahmen der Gesundheitsprophylaxe beteiligen,
- eine größere Anzahl und höhere Qualität an Sozialbeziehungen aufweisen,
- vermehrt körperlich aktiv sind,
- bessere körperliche Leistungswerte haben,
- weniger depressive Symptome aufweisen,
- auch nach gesundheitlichen Rehabilitationsmaßnahmen im Klinikum (Herz, Ortho-
  pädie) konsequenter das Zielverhalten im Hinblick auf körperliche Bewegung auch
  im Alltag weiter praktizieren (vgl. Lippke et al., 2018, S. 460 ff.).

Die Ergebnisse sind in Summe nicht sonderlich überraschend. Selbstdisziplin und
Pflichtbewusstsein hilft ganz sicherlich, den wöchentlichen Sportplan einzuhalten, sich
auch im Novembernebel auf die Joggingrunde zu begeben und zum zweiten Stück Torte
oder dritten Glas Rotwein auch einmal „nein" zu sagen. Wenn das Kind im Brunnen liegt
und man über den Winter Hüftgold aufgebaut hat, dann unterstützt eine höhere Ausprägung der Ordnungsliebe und des Leistungsstrebens (Zielorientierung!) bei Planung
und Umsetzung des Diätplans zur Rückeroberung der Strandfigur. Und ein wenig mehr
Besonnenheit und Nachdenken über die Grenzen der eigenen Fähigkeiten ist auch nicht
schädlich, wenn es um die Ausübung gefährlicher Sportarten geht. Allerdings darf der
Einfluss von Persönlichkeitsmerkmalen auf gesundheitsbewusstes Verhalten auch
nicht überschätzt werden. Er ist zwar signifikant, aber eher klein bis moderat. Höhere
Bedeutung hat die kognitive Befähigung zur Selbstkontrolle und Selbstregulation (vgl.
Hall et al., 2013, S. 1601 ff.).

Eine im Gesundheitszusammenhang besonders interessante Einzelstudie mit
deutschen Beschäftigten (N = 6,454) untersuchte die vergangene und für die Zukunft
geplante Einnahme von verschreibungspflichtigen Medikamenten, welche die kognitive
Leistungsfähigkeit steigern (u. a. Konzentration, Wachsamkeit, Gedächtnis, reduziertes
Schlafbedürfnis). Generell gaben knapp 3 % der Befragten an, dass sie schon solche
Medikamente genommen haben und 10,45 % können es sich für die Zukunft vorstellen.
Man könnte durchaus die Vermutung haben, dass gerade gewissenhafte Mitarbeiter eine
verstärkte Tendenz zu solchen Medikamenten haben, um im beruflichen Alltag „gut
zu funktionieren". Die Studie gibt hier aber Entwarnung. Gewissenhaftigkeit ist das
Persönlichkeitsmerkmal, dass sowohl für die Vergangenheit, als auch für die Zukunft
der beste Prädiktor für eine *Nichtnutzung* dieses Medikamententyps ist. Gewissenhafte Mitarbeiter unterliegen also nicht der Versuchung, zu Lasten ihrer Gesundheit

den „pharmazeutischen Turbolader" bei der Arbeit einzusetzen (vgl. Sattler & Schunck, 2016, S. 6).

Ein weiterer wichtiger Grund für krankheitsbedingte Fehlzeiten können *Arbeitsunfälle* sein. Ihre Zahl und Schwere sind stark davon abhängig, ob sich Mitarbeiter an Sicherheitsvorschriften halten und in welchem Umfang sie freiwillig sicherheitsorientiertes Verhalten an den Tag legen. Eine Metaanalyse (69 Einzelstudien mit N = 23,740 Teilnehmern) zeigte, dass gewissenhafte Mitarbeiter weniger sicherheitskritisches Arbeitsverhalten an den Tag legen (Korrelation: r = –0,25). Ein ähnliches Ergebnis zeigte sich mit r = –0,26 für Verträglichkeit, wohingegen Neurotizismus vermehrt zu unsicherem Arbeitsverhalten führt (r = 0,13). Im Ergebnis wurden durch weniger sicherheitskritisches Verhalten auch statistisch signifikant weniger Unfälle ausgelöst. Wie steht es mit *Alterseinflüssen*? Junge Mitarbeiter bis 21 Jahre zeigten etwas stärker sicherheitskritische Verhaltensmuster als Mitarbeiter ab 21 Jahren. Der Einfluss war aber nicht sonderlich groß. Eine wichtige Rolle spielte als Moderatorvariable dagegen aber das *wahrgenommene Sicherheitsklima in der Organisation,* also das Ausmaß, in dem Führungskräfte und Kollegen Arbeitssicherheit beachten und priorisieren.

Generell konnten die Persönlichkeitsmerkmale in isolierter Betrachtung die Unterschiede beim sicherheitsorientierten Verhalten erklären. Es macht also auch unter dem Aspekt der Arbeitssicherheit Sinn, bei der Personalauswahl und Stellenzuweisung die Gewissenhaftigkeit (und Verträglichkeit) – insbesondere in sicherheitskritischen Organisationsbereichen – zu beachten. Zusätzlich empfehlen die Autoren der Studie, das Sicherheitsklima durch entsprechende Interventionen zu stärken (z. B. sicherheitsorientiertes Feedback an die Führungskräfte, Beachtung von Sicherheitsorientierung in den Anreizsystemen). Einen starken Effekt könnte auch ein „Reframing" bei der Kommunikation des Sicherheitsthemas durch die Führungskräfte haben – weg vom Individuum *(„Ich schütze mich.")* hin zu einem *prosozialen Fokus („Ich schütze meine Kollegen.")* (vgl. Beus et al., 2015, S. 486 ff.).

Ein weiteres Thema im Dunstkreis von Fehlzeiten ist sehr ambivalent zu beurteilen. Man kann – je nach Blickwinkel und Akzentuierung – Vorteile und Nachteile für eine Organisation ausmachen. Es geht um *Präsentismus.* Während man unter Absentismus das Fernbleiben vom Arbeitsplatz ohne Krankheitsgrund versteht, so liegt beim Präsentismus der Fall vor, dass Mitarbeiter zur Arbeit kommen, obwohl sie im medizinischen Sinne krank sind. Zunächst einmal könnten sich Arbeitgeber über solche Verhaltensmuster der Arbeitnehmer freuen, ersparen sie ihnen doch Entgeltfortzahlungskosten. Das ist die Vorderseite der Medaille. Auf der Rückseite gibt es einige Risiken und Probleme. So könnten nicht voll leistungsfähige (unkonzentrierte) Mitarbeiter (sehr teure) Fehler produzieren, leichter Arbeitsunfälle erleiden, ihre Krankheit verschleppen und damit schwerwiegendere Folgeerkrankungen auslösen und natürlich bei infektiösen Erkrankungen das gesamte Arbeitsumfeld anstecken. Im Ergebnis könnten diese Kostenfaktoren die eingesparten Entgeltfortzahlungskosten um ein Vielfaches überwiegen. Zudem könnte Präsentismus ein Indiz für zu hohe Arbeitsanforderungen, Druck und

Stress oder auch für zu viel (gefühlten) Druck durch die Arbeitsgruppe, durch den Vorgesetzten oder das betriebliche Fehlzeitenmanagement sein. Wenn Mitarbeiter,

- das Gefühl haben, gar nicht mehr klarzukommen, wenn Arbeit einige Tage liegenbleibt und sie kein Vertreter macht,
- der Überzeugung sind, dass ein Fehlen durch das restliche Team als völlig inakzeptabel gesehen wird oder
- überstarke Ängste vor negativen Konsequenzen – bis hin zum Arbeitsplatzverlust – haben,

dann stimmt vielleicht auch etwas mit dem Arbeits-, Führungs- oder Teamklima oder auch der gesamten Arbeitsorganisation nicht.

In einer empirischen Untersuchung in Deutschland (N = 413 persönliche Interviews) zeigten sich als signifikante fördernde Einflussfaktoren für Präsentismus:

- *Niedriger Bildungsgrad:* Mitarbeiter mit höherem Bildungsniveau zeigen weniger Präsentismus. Das Phänomen ist also eher bei einfacheren Tätigkeiten zu finden.
- *Angst vor Arbeitslosigkeit:* Damit spielt die aktuelle konjunkturelle Situation insgesamt, in der Branche und im Unternehmen eine wichtige Rolle.
- *Gewissenhaftigkeit als Persönlichkeitsmerkmal (positive Korrelation)*

Geschlecht, Alter und Arbeitszufriedenheit hatten dagegen keinen signifikanten Einfluss auf Präsentismus. Am Rande: Für Absentismus spielte Gewissenhaftigkeit in dieser Studie keine signifikante Rolle. Die Tendenz zum motivationsbedingten Krankfeiern zeigte sich vor allem bei jungen Männern ohne Kinder. Fazit: Gewissenhafte Mitarbeiter haben also eher eine Tendenz, auch krank zur Arbeit zu kommen (vgl. Preisendörfer, 2010, S. 403, 407). Ob das in Gesamtschau positiv oder negativ zu werten ist, kann nur vor dem Hintergrund des konkreten Unternehmens und des konkreten Arbeitsumfelds beurteilt werden.

Zusammenafssung
Als Fazit zu diesem Kapitel können wir also festhalten, dass gewissenhafte Mitarbeiter mit höherer Wahrscheinlichkeit

- geringere krankheitsbedingte Fehlzeiten haben, vor allem dann, wenn sie gleichzeitig hohe Verträglichkeit und geringen Neurotizismus aufweisen,
- eine etwas gesündere Lebensweise an den Tag legen (u. a. Ernährung, Bewegung, Gewicht, weniger risikoreiche Sportarten), bessere medizinische Daten aufweisen und Substanzen zur kognitiven Leistungssteigerung eher meiden,

- sicherheitsbewusstes Verhalten zeigen und daher weniger von Arbeitsunfällen betroffen sind,
- auch mit Erkrankungen zur Arbeit gehen (Präsentismus).

3.10   Fluktuation

Manchmal atmen alle im Unternehmen auf, wenn ein bestimmter Mitarbeiter von sich aus kündigt. Das ist immer dann der Fall, wenn der geschlossene Arbeitsvertrag auf einer Fehlentscheidung des Unternehmens oder des Mitarbeiters beruht oder sich die Beteiligten – aus welchen Gründen auch immer – „auseinandergelebt" haben. Unzufriedenheit mit der Leistung, belastete Sozialbeziehungen mit den Kollegen oder Unzufriedenheit mit der Tätigkeit seitens des Mitarbeiters stehen im Raum. Ein „Ende mit Schrecken" ist dann besser als „ein Schrecken ohne Ende". Eine formale Kündigung des Mitarbeiters ist für alle Beteiligten einem Rückzug in die „innere Kündigung" vorzuziehen, bei welcher der Mitarbeiter zwar körperlich anwesend bleibt, sich aber innerlich von der Arbeit verabschiedet hat. Er macht dann lediglich „Dienst nach Vorschrift", zeigt bei seinen Aufgaben wenig Motivation, Engagement und Verbesserungsinitiativen, bringt wenig Interesse für Kollegen und Kunden auf und entzieht sich der als unangenehm erlebten Arbeitssituation durch häufige Fehlzeiten. Die Stelle bleibt so für einen langen Zeitraum zum Schaden der Organisation suboptimal besetzt. Und auch der Mitarbeiter selbst kann mit dieser Situation nicht zufrieden sein.

Vermutlich ist der Fall einer formalen Kündigung – statt eines Rückzugs in die innere Kündigung – eher selten. Praktiker werden bestätigen können: *„Leider gehen immer die Falschen."* In aller Regel kündigen Mitarbeiter, die man gerne behalten hätte. Diese ungeplanten Fluktuationen sind für das *Unternehmen* mit hohen direkten und indirekten Kosten verbunden. Abb. 3.3 listet sie nach einem Phasenkonzept im Überblick auf.

Negativ belastet durch die Fluktuation ist aber nicht nur das Unternehmen. Alle anderen Beteiligten gehören ebenfalls zu den Verlierern in dieser Situation. Für die *Kollegen* des Fluktuierenden kommt es zu

- erhöhter Arbeitsbelastung und Leistungsverdichtung während der Vakanzphase,
- Störungen bei eingespielten Arbeitsabläufen und Gruppenstrukturen (z. B. Rollenverteilung, Kommunikationsstrukturen),
- Verlustgefühlen hinsichtlich bestehender persönlicher und kollegialer Beziehungen, die vielleicht sogar die Qualität von Freundschaften hatten,
- neuerlichen Einarbeitungslasten bei Neubesetzung der Stelle.

Phase	Kostenaspekt
Trennung	➤ Geringere Produktivität während der Entschlussphase zur Kündigung ➤ „Verlorene" Kosten für Einarbeitung + Personalentwicklung ➤ Verlust des Know-how + sozialen Netzwerks des Mitarbeiters ➤ Verwaltungskosten für Trennung (Zeugnis, Personalakte, Rückgabe Arbeitsausstattung)
Vakanz	➤ Überstunden Stammbelegschaft zur Vakanzüberbrückung ➤ Kundenabwanderung wegen Nichtlieferfähigkeit ➤ Verlust an Arbeitgeberreputation wegen Fluktuationen führt zu künftigen Rekrutierungsproblemen
Rekrutierung	➤ Kosten für Stellenanzeigen, Personalberater ➤ Vorstellungskosten Bewerber (Reisekosten, Übernachtung) ➤ Kosten der Personalauswahl ➤ Verwaltungskosten für Einstellung (Arbeitsvertrag, Anlegen Personalakte, medizinische Untersuchung, Ausgabe Arbeitsausstattung, Betriebsratsbeteiligung etc.)
Einarbeitung	➤ Einführungs- und Einarbeitungsaktivitäten („Onboarding") ➤ Geringere Produktivität des neuen Mitarbeiters in der Anfangsphase ➤ Geringere Produktivität der Stammbelegschaft wegen Einarbeitungsaufwand

Abb. 3.3 Direkte und indirekte Kosten von Fluktuationen. (Quelle: Watzka, 2014, S. 80)

Die externen (und internen) *Kunden* erhalten über einen längeren Zeitraum eine sub-optimale Leistung und Betreuung und müssen sich wiederholt auf einen neuen Ansprechpartner einstellen (vgl. Watzka, 2014, S. 79 f.).

In Summe machen alle diese materiellen und immateriellen Kosten ungeplante Fluktuationen zu einem unerwünschten Phänomen. Das Personalmanagement beschäftigt sich daher schon sehr lange mit Theorien zur Mitarbeiterbindung und zur Erklärung der Fluktuation. Dabei ist klar, dass die Entscheidung eines Mitarbeiters zum Verlassen der Organisation eine höchst komplexe Entscheidung ist, die von vielen Determinanten abhängt. Neben *individuellen Merkmalen* wie Alter, Kinderzahl und Betriebszugehörig-keitsdauer (die allesamt als Wechselbarrieren wirken) sind *Aspekte des Arbeitsplatzes* (z. B. Arbeitsplatzsicherheit, Bezahlung), *Einstellungen zur Arbeit* (z. B. Arbeits-zufriedenheit, Commitment), *Organisationsvariablen* (z. B. Betriebsklima, Anreiz-system), *soziale Beziehungen* (z. B. zur Führungskraft, zu den Kollegen), aber auch die *allgemeine Arbeitsmarktsituation* (Verfügbarkeit von Alternativen) relevant. Rubenstein et al. (2018, S. 23 ff.) legen dazu eine ausgesprochen umfängliche, aktuelle Metaana-lyse vor, die 316 Studien aus den Jahren 1975 bis 2016 mit insgesamt über 332.000 Teil-nehmern umfasst und 57 Prädiktoren für Fluktuation analysiert. Welche Rolle spielen nun die Big Five-Persönlichkeitsmerkmale bei der Fluktuation? Ihr Einfluss ist klein bis moderat, aber signifikant. Emotionale Stabilität hat mit einer Korrelation von $r = -0,19$ (Basis: 16 Studien, N = 7,593) den größten, Gewissenhaftigkeit mit $r = -0,16$ (Basis: 8 Studien, N = 3,409) den zweitgrößten dämpfenden Einfluss auf die Fluktuation.

Einer interessanten Fragestellung ging eine weitere Studie nach, welche die die moderierende Rolle von Gewissenhaftigkeit bei N = 106 neu eingestellten Arbeitskräften für den Fall untersuchte, dass der Arbeitgeber aus Mitarbeitersicht den „Psychologischen Vertrag" verletzte. Solche Vertragsverletzungen wurden angenommen, wenn Arbeitgeber wichtige Verpflichtungen/Erwartungen in den ersten acht Monaten der Beschäftigung nicht erfüllten (z. B. Möglichkeiten für Aufstieg, marktgerechte Bezahlung, leistungs-gerechte Bezahlung, Trainingsangebote, Feedback, herausfordernde Aufgaben, Unter-stützung durch die Führungskraft). Es zeigte sich, dass in diesem Fall gewissenhafte Mitarbeiter weniger negativ reagierten als Mitarbeiter mit geringerer Gewissen-haftigkeit. So reduzierten sie in geringerem Umfang ihre *Loyalität zum Arbeitgeber* und ihre *Arbeitszufriedenheit*. *Fluktuationsabsichten* stiegen nicht so stark an. Hohe Gewissenhaftigkeit fungiert also als Puffer gegen Erwartungsenttäuschungen. Die Mit-arbeiter werfen nicht gleich „die Flinte ins Korn", wenn „der Wind von vorne kommt". Allerdings wurde festgestellt, dass sie als Reaktion ihre *Leistung* reduzierten. Eine mög-liche Erklärung: Da gewissenhafte Mitarbeiter besonders leistungs- und zielorientiert sind, reagieren sie gerade auf Enttäuschungen besonders stark, die Auswirkungen auf ihre Möglichkeiten zur Erbringung guter Leistungen haben (z. B. ausbleibendes Feedback, mangelndes Training). Zur Wiederherstellung eines psychologischen Gleich-gewichts kalibrieren sie ihren Leistungseinsatz neu (vgl. Orvis et al., 2008, S. 1186 ff.). In Gesamtschau erweisen sich gewissenhafte Mitarbeiter also als vergleichsweise resilient gegenüber enttäuschten Erwartungen und schreiten nicht so leicht zum Absprung aus dem Unternehmen.

Zusammenfassung
Als Fazit zu diesem Kapitel können wir also festhalten, dass gewissenhafte Mitarbeiter mit höherer Wahrscheinlichkeit

- eine geringere Fluktuationstendenz aufweisen, vor allem, wenn sie gleichzeitig hohe Emotionale Stabilität aufweisen,
- auf Erwartungsenttäuschungen durch den Arbeitgeber zu Beginn der Beschäftigung nicht sofort mit Fluktuation reagieren, sondern das Anreiz-Beitrags-Gleichgewicht eher durch Leistungsreduktion neu justieren.

3.11 Mitarbeiterführung

Wann ist eine Führungskraft erfolgreich? Generationen von Führungsforschern wurden naheliegenderweise von dieser Frage umgetrieben. Mitarbeiterführung ist ein Schlüsselmechanismus für den Organisationserfolg. Und da ist es natürlich eine reizvolle Idee, den „Stein der Weisen" finden zu wollen, also die Faktoren, die eine Führungskraft – am besten immer und überall – erfolgreich machen, aufzudecken. In einem näheren Blick ist diese Forschungsaufgabe aber alles andere als trivial. Es geht schon mit der Frage los, woran sich der *Erfolg einer Führungskraft* bemisst, was also das Effizienzkriterium ist. Sind es nur die Ziele der Organisation, abgebildet in (harten) ökonomischen Erfolgskriterien? Welche sind das? Schnell wird es ausgesprochen komplex: Produktionsmenge, Qualität, Kostenminimierung, Zahl der Verbesserungsvorschläge von Mitarbeitern, Geschwindigkeit von Aufgabenerledigungen, Veränderungsfähigkeit der Organisation u. v. m. Oder gehört auch Mitarbeiterzufriedenheit dazu? Woran genau zeigt sie sich, wie misst man sie? Auf der Inputseite von Führung wurden im Rahmen der *Eigenschaftsansätze*, als historisch älteste Fragestellung, zunächst die erforderlichen Persönlichkeitsmerkmale einer erfolgreichen Führungskraft und später dann die notwendigen Qualifikationen intensiv beleuchtet. Im Rahmen der *Verhaltensansätze* richtete sich der Fokus sehr stark auf die Verhaltensmuster von Führungskräften. Welcher Führungsstil (z. B. autoritär, partizipativ) führt zum Erfolg? Aufgrund der wenig eindeutigen empirischen Antworten war dann irgendwann klar, dass es weder *die* Eigenschaften, noch *den* Führungsstil gibt, die generell zum Führungserfolg führen. Die Antwort nach der besten Führung lautete von nun an: *„Das kommt darauf an!"*. Im Blickpunkt der Forschung standen im Rahmen des *Situationsansatzes* nun die vielfältigen Situationsfaktoren und deren Wechselwirkungen, welche die Handlungssituation einer Führungskraft in der Praxis bestimmen. Misslich ist nur, dass man sich hier eine fast unbegrenzte

Anzahl vorstellen kann, angefangen von Eigenschaften der Geführten (z. B. Reifegrad, Motive, Geschlecht), über Merkmale der zu erledigenden Aufgaben (z. B. Komplexität, Wiederholfrequenz, Motivationspotenzial) bis hin zu äußeren Rahmenbedingungen (z. B. Unternehmenskultur, Organisationsstruktur, wirtschaftliche Situation des Unternehmens). Dies alles erklärt die überaus große Komplexität der Führungsforschung, die bis zum heutigen Tag für den Praktiker die Anmutung eines Dschungels hat (vgl. für weitere Details z. B. Weibler, 2016; Wunderer, 2006; Berthel & Becker, 2017, S. 165 ff.).

Dieser kurze Überblick zur Führungsforschung sollte noch einmal verdeutlichen, dass wir hier nur einen kleinen Ausschnitt des Phänomens „Mitarbeiterführung" betrachten, wenn wir nach der Bedeutung von Persönlichkeitsmerkmalen für den Führungserfolg fragen. Diese Frage überhaupt zu stellen, war lange Zeit „völlig out". Wenn man in deutschen Lehrbüchern zum Personalmanagement die Kapitel zum *Eigenschaftsansatz der Führung* liest, dann stellt man fest, dass sie sehr kurz ausfallen. Man konstatiert in der Regel, dass es trotz umfänglicher empirischer Bemühungen nicht gelungen ist, die Bedeutung einzelner Persönlichkeitsmerkmale für den Führungserfolg nachzuweisen. Die Zahl der untersuchten Persönlichkeitsvariablen ist rein von der Zahl her unüberschaubar. Ihre Korrelationskoeffizienten mit Führungserfolg sind allein schon von der Richtung her uneinheitlich und wenn tendenziell einmal einheitlich, dann im Durchschnitt sehr schwach ausgeprägt. Im Ergebnis wird dann im Eigenschaftsansatz eher eine historische Entwicklungsstufe gesehen. Allerdings wird durchaus konzediert, dass Persönlichkeitsmerkmale für Führungserfolg eine Rolle spielen, aber eben – und das ist ja zutreffend – nicht als alleinerklärender Faktor. (vgl. z. B. Jung, 2017, S. 416; Berthel & Becker, 2017, S. 188 f.).

Im Zuge der Debatte um *charismatische Führung* (vgl. Weibler, 2016, S. 123 ff.) erlebte die Eigenschaftstheorie noch einmal eine starke Renaissance. Hier muss allerdings kritisch vermerkt werden, dass das Charisma einer Führungskraft kein (stabiles) Persönlichkeitsmerkmal ist. Es handelt sich vielmehr um ein Attributionsphänomen. Charisma bekommt man als Führungskraft von den Geführten zugeschrieben, oder eben auch nicht. Zudem ist es relativ fragil. Der Weg vom „Hosianna" zum „Kreuziget ihn!" kann mitunter kurz sein.

Woran liegt es, dass die Untersuchung der Relevanz von Persönlichkeitsmerkmalen in der Führungsforschung eher nur bescheidene Erfolge erbrachte und im Gefolge als wenig nutzbringend gesehen wurde? Der Hauptgrund liegt in dem überbordenden, unstrukturierten Sammelsurium an Persönlichkeitsmerkmalen, das von körperlichen Merkmalen (z. B. Größe, Gewicht, Ausdauer) über kognitive Merkmale (z. B. Intelligenz, Wahrnehmungsfähigkeit, Problemlösungsfähigkeit), Motivationskomponenten (z. B. soziale Bedürfnisse, Leistungsmotiv), Bildungsparameter (z. B. Wissen, Fachqualifikationen) bis hin zu „einmal quer durch die Psychologie und zurück" reichte (z. B. Selbstbewusstsein, Kreativität, Stresstoleranz, emotionale Reife, Kontrollüberzeugungen, Aggressivität). Alles, was irgendwie mit dem Individuum in Verbindung gebracht werden konnte und „bei Drei nicht auf den Bäumen war", wurde als potenzieller Einflussfaktor für Führungserfolg untersucht. So wurden z. T. gleiche

Variablen unter verschiedenen Bezeichnungen und verschiedene Variablen unter gleichen Bezeichnungen untersucht. Zudem lag ein scharf abgegrenztes Verständnis davon, was als „Persönlichkeitsmerkmal" zu klassifizieren ist und was nicht, nicht vor. Kurz: Es mangelte an einer einheitlichen Persönlichkeitstheorie. Entsprechenden Wildwuchs produzierten dann auch die empirischen Ergebnisse (vgl. ähnlich Judge et al., 2002b, S. 765 f. und die zit. Lit.).

Mit den Big Five liegt nun aber seit geraumer Zeit ein belastbarer, einheitlicher Ordnungsrahmen für die empirische Erforschung von Führungseigenschaften vor. Diesen nutzten Judge et al. (2002b, S. 767 ff.) in ihrer Metaanalyse aller relevanten Studien von 1887 bis 1999 zum Zusammenhang von Persönlichkeitsmerkmalen und Führung, in der sie final 222 Korrelationen aus 73 Samples berücksichtigten. Die Zuordnung der gefundenen Persönlichkeitsmerkmale zu den Big Five wurde über ein sechsköpfiges Expertengremium vorgenommen. Die Konzeptualisierung des Zielkriteriums „Führung" erfolgte über zwei Aspekte:

- *Führungsemergenz:* In welchem Ausmaß wird eine Person von Anderen als Führungskraft wahrgenommen? Dies spielt auch bei der Frage eine wichtige Rolle, ob jemandem Führungspotenzial attestiert wird und er damit überhaupt in eine Führungsrolle kommt.
- *Führungseffizienz:* In welchem Umfang gelingt es der Führungskraft, die Ziele der ihr unterstellten Einheit zu erreichen (in der Regel gemessen über Vorgesetzten- und Mitarbeiterbeurteilung)?

In einer *Gesamtbetrachtung* waren die Big Five in Summe in Höhe von $r = 0,48$ positiv mit Führung korreliert. Das spricht klar dafür, dass Persönlichkeitsmerkmale ein wichtiger Prädiktor für Führung generell sind. Innerhalb der Big Five wies lediglich Extraversion mit $r = 0,31$ eine geringfügig höhere Korrelation mit Führung auf als Gewissenhaftigkeit ($r = 0,28$). Steigt man auf die *Facettenebene* hinab und analysiert je Domäne die beiden wichtigsten Facetten, dann bleibt das Bild stabil: Geselligkeit und Durchsetzungsfähigkeit als Facetten der Extraversion sind mit jeweils $r = 0,37$ und Leistungsstreben ($r = 0,35$) und Pflichtbewusstsein ($r = 0,30$) als Facetten der Gewissenhaftigkeit die wichtigsten Prädiktoren von Führung. Alle anderen Facetten spielen kaum eine Rolle.

Bei einer *getrennten Analyse* nach Führungsemergenz und Führungseffizienz zeigt sich im Hinblick auf Gewissenhaftigkeit allerdings ein gespaltenes Bild. So ist dieses Merkmal zusammen mit Extraversion bei einer Korrelation von jeweils $r = 0,33$ der wichtigste Prädiktor für *Führungsemergenz,* hat aber für die *Führungseffizienz* mit $r = 0,16$ von allen Big Five-Merkmalen die geringste Bedeutung. Tab. 3.9 fasst die Werte nochmals im Überblick zusammen. Gewissenhaftigkeit scheint also besonders wichtig zu sein, um überhaupt Führungskraft zu werden bzw. als Führungskraft wahrgenommen zu werden.

Tab. 3.9 Korrelationen zwischen Big Five und Führung. (Quelle: Verdichtung aus Judge et al. 2002b, S. 771 f.)

Kriterium Big Five-Merkmal	Führung gesamt	Führungs-emergenz	Führungs-effizienz
Neurotizismus	-0.24	-0.24	-0.22
Extraversion • Geselligkeit • Durchsetzungsfähigkeit	0.31 0.37 0.37	0.33	0.24
Offenheit	0.24	0.24	0.24
Verträglichkeit	0.08	0.05	0.21
Gewissenhaftigkeit • Leistungsstreben • Pflichtbewusstsein	0.28 0.35 0.30	0.33	0.16

Es gibt allerdings ein Fragezeichen hinter der Aussagekraft der Ergebnisse: Unterteilt man die Studien nach dem Setting, in dem sie stattgefunden haben, dann stellt man – wie so häufig – fest, dass der größte Anteil mit Studierenden durchgeführt wurde und nur der kleinere Anteil im Bereich Verwaltung/Militär und Wirtschaft. Fallen die Korrelationen von Gewissenhaftigkeit und Führung bei studentischen Samples mit $r = 0{,}36$ recht überzeugend aus, so erreichen sie in Businesssamples vernachlässigbare $r = 0{,}05$. Das muss nicht zwangsläufig gegen die Übertragbarkeit der Ergebnisse aus studentischen Samples sprechen. Aber aus Sicht eines praxisorientierten Wirtschaftswissenschaftlers ist das wieder der Punkt, an dem man sich mehr Studien direkt in den Unternehmen wünscht – wohl wissend, dass deren Kooperationsbereitschaft in der Frage der Unterstützung wissenschaftlicher empirischer Forschung mitunter arg begrenzt ist.

Im Rahmen einer sehr breit angelegten Metaanalyse 2. Ordnung (N = 79 Studien), die mit einer Metaanalyse 1. Ordnung (N = 729 Studien) kombiniert war, wurde ein sehr komplexes Führungsmodell zugrunde gelegt (vgl. Derue et al., 2011, S. 10). Es enthielt insgesamt 16 *Eigenschaften* von Führungskräften (darunter die Big Five), 15 verschiedene *Verhaltensweisen (= Führungsstile)* von Führungskräften (z. B. Mitarbeiterorientierung, Aufgabenorientierung, Laissez-Faire, Transformationale Führung) und 5 verschiedene *Attributions- und Identifikationsmaße* (z. B. Implizite Führungstheorie der Führungskraft, Identifikation der Geführten mit der Führungskraft). Aufgeklärt werden sollte, zu welchem relativen Anteil die *Führungseffizienz* von Eigenschaften bzw. Verhaltensweisen der Führungskraft bestimmt wird. Führungseffizienz wurde dabei sowohl an *Leistung*, als auch an *Zufriedenheit* der Mitarbeiter auf unterschiedlichen Ebenen (Individuum, Führungsdyade, Gruppe, Gesamtorganisation) festgemacht und über verschiedene Messoperationen gemessen (z. B. Vorgesetzenurteile, Mitarbeiterbeurteilung).

Was war das Ergebnis? In *Gesamtschau* zeigte sich, dass die *Führungsstile* der Führungskräfte einen größeren Anteil am *Führungserfolg* erklären (je nach Erfolgskriterium zwischen 20 und 70 %) als die *Eigenschaften* der Führungskräfte (zwischen 2 und 22 %). Innerhalb der *Führungsstile* wirkten Transformationale Führung, Abwesenheit eines Laissez-Faire Stils und Mitarbeiterorientierung besonders positiv auf die Beurteilung der *individuellen Overall-Effizienz* der Führungskraft. Die *Gruppenleistung* hing vor allem von einem aufgabenorientierten und einem transformationalen Führungsstil ab. *Mitarbeiterzufriedenheit* wurde sehr stark geprägt durch ein Führungsverhalten, das primär auf Belohnungsvergabe, also auf transaktionale Prinzipien, setzte. Und die *Zufriedenheit mit der Führungskraft* hing – wenig erstaunlich – am stärksten von einem mitarbeiterorientierten Führungsstil ab. Kritisch wäre anzumerken, dass der Einfluss der Persönlichkeitsmerkmale auf den praktizierten Führungsstil nicht untersucht wurde. Hier wären vermutlich auch deutliche Abhängigkeitsbeziehungen zu finden.

Welchen Einfluss hatten in der Studie nun *konkrete Eigenschaften* der Führungskraft? Die Big Five waren die absolut dominierenden Erklärungsfaktoren! Die Beurteilung der *individuellen Overall-Effizienz* der Führungskraft ging dominant auf Extraversion und Gewissenhaftigkeit zurück. Die *Gruppenleistung* hing mit 61,5 % in extremer Form von Gewissenhaftigkeit ab (Verträglichkeit 22 %). Bei der *Zufriedenheit der Mitarbeiter* spielte wieder Gewissenhaftigkeit mit 50,6 % (Extraversion 25,9 %) die überragende Rolle, diesmal allerdings mit negativem Vorzeichen. Gewissenhafte Führungskräfte können also die Zufriedenheit der Mitarbeiter beeinträchtigen. Die *Zufriedenheit mit der Führungskraft* hing ganz zentral von ihrer Verträglichkeit ab (81 %) (vgl. Derue et al., 2011, S. 28 ff.). Nachdem das jetzt möglicherweise zuviel verbale Detailinformation war, fasst Tab. 3.10 nochmals die zentralen Einflussfaktoren auf die Führungseffizienz samt ihrer Wirkrichtung zusammen. Ein doppeltes (dreifaches) Wirkungszeichen wird vergeben, wenn der relative (!) Einfluss eines Faktors mindestens doppelt (dreifach) so groß war, wie der des zweitplatzierten Faktors. Die Abbildung darf damit nicht im Sinne von *absoluten* Einflussstärken missverstanden werden. Sie gibt die *relative* Einflussstärke innerhalb der Komplexe *Führungsverhalten* und *Führungseigenschaften* an.

Was kann man aus dieser Studie im Hinblick auf Eigenschaften von Führungskräften mitnehmen? Erstens: Persönlichkeitsmerkmale der Big Five spielen im Rahmen der *Eigenschaften* von Führungskräften für die Führungseffizienz die zentrale Rolle. Zweitens: Tendenziell wird innerhalb der Big Five die zentrale Bedeutung von Extraversion und Gewissenhaftigkeit aus der oben dargestellten Metaanalyse von Judge et al. bestätigt. Drittens: Persönlichkeitsmerkmale scheinen auf Zufriedenheitsmaße der Führungseffizienz einen größeren Einfluss auszuüben, als auf Leistungsmaße. Viertens: Gewissenhaftigkeit einer Führungskraft kann negativ auf die Zufriedenheit der Mitarbeiter wirken, wenn sie diesen Persönlichkeitszug zu stark auslebt.

In einer weiteren, neueren Metaanalyse über Studien der Jahre 1887 bis 2008 zum Zusammenhang zwischen Persönlichkeitsmerkmalen und Führungseffizienz (383 Samples mit N=89,757 Teilnehmern) konnte der generelle Einfluss der Big Five in Übereinstimmung mit den beiden vorher dargestellten Metaanalysen bestätigt werden. Gewissen-

Tab. 3.10 Zentrale Einflussfaktoren von Verhalten und Eigenschaften der Führungskraft auf die Führungseffizienz. (Quelle: Verdichtung aus Derue et al., 2011, S. 28 ff.)

Effizienzmaß Einflussfaktor	Overall-Effizienz	Leistung der Mitarbeiter	Zufriedenheit der Mitarbeiter	Zufriedenheit mit der Führungskraft
Führungsverhalten				
Transformationale Führung	+	+	+	+
Laissez-Faire-Führung	–			
Mitarbeiterorientierte Führung	+			++
Aufgabenorientierte Führung		+		
Belohnungsorientierte Führung			++	
Eigenschaften der führungskraft				
Extraversion	+		+	
Gewissenhaftigkeit	+	++	– –	
Verträglichkeit		+		+++

haftigkeit war hier das Merkmal mit der höchsten Korrelation zu Führungseffizienz ($r=0{,}197$) vor Offenheit ($r=0{,}184$) und Verträglichkeit ($r=0{,}182$). Dagegen spielte Extraversion ($r=0{,}128$) in Abweichung zu den anderen Metaanalysen eine geringere Rolle (vgl. Hoffmann et al., 2011, S. 347 ff.). Man kann also über drei große Metaanalysen hinweg eine zentrale Rolle von Gewissenhaftigkeit feststellen. Die größte Bedeutung hatte das Merkmal eher auf unteren Führungsebenen. Auf höheren Ebenen hatten Offenheit und Verträglichkeit eine deutlich höhere Bedeutung für die Führungseffizienz. Als Erklärung bietet sich an, dass auf unteren Führungsebenen die fachlichen Aufgabenanteile ein höheres Gewicht gegenüber den reinen Managementanteilen haben und daher Gewissenhaftigkeit eine wichtigere Rolle spielt. In Abweichung zur Metaanalyse von Judge et al. wurden in den Businesssamples (und nicht in den studentischen Samples) die höchsten Korrelationen für Gewissenhaftigkeit ermittelt (vgl. Motel, 2017, S. 23 ff.).

Zusätzlich untersuchte diese Metaanalyse zum einen auch Unterschiede in verschiedenen *Kulturräumen* und zum anderen in den *Zeitepochen,* in denen die Studien durchgeführt wurden. Hintergrund waren die Hypothesen, dass unterschiedliche Kulturräume ein abweichendes Verständnis von einer „idealen Führungskraft" haben und dass zu verschiedenen Zeitepochen unterschiedliche gesellschaftliche, politische, ökonomische und politische Rahmenbedingungen herrschen (z. B. Globalisierung, Automatisierung, Gleichberechtigung, veränderte Führungsphilosophien). Im Ergebnis zeigte sich im Hinblick auf die *Kulturräume,* dass generell im Nahen Osten (Türkei, Kuwait, Ägypten, Katar), in Marokko und in Lateinamerika (Mittel- und Südamerika) *Persönlichkeitsmerkmale allgemein* für die Führungseffizienz das höchste Gewicht haben.

In deutschorientierten Ländern (DACH-Region und Niederlande) und englisch-orientierten Ländern (Nordamerika, Australien, Neuseeland, UK, Irland, weiße Bevölkerung in Südafrika) spielten sie eher eine untergeordnete Rolle. Speziell *Gewissenhaftigkeit* hat in Lateinamerika, im Iran und Südostasien (Indonesien, Indien, Philippinen, Malaysia, Thailand) die höchste Bedeutung. In deutschorientierten Ländern konnte hingegen nur eine sehr untergeordnete Bedeutung nachgewiesen werden. Dies überrascht zunächst ein wenig, aber empirische Ergebnisse sind nun mal, wie sie sind. Kritisch ist bei diesen Befunden die zum Teil sehr kleine Samplezahl je Kulturraum zu sehen.

Im Hinblick auf die *Zeitepochen* wiesen dafür die deutschorientierten Länder mit sehr großem Abstand den höchsten Bedeutungszuwachs des Merkmals „Gewissenhaftig-keit" in der Zeitperiode 2005–2015 auf (Korrelation: r = 0,769). Konfuzianisch geprägte Länder (China, Japan, Südkorea, Singapur, Hongkong) kamen auf eine Korrelation von r = 0,479 (2001–2015) und englischorientierte Länder nur auf r = 0,176 (1992–2013) (vgl. Motel, 2017, S. 28 ff.). Kritisch muss hier die Zugrundelegung unterschiedlich langer Zeiträume hinterfragt werden. In Gesamtbetrachtung stellt die Studienautorin fest, dass die Bedeutung von Gewissenhaftigkeit – im Vergleich zu den anderen Big Five-Merkmalen – relativ konsistent über Kulturen und Zeiträume ist. Kritisch ist mit Blick auf die gesamte Studie allerdings anzumerken, dass leider zwar viele Zahlen, aber ver-gleichsweise wenig Interpretationen für die Einzelbefunde angeboten werden.

Schwenken wir nun den Scheinwerfer von Führungsbeziehungen, die sich tendenziell auf die Führung einzelner Mitarbeiter richten, auf die *Führung von Teams*. Generell sind die Effekte von Persönlichkeitsmerkmalen der Führungskraft auf die *Team-effizienz* gemäß einiger Metaanalysen recht schwach. Das liegt daran, dass oftmals relevante Situationsfaktoren der Teamarbeit nicht hinreichend beachtet wurden. In einer Studie mit N = 338 Teammitgliedern (Techniker und Ingenieure) und N = 98 Teamführungskräften wurde daher der Fokus stärker auf die Frage gerichtet, welche Art der Führung ein Team aufgrund der vorherrschenden Bedürfnisse erwartet und akzeptiert. Wenn Persönlichkeitseigenschaften der Führungskraft komplementär zu diesen Bedürfnissen und Erwartungen sind, also eine Passung (= Fit) besteht, dann kommt es zu höherer Teamleistung. Eine wichtige Variable bei diesen Teamerwartungen ist die Frage, wie viel *Machtausübung und Statusunterschiede (= Power Distance)* eine Arbeitsgruppe akzeptiert. Teamleader mit hohen Werten bei Gewissenhaftigkeit haben den Anspruch, die Art der Aufgabenerledigung in der Gruppe zu beeinflussen, in Teamprozesse involviert zu sein und sie zu kontrollieren. Dies ergibt sich aus ihrer Leistungsorientierung, Planungs- und Ordnungsvorliebe. Trifft eine solch gewissenhafte Führungskraft auf ein Team, das eine hohe *Power Distance* aufweist, also ein Bedürfnis nach eher dominanter Führung hat und gleichzeitig die *Überzeugung vorherrscht, dass man als Gruppe erfolgreich sein kann,* dann entsteht unter dem Einfluss dieser beiden Moderatorvariablen eine erhöhte Leistung bei der zu erledigenden Aufgabe (= in-role Performance). Extrafunktionale Leistungen (= extra-role Performance) steigerte sich dagegen nicht (vgl. Hu & Judge, 2017, S. 935 ff. und die zit. Lit.). Nicht immer, aber bei entsprechenden Teamstrukturen leistet Gewissenhaftigkeit der Führungskraft also einen positiven Beitrag zur Teamleistung. Bei erfolgsüberzeugten Teams, die eine starke Führung akzeptieren, scheint dies so zu sein.

Die Betrachtung von Führungsbeziehungen wäre unvollständig, wenn man nicht auch die Frage stellen würde, in welcher Form die Mitarbeiter das Führungsverhalten ihres Vorgesetzten beeinflussen können. Dieser Aspekt, wird unter dem Stichwort *„Führung von unten"* diskutiert. Hier interessieren uns als Ausschnitt die *Persönlichkeitsmerkmale der Mitarbeiter,* speziell deren Gewissenhaftigkeit. Und da gilt es festzuhalten: In einer Führungsbeziehung wirken nicht nur die Persönlichkeitsmerkmale der Führungskräfte auf die Mitarbeiter ein, sondern die Persönlichkeitsmerkmale der Mitarbeiter beeinflussen ihrerseits auch das Verhalten der Führungskraft, was dann in einem dynamischen Zirkelprozess wieder auf die Mitarbeiter zurückwirkt. Mitarbeiter sind also nicht nur „Opfer" oder „Profiteure" der Persönlichkeitsmerkmale von Führungskräften, sondern selbst auch ein aktives Element. Das konnte mit Bezug zu den Merkmalen „Gewissenhaftigkeit" und „Verträglichkeit" in einer Kombinationsstudie aus Metaanalyse (N = 40 Studien), Laborexperimenten und Befragungen (N = 204 Führungsdyaden) eindrucksvoll gezeigt werden (vgl. Huang et al., 2017, S. 1564 ff. und die zit. Lit.). Im Kern wurde untersucht, welchen Einfluss Persönlichkeitsmerkmale von Geführten auf das Ausmaß haben, in dem Führungskräfte Gerechtigkeitsregeln einhalten. Der Fokus ist eher neuartig, da psychologische Gerechtigkeitsforschung traditionell eher auf den *Gerechtigkeitsempfänger* fokussiert und weniger den *Gerechtigkeitsgeber* (hier: Führungskraft) im Auge hat. Es wurden vier Typen von Gerechtigkeitsregeln unterschieden:

- *Verteilungsgerechtigkeit:* In welchem Umfang herrscht Fairness bei der Verteilung der gemeinsam erarbeiteten Erfolge?
- *Entscheidungsgerechtigkeit:* In welchem Umfang sind Entscheidungsprozesse fair, indem gleiche Entscheidungstypen immer nach den gleichen Kriterien entschieden werden, nicht durch persönliche Interessen der Führungskraft beeinflusst sind und auf korrekten und allen zugänglichen Informationen basieren?
- *Interpersonelle Gerechtigkeit:* In welchem Umfang werden alle Mitarbeiter mit Höflichkeit, Sensibilität und unter Achtung ihrer Würde behandelt?
- *Informationsgerechtigkeit:* In welchem Umfang herrscht bei der interpersonellen Kommunikation Offenheit, Gründlichkeit und Aktualität?

Die Einhaltung oder Brechung von Gerechtigkeitsregeln durch Führungskräfte kann entweder auf einer nüchternen *Kosten-Nutzen-Abwägung (= kognitive Gerechtigkeit)* oder auf „heißem Herzen", also *spontanen Emotionen (= affektive Gerechtigkeit)* basieren, je nachdem, ob Mitarbeiter positive oder negative Emotionen bei der Führungskraft triggern. Positive (negative) Trigger führen zu Einhaltung (Verletzung) der Gerechtigkeitsregeln durch den Vorgesetzten.

Es zeigte sich nun, dass *gewissenhafte Mitarbeiter* von den Vorgesetzten hinsichtlich ihres *Einsatzes* besser bewertet werden. Dies führt bei den Führungskräften zu einer stärkeren Einhaltung der Gerechtigkeitsregeln, was dann bei den Mitarbeitern wiederum zu einem höheren Gerechtigkeitsempfinden führt. Die gleichen Effekte stellten sich für *verträgliche* Mitarbeiter ein. Nur basierte die Einhaltung der Gerechtigkeitsregeln durch den Vorgesetzten hier auf dem moderierenden Effekt der (affektiven) *Freundlichkeit* („Liking") des Mitarbeiters und nicht auf dem (kognitiven) *Kosten-Nutzen-Kalkül* („Effort") wie bei Gewissenhaftigkeit. Die Mitarbeiter nehmen also im Ergebnis durch ihre Persönlichkeitsmerkmale (ungewollt) darauf Einfluss, wie gerecht sie durch eine Führungskraft behandelt werden. Die Gesamtzusammenhänge sind – samt der Korrelationskoeffizienten – im Überblick Abb. 3.4 zu entnehmen. Es wurde hier bewusst einmal auf eine Abbildung zurückgegriffen, wie man sie in psychologischen Fachzeitschriften oftmals findet. Dieses Beispiel soll punktuell verdeutlichen, wie komplex spezielle Studien angelegt sind und wie komplex auch ganz allgemein die Interaktivität in Führungsprozessen ist.

Abschließend zu diesem Kapitel über Führung soll noch eine interessante Einzelstudie zum *Voice Behavior* vorgestellt werden. Formulieren wir die Forschungsfrage einmal bewusst burschikos: Machen die Mitarbeiter „die Klappe" auf, wenn es darum geht, Missstände und Probleme im Unternehmen anzusprechen? Kommunizieren Mitarbeiter eigene Meinungen, Ideen und Vorschläge zur Verbesserung von Arbeitsprozessen und Behebung von Problemen? Oder schweigen sie (Probleme tot)? Die psychologische Fachliteratur nennt diese Verhaltensmuster von Mitarbeitern „Voice Behavior". Es ist sofort ersichtlich, wie praxisrelevant dieses „Stimme erheben" von Mitarbeitern ist. Zahl und Qualität von Verbesserungsvorschlägen und damit die Weiterentwicklung von Organisationen hängen von ihm genauso ab, wie die Aufdeckung und Bekämpfung unlauterer Machenschaften im Unternehmen. Insofern kann mutiges „Voice Behavior" auch ein wichtiger Baustein zum Compliance-Management und Whistleblowing sein.

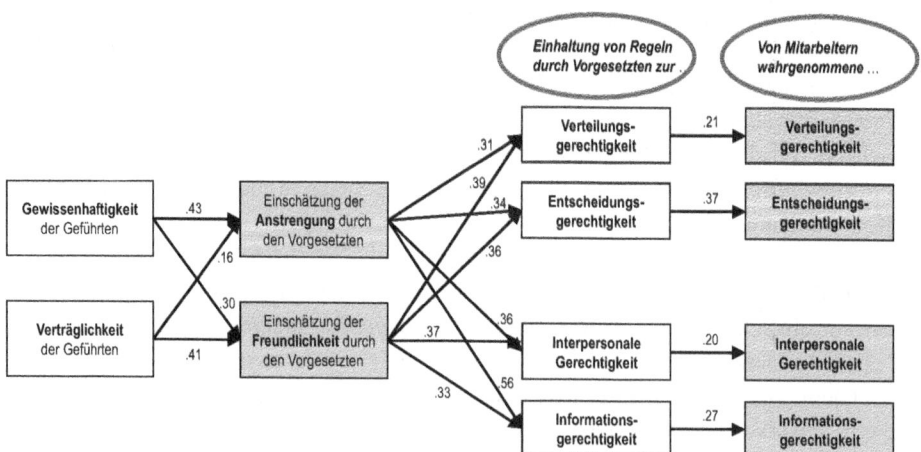

Abb. 3.4 Einhaltung von Gerechtigkeitsregeln durch Vorgesetzte. (Quelle: Huang et al., 2017, S. 1576)

Wovon hängt nun ab, ob Mitarbeiter ihre Stimme erheben oder nicht? Ein wichtiger Einflussfaktor ist die Frage, wie ethisch das Führungsverhalten des Vorgesetzten ist.

In einer Studie mit N = 893 Mitarbeitern und ihren N = 222 Vorgesetzten eines großen Finanzinstituts in den USA konnte gezeigt werden, dass ethisches Führungsverhalten das Voice Behavior von Mitarbeitern fühlbar positiv beeinflusst (r = 0,35). Ethisches Führungsverhalten hängt seinerseits u. a. von den Persönlichkeitsmerkmalen Verträglichkeit (r = 0,37) und Gewissenhaftigkeit (r = 0,29) ab. Eine vermutete Abhängigkeit von geringem Neurotizismus ließ sich nicht bestätigen. Als wichtiger moderierender Faktor zwischen ethischem Führungsverhalten und Voice Behavior wirkt die *psychologische Sicherheit,* in der sich Mitarbeiter fühlen. Was ist nun genau unter „ethischem Führungsverhalten" zu verstehen und wie muss man sich die ablaufenden Prozesse vorstellen? Ethische Führungskräfte

- demonstrieren bei all ihren persönlichen Aktivitäten, bei allen Entscheidungen und im sozialen Umgang mit anderen angemessene Normgebundenheit,
- unterstützen eine solche Normgebundenheit bei ihren Mitarbeitern über persönliche Gespräche,
- informieren ihre Mitarbeiter über den Nutzen von ethischem Verhalten und über die Kosten unethischen Verhaltens,
- ermuntern Mitarbeiter zu kritischen Äußerungen,
- setzen klare ethische Standards,
- nutzen auf transparente und faire Weise Belohnungs- und Bestrafungssysteme, um Mitarbeiter für ihr ethisches Verhalten in der Verantwortung zu lassen,
- sprechen unethisches Verhalten in der Organisation klar und öffentlich an und mahnen ethisches Verhalten an.

Ein solches Verhalten von Führungskräften ermuntert auch Mitarbeiter, ihre Stimme zu erheben. Die Vorgesetzten agieren dann als Rollenvorbilder. Die Bereitschaft zu Voice Behavior steigt insbesondere dann an, wenn sich Mitarbeiter psychologisch sicher fühlen, also die Überzeugung haben, dass ihnen aus ihren Meinungsäußerungen keine Nachteile erwachsen und sie ungestraft auch risikoreiche Äußerungen tätigen können. Es liegt dann ein Klima des Vertrauens und gegenseitigen Respekts vor, in dem man auch Gegensätzlichkeiten thematisieren kann. Ethisches Führungsverhalten leistet einen Beitrag zu dieser psychologischen Sicherheit. Wenn Führungskräfte über hohe Verträglichkeit und Gewissenhaftigkeit verfügen, dann wird ethisches Führungsverhalten wahrscheinlicher. Verträgliche Vorgesetzte sind stark auf menschliche und korrekte Behandlung von Mitarbeitern bedacht. Sie sind im sozialen Umgang aufmerksam, hilfsbereit, ehrlich, vertrauens- und verständnisvoll und akzeptieren die Bedürfnisse des Gegenübers. Gewissenhafte Vorgesetzte weisen per se eine hohe Regeltreue auf, sind wenig korrumpierbar, akzentuieren Pflichten und Verantwortlichkeiten und weisen so eine hohe Verlässlichkeit auf. Wegen ihrer Detail-, Ziel- und Leistungsorientierung sind sie prädestiniert, um klare ethische Standards an ihre Mitarbeiter zu kommunizieren.

Das alles sind die Zutaten für die Generierung eines vertrauensvollen Vorbildklimas. Eine generell ethische Organisationskultur und ethikorientierte Sozialisationsprozesse unterstützen ethisches Führungsverhalten zusätzlich. Ein Nachteil von Voice Behavior muss auch angesprochen werden: Es kann anstrengend sein und auch zu Konflikten führen. Mitarbeiter geben mitunter ein Feedback, das nicht mit den Zielen und Plänen der Führungskraft harmoniert. Dann ist entscheidend, wie souverän eine Führungskraft mit diesen Konflikten umgeht und der Versuchung widersteht, ihre Hierarchiemacht überstark einzusetzen (vgl. Walumbwa & Schaubroeck, 2009, S. 1275 ff. und die zit. Lit.).

Es gibt also in Summe eine ganze Reihe an positiven Effekten, wenn Führungskräfte eine hohe Gewissenhaftigkeit aufweisen. Im Abschn. 4.5 werden dann die Risiken in Führungsbeziehungen aufgegriffen, die mit einer (zu) starken Ausprägung dieses Merkmals verbunden sind. Dort werden dann auch – in Abweichung zur sonst gewählten Vorgehensweise in diesem Buch – explizit die Probleme thematisiert, die mit einer *sehr geringen* Gewissenhaftigkeit von Vorgesetzten verbunden sind. An ihnen wird dann nochmals weiter deutlich werden, welch hohen Wert es hat, wenn die Führungskräfte einer Organisation zumindest ein mittleres Niveau an Gewissenhaftigkeit aufweisen. Insofern hätte man diese Ausführungen auch im vorliegenden Kapitel platzieren können. Die Entscheidung ist aber bewusst anders getroffen worden, da die direkte Kontrastierung von „zu hoher Gewissenhaftigkeit" und „zu niedriger Gewissenhaftigkeit" im gleichen Kapitel für den Leser griffiger ist.

Zusammenfassung

Als Fazit zu diesem Kapitel können wir also festhalten, dass gewissenhafte Führungskräfte mit höherer Wahrscheinlichkeit

- von anderen Personen aufgrund ihres Leistungsstrebens und Pflichtbewusstseins als Führungskräfte wahrgenommen werden bzw. ihnen Führungspotenzial zugeschrieben wird *(= Führungsemergenz)*, speziell dann, wenn sie zudem noch über hohe Extraversion verfügen,
- auch positive Effekte auf die *Führungseffizienz,* insbesondere die Leistung der Mitarbeiter (speziell auf unteren Führungsebenen) haben, wobei die metaanalytischen Ergebnisse gemischt sind,
- negative Effekte auf die Zufriedenheit der Mitarbeiter ausüben können, wenn sie ihre Persönlichkeitszüge zu stark ausleben,
- auch Teams zu höherer Leistung führen können, wenn diese eine hohe Erfolgsüberzeugung und Akzeptanz für eine dominante Führung aufweisen,
- auch in einem „feindlichen" Organisationsklima nicht zu missbräuchlichem Führungsverhalten tendieren und so zu einem wirksamen Stresspuffer für ihre Mitarbeiter werden und verhindern, dass diese ihrerseits mit kontraproduktivem Verhalten reagieren,

- ein ethisches Führungsverhalten an den Tag legen, das dann zu psychologischer Sicherheit bei den Mitarbeitern führt und im Gefolge deren Bereitschaft steigert, Missstände und Probleme in der Organisation offen anzusprechen (Voice Behavior).

Weiterhin ist zu konstatieren, dass

- der Führungsstil einen größeren Einfluss auf den Führungserfolg hat als die Persönlichkeitsmerkmale der Führungskraft,
- gewissenhafte Mitarbeiter aufgrund ihres starken Engagements die Einhaltung von Gerechtigkeitsregeln durch Vorgesetzte (unbeabsichtigt) fördern können.

3.12 Sozialbeziehungen und Zusammenarbeit

Organisationen sind immer auch eine Ansammlung von Menschen. Zwangsläufig kommt es zu sozialen Kontakten zwischen den Mitarbeitern. Diese können eher *informaler* Natur sein (z. B. gemeinsame Kantinenbesuche, Gespräche auf dem Gang) oder – häufiger – ganz *formal* geplant, wenn zur Erledigung von Aufgaben oder Erreichung von Zielen kooperiert werden muss. Solche Kooperationen können auf der *individuellen Ebene* zwischen einzelnen Mitarbeitern oder in *Arbeitsgruppen* stattfinden. Immer wenn Mitarbeiter in Organisationen – gleich aus welchem Anlass – miteinander in Kontakt treten, dann „menschelt" es auch. Im Grundsatz treten alle Phänomene sozialer Beziehungen, die man aus dem Privatbereich kennt, auch in Organisationen auf. Sie können belastender Natur sein (z. B. Konflikte) oder auch eher erfreulich (z. B. Gewährung von Unterstützung). Von der Qualität der sozialen Kontakte in der Organisation hängen nicht nur die gemeinsame Leistung und das Niveau der Zielerreichung ab, sondern auch das „Well-Being" der Organisationsmitglieder und damit deren Arbeitszufriedenheit und Bleibebereitschaft.

Positive Sozialkontakte sind damit also der „Schmierstoff" im Räderwerk jeder Organisation. Wie gut er schmiert, hängt auch von den Sozialqualifikationen aller Beteiligten ab. Diese bilden ein äußerst facettenreiches Konstrukt. Im Kern geht es dabei einerseits immer um ein ausbalanciertes Verhältnis zwischen *Durchsetzung eigener Interessen* und der *Beziehungsfähigkeit,* also befriedigende Beziehungen mit anderen einzugehen und dauerhaft aufrecht zu erhalten. Andererseits ist neben der *sozialen Sensitivität* und *Empathie* (= wie gut versteht man Andere?) auch die *soziale Handlungskompetenz* (= wie gut kann man schwierige soziale Situationen positiv auflösen?) gefragt (vgl. Neyer & Asendorpf, 2018, S. 165 f.). Für die konkrete Ausprägung der Sozialqualifikationen sind die Persönlichkeitsmerkmale ein wichtiger Einflussfaktor.

Wie schon die Metaanalyse 2. Ordnung von Wilmot und Ones (2019, S. 23007) im Überblick zeigt, hat *Gewissenhaftigkeit* starke Effekte auf Variablen, die für eine positive Zusammenarbeit relevant sind (siehe Tab. 2.18). Dies gilt sowohl unter Kollegen, als auch zwischen Mitarbeiter und Führungskraft. Das Persönlichkeitsmerkmal ist eine gute Voraussetzung für kollegiale Hilfsbereitschaft und den Willen, gut miteinander auszukommen. Generell sind gewissenhafte Mitarbeiter bereit, sich ganz allgemein für soziale Beziehungen besonders zu engagieren. Gewissenhaftigkeit führt also offensichtlich dazu, dass wichtige Facetten der Sozialkompetenz abgedeckt werden. Nachfolgend werden *zwölf Studien(komplexe)* präsentiert, die auf wichtige Einzelaspekte von sozialen Beziehungen eingehen. Die Ergebnisse haben Relevanz sowohl für die *aufgabenbezogene Kooperation* und das generelle *soziale Miteinander in der Organisation,* als auch für eine effektive *Zusammenarbeit in Teams.* Im Anschluss daran wird in Abschn. 3.13 der Scheinwerfer noch einmal spezifischer auf die Arbeitsgruppe gerichtet und untersucht, welche Rolle Gewissenhaftigkeit unter dem Gesichtspunkt der Teamleistung für die Zusammenstellung der Arbeitsgruppe spielt.

Ein Zwischenruf in eigener Sache: Die vorgestellten Studien sind weit davon entfernt, eine geschlossene Persönlichkeitstheorie der Sozialqualifikationen in Organisationen und Arbeitsgruppen bieten zu können. Dafür fehlen zu wichtigen Fragen einfach die empirischen Studien (oder sie wurden bei der Recherche schlicht nicht gefunden). Zudem würde dies – eigentlich mag ich diese Formulierung nicht wirklich – auch „den Rahmen dieses Buches sprengen". Geboten werden stattdessen wichtige Puzzlesteine zum Gesamtbild einer produktiven Zusammenarbeit in Organisationen. Analoges galt ja auch schon für die Ausführungen zur Mitarbeiterführung im vorhergehenden Kapitel.

Studie 1: In einem breit angelegten Ansatz wurde in einer Längsschnittstudie mit N = 2,556 kaufmännischen Berufsschülern in der Schweiz der Zusammenhang zwischen den Big Five und einem breiten Spektrum von Sozialkompetenzen untersucht. Speziell für Gewissenhaftigkeit konnten u. a. signifikante positive Einflüsse nachgewiesen werden auf (vgl. Lang, 2008, S. 140, 225):

- *Kooperationsfähigkeit:* Bei Zusammenarbeit mit anderen Personen und in Gruppen gemeinsam Ziele und Wege zur Zielerreichung festlegen; Regeln der Zusammenarbeit kennen und einhalten.
- *Soziale Verantwortung:* Interessen aller Beteiligten beachten und nach Lösungen suchen, die für alle tragbar sind. Konflikte verantwortungsvoll lösen. Andere Menschen anerkennen.
- *Situationsgerechtes Auftreten:* Mit sensiblen Informationen verantwortungsvoll umgehen. Einhaltung situationsgerechter Umgangsformen, Höflichkeitsregeln und Kleidungsnormen.

Studie 2: Wo gehobelt wird, da fallen Späne. Wenn Menschen zusammenarbeiten, dann kommt es früher oder später zu sozialen Problemen. Für eine gedeihliche weitere Zusammenarbeit müssen sie gelöst werden. Wie gut das gelingt, hängt zum einen von der *Problemorientierung* der Beteiligten und zum anderen vom *bevorzugten Problem-lösungsstil* ab. Eine *positive Problemorientierung* weisen Mitarbeiter auf, wenn sie

- das soziale Problem als Herausforderung sehen, dessen Lösung zu einem Nutzen für alle Beteiligten führt,
- grundsätzlich an die Lösbarkeit von sozialen Problemen glauben und
- sich selbst Lösungskompetenz attestieren.

Eine *negative Problemorientierung* liegt vor, wenn

- soziale Probleme auf eine Bedrohung des eigenen Wohlbefindens reduziert werden (also keine Lösungsmotivation existiert),
- Zweifel an der eigenen Lösungskompetenz bestehen und
- Betroffene schnell frustriert und verärgert sind, wenn soziale Probleme auftauchen.

Bei den *Problemlösungsstilen* lassen sich drei unterscheiden:

- *Rationaler Stil:* Effektive Problemlösungstechniken werden ausgewogen, rational und systematisch angewandt.
- *Impulsiver Stil:* Aktiver Versuch des Einsatzes von Problemlösungstaktiken, die aber lückenhaft, vorschnell, undurchdacht und überhastet sind.
- *Vermeidungsstil:* Die Lösung sozialer Probleme wird aufgeschoben, man bleibt inaktiv und passiv.

Funktional ist sicher eine *positive Problemorientierung* in Verbindung mit einem *rationalen Lösungsstil.* Alle anderen Kombinationen sind eher dysfunktional. In einer Studie mit N = 650 Studierenden wurde untersucht, welche Verbindungen zwischen Persönlichkeitsmerkmalen und der Lösung von sozialen Problemen existieren. Dabei stellte sich Gewissenhaftigkeit als der konsistenteste Prädiktor über alle fünf dargestellten Problemlösungsmuster dar. Die Korrelationen sind in Tab. 3.11 dargestellt. Lediglich die positive/negative Problemorientierung konnte mit Korrelationen von r = −0,29 bzw. r = 0,63 über Neurotizismus mit höheren Werten vorhergesagt werden (vgl. D'Zurilla et al., 2011, S. 142 ff.). Gewissenhaftigkeit geht also mit funktionalen Lösungsansätzen für soziale Probleme einher.

Tab. 3.11 Korrelationen zwischen Gewissenhaftigkeit und Lösungsmuster für soziale Probleme. (Quelle: D'Zurilla et al., 2011, S. 144)

Positiver Lösungsstil	Negativer Lösungsstil	Rationaler Stil	Impulsiver Stil	Vermeidungsstil
0,23	−0,20	0,35	−0,34	−0,35

Studie 3: Jeder kennt Situationen, in denen man „tief durchatmen und leise bis Zehn zählen" muss. Manchmal hilft's, manchmal nicht. Die Auslöser für ein solches Hochfahren unseres Emotionssystems können vielfältig sein. Triggern kann das Missglücken einer manuellen Aufgabe, genauso wie eine konfliktbeladene soziale Situation. Gerade in sozialen Situationen in der Organisation ist es wichtig, dass man Emotionen hinreichend schnell wieder in den Griff bekommt, um möglichst dauerhaften Schaden an den sozialen Beziehungen zu vermeiden und zu einer rational-konstruktiven Problemlösung zu kommen.

Gefragt ist also die Fähigkeit zur *kognitiven Regulierung von Emotionen.* Eine wichtige Strategie zur Emotionsregulierung ist z. B. die Neubewertung der emotionalisierenden Situation. So wie man sich in einem aufwühlenden Horrorfilm sagen kann, dass die Situation nur fiktiv ist, so könnte man in einer sozialen Konfliktsituation zu der Bewertung kommen, dass das Gegenüber die Aussage „nicht so gemeint habe". In der Befähigung zur Emotionsregulation unterscheiden sich die Menschen. Neben den biologischen Faktoren – insbesondere dem Aktivitätsniveau der Amygdala (= Mandelkern), einer Hirnregion, die als Alarmsystem die Emotionen regelt – spielen dabei auch Persönlichkeitsmerkmale eine Rolle.

In einer Studie mit N = 82 Probanden konnte gezeigt werden, dass hohe Gewissenhaftigkeit einen positiven Einfluss auf das „Herunterregeln" von negativen Emotionen hat. Im Ergebnis empfinden gewissenhafte Personen im Gefolge von frustrierenden Erlebnissen weniger Ärger und zeigen weniger aggressives Verhalten. Es steht zu vermuten, dass dieser Befund vor allem auf die Facette „Selbstdisziplin" zurückgeht (vgl. Morawetz et al., 2017, S. 433 und die zit. Lit.). Es kann also angenommen werden, dass Gewissenhaftigkeit als „kleiner Airbag" gegen die Eskalation von sozialen Problemen in Organisationen fungiert.

In eine ähnliche Richtung deutet eine Studie (N = 507) mit Werktätigen unterschiedlicher Berufe und Branchen in den USA. Hier wurde u. a. die moderierende Rolle von Persönlichkeitsmerkmalen auf die Beziehung zwischen empfundenem *Stress* auf der Arbeit (in Form von: Rollenmehrdeutigkeit, Rollenkonflikten, Rollenüberladung) und *Aggressionen gegen andere Mitarbeiter oder die Gesamtorganisation* (z. B. Diebstähle) untersucht. Auf der interpersonellen Ebene sind Aggressionen problematisch, da es zu einer Aggressionsspirale kommen kann, wenn die Gegenseite mit noch intensiveren Aktivitäten reagiert. Es zeigte sich, dass *niedrige* Ausprägungen von Gewissenhaftigkeit, Verträglichkeit und *hohe* Ausprägungen von Neurotizismus die Wahrscheinlichkeit steigern, dass Mitarbeiter auf Stress, speziell durch Rollenmehrdeutigkeit und Rollenkonflikt, mit Aggressionen insbesondere gegen andere Mitarbeiter reagieren. Dass *hohe* Gewissenhaftigkeit und Verträglichkeit und *niedriger* Neurotizismus zu weniger Aggression führen, konnte dagegen nicht signifikant nachgewiesen werden. Im Hinblick auf aggressives Verhalten scheinen also eher die niedrigen Gewissenhaftigkeitswerte problematisch zu sein (vgl. Taylor & Kluemper, 2012, S. 316 ff., 323).

Studie 4: Auch wenn es in der Bibel steht – eine Mentalität „*Auge um Auge, Zahn um Zahn"* kann für die Sozialbeziehungen in der Organisation nicht förderlich sein.

Sie führt bei persönlichen Verletzungen oder Konflikten allenfalls zu einer Eskalationsspirale. Man muss jetzt nicht so weit gehen und ein Verhalten gemäß eines anderen Bibelzitats aus dem Matthäus-Evangelium von den Mitarbeitern erwarten – *„Wehrt euch nicht, wenn euch jemand Böses tut! Wer euch auf die rechte Wange schlägt, dem haltet auch die andere hin"* *(Matthäus Kap. 5, Vers 39)* –, aber für die Deeskalation ist eine andere gut beforschte Persönlichkeitseigenschaft von hoher Relevanz: *Verzeihensbereitschaft.* Sie schützt soziale Beziehungen, aber auch das persönliche Wohlbefinden. In der Psychologie gibt es auch für dieses Konstrukt ein Messinstrument, die „Tendency to Forgive Scale (TTF)". Sie enthält Items wie z. B. *„Ich tendiere dazu, schnell darüber hinwegzukommen, wenn jemand meine Gefühle verletzt".* oder *„Wenn mir jemand Unrecht tut, dann ist es mein Ansatz, einfach zu vergeben und zu vergessen".*

Aus etlichen Studien ist bekannt, dass Gewissenhaftigkeit, Verträglichkeit und Emotionale Stabilität positiv mit der Verzeihensbereitschaft korreliert sind. Unklar ist nur, warum das so ist. Speziell für Gewissenhaftigkeit haben zwei Schweizer Studien ($N = 145$ Pflegekräfte und $N = 962$ Teilnehmer der allgemeinen Bevölkerung) *drei Hypothesen* zum Wirkmechanismus untersucht:

- Da bekannt ist, dass Gewissenhaftigkeit mit dem Alter ansteigt, wurde vermutet, dass eine höhere Verzeihensbereitschaft primär auf Alternsprozesse zurückgeht *(Hypothese 1).*
- Da man auch weiß, dass höhere Gewissenhaftigkeit mit der Übernahme bestimmter Rollen in der Erwachsenenwelt einhergeht (insb. Partnerschaft, Elternschaft, Berufseinstieg), bot sich die Vermutung an, dass höhere Verzeihensbereitschaft auf solchen Reifeprozessen basiert *(Hypothese 2).*
- Eine höhere Verzeihensbereitschaft ist auf eine bessere *Fähigkeit zur Selbstregulation* zurückzuführen, über die gewissenhafte Menschen in höherem Umfang verfügen *(Hypothese 3).*

Als allein zutreffend stellte sich Hypothese 3 heraus. Menschen mit hohen Gewissenhaftigkeitswerten sind offenbar besser in der Lage, in sozialen Beziehungen *kurzfristige* Ziele (z. B. Ausleben spontaner Racheimpulse nach Verletzungen) zugunsten *langfristiger* Ziele (z. B. Erhalt und Schutz von Sozialbeziehungen) zu unterdrücken (vgl. Hill & Allemand, 2012, S. 497 ff.). Hilfreich könnten da besonders die Facetten „Besonnenheit", aber auch die mit Planung assoziierte „Ordnungsliebe" sein. Auf alle Fälle sind die Ergebnisse dieser Studie recht gut anschlussfähig zu den Befunden aus Studie 2, nach der gewissenhafte Personen eine bessere Befähigung zur Emotionsregulierung aufweisen.

Studie 5: Heute schon geärgert? Man kann ja mal fragen, wenn Studien sagen, dass *Ärger* eine der häufigsten negativen Emotionen ist und in ca. 10 % unserer wachen Zeit empfunden wird. Besonders interessant ist dann die Frage, wie mit konkretem Verhalten auf Ärger reagiert wird. Da gibt es grundsätzlich zwei Möglichkeiten:

- *Anger-in-Reaktionen* laufen auf eine Unterdrückung des Ärgers oder auf ein „über sich selbst ärgern" hinaus.
- Bei *Anger-out-Reaktionen* wird der Ärger nach außen gerichtet (auf andere Personen, auf die Umwelt).

Nach innen und außen gerichtete Reaktionen sind nicht als alternativ zu sehen, sondern können durchaus zusammen auftreten. Die konkreten Anger-out-Verhaltensmuster können stark variieren, von (sozial problematischen) Aggressionen bis zu (sozial weniger problematischen) Versuchen, Ungerechtigkeiten zu korrigieren, für eigene Belange ein-zutreten oder Handlungssituationen zu verändern. Ein Risiko für die Belastung von Sozialbeziehungen bleibt bei nach außen gerichtetem Verhalten infolge empfundenen Ärgers aber immer.

Eine Studie aus Estland (N = 110) untersuchte u. a. die Fragen,

- mit welchen anderen Emotionen Ärger häufig einhergeht und
- wie eine Interaktion dieser Emotionen mit Persönlichkeitsmerkmalen der Big Five auf die Art der Reaktion auf Ärger Einfluss nimmt.

Dazu gaben die Probanden über einen zweiwöchigen Zeitraum Auskunft, wie häufig und intensiv sie Ärger verspürt hatten, welche anderen Emotionen sie parallel hatten und wie sie auf den Ärger reagiert haben. Es zeigt sich zunächst, dass jede Person inner-halb dieser zwei Wochen im Durchschnitt 5,98 *Anlässe* hatte, sich – mehr oder weniger intensiv – zu ärgern. Die auftretenden *parallelen Emotionen* waren: Irritation (77 %), Enttäuschung (67 %), Traurigkeit (59 %), Glücksgefühl (46 %), Überraschung (37 %), Empörung (35 %), Verachtung (33 %) und Furcht (24 %). Als *Reaktion auf Ärger* gaben 86 % (60 %) nach innen (nach außen) gerichtetes Verhalten an.

In Bezug auf das Persönlichkeitsmerkmal „Gewissenhaftigkeit" zeigte sich, dass *hoch gewissenhafte* Personen insbesondere beim parallelen Auftreten der Emotion „Empörung" weniger mit nach außen gerichteten Aktivitäten reagieren. *Wenig gewissen-hafte* Personen tendieren dagegen sehr stark zu „nach außen gerichtetem Verhalten", wenn sie parallel zum Ärger insbesondere die Emotion „Irritation" empfinden (vgl. Mill et al., 2018, S. 1 ff. und die zit. Lit.).

Auch hier zeigt sich also wieder die „Airbagfunktion" von hoher Gewissenhaftigkeit für den Schutz der Sozialbeziehungen im Unternehmen. Nicht aus dem Auge verloren werden darf dabei aber die Frage, welche negativen Wirkungen *Anger-in-Strategien* für die Person selbst haben können. Gelingt es nicht, den Ärger intern hinreichend funktional zu bearbeiten, dann kann er zur psychischen und physischen Belastung werden. Die schädigenden Wirkungen sind ja auch alltagspsychologisch hinreichend bekannt, wenn man Ärger unbearbeitet „in sich hineinfrisst".

Studie 6: Kennen Sie Kollegen, die völlig verbissen auf ein bestimmtes Ziel hin-arbeiten und „dabei nicht rechts und links schauen"? Mit Scheuklappenmentalität und einem Tunnelblick kümmern sie sich nur um ein einziges Ziel oder Thema, das sie

für besonders wichtig halten, und blenden alles andere aus. Diese beschriebene Ein-
dimensionalität im Denken und Handeln kann man als negative Variante einer *„Bottom-
Line-Mentalität (BLM)"* sehen. In der Betriebswirtschaft und der Managementlehre ist
BLM in der Regel sehr positiv besetzt. Man attestiert einem Mitarbeiter damit eine hohe
Ziel- und Ergebnisorientierung. Vor einem stärker organisationspsychologischen Hinter-
grund kann eine BLM aber auch sehr negativ konnotiert sein. Warum?

Eine BLM kann problematisch sein, da es in Organisationen viele verschiedene
Ziele, Stakeholderinteressen und Prioritäten gibt. Mitarbeiter mit einer starken BLM
blenden dies möglicherweise aus und behandeln in einem simplifizierenden Denken jede
Situation so, als ob nur *ein einziges* Ziel relevant wäre. Ein Beispiel wäre der Manager,
der „auf Teufel komm raus" Kostensenkung betreibt, dabei aber die berechtigten
Interessen von Mitarbeitern und Zulieferern und die möglichen Effekte auf die Produkt-
und Dienstleistungsqualität völlig aus dem Auge verliert. Bei einer ausgeprägten BLM
zählt nur das Erreichen einer bestimmten Ziellinie, alles andere wird als Niederlage
angesehen. Im sozialen Miteinander in Organisationen kann das zum Problem werden,
weil jeder als Gegner wahrgenommen wird, der in irgendeiner Form die Erreichung
des Ziels behindert. Das kann schon der Kollege sein, der um einen Gefallen bittet (und
damit Zeit absorbiert) oder der eine angeforderte Zuarbeit nicht sofort liefert.

Das wären aber noch die milderen Formen. Die härtere Variante einer BLM existiert
mit der Überzeugung, dass *„es in einer Organisation immer Gewinner und Verlierer geben
muss"*. Mitarbeiter mit BLM können es dann nicht ertragen, wenn andere Erfolg haben,
denn das weist ihnen – in der Eigenwahrnehmung – eine Verliererposition zu. Für sie ist die
ideale Situation, wenn sie selbst ihre Ziele erreichen und andere nicht. Eigener Erfolg und
Erfolg anderer können nicht koexistieren. Diese extreme Wettbewerborientierung führt bei
Teamarbeit zu einem Bestreben, den eigenen Beitrag möglichst groß erscheinen zu lassen,
den von anderen möglichst klein. Von diesen Denk- und Einstellungsmustern ist es nur noch
ein kleiner Schritt bis zu aktiven Handlungen, durch welche die Erfolge anderer verhindert
werden. Ein solches Verhalten nennt sich *„Social Undermining"* (= soziales Untergraben).
Es kann sich z. B. äußern in Zurückhaltung von Informationen, Weitergabe falscher
Informationen, verspätete/unvollständige Zuarbeiten, Verweigerung von Hilfe – also alles
Aktivitäten, die Kollegen einbremsen oder „schlecht aussehen" lassen.

In einer Studie mit N = 113 Triaden aus „Mitarbeiter-Kollege-Vorgesetzter" konnte
zunächst gezeigt werden, dass BLM bei Vorgesetzten zu einer höheren Wahrscheinlichkeit einer BLM auch bei den Mitarbeitern führt. Diese erhöht dann die Wahrscheinlichkeit, dass Mitarbeiter gegenüber ihren Kollegen zu sozialen Untergrabungsaktivitäten
greifen. In welchem Umfang dies geschieht, hängt von zwei moderierenden Persönlichkeitsmerkmalen ab:

- *Kern-Selbstbewertung* als Komplexvariable aus Selbstbewusstsein, internaler
  Kontrollüberzeugung, Selbstwirksamkeitserwartung, Emotionale Stabilität und (noch
  stärker)
- *Gewissenhaftigkeit.*

Je stärker diese Variablen ausgeprägt sind, desto geringer ist die Wahrscheinlichkeit, dass Mitarbeiter zu sozialen Untergrabungsaktivitäten greifen, selbst wenn sie eine BLM aufweisen. Gewissenhaftigkeit wirkt also quasi als „Anstandspuffer" im sozialen Kontakt, insbesondere wenn Mitarbeiter sehr fokussiert an ihren Zielen arbeiten (vgl. Greenbaum et al., 2012, S. 343 ff. und die zit. Lit.).

Studie 7: Eine „komplett andere Liga" als das bisher thematisierte ungünstige Konfliktverhalten, die nachtragenden oder zu expressivem Ärger tendierenden Wesenszüge und auch noch „einen deutlichen Zahn schärfer" als soziale Untergrabungsaktivitäten sind *Bullying/Mobbing.* Beide Begriffe werden in aller Regel gleichsinnig gebraucht; hier wird im Weiteren der in Deutschland geläufigere Begriff „Mobbing" verwendet. Im Gegensatz zu den bislang geschilderten – eher punktuellen oder zeitlich befristeten negativen sozialen Verhaltensmustern – geht es jetzt um gezielte, systematische und auf längere Dauer (mindestens sechs Monate) angelegte Akte der Schikanierung, Unterdrückung und Schädigung einzelner Kollegen. Zwar ist die Streuung je nach Untersuchungsmethode, Berufsgruppe und Region relativ groß, aber im Mittel zeigen Metaanalysen nach Selbstauskünften von Mitarbeitern eine Wahrscheinlichkeit von ca. 15 % während der Berufstätigkeit irgendwann einmal zum Opfer von Mobbing zu werden. Die Folgen für das Opfer sind hinreichend bekannt: Reduzierte Arbeitszufriedenheit, sinkende Produktivität, höhere Krankheitsraten.

Welche Rolle spielen nun *Persönlichkeitsmerkmale* beim Phänomen des Mobbings? Grundsätzlich fehlt es dazu nach eigenen Recherchen leider an Studien mit Bezug zum Arbeitsplatz. Eine Metaanalyse mit $N = 19$ Studien aus den Jahren 1970–2012 zum Bullying bei Kindern und jungen Erwachsenen (8 bis 25 Jahre) zeigte, dass *aktives Bullying* negativ mit folgenden drei Persönlichkeitsmerkmalen relativ schwach, aber signifikant korreliert war:

- Verträglichkeit ($r = -0,24$),
- Affektive Empathie ($r = -0,16$),
- Gewissenhaftigkeit ($r = -0,16$).

Im Hinblick auf *passives Mobbing,* also Mobbing-Opfer zu werden, ist höherer Neurotizismus ($r = 0,24$) eine Gefahr und höhere Gewissenhaftigkeit ein Schutzmechanismus ($r = -0,10$). Allerdings sind diese Ergebnisse statistisch nicht signifikant (vgl. Mitsopoulou & Giovazolias, 2015, S. 67).

Ganz überwiegend basierten die Studien auf Selbstauskünften zu den Persönlichkeitsmerkmalen. Daher wurde in einem experimentellen Design mit einer Fallstudie, die Bezug zu einem typischen Arbeitstag aufwies, überprüft, welche Persönlichkeitsmerkmale externe Beobachter ($N = 242$ Studierende) den Akteuren und Opfern von Mobbing zuwiesen. Auch hier zeigten sich hohe Verträglichkeit und Gewissenhaftigkeit als Blockade gegen aktives Mobbing und höherer Neurotizismus als Gefahr, zum Opfer zu werden. Die Ergebnisse sind damit recht kompatibel zur obigen Metaanalyse (vgl. Pallesen et al., 2017). Es gibt also starke Indizien dafür, dass Gewissenhaftigkeit eher verhindert, beim Mobbing in die Rolle des Täters zu geraten und schwache Indizien dafür, eher nicht zum Opfer zu werden. Insgesamt bedarf es hier aber weiterer Studien mit Erwachsenen im beruflichen Kontext.

Studie 8: Ein wichtiger Aspekt für effiziente Zusammenarbeit ist das *Teilen von Wissen und Informationen.* Nicht umsonst wird darin ein zentraler Baustein von Wissensmanagementsystemen gesehen. Erst die Zusammenführung von Wissen ermöglicht mitunter gute Problemlösungen in Organisationen und lässt über Kreativitätsprozesse Innovationen entstehen. Für Mitarbeiter ist Informations- und Wissensaustausch eine wichtige Quelle für die Weiterentwicklung ihrer Qualifikationen und damit auch ein Personalentwicklungsmechanismus. Eigenes Wissen aus Kalkül von Macht oder Unersetzlichkeit oder schlicht aus Trägheit nicht mit Kollegen zu teilen, installierte Wissensdatenbanken nicht zu pflegen oder sein Wissen nicht an neue Kollegen oder beim eigenen Ausscheiden nicht an Nachfolger weiterzugeben, lassen eine Organisation und die für sie arbeitenden Menschen hinter ihren potenziellen Entwicklungsoptima zurückbleiben. Ähnlich verhält es sich mit Informationsflüssen: Wenn Mitarbeiter Informationen nicht weitergeben, dann gefährden sie generell die Prozesseffizienz in der Organisation – zu Lasten von Kollegen, Kunden und des Betriebsklimas. Sie schaden damit letztlich den Organisationszielen.

Welche Rolle spielen *Persönlichkeitsmerkmale* für die Bereitschaft zur Wissensteilung? In einer Studie mit internationalen Mitarbeitern eines Ingenieurdienstleisters in Deutschland (N = 124) wurde die Teilung von *explizitem* und *implizitem* Wissen untersucht. Explizites Wissen liegt offen, ist dem Wissensträger bewusst und damit gut verbalisierbar. Implizites Wissen ist schwerer zugänglich, weil es z. B. aus – z. T. unbewussten und unstrukturierten – Erfahrungen und Handlungsroutinen besteht und mit bestimmten Handlungssituationen eng verflochten ist. Beispielsweise geht ein erfahrener Verkäufer mit einem „sperrigen" Kunden in einer kritischen Gesprächssituation richtig um, ohne dass er spontan seine Handlungsstrategie schrittweise erklären könnte.

In der Studie konnten signifikante positive Korrelationen von Wissensteilung mit Verträglichkeit (r = 0,23), Gewissenhaftigkeit (r = 0,24) und Offenheit (r = 0,27) gefunden werden. Persönlichkeitsmerkmale sind also von klarer Relevanz für die Bereitschaft, Wissen zu teilen. Dieser Fakt sollte bei der Personalauswahl und insbesondere auch der Zusammenstellung von Teams berücksichtigt werden (vgl. Matzler et al., 2008, S. 301 ff. und die zit. Lit.). Bei der Teilung von explizitem Wissen ist eine wichtige Erfolgsdeterminante, dass es gut und verlässlich dokumentiert wird. Hier zeigte eine Studie aus der Versorgungswirtschaft in Österreich (N = 68), dass Gewissenhaftigkeit auf die *Bereitschaft zur Wissensdokumentation* wichtigen positiven Einfluss hat (r = 0,32) (vgl. Matzler et al., 2011, S. 302 ff.).

Studie 9: Da gerade für jüngere Mitarbeiter Soziale Netzwerke für das Teilen von Wissen und Informationen via Postings, Kommentaren und Klärung offener Fragen eine zentrale Rolle spielen, ist eine Online-Studie aus China mit N = 311 Teilnehmern im Alter von 20 bis 23 Jahren von Interesse. Auch wenn die Korrelation mit r = 0,164 nicht sonderlich ausgeprägt war, so ist Gewissenhaftigkeit das einzige

Persönlichkeitsmerkmal, das einen signifikanten direkten Einfluss auf die Wissens-
und Informationsteilung hat. In anderen Studien waren die Ergebnisse dazu allerdings
gemischt. Die Autoren der vorliegenden Studie vermuten, dass die Befunde in ihrer
eigenen Untersuchung mit den klaren Regeln zusammenhängen, die das ausgewählte
Soziale Netzwerk (WeChat) für die Kommunikationsaktivitäten vorgibt. Diese sprechen
besonders gewissenhafte Personen an und motivieren sie zur Aktivität. Unter weiterer
Berücksichtigung der überaus wichtigen moderierenden Variable „Vertrauen" zeigt sich
dann weiter, dass auch Verträglichkeit einen positiven Einfluss auf die Wissens- und
Informationsteilung hat. Aber auch unter dem Einfluss der Moderatorvariablen ist der
Einfluss von Gewissenhaftigkeit größer (vgl. Deng et al., 2017, S. 9 ff.).

Für die Praxis ergibt sich die Empfehlung, bei der innerbetrieblichen Nutzung eines
Sozialen Netzwerks auf die Vorgabe eines strikten Regelwerks zu achten und zudem am
Aufbau einer Vertrauensbasis – digital und/oder analog – zu arbeiten. Denn von ihrer
Existenz hängt die Bereitschaft zur Wissens- und Informationsteilung auch in großem
Umfang ab. Die hohe Bedeutung von Vertrauen für die Wissensteilung unterstreicht auch
eine Studie (N = 64) aus einem Softwareunternehmen im deutschsprachigen Raum. Hier
zeigte sich, dass das Persönlichkeitsmerkmal „Vertrauensneigung" (als Facette von Ver-
träglichkeit) ein wichtiger Treiber ist (vgl. Mooradian et al., 2006, S. 523 ff.). Die ideale
Kombination von Traits für eine produktive Nutzung von Sozialen Netzwerken zur
Wissensteilung scheinen also Gewissenhaftigkeit + Vertrauensneigung zu sein.

Studie 10: Es gibt die alte Personaler-Weisheit: *„Gleichheit ist nicht Gerechtigkeit".*
Nichtsdestotrotz ist die Gleichheitsidee als Gerechtigkeitspostulat stark gesellschaftlich verankert. Auch in Organisationen herrscht die Vorstellung, dass gleiche Anreiz-
vergabe (insb. Bezahlung) dann gerecht ist, wenn die Mitarbeiter gleiche Beiträge zum
Erfolg leisten. Schon sehr früh hat Adams (1963) in seiner *Gleichgewichtstheorie* (=
Equity-Theorie) dargelegt, dass Mitarbeiter permanent die Relation zwischen den in
der Organisation erhaltenen Belohnungen und dem Aufwand, den sie dafür betreiben
müssen, kalkulieren. Diese Relation setzen sie dann in Bezug zur Relation zwischen
Belohnungen und Aufwand, den andere Organisationsmitglieder betreiben. Sie stellen
also soziale Vergleiche gemäß folgender Formel an:

$$\frac{\text{Eigener Aufwand}}{\text{Eigene Belohnungen}} = \frac{\text{Aufwand anderer Mitarbeiter}}{\text{Belohnungen anderer Mitarbeiter}}$$

Wenn die Relation nach ihrer subjektiven Einschätzung zu ihren Ungunsten nicht im
Gleichgewicht ist, dann unternehmen Mitarbeiter Versuche, dieses Gleichgewicht
wiederherzustellen (z. B. Reduktion eigener Anstrengungen, Erhöhung eigener
Belohnungen, Aufforderung an Kollegen zu intensiverem Einsatz) (vgl. Adams, 1963,
S. 422 ff.). Eine mit empfundener Ungleichheit einhergehende Emotion ist „Ärger".

Wie aber reagieren Menschen auf Verteilungsungleichheit, wenn sie wissen, dass sich der Profiteur der Ungleichheit in einer *Situation der Hilfsbedürftigkeit* befindet? Vermindert das den Ärger, entsteht Empathie und eine Tendenz zu prosozialem Verhalten? Welchen Einfluss haben Persönlichkeitsmerkmale auf die Reaktionsmuster? All diesen Fragen ging eine Studie mit $N = 162$ Studierenden nach, die für eine im Zweier-Team zu lösende Aufgabe unterschiedliche Belohnungen erhielten (zwecks Induzierung von Gleichheit/Ungleichheit). Gleichzeitig wurden die Zweierteams experimentell dahingehend manipuliert, dass einerseits ein Teampartner in einer Situation der Hilfsbedürftigkeit war (weil sein Lebenspartner mit ihm überraschend „Schluss gemacht hat") und andererseits bei dem jeweils anderen Teampartner in den verschiedenen Teams unterschiedliche Niveaus an Empathie induziert wurden. Die Teilnehmer befanden sich also in dem sozialen Dilemma *„Durchsetzung eigener Interessen vs. empathische Berücksichtigung der Situation des Gegenübers"*.

Es zeigte sich, dass der empfundene Ärger über eine Ungleichbehandlung geringer war, wenn man wusste, dass der Profiteur hilfsbedürftig war. Zudem war das Ärgerniveau umso geringer, je höher das empfundene Empathieniveau war. Die Akzeptanz von (ungerechtfertigter) Ungleichheit steigt also mit dem Mitgefühl für eine schwierige Situation, in der sich eine andere Person befindet. Bis zu einem gewissen Grad wird Ungleichheit dann als „fair" empfunden.

Weiterhin zeigte sich, dass Gewissenhaftigkeit das einzige (!) Persönlichkeitsmerkmal der Big Five war (gemessen über den TIPI mit 10 Items), das signifikant negativ mit dem Niveau des gefühlten Ärgers über die Ungleichheit korreliert war ($r = -0,20$). Hoch gewissenhafte Personen reagieren also weniger negativ, wenn eine Gerechtigkeitsregel aufgrund der Hilfsbedürftigkeit einer anderen Person verletzt wird. Warum das so ist, ist weitgehend ungeklärt. Es erscheint aber plausibel, dass die Persönlichkeit die Emotionen steuert und gewissenhafte Mitarbeiter aufgrund ihrer grundsätzlichen Regeltreue dazu tendieren, Entscheidungen „von oben" zu akzeptieren, auch wenn sie als ungerecht empfunden werden (vgl. Stouten et al., 2011, S. 357 ff., 370 ff.). Diese Erkenntnis ist für den beruflichen Kontext durchaus relevant. Ungleichbehandlungen treten immer wieder auf: Führungskräfte verwenden bei der Führung mehr Zeit für neue Mitarbeiter oder für Mitarbeiter, die Probleme bei der Aufgabenerledigung haben; weniger belastbare Mitarbeiter bekommen geringere Aufgabenumfänge zugeteilt; Mitarbeiter mit Leistungsproblemen erhalten verbesserten Zugang zu Schulungsaktivitäten. Gelingt es, die Ungleichbehandlung transparent über die „vermehrte Hilfsbedürftigkeit eines anderen Mitarbeiters" zu erklären, dann akzeptieren speziell gewissenhafte Mitarbeiter solche asymmetrischen Verteilungen eher. Sie „machen dann nicht gleich ein Fass auf", sondern sind bereit zu prosozialem Verhalten und leisten so einen Beitrag zu einem entspannten Betriebsklima.

Studie 11: Ein noch etwas differenzierteres Verständnis von „Gerechtigkeitsempfinden" führt das Konstrukt der *„Gleichheitssensibilität"* ein. Sonderlich sprechend ist die Bezeichnung nicht. Es gibt aber ein Messinstrument dafür, den EPQ (= Equity Preference Questionnaire). Es basiert auf der Erkenntnis, dass manchen Mitarbeitern bei der Beurteilung von Gerechtigkeit eher die *Inputseite* wichtig ist. Sie fragen sich bevorzugt, was sie in einer bestimmten Situation *geben oder einbringen* können und werden als „Benevolents" (= Wohltäter) klassifiziert. Ein typisches Item für diese Ausprägung ist: *„Ich fühle mich verpflichtet, bei der Arbeit mehr zu tun, als es meiner Vergütung entspricht".* Spontan fühlt man sich an das berühmte Zitat von John F. Kennedy erinnert: *„Frage nicht, was Dein Land für Dich tun kann, sondern, was Du für Dein Land tun kannst".* Demgegenüber fragen sich die „Entitleds" (= Anspruchsteller) primär, was sie in einer bestimmten Situation für sich *bekommen oder herausholen* können. Ein typisches Item dafür: *„Wenn ich auf der Arbeit bin, dann denke ich über Wege nach, aus der Arbeit herauszukommen."*

Wie sehen nun die empirischen Ergebnisse zur Beziehung zwischen „Gleichheitssensibilität" und Persönlichkeitsmerkmalen aus? In einer Kombination von drei Teilstudien mit kanadischen Studierenden (N = 499) zeigte sich, dass vor allem die drei Persönlichkeitsmerkmale „Gewissenhaftigkeit", „Ehrlichkeit-Bescheidenheit" (aus HEXACO) und „Verträglichkeit" „im Paket" in recht starkem Umfang positiv mit einem *Inputdenken* korreliert sind (r = 0,40). Personen mit diesen Charakteristika sind also bevorzugt „Benevolents". Den deutlich stärksten Einfluss auf die Varianz bei der Gerechtigkeitssensibilität hatte Gewissenhaftigkeit mit 48 % (Ehrlichkeit-Bescheidenheit 29 %, Verträglichkeit 14 %) (vgl. Woodley et al., 2016, S. 1 ff. und die zit. Lit.).

Die Ergebnisse aus Studie 11 unterstützen also tendenziell Studie 10 und belegen, dass gewissenhafte Mitarbeiter keine „militanten Gerechtigkeitsfanatiker" nur mit Blick auf die eigenen Interessen sind, sondern immer auch etwaige Hilfsbedürftigkeit von Kollegen und eine potenzielle Optimierung ihres eigenen Leistungsbeitrags für die Organisation im Auge haben.

Studie 12: Beziehungen schaden nur dem, der sie nicht hat. Dieses Bonmot bringt die Bedeutung von *Networking* recht gut auf den Punkt. Es handelt sich dabei um ein

- *zielgerichtetes* Verhalten
- auf *individueller Ebene,* das auf den
- *Aufbau, die Pflege und Nutzung interpersoneller Beziehungen*
- *innerhalb und außerhalb der Organisation*
- auf eher *informaler Ebene*
- zur Verbesserung der Erreichung *beruflicher Ziele* gerichtet ist und
- in großen Teilen auf *Vertrauen* und *Reziprozität* (= Gegenseitigkeit) basiert.

Die Fokussierung auf berufliche Ziele grenzt Networking von allgemeiner Beziehungspflege im Privatbereich ab. Es gibt natürlich Überlappungsbereiche. So kann das gemeinsame Tennismatch sowohl der beruflichen als auch der privaten Beziehungspflege dienen. Ebenso verhält es sich mit der Grenze zwischen informalem und formalem Bereich. Die Mitgliedschaft in einem Berufsverband adressiert sicherlich beide Ebenen. Networking macht Ressourcen zugänglich, die sonst nicht verfügbar wären. Das können nichtöffentliche Informationen, konkrete Unterstützungsleistungen (Rat und Tat) bei der

Aufgabenerledigung, oder auch Fürsprache bei der eigenen beruflichen Entwicklung oder Arbeitsplatzsuche sein. Neben dem Netzwerker selbst kann auch die Organisation profitieren, indem Aufgaben besser und effizienter erledigt, Ziele umfassender erreicht werden.

Wie intensiv und erfolgreich ein Mitarbeiter Networking betreibt, ist kaum von *soziodemografischen Merkmalen* (Geschlecht, Alter, Bildungsgrad) abhängig. Es zieht sich durch alle Gruppen. Hinsichtlich des *Aufgabenbereichs* tendieren Mitarbeiter in kooperationsintensiven Bereichen (z. B. Marketing) – naheliegenderweise – stärker zum Networking als z. B. Mitarbeiter in Produktion oder Rechnungswesen.

Welche Rolle spielen *Persönlichkeitsmerkmale*? Wenig überraschend ergeben sich über die Studien hinweg die konsistentesten positiven Korrelationen zu Networking-Verhalten mit dem Merkmal Extraversion. Für Gewissenhaftigkeit ist die Befundlage gemischt. In der Hälfte der Studien ergeben sich signifikante positive Beziehungen, in der anderen Hälfte sind keine signifikanten Korrelationen nachweisbar. Erklärbar wird dies dadurch, dass Gewissenhaftigkeit oftmals auf der *Domänenebene* gemessen wird. Die *Facetten* Ordnungsliebe oder Pflichtbewusstsein haben wenig inhaltliche Berührungspunkte zum Networking, die Facetten Leistungsstreben und Selbstdisziplin dafür aber in hohem Umfang *("Das Get Together am Rande der Fachkonferenz kann ich keinesfalls „schwänzen."; „Ich muss unbedingt in diesem Monat wieder einmal den X anrufen.")* (vgl. Wingender & Wolff, 2019, S. 220 ff., 226 f. und die zit. Lit.). Es ist daher gut vorstellbar, dass man über klare Ziele und Vorgaben zu erforderlichem Netzwerkverhalten (samt Erläuterung der Sinnhaftigkeit) gerade die Facette Pflichtbewusstsein von gewissenhaften Mitarbeitern gezielt ansprechen kann und sie gut zu Networking-Aktivitäten motivieren kann *(„Wenn es meine Aufgabe ist, dann mache ich es eben.")*.

Zusammenfassung
Als Fazit zu diesem Kapitel können wir also festhalten, dass gewissenhafte Mitarbeiter mit höherer Wahrscheinlichkeit

- über elementare Sozialqualifikationen verfügen: Kooperationsfähigkeit, Berücksichtigung der Interessen anderer, Einhaltung von Umgangsformen,
- mit sozialen Problemen, Konflikten und subjektiv empfundenen Ungerechtigkeiten „sozial bekömmlicher" umgehen, u. a. weil sie
- über eine bessere Emotionsregulierung, einen reiferen Umgang mit Ärger, weniger Engstirnigkeit und eine höhere Verzeihensbereitschaft verfügen,
- weniger zu schädigendem Sozialverhalten wie Mobbing neigen,
- über eine höhere Bereitschaft zur Wissensteilung verfügen,
- aufgrund ihrer Leistungs-/Zielorientierung und ihrer Selbstdisziplin konsequenter Networking-Aktivitäten betreiben,
- in der Summe aller sozial positiven Verhaltensmuster zu einer besseren Kooperation und zu einem besseren Betriebsklima beitragen.

3.13   Teamleistung und -zusammenstellung

„Mit einer Hand lässt sich kein Knoten knüpfen" (mongolisches Sprichwort). Kommen wir nun von dem eher allgemeinen Fokus der Zusammenarbeit und dem sozialen Miteinander in Organisationen zu der engeren Perspektive der Zusammenarbeit *in Gruppen oder Teams*. Oftmals versteht man unter einem Team eher eine kleinere, besonders effiziente und eingespielte Arbeitsgruppe mit engem Zusammenhalt. Etwas vereinfachend werden hier aber die beiden Begriffe „Team" und „Gruppe" gleichgesetzt, da auch in empirischen Studien oftmals keine Unterscheidung vorgenommen wird. Generell zeichnen sich Arbeitsgruppen dadurch aus, dass zur Erreichung des Gruppenziels eine – je nach Aufgabe unterschiedlich intensive – Interaktion der Teammitglieder nötig ist.

Aus Organisationssicht ist die Teamleistung von hohem Interesse, also die Frage, wie gut das Team in der Lage ist, die Gruppenziele zu erreichen. Genau dieser Frage widmete sich eine umfängliche Metaanalyse zu Studien aus den Jahren 1980 bis 2006, in der u. a. der Einfluss von Persönlichkeitsmerkmalen auf die Teamleistung untersucht wurde. Dabei wurde sinnvollerweise unterschieden, ob die Studien in einem Laborsetting oder als Feldstudien in der Praxis durchgeführt wurden. Gewissenhaftigkeit als Merkmal tauchte in insgesamt 39 Studien auf, davon fanden 28 im Labor (N = 1,601 Teilnehmer) und 11 im Feld (N = 604 Teilnehmer) statt. Erfreulicherweise zeigten sich die besten Korrelationen zwischen Gewissenhaftigkeit und Teamleistung mit r = 0,33 in den *Feldstudien* (zum Vergleich: Verträglichkeit r = 0,34, Offenheit r = 0,25). Personality matters! In *Laborstudien* waren die Persönlichkeitsmerkmale dagegen nahezu bedeutungslos.

Generell ist bei Studien zu Gruppen immer wichtig, ob man eine Aussage an dem Teammitglied festmacht, das einen *maximalen oder minimalen Wert* bezüglich einer Eigenschaft hat oder auf das *teaminterne Gefälle* (= Differenz zwischen Maximal- und Minimalwert) bei den Eigenschaften abhebt oder die *durchschnittliche Ausprägung über alle Gruppenmitglieder* hinweg betrachtet. Diese Information ist relevant für die Teamzusammenstellung. Für die Persönlichkeitsmerkmale zeigen sich die höchsten Korrelationen mit Teamleistung, wenn man den *Durchschnitt über alle Teammitglieder* betrachtet. Bei der Teamzusammenstellung sollte man also darauf achten, dass alle Gruppenmitglieder gleichermaßen hohe Werte in Gewissenhaftigkeit aufweisen (vgl. Bell, 2007, S. 602 ff.). Eine Mischung zwischen einigen „Gewissenhaftigkeitsmonstern" und Teammitgliedern mit einer geringeren Ausprägung erscheint nicht so vorteilhaft.

Das bestätigen auch die theoretischen Überlegungen von Humphrey et al. (2007, S. 886 f. und die zit. Lit.). Bei der Besetzung von selbststeuernden Teams gibt es zur Optimierung der Leistungsfähigkeit danach zwei Grundsatzstrategien: Man kann die Mitglieder so zusammenstellen, dass sie möglichst unterschiedliche Ausprägungen von Persönlichkeitsmerkmalen haben. Die Idee dahinter ist die *komplementäre Ergänzung* (= Complementary Fit), sodass unterschiedliche Rollen im Team besetzt werden können. Die alternative Strategie zielt auf einen möglichst geringen Unterschied in den Persönlichkeitsmerkmalen ab. Diese *Ergänzung nach Ähnlichkeit* (= Supplementary Fit) führt dazu, dass Teammitglieder den Kontakt miteinander attraktiver finden, weniger Konflikte entstehen und sie schneller Vertrauen zueinander aufbauen – drei wichtige Vorbedingungen für Teamleistung. Im Hinblick auf das Merkmal „Gewissenhaftigkeit" plädieren die Autoren eindeutig für eine Teamzusammenstellung nach möglichst ähnlichen Niveaus und begründen das wie folgt: Es kann dann in der Gruppe schnell und konfliktfrei Einigkeit über eine sehr zentrale Frage hergestellt werden, nämlich darüber, wie hart gearbeitet werden soll und welches Zielniveau erreicht werden soll. Gerade für gewissenhafte Menschen stellt die Leistungsorientierung ja eine zentrale Facette dar. Stellt man dagegen Teams mit sehr unterschiedlichen Ausprägungen von Gewissenhaftigkeit zusammen, dann treffen sehr divergierende Anstrengungsbereitschaften und unterschiedlich ambitionierte Ziele aufeinander. Dies kann zu einem hohen Konfliktniveau führen und insbesondere die Teammitglieder mit einem hohen Niveau an Gewissenhaftigkeit zu den aus der Gruppenpsychologie gut bekannten negativen Reaktionen animieren. Sie sehen die geringere Anstrengungsbereitschaft der anderen Mitglieder als „Trittbrettfahrerei" an (= Freeriding-Effekt), wollen selbst nicht „der Depp sein" (= Sucker-Effekt) und reduzieren dann auch ihre Leistungsanstrengungen. Und fertig ist die Abwärtsspirale in der Teamleistung und in der Gruppenkohäsion.

Was aber, wenn man nun einmal Mitarbeiter in der Organisation hat, die relativ schwach ausgeprägte Gewissenhaftigkeitswerte haben? Auch mit ihnen muss man dauerhafte Arbeitsgruppen oder temporäre Projektteams bilden. Hoffnung gibt hier eine neuere Studie mit 239 Projektteams (N = 768 Mitglieder), die in einem großen Managementkurs in den USA gebildet wurden. Teams bringen eine gute Leistung, wenn die Teammitglieder eine hohe Bindung an ihre Aufgabe aufweisen. Wie kann diese hergestellt werden? Die Antwort gibt die *organisationale Kontrolltheorie*, die sich mit der Frage beschäftigt, wie die Mitarbeiter – hier: in Teams – so beeinflusst werden können, dass sie bei all ihren Aktivitäten in maximalem Umfang die Interessen der Organisation verfolgen. Grundsätzlich gibt es dafür zwei Wege:

- *Input-Kontrolle:* Es werden über die Personalauswahl Teams so zusammengestellt, dass die Mitglieder bestimmte Eigenschaften und Fähigkeiten aufweisen, die sie für die Erreichung von organisationalen Zielen vordisponieren. Mitarbeiter hätten dann sozusagen einen internen Steuerungsmechanismus, eine Art „Autopiloten", der sie auf die richtige Bahn führt. Ein Beispiel wäre ein hohes Niveau an Gewissenhaftigkeit, was aber annahmegemäß in unserem Fall gerade nicht vorliegen soll.
- *Verhaltenskontrolle:* Es werden Mechanismen aufgebaut, die den Teammitgliedern möglichst klar signalisieren sollen, welches Verhalten von ihnen erwünscht ist. Man könnte hier auch von „unpersönlichen Steuerungsmechanismen" oder von „Führung über Strukturen" sprechen. Allgemein wären das z. B. Stellenbeschreibungen oder Dienstanweisungen.

Im Zusammenhang mit Teams wird als leistungsfähiger Mechanismus der Verhaltenskontrolle die Erarbeitung einer *Team-Charta* genannt. Es handelt sich dabei um ein
formales, schriftliches Dokument, das eine Gruppe in der Teambildungsphase selbst
(!) erarbeitet und in dem – durch alle akzeptiert (!) – zentrale Regeln, Verhaltensricht-
linien etc. für alle Teammitglieder festgelegt sind. Team-Chartas bedürfen zur Entfaltung ihrer Steuerungskraft eine hohe Qualität im Sinne von Klarheit. Diese äußert
sich in ihrer *Tiefe* (= detaillierte Beschreibung des gewünschten Verhaltens), ihrer
Breite (= Abdeckung aller relevanten Aspekte der Kooperation im Team) und ihrer
Professionalität (= Widerspruchsfreiheit und Verständlichkeit in der Formulierung).

Die empirische Untersuchung zeigte nun, dass Gewissenhaftigkeit (als Input-
Kontrolle) und qualitativ hochwertige Team-Chartas in einem *asymmetrischen
Substitutionsverhältnis* stehen. Teams mit *niedriger* Gewissenhaftigkeit werden durch
den gemeinsamen Prozess der Erarbeitung einer Team-Charta zu einer hohen Bindung
an die Teamaufgabe und damit schlussendlich zu höherer Teamleistung geführt. Teams
mit *hoher* Gewissenhaftigkeit profitieren von diesem Prozess nicht, er wäre weitgehend
verzichtbar, weil redundant. Die Mitglieder sind ja schon durch ihre Persönlichkeitsmerkmale „natürlich vorgesteuert". Entsprechende Personalauswahl ersetzt also teilweise
Teambuildingmaßnahmen. Wenn Selektion im Hinblick auf hohe Gewissenhaftigkeit
nicht (mehr) möglich ist oder misslingt, bleibt immer noch der „Rettungsanker" der *Verhaltenskontrolle* über Team-Chartas (vgl. Courtright et al., 2017, S. 1462 ff.).

Abschließend nun noch ein Blick auf das *Lernen innerhalb von Teams*. Es stellt –
gegenüber formalisierten Trainingsmaßnahmen – eine sehr effiziente, schnelle und
kostengünstige Methode dar, wenn Teammitglieder direkt voneinander lernen können.
Das kann z. B. durch direkten Erfahrungsaustausch, Fragenstellen oder Beobachtungs-
lernen geschehen, bei dem sich ein Teammitglied bei der Zusammenarbeit bewährte
Verhaltensmuster „abschaut". Große Vorteile solcher teambasierter Personalent-
wicklungsformen sind die hohe Verfügbarkeit der lehrenden Person und vor allem die
enge Verbindung des Lernprozesses mit dem realen Arbeitsprozess. Lernen findet
damit „on the Job" statt. Die Transferproblematik des Gelernten in den realen Arbeitskontext stellt sich damit – im Gegensatz zu formalisierten Trainings „off the Job" –
kaum. Ein wichtiger Baustein für das arbeitsplatznahe Lernen innerhalb von Teams ist
das *Multiplikatorenkonzept*. Dabei geben besonders qualifizierte Mitarbeiter in einem
strukturierten Prozess ihr Wissen, das sie in Trainings außerhalb oder innerhalb des
Unternehmens oder auch durch eigene Erfahrung erworben haben, an ihre Kollegen
weiter. Multiplikatoren bereiten eigenständig kurze, arbeitsplatznahe Schulungs-
sequenzen vor, organisieren und steuern den Lernprozess vor Ort. Gegenüber externen
Trainern haben Multiplikatoren den Vorteil, dass sie die internen Abläufe gut kennen,
die Unternehmenssprache beherrschen, in der Regel auf eine gute Vertrauensbasis
zu den Kollegen zurückgreifen können und hochgradig präsent und verfügbar sind.
Wie in jedem pädagogischen Prozess ist die Person des Lehrenden für den Erfolg des

Lernprozesses von hoher Relevanz. So muss ein guter Multiplikator u. a. über folgende Befähigungen verfügen:

- die zu vermittelnde Aufgabe selbst vollständig beherrschen,
- verständlich und strukturiert erklären,
- motivierend kommunizieren,
- lernende Kollegen genau beobachten, um Fehler in der Arbeitsausführung, aber auch Überforderungen zu vermeiden,
- strukturiertes Feedback zu den Lernfortschritten geben,
- empathisch und geduldig Fragen beantworten und Fehler korrigieren, ohne Kollegen bloßzustellen oder zu beschämen,
- bei Lernfortschritten des Lerners die Unterstützung in angemessenem Umfang reduzieren und diesen in die Autonomie führen.

Welche *Persönlichkeitsmerkmale* sollten erfolgreiche Multiplikatoren aufweisen? Diese Frage prüfte eine Studie im Volkswagen-Konzern, an der $N = 34$ Fertigungsteams (inklusive Multiplikatoren) mit insgesamt $N = 322$ Produktionsmitarbeitern teilnahmen. Die Multiplikatoren schätzten ihre Persönlichkeitsmerkmale selbst ein und die Kollegen beurteilten mit jeweils zwei Items sowohl die *Qualität der Vermittlung* von Wissen und Fertigkeiten durch die Multiplikatoren *(= Vermittlungserfolg; „Mein Multiplikator kann sein Wissen und seine Fertigkeiten gut weitervermitteln." + „Mein Multiplikator geht auf Fragen, Wünsche und Anregungen angemessen ein."),* als auch den *eigenen Lernerfolg* *(„Mein Wissen hat sich durch meinen Multiplikator erweitert." + „Ich habe von meinem Multiplikator neue Fertigkeiten gelernt.").*

Entgegen der Hypothesen war *Verträglichkeit* für Multiplikatoren irrelevant. Die Lehr-Lern-Situation erfordert offensichtlich, dass sie sich auch in schwierigen Situationen selbstbewusst durchsetzen können. Dagegen waren *Extraversion* und *Gewissenhaftigkeit* die Schlüsselmerkmale. Es zeigte sich, dass für die Einschätzung des subjektiven *Lernerfolgs* vor allem die *Extraversion* der Multiplikatoren entscheidend war. Kommunikations- und Kontaktfreudigkeit spielen hier offenbar eine zentrale Rolle. Für die Einschätzung des *Vermittlungserfolgs* war *Gewissenhaftigkeit* das zentrale Merkmal. Genauigkeit, Disziplin, Ausdauer und Engagement im Vermittlungsprozess sind – neben dem Zutrauen in die eigene Beherrschung einer Aufgabe – offensichtlich für Multiplikatoren höchst relevant. Es sind allesamt Aspekte, die sich in den Gewissenhaftigkeitsfacetten Kompetenz, Ordnungsliebe (Planung), Leistungsstreben und Selbstdisziplin gut abbilden. Extraversion und Gewissenhaftigkeit der Multiplikatoren fielen im Hinblick auf Vermittlungs- und Lernerfolg auf besonders „fruchtbaren Boden", wenn gleichzeitig die *Kohäsion der Arbeitsgruppe* hoch ausgeprägt war und sich die Teammitglieder auf dieser Basis in ihren Lernprozessen zusätzlich noch gegenseitig unterstützten (vgl. Zacher et al., 2008, S. 81 ff. und die zit. Lit.).

Zusammenfassung
Als Fazit zu diesem Kapitel können wir also festhalten, dass gewissenhafte Mitarbeiter mit höherer Wahrscheinlichkeit

- zu höherer Teamleistung beitragen, insbesondere dann, wenn sich das Gewissenhaftigkeitsniveau bei allen Teammitgliedern gleichermaßen auf hohem Niveau befindet,
- in Teams von sich aus im Sinne der Organisations- und Teamziele agieren und weniger Mechanismen der Verhaltenskontrolle (z. B. Team-Chartas) erforderlich sind,
- in der Rolle von Multiplikatoren teaminterne Lernprozesse effizient unterstützen können.

3.14 Personalentwicklung

„Lernen ist wie Rudern gegen den Strom. Wer aufhört, treibt zurück." Dieses bekannte, oftmals Laotse zugeschriebene, Zitat bringt die Notwendigkeit zum lebenslangen Lernen gut auf den Punkt. Auch wegen der sich dynamisch entwickelnden Umfeldbedingungen stehen Mitarbeiter in Organisationen immer wieder vor der Herausforderung, sich neue Qualifikationen anzueignen – im Interesse des Unternehmens, aber auch im eigenen Interesse. Betriebliche Personalentwicklung (PE) wird damit zu einer Schlüsselaufgabe der Personalarbeit. Auch wenn man von reiferen Mitarbeitern ein gewisses Maß an Selbstentwicklungsinitiative erwarten kann und ein gewisser Trend zu selbstgesteuertem (digitalen) Lernen unübersehbar ist, so liegt die Hauptverantwortung für Qualifizierungsprozesse doch bei der Organisation. Sie muss die notwendigen Angebote und Rahmenbedingungen für das Lernen der Mitarbeiter bereitstellen. Neben *PE-Maßnahmen on the Job,* bei denen der Arbeitsort zugleich auch Lernort ist, also Arbeiten und Lernen integriert erfolgen, tätigen viele Unternehmen auch große finanzielle Aufwendungen für *PE-Maßnahmen off the Job,* bei denen Trainings, Seminare, Coachings etc. getrennt vom Arbeitsplatz stattfinden. Aufgrund des mit allen PE-Maßnahmen verbundenen Ressourceneinsatzes in Form von Geld und Zeit stellt sich immer die Frage nach dem erzielten *Entwicklungserfolg.* Dieser hängt von vielen Faktoren ab. Neben der konzeptionellen Qualität der PE-Maßnahme, der Qualität von Trainern und Unterstützung durch die Vorgesetzten und Kollegen, spielt auch der zu entwickelnde Mitarbeiter selbst eine zentrale Rolle. Von seiner Entwicklungsfähigkeit und -bereitschaft hängt der Entwicklungserfolg in großem Umfang ab (vgl. Berthel & Becker, 2017, S. 504 ff.; Watzka, 2014, S. 110 ff.).

Welche Rolle spielen im Prozess der PE *Persönlichkeitsmerkmale?* Nachfolgend werden vier Studien dazu vorgestellt.

Studie 1: In einer Untersuchung mit N = 91 Berufsfeuerwehrleuten in Deutschland, die eine Weiterbildung mit Theorie- und Praxisteil durchliefen, wurde u. a. untersucht, wie sich die beiden Big Five Merkmale „Offenheit" und „Gewissenhaftigkeit" auf das *Abschneiden im Wissenstest* nach dem Theorieteil und auf die *subjektive Beurteilung der Weiterbildung* durch die Teilnehmer im Hinblick auf die beiden Kriterien *„Wie viel habe ich gelernt?"* und *„Wie nützlich ist das Gelernte?"* auswirken. Es zeigte sich, dass beide Persönlichkeitsmerkmale in nahezu gleicher Höhe signifikant positiv mit dem *Ergebnis des Wissenstests* korrelieren (r = 0,42 und r = 0,40). Ähnliche Befunde ergaben sich mit r = 0,42 und r = 0,39 für die *subjektive Einschätzung des Lernerfolgs* durch die Teilnehmer. Gewissenhafte und offene Mitarbeiter erzielen also offensichtlich bessere objektive Lernerfolge und attestieren sich diese auch selbst. Letzteres ist nicht unwichtig für die Akzeptanz von künftigen Trainings. Wer selbst meint, nichts gelernt zu haben, wird wenig Motivation für weitere Trainings haben. Einen Wermutstropfen gibt es aber: Im Gegensatz zu Teilnehmern mit großer Offenheit bewerteten die gewissenhaften Teilnehmer die *Nützlichkeit des Gelernten* für die spätere Praxis nicht signifikant positiv. Es kann dazu vermutet werden, dass gewissenhafte Personen tendenziell kritischere Bewertungen vornehmen und damit zu differenzierteren Urteilen kommen (vgl. Hagemann & Kluge, 2014, S. 81 ff.). Möglicherweise glauben sie eher nur das, was sie selbst auch prüfen konnten. Im Gegensatz zum Lernerfolg im Seminar war dies für den Transfer in die Praxis noch nicht möglich. Dann wäre der Abfragezeitpunkt dafür in dieser Studie zeitlich zu früh gewählt gewesen.

Studie 2: Der positive Effekt von Gewissenhaftigkeit auf den *Trainingserfolg* konnte auch in einer experimentell angelegten Untersuchung mit N = 99 Studierenden bestätigt werden. Sie hatten eine *komplexere Erinnerungsaufgabe* (gleichzeitige Präsentation von optischen und akustischen Stimuli) und eine *weniger komplexe* (nur optische Stimuli) zu lösen. Richtige (falsche) Lösungen führten zum Erreichen eines höheren (niedrigeren) Levels der Aufgaben. Später war der erzielte Trainingserfolg *auf eine weitere Aufgabe zu transferieren.* Die zentralen Ergebnisse: Gewissenhafte Teilnehmer erzielten höhere Trainingserfolge und hatten auch mehr Freude am Training. Persönlichkeitsbedingt sind sie stärker wettbewerbsorientiert, stärker zur Verbesserung ihrer Fähigkeiten motiviert und auf die Erreichung bestimmter (Trainings)ziele orientiert (vgl. Studer-Luethi et al., 2012, S. 44 f. und die zit. Lit.).

Was den positiven Effekt von Gewissenhaftigkeit auf den PE-Erfolg anbelangt, gibt es aber auch gegenteilige und relativierende Ergebnisse. Über eine solche Metaanalyse und auch zu negativen Aspekten der hier geschilderten *Studie 2* wird in Abschn. 4.7 berichtet (siehe dort *Studien 1 und 3*). Das zeigt exemplarisch, dass die Ergebnisse leider oft nicht so einheitlich sind, wie man es sich als Unternehmenspraktiker als Basis für konkrete Handlungen wünscht.

Studie 3: PE-Angebote werden dem Mitarbeiter nicht immer „auf dem Silbertablett" serviert. Man erwartet von ihm nach dem „Hol-Prinzip" auch eigene Aktivitäten. Gerade Mitarbeiter, die nicht dauerhaft für den gleichen Arbeitgeber tätig sind, müssen sich eigeninitiativ um Qualifizierungsmöglichkeiten kümmern. Das setzt eine hohe *Lernmotivation* voraus. Diese ist auch nötig, wenn sich – wie derzeit zu beobachten – größere Teile der PE in die digitale Welt verlagern. Web Based-/Computer Based-Trainings und Bildungskanäle sind mittlerweile in großer Zahl verfügbar. Sie haben den gravierenden Vorteil, dass der Lernende zeit- und ortsunabhängig und in seiner eigenen Geschwindigkeit die einzelnen Lernmodule bearbeiten kann. Das große „Aber": Im Gegensatz zu „angeordneten" und organisierten Entwicklungsmaßnahmen bedarf es für selbstinitiierte PE einer ungleich höheren Lernmotivation.

Welche Rolle spielen dafür *Persönlichkeitsmerkmale*? In einer Online-Befragung von N = 183 Mitarbeitern einer Finanzserviceagentur erwiesen sich die Big Five-Merkmale „Offenheit" (r = 0,34), „Extravertiertheit" (r = 0,22) und „Gewissenhaftigkeit" (r = 0,21) als die besten Prädiktoren für Lernmotivation. Diese Ergebnisse sind kompatibel mit einer noch vorzustellenden Studie (s. Abschn. 4.7), wo für Gewissenhaftigkeit sogar eine Korrelation von r = 0,32 mit der Lernmotivation ermittelt wurde. Den insgesamt größten Einfluss hatte aber mit r = 0,43 das Merkmal „Proaktive Persönlichkeit". Es beschreibt eine stabile Tendenz von Personen, auf ihre Umwelt Einfluss nehmen zu wollen, Möglichkeiten zu erkennen und zu ergreifen, Initiative und Aktivität zu zeigen und auch durchzuhalten, bis substanzielle Veränderungen erzielt werden. Allerdings zeigte sich auch, dass dieses Merkmal deutlich mit den Big Five interkorreliert war, speziell bei Gewissenhaftigkeit mit den Facetten Leistungsstreben und Pflichtbewusstsein (vgl. Major et al., 2006, S. 927 ff. und die zit. Lit.). Wer also im Hinblick auf PE proaktive Mitarbeiter in seiner Organisation hat, bekommt immer auch ein wenig Gewissenhaftigkeit mit „frei Haus geliefert". Dazu passen die Erkenntnisse der nächsten Studie fast perfekt.

Studie 4: „Love it, leave it or change it". Vor dieser Situation stehen Mitarbeiter oftmals, wenn sie unzufrieden sind. Sie können sich (resignativ) mit den Verhältnissen abfinden, die Organisation verlassen oder Veränderungsinitiativen ergreifen. Diese können grundsätzlich auf zwei Ebenen ansetzen. Entweder es wird versucht, die eigene *Umwelt* zu verändern oder man setzt an der eigenen *Person* an und verändert diese. Damit wären wir bei *selbstinitiierter Personalentwicklung*. Deren Ergebnis schafft dann unter Umständen neue Möglichkeiten, die eigene Aufgabenumwelt zu verändern oder eine geeignetere (befriedigendere) aufzusuchen. Ein nicht zu unterschätzender Faktor für Unzufriedenheit bei der Arbeit ist das Gefühl *unzureichender Autonomie* bei der Erfüllung der Aufgaben. Dazu gehört z. B. eine hinreichende Freiheit, über Art und Reihenfolge der Arbeitserledigung selbst entscheiden zu können oder bei Entscheidungen über Ermessensspielräume zu verfügen. Bei unzureichender Autonomie empfindet der Beschäftigte eine zu geringe Kontrolle über seine Arbeit. Bedürfnis und Bedürfnisbefriedigung klaffen auseinander. Es besteht ein *Misfit zwischen Person und Aufgabe*.

Auf genau diese Situation zielte eine Längsschnittstudie mit N = 83 Managern aus unterschiedlichen Branchen in den USA. Die Ergebnisse sind einigermaßen überraschend. Es zeigte sich zunächst – kompatibel mit anderen Studien – eine kleine positive Korrelation (r = 0,17) zwischen Gewissenhaftigkeit und Aktivitäten zur eigenen Weiterentwicklung (z. B. Übernahme von Projekten, Maßnahmen zur Erweiterung von

Qualifikationen, Einholung von Feedback). Gewissenhafte Mitarbeiter sind in Sachen Steigerung eigener Qualifikationen also etwas aktiver. So weit, so erwartbar. Überraschend ist aber, dass sich die Korrelation sehr deutlich (auf $r = 0{,}40$ bzw. $r = 0{,}36$) steigert, wenn

- ein *hohes* Autonomiebedürfnis auf eine zu *geringe* Autonomie bei der Arbeit trifft (Fall 1) bzw.
- ein *geringes* Autonomiebedürfnis auf zu *hohe* Autonomie trifft (Fall 2).

Die Unzufriedenheit mit der Aufgabenautonomie – und zwar sowohl *zu wenig,* als auch *zu viel* – ist offensichtlich eine wichtige Moderatorvariable, die bei gewissenhaften Mitarbeitern „den Tiger weckt". Sie werden dann in Sachen eigener Entwicklung besonders aktiv und zeigen ihre proaktive Persönlichkeitsfacette. Wie schon Studie 2 gezeigt hat, besitzen gewissenhafte Mitarbeiter diese Ressource, sehen aber mitunter nicht die Notwendigkeit, sie einzusetzen. Es bedarf dafür einer „Initialzündung", hier in Form einer zu geringen oder einer zu hohen Aufgabenautonomie (vgl. Simmering et al., 2003, S. 954 ff. und die zit. Lit.). Offensichtlich versuchen gewissenhafte Mitarbeiter bei einer als *zu gering* empfundenen Autonomie (Fall 1) sich weiterzuentwickeln, um sich neue Aufgabenfelder erschließen zu können. Eine als *zu hoch* empfundene Autonomie (Fall 2) führt zu Überforderung. Auf sie reagieren gewissenhafte Mitarbeiter ebenfalls mit vermehrter Aktivität, zusätzliche Qualifikationen zu erwerben, um die Freiräume zu füllen (und damit Überforderungen abzubauen). Misfits bei der Aufgabenautonomie sind für sie also eher Treibsatz für proaktive Situationsverbesserung und weniger für Rückzugsverhalten (z. B. Fluktuation, innere Kündigung, Fehlzeiten). Für die Personalentwicklungsbereitschaft ist das eine positive Botschaft, wenn sich Mitarbeiter eigeninitiativ um Entwicklungsmöglichkeiten kümmern.

Zusammenfassung
Als Fazit zu diesem Kapitel können wir also festhalten, dass gewissenhafte Mitarbeiter mit höherer Wahrscheinlichkeit

- bei Trainingsmaßnahmen mehr Wissen und Fähigkeiten erwerben und dies auch selbst so empfinden,
- auf wahrgenommene Fehlanpassungen (Misfits) zwischen eigenen Bedürfnissen und wahrzunehmenden Aufgaben mit Eigeninitiative und einer erhöhten PE-Bereitschaft reagieren.

Soweit also in diesem Hauptkapitel 3 die guten Nachrichten zur „Causa Gewissenhaftigkeit". Die möglichen Vorteile einer hohen Ausprägung dieses Persönlichkeitsmerkmals klingen alle fast zu schön, um wahr zu sein. Wo ist nun das Haar in der Suppe?

Wo verstecken sich mögliche Probleme und Risiken, die mit einer hohen Ausprägung dieses Persönlichkeitsmerkmals in Organisationen verbunden sind? Das nächste Hauptkapitel 4. geht dieser Frage näher auf den Grund. Es wird mehr spekulative Elemente enthalten, da es deutlich weniger empirische Studien gibt, die gezielt auf die „Dark Side of Conscientiousness" fokussieren. Das ist auch wenig verwunderlich, da diese Persönlichkeitsdomäne mit ihren Facetten primär positiv konnotiert ist. Kaum exakt zu beantworten ist die Frage, ab welcher Ausprägung von Gewissenhaftigkeit die Folgen negativ werden, also eine maladaptive Ausprägung vorliegt. Vielfach wird man einen kurvilinearen Zusammenhang unterstellen müssen: Eine zu geringe Ausprägung ist schlecht, dann existiert ein breiter Bereich mit positiven Effekten für die Organisation, und dann kommt es irgendwann zu einem „Kipppunkt", an dem bei einer zu stark ausgeprägten Gewissenhaftigkeit die negativen Effekte überwiegen. Wo genau dieser liegt, kann man seriöserweise nicht genau festlegen. Man wird sich mit Tendenzaussagen zufriedengeben müssen.

Literatur

Adams, J. S. (1963). Toward an understanding of inequity. *Journal of Abnormal and Social Psychology, 67*(5), 422–436.

Barrick, M. R., & Mount, M. K. (1991). The Big Five personality dimensions and job performance: A meta-analysis. *Personnel Psychology, 44*(1), 1–26.

Barrick, M. R., & Mount, M. K. (2005). Yes, personality matters: Moving on to more important matters. *Human Performance, 18*(4), 359–372.

Barrick, M. R., et al. (2001). Personality and performance at the beginning oft the new millenium: What do we know and where do we go next? *International Journal of Selection and Assessment, 9*(1/2), 9–29.

Bell, S. T. (2007). Deep-level composition variables as predictors of team performance: A meta-analysis. *Journal of Applied Psychology, 92*(3), 595–615.

Berthel, J., & Becker, F. G. (2017). *Personal-Management* (11. Aufl.). Schäffer-Poeschel Verlag.

Beus, J. M., et al. (2015). A meta-analysis of personality and workplace safety: Addressing unanswered questions. *Journal of Applied Psychology, 100*(2), 481–498.

Blickle, G., et al. (2006). Some personality correlates of business white-collar crime. *Applied Psychology: An International Review, 55*(2), 220–233.

Bowling, N. A., & Eschleman, K. J. (2010). Employee personality as a moderator of the relationship between work stressors and counterproductive work behavior. *Journal of Occupational Health Psychology, 15*(1), 91–103.

Brandstätter, J. (2015). *Positive Entwicklung*. Springer-Verlag.

Carter, N. T., et al. (2014). Uncovering curvilinear relationships between conscientiousness and job performance: How theoretically appropriate measurement makes an empirical difference. *Journal of Applied Psychology, 99*(4), 564–586.

Cheng, H., et al. (2014). Factors influencing adult quality of life: Findings from a nationally representative sample in the UK. *Personality and Individual Differences, 68*, 241–246.

Christiansen, N., et al. (2014). What employees dislike about their jobs: Relationship between personality-based fit and work satisfaction. *Personality and Individual Differences, 71*, 25–29.

Claessens, B. J. C., et al. (2010). Things to do today …: A daily diary study on task completion at work. *Applied Psychology: An International Review, 59*(2), 273–295.

Courtright, S. H., et al. (2017). Quality charters or quality members? A control theory perspective on team charters and team performance. *Journal of Applied Psychology, 102*(10), 1462–1470.

Deng, S. et al. (2017). How do personality traits shape information-sharing behaviour in social media behavior? Exploring the mediating effect of generalized trust. *Information Research, 22*(3), Paper 763.

Derue, D. S., et al. (2011). Trait and behavioral theories of leadership: An integration and meta-analytic test of their relative validity. *Personnel Psychology, 64*(1), 7–52.

Deutscher Bundestag (Hrsg.). (2020). *Entwurf eines Gesetzes zur Stärkung der Integrität in der Wirtschaft.* Drucksache 19/23568. https://dip21.bundestag.de/dip21/btd/19/235/1923568.pdf. Zugegriffen: 18. Febr. 2021.

Deventer, J., et al. (2019). Against all odds – Is a more differentiated view of personality development in emerging adulthood needed? The case of young apprentices. *British Journal of Psychology, 110*(1), 60–86.

de Vries, R. E., & van Gelder, J.-L. (2015). Explaining workplace delinquency: The role of honesty–humility, ethical culture, and employee surveillance. *Personality and Individual Differences, 86*, 12–116.

Dreier, K. (2012). *Gewissenhaftigkeit und Ausbildungserfolg: Wie Fleiß, Ordnung und Selbstwirksamkeitsüberzeugungen IHK-Noten beeinflussen.* Dissertation Universität Hamburg, Fachbereich Psychologie.

Dreier, K., & Moldzio, T. (2010). Karriere dank Ordnung und Fleiß: Ein neuer Test misst die Gewissenhaftigkeit. *Wirtschaftspsychologie aktuell, 2010*(1), 14–16.

Dudley, N. M., et al. (2006). A meta-analytic investigation of conscientiousness in the prediction of job performance: Examining the intercorrelations and the incremental validity of narrow traits. *Journal of Applied Psychology, 91*(1), 40–57.

Dumfart, B., & Neubauer, A. C. (2016). Conscientiousness is the most powerful noncognitive predictor of school achievement in adolescents. *Journal of Individual Differences, 37*(1), 8–15.

D'Zurilla, T. J. et al. (2011). Predicting social problem solving using personality traits. *Personality and Individual Differences, 50*(2), 142–147.

Fietze, S. (2011). *Arbeitszufriedenheit und Persönlichkeit: „ Wer schaffen will, muss fröhlich sein!“* DIW-SOEPpapers.

GDV-Gesamtverband der Deutschen Versicherungswirtschaft (Hrsg.). (2019). *Wirtschaftskriminalität – Versicherer warnen vor hohen Schäden durch kriminelle Mitarbeiter (04.09.2019).* https://www.gdv.de/de/medien/aktuell/versicherer-warnen-vor-hohen-schaeden-durch--kriminelle-mitarbeiter-50522. Zugegriffen: 3. Nov. 2020.

Giersberg, G. (2020). Manager sind korrupt, Mitarbeiter klauen. *FAZ* vom 18.08.2020, 22.

Gold, J. M., et al. (2020). Conscientiousness in weight loss maintainers and regainers. *Health Psychology, 39*(5), 421–429.

Greenbaum, R. L., et al. (2012). Bottom-line mentality as an antecedent of social undermining and the moderating roles of core self-evaluations and conscientiousness. *Journal of Applied Psychology, 97*(2), 343–359.

Hagemann, V., & Kluge, A. (2014). Einflussfaktoren auf den Erfolg von und Methoden der Erfolgsmessung beruflicher Weiterbildung. *Wirtschaftspsychologie, 2014*(2), 81–93.

Hall, P. A., et al. (2013). Cognitive and personality factors in the prediction of health behaviors: An examination of total, direct and indirect effects. *Journal of Behavioral Medicine, 37*(6), 1057–1068.

Hayes, N., & Joseph, S. (2003). Big 5 correlates of three measures of subjective well-being. *Personality and Individual Differences, 34*(4), 723–727.

Hill, P. L., & Allemand, M. (2012). Explaining the link between conscientiousness and forgivingness. *Journal of Research in Personality., 46*(5), 497–503.

Hochwarter, W. A., et al. (2000). Perceptions of organizational politics as a moderator of the relationship between conscientiousness and job performance. *Journal of Applied Psychology, 85*(3), 472–478.

Hofbauer, R., & Schwingsmehl, M. (2017). Bedeutet hohe Arbeitszufriedenheit, dass die Arbeitsbedingungen gut sind? *Momentum Quarterly – Zeitschrift für Sozialen Fortschritt, 6*(2), 85–106.

Hoffmann, B. J., et al. (2011). Great man or great myth? A quantitative review of the relationship between individual differences and leader effectiveness. *Journal of Occupational and Organizational Psychology., 84*(2), 347–381.

Howard, P. J. & Howard, J. M. (2008). *Führen mit den Big-Five-Persönlichkeitsmodell.* Campus.

Hu, J., & Judge, T. A. (2017). Leader-team complementary: Exploring the interactive effects of leader personality traits and team power distance values on team processes and performance. *Journal of Applied Psychology, 102*(6), 935–955.

Huang, J. L., et al. (2017). Employee conscientiousness, agreeableness, and supervisor justice rule compliance: A three-study investigation. *Journal of Applied Psychology, 102*(11), 1564–1589

Hülsheger, U. R., & Maier, G. W. (2010). The careless or the conscentious. Who profits most from goal progress? *Journal of Vocational Behavior, 77*(2), 246–254.

Humphrey, S. E., et al. (2007). Trait configurations in self-managed teams: A conceptual examination of the use of seeding for maximizing and minimizing trait variance in teams. *Journal of Applied Psychology, 92*(3), 885–892.

Inceoglu, I., & Warr, P. (2012). Personality and job engagement. *Journal of Personnel Psychology,* 1–9 (Vorabdruck).

Judge, T. A., & Kammeyer-Mueller, J. D. (2012). On the value of aiming high: The causes and consequences of ambition. *Journal of Applied Psychology, 97*(4), 758–775.

Judge, T. A. et al. (2002a). Five-factor model of personality and job satisfaction: A meta-analysis. *Journal of Applied Psychology, 87*(3), 530–541.

Judge, T. A. et al. (2002b). Personality and leadership: A qualitative and quantitative review. *Journal of Applied Psychology, 87*(4), 765–780.

Judge, T. A., & Illies, R. (2002). Relationship of personality to performance motivation: A meta-analytic review. *Journal of Applied Psychology, 87*(4), 797–807.

Judge, T. A., et al. (1997). Five-factor model of personality and employee absence. *Journal of Applied Psychology, 82*(5), 745–755.

Jung, H. (2017). *Personalwirtschaft* (10. Aufl.). de Gruyter Oldenbourg Verlag.

KPMG (Hrsg.). (2020). *Im Spannungsfeld – Wirtschaftskriminalität in Deutschland 2020.* o. O.: KPMG-Studie vom 17. August 2010.

Lang, D. (2008). *Soziale Kompetenz und Persönlichkeit. Zusammenhänge zwischen sozialer Kompetenz und den Big Five der Persönlichkeit bei jungen Erwachsenen.* Dissertation Universität Koblenz-Landau.

Lievens, F., et al. (2009). Personality scale validities increase throughout medical school. *Journal of Applied Psychology, 94*(6), 1514–1535.

Lievens, F., et al. (2001). Assessors' use of personality traits in descriptions of assessment centre candidates: A five-factor model perspective. *Journal of Occupational and Organizational Psychology, 74*(5), 623–636.

Lippke, S., et al. (2018). Rehabilitants' conscientiousness as a moderator of the intention-planning-behavior chain. *Rehabilitation Psychology, 63*(3), 460–467.

Major, D. A., et al. (2006). Linking proactive personality and the Big Five to motivation to learn and development activity. *Journal of Applied Psychology, 91*(4), 927–935.

Marcus, B., & Schuler, H. (2004). Antecedents of counterproductive behavior at work: A general perspective. *Journal of Applied Psychology, 89*(4), 647–660.

Matzler, K., et al. (2011). Personality traits, affective commitment, documentation of knowledge, and knowledge sharing. *The International Journal of Human Resource Management., 22*(2), 296–310.

Matzler, K., et al. (2008). Personality traits and knowledge sharing. *Journal of Economic Psychology., 29*(3), 301–313.

Mawritz, M. B., et al. (2014). Hostile climate, abusive supervision, and employee coping: Does conscientiousness matter? *Journal of Applied Psychology, 99*(4), 737–747.

Mill, A. et al. (2018). The role of co-occuring emotions and personality traits in anger expression. *Frontiers in Psychology, 9*, 1–3.

Minbashian, A., et al. (2010). Task-contingent conscientiousness as a unit of personality at work. *Journal of Applied Psychology, 95*(5), 793–806.

Mitsopoulou, E., & Giovazolias, T. (2015). Personality traits, empathy, and bullying behavior: A meta-analytic approach. *Aggression and Violent Behavior, 21*, 61–72.

Mooradian, T., et al. (2006). Who trusts? Personality, trust and knowledge sharing. *Management Learning, 37*(4), 523–540.

Morawetz, C., et al. (2017). Successful emotion regulation is predicted by amygdala activity and aspects of personality: A latent variable approach. *Emotion, 17*(3), 421–441.

Motel, L. L. (2017). *Cross cultural meta-analysis of personality and leadership effectiveness and evaluation of changes over time.* Theses and Dissertations/UWM Digital Commons.

Muck, P. M. (2006). Persönlichkeit und berufsbezogenes Sozialverhalten. In H. Schuler (Hrsg.), *Lehrbuch der Personalpsychologie* (2. Aufl., S. 527–577). Hogrefe.

Muck, P. M. (2004). Rezension des „NEO-Persönlichkeitsinventar nach Costa und McCrae (NEO-PI-R)" von F. Ostendorf und A. Angleitner. *Zeitschrift für Arbeits- und Organisationspsychologie, 48*(4), 203–210.

Nandkeolyar, A. K., et al. (2014). Surviving an abusive supervisor: The joint role of conscientiousness and coping strategies. *Journal of Applied Psychology, 99*(1), 138–150.

Nerdinger, F. W., et al. (2019). *Arbeits- und Organisationspsychologie* (4. Aufl.). Springer.

Neyer, F. J., & Asendorpf, J. B. (2018). *Psychologie der Persönlichkeit* (6. Aufl.). Springer.

O'Boyle Jr., E. H. et al. (2012). A meta-analysis of the Dark Triad and work behavior: A social exchange perspective. *Journal of Applied Psychology, 97*(3), 557–579.

Onetcenter.org. (2021). *O*Net Resource Center – U.S. Department of Labor/Employment and Training Administration (Finanzierung).* o. O. https://www.onetcenter.org/database. html#overview. Zugegriffen: 15. Febr. 2021.

Organ, D. W. (1988). *Organizational citizenship behavior: The good soldier syndrome.* Lexington Books.

Orvis, K. A., et al. (2008). Conscientiousness and reactions to psychological contract breach: A longitudinal field study. *Journal of Applied Psychology, 93*(5), 1183–1193.

o. V. (2019). Millionen-Schaden jeden Tag. Im Einzelhandel wird mehr geklaut. *Wirtschaftswoche* vom 25.06.2019. Düsseldorf. https://www.wiwo.de/unternehmen/handel/millionen-schaden-jeden-tag-im-einzelhandel-wird-mehr-geklaut/24490342.html. Zugegriffen: 3. Nov. 2020.

Pallesen, S. et al. (2017). An experimental study on the attribution of personality traits to bullies and targets in a workplace setting. *Frontiers in Psychology, 8*, 1–7.

Pletzer, J. L., et al. (2019). A meta-analysis of the relations between personality and workplace deviance: Big Five versus HEXACO. *Journal of Vocational Behavior, 112*, 369–383.

Preisendörfer, P. (2010). Präsentismus. Prävalenz und Bestimmungsfaktoren unterlassener Krankmeldungen bei der Arbeit. *Zeitschrift für Personalforschung (ZfP), 24*(4), 401–408.

Robertson, I. T., et al. (2000). Conscientiousness and managerial performance. *Journal of Occupational and Organizational Psychology, 73*(2), 171–180.

Rubenstein, A. L., et al. (2018). Surveying the forest: A meta-analysis, moderator investigation, and future-oriented discussion of the antecedents of voluntary employee turnover. *Personnel Psychology, 71*(1), 23–65.

Ruffing, S., et al. (2015). Predicting students' learning strategies: The contribution of chronotype over personality. *Personality and Individual Differences, 85*, 199–204.

Sackett, P. R., & Walmsley, P. T. (2014). Which personality attributes are most important in the workplace? *Perspectives on Psychological Science, 9*(5), 538–551.

Salgado, J. F. (2003). Predicting job performance using FFM and non-FFM personality measures. *Journal of Occupational and Organizational Psychology, 76*(3), 323–346.

Salgado, J. F. (1997). The five factor model of personality and job performance in the European community. *Journal of Applied Psychology, 82*(1), 30–43.

Sattler, A. (2015). Mit Persönlichkeit zum Erfolg – Interview mit Markus Vogel (Fa. Provadis) und Markus Bühner (LMU München). *Personalmagazin, 16*(8), 26.

Sattler, S., & Schunck, R. (2016). Associations between the big five personality traits and the non-medical use of prescription drugs for cognitive enhancement. *Frontiers in Psychology*, 6, 1 14.

Schatz, T. et al. (2000). Temporale Muster und Persönlichkeit. In R. Dollase et al. (Hrsg.), *Temporale Muster. Die ideale Reihenfolge der Tätigkeiten* (S. 179–193). Leske+Budrich.

Schaufeli, W. B., et al. (2006). The measurement of work engagement with a short questionnaire: A cross-national study. *Educational and Psychological Measurement, 66*(4), 701–716.

Schuler, H., & Höft, S. (2006). Konstruktorientierte Verfahren der Personalauswahl. In H. Schuler (Hrsg.), *Lehrbuch der Personalpsychologie* (2. Aufl., S. 101–144). Hogrefe.

Simmering, M. J., et al. (2003). Conscientiousness, autonomy fit, and development: A longitudinal study. *Journal of Applied Psychology, 88*(5), 954–963.

Smith, C. A., et al. (1983). Organizational citizenship behavior: Its nature and antecedents. *Journal of Applied Psychology, 68*(4), 653–663.

Stepstone (Hrsg.). (2020). Stellenportal. In Stepstone GmbH (Hrsg.). Düsseldorf. https://www.stepstone.de/. Zugegriffen: 1. Okt. 2020.

Steptoe, A., et al. (2017). Conscientiousness, hair cortisol concentration, and health behavior in older men and women. *Psychoneuroendocrinology, 86*, 122–127.

Störmer, S. und Fahr, R. (2010). *Individual determinants of work attendance: Evidence on the role of personality* (Discussion Paper No. 4927). Forschungsinstitut zur Zukunft der Arbeit (IZA).

Stock, A.-K. und Beste, C. (2015). Conscientiousness increases efficiency of multicomponent behavior. *Scientific Reports*, S. 1–8. doi: https://doi.org/10.1038/srep15731.

Stouten, J., et al. (2011). Tolerance of justice violations: The effects of need on emotional reactions after violating equality in social dilemmas. *Journal of Applied Social Psychology, 41*(2), 357–380.

Studer-Luethi, B., et al. (2012). Influence of neuroticism and conscientiousness on working memory training outcome. *Personality and Individual Differences, 53*(1), 44–49.

Taylor, S. G., & Kluemper, D. H. (2012). Linking perceptions of role stress and incivility to workplace aggression: The moderating role of personality. *Journal of Occupational Health Psychology, 17*(3), 316–329.

Trapmann, S., et al. (2007). Meta-analysis of the relationship between the Big Five and academic success at university. *Zeitschrift für Psychologie/Journal of Psychology, 215*(2), 132–151.

Trautwein, U., et al. (2015). Using individual interest and conscientiousness to predict academic effort: Additive, synergetistic, or compensatory effects? *Journal of Personality and Social Psychology, 109*(1), 142–162.

Vedel, A. (2014). The Big Five and tertiary academic performance: A systematic review and meta-analysis. *Personality and Individual Differences, 71*, 66–76.

Volodina, A., et al. (2015). Success in the first phase of the vocational career: The role of cognitive and scholastic abilities, personality factors, and vocational interests. *Journal of Vocational Behavior, 91*, 11–22.

von Rosenstiel, L. (2006). Die Bedeutung von Arbeit. In H. Schuler (Hrsg.), *Lehrbuch der Personalpsychologie* (2. Aufl., S. 15–43). Hogrefe.

Wagner, D. T., et al. (2012). Lost sleep and cyberloafing: Evidence from the laboratory and a daylight saving time quasi-experiment. *Journal of Applied Psychology, 97*(5), 1068–1076.

Walumbwa, F. O., & Schaubroeck, J. (2009). Leader personality traits and employee voice behavior: Mediating roles of ethical leadership and work group psychological safety. *Journal of Applied Psychology, 94*(5), 1275–1286.

Watzka, K. (2014). *Personalmanagement für Führungskräfte*. Springer Gabler.

Weibler, J. (2016). *Personalführung* (3. Aufl.). Vahlen.

Weller, J. et al. (2018). Accounting for individual differences in decision-making competence: Personality and gender differences. *Frontiers in Psychology, 9*, 1–13

Weuster, A., & Kaufmann, S. (2005). Zwischen den Zeilen. *Personal, 37*(9), 58–61

Wilmot, M. P., & Ones, D. S. (2019). A century of research on conscientiousness at work. *Proceedings of the National Academy of Sciences of the United States of America (PNAS), 116*(46), 23004–23010. https://www.pnas.org/cgi/doi/https://doi.org/10.1073/pnas.1908430116.

Wingender, L. M., & Wolff, H.-G. (2019). Die Rolle von Networking-Verhalten in der beruflichen Entwicklung. In S. Kauffeld & D. Spurk (Hrsg.), *Handbuch Karriere und Laufbahnmanagement* (S. 217–239). Springer.

Witt, L. A., & Ferris, G. R. (2003). Social skill as moderator of the conscientiousness-performance relationship: Convergent results across four studies. *Journal of Applied Psychology, 88*(5), 809–820.

Witt, L. A., et al. (2002). The interactive effects of conscientiousness and agreeableness on job performance. *Journal of Applied Psychology, 87*(1), 164–169.

Woodley, H. J. R. et al. (2016). Examining equity sensitivity: An investigation using the Big Five and HEXACO models of personality. *Frontiers of Psychology, 6*, 1–15.

Wunderer, R. (2006). *Führung und Zusammenarbeit* (6. Aufl.). Luchterhand Verlag.

Yeo, G., & Neal, A. (2008). Subjective cognitive effort: A model of states, traits, and time. *Journal of Applied Psychology, 93*(3), 617–631.

Young, H. R., et al. (2018). Who are the most engaged at work? A meta-analysis of personality and employee engagement. *Journal of Organizational Behavior, 39*(10), 1330–1346.

Zacher, H. et al. (2008). Lernen im Team: Zusammenhänge zwischen Personen- und Teammerkmalen und der Leistung von Multiplikatoren. *Zeitschrift für Arbeits- und Organisationspsychologie, 52/N.F. 26*(2), 81–90.

Zorn, R. (2020). Ich bin gewohnt, dass ich unterschätzt werde – Interview mit Matthias Ginter. *FAZ*, 28.

Risiken von Gewissenhaftigkeit

4

4.1 Leistungshemmnis

Es gibt ja bekanntlich keine Rose ohne Dornen! Zwar ist sehr gut empirisch unterlegt, dass hohe Gewissenhaftigkeit innerhalb der Big Five eindeutig der beste Prädiktor für hohe Leistung ist (siehe Abschn. 3.2). Aber die Ausprägungen der einzelnen Facetten haben auch ein gewisses Potenzial, das finale Leistungsniveau von Mitarbeitern zu beeinträchtigen. Über welche *Mechanismen* wäre dies *hypothetisch* vorstellbar?

Sehr gewissenhafte Mitarbeiter (vgl. Carter et al., 2014, S. 565 und die zit. Lit.)

- wägen bei Entscheidungen zwischen Handlungsalternativen und bei Entscheidungen zur Vorgehensweise bei der Arbeit eventuell zu lange ab,
- sind zu stark auf Organisationsfragen, Ordentlichkeit, Details und Einhaltung von Regeln fixiert, was bisweilen in die Grauzone des fast zwanghaften Verhaltens hineinragen kann,
- folgen Vorschriften und Regeln inflexibel auch dann, wenn diese offensichtlich situativ unangemessen sind,
- sind stark damit befasst, auch kleinste Fehler und Unzulänglichkeiten bei der Arbeit zu vermeiden und verlieren dadurch an Effizienz,
- verkriechen sich in Details der Arbeit und vernachlässigen darüber leistungsrelevante Kooperation mit Kollegen,
- erlauben sich selbst nicht, Projekte oder Aufgaben zu beenden, die nicht zu 100 % perfekt sind.

Diese Verhaltensmuster können in Summe dazu führen, dass Aufgaben aus zeitlichen Gründen nicht beendet werden können. Man hält sich mit hohem Zeit- und

© Der/die Autor(en), exklusiv lizenziert durch Springer Fachmedien Wiesbaden GmbH, ein Teil von Springer Nature 2021
K. Watzka, *Erfolgsfaktor Gewissenhaftigkeit von Mitarbeitern,*
https://doi.org/10.1007/978-3-658-35034-5_4

Energieeinsatz schlicht zu lange mit eher Irrelevantem auf. Darunter leiden die *Effektivität* (= „die richtigen Dinge tun") und die *Effizienz* (= „die richtigen Dinge richtig tun", d. h. mit einem angemessenen Einsatz-Nutzen-Verhältnis) gleichermaßen. Stets 100 %-Lösungen anzustreben, wo auch 80 %-Lösungen ausreichen, verbraucht unnötig Ressourcen. Da Arbeitsplätze von Mitarbeitern in aller Regel aus einem Konglomerat von Einzelaufgaben bestehen, erreichen sie bei einer suboptimalen Verteilung ihrer Zeit- und Energieressourcen nie das potenzielle Gesamtmaximum bei der Leistung.

Soweit also einige plausible Vermutungen. Sie drehen sich zum größeren Teil um das Stichwort „überstarker Perfektionismus". Was sagt die *Empirie* dazu? Erfreulicherweise gibt es eine sehr aktuelle und recht breit angelegte Metaanalyse zum *Zusammenhang zwischen Perfektionismus und den Big Five-Merkmalen*. Sie umfasst 77 Samples mit insgesamt N = 24,789 Teilnehmern. Einschränkend muss allerdings bemerkt werden, dass nahezu keine Studien aus dem Unternehmensbereich vorliegen. Dominant handelt es sich – wie so häufig bei psychologischen Studien – um studentische Samples. Vor der Darstellung der Ergebnisse ist es allerdings erforderlich, zum Alltagsbegriff „Perfektionismus" zunächst einmal ein vertieftes theoretisches Verständnis zu schaffen. Denn Perfektionismus ist nicht gleich Perfektionismus. *Drei verschiedene Dimensionen* sind zu unterscheiden (siehe Abb. 4.1).

Es muss zunächst einmal danach differenziert werden, ob der Perfektionismus seine Impulse aus dem Umfeld eines Individuums bezieht oder auf das Umfeld des Individuums abzielt. In beiden Fällen wäre von einem *umfeldorientierten Perfektionismus* zu sprechen. Von dieser Form wäre ein *selbstorientierter Perfektionismus* abzugrenzen, bei dem der Impuls aus der Person selbst kommt. Im Ergebnis sind damit drei Dimensionen von Perfektionismus zu unterscheiden, bei denen man sich natürlich auch Mischformen vorstellen kann. Sie werden nachfolgend näher erläutert (in weiter Anlehnung an Smith et al., 2019, S. 367 f. und die zit. Lit.):

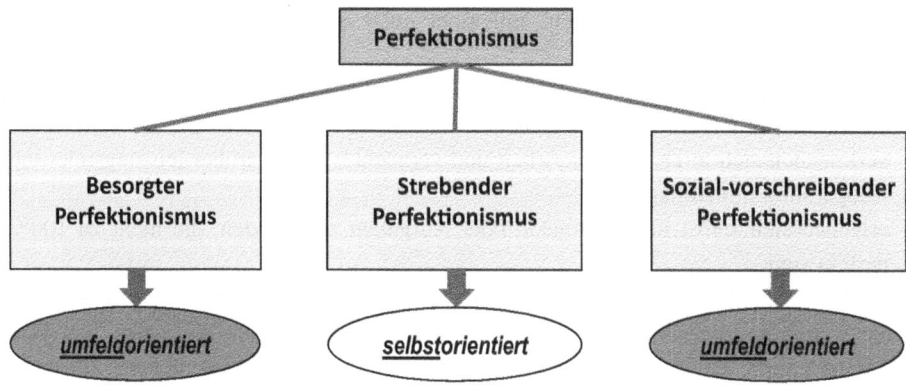

Abb. 4.1 Dimensionen von Perfektionismus

- *Besorgter Perfektionismus* (umfeldorientiert): Hier zeigt eine Person perfektionistisches Verhalten, weil sie bestimmten sozialen Normen, die sie internalisiert oder akzeptiert hat, entsprechen möchte. Der von außen gesetzte Impuls kann durchaus schon länger zurückliegen und auf der Erziehung im Kindes- oder Jugendalter basieren. Als Steuerungsgröße hat sich in der Folge z. B. der Wunsch etabliert, Erwartungen der Eltern (oder anderer Autoritätspersonen) zu entsprechen oder deren (potenzielle und imaginäre) Kritik zu berücksichtigen. Perfektionistisches Verhalten konkretisiert sich in dann z. B. in der Angst, Fehler zu machen. Nur perfekt ist man wertvoll, sonst wertlos. Es herrscht starke Unsicherheit über die Qualität der eigenen Leistung *("Reicht das?")*. Im Hinblick auf Präzision und Struktur der eigenen Arbeitsorganisation existieren häufig Sorgen. Zwischen der Ausprägung „wie man gern sein möchte" und der Selbstwahrnehmung „wie man ist" werden immer wieder Lücken wahrgenommen. Man braucht nicht viel Fantasie, um zu erkennen, dass dies eine eher negative Form von Perfektionismus ist, der für die Person mit belastendem Stress, Unruhe, Unsicherheit verbunden ist und fehlangepasste Überzeugungen enthält. Der norwegische Philosoph Søren Kierkegaard beschreibt die fatalen Folgen sehr eindringlich: *„Das Vergleichen ist das Ende des Glücks und der Anfang der Unzufriedenheit."* (http://zitate.net/perfektionismus-zitate).
- *Strebender Perfektionismus* (selbstorientiert): Hier zeigt eine Person perfektionistisches Verhalten aus eigenem Antrieb. Sie setzt sich selbst und autonom hohe Ziele und Standards, die sie erreichen möchte. Perfektionismus wird gezeigt, weil man es primär von sich selbst erwartet und nicht so sehr, weil es das soziale Umfeld fordert. Sicherlich wird auch diese Form des Perfektionismus durch erzieherische Prägungen während der Kinder- und Jugendzeit im Zusammenwirken mit herausfordernden Handlungssituationen beeinflusst. Aber das Individuum handelt hier stärker aus eigener Überzeugung. Ein Zitat, das dem Raketenwissenschaftler Wernher von Braun zugeschrieben wird, bringt es gut auf den Punkt: *„Es ist mein Job, nie zufrieden zu sein."* (http://zitate. net/perfektionismus-zitate).
- *Sozial-vorschreibender Perfektionismus* (umfeldorientiert): Hier wird das eigene Perfektionsniveau auf das soziale Umfeld projiziert. Man erwartet von seinen Interaktionspartnern die gleiche Perfektion, die man von sich selbst erwartet oder die man selbst an den Tag legt. Das ist für soziale Interaktionen nicht unproblematisch. Leider wird diese Dimension durch die Metaanalyse nicht abgedeckt. Sie wird daher in Abschn. 4.7 nochmals separat aufgegriffen.

In der Metaanalyse zeigte sich, dass vor allem zwei Big Five-Merkmale stark mit Perfektionismus korreliert sind: Neurotizismus und Gewissenhaftigkeit. *Neurotizismus* hat mit allen analysierten Einzelfacetten der Perfektion signifikante positive Korrelationen (Ausnahme: *Sich selbst hohe Standards setzen*). Während die Korrelationen zur Dimension „Strebender Perfektionismus" eher recht klein sind, sind sie zur „Dimension Besorgter Perfektionismus" mit Werten in den Einzelfacetten zwischen $r = 0{,}63$ *(Unsicherheit über die Qualität eigener Leistung)* und $r = 0{,}37$ *(Befolgung sozialer Normen)* sehr hoch. Hoher Neurotizismus geht also Hand in Hand mit einer fehlangepassten Form des Perfektionismus.

Bei *Gewissenhaftigkeit* zeigt sich tendenziell das gegenteilige Bild. Das Merkmal ist stark positiv mit der Dimension „Strebender Perfektionismus" korreliert. Die Einzelwerte für die Facetten liegen alle zwischen $r = 0,49$ und $r = 0,40$. Zur Dimension „Besorgter Perfektionismus" ergeben sich dagegen durchweg negative Korrelationen im Bereich $r = -0,37$ *(Unsicherheit über die Qualität eigener Leistung)* und $r = -0,10$ *(Befolgung sozialer Normen)*. Gewissenhafte Personen neigen also nicht zu sorgenvollen, fehlangepassten Formen des Perfektionismus, sondern zeigen in deutlichem Umfang einen eher autonomen Perfektionismus, der viel mit hohen Ansprüchen an sich selbst zu tun hat (vgl. Smith et al., 2019, S. 380 ff.). Das schließt jetzt nicht vollständig aus, dass sich gewissenhafte Mitarbeiter nicht doch einmal in zu viel Organisation, Planung und zu viele Details „verzetteln", aber im großen Bild kann für Unternehmen Entwarnung gegeben werden. Im Gegenteil: Der von gewissenhaften Mitarbeitern gezeigte Perfektionismus ist im Grundsatz eher ein leistungsförderlicher. Damit wären diese Befunde durchaus kompatibel mit den vielen Studien, die Gewissenhaftigkeit als wichtigsten Prädiktor für Leistung ermittelt haben (siehe Abschn. 3.1). Wünschenswert wären allerdings dazu noch bestätigende Studien mit Beschäftigten in Unternehmen.

In eine ähnliche Richtung argumentieren Dreier und Moldzio bei der Erläuterung ihres Fragebogens zum Arbeits- und Gesundheitsschutz (AGS). In ihm werden als Facetten der Gewissenhaftigkeit *Fleiß* und *Ordnung* gemessen. Fleiß ist eher proaktiv, ziel-/leistungsorientiert angelegt. Ordnung dagegen eher passiv, regel- und routineorientiert (s. a. Abschn. 2.7). Wenn bei einer Person der *Ordnungsaspekt* deutlich stärker als der *Fleißaspekt* ausgeprägt ist, dann kann das Verhalten in Übervorsichtigkeit und Pedanterie umschlagen. Mitarbeiter laufen dann Gefahr, an Details zu kleben, sich mit ihnen zu verzetteln und dabei den Überblick und das Ziel aus den Augen zu verlieren. Zielverfehlung oder verspätete Zielerreichung wären die Folge (vgl. Dreier & Moldzio, 2010, S. 16).

Zusammenfassung

Als Fazit zu diesem Kapitel können wir also festhalten, dass gewissenhafte Mitarbeiter mit höherer Wahrscheinlichkeit

- wegen einer zu starken Detail- und Perfektionsorientierung manchmal nicht das Leistungsoptimum realisieren,
- wegen zu langer Abwägungsprozesse mitunter nicht das Leistungsoptimum erreichen,
- grundsätzlich eine leistungsförderliche Form des Perfektionismus zeigen, die auf hohen Standards und Erwartungen an sich selbst basiert.

4.2 Agilität

VUKA! Nein, das ist nicht der neue Schlachtruf der Motivationstrainer – das war *TSCHAKKA!* Aber wer in den letzten Jahren die Literatur zur Unternehmensführung aufmerksam verfolgt hat, weiß, dass alle Organisationen mit einer VUKA-Welt konfrontiert sind und mit Agilität darauf reagieren müssen. Die nachfolgenden Ausführungen zu agilen Prinzipien basieren vor allem auf folgenden Quellen: Trost (2018), DGFP (Hrsg.) (2016), Braun und Krauss (2019).

Zunächst zum Akronym *VUKA*. Es steht für:

Volatilität: Geschwindigkeit, Umfang, Dynamik und Schwankungsbreite von Veränderungen in der Unternehmensumwelt nehmen zu (z. B. Entwicklung von Rohstoffpreisen; gesetzliche Rahmenbedingungen für Verbrennungsmotoren). Die Notwendigkeit für kurzfristige Reaktionen steigt.

Unsicherheit: Die Vorhersehbarkeit und Vorhersagbarkeit von Ereignissen und relevanten Themen in der Unternehmensumwelt nehmen ab (z. B. Brexit; Entwicklung der Energieversorgung; Entwicklung der politischen Rahmenbedingungen in Abnehmerländern). Längerfristige strategische Festlegungen werden dadurch schwieriger. Entscheidungen müssen vermehrt unter Unsicherheit getroffen werden. Erforderlich sind eher kleine, korrigierbare Schritte.

Komplexität: Die Anzahl von Einflussfaktoren auf ein Entscheidungsproblem und die Anzahl potenzieller Handlungsoptionen werden größer (z. B. Produktion unter Aspekten von Nachhaltigkeit und Ethik; Auswahl von Zulieferern in einer globalisierten Welt). Die Informationsbeschaffung für Entscheidungen wird aufwendiger. Eine unsichere Informationsbasis und Informationslücken in Entscheidungsprozessen müssen akzeptiert werden.

Ambiguität (= Mehrdeutigkeit): Die Rahmenbedingungen des Handelns sind unscharf und Informationen nicht eindeutig interpretierbar; Kausalitäten zwischen Ereignissen sind nicht eindeutig (z. B. Verhalten von China als ökonomischer und politischer Player; weitere Entwicklung und Anwendungsfelder der künstlichen Intelligenz). Lösungen müssen im Trial-and-Error-Verfahren erarbeitet werden. Die Bereitschaft zur schnellen Korrektur eingeschlagener Wege muss hoch sein.

Hinzu kommen *disruptive Bedrohungen* für etablierte Geschäftsmodelle. Nicht zuletzt die starke Digitalisierung ist hier ein wichtiger Treiber. Kleine Unternehmen mit innovativen Ansätzen finden rasch Akzeptanz im Markt, wachsen schnell, wirbeln Marktstrukturen durcheinander und bedrohen die Überlebensfähigkeit großer Unternehmen oder ganzer Branchen (z. B. Amazon revolutioniert die Lieferwege und bedroht den stationären Handel; Tesla macht in kürzester Zeit die Elektromobilität zur ernsthaften Alternative).

„Panta rhei!" *(Alles fließt!)* könnte man mit dem griechischen Philosophen Heraklit ausrufen. Die ganze Welt ist in Bewegung, immer schneller und immer weniger greifbar. Das ist die Grundbotschaft des Akronyms VUKA. Nicht alle, aber immer mehr

Unternehmen, die auf ihren Produktfeldern hohe Kompetenz haben und bei denen die Mitarbeiter aufgrund gut geplanter, effizienter und stabiler Ablaufprozesse tagaus, tagein Produkte und Dienstleistungen auf hohem Qualitätsniveau erstellen, müssen sich kritisch fragen, ob das, was sie in der Vergangenheit erfolgreich gemacht hat, auch für zukünftigen Erfolg tauglich ist. Sie stecken dabei im sogenannten „Innovator's Dilemma". Sollte man etwas verändern oder gar aufgeben, das einen erfolgreich macht, und das man gut beherrscht? Sollte man durch Veränderung und Innovation das eigene Geschäftsmodell angreifen?

Vor dem Hintergrund der VUKA-Welt wird immer deutlicher, dass Unternehmen keine „festgefügten Monolithen" mehr sein können, die mit Beständigkeit und klaren Strukturen ihren Erfolg auf Dauer sicherstellen können. Vielmehr brauchen sie bis zu einem gewissen Grad die Anpassungsfähigkeit einer Sanddüne, die vom Wind immer wieder neu geformt wird. Man wirtschaftet nicht mehr unter vergleichsweise fixen Umfeldbedingungen, in denen mit starren Strukturen/Regeln und mechanistischen Managementmethoden gearbeitet werden kann. Herkömmliche Steuerungsprinzipien wie Hierarchie, starre Arbeitsteilung, Zentralisierung, feste Prozessdefinitionen etc. stoßen an ihre Grenzen. Turbulent-chaotische Umfeldbedingungen machen eine gezielte Systemsteuerung unmöglich. Es bedarf vielmehr Konzepte, die tendenziell über Selbststeuerungsmechanismen zu Anpassungen des Systems „Organisation" kommen.

Die Antwort auf die Herausforderungen der VUKA-Welt lautet: *Agile Unternehmensführung.* Agile Unternehmen zeichnen sich durch eine Fülle von Merkmalen aus. Einige ausgewählte werden nachfolgend kurz erläutert:

- *Unscharfe Zielbilder als Aufbauprinzip:* Wenn die Zukunft unsicher ist, dann sind Richtungsbestimmungen angemessener als konkrete Zieldefinitionen. Gefordert ist ein Denken in alternativen Zukunftsszenarien und permanentes kritisches Hinterfragen dieser prognostischen Annahmen.
- *Hybride Prozessketten:* Für die Mitarbeiter wird bei der Aufgabenerledigung eine intelligente Kombination von standardisierten Abläufen und Wahlmöglichkeiten zwischen alternativen, situationsangemessenen Vorgehensweisen benötigt.
- *Umstellungsfähigkeit:* Handlungsprogramme müssen als Reaktion auf Umfeldveränderung noch während des Handlungsvollzugs geändert werden. Getreu der Weisheit der Dakota-Indianer: *„Wenn Du ein totes Pferd reitest, steig ab!"*. Psychologisch ist das höchst anspruchsvoll, denn Menschen trennen sich nur schwer von einmal gefassten Entschlüssen und Plänen.
- *Ständiger Austausch mit dem Unternehmensumfeld:* Mit dem Ziel einer möglichst antizipativen Erfassung von Veränderungen und der Möglichkeit auf diese proaktiv reagieren zu können, wird ein intensiver Austausch und enges Networking mit allen Stakeholder-Gruppen (Kunden, Zulieferer, Wettbewerber, Wissenschaftsorganisationen, Öffentlichkeit) betrieben. Von Mitarbeitern werden Netzwerkaktivitäten erwartet. Die Strategie „Abschottung" und „Do it yourself" hat eher ausgedient. Es wird über Unternehmensgrenzen hinweg kooperiert.

- *Permanente interne Reflektionsprozesse:* Alle Strukturen, Prozesse und Instrumente werden fortlaufend auf ihre Tauglichkeit und Situationsangemessenheit kritisch hinterfragt. Man lernt aus Erfolgen und Misserfolgen und teilt diese Lernerfahrungen offen in der gesamten Organisation.

- *Experimentelle Zukunftsorientierung:* Es gibt eine niedrige Schwelle für Experimente und Tests *("Einfach mal ausprobieren")*. An gute Lösungen tastet man sich im Trial-and-Error-Verfahren heran. Innovationsorientierung, Neugier, Risikofreude und ein Denken „Out-of-the-Box" sind bei den Mitarbeitern erwünschte Schlüsselqualifikationen. Fehler sind erlaubt und werden als Lernchance begriffen (siehe näher zu einer „positiven Fehlerkultur" Abschn. 4.3).

- *Optimierung interner Wissensflüsse:* Jeder Mitarbeiter hat – eventuell technologisch unterstützt – Zugriff auf alle Wissensbestände der Organisation. Alle Mitarbeiter kennen ihr exklusives Wissen und teilen es proaktiv und offen mit allen anderen. Das Stellen von Fragen und Offenbaren von Wissenslücken ist als Instrument der Weiterentwicklung des „kollektiven Wissens" explizit erwünscht. Jeder Mitarbeiter hat den Anspruch, sein Wissen ständig weiterzuentwickeln und aktuell zu halten.

- *Fluide Organisationsstrukturen:* Die Aufbauorganisation ist weniger an den Prinzipen „Dauerhaftigkeit, Beständigkeit, Berechenbarkeit" orientiert, sondern eher an den Prinzipien „Geschwindigkeit, Situationsangemessenheit und Orientierung an der Kundenanforderung". Organisationseinheiten (Abteilungen, Teams, Projektgruppen) werden bedarfsorientiert, crossfunktional und flexibel immer wieder neu zusammengestellt. Man baut „Zelte statt Paläste". Schnelle Auf- und Abbaubarkeit sind wichtiger als „Herrschaftsgebiete für die Ewigkeit". Fluide Organisationsstrukturen zeigen sich auch in der Zusammenstellung der Belegschaft. Man favorisiert eine kleine, qualifizierte Kernbelegschaft, die dann bedarfsorientiert und temporär durch Zusatzkapazitäten ergänzt wird (Zeitarbeiter, befristete Beschäftigte, freie Mitarbeiter, Berater, externe Dienstleister, Crowdworker).

- *Autonomie der Organisationseinheiten:* Die einzelnen Organisationseinheiten agieren auf der Basis eines gemeinsamen Wertesystems und einer grundsätzlichen Richtungsvorgabe als weitgehend autonome Zellen, die aber in intensivem Informationsaustausch miteinander stehen.

- *Denken und Handeln in kurzen, iterativen Zyklen:* Man verfolgt nicht den Ansatz, zunächst alle Schritte eines Vorhabens detailliert durchzuplanen und erst dann mit der Umsetzung zu beginnen. Das ist zeitintensiv, man kommt zu spät in die Handlung und geht – vor allem bei instabilen Umwelten – das Risiko ein, zu lange an einmal gefassten Plänen zu kleben und zu lange (ressourcenintensiv) in die falsche Richtung zu arbeiten. Vielmehr wird der Ansatz verfolgt, schnell zu beginnen und Fehler/Defizite im Prozess ebenso schnell zu korrigieren. *„Fail fast, fail cheap" (scheitere schnell, scheitere billig),* ist die Philosophie. Dem Ziel nähert man sich in vielen kleinen Handlungszyklen an und ist auch jederzeit bereit – falls erforderlich – das Ziel neu zu justieren. Instrumentell unterstützt wird diese Handlungsphilosophie durch

- die *Projektmanagementmethode SCRUM,* bei der zielorientierte Sprints eine wichtige Rolle spielen,
- *Daily-Standups,* ein tägliches, kurzes Meeting (häufig im Stehen), bei dem sich alle Aufgabenbeteiligten zum Informationsaustausch und zur Abstimmung der nächsten Schritte treffen und dann wieder im Parallelbetrieb an der Aufgabenrealisierung arbeiten,
- *Kanban-Boards,* mit deren Hilfe konsequent der Bearbeitungsstand einer Aufgabe (z. B. *geplant – in Bearbeitung – erledigt*) für alle Beteiligten transparent visualisiert wird.

- *Wertschätzung von Individualität:* Man sucht nicht mehr zwangsläufig den Mitarbeiter, der mit seinem Qualifikationsprofil exakt in ein vorab definiertes Anforderungsprofil passt. Vielmehr akzeptiert man stärker individuelle Besonderheiten und alternative Lebensentwürfe. Man fragt in einer Abkehr vom strengen „Fit-Ansatz" zwischen Anforderungen und Qualifikationen, welche Chancen sich für die Organisation aus den Besonderheiten eines Bewerbers ergeben könnten. Potenzial, Entwicklungsbereitschaft und „Lust auf die gemeinsame Aufgabe" sind partiell wichtiger als direkt abrufbare Qualifikationen.
- *Neues Führungsverständnis:* Der Vorgesetzte ist nicht mehr in der Rolle des Herrschers, der anweist, Entscheidungen fällt, kontrolliert und alles besser weiß. Vielmehr nimmt er alternative Rollen ein. Er ist *Coach,* der dem Mitarbeiter z. B. durch die richtigen Fragen „Hilfe zur Selbsthilfe" bietet und die eigenständige Bearbeitung von Aufgaben ermöglicht. Er ist *Partner,* der „auf Augenhöhe" mit den Mitarbeitern agiert und sich als „Primus inter pares" (Erster unter Gleichen) eher als Koordinator für den Teamprozess und als Sprachrohr für das Team versteht. Er ist *Befähiger,* der sich in der Rolle des Dienstleisters für die Mitarbeiter sieht und ihnen – wie der Manager eines Künstlers oder Sportlers – möglichst gute Rahmenbedingungen organisiert (z. B. Ressourcen, Informationen), damit sie ihre Aufgabe optimal erledigen können. Im Extremfall eines neuen Führungsverständnisses gibt es gar *keine dauerhafte Führungskraft* mehr. Vielmehr übernimmt – je nach Situationserfordernissen und spezifischen Stärken – immer ein anderes Teammitglied die Führungsrolle. Treffend ist in diesem Zusammenhang die Analogie zu einem Jazzorchester, bei dem immer wieder einmal ein anderes Instrument in den Vordergrund tritt und Rhythmus und Tonalität prägt. Und noch einen obendrauf: Der „wahre Chef" ist sowieso der Kunde. Mitarbeiter fragen sich dann nicht mehr, ob die Art ihrer Aufgabenerfüllung dem Vorgesetzten gefällt, sondern ob sie den Kunden zufriedenstellt.

Das war jetzt ein längerer, aber nötiger Überblick zu agilen Prinzipien, um die Veränderungen zu verstehen, die in den Unternehmen als Reaktion auf die VUKA-Welt Einzug halten. Nicht sofort, nicht so extrem, nicht in allen Organisationen und nicht in allen Funktionsbereichen. Natürlich wird es weiterhin Aufgabenfelder geben und geben müssen, die mit hoher Planbarkeit und Strukturkonstanz unter hinreichend stabilen

Rahmenbedingungen abgearbeitet werden können. Eine verstärkte Tendenz zum Einsatz agiler Prinzipien ist aber unübersehbar.

Wie wirkt das alles auf einen sehr gewissenhaften Mitarbeiter? Flapsig gesprochen wähnt er sich vermutlich „im falschen Film". Nichts ist mehr berechenbar, nichts planbar. Alles geht „drunter und drüber". Es regiert das Chaos und in der Organisation wird aus seiner Sicht das Spiel „Rein in die Kartoffeln, raus aus den Kartoffeln" gespielt. „Mal hü, mal hott!" Das hierarchische Prinzip ist in Auflösung begriffen. „Man weiß ja gar nicht mehr, wer hier was zu sagen hat und wer nicht, wo oben und wo unten ist." Klare Anforderungsprofile, Stellenbeschreibungen und Arbeitsanweisungen gibt es nicht mehr oder sie haben zunehmend an Bedeutung verloren. Präzise Zielvorgaben oder -vereinbarungen, die für längere Zeit Gültigkeit haben und an denen man sich orientieren konnte, werden immer seltener. Und nicht einmal der Chef ist mehr ein richtiger Chef. Zugegeben, das ist jetzt alles ein wenig überspitzt formuliert. Oder doch nicht? Könnten das nicht genau die Kommentare sein, die man von Mitarbeitern mit einer starken Ausprägung des Merkmals „Gewissenhaftigkeit" in der Kantine hören könnte?

Grundsätzlich ist die hohe Leistungsorientierung von gewissenhaften Mitarbeitern zunächst einmal auch unter turbulenten Umfeldbedingungen ein großer Vorteil. Mit Ausdauer und Beharrlichkeit stellen sie sich den anstehenden Aufgaben. Ihr Pflichtbewusstsein sorgt dafür, dass sie nicht gleich „die Flinte ins Korn werfen", wenn es turbulent wird und „der Wind einmal von vorne kommt". Ihre hohe Kompetenzüberzeugung hilft ihnen dabei. Andererseits werden sie durch ein solches Umfeld in der Organisation aber auch auf eine harte Probe gestellt. Denn agile Prinzipien können an etlichen Stellen massiv mit der Persönlichkeitsstruktur von gewissenhaften Mitarbeitern kollidieren:

- Mit der Facette „Ordnungsliebe" ist ein Bedürfnis nach planvollen und systematischen Vorgehensweisen verbunden. Klare und für längere Zeit gültige Strukturen und Ablaufregeln geben ihnen die Plattform, von der aus sie am liebsten ihren hohen Leistungseinsatz erbringen. Eindeutige und stabile Ziele stellen den fixierten Rahmen bereit, den sie sich für ihre Handlungssteuerung wünschen. Agile Organisationen mit ihren fragilen Strukturen und häufig wechselnden Prioritäten können dieses Bedürfnis nach Beständigkeit, Klarheit und Ordnung nur bedingt erfüllen. Es besteht daher die Gefahr, dass gewissenhafte Mitarbeiter unter solchen Bedingungen ihre Kompetenz und Leistung nicht voll entfalten können und in der Folge an Motivation und Arbeitszufriedenheit verlieren.
- Mit der Facette „Pflichtbewusstsein" ist die starke Tendenz verbunden, existierende Regeln einzuhalten. Zumindest irritierend ist es für gewissenhafte Mitarbeiter, wenn sie wahrnehmen, dass Regeln häufig wechseln oder nur in relativ geringem Umfang existieren. Ihrem Streben nach Regeltreue fehlt dann das Bezugsobjekt. Im *günstigen Fall* füllen sie dieses Vakuum z. B. dadurch, dass sie sich eigeninitiativ Regeln für ihre Arbeit definieren (Arbeitszeiten, Bearbeitungsreihenfolgen, Informationskanäle), von denen zu hoffen ist, dass sie nicht wegen zu großer Starrheit in der Anwendung inkompatibel zu den häufig wechselnden Anforderungen in agilen Organisationen

sind. Im *ungünstigen Fall* werden die vielen Regelungslücken als Verlust von Handlungskontrolle erlebt. Unsicherheiten und Ängste, etwas verkehrt zu machen, könnten die Folge sein. Es kann eine Einstellung nach dem Muster entstehen *„Bevor ich etwas verkehrt mache, mache ich lieber nichts".* Aus aktivem Leistungsstreben wird dann eher Passivität. Recht prägnant ist im Zusammenhang mit starker Regeltreue auch die Lenin zugeschriebene Aussage über eine Revolution in Deutschland: *„Wenn diese Deutschen einen Bahnhof stürmen wollen, kaufen sie sich erst eine Bahnsteigkarte!"*

- Die hohe Beharrlichkeit von gewissenhaften Mitarbeitern kann unerwünschterweise dazu führen, dass eine zu starke Fixierung auf einmal beschlossene Ziele, Planungen und Aufgaben erfolgt. Es fällt ihnen schwer, sich schnell auf veränderte Rahmenbedingungen einzustellen und spontan neue Prioritäten zu akzeptieren. Aufgrund ihrer hohen Leistungsorientierung, ihrer Selbstdisziplin und ihres Pflichtgefühls haben sie möglicherweise schon sehr viel Zeit und Energie in eine Aufgabe investiert. Das ist ein gewichtiges psychologisches Hemmnis, das ihnen das „schnelle Loslassen" erschwert. Um nochmals die Dakotaindianer zu bemühen: Sie reiten dann tatsächlich mit vollem Einsatz ein totes Pferd. In einem agilen sozialen Umfeld trägt ihnen das schnell eine Außenseiterposition als „Sturkopf", „Bremser" oder gar „Ewiggestriger" ein.

  In einer Studie (N = 360 Studierende) konnte gezeigt werden, dass diesbezüglich besonders die Facette „Leistungsstreben" problematisch ist. Sie ist sehr stark *auf die eigene Person gerichtet* (= self-centered orientation) und macht es wahrscheinlicher, dass auch bei negativen Entwicklungen weiter in ein Ziel investiert wird. Demgegenüber ist hohe Gewissenhaftigkeit, die vor allem auf der Facette „Pflichtbewusstsein" beruht, weniger problematisch. Sie ist eher *nach außen gerichtet* (= other-centered orientation). Solche Mitarbeiter berücksichtigen bei ihren Entscheidungen stärker die Belange der Organisation und können daher „leichter loslassen" (vgl. Moon, 2001, S. 536 ff.).

- Die Facette „Besonnenheit" kann einem gewissenhaften Mitarbeiter (und seinem sozialen Umfeld) in agilen Umwelten ernste Probleme bereiten. Schon rein sprachlich ist Besonnenheit fast das Gegenteil von Spontaneität. Das Bedürfnis, vor Entscheidungen oder Handlungen gründlich zu planen, Alternativen zu prüfen und gegeneinander abzuwägen und erst auf Basis gesicherter Informationen tätig zu werden, ist in VUKA-Umwelten von vornherein zum Scheitern verurteilt. In der Regel sind die gewünschten Informationen gar nicht vorhanden oder nicht mit vertretbarem Aufwand zu beschaffen. Vielfach ist auch die Handlungssituation mit ihren vielen Einflussfaktoren so komplex und unscharf, dass ein klares, vollständiges Alternativenspektrum mit einer anschließenden Optimalauswahl gar nicht zu erarbeiten ist. Es hilft dann nur ein schrittweises Herantasten an eine zufriedenstellende Lösung nach dem Trial-and-Error-Prinzip. Diese Herangehensweise dürfte gewissenhaften Mitarbeitern per se „ein Graus sein" und einen „Baustein zum Unglücklichsein" darstellen. In jedem Fall aber wird ihre, von abwägender Besonnenheit und Planung dominierte, Arbeitsweise in einer agilen Umgebung dazu führen, dass sie zu langsam sind. Damit entsteht sowohl aus der Perspektive des Unternehmens als auch in ihrer Selbstwahrnehmung ein Leistungsproblem. In ihrem sozialen Umfeld verlieren sie dadurch möglicherweise an Akzeptanz und werden wegen ihrer Priorisierung von gründlicher Informationssuche, Planung und Abwägung schnell als „Umstandskrämer" oder „Reichsbedenkenträger" stigmatisiert.

Zusammenfassung
Als Fazit zu diesem Kapitel können wir also festhalten, dass gewissenhafte Mitarbeiter mit höherer Wahrscheinlichkeit

- wegen ihres Bedürfnisses nach Klarheit, Struktur und Beständigkeit in agilen Organisationen nicht ihre kompletten Potenziale für Leistung, Motivation und Zufriedenheit realisieren können,
- von den fehlenden Regeln in agilen Unternehmen irritiert sind und daher ein eher passives Leistungsverhalten zeigen,
- mit schnell wechselnden Prioritäten Probleme haben und zu lange an veralteten Zielen und Aufgaben festhalten,
- aufgrund ihrer Tendenz zu planender, abwägender Arbeitsweise in agilen Organisationen Probleme mit der erwarteten Arbeitsgeschwindigkeit haben und persönliche Unzufriedenheit mit der Art der Aufgabenerfüllung entwickeln.

4.3 Innovation und Wandel

„Das haben wir schon immer so gemacht …". Denken und Verhalten nach dieser Maxime ist für Unternehmen in Wettbewerbswirtschaften über kurz oder lang der sichere Weg in den Abgrund. Die Bedeutung von Innovationen für Erfolg und Überleben von Organisationen muss man nicht mehr ausführlich erläutern. Sie liegt auf der Hand und ist hinreichend bekannt. Über *Produktinnovationen* müssen Unternehmen ihre Produkte und Dienstleistungen permanent weiterentwickeln, erforderlichenfalls auch gänzlich neue erschaffen. Der Wettbewerb tut es auch. *Verfahrensinnovationen* sorgen dafür, dass die Erstellungsprozesse für das Leistungsangebot der Organisation immer effizienter werden. Sie laufen schneller und/oder kostengünstiger ab. Der Wettbewerb arbeitet auch permanent an diesen Themen. Und schließlich geht es auch nicht ohne *Sozialinnovationen,* also eine Veränderung oder Verbesserung von personalwirtschaftlichen Systemen und Anreizstrukturen. Der demografische Wandel mit einer älter werdenden Belegschaft und dem Nachrücken von jungen Generationen mit veränderten Werten und Anspruchshaltungen erfordert Antworten. Und Wettbewerb findet nicht nur auf den Absatzmärkten statt, sondern als Kampf um qualifizierte Arbeitskräfte auch auf

den Arbeitsmärkten. Wettbewerber erhöhen ihre Präsenz in allen Rekrutierungskanälen, schärfen ihre Rekrutierungsinstrumente und buhlen mit attraktiven Anreizpaketen um die knappe Ressource „menschliche Arbeitskraft".

Erfolg auf diesen drei Innovationsfeldern kann nicht nur von der Hierarchiespitze und von einigen Fachabteilungen her organisiert werden. Es bedarf dafür der *Innovationsfähigkeit und -bereitschaft* am besten der gesamten Belegschaft. Jeder Mitarbeiter sollte in seinem Arbeitsbereich permanent ein kritisches Auge für notwendige Veränderungen und Verbesserungen haben und diese auch konsequent ins Werk setzen. Innovative Vorschläge für Verbesserungen in Nachbarbereichen oder auch auf Gesamtunternehmensebene sind darüber hinaus ebenfalls höchst wünschenswert und Ausdruck eines positiven Innovationsklimas. Warum soll ein „pfiffiger" Mitarbeiter auf Basis seiner Fachqualifikationen und Unternehmenskenntnisse, in Verbindung mit allgemeiner Lebenserfahrung, nicht eine überzeugende Innovationsidee zu Produkten und Prozessen haben?

Ohne es mit Studien belegen zu können, ist eine sehr hohe Dunkelziffer an guten Ideen zu vermuten, die zwar am Biertisch geäußert werden *(„Man könnte doch ...";* *„Wie umständlich machen wir das..."),* aber mangels Mutes, Initiative des Mitarbeiters oder struktureller Defizite der Organisation bei der Aufnahme und Verarbeitung von Innovationsimpulsen nie ernsthaften Eingang in das Unternehmen finden. Auch vor diesem Hintergrund macht es Sinn, im Hinblick auf Innovationen die in der Literatur häufig vorgenommene Unterteilung in die zwei Phasen *Ideenerzeugung* und *Ideenimplementierung* im Auge zu behalten (vgl. Patterson & Kerrin, 2016, S. 62; Jacob, 2018, S. 354). Es sind unterschiedliche Prozesse, die unterschiedlichen Einflussfaktoren unterliegen. In welchem Umfang es in Organisationen zu Innovationen kommt, hängt von vielen organisationsexternen und -internen Determinanten ab, z. B. (in Anlehnung an Patterson & Kerrin, 2016, S. 60):

- *Externe Faktoren:* Wettbewerb zwischen den Unternehmen – national und international, Rahmenbedingungen der Wirtschafts- und Strukturpolitik, Verfügbarkeit von Ressourcen auf den Arbeits- und Kapitalmärkten, rechtlicher Schutz von geistigen Eigentumsrechten, Bildungssystem, Landeskultur;
- *Allgemeine Entwicklungsbasis der Mitarbeiter:* Bildungsgrad, sozio-ökonomischer Status, erbliche Vordisposition;
- *Rahmenbedingungen der Arbeit:* Führungsstil, Unterstützung durch das Management, bestehende Netzwerk- und Teamstrukturen zum Informationsaustausch, Arbeitsanforderungen, Autonomie bei der Aufgabenerfüllung, zeitliche Freiräume, Verfügbarkeit relevanter (physischer) Innovationsressourcen, Organisationskultur, Struktur des Anreiz- und Belohnungssystems;
- *Merkmale von Mitarbeitern:* Kognitive Fähigkeiten (insb. Intelligenz, Wissen), intrinsische Motivation, Proaktivität und Engagement, Sozialkompetenz, Arbeitsstil, Ambiguitätstoleranz, Energiepotenzial, geistige Unabhängigkeit, Ausprägung der Big Five.

Innovative Vorschläge bedürfen oftmals nur des gesunden Menschenverstandes, aber natürlich ist zusätzlich eine höhere Ausprägung von *Kreativität* nicht von Schaden. Gemeinhin versteht man darunter (vgl. Asendorpf, 2019, S. 102):

▶ **Definition** Kreativität ist Befähigung zu schöpferischem Denken, das neue Fragen, neue Einsichten und neue Problemlösungen hervorbringt.

Während Intelligenz eher zur effizienten Lösung *bekannter* Probleme mit *bekannten Lösungsstrategien* befähigt *(= konvergentes Denken)*, basiert Kreativität auf *divergentem Denken*, bei dem Probleme zunächst einmal aufgedeckt und definiert werden müssen und dann mit neuen Ansätzen einer Lösung zugeführt werden müssen. Kreativität wird überwiegend – abseits der möglichen Unterstützung durch Kreativitätstechniken – als weitgehend stabile Persönlichkeitseigenschaft gesehen. Umstritten ist die, für den unternehmerischen Kontext nicht unerhebliche Frage, ob viel Vorwissen auf einem Gebiet eher kreativitätsfördernd oder -hemmend ist. Viel Vorwissen ermöglicht einerseits neue Lösungen durch neue Verknüpfung von Wissensfragmenten, fördert aber andererseits das Denken in schon bekannten Lösungsstrukturen (vgl. Asendorpf, 2019, S. 102 f.). Gewisse Plausibilität hat vor diesem Hintergrund ein kurvilinearer, umgekehrt U-förmiger Zusammenhang: Zu wenig und zu viel Vorwissen wirken dann kontraproduktiv (vgl. Patterson & Kerrin, 2016, S. 64 f.). Etwas flapsig ausgedrückt, wäre „solides Halbwissen" das Optimum.

Der „siamesische Zwilling" von Innovation ist der *Wandel (= Change)*. Die kreativsten Innovationsideen nützen nichts, wenn sie in Organisationen nicht umgesetzt werden. Umsetzung von Innovation verändert – mehr oder wenig tiefgreifend – Strukturen und Abläufe in den Organisationen. Davon sind vielfach auch Mitarbeiter in ihren täglichen Ablaufroutinen betroffen. Mitunter verändern Innovationen auch das gewachsene Machtgefüge. Es gibt Gewinner und Verlierer. Das ist dann auch der Grund, warum aus dem siamesischen Zwilling oftmals ein „siamesischer Drilling" wird: *Innovation – Veränderung – Widerstand*. Veränderung bedeutet immer Aufgabe von Sicherheit und Eingehen von Risiken. Es ist bekannt, dass Mitarbeiter Veränderungen in ihrem Arbeitsumfeld daher oftmals Widerstände entgegenbringen. Dieses Phänomen nährt im Gewande von „Changemanagement" eine ganze Wissenschaftsdisziplin und Heerscharen von Beratern. Sicherlich auch zu Recht.

Welche Rolle spielt nun das *Persönlichkeitsmerkmal „Gewissenhaftigkeit"* im Kontext von Innovation und Wandel? Nachfolgend werden einige Studien präsentiert.

Studie 1: Eine qualitative Metaanalyse zum Forschungsstand widmete sich speziell den *personengebundenen Einflussfaktoren* auf die Innovation in Organisationen. Das sind: Intelligenz, Wissen, Motivation, Emotionale Intelligenz, Stimmungen/Emotionen, Verhaltenstendenzen wie Initiative und Voice Behaviour (hier: proaktives Ansprechen von Änderungsnotwendigkeiten), Werte, Persönlichkeitsmerkmale.

Wenig erstaunlich ist, dass innerhalb der Big Five die *Offenheit für neue Erfahrungen* das Merkmal darstellt, das am konsistentesten positiv mit Innovation korreliert. Schon allein von der theoretischen Konzeption her gibt es große Überlappungsbereiche zwischen den Konstrukten Offenheit und Innovation. Offene Mitarbeiter sind generell „neugierig auf die Welt" und eher bereit, verschiedene neue Perspektiven zu akzeptieren, auch dann, wenn diese noch ungewöhnlich oder noch nicht ganz ausgereift sind. Insbesondere in der Phase der Ideengenerierung sind das hilfreiche Persönlichkeitszüge. Für die beiden Merkmale *Neurotizismus* und *Extraversion* ergeben sich überwiegend keine oder nur schwache Korrelationen zur Innovation. Dagegen zeigen sich für *Verträglichkeit* und *Gewissenhaftigkeit* dominant negative Korrelationen. Sehr verträgliche Mitarbeiter tendieren eher zu konformem Verhalten und halten sich von Situationen fern, die mit Spannungen und Konflikten verbunden sind. Diese treten insbesondere in der Phase der Innovationsimplementierung auf. Um final ein erfolgreicher Innovator zu sein, „bedarf es mitunter des Wolfs und nicht des Lämmchens". Eine gewisse Unangepasstheit im Denken und Handeln, Unverblümtheit, Hemmungslosigkeit und Streitbarkeit – alles natürlich noch im sozial akzeptablen Rahmen   sind hilfreiche Instrumente für die „Rolle des Wolfs". In der Phase der Ideengenerierung dürfte sich eine hohe Verträglichkeit dagegen im neutralen Bereich bewegen.

Hinsichtlich der negativen Korrelation von *Gewissenhaftigkeit* mit Innovationen ist ein zweiter, differenzierter Blick notwendig. Es gibt nämlich Facetten, die eindeutig nützlich sind und solche, die schädlich sind. *Innovationsfördernd* dürften das *Leistungsstreben*, die *Kompetenzüberzeugung* und die *Selbstdisziplin* von hoch gewissenhaften Mitarbeitern sein. Das betrifft primär die Phase der Innovationsimplementierung. Etwas „mit allen Fasern zu wollen", dabei „langfristigen Biss" und auch die Überzeugung zu haben, dafür qualifikatorisch hinreichend ausgestattet zu sein, hilft bei der Innovationsumsetzung. Punktuell könnten diese Facetten auch bei der Innovationsgenerierung helfen, wenn sie in strukturierten „handwerklichen" Prozessen, mithilfe von Kreativitätstechniken, abläuft.

Innovationsfeindlich sind dagegen die *Besonnenheit*, die *Ordnungsliebe* und das *Pflichtbewusstsein* von hoch gewissenhaften Mitarbeitern. Ihre Tendenz zu Regeltreue, festen Strukturen und zur Erfüllung von Pflichten steht dem Erfordernis entgegen, Autoritäten, Strukturen und den Status quo kritisch zu hinterfragen und im Extrem auch einmal provokant und herausfordernd zu sein. Ihnen fehlt das unkonventionelle und eigenwillige Element. Sie sind „mehr Hütehund als Wolf". Da Veränderung immer mit dem Aufgeben von gewachsenen Regeln und Strukturen verbunden ist, haben sie eher keine Tendenz, selbst solche Prozesse voranzutreiben. Im Extremfall leisten sie aus Regel- und Strukturgebundenheit sogar *Änderungswiderstand*. Und letztlich kollidiert auch die Besonnenheit mit der für die Innovationsimplementierung erforderlichen Risikofreude und mit der bei der Innovationsgenerierung notwendigen Spontaneität. Insgesamt werden allerdings noch zusätzliche Studien benötigt, die die Wirkung der einzelnen Facetten auf das Innovationsgeschehen weiter aufhellen. Klar ist aber, dass hohe Gewissenhaftigkeit im Hinblick auf Innovationen nicht so uneingeschränkt positiv zu sehen ist, wie das für andere unternehmerische Ziele der Fall ist (in Anlehnung an Patterson & Kerrin, 2016, S. 67 ff. und die zit. Lit).

Studie 2: Die in Studie 1 bereits angesprochene tendenzielle Veränderungsunwilligkeit bestätigt sich auch in einer Metaanalyse mit N = 87 Studien aus den Jahren 1887–2010, in der Organizational Citizenship Behavior (OCB) (siehe bereits Abschn. 3.5) im Zusammenhang mit den Big Five analysiert wird. Das Besondere an dieser Metaanalyse ist, dass OCB konzeptionell nach dem *Grund* der extrafunktionalen Leistung in *zwei Dimensionen* und *drei Formen* unterteilt wird und zwar wie folgt:

- *Prosoziale Dimension:* Dazu gehören extrafunktionale Leistungen und Verhaltensmuster, die auf den *Nutzen* entweder von *anderen Individuen* in der Organisation (insb. Kollegen) oder auf den Nutzen der *Gesamtorganisation* zielen. Man „geht also die Extrameile" für Kollegen oder das große Gesamte – allerdings innerhalb der derzeitigen Strukturen. Die prosoziale Dimension tritt somit in folgenden beiden *Formen* auf:
  - OCB-I (= Individuum)
  - OCB-O (= Organisation)

Die *prosoziale Dimension* ist in vielen Einzelstudien positiv mit den Persönlichkeitsmerkmalen „Gewissenhaftigkeit", „Verträglichkeit" und „Emotionale Stabilität" verbunden. Es sind die Eigenschaften, die sozial erwünscht sind, weil sie mit „sozialer Anständigkeit" und einer Tendenz „mit Anderen auszukommen" (= *getting along*) assoziiert sind.

- *Proaktive Dimension:* Hier ist das Extra-Engagement auf die Herbeiführung von *positiven Veränderungen in der Organisation* gerichtet. Das Verhalten geht also über die Grenzen derzeitiger Strukturen hinaus und manifestiert sich in folgender *Form:*
  - OCB-CH (= Change)

Die *proaktive Dimension* ist in Einzelstudien oft mit den Traits „Offenheit" und „Extraversion" verbunden. Das sind die Eigenschaften, die eher auf Wirkung, Macht, Einfluss und Dynamik ausgelegt sind. Sie zielen eher auf Wachstum und Selbstverwirklichung und gehen mit einer Tendenz zum „Vorankommenwollen" (= *getting ahead)* einher.

Kompatibel mit den Ergebnissen in Abschn. 3.5 ist auch hier Gewissenhaftigkeit positiv mit OCB korreliert und zeigt (überwiegend) von allen Big Five-Merkmalen die höchsten Korrelationen. Unterteilt man nun nach den drei Formen von OCB, dann zeigt sich allerdings ein recht differenziertes Bild. Zu OCB-CH weist Gewissenhaft mit $r = 0,12$ nur etwa die Hälfte der Korrelationsstärke wie zu OCB-I ($r = 0,25$) und OCB-O ($r = 0,20$) auf. Extrafunktionale Leistung gibt es von gewissenhaften Mitarbeitern also ganz primär auf der *prosozialen Ebene* und in deutlich geringerem Umfang auf der *changeorientierten, proaktiven Ebene.* Sie sind eher der Typus „Good Soldier" und weniger „Change Agent". Für letzteres müsste man laut dieser Metaanalyse eher auf Mitarbeiter mit hohen Werten bei Offenheit und Extraversion setzen (vgl. Chiaburu et al., 2011, S. 1149 ff.).

Studie 3: Wachstum von Pflanzen gibt es nur unter wachstumsfreundlichen Bedingungen. Mit innovationsorientiertem Verhalten von Mitarbeitern ist es nicht anders. Eine Studie aus den USA mit $N = 149$ Büromitarbeitern und ihren direkten Vorgesetzten aus diversen Branchen richtete den Fokus auf die Beziehung zwischen Gewissenhaftigkeit und *innovationsorientiertem Verhalten* unter Berücksichtigung der Interaktion mit den Situationsfaktoren „Führungskraft" und „Kollegen" als moderierende Variablen. Konkret zeigte sich, dass gewissenhafte Mitarbeiter in deutlich *geringerem Umfang* innovationsorientiertes Verhalten zeigen, wenn

- Führungskräfte eine enge Überwachung praktizieren,
- Kollegen als wenig unterstützend wahrgenommen werden.

Falls Führungskräfte ihre Mitarbeiter engmaschig überwachen, dann senden sie an diese das Signal, dass strikte Beachtung von Regeln und Normen erwartet wird und die Arbeit exakt so auszuführen ist, wie angeordnet. Diese Signale fallen gerade bei gewissenhaften Mitarbeitern mit ihrer Grundtendenz zu Regeltreue und Pflichtbewusstsein auf fruchtbaren Boden. Sie nehmen dann in ihrem Bezugssystem wahr, dass abweichende Wege der Aufgabenerfüllung nicht gewünscht sind und konzentrieren sich auf ein „gutes Funktionieren" innerhalb der vorgegebenen Strukturen. Impulse zur Veränderung unterdrücken sie dann, was ihnen persönlichkeitsbedingt auch eher leichtfällt.

Fehlende Unterstützung von Kollegen kann sich auf mehreren Ebenen manifestieren:

- *Ungenaue Kommunikation:* Einem Mitarbeiter fehlt in diesem Fall teilweise die Wissensbasis für innovationsorientiertes Verhalten, weil er bestimmte Arbeitsprozesse nicht tiefgründig genug versteht und keine Problemsensitivität für suboptimale Prozesse entwickeln kann. Ihm fehlt damit auch eine präzise Rückmeldung zu seinen Ideen und die Information, dass diese gewollt sind und eventuell umgesetzt werden. Ungenaue Kommunikation von Kollegen kreiert in Summe die Wahrnehmung von „geringer Verlässlichkeit" von Informationen.
- *Fehlen von konstruktiver Hilfe:* Wenn Kollegen nicht engagiert in die Diskussion über die kreativen Ideen einsteigen und keine Vorschläge zu deren Weiterentwicklung machen, dann senden sie damit generell das Signal, dass ein aktives Einbringen in die Organisation eher nicht gewünscht ist. Sie unterdrücken damit innovationsorientiertes Verhalten und stärken die konformistische Tendenz bei einem gewissenhaften Mitarbeiter.
- *Negative Stimmung:* Es herrscht ein Klima, in dem gegenseitig häufig negativ kritisiert wird, permanent nach Fehlern anderer gesucht wird und die Atmosphäre insgesamt von „Nörgelei" geprägt ist. An jeder geäußerten Idee wird in einem pessimistischen Ansatz zunächst immer das Nachteilige/Negative thematisiert. Ein solches Umfeld unterdrückt bei jedem Mitarbeiter jegliche Tendenz zu innovationsorientiertem Verhalten.

Insgesamt ist also speziell für gewissenhafte Mitarbeiter die Mischung aus einem sehr autoritär führenden Vorgesetzten und einem als wenig unterstützend und positiv denkend wahrgenommenen Kollegenkreis ein „toxisches Gebräu", das die Bereitschaft zu innovationsorientiertem Verhalten untergräbt (vgl. George & Zhou, 2001, S. 515 ff. und die zit. Lit.).

Studie 4: Selbst ist die Frau, und selbst ist der Mann! Wenn die gewachsene Art der Aufgabenerfüllung sich als dysfunktional für die Organisation und/oder für die eigene Zufriedenheit herausstellt, dann legen Mitarbeiter Hand an und verändern eigeninitiativ einzelne Elemente ihrer Arbeitsaufgabe. Dieses Verhalten nennt man *„Job-Crafting"* (s. a. schon Abschn. 3.5). Ohne Zweifel kann es auch höchst unerwünschtes Job-Crafting-Verhalten geben. Wenn ein Mitarbeiter „selbstherrlich" die Abläufe seiner Arbeitsaufgabe verändert, dann mag sie am Ende vielleicht eher seinen Präferenzen entsprechen und so einen Beitrag zu seiner Arbeitszufriedenheit leisten, aber eventuell gegen die Interessen externer oder interner Kunden seiner Arbeit gerichtet sein. Fokussieren wir hier aber auf den positiven Fall des Job-Crafting, bei dem in irgendeiner Form eine Verbesserung erzielt wird. Ebenfalls ohne Zweifel zeigt der Mitarbeiter damit innovationsorientiertes Verhalten und leistet – quasi auf der Mikroebene – einen Beitrag zur Veränderung im Unternehmen. Es wäre auch im Sinne der Agilität einer Organisation (siehe Abschn. 4.2), wenn „auf dem kleinen Dienstweg" schnelle Anpassungserfolge an veränderte Umfeldbedingungen erzielt werden.

Wovon hängt nun ab, ob Mitarbeiter ein Job-Crafting-Verhalten zeigen? Ein Erklärungsansatz nutzt die Aussagen der *„Regulations-Fokus-Theorie".* Sie betrachtet die Frage, welche Ergebnisse Personen bei der Selbstregulierung ihres Verhaltens primär anstreben und unterscheidet dabei zwei Muster:

- *Promotion-Focus (= Förderung):* Die Aufmerksamkeit ist bei der Selbstregulation primär auf Verbesserung, Realisierung eines höheren Anspruchsniveaus und erfolgreiche Vollendung von Aufgaben gerichtet. Kurz: Die Regulationsausrichtung ist eher *chancenorientiert.* Ein typisches Item in einem Erfassungsfragebogen lautet: *„Ich konzentriere mich auf Aktivitäten, die mich bei der Arbeit voranbringen."*
- *Prevention-Focus (= Vorbeugung):* Die Aufmerksamkeit bei der Selbstregulation ist eher auf die Vermeidung von möglichen negativen Konsequenzen des eigenen Handelns ausgerichtet. Fehler sollen tunlichst vermieden werden. Kurz: Die Regulationsausrichtung ist eher *risikovermeidend.* Ein typisches Item aus einem Erfassungsbogen wäre: *„Ich konzentriere mich darauf, Aufgaben korrekt abzuschließen".*

Beide Regulationsfokusse sind zunächst einmal völlig neutral zu sehen. Jeder hat seine Vorteile in spezifischen Handlungssituationen. Wer an der Kreissäge arbeitet oder in einer Bank über die Vergabe von großen Krediten entscheidet, ist mit einem dominierenden Prevention-Focus sicher nicht schlecht beraten. Im Hinblick auf unternehmerisches, innovationsorientiertes Verhalten und in Change-Prozessen ist ein

Promotion-Focus definitiv vorteilhafter. In einer Studie in 12 chinesischen Unternehmen mit $N = 389$ Mitarbeitern und ihren $N = 95$ Vorgesetzten wurde dann auch nachgewiesen, dass ein *Promotion-Focus* positiv mit Job-Crafting korreliert ist ($r = 0,28$) und ein *Prevention-Focus* eine negative Korrelation aufweist ($r = -0,27$). Es ist wenig überraschend, dass Mitarbeiter, die ihr Verhalten eher an Risiko- und Fehlervermeidung ausrichten, weniger geneigt sind, selbst an der Struktur ihrer Aufgaben „herumzubasteln".

Welche Rolle spielt nun das *Persönlichkeitsmerkmal* „Gewissenhaftigkeit" bei alledem? Gewissenhafte Mitarbeiter sind grundsätzlich in der Lage, beide Regulierungsfokusse zu zeigen. Die positiven Korrelationskoeffizienten liegen bei $r = 0,38$ (Promotion-Focus) und $r = 0,28$ (Prevention-Focus). Für innovationsorientiertes Verhalten stellt sich dann die „Gretchenfrage", ob die Mitarbeiter bei ihrer Handlungsregulation einen *Promotion-Focus* mit *positiven* Effekten auf das Job-Crafting oder einen *Prevention-Focus* mit *negativen* Effekten auf Job-Crafting einnehmen. Der Regulationsfokus ist also eine wichtige Moderatorvariable für die *Beziehung zwischen Gewissenhaftigkeit und Job-Crafting*. Wovon hängt aber nun ab, ob gewissenhafte Mitarbeiter bevorzugt einen Promotion- oder Prevention-Focus einnehmen? Die Studie untersuchte dazu als wichtige Einflussvariable die *Fehlerkultur (= Error Management Climate)* und kommt dabei zu eindeutigen Ergebnissen. Zunächst aber zur Beschreibung von positiven und negativen Fehlerkulturen (Tab. 4.1).

Die empirischen Ergebnisse der oben angesprochenen chinesischen Studie zeigen nun, dass gewissenhafte Mitarbeiter in *positiven Fehlerkulturen* einen Promotion-Focus mit

Tab. 4.1 Positive und negative Fehlerkulturen. (Quelle: In Anlehnung an Liu et al., 2020, S. 4 und die zit. Lit.)

Positive Fehlerkultur	Negative Fehlerkultur
• Fehler werden bis zu einem gewissen Grad als unvermeidlich angesehen.	• Fehler werden als Versagen des einzelnen Mitarbeiters gesehen.
• Eingeständnis von Fehlern ist nur in geringem Umfang mit negativen Sanktionen verbunden.	• Fehler führen routinemäßig zu informalen oder gar formalen Bestrafungen. Anstrengungen der Mitarbeiter zur Verbesserung ihrer Arbeitsausführung werden dabei nicht gewürdigt.
• Entdeckte Fehler werden umgehend korrigiert.	• Eine systematische Reaktion auf Fehler erfolgt nicht.
• Ermunterung an Mitarbeiter, ihre Erfahrung mit Fehlern mit Kollegen zu teilen. • In „Fuckup-Nights" berichten Mitarbeiter freimütig über ihre spektakulärsten, witzigsten und lehrreichsten Misserfolge.	• Fehler sind tendenziell ein schambesetztes Thema, über das eher nicht gesprochen wird.
• Fehler werden als Chance zur Weiterentwicklung der Organisation gesehen.	• Fehler sind punktuelle Ereignisse, die vor allem mit der Suche nach und Bestrafung von „Schuldigen" verbunden sind.

nachfolgender Bereitschaft zu Job-Crafting zeigen. Unter dem Einfluss *negativer Fehler-kulturen* zeigen sie dagegen einen Prevention-Focus, verbunden mit einer verringerten Bereitschaft zu Job-Crafting-Verhalten (vgl. Liu et al., 2020, S. 2 ff. und die zit. Lit.). Gerade bei gewissenhaften Mitarbeitern ist also das Risiko groß, durch einen repressiven Umgang mit Fehlern ihr Pflichtbewusstsein zu triggern und dadurch eine „sklavische Regel-treue" auszulösen, die eigenständiges, innovationsorientiertes Verhalten bei der eigenen Aufgabe (Job-Crafting) unterdrückt. Sie scheinen hier sehr sensibel zu reagieren. Die gute Botschaft: Über eine positive Fehlerkultur kann ihr Leistungsstreben getriggert werden, verbunden mit der Bereitschaft zu risikoreicherem und innovationsorientiertem Verhalten. Ein kleines Fragezeichen muss man sicherlich hinsichtlich der direkten Übertragbarkeit der Studie auf europäische Unternehmen machen. Vor dem Hintergrund der chinesischen Kultur, in der öffentlich gewordene Fehler möglicherweise immer mit einem „Gesichts-verlust" einhergehen, hat das Konzept der „Fehlerkultur" graduell eine etwas andere Bedeutung.

Studie 5: Unternehmer sollten unternehmen und nicht unterlassen! *Unternehmerische Orientierung* (= Entrepreneurship) im Denken und Handeln wird immer stärker auch von jedem einzelnen Mitarbeiter erwartet. Sie manifestiert sich in einer Studie mit N = 107 Mitarbeitern eines Großunternehmens in Liechtenstein im Dreiklang „*Risiko-neigung – Innovativität – Proaktivität*". Die Studie interessierte sich für die Beziehung zwischen „*Individueller unternehmerischer Orientierung (IEO)*" und dem „*Erfolg von Mitarbeitern*" (gemessen an der Leistungsbeurteilungsnote) unter dem Einfluss der Big Five-Persönlichkeitsmerkmale. Es zeigte sich zunächst, dass Mitarbeiter mit einer *höheren IEO* auch einen *höheren Erfolg* haben. Bezieht man nun die Persönlichkeits-merkmale ein, dann ist festzustellen, dass *hohe Verträglichkeit* und *hohe Gewissen-haftigkeit* diese Beziehung abschwächen. Bei verträglichen Mitarbeitern hemmt ihr Harmoniebedürfnis offensichtlich die Konfliktfreudigkeit, die für unternehmerischen Erfolg unverzichtbar ist, da frühzeitig und risikoreicher gehandelt werden muss und neue Wege beschritten werden müssen. Ohne die entsprechende Bereitschaft dazu ist das aber nicht möglich.

Ähnlich tun sich besonders gewissenhafte Mitarbeiter wegen ihrer Bindung an Regeln und Normen offensichtlich schwerer damit, Neuland zu betreten und Risiken einzugehen. Die Autoren ziehen daraus die Schlussfolgerung, dass gewissenhafte Mit-arbeiter insbesondere nicht in solchen Bereichen eingesetzt werden sollten, in denen eine ausgeprägte unternehmerische Orientierung vonnöten ist, sondern eher in solchen Bereichen, in denen es primär auf eine effiziente und korrekte Ausführung von Aufgaben nach klaren Richtlinien ankommt (vgl. Kraus et al., 2020, S. 85 ff.). Da das Konzept der IEO starke Überlappungsbereiche mit der Innovationsorientierung aufweist, bestätigen die Studienergebnisse tendenziell die bislang dargestellten Risiken im Hinblick auf Innovation und Veränderung für die Gruppe der Gewissenhaften.

Studie 6: Auf den ersten Blick ein gegensätzliches Ergebnis zu Studie 5 zeigt eine Metaanalyse über N = 23 unabhängige Samples. Untersucht wurden die Persönlichkeits-unterschiede zwischen *Gründern* und *angestellten Managern*. Gründer zeichneten sich gegenüber angestellten Managern durch eine *höhere* Gewissenhaftigkeit und Offenheit und durch *niedrigere* Werte bei Neurotizismus und Verträglichkeit aus. Bei Extraversion zeigten sich keine Unterschiede. Überraschenderweise war auf Domänenebene beim Merkmal „Gewissenhaftigkeit" der Unterschied zwischen Gründern und Managern am größten! Diese Differenz relativierte sich allerdings in einem zweiten Analyseschritt, bei dem die *Domäne „Gewissenhaftigkeit"* in *zwei Facetten* unterteilt wurde. Im Einklang mit anderen Studien nahm man an, dass Gewissenhaftigkeit aus zwei Komponenten besteht, nämlich aus:

- *Leistungsmotivation* (= Leistungsstreben + Kompetenz) und
- *Zuverlässigkeit*   (= Ordnungsliebe + Pflichtbewusstsein + Selbstdisziplin + Besonnenheit).

Jetzt zeigte sich bei Gründern gegenüber angestellten Managern eine deutlich höhere Leistungsmotivation, aber hinsichtlich der Zuverlässigkeit gab es keine Unterschiede (vgl. Zhao & Seibert, 2006, S. 264 ff. und die zit. Lit.). Wenn eine hohe Gewissenhaftigkeit sehr stark auf die *Leistungsmotivationskomponente* zurückgeht, dann zeigt sich darin eine Gründerpersönlichkeit, die auch im Unternehmen für unternehmerische Aufgaben geeignet ist. Geht die hohe Gewissenhaftigkeit aber sehr stark auf die *Zuverlässigkeitskomponente* zurück, dann zeigt sich das Profil eines typischen abhängig Beschäftigten, dem das „Entrepreneur-Gen" fehlt. Mit der dargestellten Differenzierung lösen sich die vermeintlichen Widersprüche zwischen Studie 6 und Studie 5 weitgehend auf. Die Ergebnisse legen aber nahe, mit Blick auf die Innovationsorientierung und das unternehmerische Verhalten unbedingt eine Analyse auf der *Facettenebene* vorzunehmen.

Studie 7: „Wasch mir den Pelz, aber mach mich nicht nass". Das funktioniert in den seltensten Fällen. Wer Neuland betritt muss auch bereit sein, Risiken auf sich zu nehmen. In einer britischen Studie mit N = 358 Teilnehmern wurde untersucht, ob die Teilnehmer im Hinblick auf die drei wichtigen Lebensthemen „Arbeit", „Gesundheit" und „Finanzen" eine durchgehend gleiche *Risikopräferenz* aufweisen. Nur bei 14,25 % der Befragten zeigte sich eine Konsistenz. Alle anderen hatten eine inkonsistente Risikoneigung, die sich nach Lebensthema unterschied. Innerhalb der recht kleinen Gruppe mit *durchgehend gleicher Risikoneigung* über alle Lebensbereiche war Gewissenhaftigkeit mit r = 0,36 von allen Big Five-Merkmalen der beste Prädiktor für eine konsistente Risikopräferenz. Weiter zeigte sich, dass innerhalb der konsistenten Gruppe 79 % *risikoavers* und nur 21 % *risikofreudig* oder *risikoneutral* waren (vgl. Soane & Chmiel, 2005, S. 1785 ff.). Man kann also schlussfolgern, dass gewissenhafte Personen über verschiedene Lebensbereiche hinweg eher eine einheitliche Risikoeinstellung haben und die ist mit hoher Wahrscheinlichkeit eher als risikoavers einzuschätzen. Unter diesem Blickwinkel sind Mitarbeiter mit hoher Gewissenhaftigkeit nicht die „geborenen Innovatoren".

Zusammenfassung

Als Fazit zu diesem Kapitel können wir also festhalten, dass gewissenhafte Mitarbeiter mit höherer Wahrscheinlichkeit

- wegen ihrer Ordnungsliebe, ihrer Besonnenheit und ihres Pflichtgefühls und der damit einhergehenden Bindung an Strukturen und Regeln tendenziell Situationen vermeiden, die mit Risiko und Unsicherheit verbunden sind, also weniger Innovationsorientierung aufweisen,
- wegen ihrer Regel- und Strukturgebundenheit verstärkt zu Änderungswiderständen neigen,
- eine schwächere Innovationsorientierung insbesondere dann aufweisen, wenn folgende Situationsfaktoren wirken: enge Überwachung durch Vorgesetzte, fehlende Unterstützung durch Kollegen, negative Fehlerkultur in der Organisation,
- eine geringe unternehmerische Orientierung aufweisen, wenn hohe Gewissenhaftigkeit vornehmlich auf den Facettenkomplex „Zuverlässigkeit" zurückgeht,
- eine hohe unternehmerische Orientierung aufweisen, wenn hohe Gewissenhaftigkeit vornehmlich auf den Facettenkomplex „Leistungsmotivation" zurückgeht.

4.4   Stress, Burnout, Work–Life-Balance

„Was war das heute wieder ein stressiger Tag!" Oft hört man diesen Satz oder verwendet ihn auch selbst. Aber hatte man wirklich *Stress*? Möglicherweise war es ja auch „nur" viel Arbeit, die zwar anstrengend war, aber nicht als sonderlich belastend erlebt wurde. Fachbegriffe, die in die Alltagssprache eingesickert sind, werden mitunter vorschnell und unscharf verwendet. Auf Befragen könnten vermutlich die wenigsten erklären, was man denn unter „Stress" genau versteht. Wie würde ein Psychologe Stress, seine Auslöser und seine Folgen erklären? (Vgl. zum Folgenden die Überblicke bei Zapf & Dormann, 2006, S. 705 ff.; Schaper, 2019, S. 574 ff.; Kauffeld et al., 2019, S. 309 ff. und die dort zit. Lit.)

▶ **Definition** Stress ist ein *intensiver,* als *subjektiv unangenehm* erlebter Spannungszustand, der.

- durch einen *aktuell schon* wirksamen oder *perspektivisch erwarteten* Reiz (= Stressor) ausgelöst wird,
- eine *subjektiv bedeutsame Situation* betrifft,
- in der Regel über eine *längere Zeitspanne* anhält,

- oftmals mit dem *Gefühl der (partiellen) Unkontrollierbarkeit* der Situation einhergeht,
- dessen *Beendigung* von der betroffenen Person *gewünscht* wird,
- im Organismus der betroffenen Person *(Anpassungs-)Reaktionen* auslöst.

Irgendein Stimulus hat den Organismus aus dem Gleichgewicht gebracht und erzwingt Anpassungsleistungen auf der physischen und/oder psychischen Ebene. Solche Stressoren können schlicht aus der *materiell-physischen Umwelt* kommen (z. B. Lärm, Hitze, Kälte, körperliche Enge, ungünstige ergonomische Belastungen). Sie können der *sozialen Umwelt* entspringen (z. B. Konflikte, Mobbing, Aggression, fehlende Anerkennung und Unterstützung, unangemessener Führungsstil, schlechtes Betriebsklima, Wechsel der Interaktionspartner), von der *Arbeitsaufgabe* ausgehen (z. B. inhaltliche Überforderung, Termindruck, Unklarheit der Anforderungen (= Ambiguität), Informationsmangel/ überlastung, Kollision mit privaten Rollen) oder ihren Ursprung auf der *Gesamtunternehmensebene* haben (z. B. Arbeitsplatzunsicherheit, Strukturveränderungen, schlechtes Betriebsklima).

Eine notwendige Anpassungsleistung muss nicht zwangsläufig negativ besetzt sein. In der Sauna setzt man sich bewusst und mit Freude dem Hitzestress aus. Und ein neues Aufgabenelement (z. B. Präsentationen vor Kollegen) kann zwar mit zusätzlicher Arbeit verbunden sein, aber auch als positive Herausforderung empfunden werden, die Spaß macht, und bei der man sich beweisen kann. Daher unterscheidet man in der Theorie zwischen *Eustress* (= positiv besetzte Anpassungsleistungen) und *Disstress* (= Anpassungsleistungen, die als negativ und belastend erlebt werden). Bei besonders gravierenden Stimuli mit sehr hohen Anpassungserfordernissen spricht man auch von *Critical Life Events (− Kritische Lebensereignisse)*. Typische Beispiele wären Arbeitslosigkeit, Beginn einer neuen Stelle, Übernahme einer komplett neuen Aufgabe, Übergang in den Ruhestand. Wenn in der Arbeits- und Organisationspsychologie von Stress die Rede ist, dann ist in aller Regel der *Disstress* gemeint. Auf ihn soll auch hier fokussiert werden.

Ob überhaupt und in welcher Intensität Stress entsteht, ist ein höchst *subjektiver Prozess*. Ein einwirkender Stressor ist zunächst ein *objektiver Belastungsreiz*, der für alle Mitarbeiter gleich ist. Die Mitarbeiter in der Kühlkammer eines Lebensmittelherstellers sind alle einer Temperatur von −15 Grad ausgesetzt. Die Verkäufer eines Konsumgüterherstellers stehen alle vor der gleichen Aufgabe, das neue Produkt in ausführlichen Präsentationen vor den Geschäftsleitungen der Kundenunternehmen vorzustellen. Verkäufer A freut sich auf diesen Termin und sieht darin eine gute Profilierungschance (Eustress!), Verkäufer B ist ein wenig angespannt und Verkäufer C hat vor dem Tag X drei schlaflose Nächte (Disstress!). Mitarbeiter verarbeiten die *objektiv gleichen Stimuli* subjektiv höchst unterschiedlich. Daher unterscheidet man auch zwischen *(objektiver) Belastung* und *(subjektiver) Beanspruchung (= Strain)*. Als unangenehm erlebter Disstress entsteht also nur, wenn mit einem objektiven Stressor ein entsprechendes Beanspruchungserleben einhergeht.

Ob und in welchem Umfang das der Fall ist, hängt nach der *kognitiven Stress-theorie* von *zwei Bewertungsvorgängen* ab, die das Individuum – z. T. unbewusst – vornimmt. In einer *primären Bewertung* wird zunächst geprüft, ob der Stimulus *überhaupt relevant* ist (z. B. nur Verkäufer in der Schweiz, nicht aber in Deutschland, müssen Kundenpräsentationen halten), ob er *positiv* (Eustress) oder *negativ* (Disstress) besetzt ist. Negativ besetzt ist er, wenn das Individuum in irgendeiner Form eine Schädigung oder einen Verlust antizipiert. So könnte z. B. Verkäufer C befürchten, dass er die zeitliche Vorbereitung für die Präsentation nicht schafft, sich durch einen schlechten Vortrag blamiert oder gar seinen Arbeitsplatz gefährdet.

Nur negativ besetzte Stimuli aktivieren den *sekundären Bewertungsvorgang*. Hier wird geprüft, welche *Ressourcen* zur Bewältigung der bedrohlichen Situation zur Verfügung stehen. Ergebnis kann sein, dass innerlich Entwarnung gegeben werden kann, weil die Einschätzung dominiert, dass man über genügend Ressourcen zur Bewältigung der Situation verfügt.

Wichtige Ressourcenkomplexe sind:

*   die *eigenen Qualifikationen* (z. B. Problemlösungskompetenz),
*   der *vorhandene Handlungsspielraum* und
*   die (erwartete) *Unterstützung aus dem sozialen Umfeld* (= Social Support).

Über welche Mechanismen wirken diese Ressourcen? Der Wert *eigener Qualifikationen* liegt auf der Hand: Wer sich Herausforderungen gewachsen fühlt, weil er über die „Werkzeuge" verfügt, mit ihnen umgehen zu können, empfindet weniger Stress. Werden größere *Handlungs- und Entscheidungsspielräume* wahrgenommen, dann gibt das einer Person die Möglichkeit die Situation so umzugestalten, dass sie nicht mehr als so belastend empfunden wird. Weiterhin gilt *Social Support* als sehr wirksamer Stresspuffer. Soziale Unterstützung kann in Form von ganz konkreter *materieller Hilfe* („Rat und Tat") oder als *ideelle Hilfe* (z. B. Ermunterung, Zuspruch, Zuhören) geleistet werden. Der Verkäufer C aus unserem Beispiel könnte also in dem sekundären Bewertungsvorgang eine Stressreduktion erfahren, wenn ihm zu Bewusstsein kommt, dass er solche Kundenpräsentationen schon mehrfach gehalten und danach immer positive Feedbacks bekommen hat, er völlig frei entscheiden kann, welches Präsentationsmedium er nutzen möchte, und dass ihn ein Kollege bei der Präsentationserstellung unterstützen würde.

Vom Ergebnis der primären und sekundären Bewertungsvorgänge hängt ab, wie die *kurzfristigen Stressreaktionen* ausfallen. Mitarbeiter reagieren auf Stress auf der rein *physiologischen Ebene* (z. B. Blutdrucksteigerung, Erhöhung der Herzfrequenz, Adrenalinausschüttung, Schwitzen, muskuläre Anspannung), auf der *psychologischen Ebene* (z. B. Anspannung, Aufregung, Aggressivität, Ärger, Gereiztheit, Ängste, Ermüdung) und auf der *Verhaltensebene* (z. B. unkonzentriertes Arbeiten, Leistungsschwankungen, eingeschränkte sensumotorische Steuerung). Wenn das Stressniveau über längere Zeit erhalten bleibt, dann kommt es zu *langfristigen Stressreaktionen* auf allen drei Ebenen. Die negativen Wirkungen eines andauernd zu hohen Stresspegels sind auch alltagspsychologisch hinreichend bekannt. Auf der *physiologischen und psychologischen Ebene* verdichtet sich die permanent überstarke Aktivierung des Organismus zu den typischen stressinduzierten somatischen und psychosomatischen Krankheitsbildern (z. B. Herz-Kreislauf-Erkrankungen, Erkrankungen des Magen-Darm-Trakts, allgemeine Erschöpfung, Schlafstörungen, erhöhte Infektanfälligkeit, Angststörungen, depressive Verstimmungen, Depressionen). Auf der *Verhaltensebene* kommt es zu Kompensations- oder Ausweichhandlungen, die nicht im Sinne des Unternehmens sind (z. B. Absentismus, innere Kündigung aufgrund hoher Arbeitsunzufriedenheit) und/oder die negative Gesundheitsspirale weiter dynamisieren (z. B. vermehrter Nikotin-, Alkohol- und Tablettenkonsum, Frustessen).

Eine besonders schwerwiegende Form der chronischen Erschöpfung stellt *Burnout* als Folge sehr lang anhaltender Stresseinwirkung dar. Umstritten ist das Verhältnis zwischen Burnout und Depression. Zum Teil werden die beiden Krankheitsbilder als *völlig unabhängig* gesehen. Ein wichtiges Argument dafür wäre, dass Burnout als eher *kontextgebunden* (hier: Arbeit) gesehen wird und Depression als ein Krankheitsbild eingestuft wird, das *kontextübergreifend* zu sehen ist, also Beruf, Familie, Hobbybereich etc. gleichermaßen beeinträchtigt. Eine zweite Auffassung sieht Burnout als *Vorstufe der Depression*. Ein zunächst auf die Arbeit beschränktes „Ausgebranntsein" intensiviert sich weiter und/oder generalisiert auf andere Lebensbereiche. Die dritte Auffassung sieht Burnout als eine *Spielart der Depression* an. Depressionen sind facettenreiche Krankheitsbilder mit einer breiten Palette an Symptomen, die auch typische Burnout-Symptome umfassen. Letztlich ist dieser Streit relativ akademisch. Fakt ist, dass es sich beim Burnout um eine schwerwiegende gesundheitliche Störung handelt, bei der in den meisten Fällen intensiver und langer Stress eine gewichtige Mitverursacherrolle haben dürfte. Als besonders gefährdet gelten Berufsbilder, bei denen intensive soziale Kontakte erforderlich sind (z. B. helfende und lehrende Berufe), weil man sich dort als Person gesamtheitlich einbringen muss und ein „partielles Herausnehmen aus der Handlungssituation" schwierig ist. Typische Symptome einer Burnout-Erkrankung sind:

- Starke (emotionale) Ermüdung und Ermüdbarkeit,
- Inaktivität (auch im Freizeitbereich),
- extrem negative Einstellung zur Arbeit (u. a. tiefe Frustration, Fluchtgedanken, fehlender Gestaltungswille),
- Gefühle von Nutzlosigkeit, reduzierter Leistungsfähigkeit und geringer Kompetenz,
- Depersonalisationstendenzen: Negativer, gleichgültiger, zynischer Umgang mit Interaktionspartnern (z. B. Kunden, Patienten, Schüler),
- Negativbewertung der eigenen Arbeit,
- Rückzug aus sozialen Kontakten.

In wissenschaftlichen Studien zur *Messung von Burnout* wird sehr häufig auf das *Maslach Burnout Inventory (MBI)* zurückgegriffen. Über 22 Items werden folgende *drei Komplexe* erfasst (vgl. Maslach & Jackson, 1981, S. 99 ff.):

- *Emotionale Ermüdung:* Fehlende Energie, negative Stimmungslage, Gefühl, dass alle emotionalen Ressourcen aufgebraucht sind;
- *Depersonalisation:* Gefühlloser oder gleichgültiger Umgang mit anderen Personen als Coping-Strategie mit dem Ziel, Stress über soziale Distanzierung zu reduzieren;
- *Reduzierte persönliche Leistungsfähigkeit:* Absinken der wahrgenommenen beruflichen Effizienz.

Ein wichtiger Faktor im Hinblick auf das Stressniveau eines Mitarbeiters ist die *Work–Life-Balance (WLB)*. Unter diesem Stichwort beschäftigt man sich mit den Fragen, in welchem Verhältnis unterschiedliche Lebensbereiche (insb. Arbeit, Freizeit, Familie) zueinander stehen und wie durchlässig oder undurchlässig die Grenzen zwischen diesen Bereichen sind. Idealziel wäre, dass ein Verhältnis der Lebensbereiche existieren sollte, welches das Individuum für sich als „harmonisch und stimmig" betrachtet und von dem möglichst keine negativen Effekte auf Gesundheit und Zufriedenheit ausgehen sollten. Allerdings wird der Begriff „WLB" zunehmend kritisch gesehen, suggeriert er doch, dass Arbeit und Leben Gegenpole sind bzw. Arbeit nicht zum Leben gehört. In der Realität stellt sich das Verhältnis aber viel komplexer dar. So können grundsätzlich folgende Wechselwirkungen unterschieden werden – siehe Tab. 4.2 (in Anlehnung an Kauffeld et al., 2019, S. 349).

Vermutlich werden sich bei vielen Menschen die dargestellten Beziehungsmuster überlappen. Von allem also etwas – und auch in beide Wirkrichtungen.

Tab. 4.2 Beziehungen zwischen Arbeit und anderen Lebensbereichen

Beziehungsmuster	Beschreibung
Segmentierung	Die unterschiedlichen Lebensbereiche einer Person sind getrennt zu betrachten und haben keine Wirkungen aufeinander.
Kompensation	Menschen nutzen die Lebensbereiche als Gegengewicht zueinander. Zum Beispiel werden in der Freizeit Erholung, Ruhe, Sozialkontakte, Herausforderungen gesucht, die die Arbeit nicht bieten kann – und umgekehrt.
Spillover	Die Lebensbereiche prägen sich gegenseitig. So werden etwa Verhaltensmuster und Werte aus der Arbeit in den Freizeitbereich übertragen (z. B. Art der Email-Kommunikation, Sitzungsmanagement) – und umgekehrt.
Konflikt	Die Lebensbereiche stehen in Konflikt zueinander. Eine höhere Zielrealisierung in einem Bereich ist nur zu Lasten einer geringeren Zielrealisierung im anderen Bereich möglich (z. B. Karriere um den Preis längerer Arbeitszeiten und Vernachlässigung der Familie).
Bereicherung	(Positive) Erfahrungen aus den unterschiedlichen Lebenssphären bereichern die andere Sphäre und/oder es findet ein interaktives Zusammenwirken statt, sodass im Ergebnis das Kompetenzniveau gesteigert wird. Zum Beispiel könnte die Elternrolle die Sozialkompetenzen eines Mitarbeiters steigern und sich auf den Umgang mit Kollegen positiv auswirken.

Bei der Frage der Stringenz der *Grenzen zwischen den Lebensbereichen* ist für viele Beschäftigtengruppen seit Jahren eine Aufweichung zu konstatieren. Insbesondere die Digitalisierung der Wirtschaft ist hier ein wichtiger Treiber. Sie ermöglicht immer mehr Beschäftigten, ihre Tätigkeit ganz oder zumindest teilweise im privaten Home-Office zu verrichten. Die Corona-Pandemie der Jahre 2020/2021 hat diese Entwicklung noch einmal dynamisiert. Für den Großteil dieser Telearbeiter sind damit – gewollt oder ungewollt – Entgrenzungsprozesse zwischen Arbeit einerseits und Familie/Freizeit andererseits verbunden. Die Lebensbereiche rücken näher zueinander und sind stärker miteinander verzahnt. Das kann mit Vorteilen und Stressreduktion verbunden sein, aber auch mit dem glatten Gegenteil. Die hinlänglich bekannten Beispiele von Eltern jüngerer Kinder, die sich unter beengten Wohnverhältnissen die konzentrierten, ungestörten Arbeitsphasen erkämpfen müssen, muss man hier nicht vertieft aufgreifen. Ein zweiter Entgrenzungsprozess findet – ebenfalls digitalisierungsgetrieben – durch die ständige Erreichbarkeit nach Dienstschluss via Telefon, Email und soziale Netzwerke statt. Vielfach geschieht dies auf Wunsch des Arbeitgebers unter – mehr oder weniger freiwilliger – Duldung durch den Arbeitnehmer. Umgekehrt gestatten diese technischen Einrichtungen – ohne dass es der Arbeitgeber explizit fordert – nach Arbeitsende noch freiwillig dienstlich tätig zu werden, und sei es auch nur durch den kurzen Blick auf die Emails vor dem Zubettgehen.

Kommen wir nun zu unserem Ausgangsthema „Stress" zurück. Ob ein Mitarbeiter einen einwirkenden Stressor überhaupt als belastend einstuft (= primäre Bewertung), wie optimistisch oder pessimistisch die eigenen Ressourcen bewertet werden, wie intensiv und auf welcher Ebene die kurzfristigen Stressreaktionen ausfallen und ob es überhaupt zu gravierenden langfristigen Stressreaktionen kommt, ist individuell höchst unterschiedlich. Der eine ist von einem Stimulus schnell „angefixt", der andere „die Gelassenheit selbst". Der eine „hat Rücken", der andere reagiert mit Bluthochdruck. Der eine kennt den Begriff „Burnout" nur aus der „Apothekenumschau", der andere als Betroffener. Dem einen gelingt es, auch unter sehr herausfordernden Arbeitsbedingungen eine gesunde Work–Life-Balance aufrecht zu erhalten, dem anderen kommt ein „bekömmliches" Mischungsverhältnis zwischen den Lebensbereichen und Lebensprioritäten schnell abhanden. Menschen unterscheiden sich deutlich hinsichtlich ihrer *Resilienz,* also der Befähigung, belastenden Situationen ohne persönliche Schädigungen widerstehen zu können. Persönlichkeitsmerkmale sind dabei ein wichtiger Einflussfaktor.

Im Hinblick auf das Stressniveau drängen sich prima facie einige Risikofaktoren auf, die man gerade bei Mitarbeitern mit einer hohen Ausprägung von Gewissenhaftigkeit vermuten könnte. Speziell die Facetten „Ordnungsliebe", „Selbstdisziplin", „Pflichtbewusstsein" und „Leistungsstreben" könnten zum Problem werden. Nachfolgend werden einige *Hypothesen* dazu formuliert und begründet.

- Von der Möglichkeit, Arbeit mit nach Hause nehmen zu können, über digitale Kanäle auch nach Arbeitsende an dienstlichen Aufgaben zu arbeiten oder am Wochenende noch einmal ins Unternehmen gehen zu können, machen gewissenhafte Mitarbeiter eventuell in selbstausbeuterischer Weise Gebrauch. Sie haben aufgrund ihrer Selbst-disziplin das starke Bedürfnis, eine Aufgabe abzuschließen. Das kommt auch ihrer Ordnungsliebe entgegen. Sagen zu können, *„fertig, erledigt, abgehakt, aufgeräumt"*, hat für sie ein hohes persönliches Befriedigungspotenzial. Ein ausgeprägtes Leistungsstreben *(„schneller, höher, weiter, besser")* sorgt dann dafür, dass die Auf-gabenerledigung auch möglichst schnell und gut vonstattengehen soll. Getreu dem alten Bundeswehr-Motto *„Männer, der Tag hat 24 Stunden, und wenn das nicht reicht, dann nehmen wir die Nacht dazu!"*, entsteht eine starke Tendenz zur eigen-initiativen Ausweitung der Arbeitszeit. Reicht die normale Arbeitszeit nicht aus, dann wird eben am Abend oder am Wochenende noch einmal der PC eingeschaltet, es werden noch einige Telefonate geführt oder *„man fährt noch einmal schnell für zwei Stunden ins Büro"*. Im Ergebnis findet eine überstarke Entgrenzung zwischen Arbeit und Privatbereich statt. Die für eine tiefgehende Regeneration eigentlich nötigen durchgehenden Ruhephasen als Gegengewicht zu den Belastungen der Arbeit sind nicht mehr gewährleistet. Freizeitphasen sind zerstückelt, Nächte zu kurz. Das Abschalten von der Arbeit gelingt nicht mehr in erforderlichem Umfang, man ist „dauer-on". Über längere Zeit aushöhlende Schlafstörungen sind nicht unwahrschein-lich. Das sind die Zutaten für „Workaholismus", überstarkes Stressempfinden und schlimmstenfalls den Weg in den Burnout. Die Vernachlässigung von Partnern, Kindern und Freundeskreis schafft zusätzliche Konfliktfelder, die dann als weitere Stressoren wirken.

- Selbst wenn die reale Möglichkeit zur Arbeit nach Dienstschluss nicht besteht, so haben gewissenhafte Mitarbeiter eine Tendenz, sich in der Freizeit zumindest gedank-lich mit ihrer Aufgabe zu befassen. Ihr Denken kreist aufgrund der oben schon geschilderten Persönlichkeitszüge häufig um die Arbeit. Sie lenken auch Gespräche immer wieder auf dienstliche Themen. Für Partner, Kinder, Freunde sind sie zwar physisch präsent, können sich aber nicht zu 100 % auf sie einlassen. Sozialkontakte finden quasi immer auf einem „geteilten Bildschirm" statt, dessen andere Hälfte der Arbeit gehört. Negative Konsequenzen dieser ständigen „virtuellen Präsenz" der Arbeit mit einer begrenzten Fähigkeit zum Abschalten ergeben sich analog zum vor-herigen Punkt.

- Gewissenhafte Mitarbeiter haben Schwierigkeiten, sich wirkungsvoll und selbst-schützend gegen zu starke Belastungen aus der Arbeit abzugrenzen. Ein kategorisches „Nein!" gehört arbeitsbezogen eher nicht zu ihrem Wortschatz. Aufgrund ihres Pflicht-bewusstseins *(„Einer muss es ja machen!")* und ihres Leistungsstrebens werden sie die Bitte nach Erledigung einer wichtigen Zusatzaufgabe, den Wunsch des Vor-gesetzten nach möglichst „zeitnaher" Fertigstellung einer „überaus dringenden Auf-gabe" oder den generellen Arbeitgeberwunsch zur Erreichbarkeit nach Dienstschluss eher nicht abschlagen – zu Lasten ihrer Freizeit. Brisant wird es, wenn dergestalt strukturierte Mitarbeiter auf verantwortungs- und/oder gedankenlose Führungs-kräfte oder skrupellose Kollegen treffen. Denn natürlich bleibt es Vorgesetzten nicht lange verborgen, wenn man einem Mitarbeiter immer weitere Aufgaben übergeben kann und diese dann auch noch schnell und zur Zufriedenheit abgearbeitet werden. Das ist eine überaus bequeme Lösung, sich selbst Probleme vom Schreibtisch zu schaffen. Aber auf Seite des Mitarbeiters gilt dann der Bibelspruch *„Wer hat, dem wird gegeben"*. Dummerweise handelt es sich hier aber um Belastungspakete. Und irgendwann ist die Grenze erreicht, die aber gewissenhafte Mitarbeiter nicht klar genug ziehen. Auf Kollegenebene sind sie möglicherweise das „geborene Opfer", auf das „begnadete Trittbrettfahrer" mit hohem sozialem Geschick (*„Kannst Du mir bitte mal helfen?"*) Arbeit abwälzen.

- Das Leistungsstreben gewissenhafter Mitarbeiter birgt eine Gefahr zu immer weiterer Beschleunigung der Arbeitsabläufe. Wiederkehrende Aufgaben sollen am besten schneller abgearbeitet werden als beim letzten Mal. Im Laufe der Zeit stellt sich ein überzogenes selbstausbeuterisches Arbeitstempo ein, das zu wenig Raum für gezielte Ruhepausen und für das bewusste „Herunterregeln" des Energiepegels lässt. Der Mitarbeiter fährt sich selbst in den „roten Drehzahlbereich", wo dann überstarker physischer und psychischer Verschleiß herrscht. Die Mitarbeiter verlieren in diesem permanenten Beschleunigungsprozess schleichend ihre Fähigkeit zur Entschleunigung und Entspannung und fühlen sich „ständig getrieben". Always on.

- Hohe Gewissenhaftigkeit ist zwar ein guter Schutz vor *Pro*krastination (= alles aufschieben), leistet aber möglicherweise *Prae*krastinationstendenzen (= alles sofort machen wollen) Vorschub. Grundsätzlich hat die sofortige Erledigung (z. B. Email-Bearbeitung) den Vorteil, dass das Gehirn entlastet wird. Aber es besteht auch die Gefahr eines hektischen, energieverschleißenden Arbeitsverhaltens und vor allem, dass dabei Prioritäten aus dem Auge verloren werden. Man hat zwar alle Emails sofort beantwortet, aber für die wirklich wichtigen Aufgaben verbleibt zu wenig Zeit und Energie. Und dann geht die Stresskurve nach oben.

  Tückisch ist, dass die Erledigung von Aufgaben *Belohnungscharakter* hat. Und man weiß, dass Menschen sich mit einem Belohnungsaufschub schwertun. Das zeigte schon das klassische „Marshmallow-Experiment" mit Kindern, denen man ein zweites Stück versprach, wenn sie das erste nicht sofort aufessen würden. Die Mehrheit hatte diese Geduld nicht (vgl. Eversloh, 2020, S. 1). Das Streben nach kurzfristigen Belohnungen ist auch grundsätzlich entwicklungsbiologisch angelegt. Man sollte zwecks Überlebens Früchte pflücken, wenn sie da sind – wer weiß, ob das später noch der Fall ist. Hohe Gewissenhaftigkeit in Kombination mit dem Belohnungscharakter einer sofortigen Aufgabenerledigung ist ein problematischer Mix. Er kann zu Fehlpriorisierungen mit nachfolgendem hohen Arbeitsdruck führen.

- Stark ausgeprägtes Leistungsstreben kann dazu führen, dass erzielte Erfolge nicht mehr genossen werden können. Man wendet sich sofort der nächsten Aufgabe zu. Erreichte Ziele und abgeschlossene Aufgaben sind kein freudvolles Ereignis mehr. Sie haben ihren Charakter als Belohnung für zuvor geleistete Anstrengungen verloren. Arbeit wird damit in einem schleichenden Prozess immer mehr rein zur Quelle von Belastungen und immer weniger zur Quelle für das Erleben von Zufriedenheit. Das wahrgenommene Anreiz-Beitrags-Gleichgewicht gerät aus den Fugen.

- Ausgeprägte Selbstdisziplin verleitet in Kombination mit starker Ordnungsliebe zu einem Arbeitsrhythmus nach der Maxime *„Erst die Arbeit, dann das Vergnügen!"* Erst wenn der Schreibtisch leergearbeitet ist, eine Aufgabe endgültig fertiggestellt ist, gestattet man sich Pausen oder Freizeit. Und auch erst dann können sie genossen werden.

- Gewissenhafte Menschen möchten aufgrund ihres Pflichtbewusstseins und ihres Leistungsstrebens in allen Lebensbereichen ihre Aufgaben gut erfüllen. Sie möchten nicht nur ein verlässlicher, leistungsbereiter Arbeitnehmer sein, sondern auch ihre Rolle als Elternteil oder Partner vorbildlich erfüllen (siehe dazu auch unten *Studie 6*). Aufgrund der starken Fokussierung auf die Arbeit geht das nicht immer zusammen. Es entstehen klassische Rollenkonflikte, die mit einem hohen persönlichen Leidensdruck und dem Gefühl des Versagens einhergehen. Gewissenhafte Personen dürften es nur sehr schwer ertragen können, in einem Lebensbereich ihren Verpflichtungen nicht hinreichend nachkommen zu können. Als Lösung bleiben nur reale Abstriche bei den familienorientierten Rollen in Kombination mit psychischen Rationalisierungsstrategien (z. B. *„Eine(r) muss ja das Geld für die Familie verdienen."*). Dieser partielle Rückzug aus Familienrollen belastet aber die Beziehung zu Partnern und Kindern.

- Selbst wenn es gelingt, neben der starken Fokussierung auf die Arbeit – mit viel Energieeinsatz – auch die familienbezogenen Rollen hinreichend auszufüllen, dann bleibt für die persönliche Lebensbalance immer noch ein Defizit. Man kann wohl davon ausgehen, dass die meisten Menschen neben einer erfüllenden Arbeit und intakten Sozialbeziehungen im privaten Umfeld auch ein bestimmtes Quantum an Zeit „nur für sich allein" benötigen. Einmal gar keine Verpflichtungen zu haben, sich um Niemanden kümmern und keinen Interaktionsanforderungen nachkommen zu müssen, ist ein wichtiges Element in der Work–Life-Balance und damit in der Stressprophylaxe. Für diese „Quality-Time mit sich selbst" dürfte bei sehr gewissenhaften Menschen zu wenig Raum bleiben.

- Die starke Fokussierung auf die Arbeit kann einen Rückzug aus Sozialkontakten auslösen. Man hat dafür nicht die Zeit, oder glaubt sie sich nicht nehmen zu können. Die Vernachlässigung von Beziehungen im privaten Bereich wurde bereits mehrfach angesprochen. Sie kann aber auch während der Arbeit Platz greifen. Alle Kollegen gehen zusammen zum Mittagessen, treffen sich zum Pausenkaffee, verabreden sich zum Feierabendbier oder zu einer gemeinsamen Sporteinheit. Klinkt sich hier ein Mitarbeiter systematisch und andauernd mit den Argumenten aus, *„keine Zeit zu haben"* oder *„ganz dringend noch etwas erledigen zu müssen"*, dann hat er sich schnell in eine Außenseiterposition manövriert. Er ist dann nicht mehr Teil der „Social Community" im Unternehmen. Gewissenhafte Mitarbeiter sind in der Gefahr, die sofortige und vollständige Aufgabenerledigung zu Lasten der Pflege von innerbetrieblichen Sozialkontakten zu vernachlässigen. Das ist fatal, denn damit

unterminieren sie selbst die Basis für den zentralen Stresspuffer „Soziale Unterstützung (= Social Support)". Er steht dann möglicherweise nicht in dem Umfang zur
Verfügung, in dem er benötigt wird.

- Gewissenhafte Mitarbeiter haben vermutlich mehr als andere bestimmte Glaubenssätze verinnerlicht, nach denen sie ihr Denken und Handeln steuern, nach denen
sie leben und arbeiten. Einige besonders prägnante wurden samt ihren negativen
Wirkungen auf die Selbststeuerung nachfolgend zusammengestellt. Jeder dieser
Glaubenssätze ist zwar im Grundsatz positiv. Ihr Gefahrenpotenzial im Hinblick auf
einen verantwortungsvollen Umgang mit der eigenen Person liegt aber in einem über-
steigerten Vollzug.

Übersicht

- *„Sei immer perfekt!", „Mach keine Fehler!"*

*Das Streben nach totaler Perfektion, Vollkommenheit und Gründlichkeit in allem,
was getan wird, und die Meinung, jeder Fehler sei ein Beweis persönlichen
Scheiterns, sind sichere Vorboten von Frustration und Erschöpfung.*

- *„Mach immer schnell!"*

*(Dies) artet in Hektik aus. Außerdem besteht die Gefahr, dass in der Schnelligkeit
wichtige Aspekte der Arbeit übersehen werden. (…).*

- *„Streng Dich immer an!"*

*Wird jede Aufgabe zum „Jahrhundertwerk", wird die Gefahr groß, dass bald vor
„lauter Bäumen der Wald nicht mehr gesehen wird".*

- *„Mach es allen recht!"*

*(Das) ist ein Befehl, der nicht ausführbar ist. Wer von allen geliebt und geschätzt
werden will und nicht „nein" sagen kann oder es lernt, erstickt leicht in Arbeit und
macht es schließlich niemandem recht.*

- *„Sei immer stark!"*

*Haltung bewahren, sich keine Blöße geben, Vorbild für andere sein, verlangen
übertriebene Härte und eiserne Konsequenz. Kompromisse werden als Schwäche
gewertet, Hilfe als Eingeständnis für Schwäche (…).*
  (Kirchler & Walenta, 2008, S. 394)

Ziehen wir ein kurzes *Zwischenfazit.* Die geschilderten Risiken laufen allesamt darauf hinaus, dass gewissenhafte Mitarbeiter leicht in eine Überlastungssituation steuern können. Sinnvolle Entspannungsphasen werden nicht eingelegt, natürliche Ruhebedürfnisse übergangen und Warnsignale des Körpers überhört. Arbeit wird Schritt für Schritt überfordernd und daher in der primären Bewertung als negativer Stressor wahrgenommen, dem in der sekundären Bewertung nicht mehr in ausreichendem Umfang Bewältigungsressourcen – speziell auch in Form von Social Support – gegenüberstehen. Hohes Stresserleben mit den typischen kurzfristigen Stressreaktionen auf der physischen, psychischen und Verhaltensebene sind die Konsequenz. Hohe Gewissenhaftigkeit könnte also in eine Stressspirale mit allen negativen Folgen führen.

Soweit also naheliegende Hypothesen zu möglichen Auswirkungen einer hohen Gewissenhaftigkeit auf Stress, Burnout und Work–Life-Balance. Was sagen *empirische Studien?* Diese liegen natürlich nicht zu jeder einzelnen Vermutung vor. Das Bild zu den Auswirkungen von Gewissenhaftigkeit auf das Stressniveau ist zwar gemischt, aber in Summe fällt es deutlich optimistischer aus, als die oben in den Raum gestellte Armada an Risikofaktoren vermuten lässt. Hohe Gewissenhaftigkeit scheint bis zu einem gewissen Grad auch ein *Präventionsmechanismus* gegen Stress zu sein. Nachfolgend werden sieben Studien(komplexe) zum Gebiet „Stresserleben" vorgestellt.

Studie 1: In einer Untersuchung an $N = 211$ australischen Niederlassungsleitern einer Handelskette ging man der Frage nach, wie sich die Stressoren „*Arbeitsplatzunsicherheit*", „*Rollenambiguität*", „*Rollenkonflikte*" und „*Unterauslastung*" auf die Zielgrößen „*physische Erkrankungen*" und „*Arbeitszufriedenheit*" auswirken. Damit sollte gemessen werden, wie „belastet" (Strain) sich die Manager auf physischer und psychischer Ebene fühlen. Im Gegensatz zu *Neurotizismus* (negative Effekte auf die physische Gesundheit) und *Extraversion* (positive Effekte auf physische Gesundheit und Arbeitszufriedenheit) konnte für *Gewissenhaftigkeit* kein direkter Effekt auf die beiden Zielgrößen festgestellt werden, wohl aber eine wichtige, ambivalente Moderatorfunktion im Hinblick auf die Arbeitszufriedenheit: Hohe Gewissenhaftigkeit wirkte einerseits als *Puffer* gegen negative Auswirkungen von *Rollenambiguität* (= unklare Erwartungen an die Stelleninhaber) auf die Arbeitszufriedenheit, aber andererseits als *Verstärker* der negativen Wirkungen von *Rollenkonflikten,* die hier auf die unterschiedlichen Erwartungen von Vorgesetzten, Kollegen und Mitarbeitern abzielten. Gewissenhafte Mitarbeiter sind also aufgrund ihrer eigenen Organisations- und Planungsbefähigung offensichtlich gut in der Lage, einer *unklaren Handlungssituation* selbständig Struktur zu geben. Sie kommen aber schlecht damit klar, wenn sie *unterschiedliche Verhaltenserwartungen* austarieren müssen. Dies empfinden sie als Hemmnis für ihr Leistungsstreben und reagieren auf diesen Stressor mit verminderter Arbeitszufriedenheit (vgl. Grant & Langan-Fox, 2007, S. 20 ff.). Möglicherweise leiden sie bei Rollenkonflikten auch unter dem Gefühl, „es nicht allen recht machen zu können". Mit ihrem Pflichtgefühl ist das nicht vereinbar. Generell könnte man bei dieser Studie kritisch hinterfragen, in welchem Umfang Arbeitszufriedenheit ein geeignetes Kriterium für die psychischen Auswirkungen von Stress ist.

Studie 2: In Finnland wurden im Jahr 2007 N = 1,372 Personen hinsichtlich des Zusammenhangs zwischen den *Big Five* und der *wahrgenommenen beruflichen Belastung* analysiert. Hohe Belastung resultiert in dieser Studie nach dem sog.
„Demand-Control-Model" aus einer Kombination von (jeweils wahrgenommenen)
hohen Anforderungen, geringen Entscheidungsspielräumen und geringer Kontrolle über
die Arbeit (Geschwindigkeit, Reihenfolge, Qualifikationseinsatz). Kompatibel mit Studie
1 war *hoher Neurotizismus* als wichtigster Einflussfaktor recht stattlich positiv mit dem
Stressempfinden korreliert (r = 0,42). Emotional wenig stabile Menschen nehmen ihre
Arbeit negativer wahr, schätzen ihren Handlungsspielraum geringer ein und kreieren eine
stressreichere, negativere Arbeitsatmosphäre um sich herum, sodass sie von Kollegen
weniger soziale Unterstützung erhalten. Wer schlechte Laune und Hektik verbreitet,
zieht nicht unbedingt die Kollegen an. Alle anderen Big Five-Merkmale waren negativ
mit dem Stressempfinden korreliert, hatten also einen stressdämpfenden Einfluss. Nach
Extraversion (r – −0,25) erzielte *Gewissenhaftigkeit* mit r = 0,18 den zweithöchsten
Korrelationswert. Gewissenhafte Arbeitskräfte sind sehr organisiert und beharrlich. Sie
empfinden daher eine größere Kontrolle über ihre Arbeit. Hinzu kommt, dass sie aufgrund ihrer höheren Leistung vom Arbeitgeber oft auch mit höheren Entscheidungsfrei-
räumen als „Belohnung" ausgestattet werden (vgl. Törnroos et al., 2013, S. 494 ff.).

Studie 3: Wie reagiert der Körper kurzfristig auf *hormoneller* und *neuronaler* Ebene
auf stressinduzierende Anforderungen, speziell bei *unkontrollierbarem Stress*? In einem
medizinisch ausgerichteten Experiment in Deutschland mussten N = 86 Probanden Aufgaben am PC lösen. Zur Induzierung von Stress wurde zum einen Zeitdruck hergestellt
und zum anderen wurden die Teilnehmer von vermeintlichen Experten beobachtet, die
bei falschen oder zu langsamen Lösungen negatives Feedback über einen ernsten und
missbilligenden Gesichtsausdruck gaben. Zusätzlich führte jede falsche Antwort zu
einem akustischen Buzzer-Signal und zu einer visuellen Information auf dem Bildschirm. Bei den Aufgaben wurden automatisch Geschwindigkeit und Schwierigkeit
gesteigert, sodass es zwangsläufig zu Fehlern der Probanden kommen musste. Auf
diesem Weg wurde eine *soziale Bewertungssituation* in Kombination mit *Misserfolg* und
negativen Feedbacks hergestellt. Es wurde also unkontrollierbarerer Stress induziert.
Für Teilnehmer mit hohen und niedrigen Ausprägungen von Gewissenhaftigkeit wurden
dann das *subjektive Stressempfinden,* die *Cortisol-Pegel* und die *Hirnaktivitäten* im
Bereich von *Amygdala und Inselrinde* gemessen. Cortisol gilt als das Stresshormon und
die beiden Hirnareale als besonders sensitiv für Stresssituationen.

Es zeigte sich, dass hoch gewissenhafte Probanden signifikant ein höheres subjektives
Stressempfinden berichteten (r = 0,30) und – nur bei Männern (!) – eine höhere Cortisol-
ausschüttung (r = 0,48) und deutlich verstärkte Aktivität in Amygdala und Inselrinde
auftraten. Insbesondere Männer mit hoher Gewissenhaftigkeit zeigen also stärkere
Stressreaktionen in Situationen,

- die tendenziell unkontrollierbar sind,
- in denen das Risiko für Fehler/Scheitern hoch ist,

- in denen sie stark unter sozialer Beobachtung/Bewertung stehen,
- in denen sie negatives Feedback erhalten oder kritisiert werden.

Gewissenhafte Mitarbeiter möchten sozialen Normen entsprechen und sind aufgrund ihres Leistungsstrebens und ihrer Kompetenzüberzeugung eher positive Ergebnisse gewöhnt. Misserfolge – insbesondere vor den Augen anderer – erschüttern ihr Selbstwertgefühl daher besonders stark und generieren extreme Stressgefühle. Auf Kritik an ihrer Person oder ihrem Verhalten reagieren sie besonders sensibel (vgl. Dahm et al., 2017, S. 48 ff. und die zit. Lit.). Die im Aufsatztitel aufgeworfene Frage „*The burden of conscientiousness?*" lässt sich also mit einem „*Yes, sometimes.*" beantworten.

Vor dem Hintergrund dieser stärkeren Stressreaktion von Männern hätte man sich ein anderes Ergebnis in einer Studie zur *Wirksamkeit eines sechswöchigen Achtsamkeitstrainings* (= Mindfulness) in männerdominierten Berufen (hier: N = 267 deutsche Polizeibeamte) gewünscht. Es konnte gezeigt werden, dass besonders Teilnehmer mit hohen Werten bei Neurotizismus und Offenheit von dem Training profitieren konnten (z. B. Verbesserung der Herzfrequenz, weniger psychische Belastungsgefühle, negative Stimmungen und Gesundheitsbeschwerden, erhöhtes Gesundheitsbewusstsein). Besonders gewissenhafte Teilnehmer konnten gegenüber einer Kontrollgruppe dagegen nicht in einem signifikanten Umfang „besonders profitieren". Eine mögliche Erklärung wäre, dass gewissenhafte Menschen aufgrund der Facette „Besonnenheit" per se schon sehr achtsam sind und daher weitere Zuwächse „gedeckelt" sind (vgl. Krick & Felfe, 2020, S. 99, 108).

Studie 4: Die Achterbahnfahrt der empirischen Ergebnisse geht weiter. Im Gegensatz zu Studie 3 signalisieren die Ergebnisse von Studie 4 wieder eine stressprotektive Wirkung von Gewissenhaftigkeit. Sie gehen auf eine Untersuchung an N = 683 Studierenden der Universität Zürich zurück. Diese wurden mit dem NEO-FFI hinsichtlich ihrer *Persönlichkeitsmerkmale* eingestuft. Gleichzeitig wurde nach der *Häufigkeit von Stressereignissen* in den letzten drei Monaten auf folgenden *fünf Feldern* gefragt:

- Zweifel an der eigenen akademischen Befähigung,
- Zweifel an späteren Berufsaussichten und geringe Motivation,
- Zeitdruck,
- soziale Probleme mit Kommilitonen,
- mangelnde Betreuung durch Dozenten.

Weiterhin wurde eruiert, welche *Coping-Strategie* (= Bewältigungsstrategie) die Studierenden im Umgang mit „dem stressreichsten Ereignis der letzten drei Monate" einsetzten. Es wurden dabei *funktionale Strategien,* die direkt am Problem oder den damit verbundenen Emotionen ansetzen (z. B. Suche nach instrumenteller und sozialer Unterstützung) und *dysfunktionale Strategien* (z. B. Alkohol- und Drogenkonsum, Suche nach Ablenkung) unterschieden. Und schließlich wurden auch die *Stimmungslagen* erhoben.

Das Besondere an dieser Studie war, dass nicht die Wirkung *einzelner* Persönlichkeitsmerkmale untersucht wurde, sondern es wurden *Kombinationen* aus jeweils hoher (+) und niedriger (−) Ausprägung von Neurotizismus (N), Extraversion (E) und Gewissenhaftigkeit (G) gebildet. Diese drei Big Five-Merkmale waren in vorherigen Studien immer die relevantesten, wenn es um Stresserleben, psychische Erkrankungen u. ä. ging. Aus der Kombination entstanden insgesamt *acht Persönlichkeitstypen,* die in Tab. 4.3 beschrieben werden.

In der Studie zeigte sich, dass diese acht Typen separate Muster im Hinblick auf ihr Stresserleben, die damit verbundenen Emotionen und die präferierten Coping-Strategien aufwiesen. Manche Typen waren sehr stressanfällig, hatten dafür aber effektive Coping-Mechanismen. Bei anderen Typen war hohe Stressanfälligkeit mit dysfunktionalen Bewältigungsstrategien verbunden. Baut man über alle erhobenen Variablen eine *Rangliste* auf, die *geringe Stressanfälligkeit, günstige Stimmungslagen* und *effektive Coping-Strategien* vereint, dann sieht das Ranking der Typen wie folgt aus:

1. Unternehmer
2. Skeptiker
3. Hedonist
4. Zuschauer
5. Komplizierter
6. Grübler
7. Impulsiver
8. Unsicherer

Das gemeinsame Element der ersten beiden „Tabellenplätze" – sozusagen die beste „Versicherung" gegen Stress, seine negativen Begleiterscheinungen und Folgen – ist die Kombination aus:

niedriger Neurotizismus + hohe Gewissenhaftigkeit

Umgekehrt ist das gemeinsame Element der letzten beiden Tabellenplätze – und damit quasi „Brandbeschleuniger" für hohes Stressniveau, negative begleitende Stimmungslage und ineffektives Coping – die Kombination aus:

hoher Neurotizismus + niedrige Gewissenhaftigkeit

Die beiden Big Five-Merkmale Neurotizismus und Gewissenhaftigkeit nehmen damit in ihrem Zusammenwirken eine Schlüsselrolle für das Stressgeschehen i. w. S. ein (vgl. Vollrath & Torgersen, 2000, S. 367 ff.)

Tab. 4.3 Persönlichkeitstypen als Kombination aus Extraversion, Neurotizismus und Gewissenhaftigkeit. (Quelle: In Anlehnung an Vollrath & Torgersen, 2000, S. 368 f.)

Typ	Beschreibung
Zuschauer (E−, N−, G−)	• *wenig reaktionsfähig auf andere Personen oder situative Anforderungen* • *geringe Emotionalität* • *wenig interessiert an sozialen Normen* • *geringer arbeitsbezogener Ehrgeiz*
Unsicherer (E−, N+, G−)	• *gehemmt* • *abhängig von der Meinung Anderer* • *übersensibel für eigene geistige und körperliche Erfahrungen* • *schlecht organisiert*
Skeptiker (E−, N−. G+)	• *verschlossen Anderen gegenüber* • *hohe Überzeugung von eigener Person, Meinung* • *emotional stabil* • *effektiv in der Organisation des eigenen Lebens* • *mitunter rigide*
Grübler (E−, N+, G+)	• *schüchtern und verschlossen* • *zwiegespalten* • *unsicher* • *pingelig* • *brütet lange über Entscheidungen* • *gibt bei Schwierigkeiten schnell auf*
Hedonist (E+, N−, G−)	• *sozialkompetent* • *vergnügungsorientiert* • *emotional und körperlich robust* • *unabhängig von Anderen*
Impulsiver (E+, N+, G−)	• *vergnügungsorientiert* • *aufmerksamkeitssuchend* • *hohes Bedürfnis nach sozialer Bestätigung* • *wenig Kontrolle über emotionale Reaktionen* • *chaotisch und wechselhaft*
Unternehmer (E+, N−, G+)	• *sozial selbstsicher* • *unabhängig im Denken* • *dominantes Auftreten* • *gelassen* • *zielorientiert* • *effektiv*
Komplizierter (E+, N+, G+)	• *intensive Emotionen* • *gelegentlich emotionale Ausbrüche mit nachfolgenden Schuldgefühlen* • *sensibel* • *abhängig von Anderen* • *gewissenhaft und ordentlich*

Interessant ist in diesem Zusammenhang noch eine nähere, erklärende Analyse zur Bedeutung von *Neurotizismus im Zusammenwirken mit Gewissenhaftigkeit*. Neurotizismus kann als Verstärker für andere Persönlichkeitsmerkmale wirken. Bei gewissenhaften Personen ist oftmals der Gewissenhaftigkeitswert noch höher, wenn sie gleichzeitig hohe Neurotizismus-Werte aufweisen. Steigende Neurotizismus-Werte gehen in der Regel mit Einschränkungen im subjektiven Wohlbefinden und bei der Realisierung eines erfüllten Lebens einher. Personen mit *geringerer emotionaler Stabilität*

- entwickeln mehr negative als positive Gefühle,
- sind empfänglicher für negative Umweltreize,
- entdecken, speichern und durchdenken mehr potenzielle Bedrohungen und zwischenmenschliche Kränkungen,
- haben eine geringere Arbeitszufriedenheit,
- haben eher Probleme in sozialen Beziehungen,
- entwickeln leichter Schlafstörungen,
- fühlen sich stärker in ihrer Gesundheit beeinträchtigt,
- haben eine gewisse Tendenz zu Ängstlichkeit, Depression, Gehemmtheit, zwanghaftem Verhalten und leichter emotionaler Verletzlichkeit.

Es ist daher nicht verwunderlich, dass sie verstärkt chronischen Stress empfinden. Wir reden hier wohlgemerkt nicht über psychopathologische Störungen, sondern über das Spektrum von Unterschieden auf der Neurotizismus-Skala von „normalen" Personen. Sehr hohe Werte sprechen für eine Überempfindlichkeit der Amygdala (= Mandelkern), die als Teil des limbischen Systems als Alarminstanz bei Bedrohungen fungiert. Evolutionsbiologisch hat eine hohe Sensitivität für Bedrohungen eine wichtige Funktion. Zur Zeit der Jäger und Sammler war es höchst vorteilhaft, Gruppenmitglieder zu haben, die frühzeitig vor Gefahren warnen konnten. Und auch für das Überleben des einzelnen Individuums war es unter gefährlichen Umweltbedingungen wichtig, sensitiv für tödliche Bedrohungen zu sein. Dieser eigentlich sinnhafte Schutzmechanismus ist unter modernen Lebensbedingungen nicht mehr ganz so bedeutsam (keinesfalls aber unnötig!) (vgl. Little, 2015, S. 49 ff. und die zit. Lit.). Er führt aber mitunter zu Überaktivierungen und „Fehlalarmen". Damit wird auch nachvollziehbar, dass eine Kombination

hoher Neurotizismus + hohe Gewissenhaftigkeit

ein ziemlicher „Turbolader" für das chronische Stressempfinden sein kann. (Zu) viele Bedrohungen zu entdecken, (zu) intensiv auf sie emotional zu reagieren und ihnen dann noch (zu) vollständig, detailorientiert und selbstdiszipliniert begegnen zu wollen, kann schnell zu höchst unangenehmen Stressniveaus und Überforderungsgefühlen führen.

Im Typenspektrum aus obiger Studie wäre man dann mit N+ und G+ in der zweiten Tabellenhälfte gerankt (Komplizierter, Grübler).

Studie 5:

$$1 + 1 = 3$$

Was ein wenig klingt wie das Hexeneinmaleins aus Goethes „Faust" ist eine gern verwendete Umschreibung für den *Synergieeffekt:* Das Ganze ist mehr als die Summe seiner Einzelteile. Diese Analogie kommt einem bei einer Studie mit *N* = 188 Krankenschwestern aus den USA in den Sinn. Zur Erinnerung: In den theoretischen Grundlagen zur Stressentstehung zu Beginn dieses Kapitels wurden die *sekundären Bewertungsvorgänge* vorgestellt, in deren Rahmen ein Individuum die *persönlichen Ressourcen* zum Umgang mit einem Stressor einschätzt. Auf diese Ressourcen zielte die hier vorzustellende Studie. Untersucht wurde das *interaktive* Zusammenwirken von *positiven Affekten* und *Gewissenhaftigkeit* (als persönliche Ressourcen) im Hinblick auf die *Intensität des Stresserlebens* bei den Krankenschwestern.

Personen mit einer Tendenz zu *positiven Affekten* fühlen sich häufig enthusiastisch, aktiv, freudvoll. Sie erleben positive Ereignisse aufmerksam und begegnen risikobehafteten, unsicheren Situationen optimistisch. Volkstümlich ausgedrückt: Es handelt sich vom Gemüt her um das „kleine Sonnenscheinchen". Es zeigte sich nun erwartungsgemäß, dass positive Affektivität zu einem geringeren Stresserleben führt. Dieser Effekt wurde aber noch deutlich verstärkt, wenn die Krankenschwestern gleichzeitig hohe Werte bei Gewissenhaftigkeit aufwiesen. Ein persönliches Ressourcenpaket aus *positiver Affektivität* + *hoher Gewissenhaftigkeit* wirkt offensichtlich als „kleiner Zaubertrank" gegen Stressbedrohung. Optimismus und positive Energie zur Problembewältigung in Kombination mit der Strukturiertheit und Beharrlichkeit von gewissenhaften Mitarbeitern sind ein gutes Kombiinstrument, um positive Veränderungen in einer stressinduzierenden Situation herbeizuführen (vgl. Zellars et al., 2006, S. 281 ff. und die zit. Lit.). Gerade in besonders stressintensiven und burnoutgefährdeten Berufsfeldern könnte es also durchaus Sinn machen, während des Personalauswahlprozesses neben den Persönlichkeitsmerkmalen über ein strukturiertes Instrument auch die Tendenz zu positiven oder negativen Affekten zu überprüfen. Es käme dafür z. B. die deutsche Version des *PANAS-Fragebogens* (Positive and Negative Affect Schedule) in Betracht (vgl. Breyer & Bluemke, 2016).

Studie 6: Jede Zeitstunde und jede Energieeinheit kann man nur einmal verwenden. Dann ist sie weg. Ressourcen sind nun einmal begrenzt. Trivial, aber wahr. Die *COR-Theorie* (= *Conservation of Resources Bewahrung von Ressourcen*) postuliert, dass Menschen bestrebt sind, ihre Ressourcen zu schützen. Wenn ein Ressourcenverlust eintritt oder eine zukünftige Bedrohung für sie wahrgenommen wird, dann werden Anstrengungen unternommen, dies für die Zukunft zu vermeiden. Denn jede Erosion der Ressourcenbasis macht künftige weitere Ressourcenverluste wahrscheinlicher. So wie jeder Läufer sein

Tempo nach unten regelt, um einen großen Leistungseinbruch zu vermeiden, wenn er langsam müde wird und außer Atem kommt, so agiert im Kern auch jeder Mitarbeiter.

Eine Ressourcenbedrohung liegt auch vor, wenn *Interrollenkonflikte zwischen Privat- und Berufsleben* auftreten, da das „Austarieren von und Jonglieren mit" dieser Situation ressourcenverzehrend ist. Partnern oder Kindern immer wieder erklären zu müssen, dass es *„auf der Arbeit mal wieder später wird"*, ist zeit- und nervenaufwendig. In dieser Situation liegt ein Problem mit der Work–Life-Balance vor. Auf der geschilderten theoretischen Basis wurde in einer Studie mit N = 136 Mitarbeitern (Nicht-Führungskräfte) untersucht, wie sich solche Interrollenkonflikte zwischen Familie und Beruf auf die Leistung auswirken (gemessen über Vorgesetzteneinschätzung). Es zeigte sich, dass Interrollenkonflikte generell mit einer reduzierten Leistung auf der Arbeit einhergehen. Eine wichtige moderierende Rolle nahm die *Gewissenhaftigkeit* als Persönlichkeitsmerkmal ein. Je *höher* sie ausgeprägt war, desto *stärker* war der Leistungsrückgang. Die Erklärung dafür? Gewissenhafte Menschen haben ein hohes Anspruchsniveau sowohl in privaten als auch in beruflichen Rollen. Sie wollen niemanden enttäuschen, sind daher in beiden Lebensdomänen sehr intensiv engagiert und verfügen in der Folge nur über wenige Reserven bei ihren Ressourcen. Sie agieren also generell näher an der „roten Linie" als weniger gewissenhafte Menschen. Bei einem intensiven Rollenkonflikt müssen sie eher handeln, um – in Einklang mit der COR-Theorie – eine Abwärtsspirale bei ihren Ressourcen zu verhindern.

Für Unternehmen ist das zunächst einmal keine so gute Nachricht. Allerdings offeriert diese Studie in Form einer zweiten wichtigen Moderatorvariable auch ein Hoffnungslicht. Der Leistungsrückgang fiel nämlich deutlich geringer aus, wenn die Mitarbeiter *Social Support* seitens des Unternehmens wahrnahmen. Generell spiegelt sich darin die Überzeugung von Mitarbeitern, dass die Organisation ihre Leistungsbeiträge wertschätzt, an ihrem persönlichen Wohlergehen interessiert ist und ganz allgemein „an ihrer Seite steht". Social Support bietet zusätzliche reale und ideelle Ressourcen, über die der Mitarbeiter verfügen kann (z. B. Entgegenkommen bei den Arbeitszeiten, Beratung und positiver Zuspruch bei familiären Problemen). Es entsteht das Gefühl eines angemessenen „Gebens und Nehmens" *(= Anreiz-Beitrags-Gleichgewicht)*. Insgesamt führt dieses Paket zu einer (energiezuführenden) höheren Motivation, weil gerade von gewissenhaften Mitarbeitern eine reziproke Verpflichtung der Organisation gegenüber verspürt wird (vgl. Witt & Carlson, 2006, S. 343 ff. und die zit. Lit.). Die Studie zeigt also in Summe, dass gerade gewissenhafte Mitarbeiter einerseits besonders anfällig für (rollen)stressinduzierte Leistungseinbußen sind, andererseits aber auch sehr gut auf Maßnahmen zur Stabilisierung ihrer Work–Life-Balance ansprechen. Diesbezügliche Investitionen der Unternehmen sind also auch ökonomisch lohnenswert (z. B. Coachings, Hilfs- und Beratungsangebote etc.).

Studie 7: Damit es nicht zu gemütlich wird, nun gleich eine Studie mit tendenziell gegenteiligen Befunden, was die Wirkung von Gewissenhaftigkeit auf Leistung im weiteren Sinn angeht. Untersucht wurden in den USA – ebenfalls auf der Basis der COR-Theorie – insgesamt N = 844 Beschäftigte aus einem sehr weit gestreuten

Spektrum an Branchen und unterschiedlichen Arbeitsbedingungen im Hinblick auf das Verhältnis zwischen *Engagement bei der Arbeit* und auftretenden *Interrollenkonflikten zwischen Arbeit und Familie.* Engagement wurde dabei über ein verbreitetes Fragebogen-Instrument gemessen (Typische Items: *„Wenn ich morgens aufstehe, möchte ich zur Arbeit gehen. "; „Meine Arbeit ist für mich herausfordernd. "; „Wenn ich arbeite, vergesse ich alles um mich herum. "*). Ein typisches Item für Interrollenkonflikte wäre: *„Meine Arbeit hält mich mehr von Familienaktivitäten ab, als ich möchte. "*

Erwartungsgemäß ging höheres Engagement auch mit einem höheren Niveau an *Arbeit-Familie-Konflikten* einher. Letzteres war allerdings umso *geringer, je höher* die Gewissenhaftigkeit ausgeprägt war. Das Persönlichkeitsmerkmal stellte also einen wirksamen Puffer gegen das Auftreten von Interrollenkonflikten zwischen engagierter Berufsausübung und familiären Anforderungen dar. Erklärt wird dieser Befund mit der guten Planungs- und Organisationsfähigkeit (Ordnungsliebe) von gewissenhaften Mitarbeitern. Sie allein stellt als Qualifikation schon eine stressreduzierende Ressource dar. Ihr Leistungsstreben sorgt dafür, dass sie beide Lebensbereiche „gut abdecken wollen". In der Konsequenz denken sie strategisch, antizipieren mögliche Probleme und streben proaktive Lösungen dafür an. Dadurch sind sie besser in der Lage, Konflikte zwischen den beiden Lebensbereichen zu entschärfen. Ein plakatives Beispiel: Wenn ein Elternteil ein Kind am Spätnachmittag zu einer Sportveranstaltung fahren soll, dann wird das Mittagessen (zeitsparend) an den Schreibtisch verlegt, um früher die Arbeit verlassen zu können. Gewissenhafte Menschen sind – vor dem Hintergrund der COR-Theorie – geschickter bei der intelligenten Allokation ihrer Ressourcen (vgl. Halbesleben et al., 2009, S. 1454 ff.). In Kombination mit Studie 6 haben wir also für gewissenhafte Mitarbeiter zur Work–Life-Balance ein „entschlossenes Einerseits-Andererseits": Einerseits agieren sie näher an „der roten Linie" in beiden Lebensbereichen, haben andererseits aber eine bessere Befähigung, die unterschiedlichen Lebensbereiche auszutarieren.

Rein auf die *berufliche Sphäre* bezogen, wird die *stresspuffernde Wirkung der Planungs-/Organisationsfähigkeit* von gewissenhaften Menschen auch durch eine explorative Studie mit N=46 britischen Krankenschwestern auf Intensivstationen belegt. Auf einem für die Arbeitsbedingungen dieser Berufsgruppe speziell zugeschnittenen Instrument zur Messung des Stressniveaus gaben die hoch gewissenhaften Schwestern signifikant weniger Stress mit Zeitdruck (r = −0,34) und mit Managementaufgaben an (z. B. Prioritäten setzen, zusätzliche Verwaltungsaufgaben erledigen, mit schwankendem Arbeitsanfall umgehen) (r = −0,47). Bei auftretendem Stress zeigten sie zudem eher ein *funktionales Coping-Verhalten,* indem sie mit ihrem *Handeln* gezielt die *Ursachen* des Stresses angingen und mit ihren *Reaktionen* die negativen emotionalen Begleiterscheinungen adressierten (z. B. Humor, aktives Ansprechen) (vgl. Burgess et al., 2010, S. 131 ff.).

Nachfolgend nun noch einige *Studien(komplexe) speziell zum Burnout.* Da die Ergebnislage zum Verhältnis von Gewissenhaftigkeit und Stress gemischt ist, ist es nicht weiter überraschend, dass sie es zum Burnout als möglicher Langzeitfolge ebenfalls ist. Überwiegend scheinen die Studien aber doch eher auf eine gewisse *Schutzfunktion von Gewissenhaftigkeit gegenüber Burnout* hinzudeuten.

Studie 1: Etwas ausführlicher soll zunächst eine Metaanalyse vorgestellt werden, die ein sehr großes Spektrum an Persönlichkeitsvariablen in ihrer Beziehung zum Burnout analysierte. Von insgesamt N = 114 Samples nahm die nachfolgend aufgelistete Anzahl Bezug zum Merkmal „Gewissenhaftigkeit", differenziert nach den drei separaten Burnout-Dimensionen des MBI (s. o.):

- *Emotionale Erschöpfung* (22 Samples mit N = 8,237 Teilnehmern)
- *Depersonalisation* (16 Samples mit N = 5,926 Teilnehmern)
- *Verlust an Leistungsfähigkeit* (16 Samples mit N = 4,615 Teilnehmern)

Insgesamt konnten alle Big Five-Merkmale zusammen immerhin 29 % der Varianz bei emotionaler Erschöpfung, 26 % bei Depersonalisation und 23 % beim Verlust an Leistungsfähigkeit erklären. In Tab. 4.4 sind die Korrelationskoeffizienten der einzelnen Merkmale mit den Burnout-Dimensionen abgebildet. Zusätzlich wurden noch einige weitere bedeutsame Persönlichkeitsmerkmale aufgenommen.

Im Hinblick auf Burnout ist es nach dieser Metaanalyse auf der Persönlichkeitsebene vor allem wichtig, über *positive Affektivität* (= Tendenz zu positiven Emotionen), wenig *negative Affektivität* (= Tendenz zu negativen Stimmungslagen), *Widerstandsfähigkeit* (= Hardiness) und *Emotionale Stabilität* zu verfügen. Solche Personen empfinden generell mehr Glücksgefühle, Begeisterung und Energie und weniger Traurigkeit, Ängstlichkeit, Frustration, Feindseligkeit und Schuldgefühle. Widerstandsfähige Menschen halten Stressoren generell gut aus, empfinden sie eher als Herausforderung (Eustress), weniger als Bedrohung und haben das Gefühl, Ereignisse um sich herum kontrollieren zu können. Daher versuchen sie auch aktiv auf ihre Umwelt Einfluss zu nehmen. Zudem sind sie nie von einem Lebensbereich allein abhängig (z. B. Beruf, Familie, Religion), verfügen also über potenzielle Kompensationsmöglichkeiten.

Tab. 4.4 Korrelationen zwischen Persönlichkeitsmerkmalen und Burnout-Dimensionen. (Quelle: Alarcon et al., 2009, S. 252 ff.)

Persönlichkeitsmerkmal	Emotionale Erschöpfung	Depersonalisation	Leistungsfähigkeit
Emotionale Stabilität	−0,50	−0,40	0,29
Extraversion	−0,26	−0,26	0,36
Gewissenhaftigkeit	−0,19	−0,26	0,22
Verträglichkeit	−0,15	−0,35	0,23
Offenheit	−0,01	−0,06	0,22
Positive Affektivität	−0,42	−0,42	0,50
Negative Affektivität	0,49	0,43	−0,22
Selbstbewusstsein	−0,33	−0,26	0,30
Widerstandsfähigkeit	−0,42	−0,42	0,45

Innerhalb der *Big Five* zeigt sich – kompatibel mit Studien zum Stress – eine *hohe emotionale Stabilität* (= geringer Neurotizismus) als wichtigstes Merkmal beim Schutz gegen Burnout. *Hohe Gewissenhaftigkeit* spielt eine Rolle als „Sperrriegel gegen Burnout", allerdings nur auf Rangplatz drei. Gewissenhafte Mitarbeiter sind aufgrund ihrer Organisations- und Planungsfähigkeit proaktiv und versuchen – ähnlich den widerstandsfähigen Mitarbeitern – Einfluss auf stressreiche Arbeitsbedingungen zu nehmen und diese zu verbessern. Zudem erhalten sie aufgrund ihrer Leistungsorientierung öfter (stabilisierendes) positives Feedback von Vorgesetzten und Kollegen (vgl. Alarcon et al., 2009, S. 244 ff.). In den Zahlen der Tab. 4.4 zeigt sich zudem, dass Gewissenhaftigkeit vor allem auch einen Beitrag dazu leistet, dass Personen ihre sozialen Kontakte nicht durch Rückzug, abweisendes, zynisches Verhalten etc. (= Depersonalisation) belasten und sich so die Basis für Social Support zerstören. Auch unter Druck halten sie also soziale Regeln ein.

Studie 2: Entgegen dieser positiven Einschätzung von Gewissenhaftigkeit kommt Schulz (2015, S. 95) in ihrer Untersuchung mit N = 1,671 Teilnehmern zum Ergebnis, dass Gewissenhaftigkeit leicht positiv mit dem Burn-Out-Indikator „Erschöpfung" korreliert ist (r = 0,17). Für die anderen vier Indikatoren (Berufliches Leistungsdefizit, körperliche Beschwerden, soziale Isolation, Intrapersonale Anzeichen) des *Bochumer Burnout Indikator (BBI)* ergeben sich keine signifikanten Zusammenhänge. Gewissenhaftigkeit wurde hier allerdings so gemessen, dass dieses Persönlichkeitsmerkmal auf die Aspekte „Detailorientierung, Zuverlässigkeit, Perfektionismus" reduziert ist.

Studien 3a, b: In einer italienischen Studie mit N = 144 Teilnehmern aus „helfenden Berufen" konnten keinerlei signifikante Zusammenhänge zwischen *Gewissenhaftigkeit* und *vier Burn-Out-Dimensionen* (Psycho-physische Erschöpfung, berufliche Ineffizienz, Rückzug aus sozialen Beziehungen, Desillusionierung) festgestellt werden (vgl. Magnano et al., 2015, S. 10 f.).

Bei einer deutschen Studie mit N = 185 Mitarbeitern und Führungskräften aus unterschiedlichen Branchen wurden folgende Korrelationen von drei Big Five-Merkmalen mit Burnout gefunden (Tab. 4.5):

Demnach hätte Gewissenhaftigkeit – und noch mehr Extraversion – eine gewisse Schutzfunktion gegen Burnout.

Studien 4a–c: Ein ähnlicher Befund wie in der deutschen Studie (3b) ergab sich bei N = 90 Beschäftigten in privaten indischen Krankenhäusern. Hier war Gewissenhaftigkeit ebenfalls negativ mit Burnout auf der Globalebene korreliert (r = −0,35) und auch

Tab. 4.5 Korrelationen zwischen Neurotizismus, Extraversion, Gewissenhaftigkeit und Burnout. (Quelle: Pekrun et al., 2011, Folie 13)

Big Five-Merkmal	Korrelation mit Burnout
• Neurotizismus	0,59
• Extraversion	−0,52
• Gewissenhaftigkeit	−0,42

negativ mit drei Burnout-Einzeldimensionen: *Emotionale Erschöpfung* (r = −0,30), *Depersonalisierung* (r = −0,26) und *reduzierte Leistungsfähigkeit* (r = −0,21) (vgl. Azeem, 2013, S. 471 ff.). Dafür konnten dann in einer Studie mit N = 80 freiwilligen Krankenbetreuern in den Niederlanden wiederum keinerlei signifikante Beziehungen festgestellt werden (vgl. Bakker et al., 2002, S. 31 ff.). In einer Metaanalyse über N = 7 Studien zu Burnout bei Lehrern zeigte sich eine kleine positive Korrelation, die aber nicht signifikant war (vgl. Kim et al., 2019, S. 163 ff.).

Zusammenfassung

Als Fazit zu diesem Kapitel können wir also festhalten, dass gewissenhafte Mitarbeiter mit höherer Wahrscheinlichkeit

- aufgrund ihres Pflichtbewusstseins und Leistungsstrebens eigene Belastungsgrenzen übertreten und auch den Privatbereich unzureichend gegen zu starke Belastungen aus der Arbeit abschirmen,
- einen Hang zu (ungesunder) Beschleunigung von Tätigkeiten, verbunden mit einer Tendenz, alles sofort erledigen zu wollen, haben,
- sinnvolle Ruhephasen nicht oder zu spät einlegen,
- Sozialkontakte innerhalb und außerhalb der Arbeit zu Gunsten der Fertigstellung von Aufgaben vernachlässigen und so die eigene Basis für Social Support bei Belastungen unterminieren,
- aus Pflichtbewusstsein und Leistungsstreben bei beruflichen und privaten Rollen simultan (!) an der Leistungsgrenze operieren und bei weiterem Belastungsanstieg zum Schutz ihrer Ressourcen mit beruflichen Leistungsreduktionen reagieren, sofern die Organisation nicht hinreichend Social Support als Gegengewicht bereitstellt,
- aufgrund ihres Leistungsstrebens ein hohes Stressniveau bei Aufgaben empfinden, bei denen die Wahrscheinlichkeit des (öffentlichen) Scheiterns oder des negativen Feedbacks hoch ist (v. a. Männer),
- aufgrund ihrer Planungs- und Organisationsfähigkeiten besser in der Lage sind, multiple Belastungen – auch aus unterschiedlichen Lebensbereichen – proaktiv zu managen und daher partiell weniger Stress empfinden, geringeres Burnout-Risiko haben und eine bessere Work–Life-Balance empfinden,
- weniger (mehr) Stress empfinden, wenn sie gleichzeitig niedrigen (hohen) Neurotizismus und eine Tendenz zu positiver (negativer) Affektivität aufweisen.

Weiterhin ist insgesamt zu konstatieren, dass

- rein *hypothetisch* viel für eine höhere Stress- und Burnout-Belastung gewissenhafter Mitarbeiter spricht,

- die *empirischen Ergebnisse* aber recht gemischt sind und tendenziell eine etwas höhere Evidenz für eine Schutzwirkung von Gewissenhaftigkeit gegen Stress und Burnout zeigen.

4.5 Mitarbeiterführung

„Der Fisch beginnt vom Kopf her zu stinken." Jeder kennt dieses Sprichwort. Und jedem Praktiker ist klar, dass Führungskräfte mit ihrem – negativen oder positiven – Führungsverhalten großen Einfluss auf die Effizienz ihrer Abteilung sowie die Leistung und Zufriedenheit der zugeordneten Mitarbeiter ausüben. Daher sollen in diesem Abschnitt – abweichend vom Ansatz der anderen Kapitel – explizit die möglichen negativen Auswirkungen sowohl von *sehr hoher* als auch *sehr niedriger* Gewissenhaftigkeit bei Führungskräften beleuchtet werden. Beide Übersteigerungen sind in Führungsbeziehungen hoch relevant.

Kommen wir zunächst zu den möglichen *Risiken* einer *hoch ausgeprägten Gewissenhaftigkeit* bei Führungskräften. Sie werden mit Bezug zu den einzelnen *Facetten* der Gewissenhaftigkeit analysiert, wobei sowohl Ordnungsliebe und Pflichtbewusstsein, als auch Leistungsstreben und Selbstdisziplin „im Paket" behandelt werden.

- *Kompetenz:* Eigentlich kann man nicht genügend Zutrauen in die eigenen Kompetenzen haben. Sollte man meinen. Aber wenn Führungskräfte diese „breite Brust" auch sehr stark gegenüber ihren Mitarbeitern demonstrieren, dann drängen sie diese eventuell zu stark in die Defensive. Dies gilt insbesondere dann, wenn hohe Kompetenzüberzeugung mit starker Extravertiertheit kombiniert ist. *„Unter einer großen Eiche gedeiht kein Schößling"* und unter einem übermächtig erscheinenden Vorgesetzten auch keine Nachwuchskraft. Problematisch wird es, wenn das große Ego stark nach außen abstrahlt und in Verbindung mit der Hierarchieposition des Vorgesetzten wirkt. Gerade in hierarchischen Kulturen und entsprechend strukturierten Organisationen empfinden Mitarbeiter allein schon die Diskrepanz zwischen „oben und unten" recht stark und zeigen „Unterordnungsreflexe". Diese werden durch die Demonstration eines hohen Kompetenzvertrauens der Führungskraft noch verstärkt (*„Ich habe da umfängliche Erfahrungen..."*). Die Mitarbeiter wagen nicht mehr zu hinterfragen, nicht mehr zu widersprechen und bringen auch keine eigenen Impulse und Denkanstöße ein. Bei ihnen hat sich das Bild verfestigt, dass *„der Chef sowieso besser weiß, wo es langgeht"*. So kann eine unerwünschte Friedhofsruhe entstehen, die sowohl die Weiterentwicklung der Organisation, als auch die der Mitarbeiter hemmt. Zudem wirken abweichende Meinungen und Ideen der Mitarbeiter nicht mehr als gesundes Korrektiv für die Entscheidungen und Vorgaben der Führungskräfte. Kritisches Hinterfragen und konstruktiver Pro-Contra-Dialog finden kaum noch statt.

- *Ordnungsliebe, Pflichtbewusstsein:* Strukturiertheit und Regeltreue sind gut. Zu viel davon – vor allem, wenn sie nicht situativ sensibel eingesetzt und feinjustiert werden – können aber auch „abschnürend" wirken und den Mitarbeitern „die Luft zum Atmen" nehmen. Kleinteilige Planung und sklavischer Regelvollzug können zu *mechanistischer Führung* werden und der Organisation Flexibilität rauben. Führungskräfte mit einer überstarken Tendenz zur Feinplanung und Strukturierung aller Arbeitsabläufe und einem Pochen auf die Einhaltung jeder formalen Regelung – und sei sie noch so unsinnig und praxisfern – lösen eine überstarke Einengung der Handlungsfreiräume von Mitarbeitern aus. Diese fühlen sich möglicherweise „gegängelt" und wie unmündige Kinder behandelt, weil das enge Korsett der Vorgaben durch die Führungskraft ihnen Handlungsflexibilität nimmt. Dies kann eine frustrierende Erfahrung vor allem für Mitarbeiter mit einem hohen fachlichen und motivationalen Reifegrad sein. Da persönliche Weiterentwicklung auch hinreichender Freiräume bedarf, können allzu eng planende und steuernde Vorgesetzte ein Entwicklungshemmnis für Mitarbeiter sein. Insofern könnte eine wenig gewissenhafte Führungskraft durchaus auch einmal „zum Segen" für entwicklungsorientierte Mitarbeiter werden, wenn diese die durch den Laissez-Faire-Stil der Führungskraft entstehenden Freiräume für sich zu nutzen wissen. Allerdings wäre das eine Weiterentwicklung der Mitarbeiter, die nicht systematisch erfolgt und weitestgehend auf dem Zufallsprinzip beruht. Es bedarf schon hoher Eigenmotivation, Hartnäckigkeit und fachlicher Reife, wenn sich Mitarbeiter in der destruktiven Atmosphäre von „Careless Leadership" weiterentwickeln wollen. Aber ganz ausgeschlossen ist es nicht. In jeder (Führungs) krise liegt auch eine Chance (in Anlehnung an de Vries, 2018, S. 12 f.).
  Wenn Regeltreue zum „unhinterfragten Mantra" und Selbstzweck werden, dann entstehen bürokratische Kulturen, die keinen Raum mehr für die kritische Hinterfragung oder die Weiterentwicklung der Regeln lassen. Mitarbeiter arbeiten dann mit Scheuklappenblick stur und stupide Vorgänge nach einem einmal definierten Regelwerk ab und verlieren mit der Zeit das Gefühl, wann man eine Vorschrift auch einmal etwas flexibler handhaben kann und muss. Kunden und andere Interaktionspartner hören dann möglicherweise allzu häufig den Satz *„Das geht nicht, ich habe da meine Vorschriften, an die ich mich halten muss."* Genau dieser Geisteshaltung leisten Führungskräfte Vorschub, die den Mitarbeitern ein allzu enges Handlungskorsett schnüren und jede kleine Abweichung von Vorschriften negativ sanktionieren.

- *Leistungsstreben, Selbstdisziplin:* Der Grat zwischen positiv wirkendem Ehrgeiz der Führungskraft und Ausbeutung oder Überforderung der Mitarbeiter kann sehr schmal sein. Zwei Formen eines sozial-maladaptiven Leistungsstrebens sind zu unterscheiden. Die eine kann man als *rücksichtsloses Leistungsstreben* bezeichnen. Sie ist dann gegeben, wenn Führungskräfte extrem hohe Ziele in ihren Bereichen durchsetzen, diese auch ständig weiter nach oben schrauben und dabei die Mitarbeiter

„auspressen wie reife Zitronen". Ohne Rücksicht auf berechtigte Belange der Mitarbeiter werden diese für den eigenen Ehrgeiz instrumentalisiert. Triebfedern könnten in eigenen Karrierezielen oder schlicht in dem „profilneurotischen" Bedürfnis liegen, mit den Leistungsdaten des eigenen Bereichs gegenüber der Hierarchiespitze oder auch im Wettbewerb mit gleichgestellten Kollegen zu glänzen. Mitarbeiter werden dann auf ihre Funktion als „Einsatzfaktor" reduziert.

Die andere Form ist ein *gedankenloses Leistungsstreben*. Dieses ist dann gegeben, wenn Führungskräfte im Hinblick auf Leistungsziele völlig undifferenziert die gleichen Maßstäbe an die Mitarbeiter anlegen, wie an sich selbst. Dies wird dann höchst problematisch, wenn eine sehr leistungsfähige und selbstdisziplinierte Führungskraft Mitarbeitern gegenübersteht, bei denen diese beiden Facetten nicht so ausgeprägt sind. Die Überforderung mit allen negativen Folgen für Gesundheit, Arbeitszufriedenheit und Bleibebereitschaft der Mitarbeiter ist hier vorprogrammiert. Durchaus vorstellbar ist auch, dass eine Führungskraft alles dem Beruf unterordnet und dies von ihren persönlichen Rahmenbedingungen her auch kann – etwa weil alleinstehend, ohne Kinder oder mit einem Partner „gesegnet", der ihr bei allen Themen aus dem Privatbereich „den Rücken freihält". Die unterstellten Mitarbeiter haben – und das ist ja ihr gutes Recht – die Akzente bei ihrer persönlichen Work–Life-Balance vielleicht anders gesetzt oder haben aufgrund einer anderen familiären Rollenaufteilung oder anderweitiger familiärer Verpflichtungen schlicht nicht die Möglichkeit, sich exklusiv auf den Beruf zu fokussieren. Sie können dann eben nicht „einfach mal zwei Stunden länger bleiben", um eine Aufgabe am gleichen Tag noch fertigzustellen.

Wenn also ein hohes Leistungsstreben und hohe Selbstdisziplin bei einer Führungskraft nicht begleitet werden durch ein hinreichendes Maß an Empathie und Verständnis für die gesamtheitliche Lebenssituation der Mitarbeiter, dann wird der Vorgesetzt zum „ausbeuterischen Galeerentrommler".

Empirische Evidenz zu den dargestellten Vermutungen liefert eine Studie mit $N = 103$ Führungsdyaden (= Mitarbeiter und ihre Vorgesetzten) aus diversen Branchen in UK und den Niederlanden. Es wurde der Zusammenhang zwischen den *Big Five-Merkmalen der Führungskraft* und dem durch die Geführten wahrgenommenen „*missbräuchlichen Führungsverhalten* (= „*Abusive Leadership*") untersucht. Abusive Leadership zeichnet sich durch feindliches verbales und nonverbales Verhalten der Führungskraft gegenüber den Geführten aus (ohne körperliche Übergriffe). Gemessen wurde es anhand einer siebenstufigen Zustimmungsskala mit folgenden fünf Items:

- *„Mein Vorgesetzter macht mich lächerlich".*
- *„Mein Vorgesetzter macht, anderen gegenüber, negative Aussagen über mich".*
- *„Mein Vorgesetzter sagt mir, dass meine Gedanken und Gefühle dumm sind".*
- *„Mein Vorgesetzter sagt mir, ich sei inkompetent".*
- *„Mein Vorgesetzter setzt mich in Gegenwart Anderer herunter".*

Insgesamt betrug der Erklärungsbeitrag der Big Five-Merkmale zur Varianz von Abusive Leadership zwar nur 8 %. Andere Faktoren scheinen hier also erklärungsmächtiger als Persönlichkeitsmerkmale zu sein (z. B. momentaner Stress der Führungskraft, schlechte Leistung der Mitarbeiter, schlechte Behandlung durch die eigene Führungskraft, die dann nach dem „Fahrradfahrerprinzip (nach oben buckeln, nach unten treten)" an die Mitarbeiter weitergegeben wird, Erfahrungen mit den eigenen Eltern in der Kindheit). Interessant war aber, dass hohe Gewissenhaftigkeit das einzige (!) Merkmal der Big Five war, für das zumindest eine Signifikanz auf dem 10 %-Niveau nachgewiesen werden konnte (vgl. Camps et al., 2016, S. 1 ff. und die zit. Lit.).

Dieses Ergebnis steht im Widerspruch zu Studien, die später in diesem Kapitel vorgestellt werden. Dort wird sich hohe Gewissenhaftigkeit der Führungskraft eher als „Brandmauer" gegen Abusive Leadership erweisen. Erklärt wird dies mit deren grundsätzlicher Regeltreue, die auch die Einhaltung sozialer Spielregeln gegenüber den Mitarbeitern umfasst und verbale Grenzüberschreitungen unwahrscheinlicher macht. Schon hier eine mögliche Erklärung der abweichenden Befunde: Das Manko all dieser Studien – auch der hier vorliegenden – ist, dass Gewissenhaftigkeit immer nur auf *Domänenebene* erfasst wurde. Es sei hier daher die Hypothese in den Raum gestellt, dass sich bei einer isolierten Erfassung der *Facette* „Leistungsstreben" ein deutlich stärkerer Einfluss auf Abusive Leadership herausstellen würde. Hohes Leistungsstreben geht mit einer sehr hohen Fokussierung auf die Erreichung anspruchsvoller Ziele einher. Es ist daher gut vorstellbar, dass Führungskräfte vieles dieser Zielverfolgung unterordnen – auch die Einhaltung sozialer Spielregeln. Sie sind „zielgetrieben" – in ihrer Eigenwahrnehmung also „im Dienst eder Sache" unterwegs – und könnten daher mit geringerer Hemmschwelle schon einmal verbal übergriffig werden. Dies dürfte insbesondere dann wahrscheinlich sein, wenn der Vorgesetzte bei seiner eigenen Zielerreichung sehr stark von der Leistung der Mitarbeiter abhängig ist. Mitarbeiter werden – mit allen negativen Folgen für das Zusammenarbeitsklima – solche Führungskräfte aber im Minimum als „bedrängend" und als jemanden wahrnehmen, „den man nur schwer zufriedenstellen kann".

- *Besonnenheit:* Ein zu stark abwägendes und durchdenkendes Verhalten könnte einer Führungskraft als Entscheidungsschwäche, Umständlichkeit und mangelnde Dynamik ausgelegt werden. Sie könnte dadurch an Akzeptanz bei den Mitarbeitern und auch bei anderen wichtigen Interaktionspartnern (gleichgestellte Führungskräfte, eigener Vorgesetzter, externe/interne Kunden) verlieren. Schnell macht dann in der Organisation – begleitet von genervtem Augenrollen – das geflügelte Wort die Runde: *„Der/die XY muss sich erst wieder eine Zeichnung machen."* Dass diese abwertende Bemerkung vielleicht nicht angemessen ist und die Führungskraft durch ihre sorgfältige Planung und Abwägung unter Umständen die Organisation vor Schaden bewahren könnte, spielt in einem Umfeld, das (vorschnell) Entscheidungs- und Handlungsqualität mit Geschwindigkeit gleichsetzt, keine Rolle. Der Imageschaden für die Führungskraft durch die negativen Zuschreibungen ist womöglich schneller als die Klärung der Frage, was am Ende wirklich die beste Entscheidung oder Handlung

gewesen wäre – wenn sie sich überhaupt jemals klären lässt. Sollte ein Akzeptanz-
und Imageverlust der Führungskraft eintreten, dann sinkt auch die Folgebereitschaft
der Mitarbeiter und das Führungshandeln wird generell unwirksamer.

Es ist aber natürlich auch gut möglich, dass eine sehr besonnene Führungskraft Abläufe und Entscheidungsprozesse tatsächlich über Gebühr verzögert.
In Situationen, in denen schnell und flexibel agiert werden muss, ist mitunter wenig
Raum für lange Abwägungsprozesse. Es gilt dann eher die Maxime *„Die Schnellen
fressen die Langsamen".* Geschwindigkeit kann gerade in turbulenten Umwelten
ein relevanter Wettbewerbsvorteil sein. Opportunitätenfenster sind vielleicht nicht
allzu lange offen, Entscheidungen dulden keinen Aufschub. Unter solchen Rahmenbedingungen wird die zu stark abwägende Führungskraft zum erfolgskritischen Engpassfaktor. Sie frustriert dann auch ihre Mitarbeiter und Kollegen, die stets das Gefühl
haben, zu spät zu starten oder zu langsam voranzukommen. Mitarbeiter, die zu lange
auf Entscheidungen ihres Vorgesetzten warten müssen, fühlen sich an ihrer Aufgabenerfüllung gehindert und empfinden diese zeitliche Abhängigkeit als Kontrollverlust.

Schwenken wir nun den Scheinwerfer auf das untere Ende der Gewissenhaftig-
keitsskala. Sich die möglichen Negativwirkungen einer *sehr gering ausgeprägten
Gewissenhaftigkeit* bei der Führungskraft vorzustellen, benötigt nicht allzu viel
Fantasie. Deklinieren wir wieder die einzelnen Facetten durch:

- *Kompetenz:* Wenn eine Führungskraft nicht selbst von ihren Kompetenzen überzeugt
  ist, wie sollten es dann die Mitarbeiter sein? Eine selbstunsichere Führungskraft wird
  genau dies auch nach außen abstrahlen. Sie ist nicht in der Lage, den Mitarbeitern
  – speziell in turbulenten, krisenhaften, komplexen Situationen – Richtung und
  Orientierung zu geben. Sie wird auf wenig Akzeptanz und Folgebereitschaft bei ihren
  Mitarbeitern stoßen. Es ist nicht nötig, dass Führungskräfte über die besten Fach-
  kompetenzen in der Abteilung verfügen. Diese Zeiten sind weitgehend vorbei. *„Wer
  einen Hühnerhof leitet, muss nicht selbst Eier legen können."* Er muss aber über über-
  zeugende Managementfähigkeiten verfügen, davon auch selbst überzeugt sein und
  dies zudem den Mitarbeitern gegenüber glaubhaft abstrahlen, sodass diese ihm auch
  Führungsfähigkeit attribuieren.
- *Ordnungsliebe:* Zwar gibt es den netten Spruch: *„Nur das Genie beherrscht das
  Chaos",* aber für die restliche Abteilung sind chaotische Führungskräfte eine
  Zumutung. Unorganisiert und unsystematisch arbeitende Vorgesetzte können ihren
  Mitarbeitern nur sehr begrenzt einen stabilen Handlungsrahmen bieten. Wer nicht
  in der Lage ist, zukunftsgerichtet zu planen und Gesamtaufgaben der Abteilung in
  abgegrenzte Arbeitspakete zu unterteilen, kann kaum sinnhaft und verlässlich Ziele
  vereinbaren, Aufgaben delegieren, Anweisungen geben und Leistungsbeiträge der Mitarbeiter koordinieren. Vorgaben und Anweisungen sind unscharf, lückenhaft und ändern
  sich sprunghaft. Mitarbeiter vermissen verlässliche Planbarkeit ihres eigenen Arbeits-
  handelns. Sie bleiben hinter ihren Leistungspotenzialen zurück und sind frustriert.

- *Pflichtbewusstsein:* Wer als Vorgesetzter lax mit Regeln, Verpflichtungen und Versprechungen umgeht, wird seiner Vorbildrolle nicht gerecht. Schnell werden sich Mitarbeiter diesen vorgelebten Verhaltensmustern anpassen. Es entsteht eine „Kultur der Beliebigkeit". Vorgaben der Unternehmensleitung, Verordnungen/Gesetze werden gedehnt, nur „so ungefähr" oder im Extremfall gar nicht eingehalten. Ein idealer Nährboden für kontraproduktives Arbeitsverhalten – angefangen vom Verstoß gegen Sicherheitsvorschriften, über Tricksereien bei der Arbeitszeit, bis hin zu kriminellen Handlungen. Deviantes Verhalten wird salonfähig. *„Was dem Chef recht ist, ist mir als Mitarbeiter billig."* Hinzu kommt, dass in einem Klima der Reguluntreue kein Vertrauensverhältnis entstehen kann. Über allen Beteiligten schwebt immer das unsichtbare Damoklesschwert, dass Versprechungen und Zusagen nicht bindend sind.

- *Leistungsstreben:* Auch hinsichtlich des Leistungsethos haben Vorgesetzte eine wichtige Vorbildfunktion. Warum sollten sich Mitarbeiter „ein Bein ausreißen", wenn sie ständig erleben müssen, dass die Führungskraft sich gern „einen schlanken Fuß macht" und wenig Ehrgeiz an den Tag legt? Führungskräfte setzen im Hinblick auf die erwartete Leistung die Standards. Schnell macht sich eine gemütliche „Kaffee und Kuchen-Atmosphäre" mit entsprechendem Arbeitstempo in der Abteilung breit. Vielleicht trägt das zur Zufriedenheit einiger Mitarbeiter bei, aber zur Effizienz der Organisation sicherlich nicht.

  Es steht auch zu befürchten, dass diese Vorgesetzten nicht konsequent genug bei der Leistungsbeurteilung ihrer Mitarbeiter sind. Sie beurteilen zu nachsichtig und differenzieren zu wenig zwischen Leistungsstarken und Leistungsschwachen, was letztlich die Beurteilungsgerechtigkeit untergräbt und die Leistungsträger frustriert. Zumindest legt dies eine Studie mit $N = 111$ Studierenden nahe. Diese hatten ein Set an Individual und Gruppenaufgaben zu bearbeiten und wurden anschließend durch ihre Kommilitonen beurteilt. Vorab wurden bei allen Teilnehmern mit dem NEO-FFI die Big Five auf der Domänenebene gemessen. Es zeigte sich, dass Gewissenhaftigkeit den größten Einfluss auf die Bewertung hatte (vor Verträglichkeit). Je geringer das Niveau der Gewissenhaftigkeit, desto besser fielen die Bewertungen aus ($r = -0,37$). Höhere Verträglichkeit war dagegen positiv mit guten Bewertungen korreliert ($r = 0,33$). Die absolut besten Bewertungen wurden vergeben, wenn die Bewerter eine Kombination aus *geringer Gewissenhaftigkeit* und *hoher Verträglichkeit* aufwiesen (vgl. Bernardin et al., 2000, S. 234). Geringer Leistungsanspruch und Harmoniesucht bei einer Führungskraft dürften also keine gute Persönlichkeitsbasis für zutreffende, differenzierte Mitarbeiterbeurteilungen sein.

- *Selbstdisziplin:* Prokrastinierende Führungskräfte oder solche, die nicht fokussiert und konsequent an einer Aufgabe bis zur Erledigung arbeiten, geben zum einen ein schlechtes Vorbild ab. Sie leisten einer Kultur des *„Komme ich heut' nicht, komme ich morgen"* Vorschub. Zum anderen können sie – noch problematischer – zum terminlichen Engpass für die nachgeordneten Mitarbeiter werden. Wenn Vorgesetzte z. B.

Entscheidungen nicht zeitnah treffen, wichtige Klärungen nur verzögert vornehmen oder benötigte Informationen nicht zügig bereitstellen, dann verzögern sie möglicherweise die nächsten Arbeitsschritte der Mitarbeiter.

- *Besonnenheit:* Wenn Führungskräfte ihre Aktivitäten, Anweisungen und Entscheidungen vorab nicht gründlich durchdenken, sondern sehr spontan agieren, dann besteht die Gefahr, dass häufig „zurückgerudert" oder zumindest „nachjustiert" werden muss. Für die Mitarbeiter entsteht so eine hektische Arbeitsatmosphäre. Die Rahmenbedingungen für ihre Arbeit sind nicht verlässlich (*„Heute hü, morgen hott"*) und stellen psychologisch für sie einen partiellen Kontrollverlust dar. Im schlimmsten Fall reagieren Mitarbeiter gar nicht mehr sofort auf Führungsimpulse, weil sie immer wieder die Erfahrung gemacht haben, dass *„morgen eh' wieder alles anders ist"*. Führungskräfte, die so agieren, haben schnell die Akzeptanz der Mitarbeiter verloren.

Bislang wurden die möglichen Negativwirkungen von sehr niedrig ausgeprägter Gewissenhaftigkeit bei Führungskräften auf *Facettenebene* und sehr *praxisorientiert* betrachtet. Nun soll eine Einordnung dieses Persönlichkeitsdefizits in eine globalere und stärker *theoriebasierte Perspektive* erfolgen. De Vries (2018, S. 1 ff. und die zit. Lit.) behandelt das Phänomen einer sehr niedrig ausgeprägten Gewissenhaftigkeit im Kontext der *„Dunklen Führung"* (= *„Dark Leadership"*). Sie liegt vor, wenn Führungskräfte in Bezug auf die HEXACO-Taxonomie die „Albtraum-Persönlichkeitsmerkmale" (= Nightmare Traits) aufweisen (siehe Abb. 4.2).

Hochgradig kritisch wird es, wenn solche „dunklen Führungskräfte" auf Situationen treffen, die für sie besonders attraktiv sind und/oder ihre Persönlichkeitsmerkmale besonders aktivieren. Es kann zu negativen Effekten für die Mitarbeiter, die Organisation und sogar die Gesellschaft kommen.

- *Geringe Ehrlichkeit-Bescheidenheit* (= *Leader Dishonesty*) macht Führungskräfte unaufrichtig, unfair, gierig und schamlos. Dies leistet der Entstehung einer unethischen Organisationskultur und von kontraproduktivem Arbeitsverhalten Vorschub. Bei den Mitarbeitern führt es zu niedrigem Vertrauen zur Führungskraft, zu geringer Arbeitszufriedenheit und Bindung an die Organisation.

Abb. 4.2 Nightmare Traits der Führung

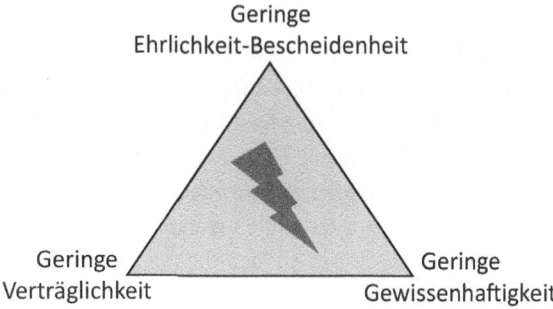

Geringe
Ehrlichkeit-Bescheidenheit

Geringe
Verträglichkeit

Geringe
Gewissenhaftigkeit

- *Geringe Verträglichkeit (= Leader Disagreeableness)* macht Führungskräfte nachtragend, überkritisch, inflexibel und ungeduldig. Bei Verstößen von Mitarbeitern reagieren sie racheorientiert. Dieses tyrannische/despotische Führungsverhalten führt zu einer Organisationskultur, die durch Angst und Vergeltung gekennzeichnet ist und bei den Mitarbeitern zu hoher Unzufriedenheit, hohem psychischen Stress, Erschöpfungszuständen und Fluktuationstendenzen führt.

- *Geringe Gewissenhaftigkeit (= Leader Carelessness)* macht Vorgesetzte nachlässig, faul, unvorsichtig und – als Gegenteil von planend – in einem negativen Sinne spontan. Sie verfügen über ein geringes Niveau an Selbstkontrolle, neigen zur Prokrastination bei wichtigen Aufgaben und verschieben Dinge auf morgen, die heute erledigt werden sollten. Eigene Energien müssen sie nur in geringem Maße aufbringen, da sie sich auf die Arbeit anderer verlassen bzw. die Arbeit weiterreichen. Sie scheren sich wenig um (Sicherheits)Vorschriften, machen selbst Fehler und kümmern sich nicht um fehlerhaftes Arbeitsverhalten ihrer Mitarbeiter. Stattdessen wenden sie sich eher angenehmen und vergnüglicheren Aufgaben zu. Sie „lassen den Laden vor sich hintreiben". Ihr Führungsverhalten ist damit am besten mit einem Laissez-Faire-Stil charakterisiert, bei dem sie sich wenig um die Aufgaben und die Mitarbeiter kümmern. Mangelnde Beachtung von (Sicherheits)Vorschriften und Standards der Aufgabenerledigung fügen der Organisation großen Schaden zu, wenn es zu Arbeitsunfällen und fatalen Fehlern bei der Aufgabenerledigung kommt. Im Ergebnis entsteht eine Organisationskultur, in der eine geringe Leistungsorientierung und Disziplin herrscht.

Wenn nun diese drei „Nightmare Traits" noch auf eine *hohe Extraversion* treffen, dann werden sie noch stärker nach außen getragen. Die Führungskraft verfügt dann möglicherweise über ein Charisma, das sie missbraucht, um egoistische Ziele zu Lasten anderer zu erreichen. Kommt nun noch ein *hoher Neurotizismus* (= geringe emotionale Stabilität) hinzu, dann entsteht eine „hochexplosive und risikoreiche Mischung", die man als „psychopathisches Führungsprofil" bezeichnen könnte.

Bringen wir nun zusätzlich die *Führungssituation* ins Spiel und fokussieren dabei besonders auf Führungskräfte mit niedriger Gewissenhaftigkeit. Im Zusammenspiel von Persönlichkeitsmerkmal und Situation sind *drei Betrachtungsebenen* relevant (in Anlehnung an de Vries, 2018, S. 6 ff. und die zit. Lit.):

- *Situationsaktivierung:* Führungskräfte haben – wie alle anderen Menschen auch – eine starke Tendenz, Situationen so wahrzunehmen, für sich auszusuchen, umzugestalten oder überhaupt erst zu erschaffen, dass sie auf das individuelle Persönlichkeitsprofil passen. Situationen, die nicht passend sind, werden – wenn irgend möglich – gemieden. Damit steigert sich die Wahrscheinlichkeit, Führungskraft zu werden und in dieser Rolle erfolgreich zu sein. Wenig gewissenhafte Führungskräfte würden demnach Situationen meiden, die Festlegung auf konkrete Ziele, planerische Tätigkeiten und organisiert-strukturierte Aktivitäten erfordern. Stattdessen bevorzugen sie Situationen, die spontane, kurzfristige Belohnungen versprechen und die Vermeidung von verbindlichen Pflichten ermöglichen.

- *Aktivierung der Traits:* Persönlichkeitsmerkmale treten überhaupt erst in Erscheinung, wenn es die Situation erlaubt. Bei wenig gewissenhaften Führungskräften kommt diese „dunkle Seite" bevorzugt zum Tragen, wenn die Rahmenbedingungen dafür die Freiräume bieten. Eine eher laxe Organisationskultur, übergeordnete Führungskräfte und unterstellte Mitarbeiter, die jeweils selbst geringe Gewissenhaftigkeit aufweisen, Fehlen von klaren Zielen, Leistungsstandards und Kontrollprozessen sowie unklare Aufgabenstellungen sind das ideale „Biotop" für die Entfaltung von „Careless Leadership".

- *Aktivierung von Folgen:* Folgen aus dem „trait-getriebenen" Führungsverhalten entstehen nur, wenn das soziale Umfeld diese Verhaltensmuster überhaupt wahrnimmt und als führungsrelevant einstuft. Wenn das der Fall ist, dann steigt die Wahrscheinlichkeit, dass bei den Geführten Folgebereitschaft entsteht, weil ein Verhalten ihrem *Führungsprototyp* entspricht. Sollten – aus welchen Gründen auch immer – Erfolge entstehen, dann werden diese der Führungskraft zugeschrieben (= attribuiert), was dann in einem Zirkelprozess die Folgebereitschaft weiter steigert. Nun sollte man meinen, dass wenig gewissenhafte Führungskräfte bei diesem Prozess „kein Bein auf die Erde bekommen". Vorsicht! Der amerikanische Ex-Präsident Donald Trump ist der lebende Gegenbeweis. Jetzt kommen nämlich die oben geschilderten begünstigenden Rahmenbedingungen ins Spiel. Wenn übergeordnete Führungskräfte, unterstellte Mitarbeiter und die Organisationskultur ähnlich gelagert sind, dann bilden die Beteiligten – vereint in verzerrten Wahrnehmungen – ein „psychologisches Kartell", das sich gegenseitig die Angemessenheit des eigenen Handelns bestätigt. Bei der Kombination aus „dunkler Führung", willfährigen, beeinflussbaren Mitarbeitern und begünstigenden Rahmenbedingungen spricht man auch vom *„toxischen Dreieck"* (vgl. Helfrich & Steidle, 2017, S. 41). Aber auch, wenn das begünstigende Umfeld nicht in der geschilderten Form existiert, dann besteht die Gefahr, dass eine wenig gewissenhafte Führungskraft Bewunderung auf sich zieht. Als „Normverletzer", als jemand, der sich keinen Zwängen und Regeln unterwirft, gibt er den „ungebundenen Freigeist" und demonstriert Unabhängigkeit und vor allem die Macht, „tun und lassen zu können, was ihm beliebt". Das kann für entsprechend strukturierte Mitarbeiter – insbesondere mit einer ausgeprägten Sehnsucht nach starken Führungspersönlichkeiten – durchaus attraktiv wirken. Donald Trump hat dies im politischen Kontext vier Jahre lang bewiesen.

Die negativen Folgen von Careless Leadership in Organisationen liegen auf der Hand: Reaktive statt proaktiver Führung, Planungsprobleme, hohe Fehlerraten, niedrig ausgeprägte Leistung und Leistungskultur, unzufriedene Kunden.

Niedrige Gewissenhaftigkeit von Führungskräften kann zudem auch *sehr subtile Fernwirkungen* auf das Verhalten der unterstellten Mitarbeiter entfalten. Eine Studie mit N = 221 Führer-Geführten-Paaren (= Führungsdyaden) beschäftigte sich mit der

Frage, wie Vorgesetzte und Mitarbeiter generell auf ein „feindliches Organisations-klima" reagieren. Feindlich ist ein Klima dann in einer Organisation, wenn im sozialen Umgang sehr viel Aggressivität, unzivilisierter Umgang miteinander, eine Kultur des „Jeder gegen Jeden" herrscht (= Social Undermining), Mobbing an der Tagesordnung ist, Schwächere unterdrückt werden und generell abweichendes Verhalten verbreitet ist. Für die Beteiligten stellen sich auf der Gefühlsebene Verbitterung und Misstrauen ein. Insgesamt kreiert das eine stressvolle Arbeitsumgebung, mit der Führungskräfte und Mitarbeiter zurechtkommen müssen. Wie sind deren Reaktionen? Grundsätzlich ist ein *feindliches Organisationsklima* ein guter Nährboden für *feindliches Verhalten*. Es zeigte sich, dass Führungskräfte mit *niedriger* Gewissenhaftigkeit in einem solchen Umfeld stärker zu einem missbräuchlichen Führungsverhalten (= Abusive Leadership) tendieren. Sie zeigen eher aggressives, unzivilisiertes, ausbeutendes und erniedrigendes Verhalten gegenüber den Geführten. Das feindliche Organisationsklima wirkt als Signal, dass miss-bräuchliches Führungsverhalten eine akzeptable Verhaltensweise darstellt. Damit wirken Führungskräfte gegenüber den Mitarbeitern als Verstärker des feindlichen Organisations-klimas, steigern deren Stressniveau und zwingen die Geführten so zu *Coping-Strategien* (= Bewältigungsstrategien) im Umgang mit dem Stress. Und jetzt kommt die *Persön-lichkeit der Geführten* ins Spiel. Welche Coping-Strategien wählen diese? Hier zeigt sich, dass speziell Mitarbeiter mit *geringer* Gewissenhaftigkeit verstärkt mit kontra-produktivem Verhalten reagieren (z. B. Aggression gegenüber Kollegen, Absentismus als Vergeltungsaktion der Organisation gegenüber). Gewissenhafte Mitarbeiter dagegen zeigen diese Tendenz – trotz missbräuchlichen Führungsverhaltens – in geringerem Umfang. In Kontrast zu den geschilderten Wirkmechanismen verfallen *gewissen-hafte* Führungskräfte in einem feindlichen Organisationsklima nicht so leicht in miss-bräuchliche Führungsmuster. Sie unterbrechen die Eigendynamik der Feindlichkeit und wirken damit für Ihre Mitarbeiter als Puffer gegen das feindliche Organisationsklima. Damit hält sich für diese das Stressniveau in engeren Grenzen und damit auch die Not-wendigkeit, über Coping-Verhalten reagieren zu müssen. Im Ergebnis zeigt sich also die zentrale Bedeutung von hoher Gewissenhaftigkeit auf *zwei Ebenen:* Erstens mindert sie die Wahrscheinlichkeit von missbräuchlichem Führungsverhalten in einem feindseligen Organisationsklima und zweitens mindert sie die Wahrscheinlichkeit, dass Mitarbeiter auf missbräuchliches Führungsverhalten ihrerseits mit kontraproduktiven Aktivitäten reagieren (vgl. Mawritz et al., 2014, S. 737 f., 743).

Es gibt also gute Gründe, dafür zu sorgen, dass nur solche Mitarbeiter Führungsrollen besetzen, die zumindest mittelstark ausgeprägte Gewissenhaftigkeitswerte aufweisen. Man wird in der Praxis nie ganz verhindern können, dass sich nicht doch immer wieder einmal eine Kombination aus schwach ausgeprägter Gewissenhaftigkeit einer Führungs-kraft und aktivierenden Situationsbedingungen ergibt. Man kann aber zumindest die Wahrscheinlichkeit reduzieren. Konkrete Maßnahmen des Personalmanagements dazu werden in Abschn. 5.6 vorgestellt.

Werfen wir abschließend noch einen kurzen Blick auf verschiedene *Kombinationen von Ausprägungen der Gewissenhaftigkeit* bei Führungskräften und Mitarbeitern. Man

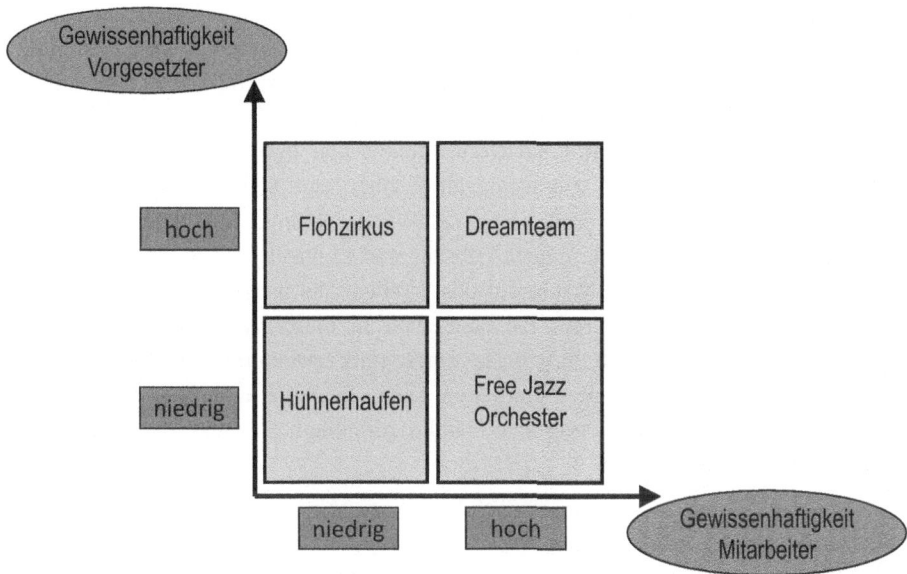

Abb. 4.3 Gewissenhaftigkeitsportfolio der Mitarbeiterführung

kann sie in einem Vier-Felder-Portfolio darstellen. Die Bezeichnung der Quadranten wurde bewusst etwas plakativ gewählt (Abb. 4.3).

- *Dreamteam:* Hier existieren ideale Ausgangsbedingungen für die Entstehung einer Hochleistungsabteilung. Ein ehrgeiziger, beharrlicher und strukturiert vorgehender Vorgesetzter agiert als Vorbild und bietet seinen Mitarbeitern genau die Rahmenbedingungen für die Aufgabenerfüllung, die sie sich wünschen. Freiräume und Regelungslücken füllen die Mitarbeiter aufgrund ihrer Selbststeuerungsfähigkeit eigeninitiativ im Sinne der Organisation. Wichtig ist, dass Vorgesetzter und Mitarbeiter ihre Zielvorstellungen harmonisiert haben, um zu verhindern, dass nicht alle Beteiligten mit viel Einsatz in jeweils andere Richtungen ziehen.
- *Free Jazz Orchester:* Hier existieren ideale Ausgangsbedingungen für persönliche Entwicklung. Der Vorgesetzte glänzt bei der Mitarbeiterführung weitgehend mit Abwesenheit. Das kann trotzdem funktionieren. Die Mitarbeiter füllen das Führungsvakuum eigeninitiativ. Auf Basis eines hohen Kompetenzvertrauens, hoher Planungsbefähigung und Zuverlässigkeit „nehmen sie die Dinge selbst in die Hand". Sie bilden ein professionelles Kollektiv, bei dem sachbezogen immer ein anderes Mitglied Impulse setzt und temporär die Führungsrolle übernimmt. Die fehlende hierarchische Führung bietet große Freiräume zur eigenen Entwicklung.
- *Hühnerhaufen:* Das will man nicht wirklich in einer Organisation! Weder Führungskraft noch Mitarbeiter entwickeln Ehrgeiz und zeigen Stehvermögen. Keiner plant, keiner fühlt sich kompetent, keiner hält sich an Regeln. Im Ergebnis flattern alle

chaotisch, lust- und ziellos durcheinander. Die Rechte weiß nicht, was die Linke tut. Aufgabenerfüllung ist zufallsgesteuertes Stückwerk mit ungewissem Erledigungstermin. Keine ordnende Hand ist weit und breit in Sicht. Aber das scheint ja auch egal zu sein …

- *Flohzirkus:* Die Führungskraft ist Zirkusdirektor und muss den berühmten „Sack Flöhe hüten". Eine Truppe von wenig ehrgeizigen, zur Selbststeuerung eher nicht befähigten Mitarbeitern, die dafür gerne mal über die Stränge schlägt oder „alle Fünfe gerade sein lässt" benötigt permanent Führung und Kontrolle. „Denn ist die Katze aus dem Haus, dann tanzen die Mäuse auf den Tischen". Es handelt sich um Mitarbeiter mit einem geringen Reifegrad. Es kann auch in dieser Abteilung funktionieren, wenn der Vorgesetzte sich auf Basis eines stark strukturierenden Führungsstils die Akzeptanz der Mitarbeiter erarbeiten kann. Es ist allerdings ein mühevolles Führungsgeschäft, da der Vorgesetzte ständig „dranbleiben" muss, damit die Dinge nicht „aus dem Ruder laufen".

Zusammenfassung

Als Fazit zu diesem Kapitel können wir also festhalten, dass **sehr hohe** Gewissenhaftigkeit von Führungskräften mit höherer Wahrscheinlichkeit dazu führt, dass

- sich Mitarbeiter aufgrund starker Kompetenzdominanz des Vorgesetzten mit eigenen Impulsen und Kritik zu stark zurückhalten,
- Überstrukturierung und Regelfixierung seitens der Führungskraft bei den Mitarbeitern Flexibilität und Eigeninitiative unterdrücken,
- Mitarbeiter durch eine überzogene Leistungsorientierung ausgebeutet und überfordert werden,
- Entscheidungen aufgrund zu intensiver Abwägungsprozesse zu langsam getroffen werden.

Niedrige Gewissenhaftigkeit von Führungskräften führt mit höherer Wahrscheinlichkeit dazu, dass

- die Mitarbeiter dem Vorgesetzten wegen unzureichender Kompetenzabstrahlung in geringerem Umfang Führungsfähigkeit attribuieren,
- Mitarbeiter für ihr eigenes Arbeitshandeln – aufgrund der eher spontanen, unstrukturierten Arbeitsweise der Führungskraft – einen klaren, beständigen Ordnungsrahmen vermissen,
- wegen der mangelnden Vorbildfunktion im Hinblick auf Regeltreue kontraproduktivem Verhalten bei den Mitarbeitern Vorschub geleistet wird,

- wegen der mangelnden Vorbildfunktion im Hinblick auf Leistungsorientierung und Termintreue suboptimale Arbeitseffizienz bei den Mitarbeitern entsteht,
- geringe Gewissenhaftigkeit von Führungskräften zu „Careless Leadership" werden kann und dann einen Baustein von „Dunkler Führung" darstellt, die bei begünstigenden Rahmenbedingungen zu kontraproduktiven Effekten in der Organisation führt.

4.6 Zusammenarbeit

Hohe Arbeitsmotivation ohne entsprechende fachliche Qualifikationen läuft im Hinblick auf hohe Arbeitsleistung ins Leere. Genauso dürfte hohe Gewissenhaftigkeit ohne ein Mindestmaß an Sozialqualifikationen nur eingeschränkte Wirksamkeit entfalten, vielleicht bei der Kooperation mit Kollegen sogar schädlich sein. Ohne hinreichende soziale Qualifikationen übersehen Gewissenhafte möglicherweise soziale Feinheiten und Komplexitäten beim Umgang mit ihren Interaktionspartnern. Dies kann zu dysfunktionalen Interaktionen führen, zumindest aber die Zusammenarbeit mit sehr gewissenhaften Personen schwierig gestalten. Wichtige soziale Qualifikationen bestehen u. a. darin (vgl. Witt & Ferris, 2003, S. 811 f., 813),

- sich in Interaktionspartner hineinversetzen zu können (Empathie) und dabei ein Gespür für deren Handlungsmotive und „Hidden Agendas" zu haben,
- Signale der Körpersprache und der Stimmmodulation deuten zu können,
- sich bewusst zu sein, wie man von anderen gesehen wird,
- ein Gespür dafür zu haben, was man in bestimmten sozialen Situationen sagen und tun darf, oder eben auch nicht,
- sich in seinem Verhalten in erforderlichem Umfang an die soziale Situation anpassen zu können.

Gut vorstellbar ist, dass sehr gewissenhafte Mitarbeiter eine Tendenz zu folgenden unerwünschten Verhaltensmustern haben:

- Sie preschen dienstbeflissen nach vorne, sind dabei gegenüber ihrem sozialen Umfeld unangemessen fordernd (*„Ich bräuchte die Information dringend bis morgen."*) und treiben Aktivitäten und Themen jenseits des Niveaus an Detaillierung und Geschwindigkeit voran, das ihre Interaktionspartner wünschen. Sie schlagen mit viel Energie vielleicht nicht „die falschen Schlachten", aber sie schlagen grundsätzlich „immer jede Schlacht", weil sie überzeugt sind, dass es zum Wohl des Unternehmens ist oder dass sie „das Richtige" tun. Darin zeigt sich eine gewisse Zwanghaftigkeit im Verhalten. Dabei haben sie zu wenig Gespür dafür, wie schnell und wie weit ihnen ihre Interaktionspartner folgen können und wollen.

- Sie legen bezüglich Leistungsorientierung und Selbstdisziplin die gleiche hohe Mess-latte an ihre Kollegen, die sie auch an sich selbst anlegen. Sie erwarten von ihrem Umfeld die gleichen langen Arbeitszeiten, den gleichen unermüdlichen Antrieb und Leistungswillen und machen dies auch deutlich. Speziell bei der Zusammenarbeit mit anderen Mitarbeitern, die deutlich geringere Ausprägungen von Gewissenhaftigkeit aufweisen, ist das problematisch, da sie diese überfordern oder verärgern. Konflikte sind daher vorprogrammiert (vgl. Howard & Howard, 2008, S. 87, 115).
- Die sehr hohe Arbeitssorgfalt und Detailorientierung kann vom sozialen Umfeld als Pedanterie und Sturheit interpretiert werden. Zuarbeiten von Kollegen sind „nicht gut genug", werden moniert und zurückgewiesen. Schnell geraten gewissenhafte Mitarbeiter mit solchen Verhaltensmustern ins soziale Abseits und können keine befriedigenden Sozialkontakte aufbauen.
- Gewissenhafte Mitarbeiter sind extrem auf ihre Arbeitsziele fixiert. Sie sind daher in Gefahr, eine gewisse „Scheuklappenmentalität" zu entwickeln. Dieser unerwünschte Effekt ist aus der Theorie zu Zielvereinbarungssystemen bekannt. Mitarbeiter blenden alle Informationen und Impulse von außen aus, die nichts unmittelbar mit ihrem eigenen Arbeitsziel zu tun haben oder die nicht mit konkreten Zielen untersetzt sind (vgl. Watzka, 2017, S. 66). Dazu gehören auch Kooperations- und Unterstützungs-wünsche von Kollegen.

Die nachfolgende kleine Fallstudie macht mögliche dysfunktionale Folgen einer zu starken Orientierung auf die eigenen Arbeitsziele für die lateralen Arbeitsbeziehungen im Unternehmen plakativ deutlich (vgl. Howard & Howard, 2008, S. 90):

Fallstudie
Das ungeplante Meeting
Wie würden Sie auf die Bitte nach einem spontanen Meeting antworten?
Es ist 08:50 Uhr. Drei Teammitglieder sitzen an ihrem Schreibtisch und arbeiten intensiv an Berichten, die an diesem Nachmittag fertig sein müssen. Ein anderer Kollege des Teams kommt und fragt: *„Ich habe für 09:00 ein Meeting angesetzt, um das gestern aufgetretene Produktionsproblem zu besprechen. Könnt Ihr dazu-kommen?"*
    Hier die Antworten:

G+	*„Nein, nicht gerade jetzt. Ich bin mitten in diesem Bericht, der am Vormittag fertig werden muss. Um 12:00 Uhr habe ich Luft im Terminplan, dann könnte ich dazu-kommen."*
G=	*„Oh, na gut. Gib mir noch 20 min, damit ich den ersten Teil des Berichts abschließen kann. Dann komme ich."*
G−	*„Sicher. Ich schnappe mir nur schnell meine Unterlagen und komme direkt mit."*

Das Teammitglied mit G+ arbeitet sehr fokussiert und dürfte über eine hohe Selbstdisziplin und Zuverlässigkeit verfügen. Erkennbar ist dies in der geschilderten Situation aber nicht zwangsläufig optimal. Möglicherweise wäre ein flexibleres Handeln nach G= oder gar G− eher im Interesse der sozialen Gruppendynamik und des Unternehmens.

- Unternehmen sind soziale Systeme. Gute und befriedigende Sozialkontakte zwischen den Mitarbeitern – auch auf informaler Ebene – sind ein wichtiger Beitrag zu einem guten Betriebsklima und damit auch „Schmierstoff" für die Funktionsfähigkeit der Organisation. Zudem stellt ein intaktes Betriebsklima einen wichtigen Bleibeanreiz dar und damit eine Sperre gegen ungewollte Fluktuation. Wer sich im Kollegenkreis wohlfühlt, würde bei einem Weggang viel verlieren, vielleicht sogar Freundschaften aufgeben. Ein gutes Betriebsklima entsteht aber nicht von selbst. Es bedarf der Beiträge aller Mitarbeiter. Sehr gewissenhafte Mitarbeiter könnten wegen ihrer hohen Leistungsorientierung, ihrer Fixierung auf Aufgabenziele und ihres ausgeprägten Bedürfnisses, begonnene Aufgaben auch zeitnah fertig zu stellen, in die Gefahr geraten, die Pflege der betriebsinternen Sozialbeziehungen zu vernachlässigen. Sie klinken sich z. B. öfter vom gemeinsamen Mittagessen aus, nehmen sich nicht die Zeit für den informalen Austausch auf dem Gang oder für sonstige soziale Events in der Organisation (z. B. die kleine Geburtstagsfeier unter Kollegen). Natürlich soll hier nicht der Verschwendung von Arbeitszeit das Wort geredet werden, sondern einem ausbalancierten Verhältnis zwischen Arbeitseffizienz und guten sozialen Beziehungen, die letztlich über den Transmissionsriemen „Betriebsklima" auch einer intakten Kooperation bei der Aufgabenerledigung dienlich sind. Letztlich könnten sehr gewissenhafte Mitarbeiter auf Dauer auch die Basis für ihre eigene Arbeitszufriedenheit unterminieren, wenn sie sich selbst in eine soziale Randposition manövrieren, indem sie sich zu weit aus dem allgemeinen Sozialleben der Organisation ausklinken.

Dass sehr gewissenhafte Mitarbeiter ins soziale Abseits geraten können oder zumindest im Sozialgefüge deutlich an Einfluss verlieren, konnte für *Teamstrukturen* eine niederländische Längsschnittstudie nachweisen. Insgesamt N = 221 Psychologiestudenten in ihrem ersten Studienjahr bildeten N = 10 Lerngruppen, in denen sie über einen längeren Zeitraum zusammen große Teile des Curriculums des ersten Studienjahres bearbeiten sollten. Untersucht wurde, wie sich der *Einfluss der Gruppenmitglieder* auf die Entscheidungen und die Meinungsbildung in der Gruppe in Abhängigkeit von ihren *Persönlichkeitsmerkmalen* und ihrer *kognitiven Befähigung* veränderten. Der Einfluss der Gruppenmitglieder wurde dabei durch Peer-Ratings erfragt. Es gab *drei Messzeitpunkte:* Zu Beginn des Studiums – nach vier Monaten – nach acht Monaten. Durch diesen *Längsschnittansatz* sollten theoretisch die Entwicklungsphasen nachgezeichnet werden, die kleinere Gruppen typischerweise durchlaufen, wenn sich die Mitglieder vorab nicht oder nur sehr oberflächlich kennen. Das bekannteste Modell in diesem Zusammenhang stammt von Tuckman (1965, S. 384 ff.). Es ist in Tab. 4.6 kurz skizziert.

Tab. 4.6 Entwicklungsphasen von Gruppen

Phase	Beschreibung
Forming	**Kennenlernphase:** Zur Eindrucksbildung werden Informationen über die anderen Gruppenmitglieder gesammelt. Über gegenseitiges Abtasten und Beobachten wird nach Sympathie und Antipathie und möglichen Koalitionären gesucht.
Storming	**Auseinandersetzungsphase:** Macht- und Statuskämpfe finden statt. Es wird um Führungsposition und Einfluss in der Gruppe gerungen. Stärken und Schwächen der anderen Gruppenmitglieder werden getestet.
Norming	**Strukturierungsphase:** Es entwickeln sich Normen, Regeln der Zusammenarbeit und Strukturen innerhalb der Gruppe (z. B. Hierarchien, Aufgabenzuteilungen, Rollen, informelle Führerschaften, Paarbeziehungen/Cliquen).
Performing	**Leistungsphase:** Die Gruppe hat ihre volle Funktionsfähigkeit erreicht und arbeitet effizient, konzentriert und konfliktfrei zusammen. Die Energien sind komplett auf die Gruppenaufgabe gerichtet.
Adjourning	**Auflösungsphase:** Eine temporär zusammengestellte Gruppe trennt sich wieder.

In der *frühen Phase der Gruppenbildung* (= Messzeitpunkt 1; Forming, Storming) erwies sich *Extraversion* als einziger signifikanter Faktor für den Einfluss in der Gruppe. Hoch extravertierte Gruppenmitglieder zeigen hier dominante Verhaltensweisen, die von den anderen als „sozial-emotional nützlich" für die Gruppe eingeschätzt werden. Sie melden sich zu Wort, sorgen dafür, dass die Gruppenmitglieder miteinander in Kontakt kommen, zeigen Schlichtungsinitiative bei eventuell auftretenden Konflikten und bieten anderen Mitgliedern emotionale Unterstützung.

In einer *späteren Phase* (= Messzeitpunkt 2; Norming, frühes Performing) war dann die *kognitive Befähigung* der einzige signifikante Einflussfaktor für den Einfluss in der Gruppe. Gruppenmitglieder mit einer höheren kognitiven Befähigung sind offensichtlich in der konfliktären Normingphase gut in der Lage, Argumente zu präsentieren, die von anderen gehört und akzeptiert werden. Und während der Zusammenarbeit in der Leistungsphase zeigen sie ebenfalls Beiträge, die von den anderen als intelligent und nützlich eingeschätzt werden, so dass ihnen hoher Einfluss eingeräumt wird.

In einer *noch späteren Phase* (= Messzeitpunkt 3; mittleres/spätes Performing) erwiesen sich drei Persönlichkeitsmerkmale als signifikante Einflussfaktoren für hohen Einfluss in der Gruppe: *Hohe Offenheit, hohe emotionale Stabilität* und *niedrige Gewissenhaftigkeit.* In dieser Phase sind also offensichtlich Mitglieder gefragt, die fantasievolle, kreative, ungewöhnliche neue Ideen in die Gruppe einsteuern können, also „Out of the Box-Denken" zeigen (= Offenheit). Tendenzen zu Ängstlichkeit, Ärgerlichkeit und leichter emotionaler Verwundbarkeit (= gering Emotionale Stabilität) werden in der Leistungsphase als genauso störend empfunden, wie übervorsichtige, abwägende, pflichtengesteuerte Verhaltensmuster (= Gewissenhaftigkeit) (vgl. Deuling et al., 2011, S. 581 ff.).

Hoch gewissenhafte Teammitglieder, bei denen dies das *einzig* dominante Persönlichkeitsmerkmal ist, drängen sich also in keiner Phase des Gruppenprozesses als *informelle Führer* auf. In einer gut eingespielten Gruppe kann eine hohe Ausprägung dieser Eigenschaft sogar als rigides Bremselement empfunden werden und eher das Gegenteil gefragt sein (*„Mach Dich mal locker!"*). Hoch gewissenhafte Teammitglieder werden also eher als „Folger", denn als „Führer" gesehen. Um nicht in eine Randposition zu geraten, kommt es dann entscheidend auf die Ausprägung der anderen Big Five-Merkmale an. Einzig und allein hohe Gewissenhaftigkeit wäre im Hinblick auf eine starke Position im Team problematisch.

Abschließend zu diesem Kapitel sollen noch zwei Studien vorgestellt werden, die zum einen näher auf *Konflikte am Arbeitsplatz* und damit verbundene *suboptimale Zuschreibungsprozesse* und zum anderen auf die Tendenz zu einer *überzogenen Selbstdarstellung* bei sehr gewissenhaften Mitarbeitern eingehen.

Studie 1: Knallt und raucht es in Ihren Beziehungen am Arbeitsplatz und im Privatleben auch mitunter? Konflikte sind in aller Regel Bestandteil von Beziehungen zwischen Menschen. Sie können sich eher um ein *Sachthema* oder eher um ein *Beziehungsthema* drehen. *Sachorientierte* Konflikte betreffen unterschiedliche Meinungen zu einem Objekt (z. B. Eignung von Assessment-Centern zur Personalauswahl) oder unterschiedliche Vorstellungen zum besten Weg für die Erledigung einer Aufgabe oder Lösung eines Problems (z. B. Eigenkonzeption eines Assessment-Centers oder Auftragsvergabe an einen spezialisierten Berater). *Beziehungsorientierte* Konflikte betreffen Differenzen auf der persönlichen Ebene und gehen oft mit negativen Emotionen wie Abneigung und Ärger einher. Sie können dann zu einer geringeren Zufriedenheit bei Interaktionen mit der anderen Person, zu einer schwächeren Bindung an den Interaktionspartner und bei gemeinsamen Entscheidungen zu einer geringeren Entscheidungsqualität, höherer Uneinigkeit und geringerer Entscheidungsakzeptanz führen. Im Unternehmenskontext sind beziehungsorientierte Konflikte also deutlich problematischer, auch weil sie ein persönliches Verhältnis dauerhafter belasten können. Demgegenüber können Sachkonflikte über die Entstehung von Perspektivenvielfalt die Entscheidungsqualität sogar fördern.

Es gibt eine subjektive Grauzone, ob Personen einen Konflikt als sach- oder beziehungsorientiert einstufen. Oftmals weisen die beiden Konflikttypen auch eine Korrelation auf. Auf alle Fälle birgt jeder Sachkonflikt den potenziellen Keim, sich zu einem Beziehungskonflikt zu entwickeln Nämlich dann, wenn den Beteiligten die Abgrenzung zwischen Sache und Person nicht gelingt oder die Differenzen ins Grundsätzliche gehen (z. B. *„Immer verschließen Sie sich neuen Entwicklungen im Personalmanagement."*). Ob das passiert, dürfte von moderierenden Variablen abhängen, also z. B. wie stark das Verhältnis der Konfliktbeteiligten durch eine grundsätzliche Vertrauensbasis oder durch Kollegialität geprägt ist.

Ein besonders interessanter Aspekt bei Konflikten sind *Zuschreibungsprozesse (= Attributionen).* Schreiben die Beteiligten ihre Differenzen eher einem Sachthema oder einem Beziehungsthema zu? *Worin* wird die Ursache des Konflikts gesehen und *wer* wird für den Konflikt verantwortlich gemacht? Solche Zuschreibungsmuster gelten als relativ stabil. Welche Rolle spielen nun bei der Zuschreibung *Persönlichkeitsmerkmale?* In einer Längsschnittstudie über drei Monate mit $N = 203$ Mitgliedern studentischer Wohngemeinschaften zeigten sich stabile Zuschreibungen vor allem bei *Beziehungskonflikten* und bei der Analyse von *dyadischen Strukturen* (= Zweierbeziehungen). *Extraversion* ($r = 0,34$) und *Gewissenhaftigkeit* ($r = 0,28$) waren die beiden einzigen Persönlichkeitsmerkmale, für die signifikant nachgewiesen wurde, dass ein Konflikt in einer Zweierbeziehung bevorzugt auf *die eine* Konfliktpartei mit hoher Ausprägung dieser beiden Merkmale zugeschrieben wurde. Noch stärker war der Effekt, wenn *beide* Konfliktparteien in hohem Ausmaß *Extraversion* ($r = 0,49$) und *Gewissenhaftigkeit* ($r = 0,39$) aufwiesen. Diese beiden Merkmale scheinen also tendenziell ein Treiber für *Beziehungskonflikte* zu sein, welche dann die Zufriedenheit mit der Beziehung zerstören. Wenn immer die Gegenseite für den Konflikt verantwortlich gemacht wird, dann ist das dysfunktional für eine dyadische Beziehung.

Für *Extraversion* ist die Erklärung der Befunde relativ naheliegend. Dieses Persönlichkeitsmerkmal enthält neben einer Tendenz zu *sozialer Zugehörigkeit/Einbindung* auch eine Tendenz zu *Durchsetzungswillen/Dominanz.* Letztere ist es dann, die in Konflikten die Oberhand gewinnt und konfliktinduzierend/-verschärfend wirkt. Für den Befund zu *Gewissenhaftigkeit* ist eine Erklärung nicht so eindeutig. Vermuten könnte man, dass hoch gewissenhafte Menschen wegen ihrer starken *Ziel- und Leistungsorientierung* und *Regeltreue* eine Tendenz zu Inflexibilität und Argumentations-/Kritikfreudigkeit haben. Das gäbe Beziehungskonflikten immer neue Nahrung und Eigendynamik (vgl. Bono et al., 2002, S. 311 ff. und die zit. Lit.). Unnachgiebigkeit und Beharren darauf, dass die Gegenseite den Konflikt verschuldet hat, verhindert tendenziell eine konstruktive Konfliktlösung.

Studie 2: „Du nervst!", sagt man manchmal oder denkt es sich im beruflichen Kontext eher. Nervig kann es in sozialen Beziehungen sein, wenn sich Menschen in der *Selbstpräsentation* öfter selbst überhöhen. *„Eigenlob stinkt"*, weiß ja schon der Volksmund. *Selbstüberhöhung* hat zwei Dimensionen. Zum einen eine eher *selbstzentrierte,* die primär auf dem Bedürfnis nach Macht basiert *(„Es gibt nichts, was ich hätte besser machen können.")* und eine eher *moralische,* die primär auf dem Bedürfnis nach sozialer Anerkennung basiert *(„Ich habe nie in meinem Leben gelogen.").*

In einer Studie in Italien ($N = 187$) stellte sich – deckungsgleich mit anderen Untersuchungen – zum einen heraus, dass es sich bei der Art der Selbstpräsentation um ein *relativ stabiles Persönlichkeitsmerkmal* handelt. Zum anderen zeigte sich, dass gewissenhafte Menschen eine Tendenz zu *selbstzentrierter Selbstdarstellung* haben (gilt übrigens auch für emotional stabile Personen). Erklärbar wird dieser Hang vor allem über die Facette „Leistungsstreben" (vgl. Vecchione & Alessandri, 2013, S. 884 ff. und die zit. Lit.). Wer hohe Leistung anstrebt und diese dann tatsächlich erbringt, möchte damit naheliegenderweise auch gesehen und anerkannt werden. Und da sich gute Leistung in Organisationen eben nicht immer „selbst verkauft", muss man mitunter durch die entsprechende Selbstdarstellung etwas nachhelfen. Ein Zuviel der „Selbstbeweih-räucherung" ist für das soziale Umfeld kein Anlass für Konflikte, aber vielleicht doch für ein „innerliches Augenrollen". Es könnte Sympathiepunkte im sozialen Umfeld kosten.

Zusammenfassung
Als Fazit zu diesem Kapitel können wir also festhalten, dass gewissenhafte Mit-arbeiter mit höherer Wahrscheinlichkeit

- soziale Kooperationsbeziehungen im Unternehmen belasten, weil sie an ihr soziales Umfeld zu hohe Maßstäbe im Hinblick auf Leistungsorientierung, Arbeitseinsatz und -sorgfalt anlegen,
- Kooperations- und Unterstützungswünsche von Kollegen wegen ihrer eigenen Zielfixierung ausblenden,
- die Pflege von Sozialbeziehungen im Unternehmen vernachlässigen und damit auch selbst in eine soziale Randposition geraten können,
- innerhalb von Teams eher weniger Einfluss haben, wenn Gewissenhaftig-keit das einzig stark ausgeprägte Persönlichkeitsmerkmal ist („Follower" statt „Leader"),
- innerhalb von gut eingespielten Teams in der Performing-Phase aufgrund einer übervorsichtigen/abwägenden Haltung und zu rigider Prinzipientreue in eine soziale Randposition geraten,
- Beziehungskonflikte mit Kollegen haben, weil sie im Konfliktfall die Ursache bevorzugt auf die andere Person zuschreiben und weniger auf die sachliche Konfliktursache,
- wegen einer Tendenz zu überstarker Selbstdarstellung ihrer Leistungen bei Kollegen soziale Akzeptanz verlieren.

4.7 Personalentwicklung

Auf die große Bedeutung der Personalentwicklung (PE) für den dauerhaften Erfolg von Organisationen wurde bereits in Abschn. 3.13 hingewiesen. Ebenso darauf, dass der Erfolg jeglicher PE auch entscheidend von den Mitarbeitern selbst abhängt. Ihre grundsätzliche Entwicklungsbereitschaft und Entwicklungsfähigkeit sind wichtige Ein-flussfaktoren (vgl. Watzka, 2014, S. 112 f.). Für beide ist die *Lernmotivation* von hoher Relevanz. Wenn sie zu schwach ausgeprägt ist, dann weist ein Mitarbeiter wohl unüber-sehbare Grenzen hinsichtlich Entwicklungsbereitschaft und -fähigkeit auf. Aber am Ende des Tages ist dann doch „entscheidend, was hinten rauskommt", wie schon Alt-kanzler Helmut Kohl so treffend bemerkte. Das Letztkriterium ist der *Trainingserfolg*. Und da kann es Fälle geben, für die gilt: *„Den Seinen gibt's der Herr im Schlaf."* Trotz

„übersichtlicher" Lernmotivation werden Entwicklungserfolge erzielt, z. B. aufgrund einer deutlich überdurchschnittlichen kognitiven Befähigung (z. B. Intelligenz, Auffassungsgabe).

Welche negative Rolle könnten nun *Persönlichkeitsmerkmale* für Lernmotivation und Lernerfolg spielen? Nachfolgend werden vier Studien vorgestellt.

Studie 1: In einer groß angelegten Metaanalyse zur *Trainingsmotivation* wurden N = 256 Studien seit 1975 einbezogen. Ziel war der Aufbau einer integrativen Theorie zu diesem Konstrukt, in der sowohl Vorbedingungen, als auch Konsequenzen einer hohen Trainingsmotivation abgebildet sind. Bei den *Vorbedingungen* wurden neben *Situationsvariablen* (z. B. Unterstützung durch Vorgesetzte und Kollegen, Betriebsklima), *Alter* und *Karrierevariablen* (z. B. Job Involvement, Commitment zur Organisation) auch *vier Persönlichkeitsfaktoren* einbezogen (Kontrollüberzeugungen, Ängstlichkeit, Leistungsmotivation, Gewissenhaftigkeit). Bei den *Trainingserfolgen* wurde u. a. in den *Erwerb expliziten Wissens, Aneignung neuer Fähigkeiten* und *Veränderung der Selbstwirksamkeitserwartung* differenziert.

Es zeigte sich generell, dass Persönlichkeitsmerkmale auf die Trainingsmotivation einen wichtigen Einfluss haben und daher bei der Entscheidung über PE-Maßnahmen berücksichtigt werden sollten. Allen voran stellt sich *Ängstlichkeit* mit einer negativen Korrelation von $r = -0,57$ als wichtigstes Hemmnis für die Lernmotivation heraus. *Internale Kontrollüberzeugungen* (= Überzeugung, sein Schicksal selbst beeinflussen zu können) war der wichtigste fördernde Faktor ($r = 0,46$). Kommen wir mit Blick auf *Gewissenhaftigkeit* zunächst zur positiven Botschaft: Sie war mit der *Trainingsmotivation* positiv korreliert ($r = 0,38$). Gewissenhaftigkeit fördert also die grundsätzliche Bereitschaft, seine Qualifikationen zu steigern. Und jetzt die negative Nachricht: Im Hinblick auf den *Trainingserfolg* zeigten sich in kleinerem Umfang negative Effekte. Mit anderen Worten: Gewissenhafte Mitarbeiter bekommen – etwas flapsig ausgedrückt – „ihre Kraft nicht auf die Straße", können also hohe Lernmotivation mitunter nicht so recht in Lernerfolge umsetzen. Woran könnte das liegen, wo sich doch sonst Gewissenhaftigkeit als der wichtigste Prädiktor für Leistung herausgestellt hat?

Eine *positive Erklärung* wäre, dass sich gewissenhafte Mitarbeiter im Hinblick auf ihre Lernfortschritte selbst zu kritisch beurteilen. Dazu muss man wissen, dass etliche Studien auf der *Selbstbeurteilung* des Trainingserfolgs basieren. Eine eher *negative Erklärung* wäre, dass Gewissenhafte aufgrund ihrer Planungsorientierung und Ordnungsliebe zu stark mit selbstregulierenden Tätigkeiten beschäftigt sind, die ihre Aufmerksamkeit und Energie von der eigentlichen Trainingsaufgabe abziehen (vgl. Colquitt et al., 2000, S. 694, 699 und die zit. Lit.). Mit anderen Worten: Sie wären dann zu Lasten der eigentlichen *Lerninhalte* zu stark mit der *Organisation des Lernprozesses* beschäftigt (z. B. Bereitstellung von Materialien, Recherchen, Anfertigung von optisch einwandfreien Dokumentationen). Überspitzt ausgedrückt: Am Ende hat man dann viele kopierte Quellen, einen perfekten Lernplan und einen top-ästhetischen Kursordner, aber zu wenig gelernt. Konsequenz daraus wäre, dass Personalentwickler auf ein „Überschießen" solcher kontraproduktiven Prozesse ein waches Auge haben und dem Trainee eine kritische Rückmeldung dazu geben müssen, um die Lernmotivation in effiziente Kanäle zu lenken.

Studie 2: Diese Untersuchung bietet eine andere Erklärung für möglicherweise *eingeschränkte Trainingserfolge* von gewissenhaften Mitarbeitern an. In einem Software-Kurs zu Windows 3.1 mit $N = 93$ Teilnehmern wurden die moderierenden Rollen von *Selbstwirksamkeitsüberzeugungen* und *Tendenzen zur Selbsttäuschung* in der Beziehung zwischen Gewissenhaftigkeit und Lernerfolg getestet. Erwartungsgemäß zeigte sich, dass gewissenhafte Mitarbeiter – kompatibel mit der Facette „Kompetenz" – über eine höhere Selbstwirksamkeitserwartung verfügen, was den Lernerfolg positiv beeinflusst. Andererseits zeigte sich, dass gewissenhafte Trainingsteilnehmer bei dieser Fortbildungsveranstaltung eine Tendenz zur Selbsttäuschung aufwiesen. Personen negieren dann kleinere Kritikpunkte, werten gemachte Fehler ab und vermeiden generell negative Gedanken. Kurz: Eigene Lernfortschritte werden positiv verzerrt wahrgenommen. Eigentlich passt das auf den ersten Blick so gar nicht zum Leistungsstreben, zum Pflichtbewusstsein und zur Selbstdisziplin von gewissenhaften Menschen. Erklärbar wird diese geschönte Selbstwahrnehmung eigener Lernfortschritte darüber, dass sich Schulungsteilnehmer in einer gefühlten Wettbewerbssituation miteinander befinden. Keiner gibt gern zu, etwas noch nicht verstanden zu haben. Gerade gewissenhafte Mitarbeiter sehen darin eine Bedrohung ihrer Kompetenzüberzeugung und ihrer Leistungsorientierung und greifen daher unbewusst zur Beschönigung ihrer eigenen Lernfortschritte (vgl. Martocchio & Judge, 1997, S. 765 f., 770 und die zit. Lit.). Schulungsleiter sollten als Gegenmaßnahme immer wieder möglichst objektive Tests zur Überprüfung der Lernfortschritte einsetzen und vor allem ein Lernklima schaffen, in dem die Offenbarung von Verständnislücken kein schambesetztes Ereignis darstellt.

Studie 3: Bereits unter Abschn. 3.14 wurde eine experimentelle Untersuchung zum Trainingserfolg bei Erinnerungsaufgaben vorgestellt, bei der sich ein positiver Einfluss von Gewissenhaftigkeit ergab (siehe dort *Studie 2*). Relativierend musste aber ergänzt werden, dass gewissenhafte Trainingsteilnehmer eine Präferenz für die weniger komplexe Aufgabe hatten. Zudem war der Transfer des Gelernten auf eine weitere Aufgabe mit Gewissenhaftigkeit negativ korreliert. Erklärbar werden diese einschränkenden Befunde damit, dass gewissenhafte Personen in *Leistungssituationen* zu *erhöhter Selbstaufmerksamkeit* neigen, die *Wichtigkeit der eigenen Leistung überakzentuieren*, *Bewertungsängste entwickeln* und in *Selbsttäuschungsaktivitäten* zur Aufrechterhaltung ihres Kompetenzvertrauens verfallen können. All dies zieht kognitive Ressourcen ab, die für komplexere Aufgaben und Transferprozesse benötigt werden (Studer-Luethi et al., 2012, S. 48).

Vor dem Hintergrund dieser Studie wäre mit Blick auf gewissenhafte Teilnehmer also darauf zu achten, dass in Trainingsveranstaltungen die einzelnen Lernmodule zwecks Komplexitätsreduktion nicht zu groß und gut abgegrenzt sind. Ferner sollte für ein wenig kompetitives und vor allem angstfreies Klima gesorgt werden, um den persönlichkeitsbedingten Sicherheitsbedürfnissen der Teilnehmer Rechnung zu tragen. *Lernen* und *nicht Bewertung* muss im Vordergrund stehen, denn gewissenhafte Menschen scheinen sich damit schwer zu tun, eine strikte Grenze zwischen Bewertung ihrer *Leistung* und ihrer *Person* zu ziehen. Misserfolge berühren leicht den Selbstwert.

Studie 4: Dass bei gewissenhaften Personen bei einem komplexeren Lerngegenstand und -umfeld und beim Transfer von Wissen ins Anwendungsfeld möglicherweise Abstriche beim Lernerfolg zu machen sind, wird auch in einer Langzeitstudie über fünf Jahre mit N = 243 Medizinstudenten in England bestätigt, die über ihr gesamtes Studium hinweg wissenschaftlich begleitet wurden. Das englische Medizinstudium ist ähnlich strukturiert wie das deutsche. In den ersten drei Jahren (= vorklinische Phase) geht es in einer „sicheren Klassenzimmer-Atmosphäre" vor allem um das Lernen von medizinischem *Faktenwissen*. Die Jahre vier und fünf (= klinische Phase) finden primär im Krankenhaus statt. Hier treffen die Studierenden auf eine gänzlich andere Lernumgebung, in der vor allem die Entwicklung von *anwendungsorientierten Fähigkeiten* im Vordergrund steht (z. B. Untersuchung von und Interaktion mit Patienten, Diagnoseerstellung). Eine höhere Gewissenhaftigkeit führte in der *vorklinischen Phase* zu einem *höheren* Lernerfolg, in der *klinischen* Phase zu einem *niedrigeren* Lernerfolg. Offensichtlich fördert Gewissenhaftigkeit das Lernen in einem Kontext, der vor allem methodisches, geordnetes Denken und diszipliniertes Arbeiten erfordert und mindert ihn in einem Kontext, der eine gewisse Flexibilität im Denken fordert und transferorientiert ist. Am Rande mag noch interessant sein, dass eine höhere Ausprägung von *Ängstlichkeit* (als Facette von Neurotizismus) den Lernerfolg in den klinischen Jahren steigerte. Ein wenig Angst, bei der konkreten Umsetzung von Wissen in die Praxis, Fehler zu machen (im Medizinbereich natürlich besonders problematisch), scheint für den Lernerfolg also positiv zu sein. Neben der „dunklen Seite" von *Gewissenhaftigkeit,* gibt es also auch eine „helle Seite" von *Ängstlichkeit* (vgl. Ferguson et al., 2014, S. 1 ff.).

> **Zusammenfassung**
>
> Als Fazit zu diesem Kapitel können wir also festhalten, dass gewissenhafte Mitarbeiter mit höherer Wahrscheinlichkeit
>
> - zwar eine hohe Motivation für Trainingsmaßnahmen haben, aber den eigenen Lernerfolg beeinträchtigen können, weil sie zu Lasten der Inhalte zu stark mit der Organisation der Lernprozesse beschäftigt sind,
> - bei Trainingsmaßnahmen zu Selbsttäuschungen hinsichtlich der eigenen Lernfortschritte neigen, um das eigene Selbstwertgefühl zu schützen,
> - bei komplexen Lerninhalten und -umgebungen geringere Trainingserfolge haben,
> - beim Transfer von Gelerntem ins reale Handlungsfeld Probleme haben.

Nachdem nun einerseits die vielfältigen Vorteile dargestellt worden sind, die ein hohes Gewissenhaftigkeitsniveau der Belegschaft mit sich bringt, und andererseits mögliche Risiken thematisiert wurden, widmet sich das folgende Hauptkapitel 5 den Konsequenzen für ein betriebliches Personalmanagement. Wie kann hohe Gewissenhaftigkeit in der Belegschaft sichergestellt und gefördert werden? Was sollte man tun, um Gewissenhaftigkeit als Stärke und zum Nutzen der Organisation wirksam werden zu lassen? Was muss unternommen werden, um Übersteigerungsgefahren und Risiken, die diesem Persönlichkeitsmerkmal entspringen, gegenzusteuern?

Literatur

Alarcon, G., et al. (2009). Relationships between personality variables and burnout: A meta-analysis. *Work & Stress, 23*(3), 244–263.

Asendorpf, J. B. (2019). *Persönlichkeitspsychologie für Bachelor* (4. Aufl.). Springer.

Azeem, M. (2013). Conscientiousness, neuroticism and burnout among healthcare employees. *International Journal of Academic Research in Business and Social Science, 3*(7), 467–477.

Bakker, A. B., et al. (2002). The relationship between the big five personality factors and burnout: A study among volunteer counselors. *The Journal of Social Psychology, 135*(5), 31–50.

Bernardin, H. H., et al. (2000). Conscientiousness and agreeableness as predictors of rating leniency. *Journal of Applied Psychology, 85*(2), 232–234.

Bono, J. E., et al. (2002). The role of personality in task and relationship conflict. *Journal of Personality, 70*(3), 311–344.

Braun, C., & Krauss, U. (2019). *Agile power guide.* Handelsblatt Fachmedien.

Breyer, B., & Bluemke, M. (2016). Deutsche Version der Positive and Negative Affect Schedule PANAS (GESIS Panel). Mannheim. http://www.gesis.org/zis. Zugegriffen: 25. Febr. 2021.

Burgess, L., et al. (2010). Personality, stress and coping in intensive care nurses: A descriptive exploratory study. *Nursing in Critical Care, 15*(3), 129–140.

Camps, J., et al. (2016). The relation between supervisors' big five personality traits and employees´ experiences of abusive supervision. *Frontiers in Psychology, 7*(Article 112), 1–11.

Carter, N. T., et al. (2014). Uncovering curvilinear relationships between conscientiousness and job performance: How theoretically appropriate measurement makes an empirical difference. *Journal of Applied Psychology, 99*(4), 564–586.

Chiaburu, D. S., et al. (2011). The five-factor model of personality traits and organizational citizenship behaviors: A meta-analysis. *Journal of Applied Psychology, 96*(6), 1140–1166.

Colquitt, J. A., et al. (2000). Toward an integrative theory of training motivation: A meta-analytic path analysis of 20 years of research. *Journal of Applied Psychology, 85*(5), 678–707.

Dahm, A.-S., et al. (2017). The burden of conscientiousness? Examining brain activation and cortisol response during social evaluative stress. *Psychoneuroendocrinology, 78*(April), 48–56.

Deuling, J. K., et al. (2011). Perceived influence in groups over time: How associations with personality and cognitive ability can change over time. *Journal of Research in Personality, 45*(6), 576–585.

de Vries, R. E. (2018). Three nightmare traits in leaders. *Frontiers in Psychology, 9*(Article 871), 1–19.

DGFP. (Hrsg.). (2016). Agile Unternehmen – Agiles Personalmanagement. DGFP-Praxispapiere.

Dreier, K., & Moldzio, T. (2010). Karriere dank Ordnung und Fleiß: Ein neuer Test misst die Gewissenhaftigkeit. *Wirtschaftspsychologie aktuell, 1,* 14–16.

Eversloh, S. (2020). Einfach mal liegen lassen. *WirtschaftsWoche online* (27. März 2020). Düsseldorf. https://www.wiwo.de/saskia-eversloh/22846988.html. Zugegriffen: 23. März 2021.

Ferguson, E., et al. (2014). The „dark side" and „bright side" of personality: When too much conscientiousness and too little anxiety are detrimental with respect to the acquisition of medical knowledge and skill. *PLoS ONE, 9*(2), Paper e88606.

George, J. M., & Zhou, J. (2001). When openness to experience and conscientiousness are related to creative behavior: An interactional approach. *Journal of Applied Psychology, 86*(3), 513–524.

Grant, S., & Langan-Fox, J. (2007). Personality and the occupational stressor–strain relationship: The role of the big five. *Journal of Occupational Health Psychology, 12*(1), 20–33.

Halbesleben, J. R. B., et al. (2009). Too engaged? A conservation of resources view of the relationship between work engagement and work interference with familiy. *Journal of Applied Psychology, 94*(6), 1452–1465.

Helfrich, H., & Steidle, A. (2017). Der Ansatz der dunklen Triade in der Führungsforschung und seine Bedeutung für die Praxis. *Wirtschaftspsychologie, 2017*(1), 41–50.

Howard, P. J., & Howard, J. M. (2008). *Führen mit dem Big-Five-Persönlichkeitsmodell.* Campus.

Jacob, N.-C. (2018). *Kreativität und Innovation.* Springer Gabler.

Kauffeld, S., et al. (2019). Arbeit und Gesundheit. In S. Kauffeld (Hrsg.), *Arbeits-, Organisations- und Personalpsychologie für Bachelor* (3. Aufl., S. 305–358). Springer.

Kim, L. E., et al. (2019) A meta-analysis of the effects of teacher personality on teacher effectiveness and burnout. *Educational Psychology Review, 31*(1), 163–195.

Kirchler, E., & Walenta, C. H. (2008). Motivation. In E. Kirchler (Hrsg.), *Arbeits- und Organisationspsychologie* (2. Aufl., S. 317–408). UTB.

Kraus, S., et al. (2020). Individuelle unternehmerische Orientierung und Mitarbeitererfolg: Der moderierende Effekt der Big Five Persönlichkeitsmerkmale. *Betriebswirtschaftliche Forschung und Praxis (BFuP), 71*(1), 85–107.

Krick, A., & Felfe, J. (2020). Who benefits from mindfulness? The moderating role of personality and social norms for the effectiveness on psychological and physiological outcomes among police officers. *Journal of Occupational Health Psychology, 25*(2), 99–112.

Little, B. (2015). *Mein Ich, die anderen und wir.* Springer.

Liu, X., et al. (2020). Stick to convention or bring forth the new? Research on the relationship between employee conscientiousness and job crafting. *Frontiers in Psychology, 11*(Article 1038), 1–12.

Magnano, P., et al. (2015). Relationships between personality and burn-out: An empirical study with helping professions' workers. *International Journal of Humanities and Social Science Research, 1,* 10–19.

Martocchio, J. J., & Judge, T. A. (1997). Relationship between conscientiousness and learning in employee training: Mediating influence of self-deception and self-efficacy. *Journal of Applied Psychology, 82*(5), 764–773.

Maslach, C., & Jackson, S. (1981). The measurement of experienced burnout. *Journal of Occupational Behavior, 2*(2), 99–113.

Mawritz, M. B., et al. (2014). Hostile climate, abusive supervision, and employee coping: Does conscientiousness matter? *Journal of Applied Psychology, 99*(4), 737–747.

Moon, H. (2001). The two faces of conscientiousness: Duty and achievement striving in escalation of commitment dilemmas. *Journal of Applied Psychology, 86*(3), 533–540.

Patterson, F., & Kerrin, M. (2016). Great minds don't think alike: Person-level predictors of innovation in the workplace. In F. K. Reisman (Hrsg.), *Creativity in arts, science & technology* (S. 58–89). Knowledge, Innovation & Enterprise Conference Publications (Author Content). https://www.researchgate.net/publication/304140092_GREAT_MINDS_DON%27T_THINK_ALIKE_PERSON-_LEVEL_PREDICTORS_OF_INNOVATION_IN_THE_WORKPLACE. Zugegriffen: 2. Dez. 2020.

Pekrun, R., et al. (2011). *Ergebnisse der Studie Persönlichkeit und Stresserleben.* Lehrstuhl Pädagogische Psychologie und Persönlichkeitspsychologie der LMU (Foliensatz) https://www.

newsummits.de/wp-content/uploads/2012/01/Burnout-und-Pers%C3%B6nlichkeit-Studie-H%C3%B6vel-LMU.pdf. Zugegriffen: 12. Dez. 2020.

Schaper, N. (2019). Wirkungen der Arbeit. In F. W. Nerdinger et al. (Hrsg.), *Arbeits- und Organisationspsychologie* (4. Aufl., S. 573–600). Springer.

Schulz, R. (2015). *Die Relevanz personenbezogener Faktoren für die Messung des Burnout-Risikos*. Dissertation, Ruhr-Universität Bochum, Bochum.

Smith, M. M., et al. (2019). Perfectionism and the five-factor model of personality: A meta-analytic review. *Personality and Social Psychology Review, 23*(4), 367–390.

Soane, E., & Chmiel, N. (2005). Are risk preferences consistent? The influence of decision domain and personality. *Personality and Individual Differences, 38*(8), 1781–1791.

Studer-Luethi, B., et al. (2012). Influence of neuroticism and conscientiousness on working memory training outcome. *Personality and Individual Differences, 53*(1), 44–49.

Trost, A. (2018). *Neue Personalstrategien zwischen Stabilität und Agilität*. Springer Gabler.

Törnroos, M., et al. (2013). Associations between five-factor model traits and perceived job strain: A population-based study. *Journal of Occupational Health Psychology, 18*(4), 492–500.

Tuckman, B. W. (1965). Developmental sequence in small groups. *Psychological Bulletin, 63*(6), 384–399.

Vollrath, M., & Torgersen, S. (2000). Personality types and coping. *Personality and Individual Differences, 29*(2), 367–378.

Vecchione, M., & Alessandri, G. (2013). Disentangling trait from state components in the assessment of egoistic and moralistic self-enhancement. *Personality and Individual Differences, 54*(8), 884–889.

Watzka, K. (2014). *Personalmanagement für Führungskräfte*. Springer Gabler.

Watzka, K. (2017). *Zielvereinbarungen in Unternehmen* (2. Aufl.). Springer Gabler.

Witt, L. A., & Carlson, D. S. (2006). The work-family interface and job performance: Moderating effects of conscientiousness and perceived organizational support. *Journal of Occupational Health Psychology, 11*(4), 343–357.

Witt, L. A., & Ferris, G. R. (2003). Social skill as moderator of the conscientiousness-performance relationship: Convergent results across four studies. *Journal of Applied Psychology, 88*(5), 809–820.

Zapf, D., & Dormann, C. (2006). Gesundheit und Arbeitsschutz. In H. Schuler (Hrsg.), *Lehrbuch der Personalpsychologie* (2. Aufl., S. 699–728). Hogrefe.

Zellars, K. L., et al. (2006). The interactive effects of positive affect and conscientiousness on strain. *Journal of Occupational Health Psychology, 11*(3), 281–289.

Zhao, H., & Seibert, S. E. (2006). The big five personality dimensions and entrepreneurial status: A meta-analytical review. *Journal of Applied Psychology, 91*(2), 259–271.

Personalwirtschaftliche Handlungsfelder 5

5.1 Personalbedarfsplanung

Ausgangspunkt aller personalwirtschaftlichen Aktivitäten sind die folgenden beiden Fragen:

- *Wie viele* Mitarbeiter benötigen wir in unserer Organisation zur Erfüllung aller Aufgaben und Erreichung unserer Ziele?
- Welche *Qualifikationen* müssen diese Mitarbeiter aufweisen?

Erst wenn sie präzise beantwortet sind, liegen die zentralen Steuerungsimpulse z. B. für die *Personalbeschaffung* (welche Zielgruppen sind relevant?), für die *Personalauswahl* (was genau soll bei Bewerbern überprüft werden?), für die *Personalentwicklung* (welche Qualifikationen sollen generiert werden?) und für die *Anreizpolitik* (welche Mitarbeiter müssen besonders motiviert und gebunden werden?) vor. *Quantitative und qualitative Personalbedarfsplanung* bilden somit das informatorische Fundament für zentrale personalwirtschaftliche Maßnahmen.

Hier interessiert im Zusammenhang mit Gewissenhaftigkeit die *qualitative Personalbedarfsplanung*. Die Frage nach den notwendigen Qualifikationen von Mitarbeitern kann nur beantwortet werden, wenn man die *Anforderungen* kennt, die von jedem einzelnen Arbeitsplatz im Unternehmen ausgehen. Diese Analyse ist für die *Gegenwart* und für die *Zukunft* durchzuführen, denn Anforderungen können sich aufgrund von Umfeldeinflüssen (z. B. eingesetzte Technologie, gesellschaftliches Wertesystem, veränderte Kundenerwartungen) verändern. Konkret wäre also für jeden einzelnen Arbeitsplatz in der Organisation die Frage zu stellen, welche Anforderungen er an die *Gewissenhaftigkeit* des Mitarbeiters stellt. Man kann diese Frage, je nach Bedarf, eher global

K. Watzka, *Erfolgsfaktor Gewissenhaftigkeit von Mitarbeitern,*
https://doi.org/10.1007/978-3-658-35034-5_5

beantworten oder – differenzierter – nach den Einzelfacetten dieses Persönlichkeits-merkmals. Als Taxonomie bietet sich die Facettenstruktur aus dem NEO-PI-R an (siehe Tab. 2.4) oder die ausführlichere Unterteilung aus dem regelbasierten Ansatz (siehe Tab. 2.5). Erstere hat den Vorteil, dass dazu in Form des Fragebogens ein gut validiertes Messinstrument existiert, mit dem die Ausprägung der Gewissenhaftigkeit bei den Mit-arbeitern gemessen werden kann. Letztere hat den Vorteil, dass sie strikt verhaltens-basiert und mit stärkerem Bezug zur Arbeitswelt formuliert ist. Grundsätzlich besteht auch die Möglichkeit, aus dem Set an Facetten die besonders relevanten auszuwählen. In jedem Fall sollte aber Gewissenhaftigkeit – in welcher Ausführlichkeit auch immer – Teil des *Anforderungsprofils* von allen Stellen sein.

Man kann damit das in der qualitativen Personalbedarfsplanung übliche Lücken-konzept nutzen, bei dem Anforderungen von Stellen und Qualifikationen von Mit-arbeitern gegenübergestellt werden. Abb. 5.1 zeigt das Prinzip, beispielhaft für die Facetten des NEO-PI-R als Anforderungsmerkmale.

Ziel ist die möglichst exakte Deckungsgleichheit zwischen dem geforderten Gewissenhaftigkeitsniveau der *Stelle* und dem des *Stelleninhabers*. Mit einem Blick wird eine zu schwache Ausprägung der Gewissenhaftigkeit *(= Qualifikationslücke)* und eine zu starke Ausprägung *(= Anforderungslücke)* deutlich. Beide Abweichungen sind unerwünscht. Es liegt dann eine Unterqualifizierung oder Überqualifizierung – hier in Bezug auf die Persönlichkeitsdisposition – mit den bekannten negativen Auswirkungen vor (siehe Tab. 5.1).

Wie lässt sich nun das erforderliche Maß an Gewissenhaftigkeit auf einer Stelle fest-stellen? Man ist hier auf Plausibilitätsüberlegungen und Hypothesenbildung angewiesen, da es keine eindeutige methodische Brücke gibt, die – quasi wie eine mathematische Formel – alle zu erledigenden Aufgaben und Rahmenbedingungen der Arbeit in ein erforderliches Gewissenhaftigkeitsniveau transferieren kann. Man kann sich der Frage aber mit einer gewissen Systematik nähern, indem man eine *Arbeitsplatzanalyse* durch-führt, die gemäß Abb. 5.2 aus *drei Teilanalysen* besteht. (vgl. vertiefend Berthel & Becker, 2017, S. 246 ff.; Watzka, 2014, S. 30 ff.).

Alle Teilanalysen sind vor dem Hintergrund des folgenden Fragenkatalogs durchzu-führen, welcher die Facetten der Gewissenhaftigkeit widerspiegelt:

Übersicht
Wie wichtig ist es, dass der Stelleninhaber

- konsequent und über längere Dauer – auch bei auftretenden Schwierigkeiten und zusätzlich nötigem Zeiteinsatz – an einer Aufgabe arbeitet?
- vor Beginn der Arbeit einen systematischen Plan entwickelt?
- sich eigenständig und selbststeuernd hohe Ziele setzt?
- sich eigenständig motivieren kann, auch wenn Störpotenziale wie Monotonie, Ablenkungen oder attraktive Alternativtätigkeiten auftreten?

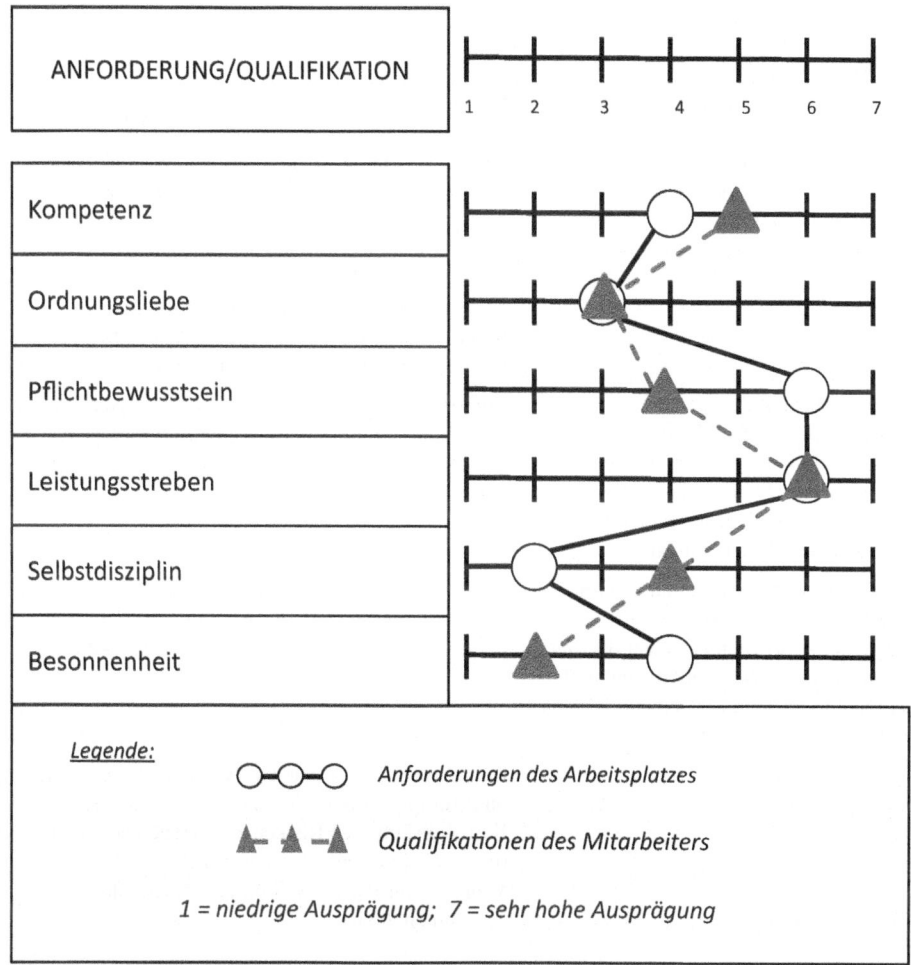

Abb. 5.1 Anforderungs- und Qualifikationsprofil am Beispiel der Gewissenhaftigkeitsfacetten. (Quelle: in Anlehnung an Watzka, 2014, S. 28)

- den eigenen Arbeitsplatz konsequent in Ordnung hält und alle Arbeitsprozesse nach einer einheitlichen, klaren Struktur durchläuft?
- sich konsequent an vorgegebene Regeln und Vorschriften hält?

- Bei der *Aufgabenanalyse* geht es im Kern darum, alle wesentlichen Tätigkeiten zu erfassen, die der Mitarbeiter regelmäßig oder fallweise durchführen muss, wenn er die mit seiner Stelle verbundenen Ziele erreichen möchte bzw. seinen Verantwortlichkeiten und Zuständigkeiten gerecht werden soll. Alle diese Tätigkeiten gilt es auf ihre

Tab. 5.1 Negative Folgewirkungen von Unter- und Überqualifizierung

Unterqualifizierung	Überqualifizierung
Mitarbeiter können ihre Arbeitsaufgabe nur lückenhaft oder nicht auf dem erforderlichen Niveau erfüllen. Damit entsteht ein qualitätskritischer Engpass im betrieblichen Prozess der Leistungserstellung für das Gesamtergebnis.	Es entsteht Langeweile, Unzufriedenheit und das Gefühl mangelnder Wertschätzung, wenn Mitarbeiter ihre de facto vorhandenen Persönlichkeitspotenziale nicht einbringen können. Insbesondere ein blockiertes Leistungsstreben führt zu einem hohen Frustrationsniveau. Dies schaukelt sich weiter hoch, wenn ein Mitarbeiter wahrnimmt, dass im Kollegenumfeld nicht die gleiche Systematik und Struktur sowie Regeltreue bei der Arbeitserledigung herrschen, wie er sie selbst an den Tag legt.
Ein permanentes Gefühl der Überforderung führt beim Mitarbeiter zu Angst- und Stresssymptomen, die sich zu Gesundheitsproblemen verdichten können und im Gefolge Fehlzeiten oder gar Fluktuation auslösen können.	Mitarbeiter fühlen sich hinsichtlich ihrer Karrierepläne und Vergütungsansprüche (*„Ich kann mehr!"*) begrenzt und tendieren zu Fluktuation. Das Unternehmen verliert hochqualifizierte Mitarbeiter.
Es entstehen soziale Spannungen im Arbeitsteam, wenn andere Teammitglieder Zuarbeiten verspätet oder nicht in erforderlicher Qualität erhalten und dadurch im Extremfall auch ihre variable Vergütung beeinträchtigt ist.	Ökonomisch handelt es sich um eine Verschwendung von Humanressourcen, wenn de facto vorhandene Persönlichkeitspotenziale nicht abgerufen werden.
	Ein „Zuviel" speziell an Gewissenhaftigkeit birgt für die Organisation die Gefahr, dass die in Kap. 4 diskutierten Risiken zum Tragen kommen (u. a. unzureichende Agilität und Flexibilität, Veränderungsresistenz, Störpotenziale in der Zusammenarbeit).

Anforderungen im Hinblick auf die erforderliche Gewissenhaftigkeit abzuklopfen. Schnell wird dann z. B. klar, dass ein Rechnungsprüfer bei seinen eher monotonen Tätigkeiten sehr selbstdiszipliniert und ablenkungsresistent sein muss und eine Laborfachkraft in einem medizinischen Analyselabor zum Ausschluss von Probenverwechslungen peinlich genau auf einen aufgeräumten Arbeitsplatz achten und bei der Durchführung der Analysen strikte Regeleinhaltung praktizieren muss.

- Bei der *Arbeitsumfeldanalyse* sollen alle wichtigen Rahmenbedingungen erfasst werden, unter denen der Mitarbeiter seine Tätigkeiten verrichten muss. Einige Beispiele sollen dies verdeutlichen: Ist die Arbeit in Form von Projektarbeit organisiert, dann führt diese *Arbeitsorganisation* zu hohen Anforderungen an Leistungsstreben und Selbstdisziplin. Denn nur wenn jedes Teammitglied selbstgesteuert und termingerecht seine Beiträge liefert, kann ein hochwertiges Projektergebnis entstehen. Überwachungsfreie Einzelarbeitsplätze im Montageaußendienst erfordern hohes

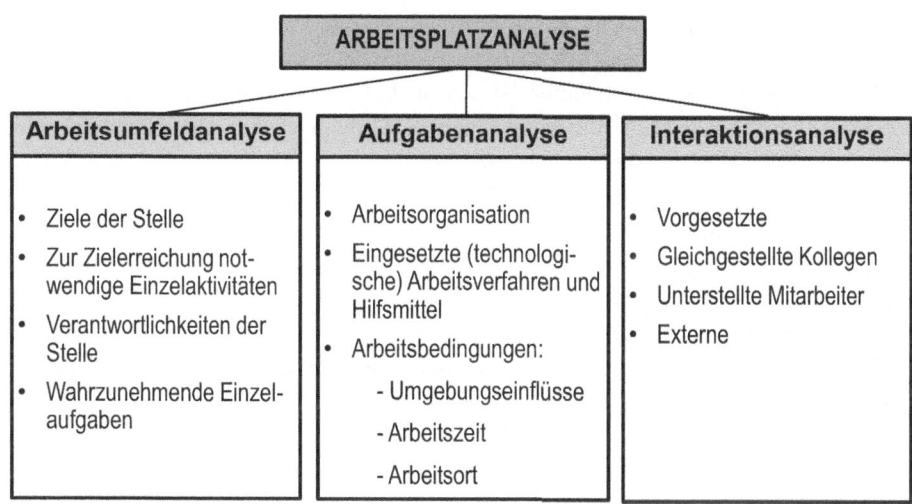

Abb. 5.2 Teilbereiche der Arbeitsplatzanalyse

Pflichtbewusstsein, damit sich Mitarbeiter exakt an vorgegebene Ablaufregeln halten. Alle eingesetzten *Arbeitsverfahren,* Hilfsmittel, Werkzeuge und IT-Unterstützungen wirken letztlich auf die erforderliche Gewissenhaftigkeit ein. Übernimmt z. B. eine Software vollständig die Überwachung der Arbeitsgüte, dann können die Ansprüche an den Mitarbeiter im Hinblick auf Pflichtbewusstsein geringer ausfallen. Bei der Bedienung teurer, technisch hoch komplexer und fehleranfälliger Aggregate muss man von Mitarbeitern dagegen neben einem hohen Kompetenzvertrauen eine überaus strikte Einhaltung von Ablaufregeln erwarten. Bei den *Arbeitsbedingungen* können *Umgebungseinflüsse* wie Lärm, Hitze, Kälte, räumliche Enge, hoher Geräuschpegel, Blendung, Lichtmangel, Erschütterungen etc. zu hohen Anforderungen an die Selbstdisziplin führen, denn letztlich sind dies alles motivationsbedrohende Störpotenziale. Ungewöhnliche *Arbeitszeiten* (Nachtarbeit, Schichtarbeit, überlange Bereitschaftszeiten) sind ähnlich einzuschätzen. Beim *Arbeitsort* wird schnell klar, dass bei Mitarbeitern im Home-Office oder im Außendienst, aufgrund der räumlichen Distanz zu den Vorgesetzten, hohe Anforderungen an das Leistungsstreben, die Ordnungsliebe und die Selbstdisziplin gestellt werden (Selbststeuerungsfähigkeit, Organisation und Planung der Arbeitsprozesse, Eigenmotivation). Aber auch eine hohe Besonnenheit kann gefragt sein, wenn eigenständig Entscheidungen getroffen werden müssen und keine Rückversicherung bei Vorgesetzten möglich ist.

- Bei der *Interaktionsanalyse* gilt es, alle wesentlichen Sozialkontakte auf ihre Anforderungen im Hinblick auf Gewissenhaftigkeit zu untersuchen. Auch hier einige Beispiele: Ist ein Mitarbeiter an *zwei Vorgesetzte* berichtspflichtig (= Matrixorganisation), dann besteht die Gefahr nicht ganz kompatibler Vorgaben. Eine hohe abwägende Besonnenheit bei allen Entscheidungen und ein hohes

Kompetenzvertrauen ist dann zur Auflösung der mehrdeutigen Handlungssituation hilfreich. Wer unter einem „schwachen" Vorgesetzten arbeitet, der die Dinge eher treiben lässt, benötigt ein höheres Niveau an Leistungsstreben, Selbstdisziplin und eigener Planungs- und Strukturierungsfähigkeit (Ordnungsliebe). Umgekehrt erfordert ein eng führender und kontrollierender Vorgesetzter ein geringeres Ausmaß aller Facetten der Gewissenhaftigkeit, da sie bis zu einem gewissen Grad über Führung abgedeckt werden.

Mit vielen *gleichgestellten Kollegen* zusammenzuarbeiten und dabei auch wenig überwacht zu werden, verschafft zwar einerseits die Möglichkeit zu vielen angenehmen Sozialkontakten, stellt aber andererseits auch höhere Anforderungen an die Selbstdisziplin, den Arbeitstag nicht mit einem Übermaß an Kaffee- und Zigarettenpausen anzufüllen. Auch Besonnenheit und Kompetenzvertrauen könnten gefragt sein, wenn aus dem Kollegenkreis viele unterschiedliche Vorschläge und Ansprüche an die Aufgabenerledigung kommen, die in Einklang gebracht werden müssen. Und wenn die „Hallodri-Dichte" im sozialen Umfeld recht hoch ist, dann erfordert es höheres Pflichtbewusstsein, sich trotzdem an Sicherheitsvorschriften und Dienstanweisungen zu halten.

Wer *unterstellte Mitarbeiter* hat, sollte als Führungskraft alle Facetten der Gewissenhaftigkeit in genau dem Umfang vorleben können, wie sie in der Abteilung angemessen sind. Das können dann auch durchaus geringere Niveaus sein, z. B. wenn ein turbulentes Umfeld besonnene Entscheidungen und planendes, strukturiertes Vorgehen nicht möglich macht, sondern eher spontanes, risikoreiches Handeln erfordert.

Und schlussendlich kreieren auch regelmäßige *externe Kontakte* Anforderungen an die Gewissenhaftigkeit. Zu denken wäre an bürokratisch agierende staatliche Genehmigungsbehörden, bei denen man nur erfolgreich ist, wenn penibel jede Frist eingehalten wird und jedes Formular absolut korrekt ausgefüllt wird. Einkäufer und Verkäufer, die in einem „korruptionsgeneigten Umfeld" agieren, benötigen ein hohes Maß an Pflichtbewusstsein, um „Verlockungen zu widerstehen". Umgekehrt mag es bei internationalen Geschäften auch Länder geben, in denen das deutsche Maß an Regeltreue, Planung und besonnenem Abwägen jeden Geschäftserfolg „verhagelt". Dort benötigt es dann Mitarbeiter, die bis hart an die gesetzlichen und moralischen Grenzen „beweglich in den Hüften" sind.

Die Beispiele konnten nur sehr holzschnittartig ausfallen. Letztlich muss jede Organisation für jede Stelle angesichts ihrer konkreten Ausprägung das erforderliche Niveau der Gewissenhaftigkeitsfacetten definieren. Welche *Instrumente* können für die Analyse der Anforderungen eingesetzt werden? Es bieten sich insbesondere zwei an. Über *Dokumentenanalysen* werden im Unternehmen bereits vorhandene schriftliche Unterlagen ausgewertet. Zu denken wäre z. B. an Stellenbeschreibungen, Dienstanweisungen, Arbeitsverträge, geschlossene Zielvereinbarungen. Sie gestatten Rückschlüsse auf das erforderliche Niveau der Gewissenhaftigkeitsfacetten. Der zweite – oftmals ergiebigere – Weg führt über *strukturierte Befragungen* (mündlich, schriftlich), in denen die Stelleninhaber und deren Vorgesetzte zum typischen Tagesablauf, zu häufig auftretenden Aufgaben, der typischen Art ihrer Erledigung, besonderen Schwierigkeiten und Unwägbarkeiten etc. befragt werden.

Man sollte bei der Analyse der Anforderungen aber nicht nur Einzelarbeitsplätze im Fokus haben, sondern auch *Teamaufgaben*. Dass die Berücksichtigung von Anforderungen an die Gewissenhaftigkeit bei der *Zusammenstellung von Arbeits- und Projektgruppen* absolut sinnvoll ist, belegt eine Untersuchung aus den USA: Für die Teamarbeit in den Personalabteilungen einer großen amerikanischen Warenhauskette (N = 79 Vierer-Teams mit N = 316 Teilnehmern) konnte nachgewiesen werden, dass *Persönlichkeitsmerkmale allgemein* (gemessen über den NEO-PI-R) völlig unabhängig (!) von *aufgabenrelevanten Qualifikationen* (gemessen über zwei Tests für kaufmännische Tätigkeiten) und *kognitiven Fähigkeiten* (gemessen über die Kapazitäten bei Lern- und Problemlösefähigkeiten) sowohl die *individuelle Leistung* des einzelnen Personalers (gemessen über Kollegenbeurteilung), als auch die *Teamleistung* (gemessen über Vorgesetztenbeurteilung) vorhersagen konnten. Dies wurde dann noch spezifischer zusätzlich für die beiden Merkmale *Verträglichkeit* und *Gewissenhaftigkeit* nachgewiesen.

Es handelte sich in dieser Studie um eine Teamaufgabe, bei der alle Gruppenmitglieder für die Entstehung der Gesamtleistung eng und interaktiv zusammenarbeiten mussten (= konjunktive Aufgabe). Insofern war die Ausprägung der Persönlichkeitsmerkmale beim *schwächsten* Teammitglied relevant, da es damit Engpassfaktor für die gesamte Gruppenleistung war. Speziell die Gewissenhaftigkeit sicherte ab, dass die hier untersuchte Aufgabe verlässlich und mit hoher Sorgfalt für die Details erledigt wurde. Für andere Typen von Teamaufgaben (z. B. Kreativaufgaben) mag sich die Situation anders darstellen, aber im Grundsatz unterstreicht diese Studie nochmals, dass es sinnhaft ist, Persönlichkeitsmessungen sowohl in der Personalauswahl von *einzelnen Bewerbern*, als auch für die *Teamzusammenstellung* zu berücksichtigen (vgl. Neumann & Wright, 1999, S. 385 f.).

Es wird daher empfohlen, im Rahmen von Anforderungsanalysen für Teamaufgaben zu untersuchen, in welchem Umfang mangelnde Gewissenhaftigkeit einzelner Mitglieder als nicht korrigierbarer Engpassfaktor den Gesamterfolg eines Teams massiv beeinträchtigen kann. Ist dies der Fall, dann handelt es sich um ein relevantes Anforderungsmerkmal, das bei der späteren Teamzusammenstellung auf der Qualifikationsebene zu berücksichtigen wäre.

Insgesamt stellt eine *fundierte Anforderungsanalyse* sicher, dass Gewissenhaftigkeit oder ihre einzelnen Facetten nur für solche Arbeitsplätze bei der späteren Personalauswahl berücksichtigt werden, für die sie auch tatsächlich leistungsrelevant sind.

Zusammenfassung

Als Fazit ergeben sich folgende Handlungsempfehlungen:

- Berücksichtigung des Persönlichkeitsmerkmals „Gewissenhaftigkeit" bei der qualitativen Personalbedarfsplanung.
- Einbezug von Anforderungen an die Gewissenhaftigkeit – global oder auf differenzierter Facettenebene – in die Anforderungsprofile aller Stellen unter Nutzung der Instrumente der Arbeitsplatzanalyse.
- Berücksichtigung der Anforderung an die Gewissenhaftigkeit bei der Zusammenstellung von Teams, wenn die Struktur der Gruppenaufgabe ein massives Risiko birgt, dass zu schwach ausgeprägte Gewissenhaftigkeit einzelner Teammitglieder zum Engpassfaktor für die Leistung der Gesamtgruppe wird.

5.2   Personalbeschaffung

Wie können Organisationen besonders gewissenhafte Mitarbeiter rekrutieren? Es gilt der gleiche Grundsatz wie in jeder guten Produktwerbung: Man muss die Zielgruppe möglichst individuell ansprechen und auf ihre spezifischen Bedürfnisse eingehen. Dieser Ansatz des *Targeted Recruiting* soll eine möglichst perfekte Passung zwischen den Werten und Bedürfnissen eines Bewerbers und den gebotenen Anreizen und Arbeitsbedingungen herstellen. Man kann diese Überlegungen auch auf die Persönlichkeitsmerkmale von Bewerbern übertragen, denn auch sie prägen das konkrete Bewerbungsverhalten. Zudem dürften Werte und Bedürfnisse einer Person zu einem beträchtlichen Teil mit ihrer Persönlichkeitsdisposition interagieren. Durch die Kommunikation von Arbeitgeber- und Stellenmerkmalen ziehen Organisationen also bestimmte Zielgruppen an bzw. schrecken andere ab (vgl. Evertz & Süß, 2017 S. 28 f., 33).

Relevant sind nicht nur die „Hard Facts" (z. B. Vergütung, Arbeitszeiten, Aufgabeninhalte), sondern auch die „Soft Facts", also die symbolischen Attribute, mit denen sich ein Arbeitgeber darstellt. Sie spielen insbesondere in der ersten Phase des Bewerberkontakts eine wichtige Rolle, in der es vor allem darum geht, die *Aufmerksamkeit eines potenziellen Bewerbers* zu gewinnen. Diese Argumentation folgt der bekannten psychologischen Annahme, dass Ähnlichkeit zu Attraktivitätswahrnehmung führt. *„Gleich und Gleich gesellt sich gern."* Als wichtig werden vor allem folgende *fünf symbolische Attribute einer Organisation* angesehen (vgl. Schreurs et al., 2009, S. 35):

- Ehrlichkeit
- Spannung
- Kompetenz
- Prestige
- Robustheit

Gewissenhafte Bewerber sind also besonders für Informationen über den Arbeitgeber und den Arbeitsplatz empfänglich, die ihrer Persönlichkeitsstruktur entsprechen. Diese Informationen werden sie dann auch besonders positiv bewerten. In ihren Augen entsteht eine höhere *Arbeitgeberattraktivität* und damit eine höhere *Bewerbungs- und Eintrittsmotivation.* Wichtig für eine tatsächliche Unterschrift unter den Arbeitsvertrag ist, dass ein konsistentes Bild vom Arbeitgeber und dem Arbeitsplatz auch über den gesamten Bewerbungsprozess aufrechterhalten wird. An allen Kontaktpunkten mit dem Bewerber – man spricht hier auch von „Candidate Journey" – muss ein *widerspruchsfreies Informationsbild* erzeugt werden. Es ist wenig gewonnen, wenn ein gewissenhafter Bewerber über Stellenanzeigen zwar mit den „richtigen" Argumenten zu einer Bewerbung animiert wird – etwa mit dem Angebot klarer, gut durchgeplanter Arbeitsabläufe – dieses Bild sich aber in einem völlig unstrukturiert und chaotisch ablaufenden Bewerbungsverfahren wieder „in Luft auflöst". Es ist daher darauf zu achten, dass Recruiter und Interviewer auch ein relativ hohes Niveau an Gewissenhaftigkeit aufweisen. Über die Ähnlichkeit der Persönlichkeitsstruktur zwischen diesen Organisationsvertretern und den Bewerbern unterstützt man zudem auch die Wahrscheinlichkeit, dass der Arbeitgeber als attraktiv wahrgenommen wird.

Es liegt auf der Hand, dass die späteren Arbeitsbedingungen natürlich den ausgelobten Merkmalen entsprechen müssen (= *realistische Rekrutierung*). Andernfalls wären Enttäuschungen und Frustrationen und in der Folge Frühfluktuationen vorprogrammiert. Gerade sehr gewissenhafte Bewerber dürften wegen ihrer stark ausgeprägten Regeltreue besonders empfindlich auf solche Erwartungsenttäuschungen reagieren. Sie erwarten – ganz nach dem Prinzip *„Pacta sunt servanda"* (Verträge sind einzuhalten), dass gemachte Zusagen auch tatsächlich eingelöst werden.

Insgesamt macht es also hochgradig Sinn, das Personalmarketing (Gestaltung von Arbeitgebermarke, Broschüren, Suchanzeigen) für die Zielgruppe „Gewissenhafte Mitarbeiter" auf diejenigen Arbeitgeber- und Stellenvorteile zuzuschneiden, die deren Persönlichkeitsprofil besonders entsprechen. *„Mit Speck fängt man Mäuse."* In allen analogen und digitalen Medien sollten insbesondere folgende *Argumente, Suchkriterien und „Buzzwords"* auftauchen:

Übersicht

- Führende fachliche Stellung der Organisation in ihren Märkten
- Fachliche Kompetenz der Mitarbeiter
- Stabile, gut definierte Prozessketten
- Strukturierte, methodische, planvolle Arbeitsweise
- Zuverlässigkeit, Sorgfalt, Liebe zum Detail, Genauigkeit
- Vertrauenswürdigkeit und Ehrlichkeit der Organisation (z. B. Tradition, gesellschaftliches Engagement, Beachtung aller Stakeholderinteressen, Arbeitsplatzsicherheit, Werte und ethische Prinzipien beim unternehmerischen Handeln)

- Freiraum für und Wertschätzung von individueller Leistung
- Zielvereinbarungen und regelmäßige Feedbacks
- Möglichkeit zur fachlichen Weiterentwicklung
- Fokussiertes, konzentriertes und konsequentes Arbeiten
- Termintreue
- Übernahme von Verantwortung
- Besonnene, planvolle Arbeitsweise
- Sorgfältige, informationsgestützte Abwägung von Entscheidungen

In einer Studie in den USA (N = 594) konnte gezeigt werden, dass auch die direkte Verwendung des Anforderungsmerkmals „Conscientiousness" und auch die Forderung nach „besonderen schulischen/akademischen Leistungen" in Suchanzeigen die Bewerbungswahrscheinlichkeit von gewissenhaften Mitarbeitern steigerte (vgl. Newman & Lyon, 2009, S. 305 ff.). Aufgrund ihres Leistungsstrebens und der oftmals tatsächlich vorhandenen guten Leistung in Ausbildungssystemen fühlen sie sich offenbar von letzterer Anforderung besonders angesprochen. Auf Basis dieser Studie könnte man auch die direkte Verwendung der Facettenbezeichnungen in Erwägung ziehen (Zutrauen in die eigene Kompetenz, Ordnungsliebe, Pflichtbewusstsein, Leistungsstreben, Selbstdisziplin, Besonnenheit). Wünschenswert wären diesbezüglich aber noch Wirksamkeitsstudien im deutschen Sprachraum.

Welche weiteren Aussagen trifft die *Empirie?* Drei interessante Studien sollen samt einiger Praxisableitungen näher vorgestellt werden.

Studie 1: In einer deutschen Studie mit N = 351 abschlussnahen Studierenden wurde untersucht, wie sich die Ausprägung von Leistungs-, Macht- und Affiliationsmotiv (= Bedürfnis nach Anschluss und Kontakt) auf die *wahrgenommene Arbeitgeberattraktivität* auswirkt. Den größten Einfluss hatte das *Affiliationsmotiv.* Es zeigte sich, dass Teilnehmern mit einer hohen Ausprägung bei der Bewertung eines Arbeitgebers vor allem das *„Teamklima"* wichtig ist. Auch das *Leistungsmotiv,* das starke konzeptionelle Nähe zur Gewissenhaftigkeitsfacette „Leistungsstreben" aufweist, zeigte hoch signifikante Auswirkungen. Teilnehmern mit hohen Werten in diesem Bereich waren bei der Arbeitgeberbewertung besonders die *„gebotenen Karrieremöglichkeiten"* wichtig. Entgegen der formulierten Hypothese spielten für hoch Leistungsmotivierte – im Gegensatz zu hoch Machtmotivierten – „Gehalt und Benefits" keine Rolle. Im Gegenteil! Ihre Bedeutung nahm mit stärkerer Leistungsorientierung sogar signifikant ab (vgl. Evertz & Süß, 2017, S. 29 ff.). Dies spricht dafür, dass sich Leistungsstreben oftmals aus einer eher *intrinsischen Motivation* speisen könnte. Das „Wedeln mit dem dicken Gehaltsscheck in Stellenanzeigen" vermag für diese Zielgruppe die Arbeitgeberattraktivität offensichtlich nicht zu steigern. Hinsichtlich der Karrieremöglichkeiten sind Aufgaben, bei denen man gefordert ist und seine Leistung unter Beweis stellen kann, wichtiger als Geld.

Studie 2: In Belgien wurde an N = 245 Schülern einer gymnasialen Abschlussklasse untersucht, wie deren Big Five-Profil als Moderatorvariable die Wahrnehmung des belgischen Militärs als attraktiver Arbeitgeber – gemessen anhand von fünf symbolischen Attributen (Ehrlichkeit, Spannung, Kompetenz, Prestige, Robustheit; s. o.) – beeinflusst. Lediglich für zwei Big Five-Merkmale konnten signifikante Beziehungen nachgewiesen werden:

- Die *Ehrlichkeit* der Organisation wurde als besonders attraktiv bewertet, wenn die Teilnehmer *hohe Werte in Gewissenhaftigkeit* hatten.
- Das Militär wurde als *spannende Organisation* gesehen, wenn die Teilnehmer hohe Werte bei *Offenheit für neue Erfahrungen* hatten (vgl. Schreurs et al., 2009, S. 38 ff.).

Die Ergebnisse für Gewissenhaftigkeit überraschen nicht. Das starke Pflichtbewusstsein (Regeltreue) von gewissenhaften Personen führt dazu, dass sie es schätzen, wenn ihre Interaktionspartner Verlässlichkeit, Glaubwürdigkeit und Authentizität abstrahlen und damit *reziproke Regeltreue* in Aussicht stellen. Daher kann es bei der Rekrutierung von gewissenhaften Bewerbern eine sehr gute Begleitstrategie sein, wenn aktuelle Mitarbeiter über ihren Arbeitgeber und ihre Stelle berichten. Dies kann in kurzen Statements auf Stellenzeigen, etwas länger in Unternehmensbroschüren oder auf den digitalen Karriereseiten der Organisation erfolgen. Die Wirkung dürfte noch stärker sein, wenn dazu Videosequenzen genutzt werden, die zusätzlich zur eigenen Homepage auch in einschlägigen Portalen (z. B. Youtube, Instagram) und Social-Media-Kanälen (z. B. XING, Facebook, LinkedIn) präsentiert werden. Überlegenswert wäre auch die Schaltung einer regelmäßigen Auskunftsstunde, in der Interessierte – telefonisch oder per Videoschaltung – Fragen an aktuelle Stelleninhaber richten können. Bei Präsenzveranstaltungen (z. B. Jobmessen, Betriebsbesichtigungen, Unternehmenspräsentationen in Schulen und Hochschulen) könnte man „Berichte aus dem Arbeitsalltag" durch aktuelle Mitarbeiter als integralen Baustein einplanen.

Extrem wichtig bei all diesen Aktivitäten ist, dass die Mitarbeiter authentisch und glaubwürdig berichten. Wenn Interessenten den Eindruck haben, dass hier lediglich ein „billiger Marketing-Gimmick" abgespult wird, dann dürfte das gerade bei gewissenhaften Personen mit ihren ethischen Prinzipien eher abstoßend wirken. Die hohe Bedeutung von glaubwürdigen Quellen wird – neben anderen Aspekten – auch in der nächsten Studie bestätigt.

Studie 3: Untersucht wurden über einen Zeitraum von neun Monaten N = 612 Besucher auf der Recruiting-Website des belgischen Militärs. Es handelt sich also um eine Zielgruppe, die schon grundsätzliches Interesse an diesem Arbeitgeber hatte und sich gleichzeitig in einer sehr frühen Bewerbungsphase befand, in der sich entscheidet, ob ein Arbeitgeber als hinreichend attraktiv angesehen wird und ob final überhaupt eine Bewerbung eingereicht wird. Im Wettbewerb um gute Bewerber ist das eine höchst relevante Phase. Näher aufgeklärt werden sollte in dieser Studie, welche Rolle die *Mund-zu-Mund-Kommunikation* als Informationsquelle, die vom Unternehmen unabhängig und – im Gegensatz zu eigenen Personalmarketingaktivitäten – nicht direkt beeinflussbar ist, in diesem Entscheidungsprozess spielt. Als Determinanten wurden dabei auch die beiden Persönlichkeitsmerkmale „Extraversion" und „Gewissenhaftigkeit" einbezogen. Es ergaben sich folgende *Ergebnisse* (vgl. van Hoye & Lievens, 2009, S. 347 ff.):

- *Unabhängig von allen anderen Informationsquellen* leistet die Mund-zu-Mund-Kommunikation einen statistisch *signifikanten eigenständigen Beitrag* zur Erklärung der wahrgenommenen Arbeitgeberattraktivität und zur Entscheidung für oder gegen eine Bewerbung.
- *Sehr gewissenhafte potenzielle Bewerber* verbringen eine *längere Zeit* mit der Sammlung von positiven und (!) negativen Informationen über den Arbeitgeber als weniger gewissenhafte Personen (hoch Extravertierte kümmern sich lediglich länger um *positive* Informationen).

Dieser Befund ist gut erklärbar über die Facetten „Ordnungsliebe" und „Besonnenheit". Gewissenhafte Arbeitsplatzinteressenten gehen auch bei der Jobsuche planvoll, systematisch und strukturiert vor. Sich bietende Alternativen wägen sie gründlich gegeneinander ab. Dazu gehört dann eben auch eine ausführliche Suche nach Informationen, die für und gegen einen Arbeitgeber sprechen.

- Je mehr *Expertise* bei einer Quelle der Mund-zu-Mund-Kommunikation wahrgenommen wird, umso größer ist ihr Einfluss auf die wahrgenommene Arbeitgeberattraktivität und die Entscheidung, sich zu bewerben. Damit rücken aktuelle oder ehemalige Organisationsmitglieder, aber auch alle Personen, die engeren Kontakt zur Organisation haben (z. B. Zulieferer, regelmäßige Kunden, Mitarbeiter von Arbeitsagenturen, Zeitarbeitsunternehmen, Genehmigungsbehörden) als *Meinungsbeeinflusser* in den Fokus.
- Je enger die *Beziehung zu der Quelle* für die Mund-zu-Mund-Kommunikation ist, desto stärker beeinflusst sie Arbeitgeberattraktivität und Bewerbungsentscheidung. Damit werden insbesondere Familienmitglieder, Freunde und nähere Bekannte besonders relevant.

Aus dieser Studie ergeben sich einige *Praxisimplikationen* für das Personalmarketing. Für die Gewinnung gewissenhafter Mitarbeiter sollte versucht werden, auch Verbindungen zu deren sozialem Umfeld (Familie, Freunde, Bekannte) und anderen wichtigen Meinungsbeeinflussern (Lehrer, Professoren, Arbeitsvermittler) aufzubauen und diese mit fundierten, positiv konnotierten Informationen über die Organisation auszustatten. Denn diese Zielgruppe sammelt auch dort aktiv und gezielt Informationen. Instrumente dafür könnten z. B. sein: Forcierung von Berichterstattung über die Organisation in Printmedien, z. B. in lokalen Tageszeitungen (Unternehmensstorys), Tage der offenen Tür mit Eventcharakter, familienorientierte Messen, gezielter

Broschürenversand an Meinungsbeeinflusser (hochwertig, kreativ, keine „Massenware", interaktive Elemente), exklusive Unternehmensbesichtigungen für Meinungsbeeinflusser, „Empfiehl es einem Freund"-Programme auf der Homepage oder in sozialen Medien, über die zur Weiterleitung von Informationen motiviert wird (eventuell unterstützt durch Anreize).

Eigene (aktuelle und ehemalige) Mitarbeiter sind wegen ihrer organisationsbezogenen Expertise eine zentrale Gruppe innerhalb der Meinungsbeeinflusser. Es muss sichergestellt werden, dass sie jederzeit leichten Zugang zu exakten, aktuellen und vollständigen Informationen zur Organisation und den freien Stellen haben. Dies steigert ihre Vertrauenswürdigkeit als Informationsquelle und ist gleichzeitig eine gute Basis für ein „Mitarbeiter werben Mitarbeiter"-Programm.

Da sich gewissenhafte potenzielle Bewerber gern tiefgründig informieren wollen, ist eine gut strukturierte, *informations*aufgeladene Darstellung (keine oberflächlichen Marketingfloskeln!) zur Organisation und den vakanten Stellen in allen Kommunikationskanälen wichtig. Die Vertrauens- und Ehrlichkeitsanmutung könnte gesteigert werden, indem – maßvoll und geschickt formuliert – auch Informationen zu Problemen (Herausforderungsfeldern) und nicht ausgeschöpften Entwicklungspotenzialen der Organisation beigemischt werden.

Zusammenfassung

Als Fazit ergeben sich folgende Handlungsempfehlungen:

- Gezielte Nutzung von Informationen und Begriffen bei der Präsentation von Organisation und Stelle, die einen Bezug zur Persönlichkeitsstruktur triggern.
- Gestaltung einer konsistenten Candidate-Journey.
- Einsatz von Recruitern und Interviewern mit hoher Ausprägung von Gewissenhaftigkeit, denn Ähnlichkeit schafft Sympathie.
- Realistische Rekrutierung zur Steigerung der Ehrlichkeitsanmutung und Verhinderung von Erwartungsenttäuschungen.
- Wertschätzung von Leistung und Kompetenz, Vertrauenswürdigkeit und Strukturklarheit als Kernelement einer Arbeitgebermarke.
- Nutzung von authentischen Statements aktueller Mitarbeiter.
- Ausweitung der Rekrutierungsstrategie auch auf das soziale Umfeld und wichtige Meinungsbeeinflusser potenzieller Bewerber.
- Sicherstellung eines hohen Informationsniveaus zu Organisation und (offenen) Stellen bei aktuellen Mitarbeitern als zentralen Meinungsbeeinflussern.
- Hohe Strukturiertheit und Informationsdichte bei allen Präsentationen unter dosiertem Einbezug auch negativer Informationen.

5.3   Personalauswahl

Wer gewissenhafte Mitarbeiter in seiner Organisation haben möchte, der muss diesen Persönlichkeitsaspekt im Rahmen der Personalauswahl berücksichtigen. Neben der *Eignungsdiagnostik für neu einzustellende Mitarbeiter* ist dabei ebenfalls an die *Auswahl für Versetzungs- oder Aufstiegsentscheidungen* oder für die *Zusammenstellung von Arbeits- oder Projektgruppen* zu denken.

Über welche *Instrumente* kann man das Niveau der Gewissenhaftigkeit im Rahmen der Personalauswahl messen? Naheliegend ist zunächst die Nutzung von *psychologischen Tests*. Über die Messung der Big Five und speziell von Gewissenhaftigkeit wurde bereits ausführlich in den Abschn. 1.7 und 2.3 berichtet. Auf diese vertiefenden Ausführungen sei hier verwiesen. In Tab. 5.2 sind noch einmal wichtige Testverfahren mit einigen Zusatzinformationen im Überblick zusammengestellt. Sie gibt Auskunft über:

- die Verfügbarkeit des Tests in deutscher Sprache,
- die Kostenpflichtigkeit,
- die Ausführlichkeit, mit der Gewissenhaftigkeit auf Domänen- oder Facettenebene erfasst wird (gemessen an der Itemanzahl) und
- den Zuschnitt der Items auf die Arbeitswelt.

Je nach gewünschter Differenziertheit der Analyse und zur Verfügung stehender Zeit für die Personalauswahl bieten sich unterschiedliche Testverfahren mit unterschiedlicher Itemzahl an. Die Spannbreite reicht hier vom Einsatz eines ausführlichen Tests mit nachfolgendem professionellen Gutachten – etwa als AC-Modul – bis hin zu einem Kurztest, der lediglich eigene Eindrücke aus dem Bewerberinterview weiter absichern soll. In jedem Fall empfiehlt sich aber eine vorherige professionelle Beratung zu den testtheoretischen Gütekriterien, damit klar ist, welche Aussagenschärfe man bekommt und welche nicht. Psychologische Testverfahren gehören nur in die Hände geschulten Personals.

Sollte primär die Vermeidung von kontraproduktivem Verhalten (z. B. Diebstahl, Korruption, ungerechtfertigte Fehlzeiten, Missachtung von Sicherheitsvorschriften; vgl. Abschn. 3.6) im Vordergrund stehen, dann zielt dies stark auf das Pflichtbewusstsein (Regeltreue) als Facette der Gewissenhaftigkeit ab. Um diesen einzelnen Aspekt näher aufzuklären, bietet sich der Einsatz von *Integritätstests* an. Mit ihnen soll das Risiko für abweichendes Verhalten einer Person eingeschätzt werden. Man unterscheidet zwei Gruppen von Integritätstests:

▶ *Einstellungsorientierte Tests:* Es soll geklärt werden, welche Meinung die Probanden zu ethisch-moralisch problematischen Sachverhalten haben oder ob sie zu deren Verharmlosung neigen. Typische Items wären:

Tab. 5.2 Testverfahren zur Messung von Gewissenhaftigkeit

Testverfahren	IZ	S	KP	SBA	FE
NEO-PI-R (*NEO-Persönlichkeitsinventar – Revidierte Fassung*)	48	dt	ja	nein	ja
NEO-FFI (*NEO-Fünf Faktoren Inventar*)	12	dt	ja	nein	nein
BFI (*Big Five-Inventar*)	9	dt	nein	nein	nein
BFI-2 (*Big Five-Inventar auf Facettenebene*)	12	dt	nein	nein	ja
BFI-10 (*Big Five-Inventar mit 10 Items*)	2	dt	nein	nein	nein
BFI-K (*Big Five-Inventar Kurzform*)	4	dt	nein	nein	nein
BFMM-D (*Big Five Mini Markers – Deutsch*)	8	dt	nein	nein	nein
TIPI (*Ten Item Personality Inventory*)	2	engl	nein	nein	nein
FIPI (*Five Item Personality Inventory*)	1	engl	nein	nein	nein
IPIP Scales (lang) (*International Personality Item Pool*)	60	engl	nein	nein	ja
IPIP Scales (kurz) (*International Personality Item Pool*)	10	engl	nein	nein	nein
IPIP 240 (*International Personality Item Pool – dt.*)	48	dt	nein	nein	ja
HEXACO-PI-R (*HEXACO Persönlichkeitsinventar-Revidierte Fassung; Zusatzdimension: Ehrlichkeit-Bescheidenheit*)	32	dt	nein	nein	ja
HPI-K (*Hamburger Persönlichkeitsinventar; Zusatzdimension: Risiko-/Wettbewerbsorientierung*)	14	dt	ja	nein	nein
BIP-SI (*Bochumer Inventar zur berufsbezogenen Persönlichkeits-beschreibung-Selbstbeschreibung*)	14	dt	ja	ja	nein
RBFP (*Reflector Big Five Test Persönlichkeit*)	30	dt	ja	ja	ja
AGS (später: ABGS) (*Arbeitsbezogene Belastungs- und Gewissenhaftigkeitsskala*)	30	dt	ja	ja	ja

Legende: **IZ** = Itemanzahl; **S** = Sprache; **KP** = Kostenpflichtigkeit; **SBA** = Spezifischer Bezug zur Arbeitswelt; **FE** = Messung auf Facettenebene

- *„Würde jeder stehlen, wenn die Bedingungen günstig sind?"*
- *„Sollte jemand eine zweite Chance bekommen, der öfter mal Waren aus dem Lager hat mitgehen lassen?"*
- *„Haben Sie jemals daran gedacht, Geld von Ihrer Arbeitsstelle zu entwenden, ohne es dann tatsächlich zu tun?"*

▶ *Eigenschaftsorientierte Tests:* Sie zielen eher auf die Erfassung von Persönlichkeitsmerkmalen, die einem abweichenden Verhalten Vorschub leisten könnten. Sie sind indirekter angelegt und nicht so leicht zu durchschauen. Aufgeklärt werden soll u. a. die Kontrolliertheit oder Spontaneität einer Person. Typische Items wären:

- *„Ich bin eher vernünftig als abenteuerlustig."*
- *„Ich neige dazu, Entscheidungen auf der Grundlage meiner ersten spontanen Reaktion auf eine Situation zu treffen."*

Die Korrelation zwischen Integritätstests und Gewissenhaftigkeit liegt bei $r = 0,45$. Vermutlich wäre sie fühlbar höher, wenn man nur die Facette „Pflichtbewusstsein" korrelieren würde. Verbreitete Integritätstests in Deutschland sind z. B. der *PIT (Psychologischer Integritätstest)* und das *PIA (Persönlichkeitsinventar zur Integritätsabschätzung)* (vgl. Neyer & Asendorpf, 2018, S. 147; Nerdinger et al., 2019, S. 503; Muck, 2006, S. 556 f. und die jeweils zit. Lit.).

Für den Praktiker ist generell zu psychologischen Tests noch die Information interessant, dass es vom Leibniz-Zentrum für Psychologische Information und Dokumentation (ZPID) ein regelmäßig aktualisiertes Register für Testrezensionen gibt. Mit Stand Januar 2021 findet sich dort die 27. Auflage, in der Analysen u. a. zum NEO-PI-R, NEO-FFI und BIP nachzulesen sind. Vor Einsatz eines Tests lohnt dort ein Blick nach neuen Rezensionen (vgl. https://www.psyndex.de/pub/tests/verz_teil5. pdf). Weiterhin hat es sich der Plattformbetreiber „Peats" (https://peats.de) zur Aufgabe gemacht, kostenfrei einen Überblick zu psychologischen Tests samt wichtiger Zusatzinformationen bereitzustellen, die u. a. im Rahmen der Personaldiagnostik eingesetzt werden können.

Kommen wir nun zu einer *Bewertung von psychologischen Tests* als Selektionsinstrument und hier zunächst zu den *Vorteilen.* Sie tun, was sie sollen! Zwar bei Weitem nicht perfekt, aber besser als viele andere Selektionsinstrumente. Eine wichtige Funktion eines Auswahlinstruments ist die Vorhersage der späteren Leistung eines Bewerbers. Man spricht hier von der *„prognostischen Validität"* eines Auswahlverfahrens. Auf der Basis mehrerer Studien ergeben sich die in Tab. 5.3 aufgelisteten Werte:

Zwar ist die spätere Leistung eines Bewerbers nicht alles, aber ohne Leistung ist (fast) alles nichts. Nicht unerheblich ist auch die soziale Passung eines Bewerbers und seine Kompatibilität mit der Organisationskultur, die man möglicherweise über Bewerberinterviews besser erfassen kann. Träumen kann man natürlich von Selektionsverfahren mit einem prognostischen Wert von $r = 1,0$. Dann würden relevante Zielgrößen der Personal-

Tab. 5.3 Prognostische Validität für Personalauswahlverfahren (Auszug). (Quelle: Howard & Howard, 2008, S. 176)

Verfahren	Prognostische Validität
• Psychologische und psychomotorische Tests	$r = 0{,}53$
• Tests zum berufsbezogenen Wissen	$r = 0{,}50$
• Big Five-Test in Kombination mit Stellenanalyse	$r = 0{,}40$
• Strukturierte Bewerberinterviews	$r = 0{,}34$
• Assessment Center	$r = 0{,}25$
• Notenranking (alle Noten aus Ausbildungssystem)	$r = 0{,}21$
• Unstrukturierte Bewerberinterviews	$r = 0{,}17$
• Referenzen	$r = 0{,}13$
• Hochschulabschlüsse	$r = 0{,}13$
• Berufsinteressentests	$r = 0{,}10$
• Graphologische Gutachten	$r = 0{,}00$

auswahl zu 100 % vorhergesagt. Aber diese Instrumente gibt es nicht und wird es auch nie geben. Vor diesem Hintergrund schneiden – wissenschaftlich seriös konstruierte und validierte (!) – psychologische Tests im relativen Vergleich aber sehr gut ab und erbringen einen wichtigen Selektionsbeitrag. Zur Erfassung der Gewissenhaftigkeit eines Bewerbers ist ihr Einsatz als zentrales Instrument – in Kombination mit weiteren Selektionsverfahren – auf alle Fälle zu empfehlen, zumal sie hier ja „nur" den Anspruch haben, die Ausprägung eines einzigen Persönlichkeitsmerkmals zu erheben und nicht die gesamte spätere Arbeitsleistung zu prognostizieren. Dass sich Gewissenhaftigkeit in vielen Studien als sehr guter Prädiktor für Leistung erwiesen hat (vgl. Abschn. 3.2) ist ein erfreulicher Zusatznutzen.

Will man mit Blick auf die spätere Leistung die Prognosevalidität deutlich erhöhen, dann würde sich eine Kombination mit einem kognitiven Leistungstest, insbesondere einem bewährten Intelligenztest anbieten (vgl. Kersting, 2013, S. 26).

Welche *Nachteile und Risiken* wären zu thematisieren? Drei Problemfelder werden nachfolgend näher aufgegriffen.

1. *Wirkung auf die Probanden:* Generell sollte man beim Einsatz persönlichkeits-diagnostischer Verfahren (z. B. NEO-PI-R, NEO-FFI) im Rahmen der Personal-auswahl im Blick behalten, dass einige Formulierungen zu Befremden und Akzeptanzproblemen bei den Bewerbern führen können, da sie sich doch deutlich abseits der Arbeitswelt, mitunter vielleicht auch abseits der eigenen Lebensrealität bewegen. Kanning (2009, S. 198) führt als Beispiel aus dem NEO-FFI an *„Wenn ich Literatur lese oder ein Kunstwerk betrachte, empfinde ich manchmal ein Frösteln oder eine Welle der Begeisterung"*. Arbeitsplatznäheren Formulierungen wäre hier im Hinblick auf die Akzeptanz des Instruments der Vorzug zu geben.

2. *Bewusste Manipulation der Testergebnisse:* Obwohl über groß angelegte Metaanalysen gezeigt werden konnte, dass Selbsteinschätzungen und Fremdeinschätzungen beim Merkmal „Gewissenhaftigkeit" eine hohe Korrelation von $r = 0,82$ aufweisen und Menschen kulturübergreifend eher zu einer Unterschätzung dieses Merkmals bei sich selbst neigen (vgl. Abschn. 1.7), so kann natürlich nicht gänzlich ausgeschlossen werden, dass es einzelnen Bewerbern gelingt, die Testergebnisse systematisch zu ihren Gunsten zu manipulieren.

So konnte Furnham (1997, S. 236 ff.) in einem Experiment mit 70 Teilnehmern zeigen, dass der NEO-FFI anfällig für gezielte Manipulationen *(„Faking")* ist. Das Teilnehmerfeld wurde in drei Gruppen aufgeteilt. Gruppe 1 erhielt den Auftrag, sich bei der Bearbeitung des NEO-FFI – ohne Rücksicht auf Ehrlichkeit – in einem möglichst positiven Licht darzustellen *(„Fake good")*. Gruppe 2 sollte so antworten, dass sie ein möglichst negatives Bild von sich zeichnen *(„Fake bad")* und Gruppe 3 wurde zu maximaler Ehrlichkeit aufgefordert. Die Testergebnisse wiesen bei Gewissenhaftigkeit, Verträglichkeit und Neurotizismus hochsignifikante Unterschiede zwischen den drei Gruppen auf, wobei sie beim Merkmal „Gewissenhaftigkeit" am größten waren. Das heißt, dass es den Probanden erfolgreich gelungen ist, ihre Testergebnisse bei den drei Persönlichkeitsmerkmalen zu manipulieren (allerdings nicht in Richtung auf Extremprofile).

Ähnlich konnte auch für den deutschen NEO-FFI mit $N = 96$ Teilnehmern signifikant nachgewiesen werden, dass die Probanden Fälschungsaufforderungen in *beide Richtungen* umsetzen konnten. Auch hier war die Dimension „Gewissenhaftigkeit" (vor „Verträglichkeit") am manipulationsanfälligsten. Ausgehend von einem Mittelwert von 2,59 stieg dieser bei der Anweisung *„Fake good"* auf 3,59 und fiel bei *„Fake bad"* auf 1,68 (vgl. Krahé & Herrmann, 2003, S. 109 f.). Ähnlich konnte auch schon in einer Studie mit $N = 224$ Studierenden gezeigt werden, dass die Messungen *aller* Big Five-Merkmale manipuliert werden konnten, Gewissenhaftigkeit innerhalb der Big Five aber am manipulationsanfälligsten war, wenn die Probanden die Anweisung bekamen, sich möglichst positiv darzustellen. Andererseits zeigt sich aber auch, dass insbesondere *wenig gewissenhafte* Teilnehmer stärker zur Manipulation neigten ($r = -0,27$) (vgl. McFarland & Ryan, 2000, S. 816).

Nun sollte man diese Experimente auch nicht überbewerten. Zunächst einmal war die Probandenzahl recht gering. Zum anderen ist es im Rahmen der Personalauswahl nicht zwangsläufig, dass Bewerber bestehende Manipulationsmöglichkeiten bei einem Fragebogen tatsächlich auch konsequent nutzen. Manche vielleicht, sicherlich nicht alle. In den dargestellten Experimenten wurden die Teilnehmer ja explizit aufgefordert, „alle Register des Fakings zu ziehen". Zudem ist im Auge zu behalten, dass auch andere Personalauswahlinstrumente nicht manipulationsresistent sind. So kann es z. B. einem Bewerber – speziell gegenüber einem wenig versierten Interviewer – in einem Bewerbungsinterview durchaus gelingen, eine Rolle zu spielen und ein Bild von sich zu zeichnen, das nicht der Realität entspricht. Dies konnte auch in einer kanadischen

Studie bestätigt werden, in der $N = 80$ Studierende insgesamt 448 Interviews durchliefen. Dies war auch die erste Studie, in der die Manipulation nicht nur in *einem* Interview, sondern in *mehreren* untersucht wurde, so dass auch die Durchgängigkeit der Manipulationsstrategien analysiert werden konnte. Es zeigte sich hier, dass *geringe Gewissenhaftigkeit* dazu führte, dass im Interview einerseits *mehr Täuschungsstrategien* verwendet und diese auch *zwischen verschiedenen Interviews variabler eingesetzt wurden* (vgl. Roulin & Bourdage, 2017, S. 1 ff.).

Fazit: Schön, dass wir wissen, dass gewissenhafte Bewerber weniger „schummeln". Unschön, dass wir nicht sicher wissen, zu welchem Anteil uns wenig gewissenhafte Bewerber eine hohe Gewissenhaftigkeit vorgaukeln. Es ist das alte Problem der Eignungsdiagnostik, dem wir auch hier nicht vollständig entkommen. Als „kleiner Trost" ist aber zu sehen, dass die Befähigung eines Kandidaten zur teilweisen Manipulation eines Personalauswahlinstruments ja auch positiv im Sinne von Anpassungsfähigkeit, analytischer Schärfe und geistiger Beweglichkeit interpretiert werden kann – allesamt Qualifikationen, die für Unternehmen auch nicht unerheblich sind.

3. *Unbewusste Verfälschung der Testergebnisse:* In einem Experiment ($N = 144$) konnte gezeigt werden, dass sich beim NEO-FFI die Selbsteinschätzung im Hinblick auf Gewissenhaftigkeit – unbeabsichtigt (!) – zum Besseren hin veränderte, wenn den Teilnehmern vorab Beschreibungen besonders gewissenhafter Menschen präsentiert wurden. Dahinter steht die Theorie des *„Priming"*, nach der kognitive Hinweisreize *(hier: Beschreibung gewissenhafter Personen)* – über die gedankliche Beschäftigung mit ihnen – die kognitive Verfügbarkeit eines Bewertungsobjekts *(hier: Konstrukt Gewissenhaftigkeit)* erhöhen und nachfolgend zu Bewertungsverzerrungen *(hier: bessere Selbstbewertung der eigenen Gewissenhaftigkeit)* führen. Es kommt also durch das Priming zu einer unwillentlichen Veränderung des eigenen Bezugssystems (vgl. Krahé & Herrmann, 2003, S. 110 ff.).

Die Konsequenz für die betriebliche Personalauswahl über Persönlichkeitstests liegt klar auf der Hand: Um solche unerwünschten Verzerrungen in der Selbsteinschätzung über Priming-Effekte zu vermeiden, sollte im Vorfeld der Tests auf eine ausführliche Schilderung des Anforderungsprofils der Stelle verzichtet werden. Erhalten Bewerber allzu detaillierte Informationen darüber, wie sich das Unternehmen konkret einen gewissenhaften Mitarbeiter auf der Stelle vorstellt, dann werden die Testteilnehmer dadurch unerwünscht geprimt. Bewerber sollten Persönlichkeitstests also – soweit das vertretbar ist – möglichst als „kognitiv unbeschriebenes Blatt" antreten.

Der Vollständigkeit halber sei noch darauf hingewiesen, dass alle eingesetzten psychologischen Testverfahren den Prinzipien des *arbeitsrechtlichen Fragerechts* unterliegen. Was man in einem Bewerberinterview nicht fragen darf, das darf man auch in einem Test nicht. Eine Frage ist nach der Rechtsprechung immer nur dann zulässig, wenn (vgl. Watzka, 2014, S. 76)

- ein objektiv berechtigtes Interesse des Arbeitgebers an deren Aufklärung besteht,
- ein erkennbarer Zusammenhang zur vorgesehenen Tätigkeit existiert,
- sie kein unverhältnismäßiges Vordringen in die Privatsphäre beinhaltet.

Welche *anderen Selektionsinstrumente* kommen zur Erfassung der Gewissenhaftigkeit in Betracht? Bei der *Analyse der Bewerbungsunterlagen* könnte nach Indizien für die Ausprägung der Gewissenhaftigkeit gefahndet werden. Tab. 5.4 listet einige Analysefragen auf, die Rückschlüsse auf einzelne Gewissenhaftigkeitsfacetten erlauben. Es ist aber davon abzuraten, Bewerber allein deshalb aus dem weiteren Bewerbungsprozess auszuscheiden, weil auf Basis der Bewerbungsunterlagen vermeintlich eine zu geringe Gewissenhaftigkeit attestiert wurde. Dafür sind die Indizien nicht sicher genug eindeutig interpretierbar. Nur aus der Tatsache, dass sich Bewerber exakt an die – mittlerweile überall verfügbaren – Gestaltungshinweise für Bewerbungen halten, auf ein hohes Pflichtbewusstsein zu schließen, wäre eine inakzeptabel verkürzte Analyse. Genauso wäre es gerade in einem engen Arbeitsmarkt unvernünftig, Bewerber vorschnell auszusortieren, nur weil ihre Bewerbungsunterlage einige Formalmängel enthält (vgl. Kanning et al., 2018, S. 38 ff.). Vielmehr sollten die Eindrücke zur Gewissenhaftigkeit über weitere Auswahlinstrumente vertieft und kritisch überprüft werden. Die Indizien aus den Bewerbungsunterlagen sind also eher als Bestandteil einer größeren Informationsbatterie zu sehen.

Analog könnten mit ähnlichen Fragestellungen *organisationsintern* bei Versetzungs-/Beförderungsentscheidungen oder Teamzusammenstellungen vorhandene Dokumente über den Mitarbeiter ausgewertet werden. Relevant könnten sein:

- *Personalakte* (Art der bislang übernommenen Aufgaben),
- *Leistungsbeurteilungen* (viele Systeme beinhalten Kriterien, die den Gewissenhaftigkeitsfacetten nahekommen, z. B. Sorgfalt, Termineinhaltung, Leistungsmotivation),
- *Zielvereinbarungen* (Art der vereinbarten Ziele und Ausmaß der Zielerreichung),
- *Beurteilungen aus Förder-ACs* oder *Management-Audits,*
- *Schriftliche Entwicklungsvereinbarungen* mit dem Mitarbeiter (welche Aufgaben, Karrierestufen strebt er mit welcher Intensität und warum an?).

Bei internen Mitarbeitern können auch eine Vielzahl von *beobachtbaren Indikatoren* ausgewertet werden, die für eine hohe/niedrige Gewissenhaftigkeit sprechen. Howard und Howard (2008, S. 127) haben eine interessante Sammlung zusammengestellt. Tab. 5.5 präsentiert einen (etwas veränderten) Auszug.

Kommen wir wieder zur externen Personalauswahl zurück. Werden im Unternehmen *Referenzschreiben* als Auswahlinstrumente eingesetzt, dann könnten Referenzgeber gebeten werden, bei ihrer Beurteilung gezielt zu einzelnen Facetten der Gewissenhaftigkeit Stellung zu nehmen. Denkbar wäre auch, ihnen einen Big Five-Fragebogen (siehe Tab. 5.2) zur Verfügung zu stellen, auf dem sie dann eine Fremdeinschätzung vornehmen können. Dazu müssten die Items zur Selbsteinschätzung geringfügig umformuliert werden. Einige Testverfahren bieten aber auch schon standardmäßig Versionen für die Selbst- und

Tab. 5.4 Analyse der Gewissenhaftigkeit über Bewerbungsunterlagen

Facette	Dokument	Analysefrage
Kompetenz	• Anschreiben • Lebenslauf • Arbeitszeugnis	• Wie selbstbewusst stellt sich der Bewerber im Anschreiben und im Lebenslauf dar? • Wie anspruchsvoll formuliert er gewünschte Aufgaben und angestrebte Entwicklungsziele? • Wie wird er von anderen Personen im Arbeitszeugnis geschildert?
Ordnungsliebe	• gesamte Unterlage • Anschreiben • Lebenslauf • Arbeitszeugnis	• Wie systematisch, geordnet und strukturiert wirkt die gesamte Bewerbungsunterlage? • Gibt es einen klaren roten Faden im Anschreiben und im Lebenslauf? • Wie schildert sich der Bewerber selbst und wie wird er von anderen im Arbeitszeugnis geschildert?
Pflichtbewusstsein	• gesamte Unterlage • Anschreiben • Lebenslauf • Arbeitszeugnis	• Wie konsequent hält sich der Bewerber an die einschlägigen formalen Vorgaben für die einzelnen Dokumente? • Sind alle selbst erstellten Dokumente fehlerfrei und durchgehend optisch ansprechend? • Wie schildert sich der Bewerber selbst und wie wird er von anderen im Arbeitszeugnis geschildert?
Leistungsstreben	• Anschreiben • Lebenslauf • Arbeitszeugnis • (Hoch)Schulzeugnisse	• Wie leistungsorientiert schildert sich der Bewerber selbst und wie wird er von anderen im Arbeitszeugnis geschildert? • Werden eindeutige Ziele für den weiteren Karriereverlauf und Weiterqualifizierung formuliert? • Lässt sich im Lebenslauf ein konsequenter roter Faden der ständigen Weiterentwicklung erkennen? • Wie anspruchsvoll waren bislang übernommene Aufgaben? • Sind berufliche und private Zusatzaktivitäten erkennbar, die besonderen Ehrgeiz oder besondere Verantwortungsbereitschaft erkennen lassen (z. B. freiwillige Praktika, Weiterbildungskurse, Ehrenämter)? • Zeigen die Zeugnisse aus dem Bildungsbereich, dass ein Bewerber nicht immer den einfachsten und komfortabelsten Weg gewählt hat?

(Fortsetzung)

Tab. 5.4 (Fortsetzung)

Facette	Dokument	Analysefrage
Selbstdisziplin	• Anschreiben • Lebenslauf • Arbeitszeugnis	• Wie schildert sich der Bewerber selbst und wie wird er von anderen im Arbeitszeugnis geschildert? • Wurden (Aus)Bildungsstationen erfolgreich beendet oder treten häufige Abbrüche und Umorientierungen auf? • Zeigt der Lebenslauf Tendenzen zum „Job Hopping"?
Besonnenheit	• Anschreiben • Lebenslauf • Arbeitszeugnis	• Wie schildert sich der Bewerber selbst und wie wird er von anderen im Arbeitszeugnis geschildert? • Gibt es Indizien dafür, dass Abbrüche von Bildungsphasen oder häufige Jobwechsel auf unzureichende Information im Vorfeld oder zu spontane Entscheidungen zurückgehen? • Wie schlüssig ist im Anschreiben die Bewerbung auf eine bestimmte Stelle und eine bestimmte Organisation begründet?

Fremdeinschätzung an. Man würde mit Fragebögen dann ein validiertes Instrument einsetzen, das dem völlig frei formulierten Referenzgutachten überlegen sein dürfte.

Einen weiteren Analysezugang bietet das *Bewerbungsinterview*. Hier können mit dem Bewerber Fragen diskutiert werden, die die einzelnen Facetten der Gewissenhaftigkeit betreffen. Anregungen für die Fragenformulierung bieten primär die Items aus den psychologischen Testverfahren zur Messung von Gewissenhaftigkeit (siehe Tab. 5.2), aber auch einzelne der Analysefragen zu den schriftlichen Bewerbungsunterlagen (siehe Tab. 5.4). Wichtig ist bei der Fragengenerierung und -formulierung die Einhaltung folgender Prinzipien (vgl. ausführlicher Watzka, 2014, S. 69 f.):

- Ableitung der Frage aus den Anforderungen der Stelle,
- Möglichst hohe Standardisierung bei Fragereihenfolgen und -formulierung zur Sicherung der Antwortvergleichbarkeit zwischen den Bewerbern,
- Verwendung offener Fragen (= W-Fragen: „*Was?*", „*Wie?*", „*Warum?*", „*Welche?*") zur Verhinderung von Ja/Nein-Antworten und Abforderung ausführlicherer Stellungnahmen des Antwortenden,
- Vermeidung von Suggestivfragen, bei denen die erwartete Antwort durchschimmert (z. B. „*Welche Bedeutung hat für Sie eine sorgfältige Planung, bevor Sie eine Arbeit beginnen?*"; besser: „*Bitte schildern Sie mir Ihre einzelnen Schritte, wenn Sie Aufgabe XY zu erledigen hätten.*"),
- Abforderung von Verhaltensbelegen bei persönlichkeitsorientierten Selbsteinschätzungen (*„Sie attestieren sich ein hohes Leistungsstreben. Bitte schildern Sie mir zwei bis drei Situationen aus Ihrem Leben, wo dies besonders deutlich geworden ist."*).

Tab. 5.5 Indikatoren für hohe/niedrige Gewissenhaftigkeit bei Mitarbeitern

Kriterium	Hohe Gewissenhaftigkeit	Niedrige Gewissenhaftigkeit
Verhalten	• ist pünktlich • hält sich an Regeln • hält sich an Versprechen • benutzt immer Terminplaner • plant Zeitdauern für Besprechungen und hält diese ein • beendet Aufgaben, ehe er eine andere beginnt • bearbeitet alles der Reihe nach • konzentriert sich auf Details • betrachtet das Leben als Abfolge von zu erledigenden Aufgaben	• handhabt Termine, Regeln, Vorgaben und Zusagen eher „locker" und flexibel • wechselt gern von einer Aufgabe zur anderen; arbeitet parallel • überfliegt Vorgänge gerne ohne konkretes Ziel und ohne Detailorientierung • verfolgt Dinge mitunter nicht bis zum Ende • reagiert spontan auf andere; mitunter auch Kurzschlussreaktionen • betrachtet das Leben als Angebot an Vergnügungen, die auch erlebt werden sollten
Kommunikation	• drängt auf Klarheit bei der Kommunikation und bei Entscheidungen • erläutert bei Meetings zuerst die Tagesordnung • versucht bei Meetings Anrufe und andere Störungen zu vermeiden • thematisiert oft Alternativen und ihre Konsequenzen	• bleibt oft „im Ungefähren" • geht gerne sofort „in medias res" • lässt sich leicht unterbrechen, ohne dies als Störung zu empfinden • lässt sich durch neue Themen leicht ablenken • nimmt während Meetings Anrufe entgegen und lässt Störungen zu
Werte	• Tradition, Bescheidenheit, Respekt, Verbindlichkeit • Leistung, Ehrgeiz, Erfolg, Kompetenz, Reziprozität, Sicherheit, Harmonie • soziale Gerechtigkeit, Wohlergehen aller • Konformismus, Gehorsam, Zurückhaltung bei Aktivitäten	• Hedonismus, Vergnügen, Spaß, Sinnlichkeit • Anregung, Aufregung, Abwechslung, Neuheit
Umfeld	• aufgeräumt und sauber • alles hat seinen Platz • im Auto liegt nichts herum • jederzeit professionelles Outfit und Erscheinungsbild • nutzt Anrufbeantworter • achtet auf seine Gesundheit	• unorganisiert, unordentlich • lässt herumfliegende Dinge schnell in Schreibtisch oder Kofferraum verschwinden • Büro und Auto sind mit Zetteln, Stiften, Flaschen etc. übersät • eher gleichgültig gegenüber Kleidung und Erscheinungsbild • achtet nicht besonders auf Gesundheit

Die Messpräzision des Bewerbungsinterviews kann gesteigert werden, indem strukturierte Sonderformen wie das *verhaltensorientierte Interview* oder das *situative Interview* eingesetzt werden. Die Ansätze sollen kurz beschrieben und an einem Beispiel verdeutlicht werden.

Das *verhaltensorientierte Interview* (ähnlich Schuler & Marcus, 2006, S. 215 f.) folgt dem Grundsatz, dass „vergangenes Verhalten der beste Prädiktor für zukünftiges Verhalten ist". Also wird durch Interviewfragen intensiv danach gefahndet, wie sich ein Bewerber in der Vergangenheit in bestimmten Situationen verhalten hat, in denen Gewissenhaftigkeit besonders relevant war. Ziel ist die Überprüfung der Angemessenheit von Reaktionsstrategien und die Aufdeckung typischer Verhaltensmuster des Kandidaten, mit deren Hilfe dann auf das vorhandene Gewissenhaftigkeitsniveau zurückgeschlossen werden kann. Die Fokussierung auf konkretes Verhalten verhindert, dass ein Bewerber auf Befragen nur allgemeine Verhaltensregeln oder angelesenes Lehrbuchwissen präsentiert. Er wird stattdessen „in vergangenen Situationen abgeholt", die er selbst schon durchlebt hat. Nachfolgend wird die Vorgehensweise an einem Beispiel demonstriert, mit dem die Facette „Selbstdisziplin" eines Bewerbers näher hinterfragt werden soll (in Anlehnung an Janz et al., 1986, zit. nach Schuler & Marcus, 2006, S. 215 f.). Voraussetzung für den Einsatz dieser Interviewtechnik ist, dass der Kandidat ähnliche Situationen in seiner Berufsbiografie – idealerweise mehrfach – bereits durchlebt hat.

Beispiel

1. *Bitte benennen Sie uns eine Ihrer Aufgaben auf der letzten Stelle, die Sie als schrecklich langweilig und monoton empfunden haben.*
2. *Bitte beschreiben Sie die Aufgabe näher.*
3. *Was waren die Gründe dafür, dass Sie die Aufgabe als monoton und langweilig empfunden haben?*
4. *Welche Ablenkungspotenziale waren in dieser Situation präsent?*
5. *Welche Konsequenzen hatte diese langweilige Aufgabe auf Ihrer Gefühlsebene?*
6. *Welche Konsequenzen hatte diese langweilige Aufgabe auf Ihr konkretes Verhalten bei der Aufgabenerledigung (z. B. Prokrastination, häufige Arbeitsunterbrechungen)?*
7. *Was haben Sie konkret getan, um die negativen Gefühle in den Griff zu bekommen?*
8. *Was haben Sie konkret getan, um Verzögerungen bei der Arbeitserledigung zu vermeiden?*
9. *Wie erfolgreich waren Ihre Versuche, die negativen Wirkungen der Langeweile zu überwinden?*
10. *Welche Rückmeldung haben Sie zum Ergebnis dieser Aufgabenerledigung von Ihrem Vorgesetzten erhalten?*
11. *Wie häufig kommt es im Monat vor, dass Sie eine Aufgabe als schrecklich langweilig und monoton empfinden?*

Das *situative Interview* (vgl. Schuler & Marcus, 2006, S. 216 f.) ist im Gegensatz zum verhaltensorientierten Interview *zukunftsorientiert*. Dem Bewerber werden detailliert besonders erfolgskritische Situationen geschildert, die auf der vakanten Stelle immer wieder auftreten und bei denen einzelne Facetten der Gewissenhaftigkeit besonders relevant sind. Es wird dann gefragt *„wie er sich in dieser Situation verhalten würde".* Der Bewerber wird also quasi mit „Mini-Fallstudien" seines möglichen späteren Arbeitsplatzes konfrontiert, die er lösen muss. Es ist dabei nicht erforderlich, dass er ähnliche Situationen bereits erlebt hat.

Mit dieser Interviewstrategie kann überprüft werden, wie schnell und differenziert sich ein Bewerber in typische wichtige Arbeitssituationen hineindenken und eine angemessene Verhaltensstrategie entwickeln kann. Eine hinreichende kognitive Durchdringung der *hypothetischen* Arbeitssituation ist zwingende Voraussetzung für eine spätere Bewältigung der *realen* Situation auf der Verhaltensebene. Etwas plakativ ausgedrückt: „Wer schon falsch denkt, kann sich im Gefolge auch nicht richtig verhalten." Man kann wohl davon ausgehen, dass die Entwicklung der Handlungsstrategie auch durch das Persönlichkeitsprofil (hier: Gewissenhaftigkeit) eines Bewerbers gesteuert wird. Allerdings vermag das situative Interview nicht aufzuklären, ob ein Bewerber in der Realität dann auch tatsächlich seine geschilderte Verhaltensstrategie einsetzt bzw. ob er überhaupt dazu in der Lage ist, ein bestimmtes Verhalten zu zeigen.

Der Einsatz situativer Interviewsequenzen setzt einen nicht unerheblichen Arbeitsaufwand voraus. Im Vorfeld müssen zusammen mit den jeweiligen Experten aus den Fachabteilungen Mini-Fallstudien entwickelt werden, die wichtige erfolgskritische Handlungssituationen auf der vakanten Stelle abbilden, in denen besondere Gewissenhaftigkeit gefordert ist. Weiterhin müssen mögliche Reaktionsstrategien erarbeitet und hinsichtlich ihrer Eignung zur Situationsbewältigung klassifiziert werden. Es muss also schon im Vorfeld eine Einstufungsskala für die späteren Lösungsangebote der Bewerber konstruiert werden. Es muss vorab klar sein, was als „gute" Lösung, als „akzeptable" oder auch als „unangemessene" Lösung anzusehen ist. Nachfolgend ist ein *Beispiel* für eine situative Frage dargestellt, die das Funktionsprinzip für die Facette „Pflichtbewusstsein" verdeutlicht.

Beispiel

Stellen Sie sich bitte folgende Situation vor:

Ihr Unternehmen möchte in einem Land außerhalb von Europa eine Produktionsstätte errichten. Dazu muss vor dem neuen Werksgelände die Infrastruktur geschaffen werden (Straße, Leitungen für Versorgungsmedien). Diese Aufgabe soll ein lokales Bauunternehmen aus einer Hand übernehmen. Sie sind der Einkäufer für diese Infrastrukturleistungen und agieren vor Ort.

Kurz nachdem das Bauvorhaben über die Medien bekannt geworden ist, lädt sie ein großer lokaler Bauunternehmer zusammen mit Ihrem Partner/Ihrer Partnerin zu einem „schicken Abendessen in das beste Hotel der Stadt" ein, bei dem man ja schon einmal „einige Fragen in entspannter Atmosphäre vorbesprechen" könnte.

Bei diesem Abendessen bietet er Ihnen einen „gut dotierten Beratervertrag" für den Fall an, dass sein Unternehmen den Auftrag bekäme. Denn „Sie wären ja Bauexperte" und „es läge sicherlich auch im Interesse Ihres Unternehmens, wenn das Bauvorhaben zügig und ohne Probleme voranschreiten würde."
Wie reagieren Sie?

Gute Lösung	Akzeptable Lösung	Inakzeptable Lösung
A: Ich lehne die Einladung höflich mit dem Hinweis ab, dass es in meinem Land üblich ist, dass solche Aufträge nach einer Ausschreibung vergeben werden, bei der alle Anbieter die gleichen Ausgangsbedingungen haben. **B:** Ich lehne die Einladung höflich ab und verbinde sie mit dem Hinweis, dass ich zeitnah zu einer Konferenz in unsere Geschäftsräume einladen werde, bei der alle Interessenten in offener Runde ihre Fragen thematisieren können. **C:** Auf alle Fälle mache ich deutlich, dass ein Beratervertrag wegen einer Interessenkollision nicht infrage kommt.	**A:** Ich nehme die Einladung an, allerdings ohne Partner/in und nur für ein „Arbeitsessen am Mittag" in ein normales Restaurant. **B:** Ich versuche, eine/n Kollegen als weiteren Experten zu dem Termin hinzuzuziehen, um „Öffentlichkeit zu schaffen". Zumindest informiere ich meine Vorgesetzten über diesen Termin. **C:** Ich mache deutlich, dass ich auch allen anderen Interessenten für solche Vorgespräche zur Verfügung stehen werde. **D:** Auf alle Fälle mache ich deutlich, dass ein Beratervertrag wegen einer Interessenkollision nicht infrage kommt.	**A:** Ich nehme die Einladung an und bringe meine Freude darüber zum Ausdruck. **B:** Ich sichere Vertraulichkeit des Gesprächs zu. **C:** Die Vorstellungen meines Gesprächspartners zur Ausgestaltung des Beratervertrags höre ich mir erst einmal in aller Ruhe an, um dann eine Entscheidung zu treffen. **D:** Wenn ich der Meinung bin, dass die Akzeptanz eines solchen „Beratervertrags" die Bauabläufe deutlich beschleunigt, dann nehme ich an, denn das ist ja schließlich im Sinne meines Unternehmens. **E:** Ich gehe auf das Angebot zum Vorteil des Unternehmens ein. Das sind nun einmal die Geschäftspraktiken „in solchen Ländern" und wenn wir nicht „flexibel" sind, dann ist es die Konkurrenz.

Es gibt *empirische Indizien,* dass über solch *strukturierte Interviewansätze* die Wahrscheinlichkeit einer geschönten Selbstdarstellung von Bewerbern sogar geringer sein könnte als bei psychologischen Tests zur Erfassung der Big Five. Dies liegt zum einen daran, dass die Interviewten durch die Interaktionssituation mit dem Interviewer kognitiv und von der eigenen Verhaltenssteuerung her stärker beansprucht sind, so dass ihnen weniger mentale Ressourcen für eine gezielte Manipulation ihrer Antworten verbleiben, die ebenfalls hohe Ansprüche an die mentalen Kapazitäten stellt, verbleiben. Zum anderen haben Sie die Interviewsituation im Gegensatz zu psychologischen Tests weniger unter Kontrolle, da sie immer gewahr sein müssen, dass die Interviewer ihre schönfärberischen Darstellungen aufdecken, diese negativ bewerten oder mit kritischen, vertiefenden Nachfragen reagieren. Da die Interviewsituation also dynamischer ist als die vergleichsweise statische Situation bei der Bearbeitung eines psychologischen Tests, wirkt sie unkontrollierbarer und setzt eine höhere mentale Barriere für die Manipulation der eigenen Antworten (vgl. van Iddekinge et al., 2005, S. 538 ff.).

Letztlich kann Gewissenhaftigkeit mit ihren Facetten auch bei einem *Assessment Center (AC)* als eine der Messintentionen integriert werden (vgl. allgemein zur Methode Berthel & Becker, 2017, S. 411 ff.; Obermann, 2017). Als AC-Modul könnte ein *psychologisches Testverfahren* (analog oder digital) zur Messung dieses Persönlichkeitsmerkmals vorgesehen werden. Aber auch viele weitere typische AC-Übungen könnten spezifisch zugeschnitten werden. Einige Ideen dazu: In *Postkorbübungen* könnten Dokumente integriert werden, für deren Bearbeitung systematisches, planvolles Vorgehen und besonnenes Abwägen von Alternativen nötig ist. Bei *Selbstpräsentationen* kann man in den Vorgaben den Akzent auf die Darstellung des eigenen Kompetenzvertrauens und Leistungsstrebens setzen. In *führerlosen Gruppendiskussionen* kann man sehr gut beobachten, wer sich die Rolle des Moderators zutraut, wer der Diskussion Struktur gibt und wer vor gemeinsamen Entscheidungen besonnen abwägt. Ähnliche Beobachtungsmöglichkeiten hat man in allgemeinen *Gruppenübungen* (z. B. Konstruktionsaufgaben). Bei entsprechend gewählten Themen in *Gruppendiskussionen* oder *Einzelpräsentationen* (z. B. „*Sollte man in vorderasiatischen Ländern Schmiergelder zahlen?*") kann man Indizien für Pflichtbewusstsein (Regeltreue, ethisch-moralische Standards), aber auch für Besonnenheit vor endgültigen Entscheidungen sammeln. Ähnliches ist auch über *Fallstudien* möglich. Sind sie entsprechend komplex und mit mehrstündigen Vorbereitungszeiten angelegt, dann lässt sich zudem Systematik in der Vorgehensweise, aber auch Selbstdisziplin analysieren, wenn es um die konzentrierte Auswertung von Informationen oder Statistiken geht. In *Rollenspielen* kann man über die Rollenverteilung und Rollenvorgaben beliebige Settings herstellen. Führt z. B. ein Vorgesetzter ein Disziplinargespräch mit einem Mitarbeiter, der häufige Fehlzeiten aufweist, dann kann man gut die Systematik und Struktur der Gesprächsführung analysieren. Ein Verkäufer, der einen Kunden mit Rabattangeboten auf eine schnelle Entscheidung festlegen will, stellt dessen Besonnenheit auf den Prüfstand. Man sieht: Der Fantasie der AC-Entwickler sind bei der Simulation von betriebsnahen Situationen, die einzelne Facetten der Gewissenhaftigkeit einer Beobachtung auf der *Verhaltensebene* zugänglich machen, wenig Grenzen gesetzt.

Noch ein kleiner Blick in eine (mögliche) *Zukunft* gefällig? Forscher entwickelten eine App, mit der aus den *Augenbewegungen* von Probanden auf die Persönlichkeitsstruktur geschlossen werden konnte. Es ist in der Theorie unbestritten, dass Augenbewegungen (z. B. Blickrichtung, Blicklänge, Blinzeln, Blickfixierung, Sakkaden (= sprungartige Rückbewegungen der Augen nach einer Objektfixierung)) in sozialen Interaktionen wichtige Signale sind, um das Verhalten und die Emotionen des Gegenübers zu verstehen und vorherzusagen. Studien konnten zeigen, dass *Persönlichkeitsmerkmale* auf das Blickverhalten Einfluss nehmen. So lassen z. B. Optimisten ihren Blick kürzer auf negativen emotionalen Stimuli (z. B. Bilder von Hautkrebs) ruhen als Pessimisten. Und neugierige Personen inspizieren bei der Darstellung naturalistischer Szenen mehr Bereiche.

Angeregt durch diese theoretischen Erkenntnisse wurden bei N = 42 Studierenden mit einem Eyetracker die Augenbewegungen aufgezeichnet, während sie einen etwa zwölf-minütigen Spaziergang über das Campus-Gelände inklusive kleiner Einkäufe am Kiosk absolvierten. Danach füllten die Probanden u. a. den NEO-FFI aus. Die Fülle an Einzel-daten, die mit dem Eyetracker erhoben wurde, wurde mit Hilfe von Mechanismen des Maschinenlernens analysiert und strukturiert und mit den Ergebnissen der Persönlich-keitsfragebögen in Verbindung gebracht. Deutlich überzufällig konnten aus den Augen-bewegungen die folgenden vier Big Five-Merkmale prognostiziert werden, wobei die Prozentzahlen angeben, wie weit man über dem reinen Zufallswert einer Gleichver-teilung liegt:

- Extraversion – 48,6 %
- Verträglichkeit – 45,9 %
- Gewissenhaftigkeit – 43,1 %
- Neurotizismus – 40,3 %

Erstmalig konnte damit außerhalb von kontrollierten Laborbedingungen – also bei *All-tagsverrichtungen* (hier: Spazierengehen, Einkaufen) – die Möglichkeit der Persönlich-keitsanalyse über Augenbewegungen nachgewiesen werden. Die Prognosekraft der beiden unterschiedlichen Aktivitäten scheint unterschiedlich hoch zu sein. Hier bedarf es weiterer Forschung zu den Gründen, auch mit weiteren Alltagsaktivitäten und einer höheren Pro-bandenzahl. Anwendungsmöglichkeiten sehen die Autoren vor allem in einer besseren Zusammenarbeit von Robotern und Menschen, wenn die Maschinen menschliche Blick-signale richtig deuten und selbst auch simulieren können (vgl. Hoppe et al., 2018, S. 1 ff.). Als Personaler sieht man noch ganz andere Felder: Augen nicht nur als „Spiegel der Seele", sondern als „QR-Code für die Persönlichkeitsstruktur" von Bewerbern. Wenn das mal keine rosigen Perspektiven für die Eignungsdiagnostik sind. *„Schau mir in die Augen, Kleines"* sagt dann nicht Humphrey Bogart, sondern der Recruiter.

Zurück in die Gegenwart: Bei den vorgestellten traditionellen Selektionsinstrumenten wurde an vielen Stellen auf *Verhalten,* an einigen auch auf *Umgebungsfaktoren* zurück-gegriffen, um eine Aussage zu einem *Persönlichkeitsmerkmal* zu treffen. Ist das methodisch überhaupt zulässig? Theoretische Modelle sagen „ja". Persönlichkeits-merkmale manifestieren sich in Verhalten. So wird eine ordnungsliebende Person häufig Aktivitäten wie „Putzen" oder „Aufräumen" in seiner privaten und beruflichen Umgebung zeigen. Leistungsorientierte Personen schreiben häufig Tagespläne oder To-do-Listen, pflichtbewusste Personen drucken sich regelmäßig die aktuellen Dienstan-weisungen aus.

Verhalten hinterlässt also häufig *Verhaltensspuren* oder *Folgen im Umfeld* einer Person. Ein sauberes und aufgeräumtes Büro, akkurat eingestellte Aktenordner, To-do-Listen und Dienstanweisungen an der Pinwand wären solche Verhaltensspuren/-folgen. Sie haben für die Persönlichkeitseinschätzung Signalcharakter. Man könnte solche Verhaltensspuren und -folgen als „geronnene Persönlichkeit" bezeichnen, von denen man interpretierend auf die Persönlichkeitsstruktur zurückschließen kann. Dies ist vor allem auch deshalb möglich, weil Menschen ihr umgebendes Umfeld aufgrund ihrer Persönlichkeit (z. T. unbewusst) gestalten. Folgende *Mechanismen* sind dabei u. a. wirksam:

- *Selbstbezogene Identitätssignale:* Menschen unterstreichen und versichern sich ihrer eigenen Identität, indem sie in ihrem Umfeld entsprechende Symbole platzieren. Einige Beispiele: Der kunstinteressierte, afrikaaffine Weltenbummler wird seine Räume mit entsprechenden Bildern und Erinnerungsgegenständen ausstatten. Mitarbeiter mit hohem Kompetenzvertrauen und Leistungsstreben hängen sich ihre Hochschuldiplome und Kurszertifikate an die Wand. Bei pflichtbewussten Mitarbeitern stehen die relevanten Gesetzessammlungen in Griffweite auf dem Schreibtisch. Bei besonnenen Menschen taucht als Bildschirmhintergrund am PC der Spruch *„Erst denken, dann Handeln"* auf.
- *Nach außen gerichtete Identitätssignale:* Anderen Personen soll über Symbole ein bestimmtes Bild von der eigenen Person übermittelt werden. Die Beispiele aus dem vorherigen Punkt gelten analog (in Anlehnung an Rauthmann, 2017, S. 303 ff. und die zit. Lit.).

Abschließend noch ein genereller Hinweis zu *allen Personalauswahlmethoden.* Howard und Howard (2008, S. 174) empfehlen, dass alle mit der Personalselektion betrauten Personen zunächst *Selbsttests* zu ihrem Persönlichkeitsprofil machen sollten. Damit soll der bekannten Gefahr bei der Personalauswahl vorgebeugt werden, dass Recruiter bevorzugt Personen auswählen, die ihnen selbst ähnlich sind, sich also quasi oft selbst „klonen". Es ist ein wichtiger Prozess, zu erkennen, welches Niveau an Gewissenhaftigkeit man selbst hat und sich bewusst zu machen, dass für eine bestimmte Stelle eine Person notwendig ist, die ein deutlich höheres oder niedrigeres Niveau bei einzelnen Facetten aufweisen muss oder darf als man selbst Von dieser Empfehlung zu vorherigen Selbsttests kann man den Einsatz von psychologischen Testverfahren ausnehmen, denn diese sind *auswertungsobjektiv.* Gleiche Kreuze auf den Fragebogenskalen produzieren gleiche Ergebnisse, völlig unabhängig von der auswertenden Person. Sie lassen also keinen Raum für subjektive Interpretationen durch den Recruiter.

Zusammenfassung
Als Fazit ergeben sich folgende Handlungsempfehlungen:

- Einsatz bewährter psychologischer Tests zur Erfassung der Gewissenhaftigkeit (und ihrer Facetten).
- Analyse von externen Bewerbungsunterlagen und internen Dokumenten im Hinblick auf Indizien für das Gewissenhaftigkeitsniveau und Verifizierung dieser Ersteindrücke über weitere Selektionsverfahren.

- Nutzung eines Sets von beobachtbaren Indikatoren für Selektionsentscheidungen bei *internen* Mitarbeitern.
- Bitte an Referenzgeber zur konkreten Stellungnahme zu einzelnen Facetten der Gewissenhaftigkeit (eventuell Fremdbeurteilung mit psychologischem Test).
- Bewerberinterview: Generierung von Fragen mit Bezug zur Gewissenhaftigkeit (eventuell unter Nutzung einzelner Items aus psychologischen Tests) und Einsatz von spezifisch zugeschnittenen verhaltensorientierten und situativen Interviews.
- Einbezug von Gewissenhaftigkeit als Messintention in ACs über die entsprechende Adaption von einzelnen AC-Modulen.
- Vermeidung zu ausführlicher Kommunikation über Gewissenhaftigkeit im Vorfeld des Einsatzes von Selektionsinstrumenten zwecks Verhinderung von verfälschenden Priming-Effekten.
- Selbstanalyse aller an Selektionsprozessen beteiligten Personen im Hinblick auf ihr Persönlichkeitsprofil zur Korrektur der Tendenz, bevorzugt nach Ähnlichkeit zur eigenen Person auszuwählen.

5.4 Personaleinsatz

Die *Personaleinsatzplanung* umfasst im Kern zwei Fragestellungen (ähnlich Jung, 2017, S. 187 ff.; Bröckermann, 2016, S. 123 ff.):

- Welcher Mitarbeiter soll welche Stelle besetzen?
- Wie können Mitarbeiter an Stellen und Stellen an Mitarbeiter angepasst werden?

Bei der zweiten Frage geht es einerseits um Anpassung der Qualifikationen der Mitarbeiter an bestimmte Stellen (= Personalentwicklung) und andererseits um die Gestaltung der Aufgaben und der Rahmenbedingungen (z. B. Arbeitszeiten, Arbeitsorganisation, ergonomische und informatorische Arbeitsplatzgestaltung), so dass eine optimale Anpassung der Arbeit an den Menschen und umgekehrt gegeben ist. Unter dem Blickwinkel von Gewissenhaftigkeit wird in Abschn. 5.5 noch näher auf die Aufgabengestaltung und in Abschn. 5.11 auf die Arbeitszeitgestaltung eingegangen. Im vorliegenden Kapitel erfolgt eine Konzentration auf die erste Frage, also die Zuordnung von Mitarbeitern auf Stellen.

Damit stellt sich die Frage, welche *Berufsbilder, Stellen* und *Aufgabentypen* für gewissenhafte Mitarbeiter besonders geeignet sind und welche eher nicht. Starten wir zunächst mit einigen allgemeineren Überlegungen (siehe dazu auch Howard & Howard,

2008, S. 223 f.). Es geht also um eine Passung zwischen Tätigkeit und Persönlich-keitsstruktur. Ist er in größerem Umfang nicht vorhanden, dann kann das zur Ursache für unnötig schwache Leistung, Arbeitsunzufriedenheit, Absentismus und eventuell auch Fluktuation werden. Niemand arbeitet auf Dauer gern und gut entgegen seiner Persönlichkeitsstruktur. Und weil die sehr stabil ist, muss auch tendenziell davon abgeraten werden, den Mitarbeiter bei Leistungsmängeln immer wieder neu mit Trainingsmaßnahmen zu „beglücken". Das betrifft vor allem Maßnahmen auf der Ebene der Sozial- und Persönlichkeitskompetenz (z. B. Konfliktfähigkeit, Offenheit, Flexibili-tät). Aber auch Maßnahmen zur Fach- und Methodenkompetenz – und sei es nur das Erlernen einer neuen, bereichsspezifischen Software – sind nicht ohne subtile Tücke. Möglicherweise mauert man einen Mitarbeiter mit ständig neuen Trainingsmaßnahmen immer weiter im falschen Arbeitsfeld ein. Und er selbst wagt für seinen Karriereweg auch keine Veränderungsinitiativen mehr, weil er und die Organisation ja „schon so viel investiert" haben.

Auch nach der zehnten Schulung im Zeitmanagement wird ein *weniger gewissen-hafter* Mitarbeiter innerlich nicht in einem strikt durchgeplanten Umfeld ankommen. Und ein *sehr gewissenhafter* Mitarbeiter wird sich auch nach mehreren Seminaren zum Thema „Umgang mit Komplexität" in einer turbulenten, schwer planbaren Arbeits-umgebung nur bedingt wohlfühlen. Es gibt ja bekanntlich nach Theodor Adorno *„kein richtiges Leben im falschen".*

Daher sollte man *vor* Personaleinsatzentscheidungen und PE-Maßnahmen stets die Frage stellen, ob der Mitarbeiter in seinem Arbeitsfeld überhaupt grundsätzlich richtig, sprich persönlichkeitsadäquat, eingesetzt ist. Geradezu tragisch sind die Fälle, bei denen Mitarbeiter schon vom Jugendalter an beruflich quasi „auf die schiefe Bahn" gekommen sind. Aufgrund der Einflussnahme von Eltern, anderer wichtiger Meinungsbeeinflusser oder auch aufgrund eigener, unreflektiert romantischer Träumereien *(„Irgendwas mit Menschen machen"),* wird ein unpassender Beruf gewählt und dann ein ganzes Erwerbs-leben lang „mit zusammengebissenen Zähnen" bis zur Rente durchgezogen. Und dabei immer ein wenig unglücklich, immer gestresst, immer unterhalb der eigenen wahren Leistungspotenziale. Gesund ist dies bestimmt nicht, weder körperlich, noch für die Psyche. Besonders problematisch ist die Situation für Personen, die innerhalb ihres Big Five-Profils höhere Werte in Neurotizismus aufweisen und daher grundsätzlich sorgen-voller, empfindlicher und stressanfälliger sind. Es kann also „ein Segen" sein, als Mit-arbeiter auf eine Personalabteilung zu treffen, die bei Personaleinsatzplanungen die Frage nach der Passung mit der Persönlichkeit mit Nachdruck stellt und gemeinsam mit dem Mitarbeiter reflektiert. Statt einem *„Immer weiter so"* oder Trainings-planungen nach dem Motto *„Viel hilft viel"* rücken dann nämlich Alternativstrategien im klassischen personalwirtschaftlichen Werkzeugkasten in den Fokus:

- *Versetzungen* auf eine andere Stelle, in eine andere Abteilung, an einen anderen Standort oder gar in eine Tochtergesellschaft sind eine naheliegende und wirksame Maßnahme. Sie ist aber auch für alle Beteiligten sehr einschneidend. Es gilt daher auch über „niedrigschwelligere" Optionen nachzudenken. Solche wären:
- *Aufgabenveränderungen* können dafür sorgen, dass eine bessere Anpassung an die Persönlichkeitsstruktur erzielt wird. Oft ist es ja nicht die gesamte Aufgabe, mit der ein Mitarbeiter „fremdelt", sondern es sind nur einzelne Aufgabenelemente. Man kann sie zu anderen Mitarbeitern transferieren, die sie besser und vielleicht sogar mit Freude machen. Wenn ein Außendienstler X mit einer geringeren Ausprägung bei Selbstdisziplin und Ordnungsliebe vor allem von Dokumentations- und Auswertungsaufgaben „genervt" ist und ihm dabei ständig Fehler unterlaufen, dann soll es doch der Kollege Y mit einer höheren Ausprägung dieser Persönlichkeitsfacetten machen. Im Gegenzug kann ihm Mitarbeiter X ein paar externe Akquisetermine abnehmen.
- *Job Enlargement bzw. Job Enrichment* sehen die Hinzufügung gleichartiger oder höherwertiger Aufgabenelemente auf einer Stelle vor. Über diese Maßnahme kann für den Mitarbeiter eine bessere Balance zwischen persönlichkeits*in*adäquaten (ungeliebten) und persönlichkeitsadäquaten (bevorzugten) Aufgaben erreicht werden.
- *Job Sharing* als Teilung eines größeren Arbeitsbereichs zwischen zwei oder mehreren Mitarbeitern eröffnet die Möglichkeit, dass die Mitarbeiter die notwendigen Verrichtungen unter sich *selbstgesteuert* so verteilen, dass jeder stärker im Einklang mit seiner Persönlichkeit arbeiten kann. Mehrere Verkäufer könnten also die Verwaltungsarbeiten im Innendienst und die kundennahen Aufgaben im Außendienst flexibel unter sich aufteilen. Ähnliche Effekte kann man mit der Einrichtung von *teilautonomen Arbeitsgruppen* erzielen, bei denen die Entscheidung zur Aufgabenverteilung ebenfalls in der Hand der Mitarbeiter liegt. Diese Ansätze führen natürlich nur zum Erfolg, wenn die Mitarbeiter hinreichend *heterogene Persönlichkeitsstrukturen* aufweisen. Wenn alle das Schreiben von Protokollen hassen, dann funktioniert der Ansatz nicht. Daher macht ja auch der Einsatz von eignungsdiagnostischen Instrumenten bei der Teamzusammenstellung Sinn, mit denen man für eine hinreichende Diversität der Persönlichkeitsstrukturen sorgen kann.
- *Job Rotation* als systematischer Arbeitsplatzwechsel bietet auf zwei Ebenen interessante Optionen. Zum einen kann der Mitarbeiter in einem diagnostischen Prozess für sich selbst im realen Feld erkunden, welche Tätigkeiten auf seine Persönlichkeitsstruktur passen und welche nicht. Es kann sinnvoll sein, ihn dabei über strukturierte Reflektions- und Selbstanalyseprozesse zu begleiten. Dies kann persönlich (z. B. Coaching) oder über schriftliche Materialien geschehen. Zum anderen können regelmäßige Rotationen die Belastungen aus Aufgaben senken, die wenig im Einklang mit der Persönlichkeitsstruktur sind. Es macht schließlich definitiv einen Unterschied, ob eine ungeliebte Aufgabe 40 h in der Woche auszuführen ist oder nur 15 h. Man kann auf diesem Weg für eine persönlichkeitsoptimierte „*Work-Work-Balance*" sorgen.

Die Instrumente liegen also auf der Hand und sind auch hinlänglich bekannt. Erforderlich ist eine *konsequente Anwendung*. Bei einer mangelnden Passung zwischen Persönlichkeit und Tätigkeit gilt: Hinschauen statt Wegschauen! Zum Wohle aller Beteiligten.

Jetzt aber „Butter bei die Fische". Wo liegen *bevorzugte Einsatzfelder* für gewissenhafte Mitarbeiter? Wo fühlen Sie sich wohl und/oder wo kommen ihre spezifischen Stärken besonders gut zum Tragen? Diese Aufgaben ergeben sich recht klar aus den einzelnen Facetten der Gewissenhaftigkeit und lassen sich mit folgenden *abstrakten Merkmalen* von Tätigkeiten umschreiben:

- *Erforderlichkeit eines Minimums an fachlicher Expertise und Spezialistentums:* Nicht jeder kann die Tätigkeit verrichten und der Stelleninhaber ist nicht spontan und kurzfristig gleichwertig ersetzbar. Die Expertise muss man sich über einen längeren Zeitraum selbst erarbeiten und erforderlichenfalls eigeninitiativ anpassen und erweitern. Der Mitarbeiter muss selbst das Gefühl haben können, dass sein Niveau an Fachqualifikationen ihn von anderen Mitarbeitern unterscheidet. Dazu muss die Tätigkeit die Expertise auch regelmäßig und in hinreichender Intensität abfordern. Explizit sei betont, dass dieses Merkmal sich nicht auf höherwertige Aufgaben oder gar höhere Hierarchieebenen beschränkt.
- *Klar definierte Arbeitsziele:* Der Mitarbeiter weiß genau, in welche Richtung er seine Anstrengung und Energie richten muss und welcher IST-Zustand am Ende seiner Bemühungen stehen soll.
- *Durchgeplante und organisierte Arbeitsabläufe:* Es muss klar sein, welche grundsätzlichen Arbeitsschritte und Aufgabenpakete abzuarbeiten sind, damit das finale Ziel der Tätigkeit erreicht wird. Das schließt keineswegs aus, dass innerhalb der einzelnen Schritte „knifflige" Detailprobleme zu lösen sind.
- *Stabilität der Rahmenbedingungen:* Das Arbeitsumfeld, in dem die Aufgabe verrichtet werden muss, darf sich nicht ständig und schon gar nicht erratisch verändern. Der Mitarbeiter muss die Sicherheit haben, dass er seine Expertise gut planbar einbringen kann. Mit anderen Worten: Die Arbeitssituation ist für ihn weitgehend kontrollierbar. Das schließt nicht aus, dass ein Mitarbeiter sich jeden Tag auf eine Vielzahl wechselnder Datenlagen einstellen muss (z. B. ein Rohstoffeinkäufer im Chemiekonzern), aber er muss sie nach einem tendenziell einheitlichen Grundmuster verarbeiten können.
- *Relevanz von Detailorientierung und Regelbeachtung:* Für den Erfolg der Tätigkeit ist es wichtig, dass konsequent und auf Dauer Detailinformationen beachtet werden und Vorgaben für einzelne Ablaufschritte eingehalten werden. Die Arbeit an der Aufgabe kann erst gestartet werden, wenn alle Voraussetzungen vorliegen. Fehler sollten tunlichst nicht passieren. Es geht also um Tätigkeiten, bei der nicht „viele Wege nach Rom führen", die man nicht heute so, morgen anders verrichten kann und trotzdem Erfolg hat, wenn man nur genug Engagement einbringt. Dieses Merkmal trifft natürlich auch für sicherheitskritische Bereiche im weiteren Sinn zu, bei denen kleine Regelmissachtungen zu großen körperlichen oder materiellen Schäden oder auch

Vertrauensschäden (z. B. bei Verletzung von Vertraulichkeitserfordernissen) führen können.

Detailorientierung kann bei manchen Stellen auch bedeuten, dass man die Informationen von Interaktionspartnern genau erfassen muss, was mitunter aufmerksames, geduldiges Zuhören voraussetzt.

- *Relevanz von Dokumentationspflichten:* Für die Weiterbearbeitung einer Aufgabe durch die nächste Instanz ist eine sorgfältige Dokumentation erforderlich. Die Notwendigkeit kann sich auch aus gesetzlichen Auflagen ergeben.

- *Wenig Anreize für Regelmissachtung:* Ökonomisch betrachtet stellt die Einhaltung von Regeln für den einzelnen Mitarbeiter immer einen Kosten-Nutzen-Abwägungsprozess dar. „Verführungen" zu widerstehen führt zu (psychologischen) Kosten, die nur kompensierbar sind, wenn die Regeleinhaltung einen entsprechend hohen (psychologischen) Nutzen stiftet. Typische „Anreize" für Regelmissachtung wären: Schnellere, bequemere Arbeit bei Missachtung von Sicherheitsvorschriften, leichte Verfügbarkeit von Ablenkungen (z. B. Internetzugang), eingeschränkte Kontrollierbarkeit von Regeleinhaltung *(„merkt doch eh´ keiner"),* persönliche Vorteile oder verbesserte persönliche Leistung (z. B. passive/aktive Korruption). Stellen unterscheiden sich erheblich darin, welche und wie viele „Verführer" lauern.

  Vielleicht ist diese *empirische Studie* zu „Verführungen" jetzt etwas weit hergeholt. Der Leser möge selbst entscheiden. In einer Untersuchung an N = 667 spanischen Frauen zeigte sich, dass Gewissenhaftigkeit das *einzige Big Five-Merkmal* war, welches – komplett unabhängig von der Moderatorvariable „materialistische Orientierung" – negativ mit *exzessivem Kaufverhalten* korreliert war (r = −0,15) (vgl. Otero-López & Villardefrancos, 2013, S. 769 f.). Gewissenhaftigkeit auch als „Impfstoff" gegen ein Arbeitsfeld, das mit „Verführungs-Viren" unterschiedlichster Art durchseucht ist? Die Studie könnte ein Indiz dafür sein.

- *Freiraum für Leistungsverbesserungen:* Durch höheren oder optimierten persönlichen Einsatz muss es möglich sein, seine Leistung entweder zu Vorperioden oder im relativen Vergleich zu Kollegen zu verbessern. Es sollte eine „gesunde" Wettbewerbsorientierung möglich sein. Dies ist beispielsweise überall dort kaum möglich, wo das realisierbare Leistungsniveau stark von technischen Aggregaten (z. B. Maschinentakt) oder von externen Faktoren (z. B. Zahl zu beantwortender Kundenanfragen) abhängt.

- *Hohe Relevanz von Termineinhaltung:* Zu später Aufgabenbeginn, zu langsames Arbeiten oder auch zu häufige Unterbrechungen führen zu nicht kompensierbaren negativen Wirkungen auf nachgeordnete Prozessschritte oder hinsichtlich der Außenwirkung der Organisation. Eine strikte Zeitplanung und deren Einhaltung sind von hoher Priorität.

- *Hohe Relevanz von sorgfältigem Umgang mit Ressourcen:* Wenig achtsamer Umgang mit Ressourcen zieht sofort hohe Kostenwirkungen oder gravierende negative Effekte auf den qualitativen Output nach sich.

- *Entscheidungen mit hohem Risikopotenzial:* Wenn häufig Entscheidungen getroffen werden müssen, die hinsichtlich ihrer Richtigkeit hohe Risiken beinhalten, dann sind besonnene Abwägungsprozesse und ein hohes Risikobewusstsein wichtig.
- *Monotonie:* Es stellt eine eigenständige Leistung dar, immer wieder aufs Neue die gleichen Vorgänge abzuarbeiten und dabei im Qualitäts- und Sorgfaltsniveau nicht nachzulassen. Dieses Aufgabencharakteristikum beschränkt sich keineswegs auf Tätigkeiten am Fließband. Der Lehrer, der zum x-ten Mal die binomischen Formeln gut erklären muss, gehört genauso dazu wie der Laborfacharzt, der im 20. Berufsjahr die immer gleiche komplexe Blutanalyse vornehmen muss oder der Unternehmensberater, der immer wieder aufs Neue für mittelständische Unternehmen eine Mitarbeiterbefragung organisiert.
- *Nicht delegierbare Verantwortlichkeit:* Das Aufgabenfeld gestattet es nicht, Verantwortlichkeit weiterzureichen. Sie muss höchstpersönlich übernommen werden.
- *Zeitlicher Freiraum und stabile Informationsbasis für Entscheidungen und Handlungsplanung:* Das Aufgabenfeld sollte möglichst wenig Entscheidungen abverlangen, die sehr spontan oder unter unvollständigen Informationen getroffen werden müssen. Das schließt Entscheidungen von großer Tragweite keinesfalls aus. Es muss aber die Möglichkeit bestehen, für sie die relevanten Informationen zusammenzutragen und zu bewerten. Analog gilt dies für die Planung der eigenen Aktivitäten und Vorgehensweisen. Sie sollten nicht unter Zeitdruck geschehen müssen.

Nicht für alle Mitarbeiter mit hoher Ausprägung von Gewissenhaftigkeit sind alle Merkmale gleich wichtig. Es kommt diesbezüglich durchaus auf die Ausprägung der einzelnen *Facetten* an. Bei sehr hohen Werten in *Ordnungsliebe* sind *Freiräume für die Leistungsverbesserung* nicht so relevant wie für Mitarbeiter, die speziell bei der Facette *Leistungsstreben* hohe Werte aufweisen.

Jetzt ist der richtige Zeitpunkt, um aus diesem Buch 1.0 punktuell einmal ein Buch 2.0, also ein interaktives Mitmachbuch, zu machen. Überlegen Sie doch bitte einmal für Ihre Organisation, welche Stellen in hohem Umfang die dargestellten Merkmale aufweisen und welche im Gegenteil für sehr gewissenhafte Mitarbeiter partout nicht geeignet sind. Ihre Einschätzungen können Sie in dem nachfolgenden Blankokasten notieren. In Tab. 5.6 sind dann etliche Beispiele für Berufe/Stellen notiert, die aus Sicht des Autors besonders gut für gewissenhafte Mitarbeiter geeignet sind (vgl. teilweise auch Howard & Howard, 2008, S. 140 f.).

Eigene Ideen:

Tab. 5.6 Berufe und Aufgaben für Personen mit hoher Gewissenhaftigkeit

Allgemein	
• Linienfunktion (statt Stabsfunktion)	• Führungskraft in stabiler Geschäftssituation (statt Krisenmanagement)
• Führungskraft in gewachsenen Strukturen (statt Start-up)	• Fachexperte im nichtforschenden Bereich
• Führungskraft in stabilen Umwelten (statt turbulenten Umwelten)	• Fachexperte im forschenden Bereich mit klaren Vorgehensstrukturen (statt völlig offener, kreativitätsbasierter Suchstrukturen)
Konkret	
• Administrative Funktionen	• Kassierer
• Anlagenführer	• Kaufmann, kaufmännische Angestellte
• Anwalt	• Koch
• Apotheker	• Kranken-/Altenpfleger
• Architekt	• Laborfachkraft
• Bauzeichner	• Lagerleiter, Lagerfachkraft

(Fortsetzung)

Tab. 5.6 (Fortsetzung)

• Buchhalter	• Lehrer
• Chemiker, Chemikant	• Maschinenführer von Mobilmaschinen (Zugführer, LKW-/Kran-/Baggerfahrer)
• Controller	• Materialdisponent
• Datenbankadministrator	• Montage(fach)arbeiter
• Einkäufer	• Pilot
• Elektriker	• Polizist
• Facharzt (statt Allgemeinmediziner)	• Programmierer
• Filialleiter (z. B. Handel, Bank)	• Projektmanager
• Finanzplaner	• Produktionsleiter
• Fluglotse	• Qualitätsprüfer
• Gärtner	• Rettungspersonal
• Gebäudetechniker	• Sekretär
• Human-Resources-Manager	• Verkäufer Investitionsgüter (statt Konsumgüter)
• Ingenieur	• Wirtschaftsprüfer, Steuerberater

Diese Beispiele können nur Tendenzaussagen sein. Im Einzelfall kommt es auf die konkrete Zusammensetzung des Aufgabenpakets, seine Organisation und auch die Organisationskultur an.

Was sagt die *Empirie?* Nicht alle, aber doch etliche der oben im Text aufgelisteten Merkmale von geeigneten Aufgabenfeldern betreffen im weitesten Sinn die *Komplexität der Tätigkeit* als wichtige Moderatorvariable. Und dazu gibt es interessante, bestätigende Erkenntnisse aus der Metaanalyse 2. Ordnung von Wilmot und Ones (2019, S. 23004, 23008 und Anhang 9). In Globalbetrachtung entfaltet hohe Gewissenhaftigkeit über alle Berufsfelder hinweg einen positiven Effekt auf die Leistung (siehe Abschn. 3.2), jedoch ist dieser aber bei Berufen mit *niedriger und mittlerer Komplexität* stärker als bei Berufen mit höherer Komplexität. Die Autoren prüften konkret auch die Wirkung von Gewissenhaftigkeit auf die Leistung in acht unterschiedlichen Berufsfeldern, die sie nach ihren technischen Anforderungen und ihrer Komplexität in die Gruppen *„geringe Komplexität – moderate Komplexität – hohe Komplexität"* einteilten. Leider sind die Berufsbezeichnungen zum Teil relativ global. Am stärksten fällt der moderierende Effekt in Pflegeberufen (Health Care) aus. Tab. 5.7 gibt die Ergebnisse wieder.

Mit diesen Erörterungen ergibt sich im Hinblick auf ideale Persönlichkeitsprofile für Berufe und Aufgaben natürlich ein eingeschränkter Fokus. Wir schauen bewusst nur durch das „Schlüsselloch Gewissenhaftigkeit". Es liegt auf der Hand, dass z. B. ein erfolgreicher Krankenpfleger auch einer Mindestausprägung in den Domänen

	Berufsfeld und Kompexitätsgruppe	Korrelation
Tab. 5.7 Korrelation von Gewissenhaftigkeit und Leistung in acht unterschiedlich komplexen Berufsfeldern	**Low Complexity**	
	• Skilled/Semi-Skilled	0,21
	Moderate Complexity	
	• Sales	0,23
	• Military	0,25
	• Health Care	0,33
	• Customer Service	0,23
	• Police	0,20
	High Complexity	
	• Managerial	0,15
	• Professional	0,13

„Verträglichkeit" (z. B. Facetten Altruismus, Gutherzigkeit) und „Extraversion" (z. B. Facetten Herzlichkeit, Frohsinn, Durchsetzungsfähigkeit) bedarf. Und die „Neurotizismus-Werte" (z. B. Facetten Reizbarkeit, Ängstlichkeit, soziale Befangenheit) sollten auch nicht allzu hoch sein.

Beispielhaft seien kurz *zwei empirische Ergebnisse* für das Zusammenwirken von Big Five-Merkmalen vorgestellt: Speziell für *Rettungspersonal* konnte in einer deutschen Studie gezeigt werden (N = 173), dass dieser Personenkreis (auch Ehrenamtler) – gespiegelt an den Normwerten – höhere Werte bei Gewissenhaftigkeit und Risiko-/Wettbewerbsorientierung und niedrigere Werte bei Neurotizismus und Offenheit aufweist. Das Gesamtpaket macht dann die „*Rettungspersönlichkeit*" aus (vgl. Klee & Renner, 2013, S. 670 f.). Die „*Militärpersönlichkeit*" ergibt sich nach einer deutschen Studie (N = 235) der gleichen Autoren analog durch höhere Gewissenhaftigkeit, Extraversion, Risiko-/Wettbewerbsorientierung, Resilienz und niedrigere Ausprägung von Neurotizismus, Verträglichkeit und Offenheit (vgl. Klee & Renner, 2016, S. 263 ff.).

Machen wir den Versuch einer *zusammenfassenden Beschreibung* des *idealen Arbeitsfelds für gewissenhafte Mitarbeiter:* Die hohe Zielorientierung bei gleichzeitig eingeschränkter Verhaltensflexibilität dieser Personen ist bevorzugt bei Aufgaben mit vorhersehbaren Umwelten einzusetzen. Gewissenhafte Mitarbeiter können ihr Potenzial am besten in geordneten und gut strukturierten Arbeitsumgebungen entfalten, in denen zudem klare soziale Erwartungen herrschen. Auch mit Projekten, die engagiertes, diszipliniertes Arbeiten und fristgerechte Fertigstellung oder Erreichung von Meilensteinen erfordern, kommt dieser Persönlichkeitstyp gut klar. Schlecht strukturierte, komplexe und mehrdeutige oder gar chaotische Arbeitsumwelten können dagegen die Leistungsmotivation verwässern (vgl. Wilmot & Ones, 2019, S. 23008; Little, 2015, S. 44 f.). Insofern sind eher Unternehmen oder Unternehmensbereiche günstig, die eine stärkere Formalisierung und Hierarchisierung aufweisen. Um Extremtypen anzusprechen: Im Öffentlichen Dienst oder Beamtenverhältnis fühlen sich gewissenhafte

Mitarbeiter besser aufgehoben als im turbulenten Start-up, in dem es „drunter und drüber" geht und „Adhokratie" herrscht.

Abschließend noch ein spezieller, empiriegestützter Blick auf Aufgabenfelder, die besonders viele *soziale Interaktionsbeziehungen* fordern. Diese untersuchte eine Meta-analyse über elf Einzelstudien mit insgesamt N = 1,586 Teilnehmern. *Gewissenhaftigkeit* stellte sich hier – in Übereinstimmung mit vorherigen Studien – mit einem Korrelations-koeffizienten von r = 0,26 innerhalb der Big Five als bester Prädiktor für die Gesamt-leistung heraus (vor *Verträglichkeit* mit r = 0,21).

Differenziert man hinsichtlich der *Art der Interaktion* in *Teamarbeit*, bei der es zu ständig wechselnden Kontakten mit mehreren Interaktionspartnern kommt, und *Tätigkeiten mit primär dyadischen Interaktionen,* bei denen lediglich zwei Personen miteinander in Kontakt treten (typisch z. B. bei Tätigkeiten im Service und Kunden-dienstbereich), dann zeigen auch die Korrelationen ein differenziertes Bild. Bei *Teamarbeit* ist Gewissenhaftigkeit mit r = 0,21 deutlich weniger wichtig als Verträg-lichkeit (r = 0,33) und Emotionale Stabilität (r = 0,27). Dagegen hat sie mit r = 0,29 bei *dyadischen Interaktionen* eine überaus dominierende Bedeutung (Verträglichkeit nur r = 0,13 und Emotionale Stabilität r = 0,12). Es bieten sich somit im Hinblick auf die Interaktionssituation für gewissenhafte Mitarbeiter speziell Tätigkeiten an, die häufige *personelle 1:1-Situationen* beinhalten. Dies sollte sowohl bei der Personalauswahl, als auch bei Personaleinsatzentscheidungen Berücksichtigung finden (vgl. Mount et al., 1998, S. 155 ff.). Am Rande: In dieser Studie zeigte sich ebenfalls, dass *Planbarkeit* und *stabile, kalkulierbare Rahmenbedingungen* Schlüsselfaktoren für das ideale Einsatzfeld von gewissenhaften Mitarbeitern sind. Dyadische soziale Interaktionssituationen erfüllen diese Anforderung an Kontrollierbarkeit der Situation stärker als Teamsituationen, die sich aufgrund der Vielfalt der Sozialbeziehungen dynamischer und unkontrollierter ent-wickeln können.

Zusammenfassung

Als Fazit ergeben sich folgende Handlungsempfehlungen:

- Einsatz von gewissenhaften Mitarbeitern in Aufgabenfeldern, die ihrem Persön-lichkeitsprofil entsprechen, statt ständiger Versuche, vermeintliche Defizite über Schulungsmaßnahmen zu beheben.
- Besonders wichtig sind gute Planbarkeit der Arbeitsvollzüge, stabile Rahmen-bedingungen, Möglichkeit zu detailorientiertem, regelbasiertem Arbeiten und Freiräume zur Entfaltung der Ziel- und Leistungsorientierung.
- Aufgaben sollten – gesamtheitlich gesehen – eine geringe bis mittlere Komplexität aufweisen.
- Im Hinblick auf soziale Interaktionen sind dyadische Beziehungen vorteilhafter als Teambeziehungen.

- Konsequente Nutzung des personalwirtschaftlichen Instrumentariums zur Herstellung einer optimalen Passung zwischen Aufgabe und Persönlichkeitsstruktur: Versetzung, Aufgabenveränderung, Job Enlargement, Job Enrichment, Job Rotation, Job Sharing, (teil)autonome Arbeitsgruppen.
- Unterstützung der Mitarbeiter bei den Reflektionsprozessen zur Passung von Aufgabe und Persönlichkeitsprofil.

5.5   Aufgabengestaltung

Steht Ihr Dealer auch hinter dem Werkstor? Droge Arbeit? Fast könnte man zu solchen Vergleichen greifen, wenn man sich mit dem Phänomen „*Flow-Erleben"* beschäftigt (Csíkszentmihályi, 2012). Vereinfacht lässt sich Flow als „Verschmelzen mit der Arbeit" oder als „Glückserfahrung durch Aufgehen im eigenen Tun" umschreiben. Entdeckt wurde dieses Phänomen durch Befragungen von Personengruppen, die Tätigkeiten extrem engagiert betrieben, obwohl sie keine signifikanten Belohnungen dafür erhielten, zum Beispiel Künstler, Sportkletterer, Tänzer oder Chirurgen bei der Operation.

In einer etwas ausführlicheren Beschreibung lässt sich Flow-Erleben durch folgende *Merkmale* kennzeichnen (Rheinberg, 2006, S. 346):

- Auf einem hohen Niveau hat man das Gefühl, durch eine Tätigkeit hoch beansprucht zu werden, sie aber gleichzeitig jederzeit unter Kontrolle zu haben.
- Aufgrund von eindeutigen Anforderungen und Rückmeldungen ist jederzeit klar, was zu tun ist.
- Der Handlungsablauf wird – basierend auf einer inneren Logik – als glatt und fließend erlebt. Daraus leitet sich vermutlich auch der Flow-Begriff primär ab. „Es flutscht", würde man volkstümlich dieses Merkmal umschreiben.
- Um die Konzentration auf die Tätigkeit muss man sich nicht bemühen, sie fliegt einem zu.
- Die Zeit wird vergessen; Stunden vergehen wie Minuten.
- Die eigene Person wird nicht mehr als isoliert von der Tätigkeit wahrgenommen. Man reflektiert im Flow auch kaum noch über die eigene Person.

Solche Flows sind ohne Zweifel beglückende Arbeitsmomente und dürften sich positiv auf die Arbeitszufriedenheit auswirken. Wann aber kommt es zu Flow-Erlebnissen? Was hat das Unternehmen davon? Und welche Rolle spielen *Persönlichkeitsmerkmale?* In einer Studie in den Niederlanden (N = 113) über verschiedene Berufe hinweg konnte gezeigt werden, dass speziell *gewissenhafte Mitarbeiter* eine *höhere Leistung* bringen und gleichzeitig (!) für sich *Flow erleben,* wenn ihre Arbeit in hohem Umfang den fünf Merkmalen des *Job-Characteristics-Modells* für motivierende Arbeitsaufgaben entsprach. Die Leistungssteigerung betraf dabei nicht nur Aspekte, bei denen es um die offiziellen, direkten Aufgabenziele zur Erreichung der Unternehmensziele geht (= *In-Role-Performance*), sondern auch Aspekte, die eher freiwillig sind und indirekt den Unternehmenserfolg unterstützen *(= Extra-Role-Performance;* z. B. Hilfe für Kollegen, Aktivitäten zur positiven Außendarstellung des Unternehmens, Einarbeitung neuer Mitarbeiter; siehe dazu auch Abschn. 3.5 unter dem Stichwort „Corporate Citizenship Behavior"). Die Korrelationen zwischen Gewissenhaftigkeit und Leistung betrugen für *In-Role-Performance* bemerkenswerte r=0,45 und für *Extra-Role-Performance* auch noch r=0,30. Bei Mitarbeitern mit niedrigen Werten auf der Gewissenhaftigkeitsskala traten diese Effekte nicht auf. Gewissenhaftigkeit hat damit einen wichtigen moderierenden Einfluss auf das Verhältnis zwischen Aufgabengestaltung und Leistung und gleichzeitigem Flow-Erleben (vgl. Demerouti, 2006, S. 266 ff.).

Eine generell höhere Tendenz von gewissenhaften Mitarbeitern zu Flow-Erlebnissen konnte auch eine Studie (N = 137) aus Schweden bestätigen. Als einzige Big Five-Merkmale waren *Neurotizismus* mit r = −0,28 und *Gewissenhaftigkeit* mit r = 0,30 mit Flow korreliert, wobei sie zusammen stattliche 22 % der gesamten Varianz erklärten. Gewissenhafte Mitarbeiter sind also besonders empfänglich für Flow-Erleben. Ihre höhere Bereitschaft, sich intensiv und ausdauernd einer Arbeit und Problemlösungen zu widmen, lässt sie mit größerer Wahrscheinlichkeit den „Kipppunkt zum Flow-Paradies" überschreiten. Eine geringe Emotionale Stabilität wirkt eher als Hemmfaktor, da Arbeitseinstellung und -emotion dieser Mitarbeiter eher negativer und instabiler sind, was es erschwert, sich voll und ganz auf eine Tätigkeit einzulassen und vollständiges Kontroll- und Kompetenzgefühl zu erleben. Am Rande: Intelligenz wies keinerlei Korrelation zum Flow-Erleben auf (vgl. Ullen et al., 2012, S. 170 f.).

Wie sieht motivierende Aufgabengestaltung nach dem *Job-Characteristics-Modell* nun aus? Eine Aufgabe muss demnach *fünf Kriterien* erfüllen (siehe Abb. 5.3) (vgl. Hackman & Oldham, 1980; Nerdinger et al., 2019, S. 469; Demerouti, 2006, S. 271):

- *Anforderungsvielfalt:* Die Arbeitsaufgabe sollte abwechslungsreich sein, unterschiedliche Verrichtungen enthalten und dadurch möglichst viele motorische, intellektuelle und soziale Qualifikationen des Mitarbeiters ansprechen.
- *Vollständigkeit der Aufgabe:* Der Mitarbeiter sollte für eine möglichst abgeschlossene Aufgabe (= kompletter Produktions- oder Dienstleistungszyklus) zuständig sein und nicht nur stark reduzierte Teilaufgaben verrichten, die er ohne jegliche Gesamtverantwortung von vorgelagerten Stellen erhält oder an nachgelagerte Stellen weitergibt. Dies ermöglicht Sinnstiftung. Es ist motivierender, innerhalb eines Fertigungsprozesses an seinem Arbeitsplatz auch für Materialversorgung und Qualitätskontrolle zuständig zu sein, als nur Schrauben in Metallgehäuse zu drehen.
- *Wichtigkeit der Aufgabe:* Dem Mitarbeiter muss klar sein, welchen Beitrag er zur Realisierung von übergeordneten Zielen leistet (Unternehmensziele, Kundennutzen) und dass seine Aufgabe ein unersetzlicher Bestandteil innerhalb des arbeitsteiligen

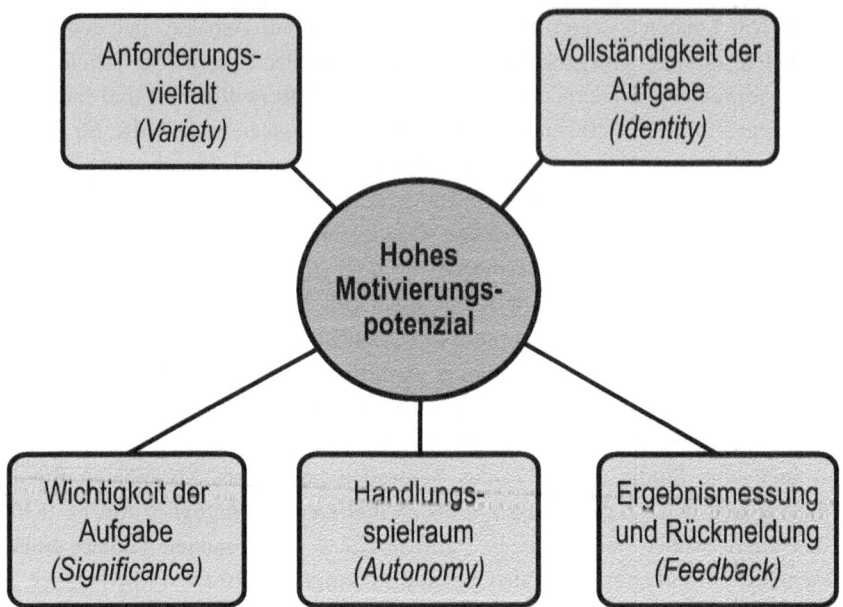

Abb. 5.3 Merkmale motivierender Arbeitsaufgaben

Netzwerks mit Kollegen ist. Auch das ist ein Beitrag zu Sinnstiftung bei der Arbeit. Bei der Schaffung dieser Transparenz sind Führungskräfte besonders gefordert.

- *Handlungsspielraum:* Mitarbeiter sollten eigenverantwortlich Entscheidungen bezüglich ihrer Arbeit treffen können (z. B. über Ressourceneinsatz, konkrete Vorgehensschritte, Teilziele). Dies vermittelt Handlungskontrolle und stärkt das Selbstwertgefühl. Speziell bei gewissenhaften Mitarbeitern sollte aber auf das richtige Maß geachtet werden. Sie benötigen ja bekanntlich Klarheit und Struktur. Zumindest das Ziel der Aufgabe muss sehr eindeutig fixiert sein, eventuell sind auch einige Vorgehensregeln sinnvoll. Keinesfalls darf für diesen Personenkreis die Arbeitssituation zu unbestimmt und offen werden. Sie können zwar gut planen, benötigen dafür aber einen stabil verankerten Rahmen.
- *Ergebnismessung und Rückmeldung:* Mitarbeiter benötigen stets Klarheit darüber, wie weit sie im Prozess der Aufgabenbewältigung vorangeschritten sind und wie gut ihnen diese gelingt. Feedbacks können grundsätzlich aus der Aufgabe selbst, von Vorgesetzten, Kollegen oder auch Kunden kommen. Diese Rückmeldungen schaffen Struktur und ermöglichen die selbstständige Korrektur von Handlungsvollzügen.

Lassen Sie uns abschließend noch einen anderen Aspekt der Aufgabengestaltung beleuchten. Es ist die Frage nach dem *Arbeitsort.* Muss die Tätigkeit unbedingt am betrieblichen Arbeitsplatz verrichtet werden oder kann sie nicht so strukturiert werden, dass zumindest Teile am häuslichen Arbeitsplatz (oder an anderen betriebsfernen Orten) verrichtet werden können? Lange Jahre hat man bei dieser Form der Arbeitsorganisation allgemein von *Telearbeit* gesprochen. Seit den denkwürdigen Corona-Jahren 2020/2021 hat sich in den Medien und der wissenschaftlichen Diskussion sehr stark der Begriff „*Home-Office*" eingebürgert. Digitale Technologien haben vielfach die Möglichkeiten zu dieser Arbeitsform deutlich erweitert und das Covid-19-Virus hat dem tatsächlichen Einsatz einen überaus dynamischen Schub gegeben. Wichtig ist aber, dass Arbeit im Home-Office nicht zwangsläufig digital unterstützt sein muss. Ein Mitarbeiter kann auch außerhalb der Betriebsräume ganz analog Aktenberge bearbeiten oder Konzepte ausarbeiten. Kernmerkmal ist vielmehr die *Trennung zwischen Betriebsort und Arbeitsort*. Damit erfolgt dann auch eine mehr oder weniger starke Trennung von den Kollegen und vom Vorgesetzten, sodass sich u. a. die Thematik „Führung auf Distanz" stellt.

Ist eine Home-Office-taugliche Aufgabengestaltung eine geeignete Arbeitsform für gewissenhafte Mitarbeiter? Diese Frage kann man wohl aus voller Überzeugung mit „*Ja!*" beantworten. Mitarbeiter mit einer hohen Ausprägung dieses Persönlichkeitsmerkmals sind eine Idealbesetzung für das Home-Office. Es gibt keinen Vorgesetzten, der detailliert die Arbeit anweist und überwacht. Es gibt auch keine Kollegen, die über Mechanismen sozialer Kontrolle impliziten (manchmal motivatorisch hilfreichen) Arbeitsdruck aufbauen. Es gibt aber auch keine Kollegen, die unkompliziert Tipps und Hilfestellungen gewähren könnten. Na ja, ganz so extrem ist es vielfach doch nicht, denn der telefonische Kontakt, Videoconferencing oder Fertigstellungstermine für Aufgaben existieren ja weiter. Aber Fakt ist, dass gerade bei Home-Office deutlich erhöhte Anforderungen an die Selbstmotivation, die Überwindung von Prokrastinationstendenzen und die eigenständige Planung und Strukturierung der Arbeit gestellt werden. Gewissenhafte Mitarbeiter bringen für diese Herausforderungen nahezu perfekte Voraussetzungen mit, da sie (vgl. Walter, 2020, o. S.):

- selbstdiszipliniert arbeiten,
- weniger prokrastinieren,
- sich nicht so leicht ablenken lassen, also auch bei Störpotenzialen konzentriert und fokussiert bleiben,
- aufgrund ihres Leistungsstrebens sich auch ohne permanente Vorgaben und Kontrollen durch Vorgesetzte anspruchsvolle Ziele setzen und diese konsequent verfolgen,
- auch in einer betriebsfremden Umgebung die Arbeitsmittel in Ordnung halten und sorgfältig mit ihnen umgehen,
- sehr gut in der Lage sind, aufgrund ihrer Selbststeuerungsfähigkeiten ihre Arbeit zu planen und diese Planungen auch umzusetzen.

In vielerlei Hinsicht sind Gewissenhafte also die „perfekte Home-Office-Persönlichkeit". Es ist daher zu empfehlen – sofern keine gravierenden betrieblichen Gründe dagegensprechen –, gewissenhaften Mitarbeitern auf ihren Wunsch hin die (teilweise) Arbeit im Home-Office zu ermöglichen oder es ihnen sogar aktiv anzubieten. Leistungsprobleme sind eher nicht zu befürchten. Im Gegenteil: Es sind positive Effekte auf die Motivation, Arbeitszufriedenheit und die Bindung zu erwarten. Für den Mitarbeiter könnten sich bei dieser Arbeitsform auch neue Freiräume für *Job-Crafting* (= selbstinitiierte Veränderung der Aufgabe; s. a. Abschn. 3.5) eröffnen, die dann zu einer besseren Passung zwischen Aufgabe und Persönlichkeit führen.

Es gibt allerdings ein nicht zu unterschätzendes Risiko. Da gewissenhafte Menschen auch ihre privaten Rollen und Aufgaben möglichst perfekt ausüben wollen, kann es aufgrund einer nicht vorhandenen räumlichen Distanz im Home-Office zu Leidensdruck, Überlastung und Interrollenkonflikten kommen. Es ist daher wichtig, diese Problematik im Vorfeld offen anzusprechen, den Mitarbeiter eventuell auch begleitend zu coachen und sicherzustellen, dass eine hinreichende räumliche und zeitliche Trennung zwischen Arbeits- und Privatsphäre gewährleistet ist.

> **Zusammenfassung**
> Als Fazit ergeben sich folgende Handlungsempfehlungen:
>
> - Gestaltung von Arbeitsaufgaben, die in möglichst großem Umfang die Kriterien einer motivierenden Arbeitsaufgabe nach dem Job-Characteristics-Modell erfüllen: Anforderungsvielfalt, Vollständigkeit und Wichtigkeit der Aufgabe, Handlungsspielraum, Feedback.
> - Wunschgemäße Ermöglichung von Arbeit im Home-Office unter Wahrung einer hinreichenden Trennung zwischen beruflichen und privaten Anforderungen.

5.6   Mitarbeiterführung

Wie sollte man gewissenhafte Mitarbeiter führen? Aussagen zum geeigneten Führungsverhalten zu treffen, ist generell schwierig. Zu vielfältig sind die Situationsfaktoren, von denen der Führungserfolg im konkreten Fall abhängt. Nicht umsonst macht bei Praktikern das Bonmot die Runde, dass die einzig richtige Antwort auf die Frage nach dem optimalen Führungsstil sei: *„Das kommt darauf an…"* (s. a. Abschn. 3.11). Natürlich ist im Rahmen situativer Führung im Einzelfall relevant, auf welcher Hierarchieebene sich ein Mitarbeiter befindet, welche Aufgabe er konkret verrichtet, wie sein Bildungsniveau und sein Reifegrad aussehen, von welchem sozialen Kollegenumfeld und von welcher Organisationskultur er umgeben ist u. v. m. Aber einige grundsätzliche Aussagen lassen sich zur Führung gewissenhafter Mitarbeiter doch treffen. Sie sollen festgemacht werden an den üblichen Begriffspaaren, die in der Führungsstildiskussion oftmals relevant sind (vgl. Schirmer & Woydt, 2016, S. 165 ff.; Wunderer, 2006, S. 203 ff., Berthel & Becker, 2017, S. 175 ff.):

- autoritäre vs. partizipative Führung
- aufgabenorientierte vs. mitarbeiterorientierte Führung
- transaktionale vs. transformationale Führung

In Abb. 5.4 wird zunächst grafisch ein Kombinationsprofil zwischen den drei Ausrichtungs-
paaren des Führungsverhaltens vorgeschlagen und im Anschluss näher begründet.

- *Autoritäre vs. partizipative Führung:* Im Kern geht es um die Frage, in welchem
  Umfang Mitarbeiter *in Entscheidungsprozesse einbezogen* werden. Welchen Stil
  sollte ein Vorgesetzter praktizieren? Beide! Gewissenhafte Mitarbeiter bedürfen
  aufgrund ihrer Ordnungsliebe eines klaren Rahmens für ihr Arbeitshandeln. Ihr
  Leistungsstreben benötigt einen eindeutigen Orientierungspunkt am Horizont, auf
  den es sich ausrichten kann. Wohin soll die Reise gehen? Dieser Rahmen und dieser
  Orientierungspunkt können von außen, also eher autoritär, gesetzt werden. Sofern
  beides intensiv und nachvollziehbar kommuniziert und erläutert wird, werden
  gewissenhafte Mitarbeiter diese Vorgaben aufgrund ihres Pflichtbewusstseins auch
  akzeptieren.
  Rahmen und Orientierungspunkte können durchaus sehr weit gesteckt sein. Wie
  weit, hängt dann von der konkreten Aufgabe und vor allem vom aufgabenbezogenen
  Reifegrad des konkreten Mitarbeiters ab. Innerhalb des gesteckten Rahmens bzw.
  auf dem Weg zum Orientierungspunkt am Horizont sollten die Mitarbeiter in einem
  partizipativ ausgerichteten Führungsansatz maximale Freiheiten bekommen. Aufgrund ihres Zutrauens in die eigenen Kompetenzen, ihrer planerisch-strukturierten
  Ausrichtung, ihrer Selbstdisziplin und Leistungsorientierung sind sie sehr gut zur
  Selbstführung in der Lage. Sie können die gewährten Freiräume eigenverantwortlich füllen. Im Grunde sind es die gleichen Mechanismen, die gewissenhafte Mitarbeiter auch zur perfekten Home-Office-Persönlichkeit machen. Die vorgeschlagene
  Mischung zwischen autoritärem und partizipativem Führungsstil könnte man, um ein
  Bild zu verwenden, auch als „Schalenmodell der Führung" bezeichnen: Harte Schale
  (= festgefügte Vorgaben), weicher Kern (= Freiräume im Vollzug).

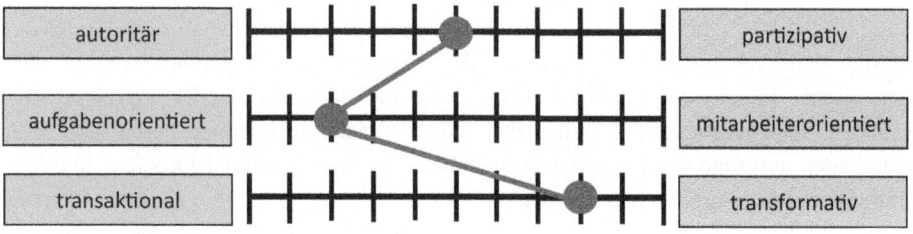

Abb. 5.4 Führungsstilprofil für die Führung gewissenhafter Mitarbeiter

- *Aufgabenorientierte vs. mitarbeiterorientierte Führung:* Hier geht es um die Frage, ob bei der Mitarbeiterführung eher der Akzent auf die *Aufgabe* oder auf die *Person* des Mitarbeiters gesetzt wird. Insbesondere aufgrund ihres inhärenten Leistungsstrebens, ihres Kompetenzvertrauens und ihrer Selbstdisziplin gilt der dominante Fokus von gewissenhaften Mitarbeitern sowieso der Erledigung von Aufgaben. Dies dürfte einen erheblichen Teil ihrer Selbstdefinition ausmachen. Sie vertragen es daher sehr gut, wenn sich auch die Interaktion mit dem Vorgesetzten primär aufgabenzentriert abspielt. Sie nehmen das als strukturierende Unterstützung bei ihrem Arbeitshandeln wahr. Vorgesetzte müssen also nicht permanent demonstrieren, dass sie „den gesamten Menschen" sehen und regelmäßig in den „sozialen Smalltalk" gehen oder sich übermäßig häufig nach dem Befinden der Mitarbeiter erkundigen.

  Einen Akzent in der *Mitarbeiterorientierung* dürfen sie aber keinesfalls vernachlässigen: In regelmäßigen Abständen sollten sie ihre Wertschätzung für das verlässliche, engagierte und selbstgesteuerte Arbeiten des Mitarbeiters zum Ausdruck bringen. Der gewissenhafte Mitarbeiter muss das Signal bekommen, dass er mit seinem Einsatz „gesehen und gewürdigt wird". Dies ist eine wichtige positive Verstärkung, die sowohl für Zufriedenheit sorgt, als auch die künftige Einsatzbereitschaft auf hohem Niveau hält.

- *Transaktionale vs. transformationale Führung:* Transaktionale Führung basiert im Kern auf einem *Tauschkonzept*. Es werden bedürfnisorientiert ausgerichtete *Anreize* gewährt, wenn der Mitarbeiter die vom Unternehmen formulierten *Erwartungen* erfüllt. Insofern handelt es sich aus Sicht des Mitarbeiters um einen Kosten-Nutzen-Ausgleich nach dem Prinzip *„do ut des" („Ich gebe, damit Du gibst)"*. Leistung und Engagement gegen Anreizgewährung. Das Motivationskonzept ist also primär *extrinsisch* ausgerichtet.

  Dagegen setzt die transformationale Führung stark auf *intrinsische* Motivation. Die Führungskraft vermittelt eine attraktive Vision in Verbindung mit der Formulierung anspruchsvoller Erwartungen an die Mitarbeiter. Gleichzeitig kommuniziert sie überzeugend einen grundsätzlichen Weg, wie die Vision und die mit ihr verbundenen Ziele gemeinsam erreicht werden können. Sie selbst geht in einer Vorbildfunktion voran. Die Mitarbeiter erhalten Freiräume, werden zur Förderung ihres Selbstvertrauens in ihrer Entwicklung unterstützt und zu innovativem, hinterfragendem Denken ermuntert.

Gewissenhafte Mitarbeiter sollten primär *transformational* geführt werden. Die gemeinsame Vision, die anspruchsvollen Ziele und der grundsätzlich skizzierte Pfad zu deren Realisierung stellen genau den fixierten Handlungsrahmen bereit, den diese Mitarbeiter aufgrund ihres Strukturbedürfnisses (Ordnungsliebe) benötigen. Die Vorbildfunktion des Vorgesetzten ist dabei für sie ein weiteres strukturgebendes Element. Dieser Rahmen gibt ihrem grundsätzlichen Leistungsstreben, ihrem Pflichtbewusstsein und ihrer Selbstdisziplin Richtung. Auf Basis ihres hohen Zutrauens in die eigenen Kompetenzen und ihres grundsätzlichen Ehrgeizes sind sie gut in der Lage, die gewährten Freiräume zielorientiert und effizient zu füllen. Die weitere Förderung ihrer Kompetenzen durch den Vorgesetzten werden sie aufgrund ihrer Leistungsorientierung begrüßen. Die Argumentationslinien sind also ähnlich zu den oben schon zur autoritären vs. partizipativen Führung formulierten Empfehlungen.

Etwas „fremdeln" werden gewissenhafte Mitarbeiter mit den Aufforderungen zur permanenten kritischen Hinterfragung des Status quo und dem innovativen Beschreiten alternativer Wege. Dieses Element transformationaler Führung kollidiert mit ihrem grundsätzlichen Bedürfnis nach Klarheit, Struktur und Beständigkeit. Daher ist es in der Kommunikation durch den Vorgesetzten wichtig, überzeugend und gut begründet zu vermitteln, dass auch diese Verhaltensmuster zum zentralen Pflichtengefüge auf der Stelle gehören. Über diesen Weg kann das Pflichtbewusstsein und das Leistungsstreben gewissenhafter Mitarbeiter auch auf diesem Handlungsfeld aktiviert werden.

Da Gewissenhafte im Grundsatz *intrinsisch motiviert* sind, benötigen sie keine permanenten extrinsischen Anreize, wie sie im Konzept der transaktionalen Führung vorgesehen sind (näher zur Anreizpolitik: siehe Abschn. 5.9). Motivation ergibt sich vor allem aus der Chance, für sich selbst Erfolgserlebnisse zu erzielen und möglichst selbstbestimmt die Aufgaben bearbeiten zu können.

Das skizzierte Führungsverhalten wird in nahezu perfekter Form durch das Führungsinstrument der *Zielvereinbarung/-vorgabe* (= Management by Objectives, MbO) umgesetzt. Die klar, verständlich und inspirierend kommunizierten Visionen, Langfristziele und strategischen Ziele der Organisation bilden den Rahmen, innerhalb dessen sich Führungskräfte und Mitarbeiter in einem Gesprächsprozess auf die Ziele für den Arbeitsbereich einigen (= Zielvereinbarung) oder die Mitarbeiter diese vorgegeben bekommen. Im Prozess der *Zielkaskadierung* werden über alle Hierarchiestufen hinweg top-down die Ziele für alle Organisationseinheiten, bis hinunter auf die Stellenebene, abgeleitet. Zentrales Merkmal aller zielbasierten Führungssysteme ist, dass der Mitarbeiter hinsichtlich der *Mittel, Wege und Instrumente*, die er zur Zielerreichung einsetzt, *große Freiheitsgrade* hat (näher Watzka, 2016, S. 4 ff., 2017, S. 15 ff.). Wie bereits oben formuliert: Harte Schale (= verbindliche Rahmenvorgaben), weicher Kern (= Handlungsfreiräume).

Was sagt die *Empirie?* Wilmot und Ones heben aufgrund ihrer Metaanalyse 2. Ordnung die überragende Bedeutung von Zielsetzungsprozessen bei der Führung von gewissenhaften Mitarbeitern hervor. Sie beschreiben die *Mechanismen* wie folgt (Wilmot & Ones, 2019, S. 23008):

> „(...) *Ziele aktivieren das motivationale Engagement und setzen Verhaltenshemmnisse außer Kraft; beides benötigen gewissenhafte Mitarbeiter, um ihre kompetente Leistung zu erbringen. Ziele reduzieren den Blickwinkel auf mögliche Verhaltensweisen, indem sie das Commitment an ein spezifisches Ergebnis fördern, was dann das motivationale Engagement in Richtung auf die Erreichung des Ziels fördert. Die verbundenen Merkmale – Ausdauer und Beharrlichkeit – steigern die Wahrscheinlichkeit, dass das Ziel tatsächlich erreicht wird. (...) Ziele aktivieren eine Handlungsregulation, die externe Ablenkung, hedonistische Impulse und generell kontraproduktives Arbeitsverhalten unterdrückt, das zielorientiertes Leistungsverhalten mindert oder unterminiert."*

Das Ganze wird von den Autoren ein wenig „verquirlt" ausgedrückt, ist aber hochgradig kompatibel mit den *positiven psychologischen Wirkungen von Zielen,* wie sie andernorts ausführlich beschrieben werden (vgl. Watzka, 2016, S. 12 ff., 2017, S. 49 ff.). In aller Kürze: Ziele sorgen über einen *Selbstverpflichtungseffekt* dafür, dass Mitarbeiter zielerreichende Aktivitäten unverzüglich angehen und nicht prokrastinieren. Sie haben eine *Lupenfunktion,* indem sie die Aufmerksamkeit des Mitarbeiters auf die wirklich leistungsrelevanten Bestandteile der Arbeitsaufgabe richten. Akzeptierte Ziele entfachen *konzentrationserhöhende Zusatzenergien* und entfalten eine *Sogwirkung,* die die Energie des Mitarbeiters anzieht und zu einer Tendenz führt, alle unwichtigen Tätigkeiten und Störungen abzuwehren, die von der Zielverfolgung ablenken. Zudem steigern Ziele die *Ausdauer* (= Persistenz), mit der an einer Aufgabe – auch bei Widerständen und Misserfolgen – konsequent weitergearbeitet wird.

Wilmot und Ones stellen in ihrer Metaanalyse 2. Ordnung eine *generell starke Bindung an Ziele* fest. Insbesondere dann, wenn die Ziele offen für selbstregulierendes Handeln sind, fördern sie das Engagement der Mitarbeiter für die Arbeit an zielrelevanten Aufgaben. Aus der hohen *Anpassungsbereitschaft an neue Rahmenbedingungen,* die gewissenhafte Mitarbeiter aufweisen (z. B. in einem Studium oder bei einer Auslandsentsendung) folgern die Autoren eine hohe Ausdauer und Beharrlichkeit. Die Kombination aus hoher Bindung an Ziele und Ausdauer/Beharrlichkeit trägt dann dazu bei, dass notwendige, insbesondere auch längerfristig angelegte Ziele auch erreicht werden. Die hohe Ausdauer und Beharrlichkeit sind zudem eine Art Schutzimpfung dagegen, Ziele zu stark als Stressoren zu empfinden, die das persönliche Wohlbefinden beeinträchtigen. Im Gegenteil kann aus der Zielerreichung eine Genugtuung erfahren werden, die zu höherer Lebenszufriedenheit und einem hohen Niveau an Glücksgefühlen führt (vgl. Wilmot & Ones, 2019, S. 23007 f.; s. a. Tab. 2.18).

In einer Einzelstudie mit N = 162 Mitarbeitern und ihren N = 41 Vorgesetzten eines amerikanischen Unternehmens für Dokumentenverarbeitung wurde untersucht, welche Rolle *zielorientierte Führung* im – per se schon einmal positiv korrelierten – *Verhältnis zwischen Gewissenhaftigkeit und Leistung* spielt. Es zeigte sich, dass zielorientiertes Führungsverhalten (eingeschätzt durch die Mitarbeiter) eine wichtige Moderatorvariable ist, die dafür sorgt, dass bei gewissenhaften Mitarbeitern die Leistung (eingeschätzt durch die Vorgesetzten) noch deutlich höher ausfällt. Mit anderen Worten: Führung über Ziele ist für diese Mitarbeitergruppe ein *situativer Hinweisreiz,* der das Persönlichkeitsmerkmal „Gewissenhaftigkeit" besonders *triggert* (auslöst), also so eine Art Turbolader für diese Eigenschaft darstellt.

Zudem zeigte sich in der Studie, dass gewissenhafte Mitarbeiter bei zielorientierter Führung eine höhere *Kongruenz zwischen Organisationszielen und eigenen Stellenzielen* wahrnahmen, was sich ebenfalls leistungsförderlich auswirkte. Die stringente Ableitung von stellenbezogenen Zielen aus den übergeordneten Visionen und Oberzielen, eine eindeutige Rollendefinition und Verantwortungszuweisung sowie die Setzung klarer Prioritäten sind – als Einzelbausteine zielorientierter Führung – wirksame Leistungsstimuli (vgl. Colbert & Witt, 2009, S. 792 ff.).

Weitere Pluspunkte kann die *zielbasierte Führung* für die Gruppe gewissenhafter Mitarbeiter in einer weiteren *Einzelstudie* sammeln. In zwei Samples mit insgesamt N = 664 Mitarbeitern (Beschäftigte in Call-Centern und Monteure in der Beleuchtungstechnik) und ihren N = 88 Vorgesetzten wurde untersucht, welche Rolle *Persönlichkeitsmerkmale* für die Frage spielen, ob *zielorientierte Führung* zu *Erschöpfung bei den Mitarbeitern* führt. Erschöpfung gilt als eine zentrale Dimension von Burnout. Es zeigte sich, dass dieser Effekt vor allem bei Mitarbeitern zu beobachten war, die *geringe Werte* sowohl bei *Emotionaler Stabilität*, als auch bei *Gewissenhaftigkeit* aufwiesen. Mitarbeiter mit *hohen Gewissenhaftigkeitswerten* zeigten keine Erschöpfungserscheinungen als Reaktion auf zielorientiertes Führungsverhalten. Im Gegenteil: In geringem Ausmaß wiesen sie sogar niedrigere Erschöpfungswerte auf.

Diese Ergebnisse sprechen nachdrücklich dafür, dass Führungskräfte bei ihrem Führungsverhalten das Persönlichkeitsprofil der Geführten berücksichtigen sollten. Von wenig gewissenhaften Mitarbeitern wird eine strikte Zielorientierung als belastend und als Bedrohung für ihre psychischen Ressourcen erlebt. Bei hoch Gewissenhaften ist dies überhaupt nicht der Fall (vgl. Perry et al., 2010, S. 1147 ff.).

Das gilt allerdings nur bis zu einem gewissen Punkt. Werden Zielvereinbarungen von Führungskräften als „Folterinstrument" zum „Auspressen" von Mitarbeitern eingesetzt, z. B. indem von Periode zu Periode – eventuell aus persönlichen Karriereinteressen der Führungskraft oder zur Profilierung nach oben – die Ziele völlig undifferenziert gesteigert werden, dann werden irgendwann auch sehr gewissenhafte Mitarbeiter an ihre Belastungsgrenzen stoßen. Das wäre dann eine wenig verantwortungsvoll gehandhabte Führung über Ziele. Die ist hier definitiv nicht gemeint.

Als *Fazit* sollten Führungskräfte also das Führungsinstrument „Zielvereinbarung" gerade bei gewissenhaften Mitarbeitern konsequent einsetzen. Das Instrument passt zu dieser Persönlichkeit „wie Deckel auf Topf". Man hat mit diesem Führungsinstrument auch einen guten Hebel, um gewissenhafte Mitarbeiter auf Verhaltensmuster hin zu orientieren, die sie persönlichkeitsbedingt sonst eher nicht so stark zeigen würden (z. B. berufliches Networking, mutiges Ausprobieren neuer Methoden bei der Arbeit, Einbringen innovativer Ideen, Verzicht auf Detailorientierung/Perfektionismus zugunsten von Geschwindigkeit bei der Arbeitserledigung, agile Verhaltensmuster). Verbindliche Ziele im Zusammenwirken mit dem Pflichtbewusstsein, der Selbstdisziplin und der Leistungsorientierung gewissenhafter Mitarbeiter lassen latente Verhaltenswiderstände kleiner werden (*„Es wird auf meinem Job von mir erwartet, also versuche ich dem gerecht zu werden."*).

Generell geben Ziele gewissenhaften Mitarbeitern die erwünschte Orientierung und kommen ihrer Tendenz zur Planung und Systematisierung, zu Ordnung und Struktur entgegen. Sie können ihre Leistungsorientierung an anspruchsvollen Zielen ausleben und ihre Beharrlichkeit und Ausdauer an längerfristig angelegten Zielen beweisen. Besonders geeignet sind dafür „klassische" Zielkategorien (vgl. Wilmot & Ones, 2019, S. 23008). Dazu zählen alle Zieltypen in nachfolgender Abb. 5.5. Sie können alle Verwendung finden.

Abb. 5.5 Zielkatalog für Zielvereinbarungen. (Quelle: Watzka, 2017, S. 42)

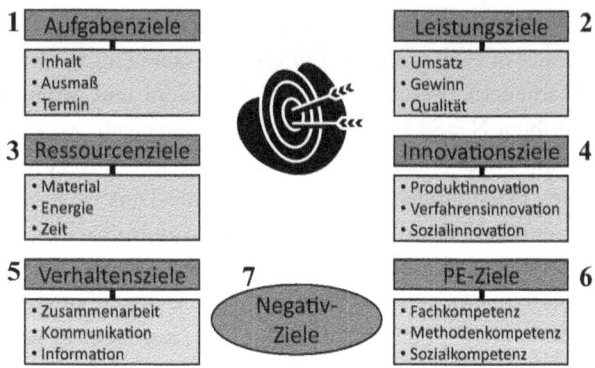

Lediglich im Hinblick auf *Innovationsziele,* die ja klar auf Veränderung ausgerichtet sind, muss man – wie schon mehrfach angesprochen – die relativierende Einschränkung machen, dass sie eventuell mit dem ausgeprägten Wunsch von gewissenhaften Mitarbeitern nach einer stabilen Aufgabenumwelt kollidieren können. Andererseits ist aber gut vorstellbar, dass sich gerade gewissenhafte Mitarbeiter – aufgrund ihrer Leistungsorientierung und Regeltreue – durch die *Verbindlichkeit von vereinbarten Zielen* auch beim Thema „Innovation" in die Pflicht nehmen lassen und „liefern".

Ein spezielles Wort noch zu *Negativzielen (,,Auf welche Aufgaben und Prozesse wollen wir in Zukunft verzichten?"):* Sie kommen dem Bedürfnis von gewissenhaften Mitarbeitern nach Ordnung und Struktur sehr gut entgegen. Volkstümlich ausgedrückt können sie hier ihren „Aufräumfimmel" sehr gut ausleben (vgl. vertiefend zu den Zielkategorien Watzka, 2017, S. 41 ff.)

Damit Zielvereinbarungssysteme ihre Wirksamkeit entfalten können, müssen die Zielinhalte und Zielformulierungen einigen Anforderungen entsprechen (vgl. ausführlich Watzka, 2016, S. 27 ff., 2017, S. 113 ff.). Einige wichtige sind in der *SMART-Formel* abgebildet. Das Akronym steht dabei für:

- Schriftlich fixiert
- Messbar
- Anspruchsvoll
- Realistisch
- Terminiert

Besonderes Augenmerk sollte bei gewissenhaften Mitarbeitern auf ein gut ausbalanciertes Verhältnis zwischen *hohem Anspruch* der Ziele einerseits und einer *Erreichbarkeit* andererseits gelegt werden. *„Nicht zu leicht, nicht zu schwer",* ist die dafür oft verwendete Formel in der Praxis. Ziele müssen das Leistungsstreben bedienen und Erfolgserlebnisse ermöglichen. Das tun sie nicht, wenn sie zu leicht ausfallen. Sie sollten aber auch möglichst nicht zu *selbstwertbedrohenden Misserfolgserlebnissen* aufgrund von Zielverfehlung führen.

Letzteres legt eine *empirische Studie* nahe. Es wurden dabei $N = 73$ Studierende in zwei Gruppen eingeteilt. Sie erhielten die gleiche Aufgabe (Einarbeitung in einen Text mit anschließender Fragenbeantwortung). Eine Gruppe bekam die Anweisung, die Aufgabe so zu bearbeiten, dass sie *möglichst große Lerneffekte* hinsichtlich der grundsätzlichen Bearbeitung dieses Aufgabentyps für sich generieren sollte (= *Lernziel*). Die zweite Gruppe bekam die Vorgabe, die *Aufgabe möglichst gut zu lösen* und sie als Chance zu begreifen, ihre Befähigung unter Beweis zu stellen (= *Leistungsziel*). Nach Beendigung der Aufgabe erhielten alle Teilnehmer ein *manipuliertes negatives Feedback* folgender Art: *„Der Durchschnitt aller Studierenden bei dieser Aufgabe liegt bei 95 %, Sie liegen bei 60 %.“* Im Anschluss wurde über eine Skala der *emotionale Spannungszustand* der Probanden gemessen, also wie nervös, angestrengt, ängstlich, erstarrt und angespannt sie waren. Danach bearbeiteten die Kandidaten in einem *zweiten Versuch* eine ähnlich gelagerte Aufgabe, bei der die Leistung korrekt gemessen wurde.

Es zeigte sich, dass *hoch gewissenhafte Studierende* besonders bei der *Leistungsaufgabe* auf das negative Feedback deutlich stärker mit emotionalen Spannungszuständen reagierten und beim zweiten Versuch einen stärkeren Leistungsabfall erlebten als ihre *weniger gewissenhaften Kommilitonen*. Unter den Bedingungen der *Lernaufgabe* waren diese Effekte deutlich geringer ausgeprägt (vgl. Cianci et al., 2010, S. 622 ff.).

Dies zeigt, dass gerade gewissenhafte Personen unter Leistungsbedingungen Schwierigkeiten mit der konstruktiven Verarbeitung von Misserfolgen und negativem Feedback haben. Um starke emotionale Belastungen mit nachfolgendem Leistungsabfall zu vermeiden, ist daher die Formulierung von Zielniveaus wichtig, die ein Scheitern unwahrscheinlich machen. An die *Leistungsgrenzen* von gewissenhaften Mitarbeitern sollte sich eine Führungskraft „von unten her" herantasten, also die Ziele eher sukzessiv erhöhen, statt sie bei Zielverfehlungen schrittweise nach unten zu setzen.

Wenden wir uns abschließend dem Führungsphänomen noch auf einer anderen Ebene zu, nämlich in Form der *Person des Vorgesetzten*. Bereits in Abschn. 4.5 wurden unter dem Stichwort „Nightmare-Traits" der Führung die negativen Auswirkungen von Führungskräften mit *sehr niedrigen Werten bei Gewissenhaftigkeit* vorgestellt. Zur Erinnerung: Es kommt zu „Careless Leadership", bei dem ein Vorgesetzter einen Laissez-Faire-Führungsstil praktiziert, der weder positiv auf die Leistung noch auf die Mitarbeiterzufriedenheit einwirkt.

Wie kann eine Organisation mit Maßnahmen des Personalmanagements die Wahrscheinlichkeit reduzieren, dass Personen mit zu gering ausgeprägter Gewissenhaftigkeit überhaupt in Führungspositionen gelangen? Es gibt einige Ansatzpunkte. Trotzdem kann man sicher nicht in jedem Fall eine „Fehlbeförderung" verhindern. Aber auch dann bieten sich noch einige Aktivitäten an, damit es nicht zu einer unheilvollen Kombination zwischen Führungskräften mit niedriger Gewissenhaftigkeit und Situationsbedingungen kommt, die diesen Persönlichkeitszug negativ wirksam werden lassen. In Tab. 5.8 sind

Tab. 5.8 Personalwirtschaftliche Do´s and Don'ts beim Umgang mit wenig gewissenhaften Führungskräften. (Quelle: de Vries, 2018, S. 9 f.)

Handlungsfeld	Do´s	Don´ts
Stellenausschreibung	• Betonung von Anforderungsmerkmalen wie Managementkompetenz, Organisations- und Planungsfähigkeit, Selbstdisziplin, Perfektionsstreben, Fähigkeit zu eigenständiger Planung und zielgesteuertem Arbeiten	• Bewerbung von freizeitorientierten Sozialleistungen, Dienstreisen zu attraktiven Zielen
Personalauswahl	• Analyse von Struktur in der Bewerbungsunterlage • Einsatz von Selektionsverfahren, die Planungs- und Zielsetzungsfähigkeiten überprüfen (z. B. AC, Tests, Fallstudien) • Analyse von Indikatoren für die Leistung als Führungskraft auf der vorherigen Stelle	• Großzügigkeit gegenüber unstrukturierten, schlampigen, fehlerbehafteten Bewerbungsunterlagen • Verzicht auf Analyse des Führungserfolgs auf vorheriger Stelle
Sozialisation	• Thematisierung des angemessenen Gleichgewichts zwischen Arbeit/Freizeit und Disziplin/Spaß bei der Arbeit • Unterstützung bei einem angemessenen Planungsverhalten und Perfektionsstreben sowie beim konsequenten Lernen aus Fehlern	• Fokussierung auf „Spaß bei der Arbeit" anstatt auf die notwendigen Aufgabenerledigungen • Unterstützung einer „Alles ist möglich-Mentalität" im Hinblick auf Aufgabenerledigung, Termineinhaltung und Zielerreichung
Führung	• Top Management zeigt Interesse an den Inputs und Outputs der Aufgaben und gibt Feedback dazu • Etablierung einer Organisationskultur, die Leistung, Termineinhaltung, gesundes Perfektionsstreben und Lernen aus Fehlern wertschätzt	• Keine Ziele, keine Kontrollsysteme, kein Feedback • Keine Konsequenzen bei schlampiger Arbeit oder Terminüberschreitung
Beförderung	• Karrieren auf der Basis von nachgewiesener Führungsfähigkeit oder Führungspotenzial und wichtiger Fachexpertise	• Karrieren auf Basis des Anscheins von hohem Einsatz und Showelementen (looking busy) • Fehlinterpretation des Abwälzens von Arbeit auf andere als Führungsstärke
Controlling	• Regelmäßige Beurteilung der Managementkompetenzen und der Aufgabenerledigung in der zu führenden Abteilung auf Basis klarer, objektiver Indikatoren	• Verzicht auf die Beurteilung wichtiger Managementfunktionen wie Planung und Planungsumsetzung/Zielerreichung • Keine Überprüfung von Aufgabenvermeidungsverhalten

die wichtigsten Maßnahmen – unterteilt nach *Do's and Don'ts* – auf zentralen Handlungsfeldern beim Umgang mit dieser Personengruppe zusammengestellt.

Es ist wichtig, dass Führungskräfte Klarheit zu ihrem eigenen Persönlichkeitsprofil und dessen Auswirkungen auf ihre Mitarbeiter haben. Dieses Bewusstsein ist im Rahmen von *Führungskräftetrainings* oder über *Coaching-Maßnahmen* zu schaffen. Diese höhere Eigensensibilität versetzt die Vorgesetzten in die Lage, selbststeuernd unerwünschten Auswirkungen ihres Persönlichkeitsprofils zumindest teilweise entgegenzuwirken.

Wenn *weniger gewissenhafte Vorgesetzte* sich ihrer Verhaltenstendenzen bewusst sind, dann könnten sie sich z. B. gezielt Mitarbeiter mit hoher Gewissenhaftigkeit suchen, die ihre Defizite „auspendeln". An sie könnten Aufgaben delegiert werden, die ihnen selbst qua Persönlichkeitsprofil nicht so gut liegen. Gegebenenfalls kann dies gegenüber den Mitarbeitern auch sehr offen kommuniziert werden (*„Sie wissen schon, Ordnung ist nicht so meine Stärke. Würden Sie sich bitte um die Dokumentation dieses Vorgangs kümmern?"*).

Analog sollten *sehr gewissenhafte Vorgesetzte* sensibel dafür sein, wo sie in der Mitarbeiterführung durch ihre Persönlichkeitszüge negative Wirkungen produzieren und eventuell Mitarbeiter überfordern. Über die bereits angesprochenen Führungskräftetrainings und Coachings hinaus könnten zudem auch Instrumente wie *Führungskräftebeurteilungen* oder *Mitarbeiterbefragungen* sinnvoll sein, die mit einzelnen Items auf mögliche Übersteigerungsgefahren hoher Gewissenhaftigkeit eingehen. Vorgesetzte erhalten dann klare Rückmeldungen und Hinweise, wo sie ihr Führungsverhalten anders justieren sollten. *Item-Beispiele* für die Erfassung von Negativwirkungen einzelner Facetten der Gewissenhaftigkeit auf die geführten Mitarbeiter wären:

- *„Mein Vorgesetzter ist offen für meine Anmerkungen zu seinen Entscheidungen."* (Kompetenz)
- *„Mein Vorgesetzter lässt mir genügend Freiräume, um die Arbeit so zu verrichten, wie ich es möchte."* (Ordnungsliebe)
- *„Mein Vorgesetzter handhabt Vorschriften situationsangemessen flexibel."* (Pflichtbewusstsein)
- *„Die Erwartungen meines Vorgesetzten an die Leistung der Mitarbeiter empfinde ich als angemessen."* (Leistungsstreben)
- *„Mein Vorgesetzter nimmt hinreichend Rücksicht auf meine privaten Interessen."* (Selbstdisziplin)
- *„Mein Vorgesetzter trifft Entscheidungen innerhalb angemessener Zeit."* (Besonnenheit)

Zusammenfassung

Als Fazit ergeben sich folgende Handlungsempfehlungen:

- Auf der Basis eines klar vorgegebenen Handlungsrahmens müssen den Mitarbeitern umfängliche Handlungsfreiräume gewährt werden.
- Unter Beachtung von wertschätzenden Elementen sollte die Führung dominant aufgabenorientiert erfolgen.
- Die Führung sollte primär transformativ erfolgen und die intrinsische Motivation ansprechen.
- Das Führungsinstrument der Zielvereinbarung sollte unter Beachtung der SMART-Regel intensiv eingesetzt werden.
- Zielniveaus sollten so gewählt werden, dass der Mitarbeiter möglichst keine Misserfolge erlebt.
- Zur Vermeidung von „Careless Leadership" sollte verhindert werden, dass Mitarbeiter mit zu geringer Ausprägung von Gewissenhaftigkeit in Führungspositionen gelangen.
- Durch personalwirtschaftliche Instrumente muss Fehlverhalten von wenig gewissenhaften Führungspersonen proaktiv und reaktiv begegnet werden (siehe Tab. 5.8).
- Führungskräfte müssen das eigene Persönlichkeitsprofil kennen und für seine Wirkungen innerhalb der Mitarbeiterführung sensibel sein. Dies kann über Führungskräftetrainings, Coaching, Vorgesetztenbeurteilung und Mitarbeiterbefragung sichergestellt werden.

5.7   Personalentwicklung

Die in Abschn. 3.14 dargestellten empirischen Befunde haben gezeigt, dass gewissenhafte Mitarbeiter grundsätzlich sehr offen und interessiert gegenüber Maßnahmen zur Steigerung ihrer Qualifikationen sind und Lernprozesse mit hoher Motivation angehen. Sie sind bereit, Lernprogramme diszipliniert abzuarbeiten und sich dabei auch selbst zu organisieren. Unter- oder Überforderung auf ihrer Stelle (z. B. in Form von zu wenig oder zu viel Autonomie) sind für sie kein Grund zu resignativem Rückzug, sondern eher Ansporn dafür, sich via Weiterqualifizierung neue Karriereoptionen zu erarbeiten oder erkannte Qualifikationsdefizite zu schließen. Für die Personalentwicklung sind das zunächst einmal sehr gute Ausgangsbedingungen. Es darf bei gewissenhaften Mitarbeitern von *hoher Entwicklungsbereitschaft* und *hoher Entwicklungsfähigkeit* ausgegangen werden.

Empirisch zeigten sich aber auch etliche *Grenzen und Probleme* für die Personalentwicklung (siehe insbesondere Abschn. 4.7). Hier nochmals eine kompakte

Zusammenfassung: Gewissenhafte Mitarbeiter sind in externen Seminaren relativ kritisch gegenüber dargebotenen Lerninhalten und hinsichtlich deren späteren Anwendbarkeit im realen Arbeitsfeld. Aufgrund ihrer Ordnungsliebe sind sie immer in latenter Gefahr, sich zu stark mit der Planung und Organisation ihres Lernprozesses zu beschäftigen und zu wenig mit den eigentlichen Lerninhalten. Zum Schutz ihrer Kompetenzüberzeugung neigen sie mitunter zur Überschätzung ihrer eigenen Lernfortschritte. Ihre Lerneffizienz leidet, wenn die Lernziele zu komplex werden und wenn selbstwertbedrohende Bewertungsängste und Angst vor Misserfolg überhandnehmen.

Auf Basis der empirischen Befunde und weiterer theoretischer Überlegungen lassen sich für die Personalentwicklung folgende *Handlungsempfehlungen* ableiten, wobei die ersten beiden Punkte breite Gültigkeit haben und für alle Persönlichkeitstypen relevant sind:

1. Da Personalentwicklung nicht nur die Erreichung von abgegrenzten Lernzielen bedeutet, sondern auch Persönlichkeitsentwicklung und eine Weiterentwicklung im Stellengefüge der Organisation, ist es wichtig, dass die Mitarbeiter Klarheit über ihr eigenes Persönlichkeitsprofil und seine Auswirkungen im Arbeitskontext haben. Nur so können sie sich eigenverantwortlich, selbstreflektiert und fundiert der Frage nähern, welche Stellen und Aufgaben für sie geeignet sind und welche nicht. Für die eigene Entwicklungsplanung ist dies ein wichtiger Beitrag. Höhere Bewusstheit zu eigenen Verhaltenstendenzen und Stärken/Schwächen ist zudem ein Beitrag zur Persönlichkeitsentwicklung. Insofern sollte die *Erstellung eines Persönlichkeitsprofils mittels bewährter Testverfahren* und eine intensiv *begleitete Reflektion* darüber ein Standardbaustein in der Personalentwicklung sein.

2. Die Ziele und Inhalte der Personalentwicklung sollten auf das Persönlichkeitsprofil des jeweiligen Mitarbeiters passen. Niemand sollte für Stellen und Aufgaben entwickelt werden, die nicht seinem Persönlichkeitsprofil entsprechen. Wenn vermeidbar sollten Mitarbeiter auch nicht in Seminaren mit Inhalten „gequält werden", die ihrem Persönlichkeitsprofil zuwiderlaufen. Es entstehen Lernwiderstände und für alle Beteiligten „mühselige" Lernprozesse und das Gelernte wird vermutlich kaum in der Praxis angewendet. So bieten sich z. B. völlig prozess- und ergebnisoffene Selbsterfahrungsseminare für gewissenhafte Mitarbeiter eher nicht an. Sie laufen dem Bedürfnis nach einem strukturierten Lernprozess mit klaren Lernzielen zuwider. Diese Empfehlung impliziert eine *stärkenorientierte, statt einer defizitorientierten Personalentwicklung* (ähnlich Howard & Howard, 2008, S. 219 ff.).

3. Bei allen PE-Aktivitäten – auch für „Learning on the Job" – müssen *klare Lernziele* formuliert sein und es muss ein *klar strukturierter Lernplan* (zeitlich und inhaltlich) zur Erreichung dieser Lernziele existieren. Eine „Step by Step-Struktur" oder eine Checklistenunterstützung bietet sich hier an. Gewissenhafte Mitarbeiter wollen ihren Lernweg sehen können, planen können und wollen das Gefühl haben, voran zu kommen, also Schritte „abhaken" zu können.

4. Die einzelnen Lernfelder sollten *nicht zu komplex* und außerdem *klar abgegrenzt* sein. Es empfiehlt sich ein *geordneter, modularer Aufbau*.

5. Innerhalb dieses klaren Rahmens aus den Punkten 3. und 4 können umfängliche Angebote zum *selbstgesteuerten Lernen* gemacht werden. Aufgrund ihrer Selbstdisziplin und ihres Leistungsstrebens kommen gewissenhafte Mitarbeiter mit dieser Lernsituation gut klar. Anbieten würden sich z. B. Computer-/Web Based Trainings (CBT, WBT) oder eigenständige Recherche- oder Ausarbeitungsaufträge.

6. Wegen einer oft vorhandenen Grundskepsis muss im Hinblick auf Inhalte, Dozenten und Trainer konsequent auf *Qualität* geachtet werden. Die Nützlichkeit der Lerninhalte muss gut *begründet* sein, ihre Bedeutung für die tägliche Arbeit plausibel erläutert werden. Dies steigert die Transferwahrscheinlichkeit.

7. Es ist für ein *angstfreies Lernklima* zu sorgen. Wenn möglich, sollte auf Bewertungen vollständig verzichtet werden. Wissenslücken, Fehler, Missverständnisse etc. müssen als integraler Bestandteil des Lernprozesses kommuniziert werden und dürfen nicht die „Konnotation von Versagen und Misserfolg" bekommen. Dies schließt nicht aus, dass in den Lernprozess ein gewisser Wettbewerbscharakter eingebaut wird (z. B. Ranglisten, Auszeichnungen, Statussymbole, Rekorde brechen). Dies triggert das Leistungsstreben und den Ehrgeiz von gewissenhaften Mitarbeitern. Der Wettbewerb muss aber immer eine „spielerische Komponente" behalten und darf nicht zu ernsten Gewinner-Verlierer-Verhältnissen oder gar persönlichen Niederlagen führen.

8. Um zu verhindern, dass zum Schutz des Kompetenzvertrauens und des „Selbstbildes als leistungsfähige Person" Selbsttäuschungen über den Lernstand Platz greifen, sollten häufige *objektive Lernerfolgskontrollen* angeboten werden. Diese dürfen nicht den Charakter von Bewertungen haben und sollten idealerweise dem Lerner einen Selbstcheck ermöglichen.

9. Lerntutoren oder Coaches sollten kritisch im Auge behalten, ob der Lerner nicht aufgrund seiner Ordnungsliebe in die Verhaltensfalle tappt, zu viel Energie und Zeit in die Organisation des Lernprozesses zu investieren und dabei die eigentlichen Inhalte zu wenig zu akzentuieren. Grundsätzlich können gewissenhafte Mitarbeiter ihren Lernprozess selbst sehr gut steuern, aber an dieser Stelle gibt es eine Tendenz zu einem „blinden Fleck", dessen Aufhellung *externen Feedbacks* bedarf.

10. Falls aufgabenorientierte *Lernprozesse in einem Gruppensetting* stattfinden (off the Job oder on the Job), dann ist darauf zu achten, dass das Team große *Handlungsautonomie* genießt. Gerade für sehr gewissenhafte Teammitglieder hat sich in einer niederländischen Studie mit N = 133 Studierenden herausgestellt, dass die Teilnehmer dann in einen sehr intensiven Austausch über die zu erreichenden Ziele, die Arbeitsplanung und die zu wählenden Arbeitsmethoden gehen. Dies führt zu hohen Lernerfolgen und zudem zu hoher Zufriedenheit mit der Lernsituation. Bei weniger gewissenhaften Teammitgliedern zeigten sich alle diese Effekte in geringerem Umfang (vgl. Mollemann et al., 2004, S. 533 f.). Diese Befunde sind hochgradig kompatibel mit der Empfehlung von Handlungsfreiräumen (= Autonomie), wie sie in Abschn. 5.5 für die Gestaltung von motivierenden Arbeitsaufgaben gegeben wurde.

Recht distanziert wird hier die Frage beurteilt, ob sich PE-Maßnahmen auf die *Veränderung des Niveaus von Gewissenhaftigkeit* von Mitarbeitern richten sollten. Unter ethischen Aspekten wäre die Frage zu diskutieren, ob es Organisationen überhaupt zusteht, zu versuchen, an gewachsenen Persönlichkeitsstrukturen von Mitarbeitern „herumzuschrauben". Sie sind keine Erziehungsberechtigten und würden damit auch recht tief in Persönlichkeitsrechte eingreifen. Zudem stellen sich aus persönlichkeitspsychologischer Sicht die Fragen,

- ob überhaupt,
- in welchem Umfang,
- bis zu welchem Alter,
- über welche Mechanismen und
- mit welcher nachhaltigen Stabilität

Persönlichkeitsmerkmale zu verändern sind. Diese Fragen sind wissenschaftlich höchst komplex und umstritten. Es existieren dazu unterschiedliche Theorien und Erklärungsansätze. Im Hinblick auf die Big Five geht man vielfach davon aus, dass sie im Erwachsenenalter nur noch sehr begrenzt einer Veränderung zugänglich sind. Grundsätzlich hat sich die Persönlichkeitspsychologie bislang auch noch kaum mit *willentlichen Persönlichkeitsveränderungen* bei gesunden Personen beschäftigt. Die Forschungen dazu stecken noch in den Kinderschuhen (im Hinblick auf pathologische Persönlichkeiten sieht dies anders aus). Einigkeit scheint aber darin zu bestehen, dass willentliche Persönlichkeitsveränderungen nur unter *drei Bedingungen* möglich sind:

- Personen müssen selbst ihr traitrelevantes Verhalten ändern wollen.
- Personen müssen die Veränderung für machbar halten.
- Veränderungen bei Persönlichkeitsmerkmalen sind nur möglich, wenn traitrelevantes Verhalten über einen längeren Zeitraum immer wieder durchgeführt wird und auf diesem Weg automatisiert und habitualisiert wird. Nur dann ist eine dauerhafte Rückwirkung auf ein Persönlichkeitsmerkmal vorstellbar (siehe dazu näher Rauthmann, 2017, S. 439 ff. und die zit. Lit.).

Für die betriebliche Personalentwicklung wären damit im *Fazit* lediglich Veränderungsinitiativen möglich und akzeptabel, die ein sehr eng begrenztes Feld betreffen, nicht sonderlich tief in Persönlichkeitsstrukturen eingreifen (z. B. *„Ich möchte gern ordentlicher werden."; „Ich möchte gern schneller Entscheidungen treffen können."*) und vor allem auf *absoluter Freiwilligkeit* des Mitarbeiters in einem *transparenten Prozess* beruhen. In diesem Rahmen wäre z. B. in der Personalentwicklung denkbar, dass bewusst *Arbeitstandems* z. B. aus sehr ordentlichen, strukturierten oder effizient entscheidenden Mitarbeitern und solchen gebildet werden, die diese Merkmale in geringem Umfang aufweisen. Man könnte über längere Zeiträume die Mechanismen des *Modelllernens* (= Imitationslernen) nutzen. Beide Beteiligten müssen dann aber proaktiv für diesen Lernprozess sensibilisiert werden, um Konflikte bei der Zusammenarbeit zu vermeiden. Denn im Grund treffen hier ja „Feuer und Wasser" aufeinander. Denkbar wäre auch, dass ein Mitarbeiter im Rahmen eines *Mentorings* oder *Coachings* unter enger Begleitung durch einen Vorgesetzten oder Coach häufiger die gleichen Aufgaben im Verbund mit einer Vorgabe zu deren Ausführung und einem nachfolgenden Feedback erhält. Über solche Wiederholschleifen könnten nachhaltige (begrenzte) Veränderungen an Persönlichkeitsmerkmalen einsetzen.

Zusammenfassung
Als Fazit ergeben sich folgende Handlungsempfehlungen:

- Die Aufklärung der eigenen Persönlichkeitsstruktur und ihrer Auswirkungen sollte fester Bestandteil jeglicher PE sein.
- Mit Bezug zur Persönlichkeit sollte PE „stärkenorientiert" erfolgen.
- PE-Maßnahmen sollten v. a. folgenden Merkmalen genügen: Klare Lernziele und Lernpläne, klar abgegrenzte, modular aufgebaute und nicht zu komplexe Lernfelder, Freiraum für selbstgesteuertes Lernen, überzeugende Darstellung der Nützlichkeit der Lerninhalte für das Arbeitsfeld, angstfreies Lernklima mit wenig Bewertungsakzenten, Angebot von objektiven Lernerfolgskontrollen im Selbstcheck, Feedbacks zur Organisation des Lernprozesses, hohe Autonomie beim Lernen im Gruppensetting.
- PE zur Persönlichkeitsveränderung sollte aus ethischen Gründen nur auf freiwilliger Basis und nur in einem sehr eng abgesteckten Feld stattfinden.
- PE zur Persönlichkeitsveränderung kann Mechanismen des Modelllernens, Coachings und Mentorings nutzen.

5.8 Zusammenarbeit und Teamzusammenstellung

Es gibt empirische Hinweise, dass hohe Gewissenhaftigkeit bei sozialen Interaktionen punktuell zu Problemen führen könnte (siehe Abschn. 4.6). Zusammengefasst waren dies folgende Aspekte: Starkes Leistungsstreben im Verbund mit hoher Selbstdisziplin und Ordnungsliebe kann zu einer etwas zwanghaften, einseitigen Orientierung auf die Arbeitsaufgabe ohne ausreichendes Gespür für die sozialen Interaktionspartner führen. Unterstützungsleistungen für Kollegen treten eventuell genauso in den Hintergrund, wie die Pflege von Sozialbeziehungen und Betriebsklima. Konfliktzonen können sich ergeben, wenn sehr gewissenhafte Mitarbeiter im Hinblick auf Einsatz, Detailorientierung, Arbeitsdisziplin, Sorgfalt etc. die gleiche hohe Messlatte an ihre Kollegen anlegen wie an sich selbst. Treten Konflikte auf, dann schreiben gewissenhafte Personen die Ursache bevorzugt auf die Person des Konfliktgegners zu, was die Beziehung weiter belastet und die Konfliktdynamik potenziell weiter verstärkt. Weiterhin kann ein gewisser „nerviger" Hang zu eigenzentrierter Selbstdarstellung, der sich aus der hohen Kompetenzüberzeugung im Verbund mit der Leistungsorientierung speist, nicht ausgeschlossen werden. Dem eigenen psychischen Gleichgewicht könnten sehr gewissenhafte Personen mit ihrer Tendenz schaden, Ärger aus Sozialbeziehungen eher mit sich selbst auszumachen, als ihn nach außen zu lenken, und sich so der Möglichkeit einer offenen Thematisierung und Aufarbeitung mit dem Interaktionspartner zu berauben.

Zwar konnte keine größere empirische Evidenz dafür gefunden werden, dass gewissenhafte Mitarbeiter aufgrund dieser Verhaltenstendenzen bevorzugt zu Mobbing-Opfern werden (vgl. Abschn. 3.12, Studie 7). Aber einige ältere Einzelfallbeschreibungen liefern zumindest Indizien dafür, dass sich gewissenhafte Mitarbeiter ungewollt ins *soziale Abseits* stellen könnten und damit der Keim für Mobbing gelegt werden könnte. Indem sie engstirnig und unnachgiebig auf ihren eigenen Vorstellungen beharren oder wegen ihrer hohen Leistungsorientierung auf weniger leistungsbereite Kollegen bedrohlich wirken, könnten sie sozial feindselige Aktivitäten stärker anziehen. Dazu trägt auch bei, wenn das Verhalten von Kollegen – vielleicht sogar berechtigt – infrage gestellt oder kritisiert wird, dies aber auf eine harte und direkte Art und Weise getan wird, die vom Gegenüber als persönlicher Angriff aufgefasst wird (vgl. Rammsayer & Schmiga, 2003, S. 3 ff.; Schwickerath & Kneip, 2002; S. 56 f.). In diesem Zusammenhang sind Vorgesetzte zur aufmerksamen Beobachtung aufgerufen. Falls sie Indizien für solche problematischen Kommunikations- und Verhaltensmuster bei gewissenhaften Mitarbeitern entdecken, dann sollten diese in Mitarbeitergesprächen zum Thema gemacht werden. Ein Feedback über die Wirkung eigener Interaktionsmuster auf das soziale Umfeld ist ein wichtiger Baustein für eine höhere soziale Sensibilität bei gewissenhaften Mitarbeitern. Sie selbst sind sich vielfach der Wirkung ihrer Kommunikations- und Verhaltensmuster – wie im Übrigen viele andere Menschen auch – nur unzureichend bewusst. Folgendes Zitat eines unbekannten Autors bringt es gut auf den Punkt: *„Ich wusste nicht, was ich gesagt hatte, ehe ich die Antwort darauf gehört habe."*

Im Hinblick speziell auf *Teamstrukturen* soll noch einmal daran erinnert werden, dass ein *ausgeglichen hohes Gewissenhaftigkeitsniveau* bei allen Teammitgliedern im Hinblick auf die *Gruppenleistung* die besten Effekte erzielt (vgl. Abschn. 3.13). Ergänzen kann man noch, dass Teammitglieder bei *hoher Ähnlichkeit ihrer Merkmale* vermutlich auch eine höhere *Zufriedenheit* erreichen, weil dies zu einer höheren Verhaltensübereinstimmung führt. Diese wiederum löst eine höhere wechselseitige Akzeptanz und gegenseitige positive Verhaltensbestätigungen aus. Im Endeffekt ergeben sich durch die Ähnlichkeit befriedigendere Sozialbeziehungen innerhalb des Teams. Wenig problematisch erscheinen vor diesem Hintergrund Teammitglieder mit einer *mittelhohen Ausprägung* von Gewissenhaftigkeit. Sie sind sozial in beide Richtungen „anschlussfähig" und sind in der Lage, sowohl mit sehr gewissenhaften als auch weniger gewissenhaften Teammitgliedern zufriedenstellende Beziehungen zu unterhalten (vgl. Kiesler, 1996, S. 6, zit. nach Howard & Howard, 2008, S. 152 f.).

Mit dieser Besetzungsempfehlung für Teams nach dem *Prinzip der Ähnlichkeit* soll aber auch das Gegenteil nicht gänzlich ausgeschlossen werden. Denn es ist ja aus der Gruppenpsychologie hinreichend bekannt, dass eine *heterogene Gruppenzusammenstellung* im Hinblick auf Kreativität und Innovation vorteilhaft ist. Es kann zu komplementärer Ergänzung der Teammitglieder kommen. So kann auch das Zusammentreffen von hoch gewissenhaften und weniger gewissenhaften Teammitgliedern ein „produktives Spannungsverhältnis" und Verhaltensvielfalt erzeugen, die dann zu neuen Lösungsmustern führen. Allerdings darf der Unterschied nicht so groß werden, dass kaum noch gemeinsame Schnittflächen in der Denk- und Sprachwelt existieren. Ein effizienter Austauschprozess wäre dann nicht mehr möglich. Extrem wichtig ist bei einer heterogenen Teamzusammenstellung – hier im Hinblick auf das Niveau der Gewissenhaftigkeit –, dass die Unterschiedlichkeit für alle Beteiligten transparent ist und die daraus resultierenden verschiedenen Rollen im Team offen thematisiert werden. Nur so kann gegenseitiger Respekt und Wertschätzung für die Unterschiedlichkeit entstehen. Die Personen müssen sich mit ihren Verhaltenstendenzen gegenseitig einordnen und verstehen können. Andernfalls wären die Unterschiede bei der Gewissenhaftigkeit ein „latenter Spaltpilz" für die Zusammenarbeit. Diese Gedanken können auf die Bildung von *heterogenen Arbeitstandems* übertragen werden, die sich hinsichtlich ihres Persönlichkeitsprofils komplementär ergänzen sollen.

All diese Überlegungen führen zu einer abschließenden Handlungsempfehlung, die nun schon mehrfach geäußert wurde, aber mit Blick auf die *interpersonelle Zusammenarbeit* – bilateral, multilateral oder im Team – genauso wichtig und richtig ist wie bei der Mitarbeiterführung oder beim Personaleinsatz. Überall dort, wo es in der Organisation zu häufigen und intensiven Interaktionsbeziehungen kommt, sollten die Beteiligten Klarheit über das *eigene Persönlichkeitsprofil* und die daraus resultierenden Verhaltenstendenzen haben. Dieser Fokus kann auch auf die Beziehungen zu externen Partnern (z. B. Kunden, Lieferanten) erweitert werden. Empfehlenswert ist also auch hier eine *Messung der Persönlichkeitsmerkmale* mit anschließender *reflektierender Aufarbeitung*. Nur so kann ein Bewusstsein für eigenes Verhalten entstehen, das es ermöglicht, die eingangs zu diesem Kapitel angesprochenen kontraproduktiven Verhaltenstendenzen in sozialen Interaktionen, wenn schon nicht vollständig zu kontrollieren, so doch zumindest etwas „einzuhausen". Gleichzeitig entsteht auf diesem Weg auch mehr Empathie und Verständnis für abweichende Verhaltenstendenzen anderer Mitarbeiter.

In Anlehnung an Howard und Howard (2008, S. 164 ff.) sollen nachfolgend die *Vorteile* aufgelistet werden, wenn Teams, aber auch Mitarbeiter mit häufigen Sozialkontakten, diesen Prozess der Auseinandersetzung mit den eigenen Persönlichkeitsprofilen *gemeinsam* durchlaufen:

- Die Big Five samt ihren Facetten sorgen für ein gemeinsames Sprachverständnis, auf dessen Grundlage individuelle Unterschiede ohne großes Missverständnispotenzial effizient diskutiert werden können.
- Nur wer sich in der Auseinandersetzung mit der eigenen Person selbst versteht, also sensibel dafür ist, was ihn z. B. stresst, anspornt, interessiert, ablenkt etc., kann auch seine Beziehungen zu anderen Personen verstehen.
- Der Prozess ermöglicht, im Hinblick auf Interaktionspartner besser zu begreifen, woher andere Sichtweisen und Verhaltensweisen kommen. Dies fördert die Akzeptanz für Unterschiedlichkeit und die Einsicht, dass es oftmals kein „richtig oder falsch" gibt, sondern nur ein neutrales „anders".
- Teams bekommen Erklärungen für ihre Gruppendynamik (z. B. *„Wir kommen zu langsam voran, weil wir uns durch unser sehr besonnenes Abwägen manchmal selbst blockieren.";* *„Wir haben häufiger Konflikte, weil sich jeder mit seiner Leistungsorientierung profilieren möchte."*). Damit ergeben sich Ansatzpunkte für gemeinsames Gegensteuern.
- Teams können gezielter eine Strategie erarbeiten, wie sie ihre individuellen Stärken besser einsetzen und Schwächen einzelner Mitglieder auspendeln können.
- Bei hoher Transparenz zu vorhandenen und fehlenden Persönlichkeitscharakteristika kann ein Team gezielter durch zusätzliche Mitglieder ergänzt werden.

Zusammenfassung
Als Fazit ergeben sich folgende Handlungsempfehlungen:

- Mitarbeiter mit häufigen sozialen Interaktionsbeziehungen sollten Klarheit über ihr Persönlichkeitsprofil und die daraus möglicherweise resultierenden Verhaltenstendenzen haben, die innerhalb von Sozialbeziehungen kontraproduktiv wirken könnten.
- Teams sollten den Mess- und Reflektionsprozess gemeinsam durchlaufen, um ein besseres Verständnis für ihre Gruppendynamik zu entwickeln und Stärken einzelner Teammitglieder gezielter nutzen bzw. Schwächen besser umgehen zu können.
- Vorgesetzte sollten in Mitarbeitergesprächen ein Feedback geben, wenn gewissenhafte Mitarbeiter sozial dysfunktionale Kommunikations- oder Verhaltensmuster zeigen.
- Mit dem Ziel *höherer Gruppenleistung und -zufriedenheit* sollten die Teammitglieder ein möglichst ausgeglichenes Niveau an Gewissenhaftigkeit (und anderer Persönlichkeitsmerkmale) aufweisen.
- Heterogene Niveaus bei Persönlichkeitsmerkmalen mit dem Ziel *höherer Innovativität* des Teams sollten auf der Voraussetzung basieren, dass die Unterschiede mit daraus resultierenden Rollenverteilungen für alle Beteiligten transparent sind.

5.9   Anreizpolitik

Gewissenhafte Mitarbeiter sind primär *intrinsisch motiviert*. Bei *extrinsisch motivierten* Mitarbeitern kann die Bedürfnisbefriedigung nur durch andere Personen erfolgen. Anreize wie Arbeitsplatzsicherheit, Lob, Anerkennung, materielle Belohnungen etc. können nur durch Dritte gewährt werden. Demgegenüber sind intrinsisch motivierte Menschen in der Lage, sich selbst zu belohnen. Allein durch die Verrichtung einer Tätigkeit können sie Freude und Befriedigung empfinden. Erzielte Leistungsergebnisse lösen Leistungsstolz als positive Emotion aus. Die handelnde Person ist damit motivatorisch eher unabhängig von externen Belohnungsgebern. Grundsätzlich ist intrinsische Motivation stabiler als extrinsische Motivation, da sie nicht der permanenten Bestärkung und Erneuerung von außen bedarf. Auch unter Kostenaspekten hat es Vorteile, wenn Mitarbeiter Befriedigung aus ihrer Tätigkeit ziehen können und Motivation nicht durch permanente materielle Belohnungen „erkauft" werden muss. Für Führungskräfte ist es ebenfalls leichter, zu wissen, dass der Arbeitseinsatz nicht sofort erlahmt, wenn Lob und Schulterklopfen einmal temporär ausbleiben (vgl. von Rosenstiel, 2003, S. 201; Watzka, 2014, S. 95).

Gewissenhafte Mitarbeiter sind aufgrund ihres Persönlichkeitsprofils dafür prädestiniert, persönliche Befriedigung aus ihrer Tätigkeit zu ziehen. Infolge ihres Leistungsstrebens und ihres Pflichtbewusstseins steht die Aufgabe immer in ihrem Aufmerksamkeitsfokus. Die hohe Selbstdisziplin und das starke Kompetenzvertrauen machen es möglich, dass sie dann auch tatsächlich gute Leistungen erbringen und Ziele erreichen. Diese Ereignisse fungieren als selbstbestätigende Erfolgserlebnisse und halten die Motivation auf hohem Niveau. Auch die empirischen Ergebnisse zum Flow-Erleben in Abschn. 5.5 haben ja schon deutlich gemacht, dass gewissenhafte Mitarbeiter tiefer als andere in einer Tätigkeit „abtauchen" und daraus für sich Zufriedenheits- und Glücksgefühle generieren können.

Was heißt das für die *Anreizpolitik der Organisation?*

1. Gewissenhafte Mitarbeiter benötigen Rahmenbedingungen, die ihnen möglichst *dauerhaft intrinsische Befriedigung ermöglichen*. Die zentralen Stellschrauben dafür wurden bereits angesprochen: Im Rahmen des Personaleinsatzes muss dafür Sorge getragen werden, dass sie auf geeigneten Stellen eingesetzt werden. Die Aufgabengestaltung muss ihnen hinreichende Freiräume gewähren. Gezielte Personalentwicklung muss Möglichkeiten zur weiteren Steigerung der eigenen Kompetenz und die Optionen für Weiterentwicklung bieten, wobei es dabei weniger um das formale Erreichen der nächsten Hierarchiestufe geht, sondern primär um die dort angesiedelten attraktiveren Aufgaben. Und letztlich müssen die Führungskräfte über transformationales, aufgabenorientiertes Führungsverhalten und herausfordernde, aber erreichbare Ziele für einen stabilen Rahmen sorgen, innerhalb dessen Entfaltung möglich ist.

2. *Extrinsische Anreize* haben bei Gewissenhaften generell eine eher geringe Bedeutung für die Motivation. Nicht jede gute Leistung, nicht jeder Erfolg muss durch die Führungskraft positiv verstärkt werden. Es genügt, wenn gewissenhafte Mitarbeiter in angemessenen Abständen *wertschätzend und authentisch* die Botschaft erhalten, dass gesehen wird, wie wichtig sie mit ihrem Einsatz und ihrer Verlässlichkeit für die Organisation sind. Reine Statussymbole (z. B. Bürogröße und -ausstattung, Dienstwagen, Uniformen) haben wenig motivatorische Wirkung auf sie. Es muss lediglich darauf geachtet werden, dass es diesbezüglich nicht zu deutlichen *Ungerechtigkeiten* kommt. Das würden gewissenhafte Mitarbeiter wohl als mangelnde Wertschätzung empfinden. Wenn sich extrinsische Anreize im betriebsüblichen Rahmen bewegen, dann ist das für sie in Ordnung – mehr braucht es nicht. Den Aufwand für ausgefeilte Systeme der extrinsischen Incentivierung kann man sich bei ihnen höchstwahrscheinlich sparen.

3. Ein bestimmter extrinsischer Anreiz ist allerdings von zentraler Bedeutung: *Arbeitsplatzsicherheit*. Aufgrund ihrer Ordnungsliebe ist gewissenhaften Mitarbeitern ein stabiler Rahmen – auch für die gesamte Lebensführung – extrem wichtig. Das Wissen, sich um ihren Arbeitsplatz keine Sorgen machen zu müssen, ermöglicht es ihnen, sich „mit freiem Rücken" ganz ihren Arbeitsaufgaben zu widmen und an ihnen engagiert zu arbeiten. Selbstverständlich ist Arbeitsplatzsicherheit für fast alle Mitarbeiter ein wichtiges Thema, aber speziell für hoch gewissenhafte Mitarbeiter noch „einen Tick" relevanter. Es lohnt also, dieses Anreizelement kommunikativ besonders herauszustellen.

4. Bei der *materiellen Vergütung* benötigt es keine Systeme, die mit kleinteilig konstruierten und nur aufwendig zu administrierenden leistungsorientierten Komponenten arbeiten. Eine einfach konstruierte Grundvergütung bzw. ein Zeitlohnsystem auf Basis von Stellenanforderungen genügt. Keep it simple! Den Aufwand für „fein ziselierte" – oftmals nur vermeintlich leistungsgerechte – Vergütungssysteme kann man sich getrost sparen. Im Zweifelsfall sorgen sie sowieso nicht für *mehr Gerechtigkeit,* sondern allenfalls für mehr konfliktsäende innerbetriebliche *Gerechtigkeitsdebatten.* Schlimmstenfalls zerstören sie über eintretende „Korrumpierungseffekte" sogar die intrinsische Motivation. In Experimenten konnte gezeigt werden, dass sich Personen mit einer Tätigkeit, die sie vorher gern ausübten bzw. als interessant einstuften, nunmehr kürzer beschäftigten und sie auch weniger interessant fanden, sobald dafür Geldanreize geboten wurden. Erklärt wird dieser Effekt über *zwei Mechanismen:*

   – Durch angebotene Belohnungen verlagert sich die *Aufmerksamkeit* der Person von der Tätigkeit weg und zur Belohnung hin.

   – Personen suchen in der *Selbstbeobachtung* immer *Gründe für ihr eigenes Verhalten* (= Attributionsprozesse). Sie kommen aufgrund der Belohnung zu dem Schluss, dass die Tätigkeit wohl doch nicht so attraktiv sei, wenn sie separat belohnt werden muss. Es erfolgt daher eine *Neuattribution* ihres eigenen aufgabenbezogenen Engagements und die Mitarbeiter erklären dieses dann für sich nicht mehr mit der *Attraktivität der Aufgabe,* sondern mit den *Belohnungen* (vgl. Kunz, 2005, S. 58 ff.; ausführlich zu Risiken leistungsorientierter Vergütung: Watzka, 2017, S. 229 ff.).

Ein Zitat bringt das kritische Verhältnis von materiellen Anreizen und Motivation sehr gut auf den Punkt. Es gilt wohl auch gerade für die Gruppe der gewissenhaften Mitarbeiter (Pfläging, 2008, S. 178 f.):

> *„Vergütung motiviert nicht ... und das braucht sie auch nicht. Denn Motivation von Mitgliedern einer Organisation ist nicht Sache von Gehalt und Bonus, sondern von Identifikation mit dem Unternehmen, mit Vision und Marke, mit Produkten, Kundenbedürfnissen und Arbeitsinhalten. (...) Jeder Mensch ist von Natur aus Träger von Motivation. Motivation ist uns gegeben. Es ist völlig überflüssig, Mitarbeiter in Unternehmen auf künstliche Weise motivieren zu wollen. Es reicht vielmehr aus, die natürliche Motivation des Menschen in unseren Organisationen freizusetzen und sie nicht zu unterwandern. Schon haben wir motivierte Mitarbeiter. (...).*
>
> *Die Praxis heutiger Anreiz- oder Bonussysteme beruht auf einem Paradigma menschlichen Verhaltens, das Mitarbeitern per se mangelnde Fähigkeit und Leistungsbereitschaft unterstellt. Steuerungs- und Bonussysteme gehen nämlich zunächst einmal davon aus, dass Mitarbeiter dazu neigen, ihren Organisationen einen Teil ihrer tatsächlichen Arbeitsleistung aufgrund fehlender Anreize (...) vorzuenthalten."*

Sollten leistungsorientierte Vergütungskomponenten bei bestimmten Berufen (z. B. Verkäufer) absolut marktüblich sein, dann kann man natürlich nicht vollständig auf sie verzichten, wenn die Gefahr besteht, dass man sich im Wettbewerb um geeignete Mitarbeiter dann nicht mehr durchsetzen kann.

Am Ende dieses Kapitels wird noch eine interessante Studie vorgestellt, die sich speziell mit der Vergütung von Spitzenführungskräften befasst. Für diese Zielgruppe werden mitunter besonders komplexe Systeme konstruiert, um deren Leistungsmotivation zu stimulieren.

5. Die untergeordnete Bedeutung von extrinsischen Motivationsfaktoren bedeutet aber nun nicht, dass gewissenhafte Mitarbeiter quasi als Ehrenamtler in der Organisation tätig sein wollen. Sie erwarten auf der *materiellen Ebene* eine *marktadäquate, faire Bezahlung,* die auch im relativen Vergleich *innerhalb der Organisation gerecht* ist und den Anforderungsgrad der Tätigkeit angemessen widerspiegelt. Es ist – auch auf symbolischer Ebene – die wertschätzende Gegenleistung für die eingebrachten Kompetenzen und das gezeigte Engagement. Dazu gehört dann auch ein einfach und transparent konstruiertes Modell der *Erfolgsbeteiligung,* das die Mitarbeiter angemessen am gemeinsam erwirtschafteten Erfolg partizipieren lässt.

Wenn aus ihrer Sicht die Bezahlung „in Ordnung ist", dann ist für sie dieses Thema „abgehakt". Sie konzentrieren sich auf ihre Aufgaben und haben wenig Neigung, noch dem letzten Euro, der vielleicht zu „ergattern" wäre, hinterherzulaufen. Darüber hinaus haben *immaterielle* Anreizelemente wie Anerkennung und Feedback für sie eine hohe Bedeutung. Nicht in kurzen Zyklen und engmaschig, sondern eher genereller ausgerichtet. Gewissenhafte Mitarbeiter benötigen für sich die Information, dass sie mit ihrer Art der Aufgabenerfüllung „auf dem richtigen Weg" und für die Organisation wertvoll sind. Das ist eine wichtige Basis dafür, dass sie aus ihrer Tätigkeit intrinsische Motivation ziehen können.

6. Für die unter 5. angesprochene „ordentliche" Vergütung sollte die Organisation von sich aus sorgen und gewissenhafte Mitarbeiter nicht in die Lage bringen, sie einfordern zu müssen. Dass diese Proaktivität der Unternehmen nicht immer gegeben ist, belegt eine niederländische Studie (N = 828). Es wurde der Einfluss der *Big Five* auf die *Vergütungshöhe* untersucht. Für Gewissenhaftigkeit ergab sich lediglich *zu Beginn des Arbeitsverhältnisses* ein (schwacher) positiver Einfluss auf die Bezahlung. Mit *steigender Betriebszugehörigkeit* ergab sich eher ein negativer Effekt. Dies deutet darauf hin, dass Arbeitgeber in der Rekrutierungsphase bereit sind, etwas mehr zu zahlen, um einen gewissenhaften Mitarbeiter für sich zu gewinnen. Einmal angestellt, verrichtet dieser Mitarbeiter dann zufriedenstellend seine Arbeit, ohne Zusatzvergütung dafür zu verlangen (Nyhus & Pons, 2005, S. 377 f.).

Aufgrund des Persönlichkeitsprofils von gewissenhaften Mitarbeitern ist es durchaus wahrscheinlich, dass sie bestrebt sind, „verlässlich zu funktionieren", darum aber „kein großes Aufhebens machen". Sie sind eher damit befasst, sich um Ziele, Aufgaben und Pflichten zu kümmern und weniger um die „unternehmensinterne Selbstvermarktung" zu Zwecken der Vergütungsoptimierung. Bei Gehaltsforderungen werden sie möglicherweise auch nicht sonderlich offensiv und nachdrücklich agieren – zumindest dann, wenn sie nicht in deutlicher Ausprägung zusätzlich Extravertiertheit aufweisen. Für das betriebliche Personalmanagement sind sie bequem, weil oft nicht fordernd und lautsprecherisch veranlagt. Und wenn sich jemand „nicht rührt", dann bleibt eben alles so, wie es ist. Die Gefahr besteht aber, dass gewissenhafte Mitarbeiter ausbleibende Vergütungserhöhungen als mangelnde Wertschätzung ihres über lange Zeiträume stabilen, verlässlichen Leistungsbeitrags empfinden, frustriert sind, Leistungsengagement reduzieren oder gar Fluktuationstendenzen entwickeln. Daher ist es wichtig, dass bei Gehaltsanpassungsrunden diese Gruppe von Mitarbeitern nicht übersehen wird. Im Einzelfall muss der Impuls zur Vergütungserhöhung dann auch einmal von der Organisation ausgehen. Vordergründig sind das zwar steigende *Personalkosten,* auf den zweiten Blick aber eher *Investitionen* in die Bindung und das Engagement einer wertvollen Ressource.

Zum Abschluss dieses Kapitels nun noch die angekündigte *empirische Studie* zur Führungskräftevergütung. Für *Führungskräfte der obersten Ebene* werden oftmals Vergütungssysteme mit Komponenten definiert, die sich stark am Unternehmenserfolg ausrichten. Ein typisches Beispiel ist bei börsennotierten Gesellschaften die Gewährung von *Aktienoptionen.* Auf den ersten Blick ist dies sehr plausibel, da damit die Interessen der Eigentümer (= Aktionäre) und des Managements zur Deckung gebracht werden sollen. Ein zweiter, kritischer Blick sollte aber auch immer den Fragen gelten,

- *welches Verhalten* durch die Anreizkomponente wirklich ausgelöst wird und
- *wie konkrete Einzelpersonen auf diese Anreizelemente reagieren* – sicherlich nicht alle gleich.

Hinsichtlich der ersten Frage wäre es möglich, dass eine Führungskraft sich primär um eine geschickte Kapitalmarktkommunikation kümmert, um den Börsenkurs kurzfristig nach oben zu bewegen, aber weniger um die langfristige strategische Ausrichtung der Organisation. Bei der zweiten Frage – die in der Praxis in der Regel nicht gestellt wird – sind wir bei der *Persönlichkeit der Führungskräfte.*

In einer Studie mit N = 158 Chief Executive Officers (CEOs) von produzierenden Unternehmen aus dem amerikanischen Börsenindex „S&P 1500" ging man der Frage nach, wie sich – in Abhängigkeit von ihrer Persönlichkeitsstruktur – ihr *Risikoverhalten bei strategischen Entscheidungen* veränderte, wenn ihnen Aktienoptionen als Vergütungsbestandteil gewährt wurden, sie also auch ein persönliches Eigenkapitalrisiko zu tragen hatten. Das strategische Risikoverhalten wurde anhand von *drei Größen* bestimmt:

- Aufbau langfristiger Verbindlichkeiten,
- Ausgaben für Forschung & Entwicklung,
- Investitionen.

Es zeigte sich, dass die CEOs generell *risikoaverser* wurden, wenn der Wert ihrer Aktienoptionen *gestiegen* war. Erklärbar ist das über den Effekt, dass Menschen in aller Regel mögliche *Verluste* für sich stärker gewichten als mögliche *Gewinne* in gleicher Höhe. Der Anstieg der Risikoaversion fiel umso stärker aus, je höher die Ausprägung der *Gewissenhaftigkeit* bei den CEOs war. Mit anderen Worten: Je mehr sie persönlich bei ihren Aktienoptionen verlieren konnten, desto zurückhaltender waren speziell besonders gewissenhafte CEOs bei risikobehafteten strategischen Investitionen in die Zukunft des Unternehmens. Für Führungskräfte mit hoher *Offenheit* und *Extraversion* war dieser Effekt der steigenden Risikoaversion deutlich geringer (für *Neurotizismus* ergaben sich keine signifikanten Ergebnisse; *Verträglichkeit* wurde mangels schlüssiger Hypothesen nicht untersucht).

Extrem problematisch ist dieses Verhaltensmuster hoch gewissenhafter Führungskräfte dann, wenn damit wichtige strategische Investitionen in die Zukunft unterbleiben und die Organisation deswegen an Wettbewerbsfähigkeit verliert. Die Autoren der Studie empfehlen daher, bei der Konzeption eines Anreizsystems für das Spitzenmanagement in jedem Fall die Persönlichkeitsstruktur der konkreten Personen zu analysieren (vgl. Benischke et al., 2019, S. 153 ff.).

Besonders gewissenhafte Manager sind also zumindest für Aktienoptionspläne keine sonderlich geeignete Zielgruppe. Diese Befunde lassen sich vermutlich auch auf andere Zielgruppen und Anreizelemente übertragen und zur Empfehlung verallgemeinern, dass speziell bei sehr gewissenhaften Mitarbeitern Anreizelemente zu vermeiden sind, auf deren Basis es bei Misserfolgen zu starken Reduktionen der ausgelobten Prämien kommen kann. Dies unterdrückt bei ihnen die Risikobereitschaft. Bei Aufgaben, bei denen eine rationale Kalkulation der Risiken aus *Sicht der Organisation* wichtig ist, sollte diese – zumindest bei hoch gewissenhaften Mitarbeitern – abgekoppelt werden von der Kalkulation des *persönlichen finanziellen Risikos*. Denn dessen parallele Kalkulation stellt eine Verwässerung der Entscheidung dar, um die es eigentlich geht, nämlich eine *Nutzen-Risiko-Abwägung der strategischen Ausrichtung für die Organisation*. Zur Vermeidung solcher Verwässerungseffekte wären für diese Zielgruppe *Festvergütungen* besser geeignet. Die vorgestellte Studie dokumentiert eindrucksvoll, wie subtil Anreizelemente in Vergütungsplänen im Verbund mit Persönlichkeitsmerkmalen Wirksamkeit in eine völlig unerwünschte Richtung entfalten können.

Zusammenfassung
Als Fazit ergeben sich folgende Handlungsempfehlungen:

- Gewissenhafte Mitarbeiter sind bevorzugt mit intrinsischen Anreizen zu motivieren, die ihnen innerhalb eines klaren Rahmens und bei Existenz von hinreichenden Handlungsfreiräumen Erfolgserlebnisse und Weiterentwicklung bei der Arbeit ermöglichen.
- Auf ein ausdifferenziertes System extrinsischer Anreizkomponenten kann verzichtet werden, mit zwei Ausnahmen: Arbeitsplatzsicherheit und Kommunikation von grundsätzlicher Wertschätzung für Engagement und Verlässlichkeit.
- Materielle Vergütungssysteme sollten eine marktadäquate, anforderungsgerechte und faire individuelle Vergütung bereitstellen und auf Komponenten der leistungsorientierten Vergütung weitestgehend verzichten.
- Die Organisation muss proaktiv für eine angemessene Vergütung sorgen und darf nicht darauf setzen, dass gewissenhafte Mitarbeiter diese einfordern.
- Das Vergütungspaket sollte eine angemessene Beteiligung am gemeinsam erzielten Organisationserfolg beinhalten.
- Vergütungspläne für Spitzenführungskräfte sollten auf die Persönlichkeitsstruktur des einzelnen Managers abgestimmt werden, um unerwünschte Fehlanreize zu vermeiden.
- Sind von Stelleninhabern strategisch risikoreiche Entscheidungen zu treffen, dann sind bei hoher Gewissenhaftigkeit zur Aufrechterhaltung einer rationalen Risikokalkulation Anreizelemente in Vergütungsplänen zu vermeiden, die zu größeren persönlichen finanziellen Verlusten führen können.

5.10   Betriebliches Gesundheitsmanagement

„Wir wünschen Dir alles Gute, vor allem Gesundheit. " Ein häufig ausgesprochener Wunsch zu allen Gelegenheiten. Gesundheit ist für jeden Menschen ein hohes individuelles Gut. Im Kanon wichtiger Lebensthemen rangiert sie bei Umfragen regelmäßig auf Spitzenplätzen. Schon aus rein ethischen Gründen gebietet es sich daher für alle Organisationen, Arbeitsbedingungen zu gestalten, welche die Gesundheit der Mitarbeiter schützen.

Aber auch aus rein ökonomischer Perspektive ist die Gesundheit der Mitarbeiter ein zentraler Erfolgsfaktor, sodass sich Unternehmen schon aus purem Eigennutz mit dem Thema befassen müssen. *Fehlzeiten* von Mitarbeitern aufgrund von Erkrankungen oder Arbeitsunfällen haben *unmittelbare Kostenrelevanz.* Bei 12,3 durchschnittlichen Fehltagen im Jahr 2018 errechnen sich bei einem Mitarbeiter mit einem Jahresbruttogehalt von 45.000 € (inkl. Sozialversicherungsbeiträgen) Kosten für die Entgeltfortzahlung von 1516 € p.a. Bei einem Unternehmen mit 1000 Beschäftigten wären wir dann bei gut 1,5 Mio. € (vgl. Karle o. J.). Das sind nur die *direkten Kosten. Indirekte Kosten,* z. B. durch Produktionsausfälle aufgrund fehlender Mitarbeiter, sind hier noch nicht mitgerechnet. Diese schätzt die Bundesanstalt für Arbeitsschutz und Arbeitsmedizin (BAuA) für die gesamte deutsche Volkswirtschaft auf insgesamt 85 Mrd. € (vgl. BAuA (Hrsg.), 2020, S. 1).

Noch dramatischer wird es, wenn Mitarbeiter aufgrund von gesundheitlichen Problemen berufs- oder gar gänzlich erwerbsunfähig werden. Zusätzlich zur menschlichen Tragik solcher Ereignisse verlieren das Unternehmen und die Volkswirtschaft eingearbeitete, kompetente Arbeitskräfte – womöglich endgültig. Aber selbst wenn Mitarbeiter gar nicht krankheitsbedingt fehlen, so gilt trotzdem, dass physisch und psychisch gesunde Mitarbeiter ein höheres Leistungsniveau bereitstellen und auch zufriedener arbeiten können.

Es gibt also eine Fülle guter Gründe dafür, dass ein ganzheitliches *Betriebliches Gesundheitsmanagement (BGM)* in den letzten Jahren immer mehr in den Aufmerksamkeitsfokus der Organisationsleitungen gerückt ist und sich zunehmend als wichtiger Baustein eines betrieblichen Personalmanagements etabliert.

Was ist überhaupt *„Gesundheit"?* Und welche Bestandteile umfasst ein BGM? Lange Zeit hatte die von der Weltgesundheitsorganisation (WHO) schon 1946 formulierte Begriffsfassung Gültigkeit:

▶ **Definition** *„Gesundheit ist ein Zustand vollkommenen körperlichen, psychischen und sozialen Wohlbefindens und nicht allein das Fehlen von Krankheiten. "*

Dieses Verständnis wurde 1986 dann in der Ottawa Charta gleichzeitig präzisiert und erweitert, indem – neben allen staatlichen Gestaltungsaufgaben im Gesundheitssektor – die *Selbstbestimmung und Befähigung* des einzelnen Menschen beim Umgang mit seiner Gesundheit als Gestaltungs- und Förderungsziel stärker akzentuiert wurde. Diese etwas veränderte Auffassung von Gesundheit weist dem einzelnen Menschen damit eine *aktive Rolle* beim Aufbau und bei der Erhaltung der Gesundheit zu (vgl. Kauffeld et al., 2019, S. 308 f. und die zit. Lit.). Auch bei einem BGM ist die aktive Mitwirkung des Mitarbeiters ein wichtiger Erfolgsbaustein. Er muss seine eigenen Ressourcen zur Gesundheitserhaltung und -wiederherstellung ebenfalls proaktiv und reaktiv einbringen. Insofern sind *Eigenverantwortung* und *Subsidiarität* wesentliche Prinzipien.

Der Weg zu einem *umfassenden BGM* moderner Prägung, bei dem *in der ganzen Organisation integrierte Strukturen und Prozesse* zur Erhaltung der Gesundheit von Mitarbeitern tiefgreifend (auch kulturell) verankert werden sollen, führte über mehrere *Entwicklungsstufen.* Am Anfang standen klassische Arbeitsschutzmaßnahmen zur Verhinderung von Arbeitsunfällen und Gesundheitsschäden. Hinzu kamen dann später Einzelmaßnahmen, die zwar sinnvoll, aber eher punktuell und wenig systematisch ausgerichtet waren (z. B. Rückenschule, Stressseminare, Impfaktionen, Obstkörbe). Sie wurden in einer weiteren Phase ausgebaut, miteinander vernetzt und vor allem auf eine systematische Basis gestellt, indem Aktivitäten auf vorherigen Schwachstellen- und Bedarfsanalysen beruhten, zielorientiert geplant und begleitend konsequent evaluiert wurden (vgl. Zapf & Dormann, 2006, S. 721 f.; Kraußlach (Hrsg.), 2015, S. 4 ff. und die zit. Lit.).

Nach einer *Phasenlogik* teilt man Maßnahmen eines BGM ein in:

- *Primärprävention:* Das Auftreten von gesundheitlichen Schädigungen soll im Vorfeld verhindert werden. Zielgruppe sind also gesunde Mitarbeiter. Typische Beispiele wären: Ergonomische Arbeitsplatzgestaltung, Unfallverhütungsvorschriften, Sportangebote, gesundes Kantinenessen, Impfaktionen.
- *Sekundärprävention:* Bereits aufgetretene Gesundheitsschäden sollen frühzeitig erkannt und einer weiteren Verschlimmerung vorgebeugt werden. Typische Beispiele wären Vorsorgeuntersuchungen für besonders gefahrstoffbelastete Arbeitsplätze, Trainingskurse für Mitarbeiter mit Rückenbeschwerden oder Stress-Coachings.
- *Tertiärprävention:* Zielgruppe sind Mitarbeiter, bei denen deutliche Gesundheitsschädigungen schon aufgetreten sind. Einer Verschlimmerung soll vorgebeugt werden. Die belastenden Folgen sollen eingedämmt, Rückfälle verhindert werden. Beispiele wären Rehabilitationsmaßnahmen nach Arbeitsunfällen, Betriebliches Wiedereingliederungsmanagement nach längerer Erkrankung, Umgestaltung von Arbeitsplätzen oder Versetzungen.

Nach dem *vorrangigen Ansatzpunkt* wird zwischen *Verhältnisprävention* und *Verhaltensprävention* unterschieden.

- *Verhältnisprävention:* Es wird hier an den *Arbeits- und Lebensbedingungen* angesetzt, unter denen ein Mitarbeiter arbeitet und allgemein lebt. Gesundheitsbeeinträchtigende Rahmenbedingungen sollen verbessert werden. Maßnahmen der Arbeitsergonomie gehören zu diesem Komplex genauso wie eine Verbesserung des Führungsverhaltens von Vorgesetzten („gesundes Führen"), Gewährung von mehr Handlungsspielraum bei der Arbeitsaufgabe, höhere Arbeitszeitflexibilität zur leichteren Harmonisierung von beruflichen und privaten Pflichten, betriebliche Fitnessräume oder Angebote von Home-Office. Akteur kann im Einzelfall auch der Mitarbeiter selbst sein. Beim Job-Crafting (siehe Abschn. 3.5 und 4.3) verändert der Mitarbeiter eigeninitiativ die Strukturen seiner Arbeitsaufgabe in Richtung auf eine bessere Passung zu seiner Person.

- *Verhaltensprävention:* Diese Maßnahmen fokussieren auf die *Person* des Mitarbeiters. Sie zielen darauf ab, gesundheitsschädliche Verhaltensweisen und Einstellungen zum Positiven zu verändern und gesundheitspräventive Verhaltensmuster zu etablieren. Typische Beispiele sind Trainings zur Raucherentwöhnung, zum Umgang mit Stress, zum Zeitmanagement, zu gewaltfreier, deeskalierender Kommunikation, Kurse zum verantwortlichen Umgang mit Alkohol, zu gesunder Ernährung oder Sportangebote samt Erarbeitung von Trainingsplänen. Auf der *kognitiven Ebene* können Maßnahmen z. B. abzielen auf eine Stärkung der Selbstwirksamkeitserwartungen, der internalen Kontrollüberzeugungen, der Achtsamkeit oder auf eine bessere Akzeptanz von Sicherheitsvorschriften (vgl. Kauffeld et al., 2019, S. 337 ff. und die zit. Lit.).

Beide Komplexe sind nicht unabhängig, sondern greifen vielfach ineinander. So können z. B. Führungskräfte bei der *Verhältnisprävention* darin trainiert werden, im Rahmen von „gesunder Führung" den Mitarbeitern Freiräume zu gewähren und häufiges Feedback zu geben. Im Rahmen der *Verhaltensprävention* könnten Mitarbeiter komplementär dazu ermutigt werden, genau dieses Verhalten bei ihren Vorgesetzten aktiv einzufordern, falls es ausbleibt.

Und was hat das alles nun mit *Gewissenhaftigkeit* zu tun? Viel! Große Teile der Bemühungen eines BGM bleiben wirkungslos, wenn die Mitarbeiter die Impulse nicht aufgreifen oder sich selbst unzureichend in den Prozess einbringen. Nicht genutzte Impfangebote, leerstehende Fitnessräume, unzureichend belegte Kurse oder gähnende Leere an der aufwendig eingerichteten Salatbar produzieren Kosten ohne hinreichenden Nutzen. Wenig gewonnen ist auch, wenn die Mitarbeiter zwar initial an Maßnahmen teilnehmen, die dort vermittelten Prinzipien aber nicht ausreichend und auf Dauer in die eigene Arbeit und Lebensführung transferieren. Man weiß dann zwar *rein kognitiv,* dass Alkohol ein schädliches Zellgift ist oder 10.000 Schritte pro Tag lebensverlängernd wirken, verbringt seine Abende aber doch lieber mit dem dritten Kammkotelett auf dem Grill, dem Bierglas in der Linken und dem Glimmstängel in der Rechten. Ähnlich verhält es sich mit dem freiwilligen Tragen von Ohrstöpseln, Arbeitshandschuhen oder Staubmasken. Ob Mitarbeiter für Impulse des BGM überhaupt offen sind und diese in Verhalten umsetzen, dürfte zu einem guten Teil auch von ihrer *Persönlichkeitsstruktur* abhängen. Wirkungsvolle Verhaltensprävention muss diese also berücksichtigen. Was sagt die *Empirie?*

Im Hinblick auf *Arbeitsunfälle* zeigte sich eine sehr hohe Korrelation von $r = 0{,}607$ mit *geringer Verträglichkeit.* Wer eine schwach ausgeprägte Neigung hat, mit anderen zufriedenstellende soziale Beziehungen aufzubauen, zeigt offensichtlich auch am Arbeitsplatz ein sozial problematisches Verhalten, das sich u. a. in Verstößen gegen betriebliche Sicherheitsregeln äußern kann. Für andere Big Five-Merkmale sind die Korrelationen zu Arbeitsunfällen zwar nicht so hoch und über die Studien auch schwankend, aber doch immerhin vorhanden. Ungünstig auf das Unfallgeschehen wirken sich eine *hohe Offenheit* für neue Erfahrungen (zu viel Neugier schadet eben manchmal) und ein *hoher Neurotizismus* aus. Günstigen Einfluss hat dagegen eine *hoch ausgeprägte Gewissenhaftigkeit* (vgl. den Überblick bei Schaper, 2019, S. 548). Die grundsätzlich hohe Regeltreue (Facette: Pflichtbewusstsein) sollte sich naheliegenderweise positiv auf die Einhaltung von Sicherheitsvorschriften auswirken. Ein strukturiertes Vorgehen bei der Arbeit und ein aufgeräumtes, übersichtliches Arbeitsumfeld (Facette: Ordnungsliebe) sind für die Vermeidung von Arbeitsunfällen genauso hilfreich wie ein sorgfältiges Abwägen von Vorgehensweisen *vor* der Handlung (Facette: Besonnenheit). Der achtlos abgelegte Rechen schnalzt halt schneller einmal an die Nase und die nicht ordnungsgemäß entsorgte gebrauchte Spritze in der Arztpraxis landet eher im Finger der Helferin. Und auch ein vorheriges Nachdenken vor dem ungesicherten Gang aufs Hausdach (*„Ist ja nur für einen schnellen Handgriff"*) ist ein Arbeitssicherheitsbeitrag.

Die überzeugendsten empirischen Daten zum *Verhältnis von Gewissenhaftigkeit und Gesundheit* liefert eine Metaanalyse mit N = 194 Studien aus den USA (vgl. Bogg & Roberts, 2004, S. 887 ff.). Ausgehend von dem Befund, dass Gewissenhaftigkeit einen wichtigen Prädiktor für höhere Lebenserwartung darstellt, sollte durch die Studie der *Funktionsmechanismus* näher aufgeklärt werden. Dazu wurde untersucht, wie stark Gewissenhaftigkeit mit *gesundheitsorientiertem Verhalten* auf den Feldern korreliert ist, die in den USA nachweislich den höchsten Erklärungsbeitrag für eine frühere Sterblichkeit liefern. Es ergaben sich für *durchweg alle Felder* Korrelationen, die auf dem 5 %-Niveau signifikant waren, wobei die Einzelergebnisse zwischen den Studien *erstaunlich konsistent* waren. Der größte Unterschied zwischen der höchsten und niedrigsten Korrelation betrug gerade einmal 0,05. Tab. 5.9 zeigt die durchschnittlichen Korrelationskoeffizienten samt der Anzahl der zugrunde liegenden Studien, in denen ein Parameter des Gesundheitsverhaltens gemessen wurde und der aufsummierten Teilnehmerzahl.

In dieser Metaanalyse haben die Autoren leider nicht direkt mit einer gängigen Gewissenhaftigkeitsskala aus den Big Five gearbeitet, sondern mit „gewissenhaftigkeitsbezogenen Eigenschaften", die tendenziell die Facetten der Gewissenhaftigkeit abbilden. Als am *erklärungskräftigsten* erwiesen sich dabei folgende *drei Eigenschaften:*

- *Verantwortlichkeit:* Diese Eigenschaft entspricht am ehesten den Facetten „Kompetenz" und „Leistungsstreben". Wer Verantwortung übernimmt – hier für seine Gesundheit –, der zeigt Ehrgeiz in Kombination mit der Überzeugung, seine Ziele auch erreichen zu können.
- *Selbstkontrolle:* Damit werden tendenziell die Facetten „Selbstdisziplin" und „Besonnenheit" abgebildet. Im Hinblick auf die Gesundheit können Individuen

Tab. 5.9 Korrelationen zwischen Gewissenhaftigkeit und gesundheitsorientiertem Verhalten. (Quelle: in Anlehnung an Bogg & Roberts, 2004, S. 908)

Gesundheitsverhalten	Korrelation R	Zahl der Studien	Zahl der Teilnehmer
Aktivität (Häufigkeit/Intensität von Sport, Fitnesslevel)	0,05	17	24.259
Exzessiver Alkoholkonsum	−0,25	65	32.137
Drogenkonsum	−0,28	44	36.573
Ungesundes Essen (Essensauswahl, Übergewicht)	−0,13	14	6356
Riskantes Fahren (Trunkenheit, Geschwindigkeit, Unfälle)	−0,25	21	10.171
Riskantes Sexualleben (Partnerzahl, Schutz, Risikopartner)	−0,13	25	12.410
Suizid (versuchter/vollendeter Suizid, Suizidgedanken, Suizidrisiken)	−0,12	19	6087
Tabakkonsum (Raucher, Häufigkeit und Menge)	−0,14	46	46.725
Gewalt (delinquente Akte, Verurteilungen und Haftstrafen, interpersonelle Aggressionen)	−0,25	25	10.277

zugunsten langfristiger Ziele den „belohnenden Verführungen des Augenblicks" widerstehen und vermeiden risikoreiche Situationen (z. B. Verzicht auf Alkohol, Drogen, Tabak, ungesundes Essen, wechselnde Sexualpartner, Wochenenden auf dem Sofa).

- *Traditionalismus:* Es geht hier um das Ausmaß, in dem sich eine Person an die geltenden Regeln, Normen und Standards gebunden fühlt. Diese Eigenschaft entspricht sehr gut der Facette „Pflichtbewusstsein".

Im Hinblick auf ein BGM lassen sich aus den bisherigen Ausführungen folgende *Vermutungen und Handlungsempfehlungen* ableiten:

1. Gewissenhafte Mitarbeiter haben die Erwartung an den Arbeitgeber, dass er auch im betrieblichen Kontext möglichst *umfängliche Angebote zur Gesundheitsförderung* unterbreitet. Gesundheit ist für diesen Personenkreis ein wichtiges Lebensthema, dem sie auch in der privaten Lebensführung eine hohe Priorität einräumen. So wie sie selbst aufgrund ihres Pflichtbewusstseins ihre Aufgaben in der Organisation ernst nehmen und Loyalität zeigen, so erwarten sie im Gegenzug, dass der Arbeitgeber seiner *Fürsorgepflicht* nachkommt und ihre Gesundheit bestmöglich schützt. Ein ausgebautes BGM sollte speziell für diesen Mitarbeiterkreis zum Standardmodul im Anreizsystem gehören.

2. Im Rahmen der *Personalrekrutierung* sollte das BGM explizit herausgestellt und mit detaillierteren Informationen unterfüttert werden. Denkbar wären separate Broschüren oder eine spezielle Sektion auf den Online-Karriereseiten. In den Augen gewissenhafter Mitarbeiter ist das BGM eine wichtige Facette eines *attraktiven Arbeitgebers* und damit ein Wettbewerbsvorteil bei der Arbeitsmarktkonkurrenz.

3. Aufwendige innerbetriebliche Werbemaßnahmen und Überzeugungsarbeit für das BGM sind eher nicht nötig. Eine klare und aussagekräftige *Kommunikation zu den Angeboten,* die vor allem über Voraussetzungen und nähere Nutzungsmodalitäten informiert, reicht aus. Sofern der Zugang unkompliziert ist, haben gewissenhafte Mitarbeiter aufgrund ihrer Prädisposition eine geringe mentale Hemmschwelle für die Nutzung von gesundheitsorientierten Angeboten. Im Grunde rennt man mit dem Angebot bei ihnen offene Türen ein. Innerbetriebliche Überzeugungsarbeit sollte ihre Ressourcen stattdessen auf Mitarbeiter mit einer gering ausgeprägten Gewissenhaftigkeit konzentrieren. Dort gilt es „dickere Bretter zu bohren".

4. Die *innerbetriebliche Kommunikationsstrategie* für ein BGM sollte unterschiedliche Persönlichkeitsstrukturen im Auge haben, also im besten Marketingsinne *Zielgruppenspezifik* aufweisen. „One size fits all" ist keine gute Idee. Nun ist es nicht machbar, für alle Persönlichkeitstypen unterschiedliche Kommunikationsinhalte oder gar Kommunikationskanäle aufzubauen. Es kann aber ein Spektrum an Argumenten und Kommunikationsformen aufgebaut werden, bei dem für alle Big Five-Ausprägungen „etwas dabei ist", das sie spezifisch anspricht.
So kann z. B. für hoch Extravertierte und Mitarbeiter mit hoher Verträglichkeit das Gemeinschaftserlebnis und der „Mitmachansatz" besonders betont werden. Mitarbeiter mit hoher *Offenheit* sprechen vielleicht auf die Akzentuierung der Neuartigkeit einiger Maßnahmen oder auf eine besonders kreative Kommunikation gut an. Personen mit höheren *Neurotizismus-Werten* und einer gewissen Grundängstlichkeit könnten über das Argument der präventiven Verhinderung schwererer Gesundheitsschäden gut erreicht werden. Für diese Gruppe ist es auch sehr wichtig, Schwellenängste für die Teilnahme zu senken. Gewissenhafte Mitarbeiter mit ihrer Selbstdisziplin und ihrem Pflichtbewusstsein könnten mit einem Appell an ihre Selbstverantwortung für die eigene Gesundheit gut ansprechbar sein. Das sind natürlich alles nur erste Ideen, die einer weiteren Ausarbeitung bedürfen.

5. Gewissenhafte Mitarbeiter sind mit ihrer Persönlichkeitsstruktur eine ideale Zielgruppe für viele Maßnahmen des BGM. Betriebliche Sicherheits- und Arbeitsschutzvorschriften nehmen sie sehr ernst, wenn klar kommuniziert wird, dass es zu ihrem *Pflichtengefüge* gehört. Maßnahmen der Verhältnisprävention werden akzeptiert, wenn plausibel der Zusammenhang zur Gesundheit erklärt wird und der Arbeitgeber deutlich macht, dass ihm der Zielkomplex „Gesundheit der Mitarbeiter" wichtig ist. Schnell ist dann *Deckungsgleichheit zwischen Unternehmens- und Mitarbeiterziel* hergestellt. Für punktuelle, freiwillige Maßnahmen (Impfungen, ärztliche Untersuchungen) gilt diese Interessenidentität ebenfalls. Bei auf (längere) Dauer angelegten Maßnahmen (z. B. Sportkurse, gesunde Ernährung, Abnehm- und

Raucherentwöhnungsprogramme, Achtsamkeit im Arbeitsalltag) ist die Selbstdisziplin im Verbund mit dem Pflichtbewusstsein von gewissenhaften Personen
eine sehr gute Basis *("Was ich einmal angefangen habe, ziehe ich auch konsequent
durch.")*.

6. Gewissenhafte Mitarbeiter lassen sich auch bei gesundheitsorientierten Maßnahmen
   gut durch *Ziele* motivieren. Sie wirken sozusagen als *Trigger* oder *"Nudges"* (=
   Stupser), die ihr Leistungsstreben aktivieren. Ihre Selbstdisziplin hilft ihnen, „on
   track" zu bleiben und nicht vorfristig abzubrechen. Insofern können Kurse und
   Programme durchaus mit *anspruchsvollen Leistungs- oder Durchhaltezielen* (z. B.
   „10.000 m in 60 min"; „5 kg weniger in vier Wochen"; „wöchentlich drei Mal
   vegetarische Mahlzeit") oder mit *Plänen/Checklisten/Modulen* versehen werden,
   die es abzuarbeiten gilt (z. B. "in drei Monaten zum ‚Ernährungsführerschein'").
   Wenn begleitend dokumentiert, abgestempelt, bestätigt wird, dann triggert das auch
   ihre Vorliebe für Ordnung und Struktur. Ein *(spielerischer) Wettbewerbscharakter*
   zwischen Abteilungen samt Ergebnisvisualisierung sollte ebenfalls positiv aufgenommen werden.

Das waren jetzt Empfehlungen, die stark auf Plausibilitätsüberlegungen basieren. Angesichts der Wichtigkeit des Gesundheitsziels und auch der Kostenvolumina, die durch
professionelle Programme bewegt werden, wäre es wünschenswert, wenn es weitere
wissenschaftliche Begleitforschung gäbe, die die Akzeptanz von BGM in Abhängigkeit
von unterschiedlichen Persönlichkeitsprofilen weiter aufklären würde.

Zusammenfassung
Als Fazit ergeben sich folgende Handlungsempfehlungen:

- Ein BGM sollte für gewissenhafte Mitarbeiter zum Standardbaustein eines
  betrieblichen Anreizsystems gehören, der dann auch beim Personalmarketing
  besonders herausgestellt wird.
- Innerbetriebliche Werbemaßnahmen für ein BGM müssen zielgruppenorientiert
  unterschiedliche Persönlichkeitsprofile abdecken.
- Für hoch gewissenhafte Mitarbeiter sollte sich die innerbetriebliche
  Kommunikation vor allem auf sachliche Aufklärung und Information
  konzentrieren, da Gesundheitsthemen für sie per se schon eine hohe Priorität
  haben. Emotionale Überzeugungsarbeit wäre eher auf Mitarbeiter mit geringer
  Gewissenhaftigkeit zu konzentrieren.
- BGM-Maßnahmen sollten zur Auslösung des Leistungsstrebens mit anspruchsvollen Zielen und (spielerischer) Wettbewerbsorientierung untersetzt werden.

5.11 Arbeitszeitgestaltung

Sind Sie eher *Lerche oder Eule?* Diese Frage zielt auf den *Chronotyp* ab, also ob eine Person eher *Morgen- oder Abendmensch* ist. Es ist erwiesen, dass sich Individuen nach ihren *Schlaf-Wach-Gewohnheiten* und ihren *Präferenzen für die Morgen- oder Abend- stunden* unterscheiden. Schlafgewohnheiten sind der wichtigste Teil des sog. „zirkadianen Rhythmus", der physiologische Vorgänge (z. B. Ruhezeiten, Nahrungsaufnahme) auf eine 24-h-Periode synchronisiert. Morgentypen gehen tendenziell eher zu Bett, stehen früher auf und erreichen die Spitze ihrer körperlichen und geistigen Leistungsfähigkeit in den früheren Stunden des Tages. Abendtypen bleiben dagegen länger wach, stehen später auf und sind auch in den Abendstunden noch sehr leistungsfähig.

In mehreren Metaanalysen zeigte sich, dass *Gewissenhaftigkeit* der einzige (!) Faktor unter den Big Five ist, der konsistent (!) über alle Studien hinweg einen *Prädiktor für den Morgentyp* darstellt. Konkret ermittelte eine neuere Metaanalyse (44 Samples mit N = 16.647 Teilnehmern) eine positive Korrelation zwischen *„Morningness"* und Gewissenhaftigkeit von r = 0,37 und eine negative Korrelation mit *„Eveningness"* von r = −0,19. Betrachtet man die beiden Zeitpräferenzen nicht auf *getrennten Skalen* (d. h. Morningness hoch/niedrig und Eveningness hoch/niedrig), sondern als *eindimensionales Kontinuum* mit Morningness und Eveningness als Endpunkte, dann ergab sich eine Korrelation von r = 0,32 zwischen Zeitpräferenz und Gewissenhaftigkeit. Das war von allen Big Five-Merkmalen der mit deutlichem Abstand stärkste Zusammenhang (vgl. Lipnevich et al., 2017, S. 497).

Im Hinblick auf das *Alter* lässt sich feststellen, dass Kinder tendenziell morgen- orientiert sind, junge Erwachsene um die 20 ein Maximum an Abendorientierung auf- weisen und sich ab 50 Jahren wieder eine stärkere Morgenorientierung entwickelt. An der volkstümlich kolportierten „senilen Bettflucht" scheint also etwas dran zu sein, wenn auch die Effekte nicht sonderlich ausgeprägt sind.

Geschlechterunterschiede sind ebenfalls nicht sehr groß, aber doch über die meisten Studien signifikant. Frauen scheinen eine etwas stärkere Tendenz zum Morgentyp zu haben. In einer Studie mit N = 669 deutschen Studierenden konnte dieser Geschlechter- effekt auch bestätigt werden (mit *Gewissenhaftigkeit* als einzig relevantem Persönlich- keitsmerkmal für den Chronotyp) (vgl. Rahafar et al., 2017, S. 250 ff.).

Erklärt wird die Verbindung von Gewissenhaftigkeit (und mit Abstrichen Verträglich- keit) zum Morgentyp mit der Nähe dieser beiden Persönlichkeitsmerkmale zur „Einhaltung sozialer Normen". Menschen mit höheren Ausprägungen dieser Merkmale sind eher bereit, sich an gesellschaftliche Regeln und Zeitraster anzupassen und früh am Arbeitsplatz präsent zu sein. Da Frauen länderübergreifend höhere Werte in Gewissenhaftigkeit und Verträglichkeit aufweisen, erklärt dies auch ihre leicht stärkere Tendenz zum Morgentyp.

Generell weisen *Morgentypen* gegenüber Abendtypen eine *höhere Proaktivität,* einen *höheren Energiepegel,* eine *höhere Zufriedenheit* mit ihrem Leben, *weniger Stress, Depression und Ängstlichkeit* auf. *Abendtypen* berichten dagegen häufiger von Schlaf- und Stimmungsproblemen und haben eher unregelmäßige Schlaf-Wach-Rhythmen.

Sie weisen zwar oft höhere kognitive Fähigkeiten (insb. Intelligenz) auf, haben aber trotzdem im Hinblick auf Schulleistungen und akademischen Erfolg Nachteile gegenüber Morgentypen. Allerdings sind all diese Unterschiede nicht allzu ausgeprägt (vgl. Lipnevich et al., 2017, S. 493; Rahafar et al., 2017, S. 249 ff. und die jeweils zit. Lit.).

Die nach wie vor dominierende gesellschaftliche Aktivitäts-Ruhe-Rhythmik mit ihrem Akzent auf eher früherem Arbeitsbeginn kommt also den (gewissenhaften) Lerchen durchaus entgegen. Wo dies nicht der Fall ist, wäre zu prüfen, ob auch ein früherer Arbeitsbeginn angeboten werden kann. Bei aller „Lerchenpflege" dürfen aber die Eulen nicht vergessen werden. Diese gegen ihren Chronotyp arbeiten zu lassen, wäre keine gute Idee. Insofern liegt die Ideallösung bei der *Arbeitszeitgestaltung* in einer *maximalen individuellen Zeitsouveränität* für die persönliche Arbeitszeit *aller* Mitarbeiter. Gleitzeitsysteme mit breiten Gleitzeitspannen, variable Arbeitszeitsysteme und Vertrauensarbeitszeit sind die naheliegenden Gestaltungsempfehlungen für eine optimale Passung zwischen Persönlichkeitsstruktur und Arbeitszeit.

Ein wenig selbstkritisch müssen bei flexiblen Arbeitszeitmodellen allerdings *Führungskräfte* sein, wenn sie die *Leistung von Mitarbeitern beurteilen*. Sie können schnell in die „Stereotypenfalle" tappen. In einer Studie in den USA konnte nämlich gezeigt werden, dass Mitarbeiter, die ihre Arbeit früh beginnen, von den Vorgesetzten als gewissenhafter eingeschätzt wurden und in der Folge bessere Leistungsbeurteilungen erhielten. Benachteiligungsgefahr ergibt sich für Spätstarter bei der Arbeit insbesondere dann, wenn sie auf einen Vorgesetzten treffen, der Morgentyp ist (vgl. Yam et al., 2014, 1291 ff.).

Zusammenfassung
Als Fazit ergeben sich folgende Handlungsempfehlungen:

- Gewissenhaften Mitarbeitern sollte ein früherer Arbeitsbeginn ermöglicht werden.
- Flexible Arbeitszeitsysteme sollten allen Belegschaftsmitgliedern ermöglichen, Arbeitsbeginn und -ende im Einklang mit ihrem Chronotyp zu wählen.
- Führungskräfte – insbesondere, wenn Sie Morgentypen sind – müssen dafür sensibilisiert werden, Mitarbeiter nicht aufgrund ihrer abweichenden Arbeitszeitpräferenzen schlechter zu beurteilen.

Literatur

BAuA-Bundesanstalt für Arbeitsschutz und Arbeitsmedizin. (Hrsg.). (2020). Volkswirtschaftliche Kosten durch Arbeitsunfähigkeit 2018. Dortmund. https://www.baua.de/DE/Themen/Arbeitswelt-und-Arbeitsschutz-im-Wandel/Arbeitsweltberichterstattung/Kosten-der-AU/pdf/Kosten-2018.pdf?__blob=publicationFile&v=4. Zugegriffen: 27. Jan. 2021.
Benischke, M. H., et al. (2019). CEO equity risk bearing and strategic risk taking: The moderating effect of CEO personality. *Strategic Management Journal, 40*(1), 153–177.

Berthel, J., & Becker, F. G. (2017). *Personal-Management* (11. Aufl.). Schäffer-Poeschel.

Bogg, T., & Roberts, B. W. (2004). Conscientiousness and health-related behaviors: A meta-analysis of the leading behavioral contributors to mortality. *Psychological Bulletin, 130*(6), 887–919.

Bröckermann, R. (2016). *Personalwirtschaft* (7. Aufl.). Schäffer-Poeschel.

Cianci, A. M., et al. (2010). The effect of negative feedback on tension and subsequent performance: The main and interactive effects of goal content and conscientiousness. *Journal of Applied Psychology, 95*(4), 618–630.

Colbert, A. E., & Witt, L. A. (2009). The role of goal-focused leadership in enabling the expression of conscientiousness. *Journal of Applied Psychology, 94*(3), 790–796.

Csíkszentmihályi, M. (2012). *Flow im Beruf: Das Geheimnis des Glücks am Arbeitsplatz* (3. Aufl.). Klett-Cotta.

Demerouti, E. (2006). Job characteristics, flow, and performance: The moderating role of conscientiousness. *Journal of Occupational Health Psychology, 11*(3), 266–280.

de Vries, R. E. (2018). Three nightmare traits in leaders. *Frontiers in Psychology, 9*(Article 871), 1–19.

Evertz, L., & Süß, S. (2017). Die Bedeutung individueller Motive für die Bewertung von Arbeitgebern. *PERSONALquarterly, 69*(4), 28–33.

Furnham, A. F. (1997). Knowing and faking one's five-factor personality score. *Journal of Personality Assessment, 69*(1), 229–243.

Hackman, J. R., & Oldham, G. R. (1980). Work redesign. Addison-Wesley.

Hoppe, S., et al. (2018). Eye movements during everyday behavior predict personality traits. *Frontiers in Human Neuroscience, 12*(Article 105), 1–8.

Howard, P. J., & Howard, J. M. (2008). *Führen mit dem Big-Five-Persönlichkeitsmodell.* Campus.

Janz, T., et al. (1986). *Behavior description interviewing.* Allyn & Bacon.

Jung, H. (2017). *Personalwirtschaft* (10. Aufl.). de Gruyter Oldenbourg.

Kanning, U. P. (2009). NEO-Fünf-Faktoren-Inventar nach Costa und McCrae (NEO-FFI). *Zeitschrift für Arbeits- und Organisationspsychologie, 53*(4), 194–198.

Kanning, U. P., et al. (2018). Wie valide ist die regelkonforme Gestaltung von Bewerbungsunterlagen? *PERSONALquarterly, 70*(4), 38–45.

Karle, M. (o. J.). Professionelles Fehlzeitenmanagement. *Haufe Personal Office Platin.* Haufe-Verlag. https://www.haufe.de/personal/haufe-personal-office-platin/professionelles-fehlzeiten-management_idesk_PI42323_HI582951.html. Zugegriffen: 27. Jan. 2021.

Kauffeld, S., et al. (2019). Arbeit und Gesundheit. In S. Kauffeld (Hrsg.), *Arbeits-, Organisations- und Personalpsychologie für Bachelor* (3. Aufl., S. 305–358). Springer.

Kersting, M. (2013). Persönlichkeit ist keine Typfrage. *Personalmagazin, 14*(12), 26.

Kiesler, D. J. (1996). *Contemporary interpersonal theory and research: Personality, psychopathology, and psychotherapy.* Wiley.

Klee, S., & Renner, K.-H. (2013). In search of the „Rescue Personality". A questionnaire study with emergency medical service personnel. *Personality and Individual Differences, 54*(5), 669–672.

Klee, S., & Renner, K.-H. (2016). Beyond pride and prejudices: An empirical investigation of German Armed Forces soldiers´ personality traits. *Personality and Individual Differences, 88,* 261–266.

Krahé, B., & Herrmann, J. (2003). Verfälschungstendenzen im NEO-FFI: Eine experimentelle Überprüfung. *Zeitschrift für Differentielle und Diagnostische Psychologie, 24*(2), 105–117.

Kraußlach, H. (Hrsg.). (2015). *Praxisleitfaden zur Einführung eines Betrieblichen Gesundheitsmanagements.* Ernst-Abbe-Hochschule/Jena.

Kunz, A. H. (2005). Personalcontrolling zwischen Ökonomie und Sozialpsychologie: Schaden finanzielle Anreizsysteme der Mitarbeitermotivation? *Betriebswirtschaftliche Forschung und Praxis (BFuP), 57*(1), 58–73.

Leibniz-Zentrum für Psychologische Information und Dokumentation (ZPID). (Hrsg.). (2021). Verzeichnis Testverfahren, Kurznamen, Langnamen, Autoren, Testrezensionen (27. Aufl.). ZPID. https://www.psyndex.de/pub/tests/verz_teil5.pdf. Zugegriffen: 27. Febr. 2021.

Lipnevich, A. A., et al. (2017). How distinctive are morningness and eveningness from the big five factors of personality? A meta-analytic investigation. *Journal of Personality and Social Psychology, 112*(3), 491–509.

Little, B. (2015). *Mein Ich, die anderen und wir.* Springer.

McFarland, L. A., & Ryan, A. M. (2000). Variance in faking across noncognitive measures. *Journal of Applied Psychology, 85*(5), 812–821.

Mollemann, E., et al. (2004). Person-job fit applied to teamwork. *Small Group Research, 35*(5), 515–539.

Mount, M. K., et al. (1998). Five-Factor Model of personality and performance in jobs involving interpersonal interactions. *Human Performance, 11*(2–3), 145–165.

Muck, P. M. (2006). Persönlichkeit und berufsbezogenes Sozialverhalten. In H. Schuler (Hrsg.), *Lehrbuch der Personalpsychologie* (2. Aufl., S. 527–577). Hogrefe.

Nerdinger, F. W., et al. (2019). *Arbeits- und Organisationspsychologie* (4. Aufl.). Springer.

Neumann, G. A., & Wright, J. (1999). Team effectiveness: Beyond skills and cognitive ability. *Journal of Applied Behaviour, 84*(3), 376–389.

Newman, D. A., & Lyon, J. S. (2009). Recruitment efforts to reduce adverse impact: Targeted recruiting for personality, cognitive ability, and diversity. *Journal of Applied Psychology, 94*(2), 298–317.

Neyer, F. J., & Asendorpf, J. B. (2018). *Psychologie der Persönlichkeit* (6. Aufl.). Springer.

Nyhus, E. K., & Pons, E. (2005). The effects of personality on earnings. *Journal of Economic Psychology, 26*(3), 363–384.

Obermann, C. (2017). *Assessment Center* (6. Aufl.). Springer Gabler.

Otero-López, J. M., & Villardefrancos, E. (2013). Five-Factor Model personality traits, materialism, and excessive buying: A mediational analysis. *Personality and Individual Differences, 54*(6), 767–772.

Perry, S. J., et al. (2010). The downside of global-focused leadership: The role of personality in subordinate exhaustion. *Journal of Applied Psychology, 95*(6), 1145–1153.

Pfläging, N. (2008). *Führen mit flexiblen Zielen. Beyond Budgeting in der Praxis.* Campus.

Rahafar, A., et al. (2017). Conscientiousness but not agreeableness mediates females´ tendency toward being a morning person. *Scandinavian Journal of Psychology, 58*(3), 249–253.

Rammsayer, T., & Schmiga, K. (2003). Mobbing und Persönlichkeit: Unterschiede in grundlegenden Persönlichkeitsdimensionen zwischen Mobbing-Betroffenen und Nicht-Betroffenen. *Wirtschaftspsychologie, 2,* 3–11.

Rauthmann, J. F. (2017). *Persönlichkeitspsychologie.* Springer.

Rheinberg, F. (2006). Intrinsische Motivation und Flow-Erleben. In J. Heckhausen & H. Heckhausen (Hrsg.), *Motivation und Handeln* (3. Aufl., S. 331–354). Springer Medizin.

Roulin, N., & Bourdage, J. S. (2017). Once an impression manager, always an impression manager? Antecedents of honest and deceptive impression management use and variability across multiple job interviews. *Frontiers in Psychology, 8*(Article 29), 1–13.

Schaper, N., et al. (2019). Psychologie der Arbeitssicherheit. In F. W. Nerdinger (Hrsg.), *Arbeits- und Organisationspsychologie* (4. Aufl., S. 541–572). Springer.

Schirmer, U., & Woydt, S. (2016). *Mitarbeiterführung* (3. Aufl.). Springer Gabler.

Schreurs, B., et al. (2009). Symbolic attributes and organizational attractiveness: The moderating effects of applicant personality. *International Journal of Selection and Assessment, 17*(1), 35–46.

Schuler, H., & Marcus, B. (2006). Biografieorientierte Verfahren der Personalauswahl. In H. Schuler (Hrsg.), *Lehrbuch der Personalpsychologie* (2. Aufl., S. 189–226). Hogrefe.

Schwickerath, J., & Kneip, V. (2002). Mobbing am Arbeitsplatz: Interaktionelle Problembereiche, psychosomatische Reaktionsbildungen und Behandlungsansätze. *Wirtschaftspsychologie, 2*, 45–60.

Ullen, F., et al. (2012). Proneness for psychological flow in everyday life: Associations with personality and intelligence. *Personality and Individual Differences, 52*(2), 167–172.

van Hoye, G., & Lievens, F. (2009). Tapping the grapevine: A closer look at word-of-mouth as a recruitment source. *Journal of Applied Psychology, 94*(2), 241–352.

van Iddekinge, C. H., et al. (2005). Assessing personality with a structured employment interview: Construct-related validity and susceptibility to response inflation. *Journal of Applied Psychology, 90*(3), 536–552.

von Rosenstiel, L., et al. (2003). Motivation von Mitarbeitern. In L. von Rosenstiel (Hrsg.), *Führung von Mitarbeitern* (5. Aufl., S. 195–215). Schäffer-Poeschel.

Walter, N. (2020). Homeoffice und die Big 5. Krefeld. https://www.wirtschaftspsychologie-rhein-ruhr.de/2020/03/31/homeoffice-und-die-big-5/. Zugegriffen: 13. Jan. 2021.

Watzka, K. (2014). *Personalmanagement für Führungskräfte*. Springer Gabler.

Watzka, K. (2016). *Ziele formulieren – Erfolgsvoraussetzungen wirksamer Zielvereinbarungen*. Springer Gabler.

Watzka, K. (2017). *Zielvereinbarungen in Unternehmen* (2. Aufl.). Springer Gabler.

Wilmot, M. P., & Ones, D. S. (2019). A century of research on conscientiousness at work. *Proceedings of the National Academy of Sciences of the United States of America (PNAS), 116*(46), 23004–23010. https://www.pnas.org/cgi/doi/10.1073/pnas.1908430116.

Wunderer, R. (2006). *Führung und Zusammenarbeit* (6. Aufl.). Luchterhand.

Yam, K. C., et al. (2014). Morning employees are perceived as better employees: Employees' start times influence supervisor performance ratings. *Journal of Applied Psychology, 99*(6), 1288–1299.

Zapf, D., & Dormann, C. (2006). Gesundheit und Arbeitsschutz. In H. Schuler (Hrsg.), *Lehrbuch der Personalpsychologie* (2. Aufl., S. 699–728). Hogrefe.

Fazit

6

Personality matters! Conscientiousness matters! Dies ist aus den theoretischen Erörterungen und den präsentierten empirischen Studien überaus deutlich geworden. Persönlichkeitsmerkmale von Mitarbeitern und Führungskräften üben einen signifikanten Einfluss auf viele wichtige betriebswirtschaftliche Zielgrößen und auf relevante Verhaltensbereiche in Organisationen aus. Oftmals erweist sich dabei gerade das Merkmal „Gewissenhaftigkeit" innerhalb der Big Five als besonders erklärungsrelevant. Auf den richtigen Stellen und bei den richtigen Aufgaben eingesetzt, sind gewissenhafte Mitarbeiter eine überaus wertvolle Ressource. Aufgrund ihrer hohen Motivation, ihres Leistungsniveaus, ihrer Zielorientierung und Strukturiertheit bei der Aufgabenerfüllung können sie zum stabilisierenden Element und Wettbewerbsvorteil in jeder Organisation werden. Es ist daher hochgradig sinnvoll, diesem Persönlichkeitsmerkmal bei Personalauswahlentscheidungen im Rahmen von Einstellungen, Versetzungen und Beförderungen Beachtung zu schenken. Darüber hinaus ist es empfehlenswert, auch bei der Feinjustierung personalwirtschaftlicher Aktivitäten (insbesondere Aufgabengestaltung, Personaleinsatz, Mitarbeiterführung, Personalentwicklung, Anreizgestaltung) dieses Merkmal im Blick zu behalten und Maßnahmen/Instrumente so auszugestalten, dass die spezifischen Stärken gewissenhafter Mitarbeiter zum Tragen kommen und andererseits keine unerwünschten Inkompatibilitäten mit ihrer Persönlichkeitsstruktur entstehen.

Wie aufgezeigt wurde, können sich gewissenhafte Mitarbeiter mit ihrer Regeltreue und Planungsorientierung mitunter aber auch selbst im Wege stehen und in Organisationen – falsch eingesetzt – zu einem retardierenden Element werden. Insbesondere bei hohen Anforderungen an die Agiliät, Innovationsorientierung und Unsicherheitstoleranz tun sich sehr gewissenhafte Mitarbeiter mitunter schwer, ihr potenzielles Leistungsoptimum zu realisieren. Die gute Botschaft aber ist, dass sie sich trotzdem über zielorientierte Führungsansätze gut motivieren lassen, agile, veränderungs- und innovationsorientierte Verhaltensmuster zu zeigen. Basis dafür ist

K. Watzka, *Erfolgsfaktor Gewissenhaftigkeit von Mitarbeitern*, https://doi.org/10.1007/978-3-658-35034-5_6

das hohe Pflichtbewusstsein und die starke Leistungsorientierung dieses Mitarbeitertyps. Entwarnung kann bei einer naheliegenden Vermutung gegeben werden: Gewissenhafte Mitarbeiter sind nicht einer höheren Gefährdung durch Stress, Selbstausbeutung oder Burnout ausgesetzt. Im Gegenteil: Ihre strukturierte Arbeitsweise wirkt tendenziell sogar als Puffer gegen diese Belastungskomplexe.

Persönlichkeitsmerkmale sind in der Psychologie theoretisch gut fundiert und, insbesondere auf Basis der Big Five-Taxonomie, empirisch breit und tief beforscht. Lässt man sich als Betriebswirt auf das Gebiet der Persönlichkeitspsychologie ein, dann ist man doch sehr überrascht, z. T. auch ein wenig „erschlagen" ob der Fülle an ökonomisch relevanten empirischen Studien. Schnell wird klar, dass hier eine potenzielle Schatzkiste an Erkenntnissen darauf wartet, gehoben zu werden. Ein systematischer Transfer der psychologischen Forschungsergebnisse in die Betriebswirtschaftslehre kann die Modell-/Theorienbildung und die Ableitung von praxisorientierten Handlungsempfehlungen insbesondere im betrieblichen Personalmanagement substanziell bereichern. Zwar finden auch jetzt schon Persönlichkeitsmerkmale als Determinante in personalwirtschaftlichen Modellen Berücksichtigung, aber im Hinblick auf Breite, Tiefe und Systematik des Einbezugs scheint – gespiegelt am Erkenntnisfundus der Psychologie – noch deutlich „Luft nach oben" zu bestehen. Insofern wird hier entschieden für eine stärkere interdisziplinäre Berücksichtigung der Auswirkungen von Persönlichkeitsstrukturen auf das Verhalten von Mitarbeitern in Organisationen plädiert.

Was das zentrale Persönlichkeitsmerkmal „Gewissenhaftigkeit" anbelangt, hat das vorliegende Werk eine erste große Bresche in den empirischen Dschungel der Persönlichkeitspsychologie auf Basis der Big Five geschlagen. Viele ökonomisch relevante Zusammenhänge und Fragestellungen wurden identifiziert, empirische Studien dargestellt und den Fragenkomplexen zugeordnet. Zur Sicherstellung der praktischen Anwendungsorientierung wurden die wissenschaftlichen Zusammenhänge für die Erarbeitung einer breiten Palette an konkreten personalwirtschaftlichen Maßnahmen genutzt, um eine möglichst gute Adaption der Personalarbeit an die wichtige Gruppe der gewissenhaften Mitarbeiter zu erreichen.

All dies ist aber definitiv noch nicht das Ende des interdisziplinären Erkenntnisprozesses. Es wäre daher sehr wünschenswert, wenn sich weitere Wissenschaftler und Praktiker aus betriebswirtschaftlicher Perspektive auf das Persönlichkeitsmerkmal „Gewissenhaftigkeit" einlassen, weitere Fragestellungen aus Organisationssicht ergänzen, weitere empirische Studien in verborgenen Ecken aufspüren und zusätzliche Aspekte zu den Chancen und Risiken eines hohen Gewissenhaftigkeitsniveaus von Mitarbeitern beisteuern. Von hohem Interesse wäre insbesondere die Frage, ob und welche Optionen existieren, um die Entfaltung dieses Persönlichkeitsmerkmals in Organisationen gezielt zu fördern, und zwar ohne unangemessen in die Persönlichkeitsautonomie der Mitarbeiter einzugreifen.

Definitiv notwendig sind weitere empirische Daten zu den Verhaltensauswirkungen einer hoch ausgeprägten Gewissenhaftigkeit. Für Zusammenhänge, zu denen hier nur begründete Spekulationen geäußert werden konnten, bedarf es belastbarer empirischer

Evidenzen. Weiterhin wären Studienergebnisse aus dem internationalen Kontext speziell für Deutschland zu überprüfen. Denn ohne Frage spielt der landeskulturelle Kontext für die Bedeutung von Persönlichkeitsmerkmalen eine wichtige Rolle. Gerade im Hinblick auf die spätere Anwendbarkeit und Nützlichkeit von empirischen Erkenntnissen im Organisationskontext ist es von zentraler Bedeutung, dass die Studien auch mit realen Beschäftigten in Unternehmen durchgeführt werden. Wie bereits mehrfach angemerkt, kann aus betriebswirtschaftlicher Perspektive der hohe Anteil an Studien im rein akademischen Kontext, oftmals an psychologischen Fakultäten, nicht vollends überzeugen. Die potenzielle Übertragungshürde in die betriebliche Praxis ist damit unnötig hoch. Die Validität und Anwendbarkeit der Ergebnisse könnten durch Samples aus dem realen Arbeitsleben wohl deutlich gesteigert werden.

Es gibt also noch einiges zu tun. Aber die Arbeit ist den Schweiß der Edlen wert. Denn: *Conscientiousness matters!*

Stichwortverzeichnis

A

ABCD-Modell, 53
Abendtyp, 319
Absentismus, 116, 133
Abusive Leadership, 123, 221, 228
Agilität, 181
Agreeableness s. Verträglichkeit
Aktienoptionsplan, 310
Altruismus, 108
Ambiguität, 181
Anforderungsprofil, 84, 247
Anreizpolitik, 306
Ansatz
  eurowissenschaftlicher, 59
  interaktionistischer, 11
  lexikalischer, 13, 34
  psycholexikalischer s. Ansatz, lexikalischer
  regelbasierter, 45
Arbeitgeberattraktivität, 253
Arbeitsbezogene Gewissenhaftigkeits-Skalen
  (AGS), 51
Arbeitsengagement, 99, 101
Arbeitsgruppe, 93, 144, 149, 162, 233, 251,
  283, 303
  Entwicklungsphasen, 234
Arbeitsleistung s. Leistung
Arbeitsmotivation s. Motivation
Arbeitsplatzanalyse, 249
Arbeitsplatzsicherheit, 307
Arbeitssicherheit, 133
Arbeitsunfall, 133, 314
Arbeitszeitgestaltung, 319
Arbeitszeitmissbrauch, 115
Arbeitszufriedenheit, 102

Ärger, 153
Assessment Center (AC), 271
Aufgabe, multikomponente, 126
Aufgabengestaltung, 277, 284
  multikomponente Aufgaben, 126
Auszubildende, 94, 106, 150
Autonomie, 168

B

Behaviorismus, 14
Betriebliches Gesundheitsmanagement (BGM)
  s. Gesundheitsmanagement
Betriebsklima, 233
Betrug, 114
Bewerbungsinterview, 266
Bewerbungsunterlagen, 264
Big Five
  alltagspsychologische Bedeutung, 32
  Arbeitszufriedenheit, 103
  Burnout, 216, 217
  Definition, 14
  Einzelmerkmale, 16
  Erblichkeit, 57
  Facetten, 19
  Führungseffizienz, 143
  Führungserfolg, 140
  Historie, 13
  Inventory (BFI), 26, 48
  Inventory 2 (BFI-2), 27
  Inventory 10 (BFI-10), 26
  kontraproduktives Verhalten, 119
  Kritik, 31
  Leistungsmotivation, 100

The manufacturer's authorised representative in the EU is Springer
Nature Customer Service Centre GmbH, Europaplatz 3, 69115 Heidelberg,
Germany. If you have any concerns regarding our products, please
contact ProductSafety@springernature.com

Printed and bound by CPI Group (UK) Ltd, Croydon, CR0 4YY
24/04/2026
02096339-0002